Zitierweise: DVR

Datenverarbeitung im Recht (DVR)

Archiv für die gesamte Wissenschaft der Rechtsinformatik, der Rec
kybernetik und der Datenverarbeitung in Recht und Verwaltung

Band 2, 1973

J. Schweitzer Verlag · Berlin

Inhalt

Abhandlungen

Berichte

Literatur

Hinweise

Die Autoren der Beiträge

Malte von Berg, Dr jur., Universität Bonn, D-5330 Königswinter 21, Bockerother Straße 41

Wilhelm Dodenhoff, Dr. jur., Professor, Richter am Bundesverwaltungsgericht und Professor an der Fachhochschule für Wirtschaft Berlin, D-1000 Berlin 38, Marinesteig 16

Herbert Fiedler, Dr. jur., Dr. rer. nat., Professor an der Universität Bonn, Gesellschaft für Mathematik und Datenverarbeitung Birlinghoven, D-5300 Bonn, Lessingstraße 24

Vittorio Frosini, Dr. jur., Professor an der Universität Rom/Italien

Gerhard Jahn, Bundesminister der Justiz, Bundesministerium der Justiz, D-5300 Bonn, Postfach

Paul Katzenberger, Dr. jur., Wissenschaftlicher Referent am Max-Planck-Institut für ausländisches und internationales Patent-, Urheber- und Wettbewerbsrecht, D-8000 München, Siebertstraße 3

Gert Kolle, Wissenschaftlicher Referent am Max-Planck-Institut für ausländisches und internationales Patent-, Urheber- und Wettbewerbsrecht, D-8000 München, Siebertstraße 3

Friedrich Lachmayer, Dr. jur., Bundeskanzleramt Wien, A-1014 Wien, Ballhausplatz 2

Willibald Liehr, Amt der Niederösterreichischen Landesregierung, A-1010 Wien, Herrengasse 11–13

Adalbert Podlech, Dr. jur., Dr. phil., Professor an der TH Darmstadt, D-6902 Sandhausen, Am Forst 28

Leo Reisinger, DDr., Privatdozent, Institut für Statistik an der Universität Wien, A-1010 Wien, Universitätsstraße 7

Spiros Simitis, Dr. jur., Professor an der Universität Frankfurt, Forschungsstelle für juristische Dokumentation, D-6000 Frankfurt/M., Senckenberganlage 31

Dr.-Ing. Franz Simmerding, Ministerialrat, D-8000 München 22, Von-der-Tann-Straße 5

Dr. Karl Heinz Schaefer, Vizepräsident des Bundesausgleichsamtes, D-6380 Bad Homburg v .d. H., Untere Terrassenstraße 1

Hans Schult, Bundesausgleichsamt, D-6380 Bad Homburg v. d. H., Untere Terrassenstr. 1

Gerhard Stadler, Dr. jur., Assistent an der Universität Wien und Lehrbeauftragter für öffentliches Recht und Rechtsinformatik, Referent im Verfassungsdienst im Bundeskanzleramt Wien, A-1130 Wien, Hummelgasse 66/10

Dr. Vladimir Vrecion, Juristische Fakultät der Karls-Universität in Prag, Praha 1, Namèsti, Curieovych 7

Dr. Diethart Zielinski, Forschungsstelle für juristische Informatik und Automation der Universität Bonn, D-5205 St. Augustin, Bruno-Werntgen-Straße 10

Manuskripte, redaktionelle Anfragen und Besprechungsexemplare werden an den Geschäftsführenden Herausgeber erbeten, geschäftliche Mitteilungen an den Verlag. Für unverlangt eingesandte Manuskripte wird keine Gewähr geleistet.

Auf Anforderung ist ein Formblatt zur Manuskriptgestaltung erhältlich.

Die Beiträge werden nur unter der Voraussetzung aufgenommen, daß der Verfasser denselben Gegenstand nicht gleichzeitig in einer anderen Zeitschrift behandelt.

Verantwortlich für den redaktionellen Teil: Dr. Sigmar Uhlig, Bonn.

Verlag: J. Schweitzer Verlag, 1 Berlin 30, Genthiner Straße 13, Telefon 0 30/2 61 13 41, Postscheckkonto: Berlin-West, Konto-Nr. 566 67-108; Berliner Bank A.G., Depka 32, Konto-Nr. 32 71036 400. Der Verlag ist eine KG; persönlich haftende Gesellschafter sind Dr. Kurt Georg Cram, Berlin, und Dr. Arthur L. Sellier, München. Kommanditisten sind Alfred Sellier und Marie-Louise Sellier, beide München. *Anzeigenannahme:* J. Schweitzer Verlag. Gültig ist Anzeigenpreisliste Nr. 1. Verantwortlich für den Anzeigenteil: Dietrich Foth. Anzeigenschluß 4 Wochen vor Erscheinen des Heftes. *Satz*: Behr, München. *Druck*: Gerber, München. *Erscheinungsweise:* Die Zeitschrift erscheint bandweise, ein Band besteht aus 4 Heften zu je ca. 96 Seiten. Jährlich soll ein Band erscheinen. *Bezugspreise*: Abonnementspreis pro Band DM 128,–. Vorzugspreis für Studenten und Referendare DM 96,–. Einzelheft DM 36,–, Doppelheft DM 72,–. Alle Preise verstehen sich inklusive Mehrwertsteuer, jedoch zuzüglich Zustellgebühr. *Bestellungen* nehmen entgegen: jede Buchhandlung und der Verlag. Bestellungen zum Vorzugspreis nur gegen Vorlage einer Ausbildungsbestätigung. *Abbestellungen* müssen 4 Wochen vor Vierteljahresschluß erfolgen.

Gerhard Stadler

Elektronische Datenverarbeitung und Kybernetik in der Gesetzgebung

Allgemeine Problematik und Überlegungen zum österreichischen Recht

Übersicht

Deskriptoren:

Automatisierte Rechtssetzung, Composer, Computer-Demokratie, Datenbank, Demokratie, Direkte Demokratie, Dynamisierung der Rechtsordnung, Gesetzgebung, Gesetzgebungsverfahren, Informationssystem, Kybernetik, Marxismus, Netzplan, Optimierung von Rechtsakten, Österreich, Parlament, Personenkennzeichen, Planung, Simulation, Recht und Evolution, Simulation, Totaler Staat.

I. Einleitung

Während es über die Einsatzmöglichkeiten elektronischer Datenverarbeitungsanlagen in der staatlichen Verwaltung und in der Rechtsdokumentation, über „automationsgerechte Gesetze" in Fachzeitschriften und Monographien reichhaltige Literatur gibt[1], ist das Verhältnis von Gesetzgebung und elektronischer

---

[1] U. v. a. Materialien zur Rechtsinformatik (Hrsg. *G. Simitis*, *H. Voss-Eckermann*, *U. Damann*), Bd. 1, 1971; für den österreichischen Bereich *G. Mutz*, Die rechtliche Zulässigkeit des Einsatzes von elektronischen Datenverarbeitungsanlagen in der staatlichen

Datenverarbeitung bis auf wenige Arbeiten noch Neuland. Ebenso sind die Beziehungen zwischen Kybernetik und staatlicher Rechtsetzung in der westlichen Literatur kaum angedeutet. Soweit die deutsch-, englisch- und russisch-sprachige Literatur der letzten Jahre in Österreich zugänglich ist – wir bewegen uns hier in einem Bereich, in dem eine Arbeit aus 1965 als alt anzusehen ist – werden, von wenigen Ausnahmen abgesehen, auf die im folgenden Bezug genommen wird, die Möglichkeiten der elektronischen Datenverarbeitung in der Gesetzgebung nur am Rande erwähnt und erschöpfen sich meist in Andeutungen und Zukunftsprognosen sowie in der Erkenntnis, daß die traditionellen Methoden der Rechtswissenschaft unanwendbar sein werden[2].

Wohl scheint sich die Meinung durchgesetzt zu haben, daß der Staat wie jede menschliche Gemeinschaft als sich selbst steuernder Regelkreis im Sinne der Kybernetik verstanden werden kann. Hiezu hat der Österreicher *Eberhard Lang* das System einer „kybernetischen Staatslehre[3]" entwickelt[4]. *Lang* beschäftigt sich zwar eingehend mit dem Ursprung des Wortes „Kybernetik" in dem griechischen „kybernetiké" (Steuermannskunst) und weist verdienstvoll in der Geschichte der Staatstheorien kybernetische Gedanken nach, sein Kapitel über „kybernetische Maschinen und Rechtsordnung"[5] enthält aber neben einer Erörterung von Androiden (künstliche Menschen) nur allgemeine Denkansätze. Zwei Hauptgründe scheinen für die Vernachlässigung des vorgelegten Themas in der (rechts-)wissenschaftlichen Literatur maßgeblich zu sein. Diese Gründe zeigen auch schon deutlich die Probleme auf, die sich in diesem Arbeitsgebiet ergeben:

a) Der ungeheure Einfluß, den Rechtsnormen auf das Leben einer staatlichen Gemeinschaft haben und ihre Abhängigkeit von unzähligen Komponenten verlangen besonders umfangreiche und mit großer Akribie vorgenommene Untersuchungen über Abläufe, Einflüsse und Änderungen im Rechtssetzungsverfahren, das vielleicht der komplexeste Vorgang des menschlichen Gemeinschaftslebens ist. Eine Aufzählung der Einflüsse und Vorgänge ist wohl nicht notwendig, erwähnt seien nur: soziale und politische Gegebenheiten, wirtschaftliche Überlegungen und Interessen, politische Zielvorstellungen, Emotionen, techni-

---

Verwaltung, Juristische Blätter, 1971, S. 21–26. Eine von mir erstellte ausführlichere Literaturauswahl findet sich bei *F. Ermacora*, „Futurologie" in Rechts- und Staatswissenschaften, in: Festschrift für E. Kolb, 1971 (Veröffentlichungen der Universität Innsbruck, 69), S. 81–90.

[2] *N. Luhmann*, Recht und Automation in der öffentlichen Verwaltung, 1966; *P. Raisch*, Überlegungen zur Anwendung von Datenverarbeitungsanlagen in der Gesetzgebung und im Rechtsfindungsprozeß, Juristenzeitung (Tübingen), 1970, S. 433–441; *W. R. Svoboda*, Theorie und Praxis der juristischen Automation, in: Wiener Beiträge zur elektronischen Erschließung der Information im Recht (Hrsg. *F. Bock*/*F. Lang*), 1973 u. a.

[3] Das englische Wort „government" hat denselben Wortstamm!

[4] *E. Lang*, Zu einer kybernetischen Staatslehre, 1970; *E. Lang*, Staat und Kybernetik. Prolegomena zu einer Lehre vom Staat und als Regelkreis, 1966. – Dazu in konstruktiver Kritik *D. Suhr*, Ansätze zur kybernetischen Betrachtung von Staat und Recht, in: Der Staat, 1967, S. 197–219.

[5] *E. Lang*, Zu einer kybernetischen Staatslehre, 1970, S. 291–321.

sche und verfassungsrechtliche Voraussetzungen, das von der Verfassung vorgesehene vielstufige Normensetzungsverfahren u. a. Dies zeigt, daß eine Änderung dieses – nennen wir ihn historisch gewachsenen – Vorganges[6] nicht nur auf große Widerstände stoßen wird, sondern auch Vorarbeiten verschiedenster Wissenschaftsdisziplinen erfordert: Soziologie, Politologie, Informatik, Nachrichtentechnik, Systemanalyse und Kybernetik – wenn man diese als selbständige Wissenschaften bezeichnen kann –, Mathematik und Statistik, Volkswirtschaft und Demographie, Logik, Linguistik und Semantik werden hier mit der Rechtswissenschaft zusammenarbeiten müssen; mit Juristen, die sich in ihrem ureigensten Gebiet, der Rechtssetzung und Rechtsanwendung bedroht sehen und demgemäß wenig Neigung zur Mitarbeit haben. Und für die Realisierung derartiger Überlegungen ist noch entscheidender, daß auch die Politik diesen Gedanken skeptisch gegenübersteht, da mit Systemänderungen Unsicherheiten verbunden sind, die schwer abschätzbar sind. Auch die Futurologie könnte sich mit diesen Problemen beschäftigen, steht aber erst am Anfang und ist methodisch noch sehr umstritten[7].

Dazu kommt, daß es heute kaum interdisziplinär ausgebildete Fachleute gibt und Lösungen nur im Teamwork von Experten der obengenannten Disziplinen möglich sein werden[8]. Auch die Notwendigkeit langjähriger kostspieliger Forschungsarbeit ohne realen output – was wieder auf budgetäre Schwierigkeiten stößt – muß beachtet werden.

Über den politischen Prozeß, der jedem Rechtssetzungsakt vorangeht, gibt es bereits einige Studien mit kybernetischen Gedankengängen – vornehmlich im amerikanischen Bereich[9]. Darauf soll später noch ansatzweise zurückgekommen werden.

b) Die daraus schon erkennbare zweite Schwierigkeit ist, daß es auf diesem Gebiet noch keine praktischen Erfahrungen gibt, von Ansätzen in der CSSR und in der UdSSR abgesehen, über die wir aber kaum Berichte haben[10].

Diese lange Einleitung soll zugleich auch Entschuldigung dafür sein, daß auch diese Arbeit nur Utopien bieten kann, Denkansätze, deren Realisierbarkeit kaum zu überblicken ist und deren Konsequenzen noch kaum überdacht sind[11].

---

[6] Vgl. *O. Jettmar*, Technik des Parlamentarismus, in: Die Zukunft (Wien), H. 1/1955, S. 3 ff.

[7] Vgl. z. B. *R. Waterkamp*, Futurologie und Zukunftsplanung, 1970; *P. Menke-Glückert*, Friedensstrategie, 1969.

[8] Vgl. *V. Gessner*, Probleme der Zusammenarbeit zwischen Juristen und Sozialwissenschaftlern, in: Juristenzeitung (Tübingen), 1971, S. 324–327. *R. Lautmann*, Soziologie vor den Toren der Jurisprudenz, 1971.

[9] Z. B. *K. W. Deutsch*, Politische Kybernetik – Modelle und Perspektiven, 2. Aufl. 1970 (aus dem Amerikanischen: The Nerves of Government – Models of Political Communications and Control, New York, 1966).

[10] Der Aufsatz von *V. Knapp* im Archiv für Rechts- und Sozialphilosophie 1963, S. 45–56 (Über die Möglichkeit der Anwendung kybernetischer Methoden in Gesetzgebung und Rechtsanwendung) dürfte schon überholt sein.

[11] Vgl. auch *F. Wieacker*, Recht und Automation, in: Festschrift für Bötticher, 1969, S. 383–404, der eine gute Problemübersicht bringt. – Weiterführende Literaturhin-

Die Arbeit geht von der österreichischen Verfassungslage aus, ihre Überlegungen dürften aber ohne wesentliche Änderungen auch für die Rechtssetzungsverfahren anderer demokratischer Staaten gelten.

II. Abgrenzung des Themas

a) Der Begriff „Gesetzgebung" soll im folgenden umfassend (materiell) gebraucht werden: „Gesetzgebung ist die Setzung genereller Rechtsnormen"[12], also sowohl Gesetze im formellen Sinn als auch Verordnungen.

b) Die Arbeit beschäftigt sich nur mit den Vorgängen des innerstaatlichen Rechtssetzungsprozesses; sie klammert einerseits die Schaffung völkerrechtlicher Normen und andererseits die Frage der Erstellung „automationsgerechter Gesetze", d. h. die Vollziehung von Gesetzen mit Hilfe der elektronischen Datenverarbeitung, aus[13]. Hier wurde in Österreich bereits in den letzten Jahren bei der Abfassung einzelner Gesetze auf die Erfordernisse ihrer Vollziehung unter Anwendung der elektronischen Datenverarbeitung Rücksicht genommen, zum Teil waren dabei auch die entsprechenden Verfahrensvorschriften zu ändern (Bescheide ohne Unterschrift u. ä.). Die Vollziehung von Gesetzen mit Hilfe der EDV ist vor allem dort am Platz, wo eine große Zahl sachverhaltsähnlicher Entscheidungen mit einer Vielzahl numerischer Elemente zu ergehen hat[14].

c) Unter elektronischer Datenverarbeitung soll die programmgesteuerte Speicherung und Verarbeitung von Informationen mit Hilfe elektronischer Hilfsmittel, die nur Beziehungen verarbeiten können, die durch eine endliche Zahl logisch-mathematischer Formeln ausgedrückt werden können, verstanden werden[15]. Es soll auch die Verwendung derartiger Maschinen und die Möglichkeit

---

weise zu der in dieser Arbeit behandelten Problematik finden sich in der internationalen Bibliographie JUDAC (Recht, Datenverarbeitung, Kybernetik), Hrsg. *W. Schubert/W. Steinmüller*, 1971.

[12] *E. Melichar*, Von der Gewaltentrennung im formellen und materiellen Sinn unter Berücksichtigung der Abgrenzung von Gerichtsbarkeit und Verwaltung, insbesondere auf dem Gebiet des Strafrechtes, Gutachten zum 4. österreichischen Juristentag, 1970, I/1, S. 9.

[13] *M. von Berg*, Automationsgerechte Rechts- und Verwaltungsvorschriften, 1968. Zu verweisen ist hier auch auf die Richtlinien für die automationsgerechte Gesetzgebung, abgedruckt bei *Burhenne/Perband*, EDV-Recht, 1970, S. 220 ff. und 255 ff.; für Österreich: Vorläufige Richtlinien für die Abfassung automationsgerechter Rechtsvorschriften, Erlaß des Bundeskanzleramtes – Verfassungsdienst vom 23. 12. 1970, Zl. 45.373-2a/70.

[14] Zu erwähnen sind hier für Österreich Strafregister und Straftilgung (BGBl. 1972/68); das Schülerbeihilfengesetz (BGBl. 1971/253 i. d. F. BGBl. 1972/285); § 96 Bundesabgabenordnung (i. d. F. BGBl. 1969/134); Art. I Z. 41 ff. der Regierungsvorlage der Novelle zum Kriegsopferversorgungsgesetz (236 d. Blg. St. Prot. NR., XIII. GP. vom 10. 3. 1972).

[15] Artikel Datenverarbeitung, in: Lexikon der Datenverarbeitung, 1969, S. 129; eingehender *H. Fiedler*, Automatisierung im Recht und juristische Informatik, Juristische Schulung, 1970, S. 433 ff.

der Anwendung entsprechender Methoden zur Steuerung der Rechtsordnung im Sinne der Kybernetik[16] gestreift werden.

III. Die technischen Hilfsmöglichkeiten im Gesetzgebungsverfahren

Bevor auf die materiellen Fragen der Anwendung kybernetischer Methoden mit Hilfe der elektronischen Datenverarbeitung in der Gesetzgebung eingegangen wird, soll noch gezeigt werden, wie die technischen Möglichkeiten der bis jetzt in Gebrauch stehenden Datenverarbeitungsanlagen und der dazu gehörigen peripheren Geräte den Gesetzgebungsprozeß vereinfachen, verbilligen und beschleunigen können.

Der „Weg der Bundesgesetzgebung"[17] ist in der österreichischen Bundesverfassung nur im groben Umriß und in den Grundsätzen normiert (Art. 41–49 B.-VG), die Geschäftsordnung des Nationalrates (BGBl. 1961/178) bringt die Ausführungen dazu; weiters sind noch Bestimmungen in anderen Gesetzen (etwa über das Begutachtungsverfahren[18], das Gesetz über das Bundesgesetzblatt) und eine Reihe von „Konventionalregeln"[19] zu beachten. Alle diese Normen – wobei die Frage des verfassungsrechtlichen Gewohnheitsrechtes hier nicht diskutiert werden soll – bewirken, daß im Gesetzgebungsprozeß eine große Anzahl von Interdependenzen von Personen, von voneinander abhängigen Akten und Arbeitsgängen bestehen, über die es noch keine juristische Untersuchung gibt.

Pelinka-Welan[20] nehmen neun Entscheidungsvorgänge an, die von einer politischen Idee zu deren Realisierung im Gesetz notwendig sind; eine genauere Arbeitsanalyse zeigt, daß ca. 30 meist sehr aufwendige und zeitraubende Schritte notwendig sind von der Ausarbeitung eines Entwurfes bis zum Erscheinen des entsprechenden Bundesgesetzblattes; bei einem einem Einspruch des

---

[16] Zu den Begriffen der Kybernetik, des kybernetischen Systems, siehe die entsprechenden Artikel im: Wörterbuch der Kybernetik (Hrsg. *G. Klaus*), 1969, Bd. 1 (Fischer-Bücherei 1073) sowie *N. Wiener*, Mensch und Menschmaschine – Kybernetik und Gesellschaft, 1966. – *K. Haag* (Formalisierung und Kybernetisierung im Recht, Zeitschrift für Rechtstheorie, 1972, S. 172) versteht unter „Kybernetisierung im Recht" nur formal die Anwendung der EDV auf Rechtstexte und rechtliche Verfahren; inhaltlich ist darüber hinaus unter Kybernetisierung auch die Anwendung der Regelkreistheorie unabhängig vom Einsatz der EDV auf den staatlichen Willensbildungsprozeß zu verstehen.

[17] Einführend *F. Ermacora*, Österreichische Verfassungslehre, 1970, S. 215 ff.; *L. Adamovich*, Handbuch des österreichischen Verfassungsrechts, 6. Aufl. 1971, S. 335 ff.; weiters *M. Welan*, Staatsvereinfachung durch „Rationalisierung" der Gesetzgebung, in: Der Staatsbürger, Nr. 1971/24, S. 1 f.

[18] Vgl. z. B. *H. Reiger*, Zur Frage der Verfassungsmäßigkeit des Rechtes der Kammern auf Begutachtung von Gesetzes- und Verordnungsentwürfen, Juristische Blätter, 1969, S. 67–72; *H. Fischer*, Zur Praxis des Begutachtungsverfahrens im Prozeß der Bundesgesetzgebung, in: Österreichische Zeitschrift für Politikwissenschaft, 1972/1, S. 35–54.

[19] Vgl. *M. Welan*, Konventionalregeln im Verfassungsleben, in: Der Staatsbürger, Nr. 1970/22; für Deutschland u. a. *R. Schnur*, Strategie und Taktik bei Verwaltungsreformen, 1966, S. 19 ff. (Politik und Verwaltung, 2).

[20] *Pelinka/Welan*, Demokratie in Österreich, 1971, S. 72.

Bundesrates dürften es an die vierzig Schritte sein. Handelt es sich um politisch besonders umstrittene Materien (etwa Steuerrecht, Strafrecht) und sind etwa Hearings und Enqueten notwendig, so erhöht sich die Zahl der Arbeits- und Entscheidungsvorgänge noch beträchtlich, was dem Schlagwort von der Schwerfälligkeit der Gesetzgebung in der Demokratie Berechtigung gibt und die Tatsache, daß Gesetze bereits im Zeitpunkt ihres Inkrafttertens veraltet sind, bescheinigt[21].

Nun ist ein Teil dieser Schritte des Gesetzgebungsprozesses politischer Entscheidungsvorgang, der hier vorerst unberücksichtigt bleiben muß, ein wesentlicher Teil sind aber mechanische Schreibarbeiten und Übertragungsvorgänge, die sehr wohl mit modernen Organisationsmethoden vereinfacht werden können, da sie eindimensional von einem Entwurf ausgehen, der wieder und wieder geändert und verfeinert wird, bis er als Gesetz kundgemacht wird:

Legende zur Abbildung auf Seite 7:

1 Entwurf, politischer Anstoß
2 Ministerialentwurf
3 Begutachtung
4 Änderungen des Ministerialentwurfs
5 Beschluß des Ministerrates
6 Regierungsvorlage zum Nationalrat
7 Zuweisung zum Ausschuß, Ausschußberatungen
8 Änderungen im Ausschuß
9 Änderungen im Plenum des Nationalrats
10 Beschluß des Nationalrats
11 Beschluß des Bundesrats
12 Beurkundung durch den Bundespräsidenten
13 Gegenzeichnung durch den Bundeskanzler und die zuständigen Bundesminister
14 Satz und Druck in der Staatsdruckerei
15 Bundesgesetzblatt, Kundmachung
A Änderungen und neuerliche Aussendung zur Begutachtung
B Einspruch des Bundesrats
C Rückverweisung an den Ausschuß
D Kein Mitwirkungsrecht des Bundesrats (Art. 42 Abs. 5 B.-VG.)

---

[21] *Chr. Broda* (Rechtsentwicklung – Spiegelbild der Gesellschaft, in: Die Zukunft, H. 5/1971, S. 13–15) zeigt dies anhand der Strafgesetzreform und weist auch mit Recht darauf hin, daß in revolutionären oder autoritären Zeiten der Gesetzgebungsprozeß viel rascher und reibungsloser funktioniert.

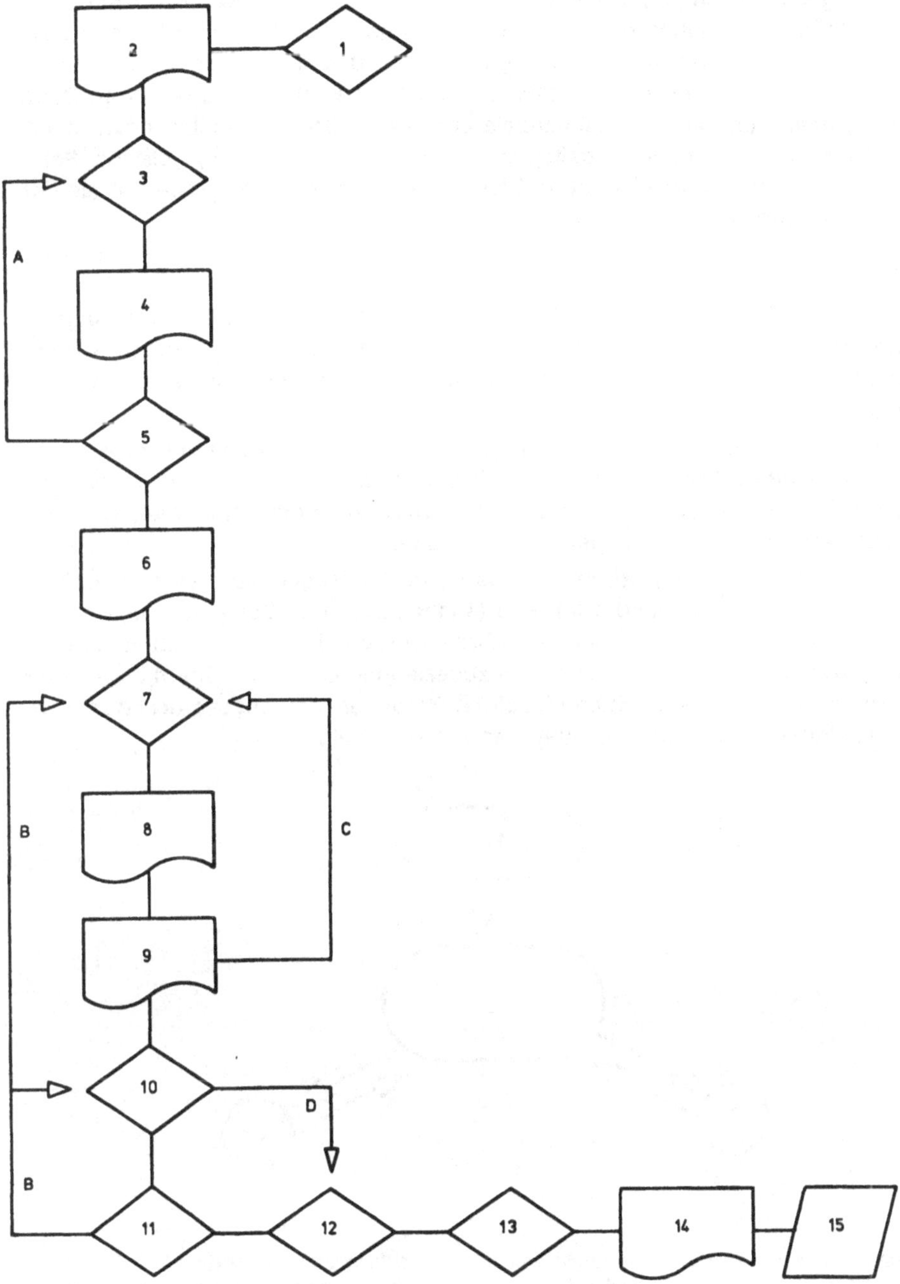
1
2
3
A
4
5
6
7
B
C
8
9
10
D
B
11
12
13
14
15

Drei Möglichkeiten bietet uns hier die Datenverarbeitung:

1. Die Magnetbandschreibmaschine

Die Magnetbandschreibmaschine, die etwa im Modell IBM 72 IV mit zwei Magnetbändern arbeitet, ermöglicht es, ein Schriftstück beliebig oft zu ändern, wobei jeweils nur die Änderungen geschrieben und die Einschübe und Streichungen berücksichtigt werden müssen, der Rest wird automatisch vom Band geschrieben. Man soll die Automatisierung dieser Schreibarbeiten nicht unterschätzen, da es in jedem Arbeitsgang ja mehrere Schreibgänge bis zur Reinschrift gibt, und da der Mangel an Schreibkräften beim Staat größer ist als der Mangel an Juristen.

2. Teleprocessing

Ein weiterer Schritt zur Rationalisierung des Gesetzgebungsprozesses läge in einer Verbindung der Magnetbandschreibmaschinen mit einem Teleprocessingsystem, in dem alle am Gesetzgebungsprozeß beteiligten Stellen verbunden sind.

Teleprocessing ist — vereinfacht dargestellt — die Verbindung von einer EDV-Zentraleinheit zu Datenstationen via Telefonleitungen mit dem Effekt, daß bei diesen Datenstationen (Schreibmaschinen, Drucker, Bildschirmgeräte) Ein- und Ausgabe für diese EDV-Anlagen erfolgen kann.

In unserem Anwendungsfall müßte das Band der Magnetbandschreibmaschine auf ein echtes Magnetband oder eine Magnetplatte des Computers übertragen werden und im Teleprocessing-Verfahren werden dann diese Daten den für den jeweiligen Gesetzgebungsakt einzubeziehenden Stellen übermittelt (etwa „Aussendung zur Begutachtung"), die Äußerungen der angesprochenen Stellen wiederum werden im analogen Weg rückgemittelt.

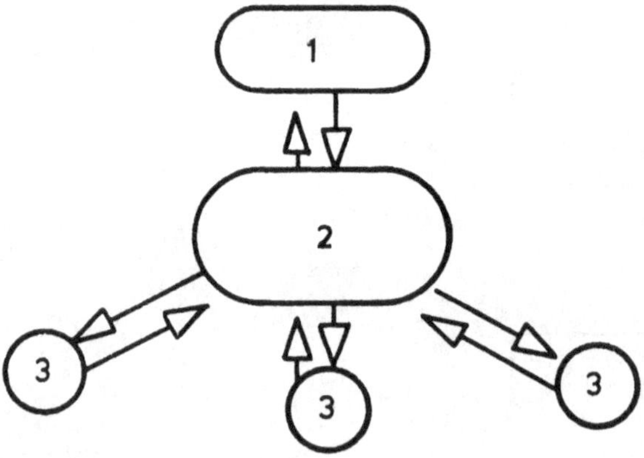

1 Im gegenwärtigen Stand des Rechtssetzungsverfahrens federführendes Organ
2 Computer-Zentraleinheit
3 Terminals der in diesem Stand des Rechtssetzungsverfahrens beteiligten Stellen (Landesregierungen, Kammern, Gewerkschaften und sonstige Interessenvertretungen)

Die Übertragungszeiten wären praktisch Null, die Einfügung der Änderungen und Berücksichtigung der Stellungnahmen zu den einzelnen Teilen würden technisch vereinfacht.

3. Composer

Der letzte Akt des Gesetzgebungsprozesses schließlich, der Satz- und Druckvorgang des Bundesgesetzblattes, kann mit Hilfe eines Composers automatisiert und beschleunigt werden. In der Vergangenheit gab es ja einige Male politische und rechtliche Schwierigkeiten, da die Staatsdruckerei mit der rechtsnotwendigen Publizierung der Gesetze nicht nachkam. Der Composer würde das Magnetband in seiner letzten, „vom Parlament" beschlossenen Fassung via Lochstreifen in einen automatischen Setzer überspielen und den Druckvorgang vorbereiten. Für den Druckvorgang selbst sind in den USA bereits im Gesetzgebungsverfahren mit Kathodenstrahlen arbeitende Lichtsetzmaschinen im Einsatz, die 700 Zeichen je Sekunde gegenüber den herkömmlichen sieben Zeichen je Sekunde setzen können[22].

Diese drei technischen Möglichkeiten könnten das Gesetzgebungsverfahren ebenso wie das Verordnungsverfahren der obersten Organe wesentlich beschleunigen und verbilligen, wenn die maschinellen Voraussetzungen die Gewähr bieten, mit weniger Fehlern zu arbeiten als der Mensch und ein entsprechendes Gesetz den oben beschriebenen Einsatz von EDV-Anlagen im parlamentarischen Rechtsetzungsverfahren zuläßt.

Eine Beschleunigung des Gesetzgebungsverfahrens böte nicht nur die Möglichkeit einer rascheren Reaktion auf soziale und wirtschaftliche Ereignisse, sondern etwa auch, daß die Fristen für das Außerkrafttreten von Rechtsvorschriften bei Aufhebung durch den Verfassungsgerichtshof wesentlich verkürzt werden könnten, was die rechtstechnisch unbefriedigende und mit dem Gleichheitsrecht kaum zu vereinbarende Notwendigkeit der unbekämpfbaren rechtmäßigen Anwendung von als verfassungswidrig erkannten Vorschriften minimieren würde.

4. Weitere Anwendungsmöglichkeiten

Es soll noch auf zwei weitere denkbare Anwendungsmöglichkeiten hingewiesen werden:

a) Terminals

Ein *Terminal* in der Wohnung bzw. im Büro jedes Abgeordneten zum Nationalrat ließe den Informationsfluß zwischen den Abgeordneten und dem Nationalrat wesentlich beschleunigen und die Vorbereitungszeit für Sitzungen verringern, der Anachronismus der zwei jährlichen Tagungen ist ja bekannt.

Ob sich diese Möglichkeiten einer dezentralisierten Information, sogar Entscheidung, auch in Notstandszeiten im Sinne eines Crisis Management[23] einsetzen lassen (etwa Abstim-

---

[22] *J. S. Elkins*, Legislatures and Data Processing, in: Law and Computer Technology, 1970, S. 285.

[23] Vgl. *F. Ermacora*, a.a.O. (17), S. 408 ff.

mung via Terminal) ist eher wegen der großen Störanfälligkeit der Maschinen zu verneinen.

b) Erweiterung der direkten Demokratie

Eine weitere, auf den ersten Blick bestechende Möglichkeit liegt in der Erweiterung des Anwendungsbereiches der *direkten Demokratie.* Das Schlagwort von der „Fernsehdemokratie" soll hier in dem Sinn verwendet werden, daß sich an den Fernsehapparaten in jedem Haushalt eine Einrichtung befinden könnte, mit deren Hilfe über eine vom Fernschirm her gestellte Frage abgestimmt werden kann. Bei einfachen Fragen, deren Konsequenz der Staatsbürger absehen kann, könnte das gut funktionieren (wenn man das Problem der Berechtigung des Bedienenden technisch löst und das Abstimmungsgeheimnis sichert), bei finanziellen und anderen komplexen Fragen scheint dies eher zweifelhaft zu sein und berührt die für die moderne Demokratie entscheidende Frage nach den Entscheidungsprämissen des Normsetzenden und nach der Realität und der Ernsthaftigkeit des Grundsatzes der Demokratie: „Ihr Recht geht vom Volke aus." Die Frage, ob die Großjährigkeit auf 18 Jahre herabgesetzt werden soll, könnte man noch direkt entscheiden lassen, bei der Frage, ob die Abtreibung straffrei werden soll, fällt die Antwort für eine direkte Demokratie schon wesentlich schwerer, obwohl man sich vorstellen kann, daß sich jeder Staatsbürger darüber eine Meinung gebildet hat und von dieser eher moralischen denn politischen Frage tangiert werden kann.

Zur Initiierung von Volksbegehren, für Volksabstimmungen und die Durchführung von Wahlen[24] ließe sich diese Möglichkeit technisch sicher in Bälde verwirklichen, doch ist es fraglich, ob sich die Kosten für ein derartiges System rentieren würden, wozu noch kommt, daß eine Kosten-Nutzen-Analyse wegen der Unmeßbarkeit ideeller Werte praktisch undurchführbar ist.

In den USA wurde diese Art „Fernsehdemokratie" auf kommunaler Ebene getestet[25] und führte zu guten Erfolgen, die Fragestellungen waren allerdings nur etwa nach dem Zeitpunkt des Schulbeginns, die Tariffestsetzung städtischer Verkehrsmittel, die Wahl von Gemeindeorganen.

Einen anderen Weg der Computer-Demokratie zeigt *H. Krauch*[26] jüngst auf, der mit dem „ORAKEL-System" (= organisierte repräsentative Artikulation kritischer Entwicklungs-Lücken) eine Direkt-Demokratie von Vertretern aller direkt oder indirekt von einem Problem betroffenen Bevölkerungsgruppen simuliert. Dieses Experiment, das von der richtigen Tatsache ausgeht, daß viele Bevöl-

---

[24] *R. Wimmer* (Nach unten verstopft, in: Academia, Wien, 1971, H. 2/3, S. 26—30) übt harte und konsequente Kritik an den für eine repräsentative Demokratie notwendigen Wahlen und den damit verbundenen Vorgängen in Österreich.

[25] Vgl. Kabelfernsehen mit Zuschauerbeteiligung, in: Neue Zürcher Zeitung, FA. 1973/7 vom 9. 1. 1973, S. 23.

[26] *H. Krauch*, Computer-Demokratie, 1972, S. 54 ff. Krauch gibt, nach einer eindringlichen Darstellung der Schwächen der herkömmlichen Demokratie, die er samt dem Parteiensystem in Frage stellt, folgende Definition der Computer-Demokratie: Unter Computer-Demokratie „wird ein strukturiertes und gut organisiertes Staatswesen verstanden, bei dem die wichtigsten Fragen nach gründlicher Vordiskussion über Funk und Fernsehen durch direkte Abstimmung entschieden werden. Die vielen tausend Einzelprobleme (mit denen sich heute Regierung und Parlament nur zum Teil beschäftigen können) werden arbeitsteilig von statistisch repräsentativ ausgewählten Bürgergruppen sorgfältig und unter Hinzuziehung des notwendigen Fach- und Sachverstandes bearbeitet und entschieden. Computer-Demokratie wird dieses System nur deswegen genannt, weil es sich für die notwendigen Kommunikationen und Abstimmungen der Elektronik bedient" (S. 110).

kerungsgruppen (wie Hausfrauen, Rentner, Schüler, Arbeiter) in den politischen Entscheidungsgremien unterrepräsentiert sind, hat als Komponenten eine Panel-Diskussion von Fachleuten und Gruppenvertretern, die live im Fernsehen ausgestrahlt wird, die Möglichkeit für die Zuseher, via Telefon auf diese Diskussion im Sinne einer Konkretisierung und Entscheidungsfindung einzuwirken, und eine Datenbank, von der die Fakten für das konkrete Problem – z. B. Umweltschutz – abgerufen werden können, u. a. damit die Fachleute sich nicht auf unüberprüfbare Behauptungen zurückziehen können. Die EDV hat in diesem Modell, das in den USA und in Deutschland bereits mehrmals erprobt und von den Zuschauern sehr positiv aufgenommen wurde, eine doppelte Funktion: Als Datenbank und als Auswertungsinstrument der telefonischen Antworten, die u. .a auf Grund einer fünfpunktigen Bewertungsskala (volle Zustimmung bis extreme Ablehnung) auf die vom Fernsehschirm her gestellten Fragen erfolgen, und die die folgende Diskussion in die von der Mehrheit der Zuseher gelenkten Richtung führen; dabei werden auch die persönlichen Angaben der Anrufer codiert, um einen repräsentativen Bevölkerungsquerschnitt zu erhalten und um gelenkte Interessengruppen zu erkennen bzw. auszuschalten. Das ORAKEL-System bringt in seiner gegenwärtigen Augestaltung noch keine direkte Demokratie, kann aber sehr wohl Entscheidungsunterlagen über die wahre Interessenlage der von in die Zukunft wirkenden politischen Maßnahmen (etwa Umweltschutz, die verschiedenen Einsatzbereiche der Planung) betroffenen Bevölkerungsgruppen aufzeigen; daß hier ein echtes Bedürfnis vorliegt, beweisen die zahlreichen Bürgerinitiativen der letzten Zeit, die sich auch gegen die Entscheidungen der Volksvertretungen richten. Es ist denkbar, daß dieses Modell zu einer Form einer echt Direkt-Demokratie erweiterbar ist, d. h. es würde nicht nur die Entscheidungsvorbereitung, sondern die Entscheidung durch Bürgergruppen selbst ermöglicht. *Krauch* erkennt richtig, daß die Realisierung dieser Demokratieform zunächst ein Problem der politischen Bildung und dann eine Frage der Bereitwilligkeit der Mitarbeit der Bürger ist, die die vermehrte Freizeit einer erhöhten politischen Aktivität widmen müßten. Zwei Fragen aber bleiben offen: Ob durch diese Form der Demokratie tatsächlich die Sozialchancen gleichmäßiger verteilt würden, und ob eine reale Chance besteht, diese Methode der Demokratie mit der Zustimmung der gegenwärtigen politischen Machtträger zu institutionalisieren.

IV. Die möglichen juristischen und politischen Hilfen für den Gesetzgeber

A. Technische Voraussetzungen

1. Datenbank – Informationssystem

Unabdingbar ist eine ausgebaute und umfassende Datenbank[27] sowohl der systematischen juristischen Informationsbereiche Rechtsvorschriften, Lite-

---

[27] Vgl. u. a. *F. Haft*, Elektronische Datenverarbeitung im Recht, 1970; *Prestel*, Datenverarbeitung im Dienste juristischer Dokumentation 1971; *Th. Lutz/H. Klimesch*, Die Datenbank im Informationssystem, 1971; *H. Arntz*, Vom Wesen der politischen Informa-

ratur und Judikatur als auch Datenbanken für wirtschaftliche und soziale Informationen – eventuell in einem integrierten System, d. h. mit voller Kompatibilität der einzelnen Informationsssteme. Auch eine Datenbank für politische Informationen wird notwendig sein[28].

In den USA existieren bereits in über dreißig Bundesstaaten derartige Legislative Information Systems, die zumindest alle Rechtsvorschriften eines Staates enthalten und auf verschiedenen Arten der Dokumentierung und des Retrieval beruhen[29]; in der Bundesrepublik Deutschland gibt es Ansätze zu derartigen Datenbanken[30], u. a. beim Bundestag, in Österreich laufen dafür Planungsarbeiten[31].

2. Datenverarbeitungsanlage

Weiters ist Voraussetzung eine leistungsfähige Datenverarbeitungsanlage mit qualifiziertem Personal (brainware) sowie den entsprechenden Peripheriegeräten samt Software.

Auf die Organisierung dieses „braintrust", die eine Fülle von staatstheoretischen, verfassungspolitischen und demokratischen Problemen aufwirft, wird noch kurz zurückzukommen sein.

3. Personenkennzeichen

Eine wesentliche Hilfe wäre ein Personenkennzeichen für alle Einwohner eines Staates (derzeit voll nur in Dänemark durchgeführt, in mehreren

---

tion, in: IBM-Nachrichten, 18 (1968), Nr. 189, S. 171–176; *V. Hauff*, Informationsbedürfnisse in den Gesellschaftswissenschaften. Der Bedarf eines Politikers, in: Nachrichten für Dokumentation, 1970, S. 263–265; *F. Haft*, Automatisierte juristische Dokumentation und Gesetzesplanung, in: Gesetzesplanung, 1972, S. 163–180 (EDV und Recht, 4).

[28] *K. Haag*, a.a.O. (16), bezeichnet mit Recht die Normeninformation und die Fakteninformation (Sozialdaten) und die Feststellung von Beziehungen zwischen diesen beiden Bereichen als Kriterium für die (formale) Rationalisierung des Gesetzgebungsprozesses.

[29] *C. Hamilton*, The Computer and the Legal Profession, in: Law and Computer Technology, 1970, S. 58–66, S. 97–107; *R. I. Chartrand*, Computer Technology and the Congress, in: Information Storage and Retrieval 6 (1970), S. 229–240; *K. Hopt*, Entwicklungen der Rechtsinformatik in den USA, in: Datenverarbeitung in Recht, Steuer und Wirtschaft, 1972, S. 235–244, 280–283, 304–308.

[30] Vgl. u. a. Juristisches Informationssystem mit Hilfe der elektronischen Datenverarbeitung (Bericht der Arbeitsgruppe für Datenverarbeitung im Bundesministerium der Justiz, Beilage 1970/8 zum Bundesanzeiger Nr. 41 [8. 2. 1970]); Das Juristische Informationssystem. Analyse – Planung – Vorschläge, 1972; *U. Damann*, Juristische Dokumentationssysteme und Rechtsentwicklung, in: Zeitschrift für Rechtspolitik, 1971, S. 287–291; *W. Kunz/K. H. Meyer-Uhlenried/H. Rittel*, Die Entwicklung eines Informationssystems für den Deutschen Bundestag, in: Information Retrieval Systems (IRS) – Management Information Systems (MIS), 1970; Das Informationsbankensystem, 1971, 3 Bde. – Für die DDR vgl. *E. Wirkner*, Gesellschaftswissenschaftliche Information im sechsten Jahr ihrer Entwicklung, in: Informatik, H. 1971/4, S. 5–7; *G. Jedziny*, Die Informationsarbeit als allgemeine gesellschaftliche Produktivkraft, in: Informatik, H. 1972/4, S. 18–20.

[31] Vgl. z. B. Kurier (Wien) vom 25. 11. 1971, S. 2; Wochenpresse (Wien) vom 10. 1. 1973, Nr. 2/1973, S. 4.

anderen Staaten auf kommunaler Ebene eingeführt – z. B. in Lüneburg – oder in Planung, in der Bundesrepublik Deutschland ab 1973 vorgesehen[32]. Eine derartige Einwohnerdatei, die Probleme des Datenschutzes aufwirft, soll alle sozial und juristisch relevanten Daten jedes Einwohners unter einem bestimmten Code abrufbar halten[33]. Sie würde nicht nur der Gesetzgebung und der politischen Planung große Dienste leisten, sondern auch für den Staatsbürger selbst viele Vorteile bringen (keine Schwierigkeiten mit Urkundenbeschaffung und -vorlage, wesentliche Vereinfachungen des Behördenweges).

B. Die möglichen politischen Hilfen bei der Gesetzgebung

Der Gesetzgeber sieht sich einer von Jahr zu Jahr vermehrten Arbeit gegenüber. Dies hängt sowohl mit der Expansion der Staatszwecke vom Ordnungsstaat zum Leistungsstaat als auch mit der gesellschaftlichen, wirtschaftlichen und technischen Entwicklung zusammen, die von der Rechtsordnung berücksichtigt werden muß. Die Anforderungen an den Gesetzgeber werden immer größer und die möglichen Folgen einzelner Rechtssetzungsakte immer unüberschaubarer, so daß dem Gesetzgeber Mittel gegeben werden müssen, um ihm eine verantwortungsbewußte Entscheidung, deren Tragweite er erkennen kann, auch in Zukunft zu ermöglichen.

Die von der Organisationswissenschaft und von der Kybernetik unter Anwendung von Computern entwickelten Techniken können helfen, diese Lücke zu schließen[34].

1. Simulation[35]

Es werden verschiedene (rechts)politische Analysen erstellt und die potentiellen rechtlichen Regelungen aufgezeigt. Die so aufgestellten Modelle werden mit den Modellen der zukünftigen Wirklichkeit konfrontiert. Es wird eine durch eine Rechtsänderung erzeugte Lage simuliert.

Die Simulation eines Systems oder eines Organismus besteht darin, daß ein Modellentwurf oder Simulator in Gang gesetzt wird, der das System oder den Organismus darstellt. Von der Untersuchung der mit dem Modell gemachten Erfahrungen kann man auf die Eigenschaften schließen, die das Verhalten des eigentlichen Systems zeigen. Einer der Gründe für die Ausarbeitung einer Simulation besteht darin, daß das Modell Manipulationen zugänglich ist, die

---

[32] Vgl. *A. Podlech*, Verfassungsrechtliche Probleme öffentlicher Datenbanken, in: Die öffentliche Verwaltung, 1970, S. 473; Betrifft: Personenkennzeichen, Hrsg. vom Bundesministerium des Innern (Öffentlichkeitsarbeit des Bundesinnenministeriums 7), 1972.

[33] Vgl. den Ausschnitt aus dem Subcommittee-Report des US-Senates: What the United States Government knows about its Citizens, in: Computer and Automation, March 1968, S. 12 f.

[34] Vgl. zum folgenden vor allem *K. Hopt*, Finale Regelungen, Experiment und Datenverarbeitung in Recht und Gesetzgebung, in: Juristenzeitung (Tübingen), 1972, S. 65–75; *K. Hopt*, Simulation und Planspiel in Recht und Gesetzgebung, in: DVR, 1972, S. 1–40.

[35] Für das Vorfeld der Rechtssetzung und die Methodik vgl. *C. Böhret* (Hrsg.), Simulation innenpolitischer Konflikte, 1972, mit umfangreichen Literaturhinweisen; einige Beiträge in: Cybernetics, Simulation and Conflict Resolution, 1971.

schlecht oder unmöglich an der dargestellten Wirklichkeit vorgenommen werden können[36]. Die Nachbildung bzw. Vorwegnahme einer sozialen Situation auf der Rechenanlage, die wegen der Fülle der zu verarbeitenden Daten notwendig ist, wird als Simulator des speziellen Systems bezeichnet. Das zu simulierende System und der Simulator sind bezüglich des betrachteten Verhaltens zueinander homomorphe Systeme, d. h. in gleicher Weise strukturiert[37].

Durch Änderung der Variablen – d. i. in unserem Fall die potentielle rechtliche Lösung – kann das Modell variiert werden und es werden mit hoher Wahrscheinlichkeit die rechtspolitischen und faktischen Folgen jeder möglichen Normierungsvariante aufgezeigt. Je nach dem welche der aufgezeigten Alternativen dem politischen Ziel des Gesetzgebers bzw. des Abgeordneten entspricht, wird er seine Entscheidung treffen.

Die ersten Ansätze zu einer derartigen Simulation von durch Rechtsvorschriften geschaffenen Veränderungen wurden im staatlichen Informationssystem des US-Bundesstaates Georgia durchgeführt[38].

Ein Anwendungsbeispiel für Simulation wäre etwa bei der Ausarbeitung von Steuergesetzen die Festlegung von Steuersätzen, von Freibeträgen u. ä., um u. a. deren budgetäre und inflationäre Auswirkungen zu prognostizieren. So wurde etwa der politisch sehr umstrittene Satz der Mehrwertsteuer in Österreich (§ 10 Umsatzsteuergesetz, BGBl. 1972/223) ohne Anwendung von Computern auf Grund von Schätzungen festgestellt, eine echte Errechnung und Durchrechnung verschiedener Varianten hätte die Entscheidung sicher objektiviert und transparenter gemacht, womit mancher politische Streit verhindert worden wäre. Ausgangspunkt für die Errechnung hätte die Finanzstatistik sein können.

Eng verwandt mit der Simulation, die wegen der Fülle der zu berücksichtigenden Daten nur mit Hilfe der EDV möglich ist, ist die Spieltheorie, bei der das Modell aber nicht durch Veränderung der Eingangsdaten variiert wird, sondern vom Entscheidungsverhalten von Menschen ausgegangen wird. Die von *Morgenstern* und *Neumann* für das wirtschaftliche Verhalten entwickelte Spieltheorie[39] läßt sich auch auf politische Entscheidungsprozesse anwenden, wenn auch hier noch kaum Erfahrungen vorliegen[40]. Eine Schwierigkeit liegt sicher darin, daß die Spieltheorie von statischen Spielregeln und Funktionsmerkmalen (z. B. Gewinnmaximierung) ausgeht, wogegen die adäquaten Vorstellungen der Politik aber einem ständigen Wandel, der von Wertungen bestimmt ist, unterliegen[41].

---

[36] Nach *M. Shubik*, Spieltheorie und Sozialwissenschaft, 1963, S. 79 f.

[37] Artikel Simulation, in: *G. Klaus*, Wörterbuch der Kybernetik, 1969, Bd. 2, S. 581 f.

[38] *J. S. Elkins*, a.a.O. S. 282.

[39] *J. Neumann/O. Morgenstern*, Theory of Games and Economic Behavior, 1944 (3. Aufl. 1953); *K. Arrow*, Social Choice and Individual Values, 1951.

[40] *E. Lang*, a.a.O. S. 300.

[41] *K. Deutsch*, a.a.O. S. 102 ff.

2. Die Verwendung von Datenbanken für die Optimierung von Rechtssetzungsakten

Eine voll ausgebaute Datenbank kann nicht nur auf Abfrage dem Gesetzgeber das gewünschte statistische Material für jeden beabsichtigten Rechtssetzungsakt liefern, sondern auch als „Automat" auf Schwächen in der Rechtsordnung hinweisen und Indikatoren für von den Normadressaten gewünschte oder notwendige Rechtsänderungen oder rechtliche Regelungen aufzeigen Es müssen dazu dem Informationssystem gewisse Schwellenwerte eingegeben werden, bei deren Überschreiten eine Meldung erfolgen soll. Denkbar ist dies etwa für Bereiche der Kriminalpolitik und der Schulpolitik. Wenn etwa die Zahl der Verkehrsunfälle wegen Alkoholisierung und wegen überhöhter Geschwindigkeit an bestimmten Orten oder zu bestimmten Zeiten wesentlich zunimmt, so müßte der Gesetzgeber Abhilfe schaffen; oder wenn etwa bei bestimmten Studienrichtungen die Hörerzahl in den ersten Semestern sprunghaft ansteigt, werden Schwerpunkte für die Finanzierung dieser Fakultäten gesetzt werden müssen.

Am Rande taucht hier bereits die Frage auf, ob die Rechtsetzungsautorität diesen Indikatoren der Entwicklung „automatisch" nachgeben kann oder muß und wie sie steuernd und planend eingreifen darf, worauf später noch zurückzukommen sein wird.

3. Planung und Netzplantechnik

Das letzte Beispiel führte uns bereits in das Gebiet der politischen Planung[42], zu der die elektronische Datenverarbeitung auch mit der Methode der Netzplantechnik herangezogen werden kann.

Die (graphische) Darstellung der terminlichen Abhängigkeiten aller zu einem größeren Vorhaben gehörigen Einzeltätigkeiten mit dem Ziel, die komplizierte Vermaschung auch bei Großprojekten überschaubar zu machen, bezeichnet man als Netzplan. Die Netzplantechnik baut als Planungsmethode darauf auf und versucht, den Ablauf eines Projektes hinsichtlich des Zusammenspiels aller Einzelmaßnahmen optimal zu gestalten; in jedem Zeitpunkt ist ein genaues Bild des Projektfortschrittes zu geben, Verschiebungen durch exogene Einflüsse sind zu berücksichtigen und Planänderungen zur Anpassung an die geänderte Situation sind zu erleichtern[43].

Von den verschiedenen Methoden der Netzplantechnik scheinen PERT (Program Evaluation and Review Technique) und MPM (Metra Potential Method) für die Anwendung auf politischen und juristischen Gebieten am geeignetsten, die Begründung dafür bedürfte allerdings längerer Ausführungen über die Netzplantechnik[44].

Anwendungsbereiche der Netzplantechnik sind alle komplexen Planungsaufgaben, besonders für den Einsatz der Produktionsfaktoren Kapital und Arbeit.

---

[42] Vgl. einführend *W. Schnelle*, Wie lassen sich politische Aufgaben planen? in: Kommunikation, 1971, S. 33–38.

[43] Nach Artikel Netzplantechnik, in: Lexikon der Datenverarbeitung, 1969, S. 357.

[44] Vgl. *N. Thumb*, Grundlagen und Praxis der Netzplantechnik, 1968.

Es soll hier kurz und vereinfacht ein Beispiel aus der Heerespolitik skizziert werden: Es ist eine umfassende Reform des Bundesheeres geplant mit einem bestimmten Ziel. Dieses Ziel kann nur mittelfristig nach Zusammenwirken einer Mehrzahl von Faktoren erreicht werden.

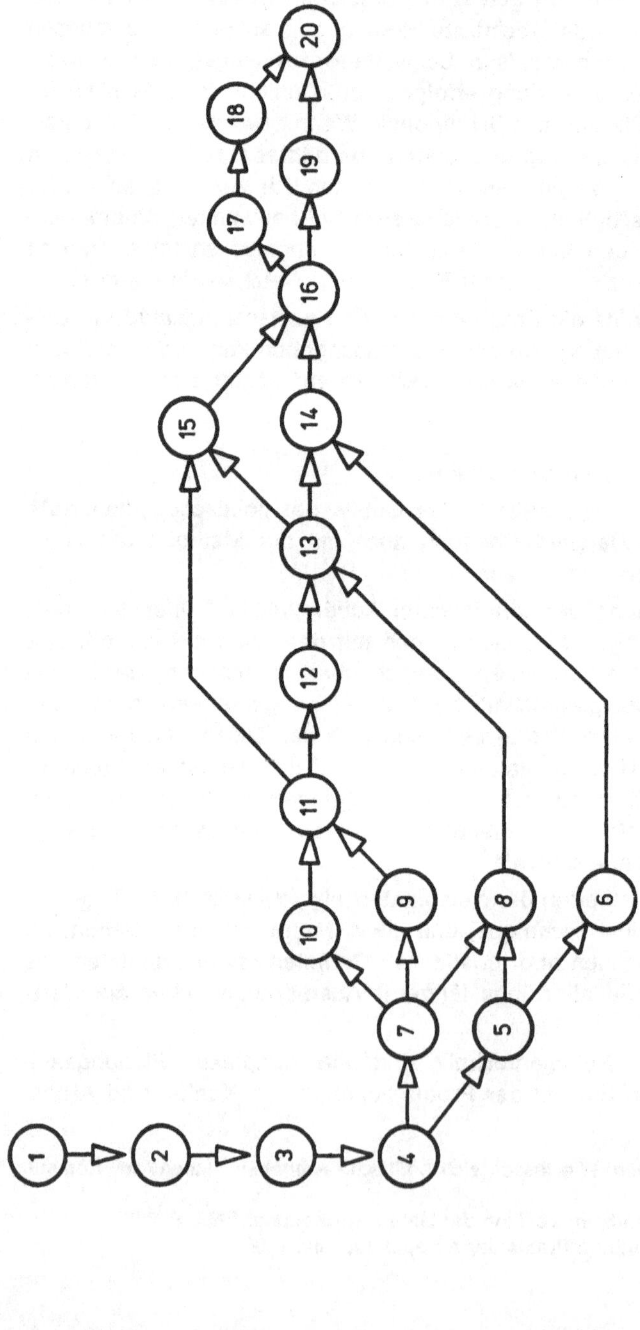

1 Jetzige Situation des Heeres
2 Erstellung eines Wehrkonzeptes
3 Politische Verhandlungen
4 1. Wehrgesetznovelle
5 Ausarbeitung neuer Ausbildungsvorschriften
6 Beginn der geänderten Ausbildung für Präsenzdiener (zu detaillieren nach Einberufungsterminen u. ä.)
7 Höhere Budgetmittel
8 Geänderte Ausbildung für Längerdienende
9 Bauaufträge für Kasernen u. ä.
10 Waffenbestellungen
11 Anleihe für Heereszwecke
12 Lieferung der neuen Ausrüstung
13 Ausbildung des Kaderpersonals an der neuen Ausrüstung
14 Ausbildung der Präsenzdiener an neuer Ausrüstung
15 Fertigstellung der neuen Kasernen u. ä.
16 2. Wehrgesetznovelle
17 Organisatorische Umstrukturierung der Einheiten
18 Instruierung der Reservisten
19 Auflösung der bisherigen Einheiten
20 Reformiertes Bundesheer

Durch das Einsetzen von Terminen für die im einzelnen notwendigen Akte und die Abschätzung der notwendigen Zeit für einzelne Arbeiten kann ein genauer Zeit- und Finanzierungsplan aufgestellt werden, der sowohl für die Regierung als auch für den Gesetzgeber optimale Zeitpunkte für die Durchführung der einzelnen rechtlich und politisch notwendigen Akte angibt.

Andere Beispiele wären ein Ausbauprogramm für das österreichische Bundesstraßennetz aufgrund einer funktionellen Straßenbewertung[45] und der Bevölkerungsprognosen oder eine Schulreform ab 1976 bei gegebener Kinderzahl 1971 und wahrscheinlichem Berufsweg bis zur Hochschule: mit genauer Planung, wann wo wie große Schulen gebaut werden müssen, wann dafür Lehrer ausgebildet sein müssen und schließlich wann Arbeitsplätze für die Absolventen der verschiedenen Ausbildungsrichtungen vorhanden sein müssen.

Ein weiteres Anwendungsfeld der Netzplantechnik, das aber primär die Tätigkeit der Regierung betrifft, ist die Koordination von Maßnahmen der politischen Planung[46], die von den einelnen Ministerien beabsichtigten Aktionen und Gesetzesinitiativen können mit Hilfe eines Informationssystems und eines „politischen Netzplanes" aufeinander abgestimmt und in ihrer Konkretsierung optimiert werden[47].

4. Kostenberechnung einer legistischen Maßnahme

Jede beabsichtigte legistische Maßnahme soll bzw. muß eine Angabe enthalten über ihren finanziellen Mehraufwand, und ob ihre Durchführung eine Vermehrung des Personalstandes notwendig machen würde.

Für Regierungsvorlagen ist dies in den legistischen Richtlinien des Bundeskanzleramtes — Verfassungsdienst[48] verlangt, für Initiativanträge von Abgeordneten des Nationalrates in § 21 Abs. 1 der Geschäftsordnung des Nationalrates (BGBl. 1961/178)[49]. Diese Kostenaufstellung über eine über den Bundesvoranschlag hinausgehende finanzielle Belastung und die Deckung dieses Mehrauf-

---

[45] Funktionelle Straßenbewertung, hrsg. vom Bundesministerium für Bauten und Technik (Österreichisches Institut für Raumplanung), 1971.

[46] Vgl. eingehend *V. Ronge/G. Schmieg* (Hrsg.), Politische Planung in Theorie und Praxis, 1971.

[47] *K. Lompe*, Gesellschaftspolitik und Planung, 1971, S. 297 ff.

[48] Legistische Richtlinien 1970, BKA-VD, Zl. 43.984-2b/70, Punkt 112: „In den Erläuterungen ist auch genau anzugeben, ob und welcher finanzielle Mehraufwand mit den vorgeschlagenen legistischen Maßnahmen verbunden ist. Hierbei ist nicht nur der mit der Vollziehung eines in Aussicht genommenen neuen Gesetzes verbundene Sachaufwand (Mehrausgaben) präzise zu bezeichnen, sondern auch anzuführen, ob und in welchem Ausmaß die betreffende Maßnahme eine Vermehrung des Personalstandes (der Dienstposten) erforderlich machen würde." § 15 der Regierungsvorlage des Bundeshaushaltsgesetzes vom 8. 1. 1973 (609 d. Blg. St. Prot. NR., XIII. GP) enthält noch detailliertere Vorschriften über die künftige diesbezügliche Gestaltung von Gesetzentwürfen.

[49] § 21 Abs. 1: „Selbständige Anträge, nach welchen eine über den Bundesvoranschlag hinausgehende finanzielle Belastung des Bundes eintreten würde, müssen zugleich Vorschläge darüber enthalten, wie der Mehraufwand zu decken ist." Vgl. dazu *W. F. Czerny/H. Fischer*, Geschäftsordnung des Nationalrates, 1968, S. 60 ff.

wandes ist vom zuständigen Ausschuß und eventuell vom Finanz- und Budgetausschuß zu prüfen und kann bei Mangelhaftigkeit zur Zurückweisung des Antrages führen (§ 21 Abs. 2 leg. cit.).

Diese Bestimmung würde in der Praxis, sollte sie streng beachtet werden, zu großen Schwierigkeiten führen. Denn wenn ein Abgeordneter etwa einen Antrag über eine Steueränderung oder eine Pensionserhöhung einbringen will, muß er sich entweder auf grobe Schätzungen verlassen oder einen mathematisch-statistischen Apparat zur Verfügung haben, der für ihn diese Berechnungen durchführt. Die Erfahrung zeigt, daß sich die Abgeordneten, wenn sie überhaupt derartige Initiativen ergreifen, meist auf Schätzungen verlassen – was sich bei Gesetzesannahme in einer Verunsicherung des Staatshaushaltes ausdrückt – und sich dem Vorwurf eines unverantwortlichen „Lizitierens" aussetzen. Ein Beispiel aus dem Wahlkampf 1971 soll dies erläutern: Gemäß § 33 a Einkommensteuergesetz 1967 konnten Ehepaare bei erstmaliger Hausstandsgründung fünf Jahre hindurch 12 000 S steuerlich absetzen. Die beiden großen Parteien nahmen nun in ihr Wahlprogramm vor den Nationalratswahlen 1971 auf, diese Absetzungsmöglichkeit durch eine Barauszahlung bei der Heirat zu ersetzen. Man sprach anfangs von einem Betrag von 10000 S, dann von 15000 S. Es kam zu einer Klage vor dem Wahlschiedsgericht, daß dieser höhere Betrag nicht realisierbar sei und das Wahlschiedsgericht mußte sich mit diesen Berechnungen befassen[50].

Versetzen wir uns in die Lage eines Abgeordneten, der eine derartige Idee zu einem Initiativantrag im Nationalrat auswerten möchte. Welche Informationen wird er aus der Sicht des § 21 Abs. 1 der Geschäftsordnung des Nationalrates brauchen:

a) Die Zahl der jährlichen Eheschließungen (etwa der Durchschnitt der letzten fünf Jahre);

b) die Zahl der Personen, die jährlich von der Abschreibungsmöglichkeit des § 33 a Einkommensteuergesetz Gebrauch gemacht haben;

c) die (durchschnittlichen) Jahreseinkommen dieser Personen, um zu errechnen, was der Staat an Steuern gewinnt, wenn diese Absetzungsmöglichkeit wegfällt.

Sind diese Daten in einem Informationssystem vorhanden[51], so könnte der Computer in Sekundenschnelle dem Abgeordneten ohne große Programmschwierigkeiten errechnen, welcher Betrag ohne Mehrbelastung des Staates an Jungverheiratete ausgegeben werden könnte, die Ergebnisse wären von einer sehr geringen Fehlerquote[52].

---

[50] Vgl. z. B. Kronenzeitung (Wien), 31. 10. 1971, S. 3. Ähnliche Vorwürfe gab es im Januar 1973 bei den Vorschlägen zur Sanierung der österreichischen Krankenanstalten.

[51] a) ist bereits durch die vorhandene Bevölkerungsstatistik wenigstens teilweise erfaßt, b) ließe sich durch eine einfache Finanzstatistik erfassen, c) wäre in einer umfassenden Finanzstatistik enthalten.

[52] Angenommen ist die Bedingung ceteris paribus (etwa kein Heiratsboom im nächsten Jahr, Vernachlässigung des Faktors, daß nicht alle Heiratenden von der Absetzungsmöglichkeit Gebrauch machen oder die Barzahlung bekommen können).

Der Abgeordnete hätte nicht nur eine solide Basis für seine Gesetzesinitiative und der Ausschuß eine echte Prüfungsgrundlage, das Finanzministerium wäre vor unvorhergesehenen Mehrkosten geschützt; durch eine geringe Modifikation der Berechnung wäre es auch möglich, den Grenzwert des Jahreseinkommens zu finden, bei dessen Unterschreitung eine Barauszahlung vorteilhafter wäre als die Ersparung an Lohn- bzw. Einkommensteuer bei Absetzung. Dies wäre nicht nur eine für die politischen Ziele des Abgeordneten wichtige Information, sondern auch für den Wähler von großem Interesse[53].

C. Die möglichen juristischen Hilfen für die Gesetzgebung

Auch bei der rein juristischen Arbeit kann die elektronische Datenverarbeitung dem Legisten wesentliche Hilfen bringen — unter der Voraussetzung, daß ein umfassendes Rechtsinformationssystem zur Verfügung steht:

1. Indikation von problematischen Rechtsvorschriften

Das juristische Informationssystem kann aktiv Hinweise auf notwendige Eingriffe und Aktionen des Gesetzgebers bringen: Wenn etwa zu einem bestimmten Tatbestand sehr häufig die Höchstgerichte angerufen werden, so kann dies zweierlei bedeuten:

a) Die Normadressaten sehen diese Vorschrift als ungerecht, unbillig, verfassungswidrig, überholt, „widersinnig" u. ä. an; kurz, das „Rechtsempfinden" der Betroffenen wehrt sich dagegen. Das tatsächliche „Rechtsempfinden" der Normunterworfenen könnte mit Hilfe der oben gezeigten Möglichkeiten der Computer-Demokratie oder mittels einer Argumentationsmatrial erkundert werden[54].

b) Die Vorschrift ist unklar, unglücklich formuliert und bringt Auslegungsschwierigkeiten. Beide Möglichkeiten sollen den Gesetzgeber anregen, Überlegungen zu einer Novellierung dieser Vorschrift anzustellen: Im Falle b) zu einer klaren Formulierung des Textes[55] — diese Funktion haben etwa heute in Österreich die jährlichen Berichte der Höchstgerichte an die Bundesregierung —, im Falle a), ob es rechtspolitisch zu vertreten ist, diese Vorschrift dem „Rechtsempfinden" gemäß zu gestalten.

2. Die oft zu schwierigen Aulegungsfragen führenden Derogationsbestimmungen können wesentlich präzisiert werden. Die übliche „Angstklausel" „alle diesem Gesetz widersprechenden Vorschriften treten außer Kraft" kann ersetzt werden durch eine taxative Aufzählung der außer Kraft tretenden bzw. in Kraft bleibenden Bestimmungen. Eine Lösung der Probleme der mate-

---

[53] Vgl. die tatsächliche neue Regelung im BGBl. 1971/460.

[54] Vgl. *A. Nagel*, Die Argumentationsmatrix als ein zweites Werkzeug der Wissenschaft vom politischen Entscheiden für Bürger und Bürgergruppen, in: Kommunikation, 1971, S. 13—31; *A. Nagel*, Leistungsfähige Entscheidungen in Politik und Verwaltung durch Systemanalyse, 1971, S. 45 ff. — Die Bezugnahme auf das „Rechtsempfinden des österreichischen Volkes" findet sich übrigens schon in § 1 Abs. 1 des Rechts-Überleitungsgesetzes 1945, StGBl. 6.

[55] Vgl. die treffende Bemerkung *Julius Kirchmanns*: Ein Wort des Gesetzgebers und ganze Bibliotheken werden zu Makulatur.

riellen Derogation mit Hilfe von Automatismen liegt zwar noch in weiter Ferne; Wege dazu sind sicher einerseits linguistische Analyse, andererseits normentheoretische Untersuchungen[56].

3. Die Redundanz von Gesetzen und Verordnungen kann verringert oder verhindert werden. Die Gesetzessprache kann wesentlich vereinfacht und auf feste Begriffe aufgebaut werden. Es kann sichergestellt werden, daß ein Wort der Gesetzessprache in der ganzen Rechtsordnung ein- und denselben Sinn hat. Wenn etwa die Höchstgerichte einen Begriff der Rechtssprache definiert haben, so soll der Gesetzgeber bei seiner weiteren Tätigkeit diese Definition berücksichtigen oder – wenn er davon abgeht – in den Motivenberichten erklären, warum er dieses Judikat nicht berücksichtigt. Dies soll für so triviale Begriffe wie „Garten"[57], aber auch bei reinen Rechtsbegriffen wie „Verordnung", „Bescheid", „Versorgung"[58], „Wohnsitz"[59] geschehen. Die Hinweise der Judikatur auf verfassungsrechtlich einwandfreie Vorschriften können die Setzung ähnlicher Normen wesentlich erleichtern und Bedenken von vorneherein ausschalten[60].

Ziel ist eine klare, eindeutige Rechtssprache, die Forderung nach einer Verbesserung der legistischen Technik kann erfüllt werden[61].

Die Vorgangsweise des Legisten wird hier etwa die sein, daß er sich aus der juristischen Datenbank alle Rechtsvorschriften und Entscheidungen des von ihm neu zu gestaltenden Rechtsgebietes ausgeben läßt und diese, die die Gewähr der Vollständigkeit bieten, bei seiner legistischen Tätigkeit berücksichtigt.

4. Versehen bei der Gesetzgebung können vermindert, wenn nicht überhaupt verhindert werden. Heute ist es beim Umfang des Rechtsstoffes, vor allem in einer historisch gewachsenen Rechtsordnung wie der österreichischen, in der einzelne Bestimmungen aus dem 18. Jahrhundert stammen, auch für den versierten, in der Legistik tätigen Beamten nur mit großem Zeitaufwand und ohne Gewähr für Vollständigkeit möglich, alle geltenden Regelungen zu einem Gegenstand zu eruieren bzw. zu kompilieren. Die Fehlerquote des Menschen liegt hier sicher über der eines Computers, der durch entsprechende Prüfroutinen kontrolliert wird. Mit Hilfe einer EDV-Datenbank können beabsichtigte Rechtssetzungsakte auf ihre Vereinbarkeit mit dem geltenden Recht ebenso

---

[56] Vgl. *V. Knapp*, a.a.O., S. 52; *F. Lachmayer*, Normentheorie (im Erscheinen).

[57] VwGH 7061 A/1967.

[58] VfGH 3389/1958.

[59] Vgl. zu den verschiedenen Bedeutungen dieses in mehreren Rechtsbereichen relevanten Begriffes *Cede/Psenner*, Gedanken zur Aufspaltung der Sprache im Recht, in: Der Staatsbürger, Nr. 1971/22.

[60] Vgl. die stereotype Formel des österreichischen Verfassungsgerichtshofes: „Der Gerichtshof hat gegen diese Vorschrift in Bezug auf den Gleichheitssatz keine verfassungsrechtlichen Bedenken und findet auch sonst keinen Anlaß, ein Normenprüfungsverfahren einzuleiten. Siehe z. B. VfGH 5713/1968, 5714/1968, 6087/1969.

[61] *R. Walter*, Die Lehre von der Gesetzestechnik, in: Österreichische Juristenzeitung, 1963, S. 85–90; *Reissig*, Aktuelle Probleme der Gesetzestechnik und Rechtsbereinigung, in: Österreichische Juristenzeitung, 1968, S. 177–180; *H. Garstka*, Formulierungsprobleme bei der Gesetzesplanung, in: Gesetzesplanung, 1972, S. 83–94 (EDV und Recht, 4).

geprüft werden wie auf logische Widerspruchsfreiheit, auf formelle Fehler, auf ins Leere gehende Verweise; es können alle leges fugitivae zu einem Grundsatzgesetz festgestellt werden u. ä. Soll eine bestimmte Rechtsvorschrift geändert werden – z. B. Änderung einer Altersgrenze, einer Frist, eines verfahrensrechtlichen Grundsatzes (z. B. Beweislast, Zeugenpflichten, Relevanz des Rechtsirrtums, Pflicht zur Urkundenvorlage) – so kann die Verträglichkeit dieser Änderung mit der gesamten Rechtsordnung geprüft werden, um gegebenenfalls damit konnexe Vorschriften anderer Rechtsgebiete einzubeziehen.

Einige Fehler des österreichischen Bundesgesetzgebers in den letzten Jahren konnten noch während des Gesetzgebungsverfahrens korrigiert werden[62], andere wurden erst im nachhinein erkannt und stellen die Gesetzesanwender vor schwere Auslegungsprobleme; so stimmen etwa im österreichischen Mietengesetz, das zu den sozial und wirtschaftlich wichtigsten Gesetzen zählt, nach dem Mietrechtsänderungsgesetz (BGBl. 1967/281) acht Verweise auf andere Gesetzesstellen nicht mehr [63]; weiters ist hinzuweisen auf ins Leere gehende Verweise des Studienförderungsgesetzes. Diese Versehen erzwingen häufig nach wenigen Monaten eine Korrektur durch den Gesetzgeber selbst, die Nationalratswahlordnung 1971 (BGBl. 1970/391) dürfte dafür das jüngste Beispiel sein: Hier wurde an drei Stellen (§§ 14 Abs. 3, 15 Abs. 2 und 4) auf die Existenz der Verbandswahlbehörden vergessen. Diese wohl durch die politischen Umstände des Zustandekommens bedingten Versehen wurden in der Novelle BGBl. 1971/194 korrigiert. Ein anderes Beispiel für ein redaktionelles Versehen ist § 47 Wehrgesetz (i. d. F. BGBl. 1966/185).

5. Alle eben gezeigten Möglichkeiten dienen dazu, A u s l e g u n g s s c h w i e r i g k e i t e n möglichst zu verringern und damit die R e c h t s s i c h e r h e i t zu erhöhen. Konsequenz könnte allerdings eine gewisse Rechtserstarrung sein, evtl. sogar eine Verlagerung des Schwerpunktes des Rechts von der Gesetzgebung in die Vollziehung[64].

V. „Automatische Gesetzgebung"

Eine echte Automation des Rechtssetzungsverfahrens wird auch in ferner Zukunft nicht möglich sein: Einerseits lassen sich nur wenige Ziele des Gesetz-

---

[62] Etwa durch Einspruch des Bundesrates. Vgl. die Hinweise bei *R. Walter*, Der Bundesrat, in: Bundesstaat auf der Waage (Föderative Ordnung, 1) 1969, S. 246.

[63] *Vgl. Zingher*, Das Mietengesetz, Kommentar, 15. Aufl., 1969, S. 29, 49, 112, 114. Weitere Beispiele bei *R. Novak*, Der vergeßliche Gesetzgeber, in: Juristische Blätter, 1972, S. 596–598.

[64] *Kerkau*, Automatisierte Datenverarbeitung und Kybernetik in Rechtswissenschaft und Praxis, 1970; weiters *O. Ballon*, Einige Probleme der richterlichen Rechtsfindung, in: Juristische Blätter, 1972, S. 598–603; *P. Noll*, Von der Rechtsprechungswissenschaft zur Gesetzgebungswissenschaft, in: Rechtstheorie als Grundlagenwissenschaft der Rechtswissenschaft (Jahrbuch für Rechtssoziologie und Rechtstheorie, 2), Hrsg. H. Albert/N. Luhmann/W. Maihofer/O. Weinberger, 1972, S. 524–541; *A. Azzola*, Rechtssetzung und Rechtsfindung, in: Recht und Gesellschaft, 1973, S. 15 f.

gebers formalisieren[65], andererseits ist es mit dem Wesen der Demokratie unvereinbar, daß generelle Rechtsakte ohne Placet eines dem Volk verantwortlichen Organs erlassen werden. Die politische Führung wird auch diesen ihren ursprünglichen Wirkungsbereich nicht aus der Hand geben bzw. eine Bindung an formale Automatismen mit Recht scheuen. Während im Bereich der Vollziehung sicher automatisierte Rechtsakte denkbar sind, ist im Rechtssetzungsverfahren nur möglich die programmgesteuerte Aufstellung von Entscheidungsvorschlägen und Alternativen, die der Gesetzgeber zu sanktionieren hat, sowie der „automatische" Vorschlag der Anpassung von Normen quantitativen Inhalts an von der sozialen Wirklichkeit vorgegebene Daten, z. B. die periodische Änderung von Gehaltsgesetzen oder von gesetzlichen Tarifen konform mit der Änderung eines Lebenshaltungsindex. Vorgeschlagen wurden etwa jüngst in Österreich eine „Dynamisierung der Höchstbeitragsgrundlagen" in der Krankenversicherung (Anpassung der Versicherungsbeiträge an die Lohnentwicklung[66], oder eine „Dynamisierung der Agrarpreise" (die in Österreich weitgehend rechtlich fixiert sind), was auf dem gezeigten Weg leichter, objektiver und rascher möglich wäre.

VI. Zwei Einzelprobleme

A. Rechtsbereinigung

Unter der Voraussetzung einer umfassenden juristischen Datenbank kann die elektronische Datenverarbeitung unzweifelhaft einen eminenten Beitrag zur Rechtssicherheit leisten. Die Expansion der Tätigkeit des Gesetzgebers im kontinentaleuropäischen Raum ist letztlich durch zwei Fakten bedingt: Einerseits die Erstreckung der Staatsziele auf immer größere Bereiche – was auch mit dem Schlagwort „vom Ordnungsstaat zum Leistungsstaat" umschrieben wird – und andererseits die sich daraus ergebende Notwendigkeit der Befassung des Gesetzgebers, da die enge und formale Auslegung des Legalitätsprinzips der Verfassungen der Verwaltung keinen Raum für Autonomie ohne gesetzliche Determinierung gibt. Damit schwindet aber die tatsächliche Kenntnis der Rechtsvorschriften immer mehr, die Unentschuldbarkeit der Unkenntnis der Gesetze (§ 2 ABGB, § 3 Strafgesetz, § 5 Abs. 2 Verwaltungsstrafgesetz) wird zum jedermann treffenden unverschuldeten Verhängnis[67], und der „Rechtsstaat" ist ebenso wie der „Sozialstaat" für den rechtsunterworfenen Staatsbür-

---

[65] *Knapp*, a.a.O., S. 55 f.; *P. Vischer/H. P. Wahl*, In Sachen Recht und Computer, in: Schweizerische Juristenzeitung, 1972/3, S. 37 f.; *W. Steinmüller*, EDV und Recht – Einführung in die Rechtsinformatik, 1970, S. 62 ff. Wohl zu optimistisch die Referate am Wiener Rechtstheorie-Symposium 1972 (im Erscheinen: Leitsätze bei *G. Stadler*, Rechtstheorie, Recht und Computer, in: Öffentliche Verwaltung und Datenverarbeitung, 1973, S. 42 f.).

[66] Vgl. z. B. Dynamisch aus dem Defizit, in: Wochenpresse (Wien), Nr. 1971/49 vom 8. 12. 1971; Nr. 1972/43 vom 25. 10. 1972, S. 17.

[67] *Th. Mayer-Maly*: Rechtskenntnis und Gesetzesflut, 1969. Einige Vergleichsdaten: 1961 hatte das österreichische Bundesgesetzblatt einen Umfang von 1512 Seiten, 1968 schon 3394 Seiten (umfangreiche völkerrechtliche Verträge!), 1971 waren es 2861 Sei-

ger materiell ineffektiv und gefährdet. Bekannte Beispiele sind etwa in Österreich die 25 Novellen zum Gehaltsgesetz 1956 (allein 1972 3x novelliert), die 29 Novellen zum Allgemeinen Sozialversicherungsgesetz. Die Rechtsbereinigung[68] geht mit konventionellen Mitteln nur schleppend vor sich und ist bisher trotz zwanzigjähriger Arbeit über zwei umfangreiche, aber trotzdem unvollständige Entwürfe noch nicht hinausgekommen. Die elektronische Datenverarbeitung würde hier in einer Funktion als aktive Datenbank wesentliche Erleichterungen bringen und einzelne Rechtsgebiete könnten geschlossen bereinigt bzw. nach dem Wiederverlautbarungsgesetz (BGBl. 1947/114) wiederverlautbart werden; es ist auch denkbar und möglich, daß jede Novelle eines Gesetzes in den ursprünglichen Text eingebaut wird[69] und somit der Gesetzestext im letzten Stand in einem Dokument sofort verfügbar ist.

B. Die Stellung des Parlaments

Eingangs wurde darauf hingewiesen, daß praktisch alle Einsatzmöglichkeiten der EDV im Bereich der Gesetzgebung ein umfassendes politisches und juristisches Informationssystem vorausetzen. Während noch *K. Mannheim* 1950 die rationale Aufbereitung und das Abwägen von Gesetzesalternativen gegenüber dem politischen Gefühl des Abgeordneten als quantité négligeable ansieht[70], ist die Forderung nach umfassenden, objektiven Entscheidungsgrundlagen für die Parlamentarier heute Allgemeingut[71]. Diese Entscheidungsgrundlagen müssen von einem Informationssystem bereitgestellt werden[72].

---

ten, 1972 als bisheriges Maximum 3985 Seiten (obwohl seit der Verfassungsnovelle BGBl. 1972/105 ein Teil der völkerrechtlichen Verträge nicht mehr im Bundesgesetzblatt verlautbart werden muß). Vgl. für Österreich auch: 9300 Seiten Gesetze seit 1966, in: Berichte und Informationen (Salzburg), Nr. 1970/1220, S. 8 f. Aus der umfangreichen Judikatur zum Rechtsirrtum sei hingewiesen auf: VwGH 5486 A/1961, 5747 A/1962, VfGH 4091/1961, 4094/1961, OGH SSt XXXIV/34. – Für die Schweiz vgl. *G. Müller-Bossert*, Gesetzesinflation und Vollzugskrise, in: Neue Zürcher Zeitung, FA. 1973/33 vom 4. 2. 1973, S. 37; für die Bundesrepublik Deutschland z. B. *S. Simitis*, Informationskrise des Rechts und Datenverarbeitung, 1970.

[68] Vgl. *F. Loebenstein*, Gedanken über eine Rechtsbereinigung, in: Festschrift „20 Jahre Das österreichische Recht", 1969, S. 21 ff.; *Gallent*, Ein erste und zweites Rechtsbereinigungsvorbereitungsgesetz, in: Österreichische Gemeindezeitung, 1969, S. 418–427.

[69] Vgl. das neue Gesetz über das Landesgesetzblatt für Niederösterreich, LGBl. 1971/1, das allerdings wegen des geringen Umfangs der landesgesetzlich zu regelnden Materien ohne EDV vollziehbar ist. – Dazu *K. Berchtold/W. Liehr*, Die Rechtsbereinigung in Niederösterreich, 1972; *H. Miehsler*, Die neue Form der Kundmachung von Landesgesetzen – Das niederösterreichische Rechtsbereinigungskonzept, in: Österreichische Juristenzeitung, 1973, S. 13 f.

[70] *K. Mannheim*, Freedom, Power and Democratic Planning, 1951, zitiert nach der deutschen Übersetzung (Freiheit und geplante Demokratie, 1970, S. 133 ff.).

[71] *R. Schnur*, a.a.O. (19), S. 50 ff.; *K. Lompe*, Wissenschaftliche Beratung der Politik, 1966, S. 1 ff.; *I. D. S. Pool*, Political Information Systems, in: Proceedings of Planning, 1969, S. 305 ff.; in Österreich in der Debatte um die Parlamentsreform, z. B. Tagblatt (Linz) vom 23. 11. 1971.

[72] Der erste derartige von Lobbies unabhängige Gesetzgebungshilfsdienst wurde bereits 1890 im Staate New York der Staatsbibliothek angegliedert (Reference Service), vgl. *O. Jettmar*, a.a.O. (6), S. 5.

Dieses Informationssystem wird ein wesentlicher Machtfaktor sein und seine rational aufbereiteten Entscheidungsgrundlagen werden von den politisch entscheidenden Organen nur mit wesentlichen Begründungen übergangen werden können. Bei komplexen, weittragenden Entscheidungen wird der, der auf Grund der Verfassung Recht erzeugen soll, oft aus Unkenntnis – dem einzelnen Parlamentarier ist es nicht zuzumuten, das Informationssystem selbst zu gebrauchen – durch „Sachzwänge" gezwungen sein, den Entscheidungsvorschlag, den diese „wissenschaftliche Politikberatung" gibt, unreflektiert zu befolgen. Es kann aber auch die Forderung nach Zugänglichkeit bzw. Veröffentlichung aller Entscheidungsunterlagen, auch der Primärfakten und Grunddaten, bedingen, daß die heutige „Informationskrise" des Parlaments in eine Abhängigkeit des Gesetzgebers von seinem Informationssystem und damit letztlich von den Personen, die dieses System handhaben, umschlägt. Ein Mehr an Information besagt ja noch nicht, daß diese Information verarbeitet wird und verwertet werden kann.

Daß wir heute nicht nur in der österreichischen Verfassungswirklichkeit schon tatsächlich auf dem Weg einer Verlagerung der echten Gesetzgebungstätigkeit vom Parlament auf andere Organe sind[73], zeigt die Ausarbeitung der Gesetzentwürfe von den Fachbeamten der Ministerien, wobei die Entwürfe vom Nationalrat oft nur in unwesentlichen Punkten geändert werden[74], der erste Schritt zu einer „Regierungsgesetzgebung" und zu einer Auflösung der Gewaltentrennung[75] ist bereits getan; die Funktion der Volksvertretung als Gesetzgeber ist fast fiktiv geworden, durch die Verlagerung der politischen Entscheidungen etwa in die Interessenvertretungen, in die regelmäßig sich auf eine parlamentarische Mehrheit stützende Regierung ist das Parlament zum „Staatsnotar" geworden[76]. Eine neue, die aus monarchischen Strukturen überkommene Drei-

---

[73] Vgl. *F. Ermacora*, Allgemeine Staatslehre, 1970, 2. Bd., S. 585 ff.

[74] Vgl. die eingehende Untersuchung von *H. Fischer*, Bilanz einer Session – Die parlamentarische Herbstsession im Spiegel der Statistik, in: Die Zukunft, H. 1969/10, S. 2–6; kritisch *Chr. Broda*, Die Stunde der Parlamentsreform ist gekommen, 1970, S. 103 ff. In der Untersuchung über den 1. Teil der zwölften Gesetzgebungsperiode verwendet *H. Fischer* den Ausdruck „Verwaltungsgesetze" und stellt diese den politisch relevanten, vom Nationalrat eingehend behandelten und abgeänderten Regierungsvorlagen gegenüber (in: Minderheitsregierung und Parlament, in: Die Zukunft, H. 1971/1–2, S. 12 f.). Für die Bundesrepublik Deutschland vgl. *H. Krauch*, a.a.O., S. 39 ff.

[75] Zur Gewaltentrennung in der österreichischen Verfassungswirklichkeit grundlegend *G. Winkler*, Das österreichische Konzept der Gewaltentrennung in Recht und Wirklichkeit, in: Der Staat, 1967, S. 293–326; zur Stellung der Volksvertretung auch *A. Kobzina*, Parlamentarismus – Wesen, Wandel, Wirklichkeit, in: Österreichische Zeitschrift für öffentliches Recht, 1972, S. 36 f.

[76] *K. Haag*, a.a.O. (16), S. 188, spricht hier davon, daß das Parlament nur mehr anderswo getroffene Entscheidungen zu „ratifizieren" habe. Sein Schluß, daß sich die Legitimität des Parlaments mit der Rationalisierung – d. h. mit dem Einsatz der EDV im Gesetzgebungsprozeß – erhöhen würde, ist aber verfehlt, wenn damit das Problem der Repräsentation und der Transformation der sozialen Wirklichkeit in den Rechtssetzungsprozeß nicht gelöst wird. – Zum Verhältnis von Rationalität und Recht vgl. u. a. *E. Kern*, Aspekte des Verwaltungsrechts im Industriezeitalter, in: Festschrift für C. Schmitt, 1959, S. 83 ff.; *N. Luhmann*, a.a.O., S. 135–143.

teilung der Staatsgewalt überwindende Gewaltentrennung könnte etwa von einer Trennung von „Regierungsfunktion" und „Verwaltung" ausgehen (Ministerium als reine Planung und Regierung, steuernd und nicht mehr als vollziehende Verwaltungsbehörde, so etwa in Schweden)[77].

In unserem Zusammenhang sind hier die wohl entscheidenden Fragen nach der Stellung eines Informationssystems zwischen Regierung und Parlament, die nach dem Zugang zu diesem System und dessen Informationen, sowie die nach der Ernennung und Verantwortlichkeit der Mitarbeiter dieses Informationssystems[78].

Nur am Rande sei erwähnt, daß die elektronische Datenverarbeitung und ihr richtiger Einsatz vom Parlament her die Effektivität der parlamentarischen Kontrolle[79] über die Verwaltung – die faktische und durch keinen demokratischen Akt legitimierte Macht der Bürokratie ist nicht nur gegenüber dem Parlament, sondern auch gegenüber der Regierung selbst ein mächtiger Faktor – wesentlich erhöhen würde, wie auch die Budgeterstellung präzisiert werden könnte[80].

VII. Staatsführung und Kybernetik

Wahrscheinlich sind durch diese knappen Ausführungen eine Fülle von Möglichkeiten, Zukunftsaussichten, aber auch von Problemen bewußt geworden, die letztlich in der Frage münden, wie nun die staatliche Normsetzung und Leitung mit oder ohne Computer in den nächsten Jahrzehnten aussehen kann und soll.

Die Lösung muß meiner Meinung nach zwischen Scylla und Charybdis gefunden werden: Auf der einen Seite steht die totale Rationalisierung, Planung und Vorbestimmtheit staatlicher (und damit menschlicher) Tätigkeit, wobei die Macht in den Händen einer Technokratie liegen wird, deren Hauptwerkzeug Computer sind.

Der „totale Staat"[81] könnte einmal mehr zur Wirklichkeit werden; der Satz, daß

---

[77] *Busek* (Demokratiereform – Symptomkur oder Bewußtseinsänderung, in: Österreichische Monatshefte, H. 1969/9, S. 14 f.) stellt dem political planning das political executing gegenüber.

[78] Vgl. *J. Meynaud*, La technocratie, 1964; *K. Lompe*, a.a.O. (71), sowie das „klassische" Informationsmanifest, den *Weinberg-Report*: Science, Government and Information, US. Government Printing Office, 1963 (deutsch in: Nachrichten für Dokumentation, Beiheft 1964/12).

[79] Zur gegenwärtigen Situation in Österreich vgl. u. a. *H. Magenschab/H. Neisser*, Parlament und Opposition, 1972.

[80] Hierher gehören die in mehreren Staaten (USA, Schweden, Japan, Belgien u. a.) und internationalen Organisationen bereits in Funktion befindlichen Planning-Programming-Budgeting-Systems (PPBS), die für die Budgeterstellung den Regierungen zur Verfügung stehen, wodurch aber auch die Haushaltshoheit des Gesetzgebers zur Leerformel wird. Vgl. *H. Reinermann*, Planning-Programming-Budgeting-Systeme und die integrierte Planung von Regierungs- und Verwaltungsorganisationen, in: H. Krauch (Hrsg.), Systemanalyse in Regierung und Verwaltung, 1972, S. 181–229; *R. V. Segsworth*, P.P.B.S. and Policy Analysis, in: Revue Internationale des Sciences Administratives, XXXVIII (1972), S. 419–425.

[81] Vgl. z. B. *G. Leibholz*, Demokratie und totaler Staat, in: Strukturprobleme der modernen Demokratie, 3. Aufl. 1967, S. 225–244.

der einzige wahre Schutz der Grundrechte in der Ineffektivität der staatlichen Verwaltung liegt[82], verlöre seinen positiven Gehalt. Auf der anderen Seite steht die Resignation und die Angst vor dem Einsatz der elektronischen Medien, bei dem mit mancher Tradition gebrochen werden müßte: Man glaubt, daß die herkömmlichen politischen und juristischen Methoden im Rechtssetzungsverfahren auch in Zukunft zur Leitung des Staates genügen werden[83].

In diesem laisser faire laisser passer unter Negation der Methoden und Mittel der Information und Kybernetik für gesellschaftliche Prozesse liegt eine große Gefahr: Die von der politischen Führung herkömmlich gesetzten Rechtsnormen sind statisch und vermögen mit der immer dynamischer werdenden Entwicklung von Technik, Wirtschaft und Gesellschaft nicht mehr mitzuhalten, so daß Rechtsordnung und soziologischer Unterbau[84] immer weiter auseinanderklaffen[85]; der klassische Satz „summum ius summa iniuria"[86] wird sich in immer mehr Fällen „bewahrheiten"[87] und Unruhe erzeugen. Mit den Worten der Kybernetik ausgedrückt: Die Rückkoppelung des rechtlichen Regelsystems an die gesellschaftlichen Bedürfnisse ist nicht mehr möglich[88], die Gesellschaft sucht

---

[82] Nach *F. de Closets*, Computer contra Demokratie, in: Deutsche Zeitung – Christ und Welt, Nr. 1971/36 vom 3. 9. 1971, S. 17. *De Closets* bezeichnet die EDV auch als fünfte Gewalt im Staate (neben Exekutive, Legislative, Judikative und Fernsehen); vgl. sein Buch Vorsicht, Fortschritt, 1971.

[83] Dagegen wenden sich mit Recht *N. Luhmann*, Politische Planung, 1971, und *F. Naschold*, Gesellschaftsreform und politische Planung, in: Österreichische Zeitschrift für Politikwissenschaft, H. 1972/1, S. 5–34; auch schon *E. Kern*, a.a.O. (76).

[84] Überzeugend *Chr. Broda*, Rechtsentwicklung – Spiegelbild einer Gesellschaft, in: Die Zukunft (Wien), H. 1971/5, S. 13; vgl. auch *Hauser*, Reform durch freiwillige Übereinkunft, in: Die Zukunft, H. 1971/5, S. 10–12; *F. Ermacora*, Österreichs Verfassung verlor die Macht, in: Die Presse (Wien), 19. 6. 1971, S. 5; *K. Müller*, Politische Folgen geistigen Wandels, in: Neue Zürcher Zeitung, FA. Nr. 1972/358 vom 31. 12. 1972, S. 33–34. Eine klassische Studie zu diesem Problem findet sich schon bei J. Karner (= *K. Renner*), Die soziale Funktion der Rechtsinstitute, in: Marx-Studien, 1. Bd., 1904, S. 65–192.

[85] Konsequenz ist auf der anderen Seite, daß überaltete Rechtsnormen mit interpretatorischen Kunstkniffen auf moderne Lebenssachverhalte angewendet werden: Z. B. die österreichische Gewerbeordnung aus 1859; ein Hofkanzleidekret aus 1836 ist auf das Aufstellen von Musikautomaten anzuwenden (VwGH 5593 A/1961).

[86] *Cicero*, de officiis, I, 10, § 33; dazu: Summum ius summa iniuria, Individualgerechtigkeit und der Schutz allgemeiner Werte im Rechtsleben (Tübinger Ringvorlesung 1962/63), 1963.

[87] Ein häufiges Beispiel der österreichischen Praxis: Im baubehördlichen Demolierungsverfahren, das der Vermieter aus wirtschaftlichen Gründen (mietengeschützte Wohnungen!) provozieren kann, hat der Mieter keine Parteistellung; an einen ergangenen Abbruchsbescheid ist das Gericht gebunden (traditionelle Gewaltenteilung!) und im Kündigungsprozeß müssen daher Einwendungen des Mieters erfolglos bleiben (vgl. u. a. Mietrechtliche Entscheidungen XXI/21206,, 21438, XXII/22153, ebenso VfGH 5707/1968; abweichend nur VwGH 2457 A/1952).
Vgl. zu den herkömmlichen Auslegungsmethoden jüngst *H. Schäffer*, Verfassungsinterpretation in Österreich, 1971; *Th. Öhlinger*, Auslegung des öffentlichen Rechts, in: Juristische Blätter, 1971, S. 284–293.

[88] *E. H. Carr* (Die neue Gesellschaft – Aspekte der Massendemokratie, 1968, S. 92 f.) sieht diese Entfernung von politischer Entscheidung und Volk schon darin, daß sich bei den Politikern als herrschender „neuen Klasse" Eigentinteressen bilden, gegenüber denen die Interessen der delegierenden Wähler in den Hintergrund treten.

sich Notventile wie außerparlamentarische Opposition – wozu auch Volksbegehren und Bürgerinitiativen zählen –, Gewalt und schließlich Revolution[89].

Damit ist aber nicht zuletzt die Effizienz des Rechtes[90] bedroht, denn rechtliche Regelungen sind „nur so lange effizient, wie sie gesellschaftliche Veränderungen jederzeit registrieren und durch eine entsprechende Reaktion auffangen können"[91]. Diese Bedrohung macht aber das Recht insgesamt fraglich, da das Recht eben eine Herrschaftsfunktion beinhalten muß. Vielleicht liegt das Problem darin, daß die Forderung nach mehr „Demokratie", nach Mitbestimmung in allen Bereichen ausgesprochen und von allen politischen Gruppen bejaht wird, daß aber das damit unmittelbar verbundene Problem der Repräsentation mit den herkömmlichen verfassungsrechtlichen Einrichtungen unlösbar ist. Ein Zeichen dieser Entwicklung ist etwa, daß sich in jüngster Zeit Volksbegehren und Bürgerinitiativen" auch gegen bereits gefaßte Beschlüsse der zuständigen Repräsentationen richten[92].

Will man diese Entwicklung in geordnete Bahnen bringen, so muß die Rechtsordnung daynamisiert, an die Evolution der gesellschaftlichen Verhältnisse angepaßt werden, wofür neue Quantitäten und Qualitäten der Information und Kommunikation notwendig sind, die die EDV ermöglicht. Vielleicht wird damit das Problem der Repräsentation einer Lösung nahegebracht[93].

Der Rechtswissenschaftler wird seinerseits von seinen heute noch fast ausschließlich statischen, geschichtlich geprägten Denkschemen auf eine Verbindung von Rechtsinterpretation und Rechtspolitik umdenken müssen[94], die Entscheidungen des Gesetzgebers müßten sich „am gesellschaftlichen Entwicklungsstand von morgen und übermorgen statt an dem von gestern ausrichten"[95].Im Strafrecht wirken hier bereits heute die Möglichkeiten des Richters, bei Taten, die von der Allgemeinheit nicht mehr als strafwürdig angesehen, aber vom geltenden Strafgesetz pönalisiert werden, im Rahmen seines „Ermes-

---

[89] *A. Podlech*, Rechtskybernetik – eine juristische Disziplin der Zukunft, in: Juristenjahrbuch, 10. Bd., 1969/70, S. 169.
Ein vielleicht untypisches, aber drastisches Beispiel waren in Österreich die Gewaltaktionen gegen zweisprachige Ortstafeln in Kärnten, de bis jetzt straflos eine effektive Vollziehung des im Nationalrat mehrheitlich beschlossenen Bundesgesetzes BGBl. 1972/270 verhindern, und die innen- und außenpolitische Schwierigkeiten auslösten.

[90] Vgl. die zahlreichen Beiträge, auf die hier leider nicht eingegangen werden kann, in: Zur Effektivität des Rechts, 1972 (Jahrbuch für Rechtssoziologie und Rechtstheorie, 3), Hrsg. *M. Rehbinder, H. Schelsky.*

[91] *S. Simitis*, Computer, Sozialtechnologie und Jurisprudenz, in: L'informatique au service du droit, Schweizerischer Juristenverein, Referate und Mittelungen, H. 1972/3, S. 440.

[92] So etwa in Graz jüngst eine erfolgreiche Bürgerintiative gegen einen Autobahnbau (was wahrscheinlich für die Gegner den Mehrheitsverlust im Gemeinderat in der Wahl am 25. 2. 1973 brachte). Rechtsvergleichend *H. Schambeck*, Das Volksbegehren, 1971 (Recht und Staat, 400/401).

[93] Dies ist wohl auch das zentrale Anliegen *H. Krauchs*, a.a.O. (26)!

[94] Vgl. *W. Steinmüller*, Rechtstheorie, Rechtsinformatik und Rechtspolitik, in: Rechtstheorie als Grundlagenwissenschaft der Rechtswissenschaft, 1972 (Jahrbuch für Rechtssoziologie und Rechtstheorie, 2), S. 373 – 388.

[95] *H. Krauch*, a.a.O. (26), S. 91.

sens" an die Untergrenze des Strafrahmens (bis zum außerordentlichen Milderungsrecht) zu gehen, als Korrektiv der Rechtsordnung im Sinne gesellschaftlicher Veränderungen; im Privatrecht wirkt das ius dispositivum und die Vertragsfreiheit, der Gesetzgeber setzt hier nur einen sehr lockeren äußeren Rahmen[96]. Die Gefahren, die in der oft subjektiven, vom „Vorverständnis[97]" und der sozialen Umgebung geprägten Auslegung von unbestimmten Gesetzesbegriffen durch den Richter mit den Methoden der von der Sprache her bestimmten geisteswissenschaftlichen Hermeneutik (*Gadamer, Betti*) drohen, sind zwar erkannt (*Wittgenstein, Habermas*)[98], doch ist der mögliche Ausweg, eine mathematisch-logische Methode etwa, noch nicht zur Lösung gereift[99]. Würde die EDV im Entscheidungsprozeß eingesetzt, so wäre die Persönlichkeit des Entscheidenden in Bezug auf den konkreten Einzelfall neutralisiert[100].

Es darf aber nicht übersehen werden, daß die Dynamisierung einer Rechtsordnung bedingt, daß jede Rechtsinstitution, jede Norm einer dauernden Prüfung in der Wirklichkeit und einer Überprüfung auf Notwendigkeit ihrer Revision unterliegt, die Rechtsinstitutionen werden in Zweifel gezogen, die „gegenwärtigen gesellschaftlichen und rechtlichen Strukturen ständig hinterfragt"[101]. Die Forderung nach Angleichung der Rechtsordnung an die Evolution der Gesellschaft bedingt auch eine Auslieferung der Rechtsordnung an die gesellschaftliche Entwicklung und an die Moralansichten der Masse, der Mehrheit[102], und damit einen mehr oder weniger umfangreichen Verzicht auf rechtliche, moralische und politische Steuerung des Staates; die Ordnungs- und Konservierungsfunktion des Rechts würde minimiert werden: Eine neue „Demokratie" ist die Zukunftsvision, vielleicht die erste echte Verwirklichung des Art. 1 Satz 2 der

---

[96] Vgl. schon *Wilburg*, Entwicklung eines beweglichen Systems im bürgerlichen Recht, 1950; dazu *Raisch*, a.a.O. (2), S. 439. Siehe auch die bei *Hopt*, a.a.O. (34), S. 67, zitierten Arbeiten und — exceptionellen — höchstgerichtlichen Entscheidungen.

[97] Vgl. *Esser*, Vorverständnis und Methodenwahl in der Rechtsfindung, 1970.

[98] Vgl. *Raisch*, a.a.O. (2), S. 435, mit weiterführenden Literaturhinweisen; *H. G. Hinderling*, Rechtsnorm und Verstehen — die methodischen Folgen einer allgemeinen Hermeneutik für die Prinzipien der Verfassungsauslegung, 1971, S. 73 ff. (Abhandlungen zum Schweizerischen Recht, 407).

[99] Vgl. *M. Benjamin*, Zur Anwendung mathematischer Methoden in der staatlichen Leitung und Rechtspflege, in: Staat und Recht, 1965, S. 899 — 921; *O. Weinberger*, Rechtslogik, 1970; die Referate am Wiener Rechtstheorie-Symposium 1972 (s. Anm. 65).

[100] *W. Schmidt*, Die Programmierung von Verwaltungsentscheidungen, in: Archiv des öffentlichen Rechts, 1971, S. 332; *S. Simitis*, a.a.O. (91), S. 447.

[101] *Zielinski* (Die juristische Bundesdatenbank als rechtspolitisches Problem, in: Juristenzeitung, 1971, S. 411 f.) stellt diese gesellschaftskritiche, auf Sachgerechtigkeit bedachte „Rechtswissenschaft als Zukunftswissenschaft", die Rechtsinnovation, der auf Rechtssicherheit bedachten traditionellen Jurisprudenz gegenüber und meint, daß bereits der Einrichtung eines juristischen Informationssystems zwischen diesen beiden Zielvorstellungen eine rechtspolitische Entscheidung getroffen werden muß.

[102] Vgl. in diesem Sinn die Antwort des österreichischen Bundeskanzlers *Kreisky* auf die Äußerung der österreichischen Bischöfe zur Strafbarkeit der Abtreibung (§ 144 StG), in der er die rechtspolitische Entscheidung für eine liberale Lösung mit der derzeitigen mangelnden Effektivität der geltenden Regelung begründete (Kurier, Wien, 21. 2. 1973, S. 4).

österreichischen Bundesverfassung: „Ihr Recht geht vom Volk aus." Eine so verstandene Demokratisierung der Gesellschaft würde die heutige repräsentative, elitäre Demokratie[103] in eine relasierbare echte Volksherrschaft[104] verwandeln. Die Entscheidungsfunktion des Politikers würde dezimiert oder sogar eliminiert, das „Absterben des politischen Staates"[105] und die Selbstleitung der Gesellschaft[106] würden Wirklichkeit.

Bezeichnenderweise gibt es zu diesen Fragen in der UdSSR und in der DDR bereits umfangreiche Literatur[107], Arbeiten, die sich mit der optimalen Verwirklichung der marxistisch-leninistischen Ideen in der Gesellschaft mit Hilfe der „Leitungswissenschaft" beschäftigen. Die Aufgabe des Rechts in diesem System ist die einer steuernden Information, die für die Gesellschaft allgemein formulierte Führungsgrößen setzt[108]. Der Einsatz des Rechts muß bewußt geschehen, um die Gesellschaft in das Optimum im sozialistischen Sinn zu führen[109]. Es liegt diesen Gedanken eine neue Vorstellung vom Wesen und der Funktion des Rechts zugrunde: Das Recht ist nicht mehr Ordnungsgarant, sondern primär Steuerungsgröße der Zukunft[110]. Der Unterschied zwischen dem westlichen und dem östlichen System wird von der östlichen Wissenschaft gerade darin gesehen, daß im Kapitalismus nur die Wirtschaft wissenschaftlich geleitet wird, während im Sozialismus im Sinne des marxistisch-leninistischen Prinzips der Einheit von Politik, Ökonomie und Ideologie die Gesellschaft als Ganzes durch optimalen, in die Zukunft gerichteten Einsatz geleitet wird[111], wo-

---

[103] Vgl. für die rechtswissenschaftliche Seite *M. Welan*, Betrachtungen zum Demokratieverständnis, in: der Staatsbürger, Nr. 1971/18, 1971/19; für die soziologische Seite *Bottomore*, Elite und Gesellschaft, 2. Aufl. 1969, S. 120 f.; *R. Jakob*, Demokratiereform und Repräsentativsystem, in: Österreichische Monatshefte, H. 1970/10, S. 25 – 28; ferner grundlegend *J. Agnoli – P. Brückner*, Die Transformation der Demokratie, 1968.

[104] Vgl. historisch *W. Henke*, Die verfassungsgebende Gewalt des Volkes in Lehre und Wirklichkeit, in: Der Staat, 1968, S. 165 – 182.

[105] *E. Lang*, a.a.O. (5), S. 303; *H. Krauch*, a.a.O. (26), S. 31, der – *Lenin* (Staat und Revolution) folgend – vor allem auf die heutige Übermacht der Bürokratie und die Notwendigkeit, diese zu beseitigen, hinweist.

[106] *J. A. Tichomirow*, Die Theorie der sozialistischen Leitung, in: Staat und Recht, 18. Jg. (1969), S. 1766; *W. G. Afanasjew*, Wissenschaft, Technik und Leitung in der sozialistischen Gesellschaft, 1971, S. 71 (aus dem Russischen); vgl. dazu *G. Feige*, Staat und Recht, 1971, S. 1636.

[107] *G. Grundemann/H. Hutschenreuther/ G. Woehe*, Gedanken zur künftigen Entwicklung des sozialistischen Rechts unter den Bedingungen der wissenschaftlich-technischen Revolution, in: Staat und Recht, 1967, S. 1425-1433. Eine umfangreiche Literaturübersicht bringt *W. Steinmüller*, Leitungswissenschaft und Organisationswissenschaft, in: Gesetzesplanung, 1972, S. 1–31 (EDV und Recht, 4).

[108] *M. Benjamin*, Kybernetik und staatliche Führung, in: Staat und Recht, 1967, S. 1238.

[109] *G. Bley/G. Feige*, Wirtschaftsleitung und sozialistisches Recht, in: Staat und Recht, 1971, S. 1693; *P. J. Nedbailo*, Einführung in die allgemeine Theorie des Staates und des Rechts, 1972, S. 64 (aus dem Russischen).

[110] *Grundemann*, a.a.O. (107); Das Rechtswesen – Lenker oder Spiegel der Gesellschaft, 1972; *S. Simitis*, a.a.O. (91).

[111] *Afanasjew*, a.a.O. (106), S. 33 f.; *G. Feige*, a.a.O. (106), S. 1634.

bei aber doch das Hauptaugenmerk auf die Verwirklichung der wirtschaftlichen Pläne durch den Einsatz von Rechtsvorschriften gelegt wird[112].

Kybernetik und elektronische Datenverarbeitung eröffnen die Möglichkeit einer derartigen Steuerung der Gesellschaft ebenso wie die totale Führung des Staates nach konservativen, starren Ordnungsgesichtspunkten.

Weder für die Selbststeuerung der Gesellschaft noch für deren totale Planung von oben her existieren rechtstheoretische oder staatsphilosophische Vorarbeiten, die Aussagen über die Gefahren und Möglichkeiten dieser Zukunftsentwicklung, die besonders anfällig für Manipulierungen sein dürfte, geben. Alle Rechtsbildungsprozesse haben Prozesse der Machtbildung zur Voraussetzung, von denen die Legitimität hergeleitet wird[113]. Eine neue Staatslehre, fern aller historischen Denkmodelle, müßte mit den Methoden der Kybernetik, Informatik und Systemanalyse hier Modelle und Systeme entwickeln[114] und die Indikatoren für die gesellschaftliche Entwicklung und ihr Wirken auf politische Institutionen untersuchen.

Neben den bereits erwähnten Überlegungen einer „Computer-Demokratie" (siehe oben III) wurde dazu in der Bundesrepublik Deutschland ein erster Versuch durchgeführt: Im Rahmen einer „Systemstudie Bundestagsreform[115]" wurden die Meinungen von Vertretern aller Bevölkerungsgruppen zur künftigen Gestaltung des Bundestages und zu dessen wichtigsten Aufgaben untersucht und daraus Zielgruppen formuliert, die Grundlage für in der Allgemeinheit fundierte detaillierte und realisierbare Reformen sein können. Eine der entscheidenden Fragen wird sein, ob diese Transformierung von (Rechts)Empfinden der Bevölkerung und Dynamik der realen Entwicklung auf die Rechtsordnung in breiterem Rahmen zu verwirklichen ist, was zu einem Mehr an direkter Demokratie führen müßte[116]. Ein positiver Ansatz in dieser Richtung ist in Österreich etwa die geplante Volksabstimmung über den Gesundheitsplan der Bundesre-

---

[112] *G. Bley/H. Hofmann*, Hauptaufgabe des Fünfjahresplanes 1971–75, In: Staat und Recht, 1971, S. 1493–1506; Verordnung des ZK und des Ministerrats der UdSSR vom 23. 12. 1970 über die Verbesserung der Rechtsarbeit in der Volkswirtschaft, Sowetskaja Justicija, Nr. 4, Februar 1971, S. 4 (Übersetzt in: Monatshefte für osteuropäisches Recht, Nr. 1971/3–4, S. 222–225).

[113] Vgl. *W. Schmidt*, a.a.O. (100), S. 337, *Luhmann* und *Popitz* folgend.

[114] *A. Nagel*, Leistungsfähige Entscheidungen in Politik und Verwaltung durch Systemanalyse, 1971; *G. Wittkämper*, Über Systemforschung bei Regierungs- und Verwaltungssystemen, in: Die Verwaltung, 1969, S. 1–19; *N. Luhmann*, a.a.O. (2).

[115] *A. Nagel*, Systemstudie Bundestagsreform, 1971.

[116] Die Lösung wird hier wohl nicht nur darin liegen, daß ein großer Teil der Bevölkerung in Staatsorganen entscheidend mitwirkt, wie z. B. in der DDR, wo von 12 Millionen Wahlberechtigten 3 Millionen formal „in gesellschaftlichen Funktionen ehrenamtlich an der Leitung des Staates beteiligt sind" (Zu Inhalt und Form der Wahlen in der Deutschen Demokratischen Republik, in: Bulletin, hrsg. von der Handelsvertretung der DDR in Österreich, Nr. 1971/11, S. 10 f.).
Wenn das Problem der demokratischen Bildung gelöst wird, könnte das von *H. Krauch* entwickelte und oben kurz dargestellte (siehe unter III) Modell der „Computer-Demokratie" mehr Chancen auf Verwirklichung haben.

gierung und dessen Finanzierung[117]. Jedenfalls müßten die Gedanken, die sich allenthalben mit einer „Demokratiereform", mit Mitbestimmung beschäftigen[118], und die sich mit Hilfe der modernen Nachrichtentechnik und Nachrichtenverarbeitung wesentlich leichter verwirklichen lassen, in Hinblick auf dese Möglichkeiten neu überdacht und in konkrete Konzepte gebracht werden.

Es liegt hier eine Situation vor, in der die Technik wesentlich weiter entwickelt ist als die geisteswissenschaftlichen und rechtlichen Grundlagen, die diesen Vorsprung rasch aufholen müßten. Es wird einer neuen, mit dem Instrumentarium der Kybernetik vertrauten Rechtstheorie bedürfen, die – vielleicht auf soziologischen Erfahrungen aufbauend – nach der gesellschaftlichen Relevanz des Rechts fragt[119]. Damit wird auch der Rechtstatsachenforschung als deskriptiver Darstellung der Auswirkung gegebener Rechtsbestimmungen in der Realität wesentliche Bedeutung zukommen[120]. Wahrscheinlich werden sich bei diesen Fragen unterschiedliche Ergebnisse in den einzelnen Rechtsgebieten ergeben[121].

Im Bewußtsein der Gefahren, die in fernerer Zukunft die Freiheit des Menschen zugunsten einer Meinung der „Gesellschaft" möglicherweise zerstören können, und denen zeitgerecht begegnet werden muß, wenden wir uns abschließend einer Prognose des Einsatzes der elektronischen Datenverarbeitung in der Rechtssetzung in näherer Zukunft, insbesondere in Österreich, zu:

1. Jeder Einsatz von EDV-Anlagen bedingt hohe Kosten, vor allem bei der Installierung (z. B. wegen der Notwendigkeit umfangreicher Rückwärtsdokumentationen, Schulungskosten, u. a.). Diese Kosten müssen einerseits vorerst ohne realen Output aufgebracht werden und lassen andererseits kaum einen realen Nutzen errechnen, weil Rechtssicherheit und „besseres" Recht nicht monetär ausdrückbar sind[122]. Die Forderung nach dem Einsatz von Methoden der Informatik und der EDV für die Jurisprudenz läßt sich aus dem rechtsstaatlichen

---

[117] Vgl. z. B. Kurier (Wien) vom 13. 1. 1972, S. 3.

[118] *Chr. Broda,* Demokratiereform – Parlamentsreform, in: Die Zukunft, H. 1971/8–9, S. 16–20; *H. Fischer,* Zwischen Demokratie und Oligarchie, in: Die Zukunft, H. 1969/19, S. 11–17; *M. Welan,* Demokratisierung der Demokratie, in: Österreichische Monatshefte, H. 1970/10, S. 23–25; Demokratiereform (Hrsg. *K. H. Ritschel),* 1969.

[119] Vgl. die Gedanken bei *N. Wiener,* a.a.O. (16), S. 102 ff.; weiters *Rehbinder,* Einführung in die Rechtssoziologie, 1971; *Th. Raiser,* Was nützt die Soziologie dem Recht, in: Juristenzeitung (Tübingen), 1970, S. 665–670; *Th. Raiser,* Einführung in die Rechtssoziologie, Juristische Arbeitsblätter, Sonderheft 1972/9; *N. Luhmann,* Rechtssoziologie, 2 Bde., 1972; *J. Hagen,* Die Technologisierung des Rechts, in: Zeitschrift für Rechtspolitik, S. 156–158; *W. Steinmüller,* a.a.O. (94); *W. R. Svoboda,* a.a.O. (2).

[120] Vgl. als Beispiel für die Frage nach der Verfahrensdauer von Zivilprozessen *Baumgärtel/Mes* (Hrsg.), Rechtstatsachen zur Dauer von Zivilprozessen, 1971 (Prozeßrechtliche Abhandlungen), 31; *Baumgärtel/Hohmann* (Hrsg.), Rechtstatsachen zur Dauer von Zivilprozessen (II. Instanz). Modell einer Gesetzesvorbereitung mittels elektronischer Datenverarbeitung, 1972 (Prozeßrechtliche Abhandlungen, 33). Dazu *J. Hagen,* Das Problem der Verfahrensdauer als Gegenstand der Rechtstatsachenforschung, in: Juristische Blätter, 1973, S. 75–79.

[121] Vgl. *P. Raisch,* a.a.O. (2), S. 239.

[122] Vgl. *S. Uhlig,* Zur Problematik der Bewertung eines juristischen Informationssystems, DVR, 1972, S. 56 ff.

Prinzip der Verfassung[123], das ja auch die Vorhersehbarkeit aller Rechtsakte fordert – was heute allein schon wegen der Unübersichtlichkeit der Rechtsvorschriften unmöglich ist – begründen[124]. Wenn der Einsatz der EDV für Bereiche der Rechtssetzung und der Rechtsinformation kein Lippenbekenntnis sein soll, müssen die entsprechenden umfangreichen Mittel bereitgestellt werden. Wenn heute schon ein mittleres Wirtschaftsunternehmen ohne Computer undenkbar ist, wird sich auch der Staat mit den Möglichkeiten eines politisch-juristischen Management Information Systems[125] vertraut machen müssen, soll nicht seine Organisation hoffnungslos veraltet und unrationell werden[126].

Zweifellos werden die hohen Kosten derartiger Informationssysteme nur für größere Gemeinschaften tragbar sein und Zentralisierungen sind notwendig; denkbar ist in Österreich etwa ein Informationssystem des Bundes, eines für die Länder gemeinsam und ein kommunales System, an dem die größeren Gemeinden im time-sharing-Betrieb teilnehmen[127].

2. Die oben aufgezeigten technischen Einsatzmöglichkeiten im Gesetzgebungsverfahren sind schrittweise schon in nächster Zukunft zu verwirklichen; daß auch von seiten des Gesetzgebers großes Interesse besteht, beweisen von Bundeskanzler *Kreisky* beantwortete Anfragen im Nationalrat. Bei diesen Einsätzen sind auch kaum Systemanalysen notwendig und der Erfolg kann sich sehr bald zeigen.

3. Bei den politischen und juristischen Vorteilen, die die EDV dem Gesetzgeber bringen kann, sind noch umfassende politische und juristische Grundlagenstu-

---

[123] Vgl. vor allem die Aufsätze von *H. Klecatsky* (Der Rechtsstaat zwischen heute und morgen, 1967).

[124] *S. Simitis*, a.a.O. (67), S. 51).

[125] Vgl. Informationssysteme in Regierung und Verwaltung (Hrsg. *R. Fischer/H. Walter*), 1971; *S. Dworatschek*, Management-Informations-Systeme, 1971; *F. Muhammad*, Use of Modern Management Approches and Techniques in Public Administratives, Nr. 1971/3, S. 187–200; *G. Braibant*, Perspectives et problèmes du developpement de l'informatique dans l'administration publique au cours de la prochaine decennie, in: Revue Internationale des Sciences Administratives, Nr. 1971/3, S. 201–211; *H. Fiedler*, Theorie und Praxis der Automation in der öffentlichen Verwaltung, 1970, S. 449–472; *F. Göttlicher*, EDV-Planung in der öffentlichen Verwaltung, 1971; *F. Goller/H. Scheuring/A. Trageser*, Das KI-System, 1972; *H. Krauch* (Hrsg.), Systemanalyse in Regierung und Verwaltung, 1972, darin insb. *W. Schwuchow*, Die Ökonomie von Informationssystemen im öffentlichen Dienst, S. 309–332.

[126] Diese Notwendigkeit wurde in Österreich bereits erkannt, vgl. *Chr. Broda*, Elektronische Datenverarbeitung in der Justiz, in: Der Staatsbürger (Salzburg), Nr. 1971/1.
Die Zahl der im Bereich des Bundes installierten 36 Großanlagen (Stand Mai 1971) ist im internationalen Vergleich überdurchschnittlich, doch sind diese Anlagen praktisch nur im Bereich der operativen Durchführung der Verwaltung und im Rahmen der naturwissenschaftlichen Forschung eingesetzt, ein Einsatz auf der Entscheidungsebene ist noch nicht gegeben. Vgl. im Detail den Bericht der Bundesregierung „Elektronische Datenverarbeitung im Bundesbereich" vom 8. 3. 1972 (III-29 d. Blg. Sten. Prot. des Nationalrates, XIII. Gesetzgebungsperiode) und die Zeitungsmeldungen dazu (z. B. Wiener Zeitung vom 12. 2. 1972, S. 1 f.).

[127] Zu den Plänen in Niederösterreich vgl. NÖ-Bildtelegramm (Beilage zur Arbeiter-Zeitung, Wien) vom 9. 1. 1972, S. 1.

dien notwendig – etwa muß ein Datenschutzgesetz[128] ebenso geschaffen werden wie die Lösung von urheberrechtlichen Fragen juristischer und politischer Dokumente gefunden werden muß[129] –, bevor die technischen Möglichkeiten des Computers dem Gesetzgeber nutzbar gemacht und die Informationssysteme aufgebaut werden können. Der erste Ansatz eines Rechtsinformationssystems in Österreich, das im Herbst 1972 erfolgreich abgeschlossene EDV-Versuchsprojekt Verfassungsrecht des Bundeskanzleramts[130], hatte bewußt das Verfassungsrecht als mit dem Gesetzgebungsprozeß besonders eng verbundenes Rechtsgebiet zum Gegenstand. Dieses Projekt, das in seiner Systemanalyse die gesamte österreichische Rechtsordnung berücksichtigte, könnte zum Grundstein eines umfassenden Rechts- und Parlamentsinformaionssystem werden. Zu letzterem bietet das in Österreich gut ausgebaute Statistikwesen[131] einen Ansatz für die Datensammlung, doch müssen die Statistiken EDV-gerecht erstellt werden, und es müssen die Informationswünsche des Parlamentariers verstärkt berücksichtigt werden. Auch die Pläne zu einer computerunterstützten Herausgabe des Bundesgesetzblattes sind in Österreich weit gediehen, an deren Verwirklichung dürfte 1974 gegangen werden, wobei in einer Zusammenarbeit des Bundeskanzleramtes – Verfassungsdienst und der Parlamentsdirektion auch ein wesentlicher Teil der Texterfassungsvorgänge vor dem eigentlichen Gesetzgebungsverfahren einbezogen werden sollen (vgl. die Skizze oben unter III.). Nachdem auf dem Teilgebiet der gesetzlichen Krankenversicherung 1972 ein Versichertenkennzeichen eingeführt wurde, sind nun unter dem Titel „Bevölkerungsevidenz" Vorarbeiten für ein umfassendes Personenkennzeichen begonnen worden.

Diese Ansätze – die sich in anderen Ländern Westeuropas in ähnlicher Form finden – und eine Systemanalyse der juristischen und politischen Parlamentsarbeit können im Zusammenhang mit einem umfassenden Informationskonzept mittelfristig eine wesentliche Verbesserung der Rechtssetzung bringen, wobei

---

[128] Vgl. z. B. *S. Simitis*, Chancen und Gefahren der elektronischen Datenverarbeitung, in: Neue Juristische Wochenschrift ,1971, S. 673–682.

[129] S. z. B. *W. Nordemann/P. Hertin*, Die juristische Datenbank in urheber- und wettbewerbsrechtlicher Sicht, in: Neue Juristische Wochenschrift, 1971, S. 857–862; *K. Katzenberger/G. Kolle*, Die urheberrechtliche Beurteilung computerunterstützter parlamentarischer Informations- und Dokumentationssysteme, in: Gesetzesplanung, 1972, S. 181 ff. (EDV und Recht, 4).

[130] Einführend *G. Stadler*, Das EDV-Versuchsprojekt Verfassungsrecht, in: Österreichisches Anwaltsblatt, 1972, S. 72–75; eine ausführliche Projektbeschreibung ist in der Reihe EDV und Recht im Erscheinen.

[131] Von den für den Bereich der Gesetzgebung interessanten Statistiken seien folgende aufgezählt: Statistisches Jahrbuch österreichischer Städte, Statistik für die Rechtspflege, Gewerbestatistik, Industriestatistik, Zivilluftfahrt in Österreich, Straßenverkehrsunfälle, Fürsorgestatistik, u. a. Eine automatisierte Erstellung dieser Statistiken wird in Österreich vom Statistischen Zentralamt vorbereitet (ISIS-System).
Allgemein zur Eingliederung von Sozialdaten in ein Informationssystem s. die Beiträge in: Data Bases, Computers, and the Social Sciences, 1970; *W. Krumholz*, Verbundnetz für Informationen in Politik und Sozialwissenschaften, u. *H. Bartels*, Die Statistische Datenbank des Bundes als Teil des automatisierten Informationssystemes der öffentlichen Verwaltung, beide in: Das Informationsbankensystem, 2. Bd., 1971.

man sich aber schon Gedanken über die Aufgaben des Rechts im 21. Jahrhundert wird machen müssen, da jedem Einsatz der EDV in Staat und Recht eminente rechtspolitische Konsequenzen folgen, wie hier zu zeigen versucht wurde. Zwei Grenzen wird es für den Einsatz der EDV in der Rechtssetzung immer geben: Auf der einen Seite die eng mit der Normsetzung verknüpfte politische Zielsetzung oder letztlich emotionell-ideologische Entscheidung und andererseits die Unmöglichkeit, die dialektische juristische Methode – aus der Vielzahl der Gegebenheiten eine herauszuheben und im Gesetz zu positivieren – vollständig in Algorithmen, dem einzigen Arbeitsschema des Computers zu kleiden[132]; die Unmöglichkeit, Wertungen vollständig in Werte, Quantitäten, zu transformieren[133].

Zusammenfassung

Der in der westlichen wissenschaftlichen Liateratur im Gegensatz zum Ostblock noch kaum behandelte Einsatz der EDV und kybernetischer Methoden in der Gesetzgebung könnte wesentliche technische, politische und juristische Hilfen im Rechtssetzungsprozeß bringen, wobei bei deren Darstellung von der österreichischen Verfassungslage ausgegangen wird. Diese Hilfen gelten für die technischen Gegebenheiten des historisch gewachsenen und den heutigen Anforderungen kaum mehr gewachsenen Gesetzgebungsvorganges, aber auch für den politischen und juristischen Entscheidungsprozeß. Unter den Voraussetzungen eines leistungsfähigen Informationssystems sowie eines Personenkennzeichnens können die Methoden der Simulation und des Netzplanes ebenso eingesetzt werden wie die Gesetze juristisch und rechtspolitisch verbessert werden könnten. Während in Teilbereichen der Vollziehung „automatisierte" Rechtsakte möglich sind, wird sich in der Gesetzgebung die Unterstützung der EDV immer nur auf Entscheidungsvorschläge beschränken, die von den politisch verantwortlichen Repräsentanten positiviert werden müssen. Die Möglichkeiten der „Computer-Demokratie" können zu einer Vermehrung der direkten Demokratie führen, werfen aber vor allem im Zusammenhang mit der Stellung des Parlaments und der künftigen Rolle des Rechts in der Gesellschaft eine Fülle staatstheoretischer und gesellschaftspolitischer Probleme auf, da die klassenindifferenten und ideologisch neutralen Methoden und Medien der Informatik und Kybernetik eine Selbstleitung der Gesellschaft im westlichen oder sozialistischen Sinn ebenso in fernerer Zukunft ermöglichen wie einen totalen, zentral gesteuerten Staat.

Summary

The application of EDP and cybernetic methods within legislation, a topic scarcely discussed in western scholarly literature as compared to socialist countries, may lead to an essential technical, political, and legal support of the legislative process. The presentation of this article is based upon the constitutional situation in Austria. These assists concern the technical facts of the historically grown legislative process, which is no longer adequate for the requirements of today, as well as the political and legal decision-making process. Provided that there exists an operational information system and a personal identification number, the methods of simulation and network techniques may be applied and also the laws themselves might be improved judicially and politicolegally. While "automated" legal acts are possible in particular fields of administration, in legislation the support by EDP will always be limited to a suggestion of decisions

---

[132] Vgl. dazu *V. Knapp,* Über die Möglichkeit der Anwendung kybernetischer Methoden im Recht, in: Staat und Recht, 1963, S. 613–636.

[133] Vgl. *A. Podlech,* Wertungen und Werte im Recht, in: Archiv des öffentlichen Rechts, 1970, S. 185–223; *G. Winkler,* Wertbetrachtung im Recht und ihre Grenzen, 1969 (Forschungen aus Staat und Recht, 12).

which have to be carried out by the politically responsible representatives. The facilities of "computer democracy" may lead to an increase of direct democracy. However, in particular with respect to the position of Parliament and the future role of law in society, they give rise to a great number of problems as to theory of state and social policy, since the class-indifferent and ideologically neutral methods and media of information science and cybernetics will in the more distant future make possible self-management of the society within a western or a socialist sense as well as a total, centrally controlled state.

Diethart Zielinski

Das Juristische Informationssystem

Übersicht

I. Einleitung

Im Frühjahr 1972 hat die vom Bundesjustizministerium im Herbst 1970 eingesetzte Projektgruppe „Juristisches Informationssystem" ihren Schlußbericht

---

[1] Das Juristische Informationssystem – Analyse, Planung, Vorschläge.. Zugleich Besprechung des von der Projektgruppe des Bundesjustizministeriums, der Gesellschaft für Mathematik und Datenverarbeitung und der C-E-I-R GmbH erstatteten Schlußberichts. Bericht der Projektgruppe aus Mitgliedern des Bundesministeriums der Justiz, der

über die Analyse der Voraussetzungen der Planung eines umfassenden automatisierten Rechtsdokumentationssystems vorgelegt und damit einen Wendepunkt im wissenschaftlichen Bemühen um die Realisierung EDV-gestützter Systeme zur Bewältigung der Informationsflut im Recht, die zur Informationskrise des Rechts zu werden droht[2], markiert. War die bisherige Diskussion, von einem weitgehenden Konsens über die Notwendigkeit elektronischer Rechtsdokumentation ausgehend[3], durch mangelhaften Informationsstand im technischen Detail gekennzeichnet und blieben infolgedessen Forderungen und Bedenken vielfach bloße Spekulation, kann und muß jede künftige Planung eines Juristischen Informationssystems und die Auseinandersetzung damit auf die im Schlußbericht vorliegende fundierte und umfassende Analyse der informationswissenschaftlichen und technologischen Bedingungen eines solchen Systems zurückgreifen und auf ihr aufbauen. Der nicht zu überschätzende Wert dieser Untersuchung liegt in der Zusammenstellung und Aufbereitung des komplexen Materials – in Umfang und Differenziertheit ohne Vergleich in der internationalen Literatur –, die ihre Bedeutung gerade auch dann behalten werden, wenn die von der Projektgruppe gemachten konkreten Vorschläge zum Aufbau eines Juristischen Informationssystems in dieser Form nicht Wirklichkeit werden.

Der voluminöse Schlußbericht[4] ist das Ergebnis intensiver interdisziplinärer Forschungsarbeit eines Teams aus praktisch und wissenschaftlich tätigen Juristen, Mathematikern, Wirtschaftswissenschaftlern, Dokumentationsfachleuten, Systemanalytikern und DV-Spezialisten. Diese Arbeit wurde von Anfang an nicht hinter verschlossenen Türen geleistet, vielmehr hat die Projektgruppe das Gespräch mit der betroffenen Öffentlichkeit gesucht. Sie lud die interessierte Fachöffentlichkeit zu vier Tagungen ein[5] und legte im März 1971 einen 1. Zwi-

---

Gesellschaft für Mathematik und Datenverarbeitung und der C-E-I-R GmbH an den Bundesminister der Justiz. (hrsg. v. Bundesministerium der Justiz) Verlag C. F. Müller Karlsruhe 1972, 487 S., Kart. DM 48,– (zitiert als Schlußbericht).

[2] vgl. *Simitis*, Informationskrise des Rechts und Datenverarbeitung, 1970.

[3] vgl. *Fiedler/Klug/Simitis*, Vorbericht über eine juristische Datenbank, 1969; *Simitis*, Informationskrise (Anm. 2) S. 42 ff., 64 ff.; 48. DJT, Sitzungsbericht T, 1971; *Fiedler*, NJW 1968, 276 ff.; JZ 1966, 696 ff.; JuS 1970, 603 ff., *Steinmüller* u. a., EDV und Recht, 1970, S. 44 ff.; *Raisch*, JZ 1970, 433 ff.; *Heußner*, BArbBl. 1971, 175 ff.; *Haft*, Elektronische Datenverarbeitung im Recht, 1970, S. 102 ff.; *Kreppel*, NJW 1970, 1587 ff.; *Seidel*, DRiZ, 1970, 116 ff.

[4] Die knapp 500 großformatigen Seiten sollten vor der Lektüre nicht schrecken. Der umfangreiche Stoff ist sehr tief und übersichtlich aufgegliedert; ein einleitender Überblick (S. 19–27) und eine selbständige Kurzfassung (Anhang A S. 303–319) ermöglichen auch schnelle Orientierung. – Da der Schlußbericht bereits vor der Veröffentlichung als vervielfältigtes Manuskript verbreitet wurde, wird bei Zitaten auch jeweils die Gliederungsnummer angegeben.

[5] vgl. Schlußbericht Nr. 1.3.3 S. 25 f.; insbes. über die Birlinghovener Tagung vom 29./30. 4. 1971 existiert ein umfangreiches – nicht veröffentlichtes – Protokoll; über Auswirkungen dieser Tagung vgl. die Nachweise in Anm. 6.

schenbericht vor[6]. Das ausgelöste Echo[7] hat sich seinerseits im Schlußbericht niedergeschlagen; der dem 1. Zwischenbericht vorgeworfene Mangel an Problembewußtsein ist einem sehr vorsichtigen und abgewogenen Urteil gewichen. Der Schlußbericht gliedert sich in drei große Hauptteile: (I) Sammlung und Analyse der Grundlagen (Kap. 1 bis 5 S. 21–198); (II) Schlußfolgerungen und Vorschläge (Kap. 6 bis 8 S. 199–273); (III) umfangreiche Anhänge zu den einzelnen Problemkreisen von Teil I (S. 303–487), die durch ein nützliches Glossar der verwendeten Bezeichnungen (Kap. 9 S. 274–284) und ein Literaturverzeichnis (Kap. 10 S. 285–299) ergänzt werden.

Der Schlußbericht bringt die Problematik eines computerisierten Juristischen Informationssystems in seiner vollen Breite zur Sprache. In dem hier verfügbaren Rahmen ist eine umfassende und kritische Würdigung dieser Arbeit nicht möglich. Im Anschluß an den inhaltlichen Überblick (II) und eine Globalwürdigung (III) soll daher vor dem Hintergrund des technologisch Möglichen (VI) vor allem auf den Aspekt des Juristischen Informationssystems als integrierter Bestandteil des Rechtssystems eingegangen werden; im Vordergrund stehen daher die Fragen der Ziel- (IV) und Systemanalyse (V), die zu konkreten Forderungen und Anregungen (VII) führen.

II. Inhalt des Schlußberichts

1. Die Aufgabe

Die Projektgruppe hatte den Auftrag, ein Systemkonzept zur Entwicklung eines automatisierten Informationssystems zu erarbeiten, „das es erlaubt, zu einer optimalen Beherrschung der Informationsfülle auf dem Gebiet der Gesetzgebung, der Rechtsprechung und der Rechtsliteratur zu kommen“[8]. Dieser Zielsetzung kann nur ein System gerecht werden, das größenordnungsmäßig das gesamte juristische relevante Informationsmaterial erfaßt und potentiell jedem Juristen, wenn nicht gar jedem Bürger zugänglich ist. Ein solches Juristisches Informationssystem hat notwendig Rückwirkungen auf das Rechtssystem; es ist ein Stück Rechtsreform[9], das im Rahmen eines umfassenden rechtspolitischen Programms für eine humanere und soziale Rechtsordnung mithelfen soll, „das

---

[6] 1. Zwischenbericht über die Arbeiten der Projektgruppe *Juristisches Informationssystem* an den Bundesminister der Justiz vom 1. 2. 1971, Beilage 5/71 zum Bundesanzeiger Nr. 62 vom 31. 3. 1971.

[7] vgl. *Kilian*, Diskussionstagung zum Vorhaben einer juristischen Datenbank, NJW 1971, 1397 f.; *Zielinski*, Die Juristische Bundesdatenbank als rechtspolitisches Problem, JZ 1971, 409 ff.; *Uhlig*, Zur Problematik eines Juristischen Informationssystems, JZ 1971, 644 ff.; *Dammann*, Juristische Dokumentationssysteme und Rechtsentwicklung, ZRP 1971, 287 ff.; *Bürck*, Aktuelle Probleme der geplanten Juristischen Bundesdatenbank, Betr. 72, 321 ff.– Ein kleinerer Kreis der Teilnehmer an der Birlinghovener Tagung veranstaltete von sich aus das „Falkensteiner Rundgespräch“ vom 12.–14. 7. 1972 über Probleme des juristischen Informationsbedarfs (vgl. Schlußbericht Nr. 3.3.4.3 S. 58ff.).

[8] Schlußbericht Nr. 1.2.3 S. 23 f.; vgl. auch 2. Bericht der Bundesregierung über die Anwendung der Elektronischen Datenverarbeitung – BT-Drucks. VI/648 S. 11; 1. Zwischenbericht (Anm. 6) A 2 S. 4.

[9] Schlußbericht Nr. 1.2.1 S. 22, Nr. 3.4.1.11 S. 68.

Recht durchschaubarer zu machen", „Entscheidungen zu beschleunigen", „die schnellere Anpassung des Rechts an die gesellschaftliche Entwicklung zu begünstigen" und „die Rechtssicherheit zu verstärken"[10]. Ein so weitreichendes Projekt macht eine gründliche Analyse der begrifflichen, rechtspolitischen, rechtstatsächlichen und rechtstheoretischen Voraussetzungen (2) und den Entwurf einer idealen Soll-Konzeption (3) erforderlich, bevor die spezifischen technologischen Bedingungen geprüft und mit den Erfahrungen aus vorhandenen Systemen verglichen werden können (4). Diese Untersuchung führt zu zahlreichen offenen und derzeit unbeantwortbaren Fragen, weshalb die Realisierung des Projekts in Stufen vorgeschlagen wird, deren erste, das sogenannte Entwicklungssystem (5), selbst als Lern- und Planungsphase für das spätere Ausbausystem (6) verstanden wird.

2. Systemanalyse

Systemanalyse ist die notwendige Voraussetzung jedweder Optimierung, insbesondere jeder Automatisierung eines organisierten Systems.

a) Begriffliche Voraussetzungen

Sie bedarf eines präzisen begrifflichen und methodischen Rahmens; gerade dieser „fehlt weitgehend auf soziologischem Gebiet, dessen Gegenstände durch menschliche Kommunikations- und Entscheidungsprozesse gekennzeichnet sind"[11]. In Kapitel 2 werden deshalb die wichtigsten Begriffe für diese Untersuchung definiert. Während unter Informationssystem im engeren Sinn ein System mit Kanaleigenschaften verstanden wird, das ausschließlich der Übertragung von Nachrichten dient[12], ist Kommunikationssystem ein informationsverarbeitendes System von Instanzen, die durch Kanäle miteinander verbunden sind, wobei aber nicht der Prozeß der Informationsverarbeitung, sondern lediglich das Senden und Empfangen von Nachrichten betrachtet wird[13]. Der Austausch von Nachrichten dient freilich der Übermittlung von Informationen, die nur mittels Interpretation durch die Instanz erschlossen werden kann und die bei der Empfängerinstanz ein bestimmtes Verhalten auslösen soll[14]. Die Tauglichkeit von Kanälen und Nachrichten, Informationen zu übermitteln, ist abhängig vom Leitbild der jeweiligen Instanz, wonach sich deren tatsächliches Verhalten bestimmt, das vom rollengemäßen Verhalten durchaus abweichen kann. Während die Rolle durch die Funktion der Instanz im System definiert ist, wird das Leitbild mitbestimmt von persönlichkeitsabhängigen Faktoren wie eigenes Selbstverständnis, Ausbildung, Vorlieben, Kenntnisse, Rollenkonflikte usw. und ist daher veränderbar[15]. Das Leitbild schlägt sich nieder in den Regeln, nach denen eine Instanz empfangene Nachrichten interpretiert und gesendete Infor-

---

[10] Schlußbericht Nr. 1.2.3 S. 24.
[11] Schlußbericht Nr. 2 S. 28.
[12] Schlußbericht Nr. 2.10 S. 32 f.
[13] Schlußbericht Nr. 2.2 S. 28 f.
[14] Schlußbericht Nr. 2.6 S. 30.
[15] Schlußbericht Nr. 2.3, 4, 5, 8, 9 S. 29 ff.

mationen in Nachrichten verschlüsselt (Sprache)[16]. Daraus folgt für die durch ein Informationssystem i. e. S. vermittelte Kommunikationsbeziehung, daß das Informationsbedürfnis einer Nachrichten abfragenden Instanz dann am besten befriedigt werden kann, wenn die Struktur der Abfragesprache der Instanz mit der Struktur der Zugriffssprache des Systems und der dieser Zugriffssprache angepaßten Struktur der Nachrichtenaufbeeitung übereinstimmt; d. h. die Informationsvermittlung, also die Befriedigung des Benutzerbedürfnisses, ist dann optimal, wenn das Leitbild des Informationssystems, d. i. die Datenbankstruktur, mit dem Leitbild des Benutzers übereinstimmt[17]. Dieser Zusammenhang bedingt für jedes – insbesondere automatisierte – Informationssystem ein grundsätzliches und unausweichliches Dilemma: kein Benutzerleitbild stimmt mit dem Leitbild eines anderen Benutzers vollständig überein und – selbst wenn es gelänge, Typen von Benutzerleitbildern zu definieren – kein allgemein zugängliches Informationssystem kann daher seine Datenbankstruktur so optimieren, daß es die Benutzerbedürfnisse aller potentiellen Benutzer optimal befriedigt. Daher ist es „eine der schwierigsten Aufgaben bei der Erstellung eines Informationssystems . . ., den Strukturtyp der Datenbank zu bestimmen. Dazu ist stets eine Analyse der vorgesehenen Benutzerinstanzen notwendig, die oft gar nicht in der Lage oder willens sind, mehr als einen kleinen Teil ihrer Leitbilder explizit zu formulieren"[18].

b) Das juristische Informationssystem und seine Benutzer

Damit ist eines der zentralen, wenn nicht das Zentralproblem des Projekts angesprochen: die Bziehung zwischen dem Juristischen Informationssystem und seinen Benutzern. Der Schlußbericht begreift das Rechtssystem als informationsverarbeitendes System, bestehend aus einer geordneten Menge von Instanzen und einer geordneten Menge von diese Instanzen verbindenden Kanälen, die den Nachrichtenaustausch zwischen den Instanzen gewährleisten[19]. Das Subsystem dieser Kanäle, d. i. das vorhandene Rechtsinformationssystem, soll durch das projektierte Juristische Informationssystem weitgehend ersetzt werden[20]. Soll diese Ersetzung zu keinen unkontrollierten tiefgreifenden Veränderungen im Rechtssystem führen, sondern dessen Funktion grundsätzlich unberührt lassen und darüber hinaus genau definierte Detail-Verbesserungen des Gesamtsystems ermöglichen, dann ist eine genaue Kenntnis der Wechselbeziehungen zwischen Informationssystem und Benutzer erforderlich, um diese im automatisierten System simulieren und kontrolliert optimieren zu können. Der

[16] Schlußbericht Nr. 2.6, 7 S. 30.
[17] Schlußbericht Nr. 2.10 S. 32 f.
[18] Schlußbericht Nr. 2.10 S. 33.
[19] Nr. 3.1.3 S. 38.
[20] Im Schlußbericht (Nr. 3.1.3 S. 38) heißt es zwar ausdrücklich, es soll keine Ersetzung stattfinden, sondern lediglich das konkurrierende Angebot erweitert werden (vgl. auch Nr. 3.5.1 S. 69). Angesichts der Größe des Projekts und der ausdrücklichen rechtspolitischen Zielsetzung wird und soll das bisherige Rechtsinformationssystem zumindest teilweise ersetzt werden (vgl. Nr. 1.2.1 S. 22, Nr. 3.4.1 S. 62, Nr. 3.4.1.4 S. 64, Nr. 3.4.1.7 [insbes. lit. k] S. 66 f., Nr. 3.4.1.11 S. 68).

Benutzer aber ist – auch nach den Untersuchungen der Projektgruppe – die große Unbekannte: seine Informationswünsche, sein Informationsbedarf, sein Suchverhalten, sein Problemlösungsverhalten sind weitgehend unerforscht[21]. Ebensowenig erforscht sind Struktur und Funktion der vorhandenen Informationskanäle, die Bedingungen, unter denen sie Nachrichten weiterleiten, filtern und in den juristischen Informationsverarbeitungsprozeß einbringen[22, 22a]. Die Klärung dieser wichtigen Fragen mußte die Projektgruppe künftiger, von ihr bereits eingeleiteter Benutzerforschung[23] und der parallel zum Entwicklungssystem postulierten rechtsinformatischen Grundlagenforschung[24] überlassen. Der Schlußbericht beschränkt sich daher auf Angaben zum ungefähren Mengengerüst der potentiellen Benutzer eines Juristischen Informationssystems und der zu speichernden Dokumente. Man rechnet mit ca. 40 000 Institutionen, in denen 70–80 000 Juristen beschäftigt sind[25]. Der jährliche Neuanfall an publizierten juristisch relevanten Dokumenten beläuft sich auf insgesamt ca. 3 Mrd. Zeichen, wovon 56 Mio. auf Normen, 300 Mio. auf die ca. 20 000 veröffentlichten Judikate (von ca. 1 Mio insges.), 500 Mio. auf wissenschaftliche Beiträge und 2,2 Mrd. auf Einzeldruckwerke entfallen[26]. Nicht erfaßt sind dabei Dokumente aus juristischen Nachbarbereichen (Kriminologie, Sozialwissenschaften), Rechtstatsachen bzw. Sozialdaten[27], da derzeit völlig ungeklärt ist, welche Nachrichten in dieser Rubrik einzuordnen, wie sie strukturiert und wie sie mit traditionell „juristischen" Nachrichten zu verknüpfen sind.

Um wenigstens ein Grobmodell des Benutzerleitbildes zu haben, werden zum einen die dokumentationsrelevanten Beschreibungsmerkmale der gängigen Klassen juristischer Dokumente (Normen, Judikate, rechtswissenschaftliche Literatur) zur Festlegung von Datenerhebungskatalogen zusammengestellt[28] und durch einen Katalog typischer Suchfragen bezüglich dieser Beschreibungsmerkmale ergänzt[29]; zum anderen wird der Versuch gemacht, das juristische Problemlösungsverhalten i. S. kybernetischer Lerntheorie als iterativen Lernprozeß in Form ständiger dynamischer Frage-Antwort-Inversion (Folge-Mittel-In-

---

[21] Schlußbericht Nr. 3 S. 35, Nr. 3.3.4 S. 57 ff.

[22] Schlußbericht Nr. 3.1.3 S. 38 f., Nr. 3.3.1 S. 46 ff.

[22a] Hier zeigt sich ein wesentlicher Mangel der einseitig dogmatischen Rechtswissenschaft, die die faktisch-pragmatischen Bedingungen der Entstehung von Rechtssätzen und deren sozial-wirksamer Durchsetzung bislang kaum reflektiert. Dies ist um so erstaunlicher, als die Rechtsgeltungslehren informationsabhängige Phänomene wie Veröffentlichung und Konsens als Bedingung der Verpflichtungskraft von Recht anerkennen. Am deutlichsten wird diese Kanalabhängigkeit bei der Entstehung von Gewohnheitsrecht durch Rechtsprechung: nur veröffentlichte Rechtsprechung hat die Chance, Rechtsquelle zu werden, d. h. die die Kanäle beherrschenden Instanzen entscheiden mit, inwiefern Rechtsprechung Recht erzeugt!

[23] Schlußbericht Nr. 3.3.5 S. 61 ff., Nr. 3.5 S. 69 ff., Nr. 3.6 S. 72 f.

[24] Schlußbericht Nr. 7.3 S. 207 ff.

[25] Schlußbericht Nr. 3.2.1 S. 40 f., Anhang B S. 320 ff.

[26] Schlußbericht Nr. 3.2.2 S. 42 ff., Anhang C S. 326 ff.

[27] Schlußbericht Nr. 3.2.2.1 lit. c S. 42, Nr. 3.4.1.1 lit. e S. 64, Nr. 7.3.1.2 S. 207 f.

[28] Schlußbericht Nr. 3.3.2 S. 49 ff., Anhang D S. 336 ff.

[29] Schlußbericht Anhang F S. 381 ff.

version zu beschreiben[30]. Dieser sehr abstrakte Ansatz wird für die Bereiche Rechtspraxis und Gesetzgebung bzw. Rechtswissenschaft in ein modulares Operationsmodell konkretisiert[31], dessen einzelne Bausteine je nach Kenntnisstand und Problembewußtsein der jeweiligen Instanz variabel zusammengefügt werden können.

c) Mängel des vorhandenen Rechtsinformationssystems

Die wesentlichen Mängel des bisherigen Rechtsinformationssystems sieht der Bericht in der Unpräzisheit der Rechtssprache und der geringen Formalisierung juristischer Dokumente und weiter in der Papiergebundenheit dieser Nachrichten begründet[32]. Dadurch werde sowohl die Tiefe der Erschließung beschränkt als auch eine schnelle und evtl. mehrdimensionale Recherche und die Zugänglichkeit solcher Dokumente beeinträchtigt. Diese Mängel scheinen jedoch behebbar durch ein automatisiertes Dokumentationssystem, während die Begrenzungen durch die natürliche Sprache mangels vollständiger Axiomatisierbarkeit des Rechts grundsätzlich unaufhebbar seien[33].

d) Rechtspolitische Zielsetzung

Die intendierte Verbesserung des Nachrichtenaustausches zwischen den juristischen Instanzen basiert auf einer rechtspolitischen Zielprojektion, der es um mehr Rechtsinnovation, um mehr Rechtssicherheit, um mehr Transparenz der Rechtsordnung und der Entscheidungsprozesse und um Beschleunigung dieser Entscheidungsprozesse zu tun ist[34]. Diese vier Globalziele sind im Rahmen eines Zielbaums in Unter- und Zwischenziele aufgeschlüsselt, deren Interdependenzen und Kompatibilität nicht weiter untersucht wird[35].

3. Soll-Konzeption

Im vollen Bewußtsein der Ungeklärtheit vieler Vorfragen entwickelt die Projektgruppe Sollvorstellungen von einem idealen Informationssystem, die sie gern inhaltlicher Kritik ausgesetzt sehen möchte, ohne daß diese „Forderungen ... von vornherein durch technische oder wirtschaftliche Grenzen der Realisierbarkeit beschränkt werden“[36].

a) Vollständigkeit

Die weitreichendste und wohl am schwierigsten zu verwirklichende Forderung geht auf „vollständige Aufnahme des juristisch relevanten Informationsmate-

---

[30] Schlußbericht Nr. 3.3.3.2, 3 S. 53 f.

[31] Schlußbericht Nr. 3.3.3.4, 5 S. 54 ff..

[32] Schlußbericht Nr. 3.3.1.4 S. 47 f.

[33] Schlußbericht Nr. 3.1.4 S. 39 f.

[34] Schlußbericht Nr. 3.1.1 S. 35 ff.

[35] vgl. jedoch die Konkretisierung durch Anforderungen an das Dokumentationssystem in Nr. 3.4 und 3.5 S. 62 ff., 69 ff., die weitere Konkretisierung durch technologische Maßnahmen in Nr. 4.1.1 S. 75 f. und deren Gegenüberstellung mit den verfügbaren Ressourcen in Nr. 4.1.2, 3, 4 S. 76 ff.

[36] Schlußbericht Nr. 3.4.1 S. 62.

rials"[37]. Da nicht die Gesamtheit aller dokumentierbaren Nachrichten, nur weil sie potentiell einmal rechtlich relevant werden könnten, in das System aufgenommen, aber auch nicht inhaltlich angegeben werden könne, was thematisch „juristisch relevantes" Informationsmaterial sei, greift die Projektgruppe zu einem „im Ansatz enumerativen Verfahren" und schlägt „die Dokumentation der Gesetzgebung, Rechtsprechung, juristischen Literatur, von wichtigen Rechtstatsachen und juristisch relevanten Sozialdaten (vor). Diese – evtl. ergänzbare – Enumeration ergibt als Richtlinie die Aufnahme von publikationswürdigem Material mit quellenmäßig juristischem oder eng darauf bezüglichem Status"[38]. Das ist unproblematisch für die Dokument-Klasse der Normen (6000 Dokumente, 56 Mio. Zeichen jährlich). Problematisch aber ist bereits die Auswahl „aller (Gerichts-)Entscheidungen welche für die Auslegung und Fortbildung des Rechts überhaupt Bedeutung haben, und zwar ... (jeweils) in dem Umfang, in welchem diese Bedeutung besteht"[39] (ca. 20000 Dokumente, 300 Mio. Zeichen jährlich). Die dokumentationswürdige Rechtsliteratur wird mit den in der Karlsruher Juristischen Bibliographie (KJB) nachgewiesenen Titeln gleichgesetzt, ohne daß die Frage der Auswahl und Beschaffungspolitik der Bezugsbibliotheken beim Bundesgerichtshof und beim Bundesverfassungsgericht reflektiert wird (24000 Dokumente, 2,7 Mrd. Zeichen jährlich); der Schlußbericht weist bereits an dieser Stelle auf die Notwendigkeit einer Begrenzung aus technischen und wirtschaftlichen Gründen hin[40]. Es „düfte (aber) ... z. B. wegen möglicher prinzipieller Gewichtsverschiebungen nicht unproblematisch sein, wenn die Rechtsprechung im Volltext, die Literatur dagegen nur in bibliographischen Angaben aufgenommen würde"[41]. Parlamentsmaterialien und Presseinfomrationen könnten der Dokumentation durch EDV-Projekte des Bundestages und des Presse- und Informationsamtes überlassen werden[42]. – Obwohl „der Nachweis von Rechtstatsachen und juristisch relevanten Sozialdaten ... sicherlich wünschenswert (wäre)", müsse darauf mangels tragfähiger Abgrenzungskriterien vorerst verzichtet werden[43].

b) Aktualität

Das dokumentierte Material müsse stets – insbesondere im Bereich der Gesetzgebung – auf dem neuesten Stand sein[44].

c) Objektivität

Das angestrebte juristische Informationssystem müsse wegen seiner Monopolstellung und meinungsbildenden Bedeutung „Objektivität" bewahren, d. h.

---

[37] Schlußbericht Nr. 3.4.1.1 S. 63 ff.
[38] Schlußbericht Nr. 3.4.1.1 S. 63.
[39] Schlußbericht Nr. 3.4.1.1 lit. b S. 63; die Fragwürdigkeit jeglicher Auswahl aus den ca. 1 Mio. Entscheidungen jährlich im Hinblick auf die Forderung nach Vermeidung von Divergenzentscheidungen wird ausdrücklich angesprochen.
[40] Nr. 3.4.1.1 lit. c S. 64.
[41] Schlußbericht Nr. 3.4.1.1 am Ende S. 64.
[42] Schlußbericht Nr. 3.4.1.1 lit. d S. 64.
[43] Schlußbericht Nr. 3.4.1.1 lit. e S. 64.
[44] Schlußbericht Nr. 3.4.1.2 S. 64.

ein „Modell" des Urbildes der Gesamtheit einschlägiger Dokumente und deren interner Relationen bilden. Diese „schwer und nur unvollkommen zu erfüllende Forderung" gelte auch für den Fall der Auswahl und Kürzung von aufzunehmen Dokumenten[45].

d) Transparenz

Die die Objektivität des Systems und seine tatsächliche Leistung bedingenden Regeln müssen für den Benutzer transparent sein[46].

e) Flexibilität

Anzustreben sei zunächst ein großes Dokumentationssystem, das jedoch erweiterungsfähig sei in Richtung auf ein Fakten-Retrieval-System oder Frage-Antwort-System; letztere weisen nicht nur Dokumente nach, sondern treffen selbständig eine inhaltliche Auswahl aus Nachrichten bzw. erzeugen selbst die Antwortinformation auf eine inhaltliche Frage[47]. Das System soll leistungsfähiger sein als das vorhandene Rechtsinformationssystem; insbesondere soll es möglichst viele – auch bisher nicht beantwortbare – Fragetypen zulassen, was eine sehr tiefgreifende Strukturierung des gespeicherten Materials voraussetze. Anzustreben sei ein Rechercheverfahren in Form eines Lernprozesses (Dialogverkehr), das möglichst Fragen in natürlicher Sprache zulasse, dessen Beherrschung man sich ohne größeren Zeitaufwand aneignen könne, das mit kurzen Reaktionszeiten arbeite und je nach Benutzerwunsch hoch-relevantes bzw. vollständiges[48] Dokumentenmaterial nachweise[49].

f) Zugänglichkeit

Das Juristische Informationssystem soll grundsätzlich jedermann offenstehen[50], aber dennoch wirtschaftlich so arbeiten, daß es sich selbst trägt, wobei der Nutzen für den Staat und das Rechtssystem als Ganzes mit in Ansatz gebracht werden müsse[51].

g) Stufenweiser Abbau

Das System soll zwar möglichst schnell, aber mit Rücksicht auf die Unerforschtheit zahlreicher Vorfragen stufenweise und so flexibel aufgebaut werden, daß Anpassungen an neue Erkenntnisse (insbesondere auf dem Gebiet der Benutzerforschung[52]) und technische Neuerungen unschwer möglich bleiben. Die Auf-

---

[45] Schlußbericht Nr. 3.4.1.5 S. 65 f.

[46] Schlußbericht Nr. 3.4.1.6 S. 66.

[47] Schlußbericht Nr. 3.4.1.3 S. 64 f.; vgl. auch Nr. 2.11 S. 33, Nr. 4.2.2 S. 82 f.

[48] Zwischen diesen beiden Anforderungen besteht infolge der faktischen (evtl. auch prinzipiellen) Nicht-Formalisierbarkeit der Rechtssprache (vgl. hierzu *Brinckmann*, Juristische Fachsprache und Umgangssprache, ÖVD 1972 S. 60 ff. m. w. N.) ein trade-off, der eine Optimierung des Ergebnisses immer nur nach einer Seite auf Kosten der anderen Seite zuläßt (vgl. Schlußbericht Nr. 4.4 S. 95 ff. insbes. Nr. 4.4.5, 6 S. 100 ff.).

[49] Schlußbericht Nr. 3.4.1.7 S. 66 f.

[50] Schlußbericht Nr. 3.4.1.8 S. 67.

[51] Schlußbericht Nr. 3.4.1.10 S. 67 f.

[52] vgl. Schlußbericht Nr. 3.5 und 6 S. 69 ff., 72 ff.

bauphase müsse von intensiven Grundlagenuntersuchungen begleitet werden und dürfe den endgültigen Systemausbau nicht vorzeitig präjudizieren[53].

h) Verbund mit anderen Datenbanken

Als weitere Zielvorstellung wird der Wunsch nach Verbund des Juristischen Informationssystems mit anderen Informationsystemen bzw. Datenbanken geäußert, wobei die Zugriffsmöglichkeit auf sozialwissenschaftliche Informationen (einschließlich Sozialdaten) im Blick auf das Globalziel Rechtsinnovation[54] von besonderem Gewicht sei. Die voraussichtlichen Unterschiede in der Datenbankstruktur lassen hier jedoch große methodische Schwierigkeiten erwarten[55].

4. Technische und methodische Möglichkeiten

Der Schwerpunkt des Schlußberichts liegt zweifellos in Kapitel 4, das die technischen und methodischen Möglichkeiten (Ressourcen) zur Errichtung des intendierten Juristischen Informationssystems untersucht[56].

a) Interdependenzen

Einleitend wird die Komplexität der Aufgabe demonstriert, die Entscheidung für ein technisch mögliches System fundiert vorzubereiten. Die inhaltlichen Anforderungen an das Soll-Konzept, die diese gewährleistenden technisch-organisatorischen Ziele, die technischen Einzelmaßnahmen zu deren Realisierung und die zur Verfügung stehenden Ressourcen stehen in einem verwirrenden Geflecht von Interdependenzen und teilweiser Unverträglichkeiten. Die Projektgruppe war nicht in der Lage, dieses Geflecht in vollem Umfang aufzuschlüsseln, geschweige einen akzeptablen Kompromiß für den Systementwurf zu erarbeiten. Hierfür sind die wechselbezüglichen Abhängigkeiten, der Stellenwert mancher Ziele in der Zielhierarchie, die Validierungskriterien, und damit die Voraussetzungen für ein entscheidbares Entscheidungsmodell in weitem Umfang noch unbekannt. Der Bericht beschränkt sich daher auf die Zuordnung von 53 technisch-organisatorischen Zielen zu 14 Forderungen an das Sollkonzept; dem stehen 6 Klassen von Ressourcen gegenüber[57]. Am Beispiel des Teilziels Z 29 „kurze Reaktionszeit" wird exemplarisch gezeigt, wie die in Betracht kommenden 14 Maßnahmen zur Realisierung dieses Ziels infolge ihrer Auswirkungen mit 17 anderen Zielen kollidieren[58] und wie problematisch es allein ist, als Voraussetzung der Bewertung einer Kompromißlösung eine Skalierung des Grades der Zielerfüllung festzulegen[59]. Die Klärung dieser Interdependenzen und die Begründung eines Entscheidungsvorschlages zählt zu den anspruchsvollsten Planungsvoraussetzungen des langfristig anvisierten Ausbausystems. Diese Voraussetzungen können nur im Rahmen intensiver experimenteller For-

---

[53] Schlußbericht Nr. 3.4.1.11 S. 68.
[54] vgl. Schlußbericht Nr. 3.1.1 S. 35 f.
[55] Schlußbericht Nr. 3.4.2 S. 68 f.
[56] S. 74—165.
[57] Schlußbericht Nr. 4.1.1, 2 S. 75 f.
[58] Schlußbericht Nr. 4.1.3 S. 77 f.
[59] Schlußbericht Nr. 4.1.3 S. 78 f.

schungen ermittelt werden, für die bloße Laborsituationen nicht ausreichen, sondern ein möglichst wirklichkeitsnahes Experimentierfeld, das die tatsächlichen Auswirkungen erkennen läßt, zur Verfügung stehen muß[59a].

b) Datenbankstruktur

Die schwierigste und für das System weitreichendste Entscheidung liegt in der Festlegung der Datenbankstruktur, dem Leitbild des Informationssystems. Man unterscheidet zwischen zwei Grundtypen, den logischen Methoden und den analytischen Methoden. Die logischen Methoden arbeiten mit einer breiten Auffächerung der Nachrichten und der ihnen zugeordneten beschreibenden Begriffe (diese Menge der expliziten Kenntnisse des Systems haben die Funktion von Axiomen) sowie mit einer verhältnismäßig kleinen Menge von Verknüpfungsregeln, mithilfe derer das System – je nach Auftrag des Benutzers – alle ableitbaren Aussagen (d. i. die Menge der impliziten Kenntnisse des Systems) generieren kann; das Verfahren ist äußerst rechenaufwendig und vom Benutzer schwer zu handhaben. Die mit festen Programmen, d. h. mit festgelegten Folgen von Verknüpfungen und diesen Programmen entsprechender Strukturierung der Nachrichten arbeitenden analytischen Methoden beschränken zwar die aus dem System herleitbaren Aussagen, erlauben aber eine effizientere und leichter handhabbare Abfragestrategie[60]. Die bisherigen Forschungsergebnisse mit logischen Methoden sind noch äußerst bescheiden[61]; für das Juristische Informationssystem kommt vorerst nur ein analytisch arbeitendes System in Betracht; d. h. langfristig weichenstellende Entscheidungen für oder gegen bestimmte Datenbankstrukturen sind unumgänglich. Diese Präjudizierung kann nur dadurch abgemildert werden, daß man verschiedenen Benutzerleitbildtypen entsprechend verschiedene Teildatenbanken organisiert[62] und daß man durch einen Mensch-Maschine-Dialog die nicht festgelegten impliziten Kenntnisse des Benutzers in die Verarbeitung der durch die starren Programme stark vorgeprägten Kenntnisse des Systems einbringt[63]. Nach Auffassung der Projektgruppe kommt daher allein die Option für ein großes Dokumentationssystem mit flexiblen Retrievalstrategien im Dialogverkehr infrage; ein Informationssystem i. S. eines Entscheidungshilfen liefernden, das Problemlösungsverhalten inhaltlich unterstützenden Frage-Antwort-Systems ist vorerst schon theoretisch nicht realisierbar[64].

Die Festlegung einer dokumentationsgeeigneten Datenkbanstruktur hat eine doppelte Funktion: die in natürlicher Sprache vorliegenden Dokumente müssen in eine von der Maschine „verstehbare" (= verarbeitbare) formatierte Sprache

---

[59a] Dementsprechend schlägt die Projektgruppe ein der Ausbaustufe des Juristischen Informationssystems voraufgehendes Entwicklungssystem vor, das ein sachlich begrenztes, aber insoweit für die Praxis voll einsatzfähiges Dokumentationssystem sein soll; vgl. Schlußbericht Nr. 6.2 S. 200 ff.; Nr. 7.1, 2 S. 203 ff.

[60] Schlußbericht Nr. 4.2.1.1 S. 81.

[61] Schlußbericht Nr. 4.2.2 S. 82 f.

[62] Schlußbericht Nr. 4.2.1.3 S. 82.

[63] Schlußbericht Nr. 4.2.3 S. 84.

[64] Schlußbericht Nr. 4.2.4 S. 84 f.

übersetzt werden[64a], um sie sodann mittels einer zu entwickelnden formalen Zugriffssprache, in die die in natürlicher Sprache formulierten Suchfragen des Benutzers übersetzt werden müssen, wieder auffindbar zu machen. Die systeminternen Funktionen sind – der Arbeitsstruktur der Maschine entsprechend – auf die syntaktische Ebene beschränkt. Sowohl dem Nachrichtensender wie auch dem Nachrichtenrechercheur kommt es jedoch auf die Über- bzw. Ermittlung des semantischen (d. i. Informations-)Gehalts der Nachricht an. Unsere linguistischen Kenntnisse sind noch weit davon entfernt, die Regeln zu kennen, wonach (semantischer) Sinn durch (syntaktische) Sprache vermittelt wird[65], weshalb die von der Maschine geforderte Formalisierung umgangssprachlich vermittelter Information vorerst nur mittels sehr grober Übersetzungsvefahren möglich ist, die notwendig eine Informationsverkürzung der im automatisierten Informationssystem abgebildeten Nachrichten zur Folge hat. Im Schlußbericht werden die verschiedenen Möglichkeiten solcher Abbildungsverfahren dargelegt; besondere Aufmerksamkeit wird dem Thesaurusproblem gewidmet, d. h. dem Aufbau von Wortlisten, die die verschiedenartigsten Relationen zwischen Wörtern registrieren und die die Aufgabe haben, die Verknüpfbarkeit von Retrievalfrage und gesuchter Zielinformation von der zufälligen Wortwahl beider Nachrichten möglichst unabhängig zu machen. Die Möglichkeiten, diese Nachrichtenaufbereitung und die Erstellung solcher Thesauri selbst zu automatisieren, sind nach dem gegenwärtigen Stand der Dokumentationswissenschaft noch sehr begrenzt[66].

Bevor der Schlußbericht auf die hieraus folgende Konkretion der Datenbankstruktur in einer bestimmten Dateiorganisation eingeht[67], wird der Versuch unternommen, Kriterien zur Messung der Qualität eines Dokumentationssystems zu entwickeln[68]. Die sog. Selektionsgüte ist dann optimal, wenn alles bezüglich einer Suchfrage relevante Material, aber auch nur das relevante Material nachgewiesen wird[69]. Nach Auffassung der Projektgruppe ist dieses Ziel infolge der Unschärfe umgangssprachlich codierter Information und der Notwendigkeit systeminterner Formalisierung nur näherungsweise erreichbar, wobei die Bewertung des Grades der Zielerfüllung von der Anzahl der nachgewiesenen relevanten Dokumente, der Anzahl aller nachgewiesenen Dokumente und der Anzahl aller relevanten Dokumente abhängt. Die Möglichkeit, hieraus aussagekräftige Meßgrößen zu definieren, leidet an einem doppelten Dilemma: der Begriff der Relevanz ist alles andere als trivial, insbesondere ist er selbst abstuf-

---

[64a] Genauer: es geht um die Abbildung natürlicher Sprache in formale Beschreibungselemente. Diese Abbildung ist – jedenfalls nach dem gegenwärtigen Stand der Sprachforschung – nicht umkehrbar. Daraus folgt notwendig ein abbildungsbedingter Informationsverlust.

[65] vgl. Paraphrasen juristischer Texte (hrsg. v. *D. Rave, H. Brinckmann, K. Grimmer*) Darmstadt 1971; *Brinckmann/Petöfi/Rieser*, Paraphrasen juristischer Texte II, DVR I (1972), S. 257 ff.

[66] Schlußbericht Nr. 4.3.3–6 S. 87 ff.

[67] Nr. 4.5 S. 103 ff.

[68] Nr. 4.4 S. 95 ff.

[69] Schlußbericht Nr. 4.4.1.1 S. 95 f.

bar; und die Anzahl aller im System enthaltenen relevanten Dokumente ist, insbesondere bei großen Datenbasen, nicht ermittelbar. Die beschriebenen Bewertungsverfahren arbeiten daher sämtlich mit einem objektiv definierten Relevanzbegriff und einer nicht überprüfbaren „Messung" der Nachweisquote[70]. Diese Meßergebnisse sind nur schlecht gesichert; gesichert scheint jedoch eine gewisse Interdependenz von Relevanzquote und Nachweisquote: je größer die eine, desto geringer die andere, d. h. je vollständiger man das relevante Material nachgewiesen wünscht, desto mehr Ballast an irrelevantem Material muß man mit in Kauf nehmen[71]; ein Effekt, der sich in begrenztem Umfang durch Rückkopplungsmechanismen zwischen Benutzer und System korrigieren läßt[72].

Um nun ein möglichst gut selektierendes Retrieval zu ermöglichen, sollten die einzelnen dokumentarischen Bezugseinheiten (DBE), d. i. die unmittelbar adressierbaren Objekte im System, „dessen Merkmale während der meisten Dokumentationsprozesse als Einheit betrachtet werden"[73], möglichst klein sein und jeweils eine möglichst große Menge von Beschreibungsmerkmalen, die jedes für sich und in beliebigen Verknüpfungen mit anderen für das Retrieval herangezogen werden können, zugeordnet erhalten. Die DBE zusammen mit den formatierten Beschreibungsmerkmalen bildet eine Dokumentationseinheit, die in einem Record abgespeichert wird; die Menge aller Records bildet die Dokumentendatei[74]. Um beim Retrieval nicht die gesamte Dokumentendatei durchsuchen zu müssen, votiert die Projektgruppe unter Berücksichtigung anderer Möglichkeiten für eine duale Dateiorganisation mittels Umkehrdateien, die ihrerseits für jedes Beschreibungsmerkmal einen Record enthalten, in dem sämtliche Zieladressen (Dokumentnummern) abgespeichert sind, denen dieses Beschreibungsmerkmal zugeordnet wurde[75]. Sehr speicherplatzaufwendig wird diese duale Dateiorganisation bei Heranziehung der gesamten (signifikanten) Textwörter einschließlich ihrer jeweiligen Positionsangaben (für Retrieval nach Wortlaut einschließlich metrischer Operatoren)[76]. Um die Länge der Umkehrlisten mit Rücksicht auf den erforderlichen Rechenaufwand in Grenzen zu halten, wird die Unterteilung der gesamten Datenbasis in Datenpools, etwa für 10 verschiedene Sachgebiete, erwogen[77].

c) Hardware

Breiten Raum nimmt die Sichtung der verfügbaren Hardware ein. Die gegenwärtigen technischen Möglichkeiten von Speichern[78], Benutzerstationen[79],

---

[70] Schlußbericht Nr. 4.4.3–5 S. 98 ff.; nach Angaben über arbeitende Systeme schwankt dort die Relevanzquote zwischen 26 und 59%, die Nachweisquote zwischen 22 und 92% (vgl. Tabelle 4.4/3 S. 101).
[71] Schlußbericht Nr. 4.4.6.1 S. 102.
[72] Schlußbericht Nr. 4.4.6.2 S. 102.
[73] Schlußbericht Nr. 4.5.1.3 S. 104.
[74] Schlußbericht Nr. 4.5.2.1 S. 104.
[75] Schlußbericht Nr. 4.5.2.3 S. 106.
[76] Schlußbericht Nr. 4.5.2.7 S. 108.
[77] Schlußbericht Nr. 4.5.5 S. 110, Nr. 4.10.3.1 lit. c. S. 148.
[78] Schlußbericht Nr. 4.6 S. 110 ff.
[79] Schlußbericht Nr. 4.7 S. 119 ff.

Übertragungswegen[80] und Datenverarbeitungsanlagen[81] werden bezüglich ihrer physikalischen Eigenschaften, ihrer Leistungsfähigkeit und voraussichtlichen Kosten untersucht. Diese Kenntnisse sind notwendige Voraussetzung zur Beurteilung der Realisierungsmöglichkeiten der sich aus dem idealen Soll-Konzept ergebenden technischen Anforderungen.

d) Technische Anforderungen

Vor Abschätzung dieser technischen Anforderungen werden die vom System zu erfüllenden Bedingungen noch einmal präzisiert, wobei auffällt, daß entgegen der früher erhobenen Forderung, „daß das neue Informationssystem ... das bisherige Verhältnis der Gewichte zwischen Gesetzgebung, Rechtsprechung und Rechtswissenschaft nicht ohne Not und nicht grundlegend ändern sollte“[82], differenzierend verlangt wird: „Speicherung der Normen in vollem Wortlaut; Speicherung von Judikaten in vollem Wortlaut und als Komprimate, evtl. in mehreren Stufen verschieden starker Komprimierung; Speicherung rechtswissenschaftlicher Literatur nur auszugsweise oder in gekürzter Form“[83]. In welchem Umfang von den zur Verfügung zu stellenden Abfragemöglichkeiten vom künftigen Benutzer des Systems Gebrauch gemacht werden und welche mengenmäßige Detailstruktur das Dialogverhalten haben wird, wird erst nach intensiver Benutzerforschung und praktischen Experimenterfahrungen bekannt sein, so daß über das zu erwartende Verkehrsvolumen nur allergröbste Schätzungen zugrunde gelegt werden können[84], auf die bei Berechnung der voraussichtlichen Rechen- und Reaktionszeiten zurückgegriffen werden muß[85].

Die sehr gründliche Ermittlung des voraussichtlichen Speicherbedarfs macht die höchst unterschiedlichen Anforderungen an die Systemauslegung deutlich, je nachdem wie tief die Dokumenterschließung gewährleistet sein soll[86]. Der minimale Speicherbedarf wird bestimmt vom Umfang der Umkehrdateien, für die man bei Verwendung der derzeit größten Externspeicher mit direktem Zugriff (Magnetplattenspeicher)[87] mit 2 Plattenstapeln für den jährlichen Neuzugang auskäme; würde man auf die signifikanten Textwörter als Beschreibungsmerkmale verzichten, genügte sogar $^1/_4$ Plattenstapel jährlich. Der Bestand an geltenden Normen könnte auf 1 bzw. $^3/_8$ Plattenstapel untergebracht werden[88]. Dieser Bedarf erhöht sich beträchtlich bei dualer Dateiorganisation. Für die Dokumentendatei (ohne Textspeicherung) kommen dann weitere 4 (mit Textwörter-Erschließung) bzw. $^1/_2$ Plattenstapel für den jährlichen Neuanfall und 2 bzw.

---

[80] Schlußbericht Nr. 4.8 S. 122 ff.

[81] Schlußbericht Nr. 4.9 S. 129 ff.

[82] Schlußbericht Nr. 3.4.1.4 S. 65, vgl. auch Nr. 3.4.1.1 lit. c S. 64.

[83] Schlußbericht Nr. 4.9.3.3 Ziff. 3 S. 132.

[84] Schlußbericht Nr. 4.9.3.4 S. 133.

[85] vgl. Schlußbericht Nr. 4.10.3.6–8 S. 150 ff., Anhang G Nr. 6–8 S. 387 ff.

[86] vgl. Schlußbericht Nr. 4.10.1 S. 141 ff. und Anhang H S. 395 ff.

[87] die Speicherkapazität beträgt 8×10^8 bit; vgl. Schlußbericht Tabelle 4.6/3 S. 114.

[88] Schlußbericht Nr. 4.10.1.1 S. 141 f., wobei für Monographien Erschließung über Textwörter nicht berücksichtigt ist.

3/4 Plattenstapel für den Normen-Bestand hinzu[89]. Speichert man zu jeder DBE noch ein Komprimat von ca. 1000 Zeichen, so erhöht sich der jährliche Bedarf um 1 weiteren Plattenstapel[90]. Weiterer Speicherbedarf für Hilfsdateien (Thesauri, Passiv-Aktiv-Verweisungen) erfordert maximal 1/2 Plattenstapel[91]. Ein sprunghafter Mehrbedarf an Speicherkapazität ergibt sich erst, wenn die für die Wortlautmethode erforderlichen Positionsangaben und – für eine komfortable Ausgabe – die vollen Texte gespeichert werden sollen. Die Textspeicherung würde erfordern: für Normen 0,7, für Judikate 3,6, für rechtswissenschaftliche Beiträge (Einzeldruckschriften ausgenommen) 6,0 und für Einzeldruckschriften 26,4, zusammen 36,7 Plattenstapel jährlich zuzüglich 3,6 für den Normen-Bestand[92]; Rückwätsdokumentation von Literatur und Rechtsprechung ist darin nicht enthalten. Für die Speicherung der Positionsangaben käme nach Auffassung der Projektgruppe noch einmal das 1- bis 1,5fache des Speicherplatzes der vollen Texte hinzu[93]. Bei geschickter Codierung ließe sich dieser Bedarf jedoch um 70% reduzieren, freilich auf Kosten zusätzlichen Rechenaufwandes[94]. Das ergibt einen jährlichen Gesamtbedarf von 60,2 Plattenstapeln zuzüglich 9,8 Stapel für den Normen-Bestand.

Diese Zahlen zeichnen bereits deutlich das Mengenproblem ab, das bei Abschätzung der voraussichtlichen Rechenzeiten vollends zur Auswirkung kommt. Dieser Abschätzung dient ein vorläufiges, sehr grobes Betriebsmodell als Basis; denn ohne ungefähre Vorstellung von der Struktur der auszuführenden Programme kann der Rechenaufwand und der Hauptspeicherbedarf nicht bestimmt werden. Für das Modell werden 14 verschiedene Verarbeitungsschritte (Retrievalprogramme) mit unterschiedlicher Priorität zugrundegelegt[95]. Der zu ermittelnde Bedarf ist weiter von einer Reihe von Variablen abhängig, deren wichtigste die Anzahl der gleichzeitig zu bedienenden Datenstationen (n) und die maximale Anzahl von DBE pro Sachgebiet (P) sind[96]. Der Verarbeitungsaufwand addiert sich aus der Anzahl der Rechenoperationen und der Ein-/Ausgabeoperationen pro Verarbeitungsschritt. Für die wichtigsten Verarbeitungsschritte der Wortlautmethode[93] ergibt das je P = 100 000 (d. i. DBE je Sachgebiet) ca. 1600 zuzüglich konstant ca. 2500 E-/A-Operationen und ca. 15 Mio. zuzüglich konstant ca. 7 Mio. Rechenoperationen, und zwar jeweils für eine Anfrage[98]. Das ermöglicht das gleichzeitige Bedienen von maximal 4 bis 8

[89] Schlußbericht Nr. 4.10.1.2 S. 145.
[90] Schlußbericht Nr. 4.10.1.3 S. 145.
[91] Schlußbericht Nr. 4.10.1.6 S. 146.
[92] Schlußbericht Nr. 4.10.1.5 i. V. m. Tabelle 4.10/2 S. 146, 144.
[93] Schlußbericht Nr. 4.10.1.4 S. 146.
[94] ebenda.
[95] Schlußbericht Nr. 4.10.2 S. 147 f.
[96] Schlußbericht Nr. 4.10.3.2 S. 149; für n = 500 und P = 500 000 ergibt das einen Hauptspeicherbedarf von 2800 K und Hilfsspeicherbedarf von 170 000 K (vgl. auch Anhang G S. 386).
[97] d. i. Verarbeitungsschritt 3, 4 und 7 i. S. der Liste in Nr. 4.10.2.1 S. 147: nämlich Auswahl und Gewichtiung aufgrund von Wortlaut- und Positionsangaben.
[98] vgl. Schlußbericht Tabelle 4.10/8 und 4.10/10 S. 151, 152.

Benutzern, wenn P = 100 000 und keine sonstigen Programme gleichzeitig laufen[99]. Für die aufwendigste Form der Indexmethode[100] werden im Gegensatz dazu je P = 100 000 nur ca. 200 zuzüglich konstant 140 E-/A-Operationen und 2 Mio. zuzüglich konstant 200 000 Rechenoperationen – also nur ein Bruchteil des Aufwandes für die Volltextmethode – benötigt, was ein gleichzeitiges Bedienen von 27 bis 70 Benutzern (bei P = 100 000), je nach gewünschtem Verarbeitungsschritt, ermöglichen würde[101, 102].

Die Projektgruppe hat versucht, ihre Überlegungen durch die Erfahrungen mit bereits arbeitenden Systemen, die z. T. unmittelbar besucht und getestet wurden, zu ergänzen. Der Ertrag dieser Bemühungen war gering. Die diesen Systemen „zur Verfügung stehenden Datenbasen haben vielfach nur einen sehr geringen Umfang und beschränken sich auf homogenes Material ... Keines der Systeme war in kommerzieller Hinsicht erfolgreich. Keines konnte einen gesicherten Platz in dem Rechtssystem eines Landes einnehmen. Die Probleme, die in den Kap. 3 und 4 näher erörtert sind, wurden von keinem System bisher eingehend untersucht. – Die Entwicklung eines umfassenden juristischen Dokumentationssystems ist an keiner Stelle auch nur annähernd verwirklicht worden“[103].

5. Entwicklungssystem

Die Projektgruppe kommt insgesamt zu dem Ergebnis, daß die vorhandenen methodischen und technischen Möglichkeiten nicht ausreichen, um die Informationsfülle unmittelbar zu bewältigen; möglich sei lediglich die Bewältigung der Nachrichtenfülle mittels eines Dokumentationssystems. Ein solches System „kann nahtlos an das bestehende Rechtsinformationssystem angeschlossen werden. Es setzt keine tiefgreifende Veränderung der bestehenden Arbeitsweise voraus“ und es gehen darin „verhältnismäßig wenige Voraussetzungen über das Problemlösungsverhalten der Benutzer ein“. Ein Dokumentationssystem sei auch geeignet, „Beiträge zur Realisierung der rechtspolitischen Ziele“ zu leisten[104]. Freilich „ist ungeklärt, in welchem Ausmaß ein Dokumentationssystem zur Zielerreichung führt“ wie auch „die rechtspolitischen Auswirkungen des Juristischen Informationssystems ... schwer abschätzbar (sind)“[105]. Wichtigste Voraussetzung zur Behebung dieses Kenntnismangels ist die Erforschung des Benutzerverhaltens an einem leistugsfähigen arbeitenden System, das deshalb nicht nur die Dimension eines Experimentalsystems haben dürfe. Die Pro-

---

[99] vgl. Schlußbericht Tabelle 4.10/10 und 4.10/11 S. 152 und Nr. 4.10.3.8, 9 S. 151 f.

[100] Das entspricht den Verarbeitungsschritten 2 und 7 (mit Thesaurus): Auswahl und Gewichtung aufgrund beliebiger Verknüpfung von Beschreibungsmerkmalen, ausgenommen Textwörter.

[101] vgl. Schlußbericht Nr. 4.10.3.6–10 mit Tabellen 4.10/8, 10, 11 S. 150 ff.

[102] Zur Berechnung der Benutzerkapazität wird von einer Operationsgeschwindigkeit von 0,6 μs ausgegangen, die z. Z. nur von Großrechnern erreicht wird, vgl. Schlußbericht Nr. 4.10.3.8 S. 151 und Tabelle 4.9/2, 3 S. 137 f.

[103] Schlußbericht Nr. 5.1.3 S. 170; vgl. auch Nr. 5.5.1 S. 186.

[104] Schlußbericht Nr. 6.1.1 S. 199.

[105] Schlußbericht Nr. 6.2.1 S. 201.

jektgruppe schlägt daher den Aufbau eines Entwicklungssystems vor in der Größenordnung der größten gegenwärtig betriebenen Systeme (1 Mrd. Zeichen); erst auf den damit gewonnnenen Erfahrungen könnten die Planungen für das Ausbausystem aufbauen[106].

Auch das Entwicklungssystem wird nur stufenweise realisiert werden können: nach dreijähriger Vorarbeit soll die Zusammenarbeit mit kleinen Testgruppen aufgenommen werden, erst im 5. Jahr wird das System einem größeren Benutzerkreis zugänglich sein und erst nach weiteren 5 Jahren seine Leistungsgrenze erreichen[107].

Das aufzunehmende Material soll Normen, Judikate, und Literatur im Volltext, in Kurzfassung und mit dokumentarischem Überbau umfassen. Wegen der Ungeklärtheit „objektiver" Auswahlkriterien soll die Begrenzung nach – voraussichtlich zwei – Sachgebieten erfolgen, die vollständig durch Vorwärts- und Rückwärtsdokumentation erfaßt werden sollen. Zur Ermöglichung von Recherchen quer durch verschiedene Rechtsgebiete wird die Vorwärtsdokumentation für alle Rechtsgebiete für erforderlich gehalten[108].

Eine der wichtigsten Aufgaben des Entwicklungssystems wird sein, experimentell kontrollierte Benutzerforschung zu ermöglichen, die das Benutzerverhalten, die Benutzerwünsche, deren Befriedigung durch das System, dessen Auswirkung auf das Benutzerverhalten, etwaige Konflikte zwischen Benutzerwünschen und rechtspolitischer Zielsetzung und die Auswirkungen des Systems hierauf – möglichst exakt und vor allem meßbar – zu ermitteln hat. Hierfür müssen vor allem Meßgrößen und kontrollierbare Meßverfahren entwickelt werden[109]. Die Projektgruppe macht hierfür erste Vorschläge[110].

Neben der Benutzerforschung und in engem Verbund mit ihr besteht ein breit gefächertes Feld notwendiger Parallelforschung, die sich nicht nur mit dem empirischen Hintergrund effektiver Rechtsverwirklichung einschließlich der Effektivitätskontrolle von Rechtsregeln, der Kritik und Fortentwicklung des Rechts befassen, sondern vor allem auch die wissenschaftlichen Grundlagen juristischer Kommunikationsbeziehungen erforschen müßte. Ein zentrales Problem wird dabei die Frage nach Begriff und Funktion der sogenannten Sozialdaten darstellen[111].

Von der Klärung dieser Zusammenhänge ist auch weitgehend Feststellung und Messung der intendierten Zielerfüllung und damit die Bewertung des Nutzens des Systems abhängig[112]. Und nur im Kontext dieses Nutzens können die entstehenden Kosten des Entwicklungssystems von ca. 2 Mio. DM im ersten Jahr

---

[106] Schlußbericht Nr. 6.2.2 S. 201 f.

[107] Schlußbericht Nr. 7.2.3.6 S. 206.

[108] Schlußbericht Nr. 7.2.3.3 S. 205. – Es deutet alles darauf hin, daß dieses Ziel politisch nicht durchsetzbar ist.

[109] vgl. Schlußbericht Nr. 7.9 S. 235 f.

[110] Schlußbericht Nr. 7.9.3 S. 235.

[111] Schlußbericht Nr. 7.3 S. 207 f.

[112] vgl. Schlußbericht Nr. 7.11.4 S. 248 ff.

über ca. 10 Mio. DM, im 3./4. Jahr bis ca. 20 Mio. DM am Ende der Anwendungsphase angemessen gewichtet werden[113].

6. Ausbausystem

Zu Aussagen über das Ausbausystem fehlt es noch fast völlig an den Voraussetzungen. Während das Entwicklungssystem notwendig flexibel, d. h. lernfähig, sein muß, wird das Ausbausystem im Interesse der Effizienz in seinen einzelnen Komponenten optimiert, und d. h. langfristig festgelegt, sein, wobei sogar „zu überlegen (ist), ob nicht durch Anpassung der Instanzen und Regeln innerhalb des Rechtssystems die durch ein juristisches Informationssystem gegebenen Möglichkeiten voller ausgeschöpft werden könnten"[114]. Das Ausbausystem wird „in einem hohen Maß auf die Rechtsentwicklung einwirken"; seine Planung setzt daher die eindeutige „Formulierung der rechtspolitischen und gesellschaftspolitischen Zielsetzungen" und „der wirtschaftlichen, politischen, rechtlichen und wissenschaftlichen Voraussetzungen für den Aufbau eines solchen Systems" voraus, wozu nicht nur die Ermittlung des Ist-Informationsbedarfs gehört, sondern auch die Beantwortung der Frage, „welchen Informationsbedarf der künftige Benutzer ... haben sollte, um die Anforderungen zu erfüllen, die die Rechtsordnung an ihn stellt"[115].

Diese Zukunftsdimension des Ausbausystems, die durch bloße Ist-Analysen allein nicht fundiert werden kann, macht das politische Gewicht des Juristischen Informationssystems aus, weswegen die Entscheidung für dieses System und seine Augestaltung – auch – politisch begründet und legitimiert werden muß.

Wegen dieser zentralen Bedeutung für das gesamte Rechtssystem hat die Sicherung demokratischer Kontrolle und Legitimation der notwendig meinungsbeeinflußenden Auswahl- und Bearbeitungsverfahren durch geeignete Organisationsformen großes Gewicht[116].

Unabhängig von den Ergebnissen des Entwicklungssystems meint die Projektgruppe bereits jetzt Festlegungen zum Mengengerüst des Ausbausystems machen zu können. Die – gemessen an den Zielvorstellungen – maximale Datenbasis A soll vom jährlichen Neuzugang sämtliche Normen im Volltext (56 Mio. Zeichen), ca. 25 000 bis 50 000 Judikate im Volltext (300 bis 750 Mio. Zeichen) und ca. 1 Mio. Judikate gekürzt (1 Mrd. Zeichen), wissenschaftliche Beiträge in Zeitschriften im Volltext (ca. 500 Mio. Zeichen), ca. 4000 Einzeldruckschriften gekürzt (ca. 4 Mio. Zeichen); das ergibt zusammen ca. 2,2 Mrd. Zeichen jährlich zuzüglich ca. 1,75 Mrd. Zeichen für begrenzte Rückwärtsdokumentation. – Die Alternativ-Datenbasis B enthält außer den Normen nur ca. 20 000 Judikate im Volltext, die ca. 24 000 Titel wissenschaftliche Literatur hingegen nur noch in Form bibliographischer Angaben und z. T. in Kurzfassungen; das ergibt einen

---

[113] Schlußbericht Nr. 7.11.2, 3 S. 240 ff.

[114] Schlußbericht Nr. 8.1.1 S. 253.

[115] Schlußbericht Nr. 8.1.2 S. 253.

[116] vgl. die ersten Vorschläge hierzu im Schlußbericht Nr. 8.2 S. 254.

jährlichen Neuanfall von ca. 400 Mio. Zeichen zuzüglich des Bedarfs an 1,75 Mrd. Zeichen für die Rückwärtsdokumentation[117].

Diese zwei Datenbasis-Alternativen werden korreliert mit drei Alternativen zum Umfang der anschließbaren Benutzerstationen, die 40 000, 15 000 und 3000 Datenendstationen umfassen, was sechs Größenmodelle ergibt[118].

Entsprechend den in Kap. 4 ermittelten Zahlen stellt bereits die kleine Datenbasis „zumindest sehr hohe Anforderungen an die DVA. Im anderen Extremfall ist eine Realisierung mittels Plattenspeichern aus technischen und wirtschaftlichen Gründen absurd“[119]. Abhilfe könnte hier nur durch neu zu entwickelnde Speichermedien geschaffen werden, die größere Speicherkapazität und erheblich niedrigere Zugriffszeiten bei geringeren Kosten ermöglichen. – Zentraleinheiten, die die gleichzeitige Bedienung von bis zu 1000 Benutzerstationen zulassen, müssen ebenfalls erst entwickelt werden.

Die vom Ausbausystem gestellten hardware-Anforderungen sind gegenwärtig nicht lösbar. Die technische Entwicklung nach 1980 ist jedoch nicht vorhersehbar. Es müsse daher davon ausgegangen werden, daß vom Entwicklungssystem weder hardware noch software für das Ausbausystem übernommen werden könne[120].

Über Kosten und Nutzen des Ausbausystems können zum gegenwärtigen Zeitpunkt keine Angaben gemacht werden[121]. Ungeklärt sind auch noch verfassungsrechtliche (Zugang, Kontrolle), urheber- und wettbewerbsrechtliche Fragen, das Zusammenspiel mit Bibliotheken, Verlagen und kommerziellen Systemen, das politische Problem des Informationsgleichgewichts zwischen den Staats-Gewalten im allgemeinen und zwischen Rechtsprechung und Rechtswissenschaft im besonderen. „Soll das System auch für den Rechtsfortschritt Impulse geben – und das gehört zu seiner Zielsetzung –, ist auch die Rechtsliteratur in dem notwendigen Umfang zu berücksichtigen. Zu der mancherorts befürchteten Zurücksetzung der Rechtswissenschaft darf es schon aus rechtspolitischen Erwägungen nicht kommen.“[122]

II. Gesamtwürdigung

Konnte man noch dem 1. Zwischenbericht der Projektgruppe mangelndes Problembewußtsein und eine wissenschaftstheoretisch naiv-pragmatische Einschätzung der elektronischen Rechtsdokumentation als ein vorwiegend bis ausschließlich technisches und wirtschaftliches Problem vorwerfen, so hat sich im Schlußbericht – wohl nicht zuletzt infolge der öffentlichen Diskussion im Anschluß an den 1. Zwischenbericht[123] – ein sehr begrüßenswerter Lernprozeß in

---

[117] Schlußbericht Nr. 8.3.1 S. 255 f.
[118] Schlußbericht Nr. 8.3.2, 3 S. 258.
[119] Schlußbericht Nr. 8.4.1 S. 259.
[120] vgl. Schlußbericht Nr. 7.4.4.5 S. 222, Nr. 8.4.6 S. 261.
[121] Schlußbericht Nr. 8.8.2, 3 S. 266 f.
[122] Schlußbericht Nr. 8.9.3 S. 270.
[123] vgl. Anm. 7.

Richtung auf Reflexion auch der Philosophie der elektronischen Rechtsdokumentation, die vor allem deren rechtspolitische und gesellschaftliche Implikationen mitbedenkt, niedergeschlagen. Mußte man im Frühjahr 1971 noch damit rechnen, es würde ein endgültiges Systemkonzept – evtl. in mehreren Alternativen[124] – vorgeschlagen, dessen Auslegung zuvörderst von technischen und finanziellen Begrenzungen diktiert würde, ist nunmehr sichergestellt, daß sich der Aufbau des anvisierten Juristischen Informationssystems nicht unter Ausschluß der Öffentlichkeit und nicht auf einer sehr schmalen Basis gesicherter Kenntnis als mutige Entscheidung bei Unsicherheit vollziehen wird. Die Aufforderung zur Diskussion ist unüberhörbar und sollte von der betroffenen Fachöffentlichkeit – das sind vor allem die nicht speziell an EDV interessierten Juristen – unbedingt aufgegriffen werden[125], um zum Nutzen für das Ganze ein breites Spektrum von Wünschen und auch Bedenken derer zu entfalten, die mit dem System werden arbeiten und seine Auswirkungen tragen müssen. Das nicht geringe Handicap des enormen Umfangs des Schlußberichts wird man im Blick auf die – noch keineswegs voll entfaltete[126] – Komplexität des Projekts inkaufnehmen müssen, um nicht durch vorzeitige „Reduktion von Komplexität“ zwar schneller zu einem automatisierten Dokumentationssystem zu kommen, gewiß aber nicht zu einem optimalen.

Die Konsequenzen eines solchen Systems könnten nämlich so folgenschwer, aber infolge des ungeheuren Investitionsaufwandes irreversibel sein[126a], daß es keineswegs im Vergleich mit dem gegenwärtigen Zustand besser wäre, daß überhaupt ein solches System aufgebaut wird. Die von der Projektgruppe gemachten konkreten Vorschläge zum Entwicklungs- und Ausbausystem sollten daher nicht als fertige Konzepte, sondern als gut begründete Konkretionen des nach den analysierten Grundlagen Möglichen betrachtet werden, neben denen andere Alternativen denkbar und realisierbar bleiben. Daß die Analyse dennoch z. T. weichenstellende Vorentscheidungen enthält, etwa für ein Dokumentationssystem, für ein Publikumssystem, für ein bestimmtes Mengengerüst, für ein bestimmtes Betriebsmodell, kann nicht grundsätzlich kritisiert werden, da das Ziel, Entscheidungsgrundlagen zu erarbeiten, ohne gewisse Implikationen nicht erreichbar gewesen wäre; der voraussichtliche Speicher- und Rechenaufwand

---

[124] Mit Recht hat *Dammann* in seiner Kritik am 1. Zwischenbericht darauf hingewiesen, ernstzunehmende Alternativen ... scheint es also zu dem Modell II nicht zu geben. Die objektive Funktion der übrigen Modelle reduziert sich unversehens darauf, mit ihrer Unbrauchbarkeit die Qualität und Wünschbarkeit des Modells II augenscheinlich zu machen“. (ZRP 1971, 287)

[125] vgl. das Vorwort von Bundesjustizminister *Jahn*, Schlußbericht S. 4.

[126] So sind etwa die verzweigten Interdependenzen zwischen den rechtspolitischen Zielvorstellungen, den daraus abzuleitenden Anforderungen an ein ideales Soll-Konzept und dessen Realisierung gewährleistenden organisatorisch-technischen Maßnahmen vorerst nur angedeutet; vgl. Schlußbericht Nr. 1.2 S. 22 ff., Nr. 3.1 S. 35 ff., Nr. 3.3.3 S. 53 ff., Nr. 3.4 S. 62 ff., Nr. 3.6.3 S. 73, Nr. 4.1 S. 74 ff., Nr. 4.10.2 S. 146 f., Nr. 6.1 S. 199 f., Nr. 6.2.1 S. 200 f., Nr. 7.1 S. 203, Nr. 7.3 S. 207.

[126a] Dies hat gerade bei ausländischen Systemen die Entwicklung von wirklichen Alternativen aufgrund unbefriedigender Testergebnisse verhindert (vgl. Schlußbericht Nr. 5.3.4.2 S. 177).

ist nicht zu ermitteln ohne Annahme zum Umfang des aufzunehmenden Materials und zur Struktur seiner Aufbereitung sowie des Retrieval. Diese Annahmen selbst bleiben aber kritisierbar. Der Bericht läßt eine Vielzahl der aufgeworfenen Fragen – wohl notwendigerweise – offen. Die immer wieder betonte und geforderte Benutzerforschung wird hiervon einen Teil beantworten; die Projektgruppe hat für diesen Bereich bereits eine Strategie entwickelt[127] und erste Untersuchungen eingeleitet. Für die anderen Bereiche, die im Rahmen der das Entwicklungssystem begleitenden Parallelforschung erforscht werden sollen, fehlt ein solches Konzept[128]; wenigstens eine differenzierte Auflistung der Fragestellungen wäre möglich und nützlich gewesen[128a].

Der Schlußbericht ist das Ergebnis intensiver interdisziplinärer Teamarbeit. Die Kommunikationsprobleme solcher Zusammenarbeit, zumal wenn sich als Geisteswissenschaftler verstehende Juristen mit der aus Fakten und exakt meßbaren Größen bestehenden Welt der Techniker und Mathematiker konfrontiert werden, werden leicht unterschätzt[129]. Sie spiegeln sich im Bericht nicht nur in Stilunterschieden[130] einzelner Abschnitte wider, sondern vor allem darin, daß Ausführungen zu verschiedenen Problembereichen unverbunden und z. T. sich widersprechend nebeneinander stehen. So wird das projektierte Juristische Informationssystem einerseits als ein Stück Rechtsreform apostrophiert, das das vorhandene Rechtsinformationssystem in wesentlichen Teilen ersetzen soll und über eine Veränderung im Informationsverhalten der Rechtsinstanzen das Recht selbst verändern werde[131]; andererseits werden diese Auswirkungen als gering eingeschätzt und das System nur als Ergänzung des bisherigen Rechtsinformationssystems durch einen weiteren Informationskanal gesehen[132]. Schwerer wiegt, und das ist ein grundsätzlicher Mangel, die unzureichende Integration zwischen den materiellen Ziel- und Sollvorstellungen und den technologischen Begrenzungen. Breit gefächerte rechtspolitische Zielvorstellungen[133] werden nicht abgebildet in Systemstrukturen; die zentrale Funktion des – noch weitgehend unbekannten – Benutzerleitbildes[134] wird bei der Untersuchung der logischen Struktur des aufzubauenden Systems kaum problemati-

---

[127] vgl. Schlußbericht Nr. 3.3.4 S. 57 ff., Nr. 3.3.5 S. 61 ff., Nr. 3.5 S. 69 ff., Nr. 3.6 S. 72 f.; vgl. hierzu *Heidtmann*, Zur Theorie und Praxis der Benutzerforschung, 1971; *Bühnemann*, Benutzerbedürfnisse und Juristische Datenbanken, DVR 1 (1972), S. 79 ff.

[128] vgl. die sehr allgemeinen Hinweise im Schlußbericht Nr. 7.3 S. 207 f.

[128a] Weitgehend deckt sich diese Aufgabenstellung mit den allgemeinen Forschungsaufgaben der Rechtsinformatik; vgl. hierzu *Fiedler*, Forschungsaufgaben der Juristischen Informatik, Ringvorlesung München WS 1971/72 (im Druck); vgl. auch unten VII 1. b)

[129] vgl. Schlußbericht Nr. 1.3.4 S. 26 f.

[130] besonders auffallend in Nr. 4.2.2 S. 82 f.

[131] vgl. Schlußbericht Nr. 1.2.1 S. 22, Nr. 3.4.1.5 S. 65, Nr. 3.4.1.11 S. 68; vgl. auch Nr. 6.2.1 S. 200 und Nr. 7.3 S. 207 ff.

[132] vgl. Schlußbericht Nr. 3.5.1 S. 69, Nr. 6.1.1 S. 199.

[133] vgl. Schlußbericht Nr. 1.2.1 S. 22, Nr. 1.2.3 S. 23, Nr. 3.1.1 S. 35 f., Nr. 6.1.1 S. 199.

[134] vgl. Schlußbericht Nr. 2.5 S. 30, Nr. 2.7 S. 30 f., Nr. 2.10 S. 32 f., Nr. 3.1.3 S. 38, Nr. 3.3.3 S. 53 ff., Nr. 3.3.4.3 S. 58 f.

siert[135]; die Forderung nach Vermeidung struktureller Verschiebungen im Informationsgleichgewicht[136] bleibt rein verbal angesichts der nur technologisch motivierten Begrenzung etwaiger Literaturdokumentation[137]. Die Kluft zwischen idealer Forderung und pragmatisch Realisierbarem bleibt zu einem Teil unüberbrückt. Notwendige Abstriche für den Kompromiß des Möglichen werden im Rahmen dieses Spannungsfeldes nicht abgewogen und nachvollziehbar ausgehandelt; die in Kauf genommenen Konsequenzen bleiben unerwähnt, mögliche Alternativen undiskutiert. – Das wichtigste und in jeder Hinsicht begrüßenswerte Ergebnis der Untersuchung der Projektgruppe ist die Erkenntnis, daß für den Aufbau eines Juristischen Informationssystems der geplanten Größenordnung noch wichtigstes, wissenschaftlich gesichertes Planungswissen fehlt, und die daraus abgeleitete Forderung, ein umfassend angelegtes Entwicklungssystem zu installieren, das im – potentiell wieder einstellbaren – Großversuch an Ausschnitten des wirklichen Rechtssystems diese Kenntnislücken schließen soll. Die Erforschung der relevanten Zusammenhänge sind so komplex, daß die für kleine Experimente i. S. von Laborversuchen notwendige Modellbildung mangels hinreichender Möglichkeiten, die Angemessenheit von aufgestellten und im Versuch etwa bestätigter Hypothesen zu überprüfen. Auch in anderen Bereichen rechtspolitischer Gestaltungen riskiert der Gesetzgeber den begrenzten und kontrollierten Versuch am lebenden Objekt „Gesellschaft", um die für endgültige Entscheidungen erforderlichen Erfahrungen zu machen[137a].

Die für solche Versuche notwendigen sehr beträchtlichen finanziellen Mittel dürfen nicht als Fehlinvestitionen eingeschätzt werden, falls die Ergebnisse die Einstellung des Projekts zur Folge haben. Die gewonnenen Erkenntnisse über Funktionszusammenhänge in Recht und Gesellschaft behalten auch unabhängig vom konkreten Vorhaben, das sie veranlaßt hat, ihren wissenschaftlichen Wert und ermöglichen eventuell anderweitige Verwertung. –

---

[135] vgl. Schlußbericht Nr. 4.2 insges. S. 80 ff., Nr. 4.3.6 S. 95, Nr. 4.5 insges. S. 103 ff.; auch der problematische Relevanzbegriff wird bis auf einen Hinweis in der Einleitung (Nr. 4.4.1.1 S. 95) ohne Rückbezug auf den Benutzer diskutiert, vgl. Nr. 4.4 insges S. 95 ff.

[136] vgl. Schlußbericht Nr. 3.4.1.4 S. 65 Nr. 6.2.2 S. 202, Nr. 8.9.3 S. 270.

[137] vgl. Schlußbericht Tabelle 4.10/2 S. 144, wo die Spalten „Textwörter" für Einzeldruckschriften erst gar nicht ausgefüllt sind; für diese Dokumente ist auch der Rechenaufwand bei Retrieval nach Textwörtern nicht ermittelt (vgl. Nr. 4.10.3.6 S. 150 f. und Anhang G S. 384 ff.). In der maximalen Datenbasis A für das Ausbausystem erscheinen Einzeldruckwerke nur in Kurzfassungen à 1000 Zeichen und außerjuristische Dokumente gar nicht (Nr. 8.3.1.1 S. 256); da deren Realisierung „absurd" sei, wird einzig die kleinere Alternative B weiter betrachtet, die juristische Literatur insgesamt nur noch in bibliographischen Angaben und z. T. zusätzlichen Kurzfassungen enthält (Nr. 8.3.1.2 S. 257).

[137a] vgl. z. B. die bis 15. 9. 1981 befristete Experimentierklausel in § 5 b Abs. 1 RichterG und die jetzt einsetzenden Versuche zur einstufigen Juristenausbildung; das bis 31. 12. 1975 befristete Verkehrsexperiment „Tempo 100" (VO über die versuchsweise Beschränkung der zulässigen Höchstgeschwindigkeit von Krftfahrzeugen außerhalb geschlossener Ortschaften vom 16. 3. 1972 BGBl. I S. 461).

Daß das Entwicklungssystem, das als praktisch nutzbares Anwendersystem konzipiert werden soll und muß, zugleich auch Nutzen für den betreffenden Anwendungsbereich erbringt, muß bei der Einschätzung der erforderlichen Kosten und Risiken berücksichtigt werden; dies sollte jedoch unter keinen Umständen den Ausschlag bei der Entscheidung für die Errichtung des Entwicklungssystems geben.

IV. Zielanalyse

Am Beginn der Überlegungen steht die Frage nach den (rechtspolitischen) Zielen eines automatisierten Juristischen Informationssystems. Es geht nicht nur um eine Arbeitserleichterung für den Informationen suchenden Juristen; es geht um ein besseres Recht: mehr Rechtsinnovation, mehr Rechtssicherheit, Beschleunigung der Entscheidungsprozesse, mehr Transparenz der Rechtsordnung[138].

1. Rechtsinnovation

Rechtsinnovation ist das Gebot der Stunde. Nachdem die Juristen lange Zeit in ihrem elfenbeinernen „Paragraphenturm"[139] einer im Verständnis des Positivismus am grünen Tisch entworfenen, allein formal, nicht sachgesetzlich legitimierten Rechtsordnung gesessen haben, ist gesellschaftliche Rückkoppelung, kritische Hinterfragung des Rechts in seinem sozialen Kontext, Fortentwicklung des Rechts in Anpassung an den sich ändernden sozialen Zusammenhang, mehr materielle, sachlich legitimierte Gerechtigkeit nicht nur Mode, sondern notwendig in einer gesellschaftlichen Situation, die – wenn die Zeichen nicht trügen – angesichts einer infolge des technisch-zivilisatorischen Fortschritts sich immer schneller wandelnden Umwelt überkommene Rechtswerte und Verhaltensmaßstäbe grundsätzlich infragestellt, die die geschichtliche Kontingenz solcher Regeln bewußt gemacht hat und nach neuen Verhaltensnormen und Begründungen hierfür suchen läßt. Die modernen Sozialwissenschaften haben die Rolle des Rechts entmythologisiert und versuchen, das Rüstzeug dafür zu liefern, das Recht als Instrument zur Steuerung von Sozialverhalten zu begreifen und gezielt einzusetzen[140].

Die Erforschung der Rechtserzeugungs- und Rechtsverwirklichungsmechanis-

---

[138] Schlußbericht Nr. 3.1.1 S. 35.

[139] vgl. hierzu *Berra*, Im Paragraphenturm, 1966; *Kaupen*, Die Hüter von Recht und Ordnung, 1969; *Rasehorn/Ostermeyer/Huhn/Hasse*, Im Namen des Volkes?, 1968; *Kaupen/Rasehorn*, Die Justiz zwischen Obrigkeitsstaat und Demokratie, 1971.

[140] vgl. die Beiträge der Sammelbände Das Rechtswesen – Lenker oder Spiegel der Gesellschaft?, 1971; *E. E. Hirsch/M. Rehbinder* (Hrsg.), Studien und Materialien zur Rechtssozologie, 1967; *Lautmann/Maihofer/Schelsky* (Hrsg.), Die Funktionen des Rechts in der modernen Gesellschaft. Jahrbuch für Rechtssoziologie und Rechtstheorie Bd. I, 1970; *Luhmann*, Legitimation durch Verfahren, 1969; *Maihofer*, Realistische Jurisprudenz, in: Rechtstheorie. Beiträge zur Grundlagendiskussion (hrsg. v. *Jahr* und *Maihofer*), 1971, S. 427 ff.; vgl. auch das Vorwort von *Grimm/Lautmann/Massing/Reich* als Herausgeber der neuen Reihe Sozialwissenschaften und Recht (Athenäum Verlag) in *G. Kaiser*, Strategien und Prozesse strafrechtlicher Sozialkontrolle, 1972, S. VII ff.

men in Staat und Gesellschaft durch Rechtssoziologie und Rechtstatsachenforschung steht zwar noch in den Anfängen. Ihrer Bedeutung für eine gesellschaftlich verantwortete Handhabung des Rechts ist man sich jedoch mehr und mehr bewußt[141].

a) Aufgaben aller rechtsgestaltenden Instanzen.
Die Bedeutung von Sozialdaten für Rechtsinnovation

Versteht man Rechtsinnovation im skizzierten Zusammenhang, dann ist damit nicht ausschließlich eine Funktion der Gesetzgebung beschrieben, sondern aller soziale Wirklichkeit durch rechtliche Entscheidung gestaltenden Instanzen des Rechtssystems, vor allem auch der Rechtsprechung und der Rechtswissenschaft[142]. Zur Erfüllung dieser Aufgabe reichen die traditionellen Methoden dogmatischer Rechtswissenschaft ebensowenig aus wie die Beschränkung auf Norminformationen und Informationen über deren Interpretation[143]. Erforderlich werden Informationen über den Gegenstand rechtlicher Regelung und seinen sozialen Kontext, sowie Infomationen über die Methoden zu seiner Ermittlung und Analyse. Die Ermittlung dieser Informationen und ihre Vermittlung an bzw. in das Rechtssystem geht gestuft über verschiedenste informationsverarbeitende Instanzen vor sich. Mit dem rechtlich zu regelnden sozialen Sachverhalt „Verbrechen“ beschäftigen sich z. B. Soziologen, Psychologen, Mediziner, Pädagogen, Kriminalisten, Kriminologen, Strafrechtswissenschaftler, Staatsanwälte, Strafrichter, Strafgesetzgeber, Strafvollzugsinstanzen, Strafvollzugsgesetzgeber. Sie alle brauchen – z. T. verschiedene – Informationen über den betrachteten Sachverhalt, benutzen – z. T. verschiedene – Methoden zu deren Verknüpfung mit anderen Informationen und produzieren hieraus neue Informationen betreffend diesen Sachverhalt[144].

Nur ein geringer Teil dieser Informationen sind Norminformationen. Sollen die Norminformationen betreffend den sozialen Sachverhalt „Verbrechen“ von einer juristischen Instanz mit dem Ziel der Rechtsinnovation optimal verarbeitet werden, bedarf die Instanz möglichst umfassend aller diesen Sachverhalt beschreibenden (d. h. seine Struktur zugänglich machenden) Informationen.

---

141 vgl. die verstärkte Einbeziehung hintergrundreflektierender Lehrveranstaltungen in die Juristenausbildung, z. B. §§ 2 Abs. 2, 8 Abs. 1 Ziff. 4 JAG NW; vgl. auch die Diskussion auf dem 48. DJT um die Reform der Juristenausbildung.

142 vgl. hierzu vor allem *Maihofer*, Realistische Jurisprudenz (Anm. 140) S. 430 ff., der Rechtswissenschaft als „Zukunftswissenschaft“ verstanden wissen will.

143 vgl. *Lautmann*, Rechtssoziologie und Juristen, ZRP 1971, 25 ff.; *Eike von Savigny*, Jurisprudenz im Schatten des Empirismus, in: Rechtstheorie als Grundlagenwissenschaft der Jurisprudenz, Jahrbuch für Rechtssoziologie und Rechtstheorie Bd. II, 1972, S. 97 ff.; *Hans Albert*, Erkenntnis und Recht, ebenda S. 80 ff.; *ders.*, Normativismus oder Sozialtechnologie, ebenda S. 109 ff.; *Noll*, Von der Rechtsprechungswissenschaft zur Gesetzgebungswissenschaft, ebenda S. 524 ff.; *Maihofer*, Zum Verhältnis von Rechtssoziologie und Rechtstheorie, in: Rechtstheorie. Beiträge zur Grundlagendiskussion (hrsg. v. *Jahr* und *Maihofer*) 1971, S. 247 ff.; *Klüver*, Begriffsbildung in den Sozial-Wissenschaften und in der Rechtswissenschaft, ebenda S. 369 ff.

144 vgl. das instruktive Buch von *G. Kaiser*, Strategie und Prozesse strafrechtlicher Sozialkontrolle (Reihe Sozialwissenschaften und Recht Bd. 2), 1972.

Dies sind außer Methodeninformationen Sachinformationen und Informationen über Sachgesetzlichkeiten bezüglich sozial relevanter Sachverhalte[145], kurz Sozialdaten[146].

b) Schlüsselstellung der Rechtswissenschaft

Bei der Einbringung von Sozialdaten in den Rechtszusammenhang haben Rechtsprechung und Rechtswissenschaft unterschiedliche Aufgaben. Während Rechtsfortbildung neben der Aufgabe des Richters, einen konkreten Einzelfall – möglichst schnell – zu entscheiden, in den Hintergrund tritt, reflektiert die Rechtswissenschaft immer den Gesamtzusammenhang mit dem Ziel, für ein typisches soziales Phänomen eine allgemeine Regel zu erarbeiten, ohne dabei unter Zeitdruck zu stehen[145a]. Die informationsintensive und methodisch schwierige Umsetzung von Sozialdaten in Rechtsregeln wird daher in der Regel nur von der Rechtswissenschaft geleistet werden (können)[147], die ihre Ergebnisse über die Rechtsprechung und über die Gesetzgebung in den Rechtsverwirklichungszusammenhang einbringt. Effektive Rechtsinnovation setzt eine doppelte Kommunikation voraus: einmal zwischen Rechtswissenschaft und den die soziale Wirklichkeit erforschenden Disziplinen, zum anderen zwischen Rechtswissenschaft und der die soziale Wirklichkeit rechtlich gestaltenden Rechtsprechung und Gesetzgebung.

c) Auswirkungen des Juristischen Informationssystems auf die Kommunikationsbeziehung zwischen Sozialwissenschaften, Rechtswissenschaft, Rechtsprechung und Gesetzgebung

Ein Juristisches Informationssystem, das durch Förderung von Rechtsinnovation besseres Recht verwirklichen helfen soll, kann dies – entsprechend seiner informationsvermittelnden Funktion – nur durch Verbesserung der Kommunikationsbeziehungen zwischen Sozialwissenschaft, Rechtswissenschaft, Rechtsprechung und Gesetzgebung. Unzweifelhaft sind gerade diese Kommunikationsbeziehungen im gegenwärtigen Rechtssystem nicht optimal. Die Gründe hierfür und die Bedingungen einer Optimierung sind noch weitgehend unbekannt; ihre informationswissenschaftliche Erforschung ist dringend erforderlich.
Unabhängig von der Erhellung dieser Zusammenhänge kann aber bereits jetzt gesagt werden, daß die Qualität dieser Kommunikationsbeziehungen auch abhängt von der Menge der im Informationssystem vorhandenen Informationen über Sozialdaten und ihnen angepaßten Normdaten sowie von der Dignität der einsetzbaren Erschließungsverfahren, und daß jede Verkürzung dieser Voraussetzungen durch ein automatisiertes Informationssystem Rechtsinnovation nicht

---

[145] Einen guten Eindruck von dem für die Kriminologie erforderlichen interdisziplinären Informationsaustausch vermittelt *H. Kaufmann*, Kriminologie I, 1971.

[145a] Für das Benutzerbedürfnis des Wissenschaftlers folgen hieraus evtl. geringere Anforderungen an die Schnelligkeit, dafür um so höhere an die Vollständigkeit der Nachweise durch das System.

[146] Zu diesem Begriff vgl. *Hasselkuß/Kaminski*, Sozialdaten in einem Informationssystem für den Rechtsanwender, DVR 1 (1972), 237 ff.

[147] so auch *Dammann*, ZRP 1971, 290; Schlußbericht Nr. 7.3.2 S. 208.

fördert, sondern hemmt. Ein Juristisches Informationssystem, das – aus welchen Gründen immer – Sozialdaten nicht enthält[148] und das zugleich durch strukturell unterschiedliche, im Ergebnis (etwa der Nachweisquote) schlechtere Erschließbarkeit der von Instanzen der Rechtswissenschaft erzeugten Informationen gegenüber von Rechtsprechungsinstanzen erzeugten Informationen die vorhandene Gewichtsverteilung verschiebt[149], verkürzt die informationellen Bedingungen von Rechtsinnovation im hier verstandenen Sinn und verfehlt eines der gesteckten Hauptziele.

2. Rechtssicherheit, Transparenz und Rechtsinnovation

Die Antinomie zwischen materieller Gerechtigkeit und Rechtssicherheit ist grundsätzlich unaufhebbar. Zielt die Forderung nach mehr Rechtsinnovation auf mehr sachliche, soziale, gesellschaftliche Richtigkeit von Recht, so ist sie in ähnlicher Weise z. T. inkompatibel mit der Forderung nach mehr Rechtssicherheit. Diese Inkompatibilität besteht um so mehr, je mehr man Rechtssicherheit abhebt von Transparenz und Berechenbarkeit von Recht auf die bloße Verhinderung bzw. Erschwerung von Divergenzentscheidungen reduziert[150]. Denn selbst wenn es gelänge, Rechtsinnovation transparent zu machen, d. h. die Methoden zur Beschaffung von sozialer Wirklichkeit adäquat abbildenden Informationen und zur Verknüpfung dieser Informationen mit normativen Informationen intersubjektiv nachprüfbar anzugeben, würde dies – evtl. – Rechtsänderungen vorhersehbar machen, nicht aber Divergenzentscheidungen verhindern. Transparenz der Entscheidungsvorgänge, idealiter aufruhend auf der Kenntnis der Algorithmen zur Lösung rechtlicher Probleme, macht Recht kalkulierbar und damit vertrauenswürdig, schafft Rechtssicherheit, ohne das Recht in seinen Konkretionen erstarren zu lassen[151]. Solche Transparenz erfordert eine – gegenwärtig auch nicht ansatzweise und langfristig wohl nur sehr begrenzt leistbare – Formalisierung oder Axiomatisierung des Rechts. Die EDV kann hier erst Hilfen bieten, wenn ein Gutteil dieser Logifizierung bewältigt ist; der Computer setzt die Systemanalyse voraus, er ersetzt sie nicht. Und selbst dann

---

[148] vgl. Schlußbericht Nr. 3.4.1.1 lit. e S. 64; in Nr. 7.3.1.2 S. 207 f. wird jedoch deren dringende Erforschung gefordert.

[149] vgl. Schlußbericht Nr. 6.2.2 S. 202, Nr. 8.3.1 S. 255 f., obwohl es „wegen möglicher prinzipieller Gewichtsverschiebungen nicht unproblematisch sein (dürfte), wenn die Rechtsprechung im Volltext, die Literatur dagegen nur in bibliographschen Angaben aufgenommen würde". (Nr. 3.4.1.1 a. E. S. 64).

[150] So offensichtlich das im Schlußbericht Nr. 3.1.1 S. 35 zugrundegelegte Verständnis.

[151] So sieht gerade auch *Simitis* „den Stellenwert der richterlichen Tätigkeit ... in jenen Situationen, die das Gericht dazu zwingen, die Norm dem gesellschaftlichen Wandel und der individuellen Lage gegenüber zu öffnen" (Informationskrise [Anm. 2] S. 103), obwohl gerade er sich vom Computer die Wiederherstellung von Transparenz und Kalkulierbarkeit des Rechts erhofft (vgl. aaO. S. 65 f., 85 ff., 96 ff.). Daß diese „Chance der Rechtsordnung, ihre Aufgabe wahrzunehmen und mit der gesellschaftlichen Entwicklung Schritt zu halten, ... in der Ungewißheit der richterlichen Entscheidung (liegt)" (aaO. S. 95), also nur auf Kosten von Transparenz und Berechenbarkeit möglich sei, ist jedenfalls dann nicht mehr richtig, wenn dies nicht im Wege richterlicher irrationaler Willkür, sondern aufgrund rationaler, d. h. überprüfbarer, Methoden geschieht.

wäre nur ein hochkomplexes Informationssystem i. S. eines problemlösenden Frage-Antwort-Systems in der Lage, Rechtssicherheit durch Transparenz zu schaffen. Daher bleibt auf absehbare Zukunft für mehr Rechtssicherheit Hilfe durch die EDV „nur“ in Form einer Gesetzesdokumentation, die – vor allem in sehr verzweigten Rechtsgebieten – die jeweils geltenden gesetzlichen Bestimmungen vollständig, d. h. einschließlich aller Aktiv- und Passivverweisungen[150a], auffinden hilft, und in Gestalt einer Rechtsprechungsdokumentation zur Vermeidung von Divergenzentscheidungen zu erwarten. Dies freilich würde bereits einen ganz erheblichen Fortschritt gegenüber dem vorhandenen Rechtsinformationssystem bedeuten, das es oftmals selbst dem Spezialisten nicht erlaubt, sämtliche für einen Sachverhalt einschlägige Normen ausfindig zu machen. Hier bestehen konkrete Chancen, den Computer zieladäquat einzusetzen.

Diese Chance zu nutzen, ist das erklärte und an keiner Stelle – auch angesichts der Mengenprobleme – ernsthaft infrage gestellte Ziel der Projektgruppe: Gesetze u. ä. einschließlich Verwaltungsvorschriften sollen vollständig und im Volltext, Judikate sollen zumindest im gegenwärtig veröffentlichten Umfang im Volltext dokumentiert werden, einschließlich weitgehender Rückwärtsdokumentation[152]. Eine sehr plausible Forderung, die ihre Legitimität kaum zu begründen braucht[153]. Gegen diese Forderung ist, was die Normendokumentation betrifft, nichts zu erinnern. Mit Blick auf die Rechtsprechung sollte sie jedoch vor dem Hintergrund einer möglichen umfassenden automatisierten Rechtsprechungsdokumentation durch ein juristisches Informationssystem, das in nur begrenztem Umfang rechtswissenschaftliche Literatur dokumentiert, Sozialdaten gar nicht nachweist und zur Unterstützung juristischer Problemlösungsverfahren nichts beiträgt, neu überdacht und legitimiert werden. Es könnte sein, daß bei dieser durch das Juristische Informationssystem grundlegend veränderten Informationslandschaft die im gegenwärtigen, wenig transparenten Rechtsinformationssystem mögliche Rechtsinnovation durch die faktische Verhinderung unbeabsichtigter Divergenzentscheidungen entfällt. Es besteht eine gewisse – wissenschaftlich bislang nicht geprüfte – Vermutung, daß ein Gutteil der gegenwärtigen Rechtsfortbildung durch die Rechtsprechung auf unbeabsichtigte Divergenzentscheidungen, insbesondere bei den Untergerichten, zurückgeht, zu denen es nicht gekommen wäre, wenn das Untergericht die abweichende höchstrichterliche Präzedenzentscheidung gekannt hätte, so daß

[150a] vgl. Schlußbericht Nr. 3.3.2.3 S. 50 f.; *Berger*, Entwurf eines Systems zur Dokumentation von expliziten Verweisungen in gesetzlichen Vorschriften, dargestellt am Projekt „Entwicklung eines Dokumentationssystems für die Parlamentsmaterialien“ im Auftrag des Deutschen Bundestages. Studiengruppe für Systemforschung e.V., Heidelberg, Bericht Nr. 105, 1971.

[152] vgl. das kleine Mengenmodell B für das Ausbausystem, Schlußbericht Nr. 8.3.1.2 S. 257.

[153] Angezweifelt wurde sie von *Wieacker*, Recht und Automation, in: Festschrift für Bötticher, 1969, S. 395: Der deutsche Richter sei „vielleicht nicht einmal unbeschränkt berechtigt, sich durchweg von höchst- oder instanzgerichtlichen Entscheidungen oder gar von wissenschaftlichen Autoritäten leiten zu lassen ... Gerade hier könnte eine Informationsschwemme ein Hemmnis für eine praktikable und fortschreitende Rechtspflege werden“.

auch das Obergericht keine Gelegenheit gefunden hätte, seine frühere Entscheidung zu revidieren. Die hierin liegende Befürchtung, ein solches System könnte den Trend zu einem m. E. nicht wünschenswerten Präjudizienrecht verstärken[154], wird zusätzlich dadurch genährt, daß das gegenwärtige Rechtsinformationssystem dem Rechtsanwender Präjudizien und deren etwaige wissenschaftliche Kritik strukturell gleichwertig erschließt, wohingegen in einem künftigen, Rechtsliteratur nur begrenzt erschließenden System die Wahrscheinlichkeit, ein einschlägiges Präjudiz zu finden, ungleich größer ist, als einschlägige kritische Stellungnahmen hierzu ausfindig zu machen[155]. Auch hier liegt eine – wissenschaftlich bisher nicht gesicherte – Vermutung zugrunde, nämlich das Volltextdokumentation mit Wortlautretrieval effektiver (d. h. mit höherer Nachweisquote) recherchiert als Indexdokumentation[155a]. Beide m. E. plausiblen Vermutungen müßten empirisch überprüft werden. Solange die auf ihnen aufbauenden Bedenken nicht in dem Sinne widerlegt sind, daß die Auswirkungen des geplanten Informationssystems auf das Rechtssystem im Rahmen einer wissenschaftlich begründbaren Prognose den rechtspolitisch wünschenswerten Zielvorstellungen entsprechen werden, sollte das vorhandene Rechtsinformationssystem strukturell nicht geändert werden. Dies käme dem blinden Inkaufnehmen von Konsequenzen gleich[156], die m. E. nicht wünschbar sind, jedenfalls als wünschenswert bislang nicht legitimiert wurden.

V. Systemanalyse. Das Rechtssystem als informationsverarbeitendes System

Das Recht als ein das gesellschaftliche Gesamtsystem steuerndes Subsystem[157] ist ein informationsverarbeitendes System. Eine geordnete Menge von Entscheidungsinstanzen ist verknüpft durch ein Subsystem von Informationskanälen, dem Rechtsinformationssystem, aus denen diese ständig von anderen In-

---

[154] vgl. hierzu *Zielinski* JZ 1971, 411 ff.

[155] Die im Schlußbericht Nr. 8.9.3 S. 270 geäußerte Hoffnung, das Informationssystem werde auf jeden Fall mehr und damit auch kritische Nachweise liefern als bisher, gleicht den dennoch verbleibenden Unterschied in der Vollständigkeit des Nachweises nur dann aus, wenn der Zugriff zu Dokumenten kritischen Inhalts gleich komfortabel ist wie der zu Judikaten, d. h. ein Suchen der Information aufgrund nachgewiesener Fundstelle für alle Dokumente oder für keines zugemutet wird.

[155a] Die Entwicklung geeigneter Testverfahren liegt noch in den Anfängen. Einen ersten, wenn auch wenig überzeugenden Ansatz hat *Prestel* versucht (Datenverarbeitung im Dienste juristischer Dokumentation 1971). Vgl. auch *Tapper*, Survey of recent developments in North America (Council of Europe. Committee of Experts on the Harmonisation of the Means of Programming Legal Data into Computers). EXP/Ord. Jur. (70) 41; *Fraenkel*, Legal Information Retrieval, in: Advances in Computers Vol. 9, 1968, S. 121 ff.

[156] Den von *Uhlig* (JZ 1971, 646) und *Bühnemann* DVR 1 (1972), 94 Anm. 37 gegen mich (JZ 1971, 412 f.) erhobenen Einwand, solche Bedenken seien erst legitim, wenn ihre Berechtigung wissenschaftlich verifiziert sei, kann ich daher nicht akzeptieren. In strafrechtlichen Kategorien gedacht führen solche Entscheidungen bei Unsicherheit stets zu dolus eventualis bzw. zu Fahrlässigkeit. Vgl. auch *Dammann*, ZRP 1971, 291.

[157] Es gibt auch noch andere soziale Steuerungssysteme, z. B. wirtschaftliche und politische Machtmechanismen, die z. T. eng mit dem Rechtssystem verkoppelt sind.

stanzen gesendete Nachrichten entnehmen und über die sie neue Nachrichten an andere Instanzen absenden. Ohne ein solches zugehöriges Informationssystem ist Recht nicht denkbar. Dessen (Kanal-)Eigenschaften sind wesentliche Bedingung, wie und welche Nachrichten von welcher Instanz zu welcher Instanz gelangen und über die so vermittelten Informationen deren Verhalten, nämlich rechtliche Entscheidungen zu treffen, beeinflussen. Diese rechtlichen Entscheidungen sind als Ausgabeinformationen Funktion nicht nur der vom System definierten Rolle der Instanz und dessen speziellen Leitbildes, sondern auch Funktion der Eingabeinformationen.

Das Rechtsinformationssystem ist integraler Bestandteil des jeweiligen Rechtssystems; jede wesentliche Veränderung von Kanaleigenschaften verändert den Informationsfluß und mithin die Erzeugung rechtlicher Informationen, d. h. das Rechtssystem selbst.

Soll das vorhandene Rechtsinformationssystem durch ein automatisiertes Juristisches Informationssystem ersetzt oder ergänzt werden, hat dies notwendig Rückwirkung auf das Rechtssystem, da es unmöglich und auch gar nicht beabsichtigt ist, das vorhandene Rechtsinformationssystem durch das Juristische Informationssystem zu simulieren. Die das Rechtssystem verändernden Auswirkungen des Juristischen Informationssystem sind nur dann absehbar, wenn die Kommunikationsmechanismen des vorhandenen Systems, insbesondere dessen Engpässe und Störungen erkannt und durch gezielte Maßnahmen kontrolliert veränderbar sind.

1. Die Instanzen

Verhältnismäßig einfach feststellbar sind die einzelnen Instanzen und deren Anzahl. Aussagen über die Systemstrukturen werden aber erst möglich, wenn sich die Vielzahl der Instanzen auf Klassen von Instanzen reduzieren läßt, für die Gesetzmäßigkeiten des Informationsverhaltens angegeben werden können. Zur Klassenbildung bietet sich die vom System her definierte Rollenverteilung an. Ob und inwieweit Rolle und Leitbild je Instanz und je Rollen-Klasse voneinander abweichen und diese Klasseneinteilung evtl. infrage stellen, ist unbekannt. Die Erforschung dieser Leitbilder ist dann vonnöten, wenn das projektierte Informationssystem dem jeweiligen (Ist-)Leitbild entsprechend optimal informieren soll; sie ist weniger bedeutsam, wenn diese Optimierung im Blick auf ein der Rolle entsprechendes Soll-Leitbild ausgerichtet ist oder aber lediglich eine leitbildunabhängige Automatisierung der vorhandenen Informationskanäle intendiert wird.

Für problemlösende Informationssysteme ist Koinzidenz von Benutzerleitbild und System-Leitbild fraglos von großer Bedeutung. Für bloße Dokumentationssysteme muß dies jedoch bezweifelt werden. Sie unterscheiden sich, wenn man vom Komfort der Wortlautmethode und differenzierter Thesauri absieht, nur unwesentlich vom vorhandenen Rechtsinformationssystem, dessen Kanäle relativ wenig leitbildspezifisch sind. Ein solcher Leitbild-Bezug besteht gewiß bei der Veröffentlichungspolitik von Zeitschriften und wohl auch bei der Erschließungsstruktur instanzeigener Bibliotheken. Das sind jedoch Kanal-Leitbilder, die durch das Juristische Informationssystem evtl. verändert werden.

2. Die Kanäle

Wichtig erscheint daher eine gründliche Analyse der Kanaleigenschaften des vorhandenen Rechtsinformationssystems, um die Auswirkungen einer Veränderung abschätzen zu können. Jede Instanz muß notwendigerweise selektieren. Die heute zur Verfügung stehenden manuellen Dokumentationssysteme erlauben keine Selektion aus dem gesamten Nachrichtenmaterial aufgrund inhaltlicher Beschreibungsmerkmale. Faktisch greift jeder Benutzer zu mehr oder weniger formalisierten, jedenfalls äußerlichen Vorselektionsverfahren, indem er seine Informationsrecherchen vorwiegend auf bestimmte Dokumentklassen (z. B. Judikate), bestimmte Nachrichtensender (z. B. der Sozialgerichte), bestimmte Kanäle (z. B. amtliche Entscheidungssammlung, Zeitschrift, Hausbibliothek, Fachverlage) beschränkt. Diese Vorselektion, die vielfach gar nicht bewußt sein dürfte, hängt ab von der Relation zwischen Benutzerleitbild und Kanalleitbild und wird durch ein umfassendes Dokumentationssystem aufgehoben, wenn sie der Benutzer nicht explizit wieder einbringt. Damit werden kanalspezifische Barrieren und Vorteile, die eine Informationsvermittlung bislang behinderten bzw. besonders förderten, nivelliert und für sämtliche Nachrichten in etwa Gleichheit der Chance hergestellt, von potentiellen Adressaten empfangen und verwertet zu werden. Das berechtigt zu der Hoffnung, daß die zu vermutende Verwertungschance von in der NJW veröffentlichten Dokumenten reduziert und die Verwertungschance von über den Kanal „Kritische Justiz" vermittelten Nachrichten erhöht wird. Der Benutzer wird mit sachlicherer, aber wohl anspruchsvollerer Selektionsarbeit belastet; der meinungsbildende Einfluß der berufsmäßigen Selektierer in Verlagen und Bibliotheken wird beschnitten[158].

Diese auf den ersten Blick gewiß begrüßenswerte Auswirkung umfassender Dokumentation, die dem Benutzer die Chance zu mehr (Informations-)Freiheit, Eigenverantwortung und Rationalität zumutet, belastet das System selbst mit der Veranwortung für eine möglichst manipulationsfreie Garantie dieser Chance. Im vorhandenen, reichlich wildwüchsigen und undurchsichtigen Rechtsinformationssystem wirkt jeder einzelne Kanal mit seinem spezifischen Leitbild als Filter. Die je angewendeten Auswahlkriterien sind unbekannt und – unterstellt – mehr oder minder irrational, subjektiv, manipulativ.

Bei der Vielzahl der vorhandenen Kanäle hebt sich – in Grenzen – die Manipulationsgefahr auf. Ein umfassendes elektronisches Dokumentationssystem

---

[157a] Zu dieser Betrachtungsweise vgl. *Kirsch*, Entscheidungsprozesse Bd. II. Informationstheorie des Entscheidungsverhaltens, 1971, S. 103 ff.; *Reimann*, Kommunikationssysteme, 1968, S. 74 ff.

[158] Damit wird es für Außenseiter künftig gleichgültig, ob sie in den „renommierten", d. h. bisher einflußreichen, Zeitschriften faktisch Schreibverbot haben, wenn sie nur überhaupt Publikationsorgane finden. – Vgl. zu solchen und ähnlichen Manipulationsmöglichkeiten *Fechner*, Funktionen des Rechts in der menschlichen Gesellschaft, in: Jahrbuch für Rechtssoziologie und Rechtstheorie, Bd. I, 1970, S. 100 f.

wird nicht ein weiterer Kanal neben den Bestehenden sein, sondern es wird *der* – monopolisierte – Informationskanal werden; sein Umfang, seine Erschließungsmöglichkeiten, sein Benutzungskomfort wird faktisch alle übrigen Kanäle in bloße Zubringer- und Ergänzungsfunktion drängen. Da nach dem Befund der Projektgruppe auch in diesem Kanal aus Kapazitätsgründen eine Vorselektion erforderlich sein wird, führt dies zu einer systemweiten und nicht kompensierbaren Informationsmanipulation, für die nunmehr Transparenz, Kontrollierbarkeit und Legitimation unausweichliche Forderungen werden[159].

Da sich das System voaussichtlich auf Dokumentation des über die bisherigen Medien publizierten Nachrichtenmaterials beschränken wird und somit auf deren Auswahlverfahren aufruht, muß diese Forderung auf alle Informationsfilter des Gesamtsystems ausgedehnt werden. Da nunmehr vollständige Information erstrebt wird, muß das Kriterium der Vollständigkeit selbst durchsichtig sein. Es ist aber z. Z. unbekannt, wie die Entscheidung zustandekommt, welche Gerichtsentscheidung mit welchem Leitsatz und in welchem Umfang in welchem Publikationsorgan veröffentlicht und damit erst zur Rechtsquelle „Rechtsprechung" wird; für wissenschaftliche Beiträge gilt das entsprechend.

Für die Organisationsform des Systems macht die Projektgruppe mehrere Vorschläge[160], von denen letztlich wohl nur eine selbständige, mit Unabhängigkeit ausgestattete öffentlich-rechtliche Rechtsform in Betracht kommt. Unabhängigkeit selbst gegenüber der Justiz scheint wegen der Kollision mit den Benutzerinteressen der Justiz notwendig. Kontrolle und Legitimation kann nur über ein differenziertes Partizipationsmodell gewährleistet werden, das allen betroffenen Gruppen – das sind durchaus nicht nur die Benutzer – ein effektives Mitspracherecht ermöglicht.

Nicht minder problematisch, jedoch sachlich noch schwieriger ist die Festlegung von notwendigen Umfangsbegrenzungen. Unterstellt, es stünde fest, was alles „juristisch relevante" und deshalb grundsätzlich in das System aufzunehmende Dokumente sind, bedarf es eines „objektiven" Auswahlverfahrens. „Objektivität" in dem Sinn, daß „das durch das System gegebene Modell dem Urbild der Gesamtheit einschlägiger Dokumente ähnlich ist und deren interne Relationen enthält"[161], ist nicht realisierbar, da bereits die unterschiedlichen Bedingungen für den Grad der Kommunizierbarkeit von Nachrichten vom System nicht simuliert werden können, geschweige daß die Struktur (in welcher Hinsicht?) des Urbildes, die in das Modell abgebildet werden soll, bekannt wäre. „Objektiv" ist ein Verfahren daher nicht schon deshalb, weil es relativ eindeutige und kontrollierbare Kriterien anlegt, etwa dergestalt, daß man – wie für das Entwicklungssystem[162] – Dokumente nur zweier Sachgebiete auswählt,

---

[159] vgl. hierzu *Podlech*, Verfassungsrechtliche Probleme öffentlicher Datenbanken, DÖV 1970, 473 f.; *Bühnemann*, Die Stellung der Rechts- und Staatswiss. Verlage zu und im Rahmen eines Informationsbankensystems, in: Das Informationsbankensystem, Bd. II, 1971, S. 184 ff.

[160] Schlußbericht Nr. 8.2 S. 253 f.

[161] Schlußbericht Nr. 3.4.1.5 S. 65.

[162] Schlußbericht Nr. 7.2.3.3 S. 205.

oder daß man – wie für das Ausbausystem vorgeschlagen[163] – ganze Dokumentklassen, nämlich Aufsatzliteratur und Einzeldruckschriften, nur über verkürzte Erschließungsverfahren zugänglich macht. Ebensowenig „objektiv", obwohl sachlich angemessen, weil inhaltlich unbestimmt und nicht überprüfbar, ist die Auswahl von Judikaten danach, ob sie „für die Auslegung und Fortbildung des Rechts überhaupt Bedeutung haben"[164]. Das Objektivitätsproblem ist kein Abbildungsproblem, sondern erfordert die Lösung eines Interessenkonflikts, für deren Angemessenheit eine ausschließlich sachliche Begründung – gegenwärtig – nicht möglich scheint, so daß auch für diese folgenschwere Entscheidung nur eine Legitimation durch Verfahren denkbar ist.

3. Die Nachrichten

Eng verwandt mit der kanalspezifischen Vorselektion ist das Problem der Bestimmung des „juristisch relevanten" Nachrichtenmaterials. Hierzu zählen ohne Zweifel die durch die juristische Qualifikation der Nachrichtenquelle eindeutig bestimmten Dokumentklassen Normen und Judikate. Was hingegen „juristische Literatur" im Gegensatz zu nicht-juristischer Literatur sei, ganz zu schweigen von „wichtigen Rechtstatsachen" und „juristisch relevanten Sozialdaten", wird von der Projektgruppe nicht weiter reflektiert[165]. Vor allem für die juristischen Randgebiete und die sog. Hilfswissenschaften wird es schwerfallen, ein inhaltliches Kriterium der Zugehörigkeit festzulegen. Die von der Projektgruppe praktizierte Anlehnung an die Beschaffungspraxis der beiden Karlsruher Gerichtshöfe (wieso nicht aller Obersten Gerichtshöfe des Bundes?) verschiebt das Problem lediglich und verdeckt obendrein, daß dort die Auswahl wohl auch durch finanzielle Begrenzungen bestimmt wird, die insoweit für das Juristische Informationssystem nicht bestehen dürfen. Man wird daher auch hier auf förmliche Verfahren gepaart mit institutionalisiertem Sachverstand zurückgreifen müssen. Das äußerste an sachlicher Festlegung scheint die Definition der einzubeziehenden Fachgebiete, was vor allem für Grenzgebiete bedeutsam wird. Jedes Fachgebiet könnte dann einer kompetenten Instanz (z. B. Obergerichte, Universitäten, Max-Planck-Institute) zur Betreuung der Auswahl zugewiesen werden, wobei jede Instanz möglichst den gesamten Literaturmarkt sichten müßte.

VI. Technologische Möglichkeiten und Begrenzungen

1. Dokumentationssystem, kein Informationssystem

Ein Juristisches Informationssystem ist nicht möglich; machbar ist ein großes Dokumentationssystem, das gegenüber den bisherigen manuellen Literaturerschließungsmöglichkeiten durch mehrdimensionales Recherchieren auf der Basis eines erweiterten dokumentarischen Überbaus und durch Textanalyseverfahren aufgrund des vollen Wortlauts ausgezeichnet ist. Das beschränkt die Zu-

---

[163] Schlußbericht Nr. 8.3.1.1, 2 S. 255 f.
[164] Schlußbericht Nr. 3.4.1.1 lit. b S. 63.
[165] Schlußbericht Nr. 3.4.1.1 S. 63.

griffsmöglichkeiten auf Dokumente. Informationen, um deren Erschließung es dem Benutzer letztlich geht, können unmittelbar nicht recherchiert werden. Der Benutzer muß seinen Informationsbedarf übersetzen in einen Bedarf an Nachrichten; das System seinerseits (genauer: seine Eingabeinstanz) übersetzt die zu speichernden Dokumente in Nachrichten über die darin enthaltenen Informationen. Die Ermittlung von Ziel-Informationen gelingt nur über das Auffinden von Nachrichten im System, die mit dem Nachrichtenbedarf des Benutzers identisch sind bzw. in bestimmter Weise korrelieren.

Die kleinsten Nachrichteneinheiten sind Wörter, die zu logisch verknüpften Wortketten verbunden werden können. Für die Festlegung der Dokumente beschreibenden Wörter stehen verschiedenste manuelle, halbautomatische und automatische Verfahren zur Verfügung. Ihre Brauchbarkeit und Kombinierbarkeit muß durch praktische Erfahrungen in einem größeren System ermittelt werden.

2. Sprache-Probleme

Das sprache-bedingte Problem der Übersetzung von Information in Nachrichten und die Entwicklung einer Zugriffssprache zur Auffindung auch nicht identischer Nachrichten für (teil-)identische Informationen ist noch weitgehend ungeklärt; möglich sind nur grobe Näherungsverfahren, deren Treffsicherheit noch experimentell ermittelt und optimiert werden muß. Das vorerst wichtigste Hilfsmittel sind Thesauri, die solche sprachlichen Strukturen festhalten, die unterschiedliche Sprachformen (Nachrichten) für gleiche Information ermöglichen. Erst der Einsatz solcher noch zu entwickelnder Thesauri macht die Retrievalerfolge (teilweise) unabhängig von der zufälligen Koinzidenz der Wortwahl in Frage und Zielinformation. Von der Qualität solcher Thesauri hängt vor allem die Effektivität textanalytischer Retrievalverfahren ab. Zur Entwicklung und Bewertung solcher Verfahren bedarf es breit angelegter kontrollierter Experimente.

3. Speicherkapazität

Die methodischen Möglichkeiten werden weiter begrenzt durch dem Mengengerüst nicht genügende Speicherkapazitäten. Die verhältnismäßig langen Zugriffszeiten zu den derzeit verfügbaren Speichermedien verunmöglichen wegen zu langsamer Reaktionsgeschwindigkeiten ein im time-sharing-Betrieb arbeitendes Publikumssystem, wenn die Ein-/Ausgabeoperationen ein noch näher auszutestendes Maß überschreiten.

4. Rechenzeiten

Ähnliches gilt für die erforderlichen Rechenoperationen, die insbesondere bei Anwendung der Volltextmethode einschließlich metrischer Operatoren zu nicht mehr vertretbarem Zeitaufwand führen, wenn das Datenmaterial eine näher zu bestimmende Menge überschreitet.

5. Kosten

Zum begrenzenden Faktor werden auch die Kosten. Für das Ausbausystem liegen keine Angaben vor; das Entwickungssystem, das primär noch keinen Nutzen sondern wissenschaftliche Erkenntnisse erbringen soll, wird jährlich – für ca. 10 Jahre – mit 20 Mio. DM veranschlagt, wobei über die Hälfte auf Kosten der Datenerfassung entfallen[166]. Bei Volltexterfassung von Monographien vervielfacht sich dieser Betrag voraussichtlich.

VII. Folgerungen und Anregungen

1. Entwicklungssystem

Das projektierte Juristische Informationssystem wird von seiner Anlage und Größe her eine einzigartige Stellung unter den Nachrichtenkanälen des Rechtsinformationssystems einnehmen. Mit ihm sind weitreichende rechtspolitische Zielvorstellungen verbunden, die mit Hilfe dieses Instruments nur über eine Veränderung des Informations- und Entscheidungsverhaltens des Benutzers erreicht werden können. Wie dieses Informations- und Entscheidungsverhalten der verschiedenen Rechtsinstanzen strukturiert, von welchen Bedingungen diese Struktur und ihre etwaige Veränderung abhängt und was das Juristische Informationssystem zu dieser Veränderung beitragen wird, ist weitgehend unbekannt. Ohne diese Kenntnis kann solche Veränderung nicht gezielt in Gang gebracht werden. Die Errichtung eines Juristischen Informationssystems in Gestalt des Ausbausystems ist deshalb derzeit nicht möglich; das Ausbausystem darf erst nach Erforschung der die Zielerreichung sichernden Bedingungen realisiert werden. Zur Erforschung der rechtsinformatorischen Bedingungen des juristischen Informations- und Entscheidungsverhaltens ist die Errichtung eines groß angelegten Entwicklungssystems i. S. eines Experiments am lebenden Objekt unumgänglich notwendig.

a) Neben einer breit konzipierten Benutzerforschung und der Präzisierung der Ziele des Juristischen Informationssystems liegt ein Schwerpunkt des Entwicklungssystems auf der Klärung und Erprobung der methodischen und technischen Voraussetzungen automatisierter Dokumentation. Besonderes Gewicht hat die Thesaurusforschung und die Entwicklung von Retrievalstrategien und ihnen entsprechenden Erschließungsverfahren. Exakte Testmethoden werden erforderlich zur Bewertung der – evtl. unterschiedlichen – Ergebnisse von Index- und Volltextdokumentation und deren Auswirkung auf das Benutzerverhalten. Das erfordert ein in der Praxis arbeitendes System, das von Testbenutzern als Instanzen des Rechtssystems für deren konkretes Informations- und Entscheidungsverhalten genutzt wird.

b) Dieses Großexperiment wird nur dann erfolgreich sein, wenn es begleitet wird von breit gefächerten Untersuchungen zu den rechtsinformatorischen Grundlagen eines Juristischen Informationssystems. Themen dieser Parallelfor-

---

[166] Schlußbericht Tabelle 7.11/1 und 2 S. 241 f.

schung, die im Rahmen des Projekts mitinitiiert, koordiniert und materiell gewährleistet sein müßte, könnten sein:

Analyse des Rechtsinformationssystems
- Kanalstrukturen
- insbesondere Auswahlverfahren (z. B. Veröffentlichungspraxis der Gerichte)
- Einfluß der verschiedenen Medien
- Bedingungen juristischer Meinungsbildung (wie kommt „die h. M." zustande?)
- Informationsklassen und deren Strukturen
- Dokumentklassen, deren Strukturen und deren Relation zu Informationsklassen

Juristische Kommunikation
- Kommunikationsbeziehung zwischen Rechtswissenschaft/Rechtsprechung/Gesetzgeber
- Kommunikationsbeziehung zwischen Sozialwissenschaft/Politik/Recht
- Funktion und Struktur juristischer Fachsprache und ihre Beziehung zu anderen Wissenschaftssprachen

Juristische Informationsverarbeitung
- Juristisches Problemlösungsverhalten
- Juristische Sprache, Information und Entscheidung
- Methoden der Sachverhaltsstrukturierung, insbesondere die Beziehung zwischen Fall und Rechtsnorm
- Sozialdaten
  - Begriff der Sozialdaten
  - Methoden der Erhebung und Aggregierung von Sozialdaten
  - Struktur von Nachrichten über Sozialdaten
  - Relation von Sozialdaten und Normdaten, insbesondere deren Verknüpfbarkeit.

2. Priorität des Ziels Rechtsinnovation

Die weitere Präzisierung der rechtspolitischen Ziele und der Interdependenzen zwischen ihnen darf nicht zu einseitiger Akzentuierung der Rechtssicherheit führen. Rechtsinnovation ist ein erklärtes Ziel des Juristischen Informationssystems und sollte Priorität genießen. Die diesem Ziel entgegenstehenden technischen und methodischen Schwierigkeiten und Grenzen dürfen nicht zu einem Verzicht auf Förderung dieses Ziels durch das Juristische Informationssystem führen. Wichtigste Bedingung dieses Ziels ist eine gut funktionierende Kommunikation zwischen Sozialwissenschaften und Rechtswissenschaft einerseits sowie Gesetzgeber und Rechtsprechung andererseits. Die Bedingungen dieser Kommunikationsbeziehungen müssen erforscht und verbessert werden. Hierzu gehört gewiß auch die Erschließung sozialwissenschaftlicher Literatur und Aufbereitung von Sozialdaten, sei es i. S. von Planungsdaten für den Gesetzgeber, sei es i. S. von Informationen über die soziale Wirklichkeit, auf die bestimmte Rechtsregeln anzuwenden sind. Die Voraussetzungen der Dokumentation von Sozialdaten, die für gesellschaftlich verantwortete Rechtsanwendung und -fortentwicklung unerläßlich sind, müssen vordringlich erforscht werden.

Ob auf diese Nachrichten dann direkt im Juristischen Informationssystem oder aber im Wege eines Verbundes mit einer Sozialdatenbank zugegriffen werden kann, ist letztlich gleichgültig. Wichtig ist allein die Möglichkeit, diese für Rechtsinnovation unverzichtbaren Informationen vergleichbar gut und komfortabel erschließen zu können.

3. Probleme der Auswahl

Die notwendigen Systembegrenzungen zwingen zur Auswahl des zu dokumentierenden Materials und zu evtl. unterschiedlichen Erschließungsverfahren für Teilmengen des Materials. Das erfordert nicht nur eine Festlegung dessen, was als juristisch relevante Nachrichten das für die Dokumentation in Betracht kommende Material ausmacht, sondern hieraus eine Auswahl des dokumentationswürdigen und dokumentationsfähigen Materials und eine Bestimmung des Umfangs, in dem das jeweilige Material erschlossen werden soll.

a) Was „juristisch relevante" Literatur unter Einschluß der juristischen – insbesondere sozialwissenschaftlich orientierten – Nebengebiete ist, kann inhaltlich nicht definiert werden. Diese notwendige Abgrenzung ließe sich verfahrensmäßig absichern durch enumerative Aufzählung von Einzelfachgebieten und Festlegung eines an fachgebietskompetente Personen und/oder Institutionen gebundenen Auswahlprivilegs. Hierfür müßten Vorschläge erarbeitet und erprobt werden. Anleihen hierzu bei den großen juristischen Fachbibliotheken sind nur bedingt geeignet, solange die Bedingungen von deren Beschaffungspolitik nicht transparent gemacht sind.

b) Größere Schwierigkeiten bereitet die Auswahl des dokumentationswürdigen Materials. Gerade auch dieses Verfahren muß „objektiv" sein in dem Sinn, daß es möglichst eindeutig festgelegt, d. h. durchschaubar und personunabhängig ist, und daß nicht wünschbare Veränderungen des Entscheidungsverhaltens von Rechtsinstanzen bzw. Blockierungen wünschenswerter Verbesserungen in seiner Folge ausgeschlossen sind. Ein solches Verfahren kann nicht auf den sachlichen Gehalt von Dokumenten, etwa ihre präsumtive Bedeutung für juristische Entscheidungen, abstellen; es muß notwendig formell sein und kann nur an strukturell angebbaren Eigenschaften von Nachrichten anknüpfen.

c) Jedes solche Auswahlverfahren muß möglichst systemneutral sein, d. h. es darf die Funktionen des vorhandenen Rechtsinformationssystems nicht – unbeabsichtigt – verändern. Jede Auswahl, insbesondere die Festlegung unterschiedlicher Erschließungsverfahren, beeinflußt das Informationsgefüge und damit den Informationsfluß zwischen den Rechtsinstanzen. Die weitgehend unbekannten Auswirkungen solcher weichenstellenden Entscheidungen über die Systemauslegung müssen im Rahmen des Entwicklungssystems eingehend erforscht werden, wobei alle denkbaren Alternativen, deren technische Anforderungen, Effekt, Nutzen und Kosten[167] zu ermitteln sind. In diese Experimente

[167] vgl. hierzu *Uhlig*, Zur Problematik der Bewertung eines Juristischen Informationssystems, DVR 1 (1972), 56 ff.; *Gresser/Paschen/Schwuchow*, Die Kosten der wissenschaftlichen und technischen Information, 1970; *Schwuchow*, Zur Messung der Wirtschaftlichkeit von Dokumentnachweissystemen, 1970.

sind auch solche Alternativen einzubeziehen, deren Realisierung für das Ausbausystem von vornherein ausscheiden, denn nur so können eventuelle Risiken oder Schäden infolge anderer Alternativen voll abgeschätzt und möglicherweise durch weitere Maßnahmen kompensiert werden.

d) Mit Blick auf die rechtspolitischen Ziele darf es durch solche Auswahlverfahren nicht zu unbeabsichtigten Gewichtsverschiebungen in der juristischen Informationslandschaft kommen. Eine optimale Erschließung von Normen ist im Interesse von Transparenz und Rechtssicherheit auf jeden Fall wünschenswert und würde eine evtl. bevorzugte Behandlung dieser Dokumente durch das System rechtfertigen. Der Verzicht auf Sozialdaten und Rechtstatsachen beeinträchtigt den rechtsinnovatorischen Einfluß des Systems, er verändert jedoch nicht die vorhandene Informationslandschaft, in der diese Informationsgattung ebenfalls kaum anzutreffen ist. Anders liegt es bei strukturell unterschiedlicher Erschließung von Rechtsprechung und rechtswissenschaftlicher Literatur. Die Wünschbarkeit einer Volltext-Dokumentation von Normen kann nicht ohne weiteres auf Rechtsprechungsdokumente übertragen werden. Dies ist vielmehr abhängig von den Auswirkungen unterschiedlicher Dokumentationsverfahren auf die wechselbezügliche Kommunikation zwischen Rechtsprechung und Rechtswissenschaft, die erst im Rahmen des Entwicklungssystems erforscht werden müssen, bevor diese Entscheidung für ein endgültiges Juristisches Informationssystem getroffen werden kann[168].

4. Kompromißvorschläge

Die unübersteigbaren Begrenzungen zwingen evtl. zu Kompromissen, die aber vor dem Hintergrund der Zielsetzungen begründet werden müssen.

a) Da voraussichtlich Volltextdokumentation nicht für alle aufzunehmenden Dokumente möglich und evtl. eine strukturelle Ungleichbehandlung von Rechtsprechung und Rechtswissenschaft nicht wünschenswert sein wird, müssen Alternativen zum Auswahlverfahren entwickelt und geprüft werden, die eine prinzipielle Gleichgewichtung gewährleisten. Dem ist weitgehend Genüge getan, wenn neben dem jährlichen Anfall von dokumentationswürdigen Judikaten (ca. 20 000 Dokumente, ca. 300 Mio. Zeichen) die größenordnungsmäßig vergleichbare Menge an Aufsatzliteratur (ca. 20 000 Dokumente, ca. 500 Mio. Zeichen) gleichwertig behandelt wird. Sollte dies bereits die Speicher- und Rechenkapazität übersteigen, dann muß auch für die Judikate auf die Möglichkeit der Volltexterschließung verzichtet werden.

In Betracht kommt auch eine Selektion sowohl innerhalb der Rechtsprechungsdokumente wie auch der rechtswissenschaftlichen Literatur, z. B. nach Autorengruppen (Bundesobergerichte, Universitätsangehörige), nach Dokumenttypen (keine Aufsätze, wohl aber Urteilsanmerkungen; keine Monographien, wohl aber Lehrbücher, Kommentare und Nachschlagwerke), nach Dokumentteilen (Leitsätze in Volltext, Gründe in Deskriptoren; Überschriften, Zwischenüber-

---

[168] vgl. ausführlich oben IV.

schriften, Inhaltsverzeichnisse, Register und Kurzfassung im Volltext, Text in Deskriptoren).

b) Sollte sich ein umfassendes Juristisches Informationssystem i. S. des Ausbausystems aus Kosten-, technischen oder methodischen Gründen als nicht realisierbar herausstellen, so wäre mit Rücksicht auf die unterschiedlichen Benutzerleitbilder der Aufbau selbständiger oder auch integrierter Teilsysteme zu erwägen, für deren logische Struktur die Benutzer zugleich als Eingabeinstanz die Verantwortung trügen. Eine solche Differenzierung wäre denkbar in Anlehnung an die verschiedenen Gerichtszweige, wobei der bei den Bibliotheken der jeweiligen Bundesobergerichte vorhandene Apparat Grundstock des Teilsystems werden könnte[169].

c) Um eine möglichst breite und praxisnahe Erschließung zu gewährleisten, sollte das System – zumindest für die Deskribierung mit Schlagwörtern – in engem personellen Kontakt mit der Praxis und der Wissenschaft arbeiten. Möglicherweise ist es wünschenswert und erreichbar, daß für jedes publizierte Werk der Autor selbst Deskriptorenketten und Kurzfassung formuliert sowie die Sachgebietseinordnung vornimmt.

d) Sollte sich die Dokumentation von Sozialdaten in einem umfassenden Juristischen Informationssystem als unmöglich erweisen oder müßte aus sonstigen Gründen darauf verzichtet werden, so würde dies dessen Wert für eine Verbesserung des Rechts i. S. von Rechtsinnovation so erheblich reduzieren, daß der verbleibende Effekt faktischer Arbeitserleichterung und Vermeidung von Divergenzentscheidungen den voraussichtlich gewaltigen finanziellen Aufwand an Entwicklungskosten und laufenden Betriebskosten nicht rechtfertigen. Unter diesen Umständen sollte die Hauptfunktion des Systems auf vollständige Normendokumentation begrenzt werden. Rechtsprechungs- und Literaturdokumentation könnten hingegen dann, allein schon um den Stellenwert dieses eingeschränkten Systems im Rahmen des gesamten Rechtsinformationssystems nicht überzubetonen, auf eine Verfeinerung und Automatisierung der bisherigen Erschließungsmittel beschränkt bleiben.

5. Votum für das Entwicklungssystem

Ob und in welchem Umfang es jemals das Juristische Informationssystem geben wird, ist heute, gerade auch nach den Untersuchungen der Projektgruppe, nicht prognostizierbar. Da private Institutionen aber bereits mit dem Aufbau

---

[169] Fruchtbare und ausbaufähige Ansätze für solche Teilsysteme sind bereits vorhanden in dem beim Bundessozialgericht im Aufbau begriffenen Sozialrechtlichen Dokumentationssystem (vgl. *Brackmann/Heußner/Schroeder-Printzen/Richter/Geinitz/Hebebrand*, Grundkonzeption für die Errichtung einer sozialrechtlichen Datenbank beim Bundessozialgericht, 1972) und der von der DATEV (Datenverarbeitungsorganisation der Steuerbevollmächtigten für die Angehörigen des steuerberatenden Berufes e.G.m.b.H.) i. V. m. dem Bundesfinanzministerium teilweise bereits aufgebauten Steuerrechtsdokumentation DOCUMENTA (vgl. Gemeinsame Mitteilung der Documenta Steuer und Recht und des Bundesfinanzministeriums, DStR 1970, 711; *Kreppel*, Die elektronische Steuerrechts-Datenbank, DStR 1970, 712 ff.; *Eckert* und *Kreppel*, Plan, Aufbau und Funktion einer Steuerrechtsdatenbank, DSWR 1 (1971/72) 373 ff., 381 ff., 427 ff., 457 ff.

kommerzieller Systeme begonnen haben, die staatlichen Einrichtungen der Gesetzgebung und Rechtspflege jedoch nicht von der unkontrollierten Informationsvermittlung durch solche Informationssysteme abhängig sein dürfen, ist die Errichtung einer juristischen Bundesdatenbank auf Dauer unvermeidlich. Die Vorarbeiten hierfür sind geleistet, zumindest für den Aufbau eines Entwicklungssystems, das – wenn auch nur begrenzt – ein leistungsfähiges Dokumentationssystem sein wird. Sollte es zwar vor allem im Blick auf die Planungen für das Ausbausystem errichtet werden, so würde es unabhängig von den von ihm zu erwartenden wissenschaftlichen Aufschlüssen auch selbständigen Wert als Teildokumentationssystem haben und behalten, wenn es zu einem Ausbausystem nicht kommen sollte. Für den Fortschritt des Rechtssystems – sei es im großen oder auch nur im kleinen – ist dies eine Chance. Die Politiker sollten sie nutzen.

Zusammenfassung

Der Beitrag versucht eine z. T. kritische Würdigung des von der vom Bundesjustizministerium eingesetzten Projektgruppe vorgelegten Schlußberichts über die Voruntersuchungen zur Planung eines umfassenden Juristischen Informationssystems für die BRD. Es wird ein detaillierter Überblick über die Ergebnisse dieser Untersuchung gegeben. Als besonders wichtig erscheinen die Überlegungen zu den rechtspolitischen Zielsetzungen eines Juristischen Informationssystems, zu der Beziehung zwischen dem System und seinen Benutzern, zu den Anforderungen an ein Soll-Konzept, zu den technischen Realisierungsmöglichkeiten insbesondere im Hinblick auf das Mengenproblem und zu der gezogenen Schlußfolgerung, vor Errichtung eines ausgebauten Juristischen Informationssystems ein sogenannntes Entwicklungssystem zu installieren, das als zwar begrenztes, wohl aber für die Praxis einsatz- und leistungsfähiges Experimentalsystem i. V. m. parallel dazu durchgeführter Grundlagenforschung diejenigen wissenschaftlichen Erkenntnisse erbringen soll, derer man zu Planung und Aufbau des Ausbausystems bedarf.

Der Schlußbericht enthält erstmals eine umfassende Darstellung und Analyse der mit dem Aufbau eines Juristischen Informationssystems verbundenen Probleme. Die Interdependenzen dieser Probleme sind jedoch nur z. T. entfaltet und zu Entscheidungen ausgetragen worden. Insbesondere die rechtspolitischen Ziele und die technisch-methodisch bedingten notwendigen Begrenzungen eines implementierten Systems stehen unverbunden nebeneinander.

Der Verfasser zeigt gewisse Antinomien zwischen den Zielen Rechtssicherheit, Transparenz des Rechts einerseits und Rechtsinnovation andererseits auf. Rechtsinnovation sollte Priorität genießen und durch ein Juristisches Informationssystem unterstützt werden; das setzt aber Dokumentation nicht nur von Gesetzgebung und Rechtsprechung, sondern vor allem auch von rechtswissenschaftlicher, sozialwissenschaftlicher Literatur und Sozialdaten voraus. Letztere sieht das System gar nicht vor, und rechtswissenschaftliche Literatur soll – gegenüber Gesetzgebung und Rechtsprechung – in nur begrenztem Umfang aufgenommen werden.

Das Juristische Informationssystem wird nach Auffassung des Verfassers das vorhandene, in seinen Wirkmechanismen unerforschte Rechtsinformationssystem weitgehend ersetzen, ohne ihm strukturell zu entsprechen. Das wird eine Veränderung des juristischen Informations- und Entscheidungsverhaltens zur Folge haben, deren Auswirkung heute nicht abschätzbar ist. Ohne wissenschaftlich begründbare Prognose über die Richtung dieser Auswirkung, die einer Rechtsreform gleichkommt, darf ein umfassendes Publikumssystem nicht errichtet werden.

Daher ist unbedingt ein Experimentalsystem, intensive Benutzerforschung und informationswissenschaftlich orientierte Grundlagenforschung über die Zusammenhänge von juristischer Information und Entscheidung vonnöten. Zu entsprechenden Forschungsthemen und etwa notwendigen Kompromissen bei der Begrenzung des Juristischen Informationssystems werden konkrete Vorschläge gemacht.

Summary

The article attempts an evaluation, partly critical, of the Final Report of the project group established by the Federal Ministry of Justice on the preliminary studies of a program for a comprehensive Legal Information System in the FRG. The article contains a detailed survey of the results of these studies. Considerations of special importance are those on the policy goals of a Legal Information System, on the relationship between the system and its users, on the requirements for a target concept, and on the possibilities of realization, in particular in view of the problem of quantity, and on the conclusion reached by the report to install prior to an extended Legal Information System a so-called development system. This system is intended to be a limited but nevertheless in practice usable and effective experimental system, and is expected, in combination with basic research carried out in parallel therewith, to provide those scientific findings which one needs to plan and complete the extended system.

The Final Report contains for the first time a comprehensive presentation and analysis of the problems connected with the establishment of a Legal Information System. The interdependences of these problems are, however, only in part developed and carried forward to decisions. In particular, the policy goals and the limitations of an implemented system brought about by technical-methodological conditions stand alongside of each other without any connections.

The author reveals certain antinomies between certainty in the law and transparency of the law on the one hand and innovation of the law on the other. Innovation should enjoy priority and should be supported by a Legal Information System; this, however, requires decoumentation not only of legislation and judicial decisions, but above all also of legal literature, and of social science literature and of data on social facts that are legally relevant. However, the latter ones are excluded from the system, and legal-science literature is included only in a limited quantity as compared with legislation and decisions.

The Legal Information System, according to the author's opinion, will substantially replace the presently existing information system which has not been researched as to its working mechanisms, without corresponding to the present systems' structure. This will result in a change of the legal information and decision-making behavior the effects of which cannot be evaluated today. Without a scientifically founded prognosis of the direction of these effects, which would amount to a law reform, a comprehensive system accessible to the public ought not be established.

Therefore, an experimental system is absolutely necessary, as are intensive user research and information science-oriented basic research on the interrelations between information and decision. Concrete proposals are made for corresponding topics of research and for any necessary compromise in the limitation of the Legal Information System.

Vladimir Vrecion

Zur Anwendungsmöglichkeit der Informationstheorie im Bereich des Rechts

Übersicht

1 Überblick über einige Grundzüge der Informationstheorie

Die derzeitige Informationstheorie kann man charakterisieren als exakte wissenschaftliche Disziplin, deren Untersuchungsgegenstand Eigenart und Formen von Information und allgemeinen Gesetzmäßigkeiten des Prozesses der Übertragung und der Bearbeitung von Information oder Daten ist. Sie besteht aus einer Reihe mehr oder weniger entwickelter Teiltheorien, mit denen eine Reihe anderer wissenschaftlicher Disziplinen, wie Kybernetik, mathematische Linguistik und andere eng zusammenhängen.

Bis heute sind bereits mehrere Arbeiten entstanden, die sich mit der Verwendbarkeit der Erkenntnisse der Informationstheorie im Bereich des Rechts und der Staatsverwaltung beschäftigen. Diese bahnbrechenden Arbeiten gingen notwendigerweise von den Erkenntnissen und der Methodologie der Informationstheorie im engen Sinne und der damit zusammenhängenden Disziplinen aus. Bisher sind – und das gilt zum Teil bis zum heutigen Tage – verschiedene Benennungen für diese Forschungen üblich, was vor allem mit dem Einfluß der Informationstheorie im engen Sinne zusammenhängt [1].

1.1 Charakterisierung der Methode

Um ein systematisches Bild der Anwendungsmöglichkeiten der Informationstheorie im Bereich des Rechts zu geben, werde ich zuerst einige allgemeine

[1] Die Terminologie der Bereiche der Informationstheorie übernehme ich aus eigenen Arbeiten zu diesem Gegenstand. Ich habe aber versucht, diese Terminologie aus der repräsentativen Literatur zu übernehmen. Allgemein gesagt, halte ich diese terminologischen Probleme für nicht besonders wichtig.

charakteristische Züge beschreiben, die man nach meiner Meinung in der Gliederung und in der Methodologie der derzeitigen Informationstheorie feststellen kann. Diese Züge haben evidente Konsequenzen auch für Erörterung der Anwendungsmöglichkeiten von Erkenntnissen und Methoden der Informationstheorie im Bereich des Rechts.

a) Die Informationstheorie ist konsequent als exakte[2] wissenschaftliche Disziplin aufgebaut, wobei die Mehrheit ihrer Begriffe und Theoreme deduktiv oder operational beschrieben sind. Es werden immer „feinere" und kompliziertere mathematische Methoden benützt.

b) Erst seit kurzem sind meiner Meinung nach klar umrissene Grundbegriffe der Informationstheorie formuliert worden, vor allem die Begriffe „Information" und „Datum". Sehr grob kann man diese Begriffe folgendermaßen definieren. *Datum* heißt jede physikalische Repräsentierung eines Sachverhalts oder eines Vorgangs in einer so formalisierten Weise, daß sie für die Nachrichtenübermittlung oder Nachrichtenverarbeitung geeignet ist.

Information heißt der Inhalt eines bestimmten Datums oder einer Menge von Daten im Hinblick auf bestimmte Entscheidungsprozesse oder bestimmte Aufgaben.

Unklarheit und Vermischung dieser Begriffe haben viele Schwierigkeiten auch in Arbeiten über sozialwissenschaftliche Anwendungen der Informationstheorie verursacht.

c) Die mathematische Analyse des Begriffs „Information" verbindet sich mit der mathematischen Analyse bestimmter Mengen von Entscheidungsprozessen oder bestimmter Aufgaben. So entstehen allgemeinere Modelle für zahlreiche Entscheidungsprozesse, die Anlaß bieten, informationstheoretische Gesichtspunkte in der theoretischen Forschung im Bereich von Recht und Verwaltung zu berücksichtigen.

d) Deutlich trennt sich die Forschung im Bereich großer Datensysteme (sie wird oft „Datologie" genannt) von der inhaltlichen Analyse der Informationsverhältnisse bzw. der Informationsprozesse, die — wie schon erwähnt — mit der Analyse bestimmter Entscheidungsprozesse verknüpft ist.

Beide Richtungen können im Bereich des Rechts und der Staatsverwaltung angewandt werden. Datologische Forschungen werden bei dem Aufbau der Automatisierten Systeme von Massendaten im Bereich des Rechts und der Staatsverwaltung angewandt. Hierher gehören auch Probleme der automatisierten retrieval von Rechtsnormen und der Dokumentation.

e) Es gibt bereits eine Reihe praktischer Anwendungen von Computern im Bereich der Normanwendung und der Bearbeitung von Massendaten im Bereich des Rechts und der Staatsverwaltung. Diese praktischen Systeme haben bereits heute eine derartige Kompliziertheit erreicht, daß eine weitere Entwicklung nur auf dem Wege der systematischen Erkenntnisse der Datologie und der übrigen

---

[2] Der Begriff „exakt" ist ein relativ komplizierter philosophischer bzw. mathematischer Begriff, aber trotzdem ist es kaum *notwendig*, diesen Begriff hier eingehend zu erörtern.

Teildisziplinen der Informationstheorie möglich ist. Diese Systeme gehen jetzt beispielsweise zu sehr komplizierten logischen Analysen der Daten über, so z. B. zur automatisierten Auffindung von Widersprüchen zwischen Rechtsnormen.

1.2 Konsequenzen für die Anwendung im Bereich des Rechts und der Staatsverwaltung

Bereits die angeführten Züge der derzeitigen Informationstheorie gestatten es, für unsere Forschungen vorläufig einige Konsequenzen zu formulieren:

a) Die folgerichtig und korrekt entwickelte Methodologie der Informationstheorie sollte schrittweise auch auf Arbeiten über die Anwendung der Informationstheorie im Bereich des Rechts und der Staatsverwaltung übertragen werden. Das setzt eine schrittweise Bewältigung der komplizierten und „feineren" mathematisch formulierten Gegenstände der Informationstheorie und der benachbarten Disziplinen voraus. Der Mangel an allgemeinen mathematischen und logischen Kenntnissen unter Juristen wird noch längere Zeit ein Hindernis sein.

b) Anschließend ist der Übergang zum folgerichtigen Studium des Rechts vom Standpunkt der Informationstheorie aus erforderlich. Mit diesem Studium muß die komplexe und exakte Analyse der Entscheidungsprozesse verbunden sein, wobei eine Algorithmisierung anzustreben ist.

c) Auf lange Sicht ist es nötig, Konzepte und Durchführung der praktischen Projekte bei der Anwendung von Computern im Rechtsbereich auf eine allgemeine systematische Basis zu stellen, ausgehend eben von den theoretischen Arbeiten der Informationstheorie bzw. der Datologie. Damit wird man Arbeiten an praktischen Projekten erwarten können, die auch komplizierte logische Prozeduren, ausgehend von den Besonderheiten der Rechtsnormen und der logischen Vorgänge ihrer Anwendung, automatisieren.

d) Zur Systematisierung der wissenschaftlichen Publikationen könnte es nützlich sein, die Arbeiten danach zu ordnen, ob sie sich mit der Anwendung der Datologie und mit automatisierten Systemen befassen oder mit theoretischen Problemen der Informationsanalyse, verbunden vor allem mit konkreten Entscheidungsprozessen im Recht. Zugleich könnte es von Zeit zu Zeit nützlich sein, diese Arbeiten zu synthetisieren und zu verallgemeinern und in den einheitlichen Rahmen der Anwendung der ganzen Informationstheorie einschließlich der Anwendung der Grenzdisziplinen einzuordnen.

2. Anwendungsbeispiele im Bereich des Rechts und der Staatsverwaltung

In diesem Abschnitt will ich einige Anwendungsbeispiele von Teiltheorien der Informationstheorie darlegen, die sich mit allgemeinen theoretischen Problemen der Analyse von Informationsprozessen im Bereich des Rechts und der Staatsverwaltung beschäftigen [3].

---

[3] Einige Beispiele dieses Abschnitts sind ausführlich in einem von mir demnächst in deutscher Sprache erscheinenden Buch behandelt.

Hier geht es mir nicht um eine eingehende Ausarbeitung der Anwendungsbereiche in einzelnen Teiltheorien, sondern um einen synthetischen Ausblick auf die Perspektiven und Proportionen der Anwendung dieser Theorien im Bereich des Rechts und der Staatsverwaltung.

Ich werde schrittweise die syntaktische Informationstheorie, die pragmatische Informationstheorie, die Richtungen der Informationstheorie verbunden mit der Analyse der Entscheidungsprozesse und die Datologie behandeln. Diese einzelnen Theorien sind als Teile der Informationstheorie nur relativ selbständig. Aus systematischen Gründen halte ich aber die getrennte Darstellung für nützlich.

Unter *syntaktischer Informationstheorie* werden die Teildisziplinen der Informationstheorie verstanden, die – überwiegend in den frühen Arbeiten von *C. E. Shannon, L. Brillouin, A. J. Chincin, S. Goldman* und anderen behandelt – die Informationsprozesse dadurch untersuchungen, daß die Elemente der Information und ihre Beziehungen untereinander dargestellt werden. Hier wird auch die Mehrheit der Arbeiten eingereiht, die die Eigenschaften der Übertragungskanäle, ihre Kapazität, Verläßlichkeit, Optimalisierung und ähnliches untersuchen.

Die *pragmatische Informationstheorie* untersucht die Beziehungen zwischen den Informationselementen und ihren Sendern und Empfängern.

Die *semantische Informationstheorie* analysiert die Beziehungen zwischen den Informationselementen und dem, was durch sie bezeichnet wird. Es handelt sich dabei um wenig bearbeitete Gebiete der Informationstheorie. Dies rührt vor allem von den grundsätzlichen Schwierigkeiten her, die mit der Lösung der Probleme verbunden sind, die verschiedenen „Semantiken" der einzelnen Menschen, das sind die verschiedenen semantischen Interpretationen der einzelnen Elemente sprachlicher Nachrichten durch die einzelnen Menschen, objektiv darzustellen.

2.1 Anwendungen der syntaktischen Informationstheorie

Zuerst wird die allgemeine Möglichkeit behandelt, die syntaktische Informationstheorie im Bereich von Recht und Verwaltung anzuwenden. Diese Darstellung geht auf die Arbeit von *Brillouin* zurück.

Die Information über die in einer Mitteilung enthaltenen Aufgaben wird für die einfachsten speziellen Fälle als Funktion der Beziehung von Zahlen dargestellt, die die Menge der möglichen Antworten auf eine bestimmte Aufgabe vor und nach einer bestimmten Mitteilung betreffen.

Der Gegensatz zur Information ist die *Entropie* als quantitatives Maß des Mangels an Information über die Struktur des Systems.

Zur Messung der Informationsmenge wurde ein logarithmisches Gesetz gewählt, das die Additionsfähigkeit der aus unabhängiger Situation gewonnenen Information sichert.

Gesetzt den Fall, daß eine Situation vorliegt, in der *Po* verschiedene Ereignisse eintreten, wobei das Vorkommen dieser Ereignisse mit gleicher Wahrscheinlichkeit erwartet werden kann.

Dann bezeichnet das Symbol *I* die Information, die durch die Beziehung

$$I = k \cdot ln\ Po$$

definiert ist, wobei *k* eine Konstante ist und *ln* den natürlichen Logarithmus bezeichnet.

Wenn wir zwei unabhängige Situationen untersuchen, von denen die erste Po_1 a priori gleich wahrscheinliche Verläufe hat und die zweite Situation gleichviel wahrscheinliche Ereignisse Po_2 hat, dann kann jeder Verlauf (jedes Ereignis) der ersten Situation mit irgendeinem Verlauf der zweiten Situation gepaart werden. Dann beträgt die Zahl der möglichen Paare (der kombinierten Ereignisse)

$$Po = Po_1 \cdot Po_2$$

und also

$$I_1 = k \cdot ln\ (Po_1\ Po_2) = I_{11} + I_{12}$$

wobei

$$I_{11} = k \cdot ln\ Po_1 \qquad I_{12} = k \cdot ln\ Po_2$$

Die gesamte Informationsmenge, die zur Bestimmung der Verläufe beider Situationen notwendig ist, gleicht der Summe verschiedener Informationen I_{11} und I_{12}.

Unter dem Begriff *Situation* sei z. B. verstanden: der Wurf mit einem Spielwürfel und die Feststellung der Zahl, die fällt, die zufällige Auswahl reeller Zahlen, die Gruppierung von Buchstaben des Alphabets einschließlich des Schreibens eines Textes, die Begehung von Strafhandlungen auf einem bestimmten Gebiet in einem bestimmten Zeitpunkt usw.

Zum Verständnis der Anwendung der syntaktischen Informationstheorie ist es nützlich noch zu betonen, daß die Abgrenzung der Situationen, der möglichen Verläufe der Situationen und also auch das Informationsmaß absolut objektiv sind und es nicht von den einzelnen Beobachtern (den Informationsempfängern) abhängt.

Am vorteilhaftesten ist das Informationssystem, das auf Binäreinheiten (bits) basiert. Für dieses System gilt, daß die in der Auswahl eines Ereignisses aus *P* möglichen Ereignissen enthaltene Information gleicht:

$$I = log_2\ P$$

wobei log_2 der Logarithmus mit der Basis 2 ist.

Wenn es *N* mögliche und gleich wahrscheinliche Verläufe der Ereignisse gibt (z. B. die Auswahl einer Ziffer aus 10 Möglichen, die Verübung einer besitmmten Art von Strafhandlungen von 128 möglichen Arten) und wenn dieser Verlauf *G*-mal wiederholt werden kann, dann ist die in der Kombination *G* der Verläufe enthaltene Information

$$I = k \cdot ln\ N^G = k \cdot G \cdot ln\ N$$

Beispiel:

Die Mitteilung, daß an einem Tag auf einem bestimmten Gebiet von 128 möglichen a priori (hypothetisch) gleich wahrscheinlichen Arten von Strafhandlungen 10 bestimmte voneinander unabhängige Strafhandlungen verübt worden sind, enthält (binär)

$$I = \log_2 128^{10} = 10 \cdot \log_2 128 \text{ bit}.$$

Die Mehrzahl der Informationen, die im Bereich des Rechts im Umlauf sind, haben die Form nationaler Sprachen. In der mündlichen Äußerung sind Elementarsymbole die grundlegenden Laute (Phoneme) und in der Schrift ist das Elementarsymbol der Buchstabe.

Gesetzt den Fall, daß das Alphabet der deutschen Sprache gerade 32 Elementarsymbole (Buchstaben plus Zwischenraum) verwendet. Wenn das Vorkommen der verschiedenen Buchstaben in den Sprachtexten gleich wäre, d. h. wenn man das Vorkommen eines jeden Buchstaben mit gleicher Wahrscheinlichkeit erwarten könnte, dann wäre die im beliebigen Buchstaben des Textes enthaltene Information

$$I = \log_2 32 = 5 \text{ bit}$$

Ein aus G voneinander unabhängigen Buchstaben bestehender Text würde dann die Information

$$I = G \log_2 32 \text{ bit}$$

enthalten.

Das genaue Maß der syntaktischen Information muß also die verschiedenartige Wahrscheinlichkeit des Vorkommens der Elemente der sprachlichen Mitteilung und freilich auch der einzelnen Elementarereignisse in verschiedenen Bereichen des Rechts berücksichtigen. Dann beträgt die durchschnittliche, in einem Symbol eines Textes enthaltene Information bei Unabhängigkeit des Auftretens der einzelnen Symbole im Text nach *Shannon:*

$$I = -k \cdot \sum_{j=1}^{j=32} pj \cdot \ln pj,$$

wobei pj die Wahrscheinlichkeit des Vorkommens des j-ten Symbols ist.

Für das Messen der in einer gewissen Kombination G voneinander unabhängiger Symbole (in einem bestimmten Text) enthaltenen Informationsmenge, wobei die Wahrscheinlichkeit des Vorkommens der Symbole 1, 2, ..., j, ..., M laut statistischer Untersuchung P_1, P_2 ......, P_j ......, P_M sei, gilt die Beziehung:

$$I = G_i = -G \cdot k \cdot \sum_{j=1}^{j=M} p_i \ln pj,$$

wobei I die mittlere Information eines Symbols und

$$\sum_{j=1}^{j=m} pj = 1$$

ist.

Dieses Informationsmaß könnte bereits als genügend genaues und adäquantes Mittel zur Vergleichung der Menge der Mitteilungen verwendet werden, die die einzelnen Menschen bei bestimmten juristischen Tätigkeiten empfangen.

Die Wahrscheinlichkeit des Vorkommens einzelner Elementarereignisse auf dem Gebiet des Rechts und der Staatsverwaltung (z. B. Strafhandlungen) sind oft durch statistische Untersuchung genügend genau feststellbar.

Es ist von Bedeutung zu untersuchen, wieviel Information eine Nachricht über das gleichzeitige Vorkommen von zwei oder mehreren Elementarereignissen enthält.

Es gilt das Theorem, daß

$$I(x, y) \leqq I(x) + I(y),$$

wobei $I(x, y)$ die Information ist, die im gleichzeitigen Vorkommen der Elementarereignisse vorhanden sind, x und y und $I(x)$ und $I(y)$ die Größen der Information sind, die in den selbständigen Vorkommen x und y enthalten sind, wo bei sie als allgemein zufällige Größen aufgefaßt werden.

Aus dem Theorem folgt, daß jedwede Abhängigkeit des Vorkommens des Ereignisses x vom Ereignis y und vice versa und also die Existenz einer selbständigen Wahrscheinlichkeit $p(i, j) = pi \cdot pj$, zu einer Verminderung der Information der Nachricht über das gleichzeitige Vorkommen von x und y führt. Die Gleichung

$$I(x, y) = I(x) + I(y)$$

gilt nur dann, wenn $p_{ij} = p_i p_j$

(p_{ij} = Wahrscheinlichkeit des Vorkommens $x_i + y_i$, p^i = Wahrscheinlichkeit des Vorkommens x_i, ähnlich p_j), was nur dann eintritt, wenn die Ereignisse x, y unabhängig sind.

Es ist sicher nicht nötig die Behauptung zu beweisen, daß die Mehrheit der kombinierten Ereignisse auf dem Gebiet des Rechts einen solchen Charakter hat, daß die Wahrscheinlichkeit des Vorkommens der Ereignisse irgendwie an das Vorkommen anderer Ereignisse gebunden ist. Deshalb wird es nötig sein, die Prozesse der Übertragung von Mitteilungen in der Gesellschaft vor allem bei Berücksichtigung der Bedingtheit der Teilinformation zu untersuchen.

Shannon verwendete den Begriff *bedingte Information* derart, daß er eine Wahrscheinlichkeit $p_i(j)$ derart einführte, daß $y = j$, wenn vorher bekannt ist, daß $x = i$. $p_i(j)$ wird *bedingte Wahrscheinlichkeit* genannt.

Es gilt:

$$p_i p_i(j) = p(i, j) \text{ oder } p_i(j) = \frac{p(i, j)}{p_i}$$

Die *bedingte Information* (siehe Zit. *Brillouin)* ist die mit $p_i(j)$ verknüpfte Information.

Sie wird mit $I_x(y)$ bezeichnet und wird bestimmt durch

$$I_x(y) = -k \cdot \sum_{i,j} p(i, j) \cdot \ln p_i(j).$$

Es gilt:

$$I(x, y) = I(x) + I_x(y)$$

und nach gewissen Operationen der angeführten Beziehungen ergibt sich, daß

$$I_x(y) \leqq I(y).$$

Die bedingte Information $I_x(y)$ ist die Information, die sich auf y bezieht, wenn im vorhinein das Vorkommen von *x* bekannt ist. Die Kenntnis des *x* bedeutet eine Beschränkung, die die Information bei der Auswahl *y* verringert. Die Gleichung

$$I_x(y) = I(y)$$

gilt also nur, wenn *x* und *y* unabhängige Elementarereignisse sind.

Wir wollen noch ein kleines Beispiel für eine Erwägung über die bedingte Information im Bereich des Rechts anführen. Nehmen wir zwei Ereignisse an, die wir als relativ elementar betrachten:

x = 1. Ereignis: es wurde ein Raubmord begangen,
y = 2. Ereignis: die Tat wurde von einem Vorbestraften begangen.

Aus dem statistischen Verlauf ergibt sich, daß eine gewisse faktische und statistische Abhängigkeit des Ereignisses *y* vom Ereignis *x* besteht. Wahrscheinlich wird der Raubmord in den meisten Fällen von einem Vorbestraften verübt werden. Das Ereignis *x* beinhaltet also in sich eine bestimmte Information über das Ereignis *y* und es gilt also die Beziehung:

$$I_x(y) < I(y)$$

Wenn wir dann aus statistischen Angaben die zugehörigen Wahrscheinlichkeiten kennen, können wir die Menge der Information messen, die das Ereignis *y* enthielt, bei Kenntnis des Vorkommens von *x* durch die Beziehung:

$$I_x(y) = -k \cdot \sum_{i,j} p(i,j) \cdot \ln p_i(j).$$

Daher ist ein bestimmtes mitgeteiltes Ereignis im Bereich des Rechts in der Regel vom Vorkommen von *mehr als einem anderen* (mitgeteilten) Ereignis abhängig; es wäre nötig, hier die *Abhängigkeit der Information* mit Rücksicht auf die gegenseitige Abhängigkeit des Vorkommens größerer Kombinationen von Ereignissen in Rechnung zu ziehen. Weil dies im Bereich des Rechts nicht möglich sein wird – *ein bestimmtes Elementarereignis im Recht kann vom Vorkommen einer sehr großen Zahl anderer Ereignisse abhängig sein* –, wird es nötig sein, bestimmte vereinfachte, aber genügend präzise Methoden zu suchen. Unserer Meinung nach würde es z. B. beim Messen der Informationen im Recht oft genügen, bewußt die Abhängigkeiten zwischen Elementarereignissen auf eine bestimmte kleine Zahl zu beschränken.

Oft wird es bei Untersuchungen im Bereich des Rechts vorteilhaft sein, sich auf die Messung sprachlicher Mitteilungen zu konzentrieren, wenn wir als Elementarereignisse das Vorkommen

a) einzelner Buchstaben (Phoneme)
b) einzelner Worte
c) einfacher syntaktischer Konstruktionen und Sätze

annehmen.

Wie wir oben zeigten, wird es wahrscheinlich öfters vorteilhaft sein, als Elementarereignisse reale Ereignisse im Recht, die Zustände bestmmter quantifizierbarer Erscheinungen, Strafhandlungen usw. zu betrachten. In solchen Fällen sehen wir im wesentlichen von dem präzisen formalen (sprachlichen) Ausdruck solcher Ereignisse ab.

Im Ablauf eines sprachlichen Textes hängt die Wahrscheinlichkeit des Auftretens eines Symbols vom unmittelbar vorhergehenden Symbol ab. Eine Abfolge von Ereignissen, für die diese Gesetzesmäßigkeit gilt, heißt *Markov-Kette.* Für jedes Paar von Buchstaben verbinden wir die Variable *x* mit dem ersten Buchstaben und das *y* mit dem zweiten Buchstaben. Dann ist die Mittelinformation zum Symbol (Buchstaben) die bedingte Information

$$I_x(y) = -k \cdot \sum_{i,j} p_i p_i(j) \cdot \ln p_i(j)$$

Es wird freilich vorausgesetzt, daß die Bedingungen stationär sind und daß die Wahrscheinlichkeiten sich nicht oft im Verlaufe der Zeit ändern.

Korrelationen in der Sprache existieren auch zwischen größeren (und man kann sagen beliebig großen) Gruppen von Symbolen.

Es sei die Kette *(N-1)* der Buchstaben mit *bi(N-1)* bezeichnet. Erwägen wir nun die Wahrscheinlichkeit dessen, daß nach dieser Kette ein bestimmter Buchstabe *j* folgt; anders gesagt, wir bilden eine neue Kette aus *N* Buchstaben:

$$bi_i(N) = bi(N-1), j$$

Die Wahrscheinlichkeit des Vorkommens dieser neuen Kette als Ganze ist

$$P(bi(N-1), j)$$

Die bedingte Wahrscheinlichkeit *P(j/bi(N-1))* ist die Wahrscheinlichkeit dessen, daß *j* hinter der gegebenen Kette *bi(N-1)* folgt.

Die Mittelinformation zum Symbol in der Reihenfolge der Buchstaben, in der wir die Abhängigkeit zwischen *N* Buchstabengruppen erwägen, ist:

$$F_N = -k \cdot \sum_{i,j} P(bi[N-1], j) \cdot \ln P(j/bi[N-1]).$$

Wenn wir alle möglichen Korrelationen in der Sprache in Erwägung ziehen, dann ist die Mitteilinformation zum Buchstaben

$$I = \lim_{N \to \infty} F_N = F_\infty$$

Ich glaube, daß die Verfahren der syntaktischen Informationstheorie – trotz erheblich beschränkender Bedingungen bei ihrer Anwendung – auch weiterhin ein bedeutender theoretischer Behelf zur allgemeinen Analyse der Informationsvorgänge im Bereich des Rechts und der Staatsverwaltung sein können. Gleichzeitig können sie ein praktisches Instrument zur Messung der Menge von Informationen sein, was zur Analyse der Rationalität von Informationsbeziehungen im Bereich des Rechts und der Staatsverwaltung wichtig ist, besonders zur Vergleichung der potentiellen Informationsbelastung bei bestimmten geistigen Arbeiten usw.

2.2 Anwendungen der pragmatischen Informationstheorie

Das Hauptziel der pragmatischen Informationstheorie ist es, exakt *den Wert* einer bestimmten Information für die einzelnen Empfänger zu erfassen. Als objektives Maß des Wertes der Information kann das Ausmaß angesehen werden, *in dem eine bestimmte Information für den Empfänger die Wahrscheinlichkeit verändert hat, ein bestimmtes Ziel zu erreichen,* bzw. wie sich die Qualität der

Entscheidung innerhalb eines abgegrenzten Entscheidungsproblems nach dem Erhalt einer bestimmten Information verändert hat.

Die allgemeine Beziehung, die die Pragmatik der Information charakterisiert, kann folgendermaßen formuliert werden:

Wenn vor dem Empfang einer Information *die Wahrscheinlichkeit der Erreichung des Zieles* durch den Adressaten der Information Po war und nach dem Empfang der Information diese Information P_1 beträgt, dann kann der Wert der Information in dem hier angeführten Sinn durch die Beziehung

$$I = \log_2 P_1 - \log_2 P_0 = \log_2 \frac{P_1}{P_0}$$

bestimmt werden.

Es ist evident, daß die angeführte Beziehung auch Fälle umfaßt, in denen die Information die Verringerung der Hoffnung auf Erreichung eines bestimmten Zieles bedeutet, d. i. in denen die *Information einen negativen Wert hat.*

Dem Charakter der Ziele nach, für die wir die Nützlichkeit der Information in Erwägung ziehen, kann die ganze pragmatische Informationstheorie in zwei Grundbereiche eingeteilt werden:

1. Im ersten Grundbereich wird eng an die Ergebnisse der syntaktischen Informationstheorie angeknüpft, indem die Beseitigung jedweder Unbestimmtheit, die die einzelne Mitteilung dem individuellen Empfänger gibt, untersucht wird. Gewöhnlich wird hierbei die angeführte Beziehung benutzt, wobei I = die empfangene Information ist, p_1 = die Wahrscheinlichkeit der Ereignisse (des Symbols), wie es subjektiv dem Empfänger nach Mitteilungsempfang erschien, P_0 = die Wahrscheinlichkeit des Ereignisses (der Symbole), wie es dem Empfänger vor Mitteilungsempfang erschien. Man kann das z. B. zu Qualifikationstesten im Bereich des Rechts benutzen.

Von Bedeutung für unsere Anwendung können auch Beispiele vom Typ der Attneaves Formel sein. Diese Formel bestimmt das Maß des Wertes der Überraschung als das Verhältnis der empfangenen Information zum erwarteten Wert H dieser Information:

$$U_i = \frac{\log \frac{1}{p_i}}{H}$$

wobei p_i = die Wahrscheinlichkeit des Vorkommens des i-ten Symbols (Elements) der Menge ist. Der erwartete Wert der Überraschung ist immer 1.

2. Das zweite Forschungsgebiet im Bereich der pragmatischen Informationstheorie ist auf die Feststellung der Pragmatik einschließlich der semantischen Elemente der bestimmten Information zwecks Erreichung eines bestimmten objektiven Zieles gerichtet. Zur Feststellung dieser Pragmatik der Information ist es unbedingt nötig, exakte Modelle der untersuchten juristischen Tätigkeiten aufzubauen, da nur im Rahmen solcher Modelle exakt die Bedeutung bestimmter Informationen für die Erreichung des Zieles einer solchen Tätigkeit bewertet werden kann. Die Ergebnisse dieser Methoden könnten u. a. auch weiter zu

Erwägungen über die begründete Präferenz wertvollerer Mitteilungen in einzelnen bedeutungsvollen Informationsbeziehungen verwendet werden.

2.3 Anwendungen der semantischen Informationstheorie

Es folgen jetzt Bemerkungen zu den Möglichkeiten der semantischen Informationstheorie. In den Arbeiten *R. Carnaps* und *Y. Bar-Hillels* ist eine Methode ausgearbeitet worden, die auf der mathematischen Logik basiert, und die exakt bestimmte semantische Aspekte sprachlicher Mitteilungen erfaßt. Die Methode geht von der Tatsache aus, daß die übermittelten Mitteilungen die Beschreibung der Zustände bestimmter Objekte enthalten.

Den Zustand des Objektes bezeichnen wir mit *Z*. Die Beschreibung des Zustandes *Z* ist eine Aussage, die zusammengesetzt ist aus der Konjunktion πn elementarer Aussagen, von denen jede *n* Subjekte enthält, das mit jedem der Prädikate oder deren Negation verbunden ist, jedoch nicht mit dem positiven und negativen Prädikat gleichzeitig. Es existieren also $2^{\pi n}$ aller möglichen Zustände des Objekts. Die Beschreibung der Zustände bestimmt voll (freilich relativ im Hinblick auf den Stand der Erkenntnis) die möglichen Zustände des untersuchten Objekts. Bei der Bestimmung der Information in bestimmten Aussagen ist es nötig, die apriorischen Wahrscheinlichkeiten der einzelnen Beschreibungen der Zustände des Objekts in Erwägung zu ziehen. Die Wahrscheinlichkeiten der einzelnen Zustände der Objekte müssen durch Untersuchung des Objektes gewonnen werden.

Für die Aussage *i* (die allgemein nicht die Beschreibung des Zustandes des Objektes sein muß) ist der Bereich *R(i)* die Summe der Beschreibungen der Zustände, in denen *i* gilt. Dann ist das Maß der Quantität der Information deduziert, das besonders folgende Eigenschaften hat:

1. Für jede Beschreibung des Zustandes *Z* existiert ein solches Maß *m(Z)*, daß

$$0 \leqq m(Z) \leqq 1.$$

Diese Größe kann als apriorische Wahrscheinlichkeit der Beschreibung des Zustandes angesehen werden.

2. Die Summe *m(Z)* über alle *Z* ist gleich 1.

3. Für eine beliebige unwahre Aussage ist *m(f)* gleich 0.

4. Für eine beliebige wahre Aussage *i* bestimmen wir *m(i)* als Summe *m(Z)* über alle *Z* aus dem Bereich *R(i)*.

Die Funktion über diese Eigenschaften (und einigen anderen, die wir nicht aufführen) ist *eigentliche m-Funktion* benannt worden.

Dann gilt offensichtlich:

$$m\,(i) + m\,(\neg i) = 1 = \sum\ m\,(Z) \text{ über alle } Z\text{, wobei } \neg\ i$$

die negierte Aussage *i* ist.

Die einfachste Bestimmung der Information mit Hilfe des angeführten Maßes ist das sog. *Inhaltsmaß* (*cont*) $\quad cont\,(i) = m\,(\neg\ i) = 1 - m\,(i).$

Dieses Maß entspricht den intuitiven Vorstellungen, wenn *m(i)* klein ist, was bedeutet, daß *i* relativ unwahrscheinlich ist, dann ist *cont* (*i*) auch relativ groß.

Die zweite Informationsbestimmung, das sog. *Informationsmaß (inf)* ist

$$inf\ (i) = -\log_2 m\ (i) = \log_2 \frac{1}{1 - cont\ i}.$$

Will man diese Methode im Bereich des Rechts anwenden, müssen bestimmte Objekte *Z* (Systeme der Teilobjekte) ausgegliedert werden, über deren Zustände ein bestimmtes Organ regelmäßig informiert ist. Jedes solche einzelne Objekt (System) muß mit der endlichen Zahl *n* seiner Teile (Teilobjekte) charakterisiert werden und jedem dieser Teilobjekte muß eine endliche Zahl von Prädikaten zugeordnet werden, die die Eigenschaften des Teilobjektes zu beschreiben in der Lage sind.

Dann kan der Zustand des Objektes (z. B. einer bestimmten Art von Strafhandlungen) durch eine Aussage bestimmt werden, die die Bezeichnungen *n* der Teilobjekte mit den zugehörigen Prädikaten enthält. Schließlich ist es notwendig, mittels empirischer Methoden oder mit Hilfe gesellschaftlicher und natürlicher Gesetze die Wahrscheinlichkeiten der Vorkommen der einzelnen Beschreibungen der Zustände des Objekts zu bestimmen.

2.4 Verbindung informations- und entscheidungstheoretischer Aspekte

Die markantesten und zukunftsträchtigsten Möglichkeiten in theoretischen Untersuchungen im Bereich des Rechts und der Staatsverwaltung haben meiner Meinung nach die Analysen der Informationsprozesse verbunden mit der Analyse von Entscheidungsprozessen. Ich versuche eine kurzgefaßte Charakteristik dieser Richtung der Informationstheorie und beziehe auch Erwägungen über die Anwendung ihrer Ergebnisse im Bereich des Rechts und Staatsverwaltung ein.

In den Arbeiten von *Perez* und *Tondl* ist in einem bestimmten Sinn der Begriff „Information" dadurch verallgemeinert worden, daß von der Definition des Begriffs „Information" vor allem verlangt wird, „daß diese Information als mehr oder weniger allgemeines *Maß der Entscheidungsmöglichkeiten* zu dienen im Stande ist, die mit einer bestimmten erforderlichen Entscheidungsqualität vereinbar sind, die man im Rahmen eines Entscheidungsproblems erreichen kann, ohne daß es selbstverständlich nötig wäre, dieses Problem zuerst zu lösen."

Bei einzelnen Erkenntnisverfahren in den Sozialwissenschaften, die allgemein als Entscheidungsprozesse angesehen werden, z. B. bei der Erkenntnis und der Bestimmung relevanter Eigenschaften des Individuums A_i (etwa in Strafverfahren) kann diese Auffassung der Information ohne Schwierigkeiten akzeptiert werden. Die allgemeinen Verfahren der derzeitigen Informationstheorie gestatten es mehr oder weniger, die Beziehung zwischen dem Input, d. i. den tatsächlichen Eigenschaften des Individuums A_i, die durch den Vektor

$$\vec{A}^{+} = (a_1, a_2, a_3, \ldots, a_n)$$

gegeben sind, und dem Output, d. i. dem Vektor der abgegrenzten und empirisch festgestellt bestimmten Eigenschaften A_i

$$\vec{A}_i = (a_1, a_2, a_3, \ldots, a_n)$$

zu analysieren.

In jedem Entscheidungsprozeß sind folgende Grundelemente enthalten:

1. Der *Inputraum* ist das Ensemble der Mitteilungen am Input, der Raum der möglichen Zustände oder der Raum der Zustände an der Quelle eines Übertragungskanals. Diesen Raum bezeichnen wir mit dem Symbol *X*, und *x* werden dann die Elemente des Raumes *X* sein, also die einzelnen Angaben beim Input, die Zustände des Inputs usw.. Im Falle des gerichtlichen Entscheidungsverfahrens stellt *X* das Ensemble verschiedener rechtlich relevanter Erscheinungen dar, die durch die (meistens logischen) Funktionen $S(a_i, a_2, \ldots . a_n)$ beschrieben sind, wobei a_i Teilerscheinungen darstellen.

2. Der *Outputraum* ist das Ensemble der möglichen Auswahlen am Input oder beim Empfang. Wir bezeichnen ihn mit dem Symbol *Y* und seine Elemente mit *y*. Bei Erkenntnisverfahren über die Erkenntnis der Eigenschaften des Individuums A_i ist dieser Outputraum gegeben durch den Vektor $\vec{A}_i = (a'_1, a'_2, \ldots, a'_n)$, wobei bestimmt sein muß, welche Werte die Eigenschaften a_i überhaupt annehmen können.

3. Der *Entscheidungsraum* (auch der Raum der empfangenen Mitteilungen oder auch Raum der möglichen Prädikationen beim Empfang genannt), der mit *D* bezeichnet ist. *d* bezeichnet also die einzelnen Entscheidungen.

Im Fall des angeführten Erkenntnisverfahrens stellt der Entscheidungsraum *D* in der Regel eine geeignet gewählte Untermenge des Raumes *X* der Mitteilungen am Input dar, d. i. die Untermenge der Bestandteile des Vektors $\vec{A}^+$.

Wahrscheinlich nur in Ausnahmefällen kann im Bereich der sozialwissenschaftlichen Forschung *D* mit *X* übereinstimmen.

Wenn wir das Beispiel des gerichtlichen Entscheidens untersuchen, kann der Raum *D* als Ensemble bestimmter rechtlicher Qualifikationen (rechtlicher Subsumtionen) der rechtlichen, durch den Raum *Y* charakterisierten Entscheidung interpretiert werden, oder wir können in diesen Raum auch die rechtlichen Entscheidungen (Sanktionen) einschließen.

4. Ein weiterer Bestandteil des abstrakten Entscheidungsmodells ist der sogenannte *Raum der Entscheidungsfunktionen,* den wir mit dem Symbol *B* bezeichnen wollen. Die Elemente des Raumes $b_i \in B$ stellen Prozeduren vor, die es ermöglichen, zu jedem übernommenen Signal $y \in Y$ bestimmte Entscheidungen $d \in D$ zuzuordnen. Im elementaren Erkenntnismodell bedeutet jede Funktion *b* eine der möglichen Arten der Auffindung der Angaben aus *X*. Diese Funktionen können z. B. Prozeduren sein, durch die wir in empirischen soziologischen Recherchen aus bestimmten Bestandteilen der Vektoren $\vec{A}^*_i$ Bestandteile des Vektors $\vec{A}_i = (a'_1, a'_2, \ldots, a'_n)$ formulieren. In Fällen des gerichtlichen Entscheidens stellt der Raum *B* die möglichen Prozeduren der rechtlichen Qualifikation eines bestimmten Ensembles rechtlich relevanter Handlungen vor.

5. Der Inputraum *X* kann durch den *Mitteilungskanal* oder den *Beobachtungs-*

kanal beobachtet werden. Ein solcher Kanal ist zwischen dem Inputraum und Outputraum anzunehmen und nur der Outputraum kann direkt beobachtet werden. Allgemein gilt, daß in jedem Informationskanal die Übertragung der Informationen durch ein „Rauschen" beliebigen Charakters gestört wird. In dem angeführten rechtlichen gnoseologischen Erkenntnis-Modell bedeutet dieses Rauschen, daß jedem Bestandteil des Vektors $\vec{A_i^*} = (a'_1, a_2', \ldots, a'_k)$ eine bestimmte Zerlegung der Wahrscheinlichkeiten zu bestimmten Untermengen der Bestandteile des Vektors $\vec{A_i} = (a'_1, a'_2, \ldots, a'_n)$ entspricht. Diese Wahrscheinlichkeiten bezeichnen wir mit $P_{y/x}$. Es ist freilich klar, daß es bei allgemeinen Erkenntnisverfahren empirischen Charakters meist sehr schwierig sein wird, diese Wahrscheinlichkeit festzustellen.

6. Dem zitierten allgemeinen Entscheidungsmodell gemäß müssen wir noch die *apriorische Verteilung der Wahrscheinlichkeiten* P_x *im Inputraum* X in Erwägung zu ziehen. Im Falle des gerichtlichen Entscheidungsverfahrens entspricht dem die relative Häufigkeit bestimmter rechtlich relevanter Handlungen, z. B. im Verhältnis zur gesamten Bevölkerung.

7. Die Verteilung der apriorischen Wahrscheinlichkeiten P_x am Input X zusammen mit dem System $P_{y/x}$, $x \in X)$ der Verteilung der bedingten Wahrscheinlichkeiten gestaltet eine *zweidimensionale Verteilung der Wahrscheinlichkeiten* im kartesianischen Produkt $(X \times Y)$, welches mit P_{xy} bezeichnet ist, was ein weiterer Bestandteil des geschilderten Entscheidungsmodells ist.

In Fällen gerichtlichen Entscheidens kann P_{xy} relative Häufigkeit verschiedener Paare bedeuten: eine rechtlich relevante Tat – rechtliche Qualifikation, resp. Entscheidung.

8. Der letzte Bestandteil des allgemeinen Entscheidungsmodells sind Gewichts- oder Verlustfunktionen $w(x,d)$, die jedem Paar (x,d) einen bestimmten Verlust (Gewicht) zuordnen, wobei $x \in X$ ein bestimmter Zustand am Input und $d \in D$ die gewählte Entscheidung ist.

In rechtlichen Entscheidungsprozessen sind diese Gewichtsfunktionen üblicherweise nicht genauer bestimmt, existieren jedoch immer explizite oder implizite in diesen Prozessen. In Erkenntnisverfahren des Typs der rechtlichen Verfahren können diese Gewichtsfunktionen genau formuliert werden, z. B. als Maß der präzisen Erfassung der relevanten Eigenschaften aus dem Vektor $\vec{A_i^*}$, wobei für die Betrachtung der Wahrscheinlichkeit eines Fehlers gilt:

$$w\,(x,d) = o \text{ für } x = d,$$
$$w\,(x,d) = I \text{ für } x \neq d.$$

Auch die rechtlichen Entscheidungen können mehr oder weniger objektiv klassifiziert werden.

Aufgrund der oben in Kürze angeführten formalisierten Grundelemente des allgemeinen Entscheidungsprozesses (die wir freilich oben auf den Bereich des Rechts applizierten), ist in der Arbeit von *Perez* und *Tondl* das abstrakte Entscheidungsproblem folgendermaßen abgegrenzt worden:

Wenn der Inputraum *X*, der Outputraum *Y*, der Entscheidungsraum *D*, der Raum der Entscheidungsfunktionen *B*, die apriorische Verteilung der Wahrscheinlichkeiten am Inputraum P_x, *der Beobachtungskanal* (im abstrakten Sinn) $\{P_{y/x}, x \in X\}$, die entsprechende zweidimensionale Verteilung der Wahrscheinlichkeiten P_{xy} und *w* die Gewichts- oder Verlustfunktion ist, dann besteht das Entscheidungsproblem darin, die optimale Entscheidungsfunktion $b_o \in B$ so zu finden, daß der Durchschnittswert von b_o – er sei mit $r(b_o)$ bezeichnet – ein Minimum beträgt, oder anders gesagt, daß das durchschnittliche Risiko einer Fehlentscheidung minimal ist. Bezeichnet $b_o(y)$ diejenige der Outputinformation *y* durch b_o zugeordnete Entscheidung *d*, die für die Gerichts- oder Verlustfunktion *w* ein Minimum dann garantiert, wenn die Wahrscheinlichkeit eines Fehlers aufgrund ener beliebigen Inputinformation *x* am geringsten ist, dann lautet die gesuchte Funktion

$$r(b_o) = \text{Minimum}\ [w(x, b_o(y))].$$

Wir wollen eine Gerichtsentscheidung, die einen bestimmten Autounfall betrifft, betrachten. Eine der entscheidenden „Inputangaben“ sei die Charakteristik der Fahrt eines bestimmten Fahrzeuges, die wir allgemein als ein bestimmtes komplexes Symptom *Y* = die Charakteristik der Fahrt des Fahrzeuges auffassen können. *Y* sei zusammengesetzt aus Symptomarten Y_1, Y_2, wo also $Y = (Y_1, Y_2)$. Y_1 bedeutet „die Art und Weise der Fahrt des Fahrzeugs“, Y_2 charakterisiert den technischen Zustand des Fahrzeuges.

Aus soliden statistischen Angaben über Automobilunfälle wäre es möglich, das Minimalrisiko r_o beim Entscheiden aufgrund einer komplexen Carakteristik von *Y* festzustellen.

Man kann auch die Werte des Minimalrisikos r_1 oder r_2 feststellen, wenn nur aufgrund der Charakteristik Y_1 oder nur aufgrund der Charakteristik Y_2 entschieden wird. Es ist auch intuitiv ersichtlich, daß r_1 und r_2 in keinem Fall kleiner sein können, als r_o. Wir wollen uns vorstellen, daß wir zuerst nur aufgrund der Kenntnisse der Art und Weise der Fahrt des Fahrzeuges, d. i. des Symptoms Y_1, entscheiden wollen, wobei das Risiko r_1 unverhältnismäßig groß ist. Um das Risiko zu verringern, müssen wir das Symptom Y_1 dadurch erweitern, daß wir eine komplexe Charakteristik der Fahrt des Fahrzeuges $Y = (Y_1,Y_2)$ konstituieren. Theoretisch würden wir diese Erweiterung der Inputangaben dann abschließen, wenn der Wert des Risikos unter das erforderliche Niveau sinkt. Man kann sich auch die Situation vorstellen, daß wir zum Beispiel aus statistischen Angaben feststellen, daß der Wert r_1 mit dem Wert r_o identisch ist. In diesem Fall können wir immer das Symptom Y_2 eliminieren und nur aufgrund der Charakteristik Y_1, d. i. der Art und Weise der Fahrt des Fahrzeuges, entscheiden.

Hier wollen wir uns nicht damit befassen, was als Wert des minimalen Risikos des gerichtlichen Entscheidens zu betrachten ist. Im angeführten Beispiel wollten wir zeigen, daß in vielen Fällen des rechtlichen Entscheidens der Wert des zugehörigen Risikos meßbar und mehr oder weniger objektiv feststellbar ist. Was als aktuell annehmbare Werte dieses Risikos bei einzelnen Entscheidungen zu betrachten ist, ist eher eine Sache der Rechtspolitik; in einer stabilisierten Gesellschaft sollten jedoch diese Werte im Großen und Ganzen festliegen. Das im Beispiel illustrierte Verfahren ist eine solide methodologische Grundlage für die Reduktion und Konstitution der Angaben für die Auffindung „wesentlicher Parameter", die für objektive rechtliche Entsechidungen unerläßlich sind. Die Werte der maximalen durchschnittlichen und minimalen Risiken, die mit der Konstitution oder Reduktion bestimmter Inputangaben verknüpft sind, können meist objektiv aus den statistischen Angaben abgeleitet werden. Zulässige Risikowerte können auch in einigen Fällen „ad hoc" (im Rahmen der Rechtspolitik) bestimmt werden. Mit Hilfe dieser Kriteriumsfunktionen wird z. B. das rechtliche Entscheiden im abstrakten Sinn mit der Praxis konfrontiert.

Die angeführte Richtung der Informationstheorie ist methodologisch für die Analyse von Erkenntnis- und Entscheidungsproblemen im Recht fruchtbar. Eine weitere Ausarbeitung dieser Anregungen und einer Reihe anderer, die wir aus Raummangel hier nicht diskutieren werden, setzen eine systematische exakte Analyse der einzelnen Klassen relevanter Erkenntnis- und Entscheidungshandlungen voraus.

2.5 Bemerkungen zur Anwendung der Datologie

Zum Schluß folgen noch einige Bemerkungen zur Anwendung der Datologie in den Bereichen des Rechts und der Staatsverwaltung.

Die Datologie hat sich erst in den letzten Jahren als selbständige Disziplin konstituiert. In ihrer theoretischen Grundlegung geht sie auf die Erkenntnisse der Informationstheorie und die Praxis der Technik, der Projektierung und Programmierung von Computern zurück.

Folgende Übersicht gibt eine Einführung in die Probleme:

1. Grundbegriffe und Grundmethoden
Hier sind folgende Fragen zu behandeln: Definition der Daten, die Daten als Instrumente der Registrierung und Modellierung realer Phänomene, Transformation der Daten, die Prozesse der Datenbenutzung, numerische und analoge Repräsentation der Daten, usw.

2. Prozesse mit einzelnen Daten
Hierher gehören vor allem die Fragen der Interpretation der Daten in digitalen Computern, Grundoperationen mit numerischen Daten u. ä.

3. Prozesse mit Datenkomplexen in Computern
Hier werden Probleme der Ordnung der Daten in Computern, der Aufsuchung der Daten u. dgl. behandelt.

4. Kommunikation des Menschen mit Computern
Hierher gehören Fragen des Input in den Computern, Output aus dem Computer, automatische Konversion der Daten usw.

5. Die Arbeit mit großen Datenkomplexen
Es handelt sich vor allem um Probleme der zweckmäßigen Wahl der Speicherelemente für die Speicherung großer Datenkomplexe, um Probleme der zweckmäßigen sortierenden und aufsuchenden Operationen usw.

6. Große Informationssysteme

In diesen Bereich gehören vor allem Probleme der Projektierung der großen Informationssysteme, die mehrere automatisierte Zentren zur Verarbeitung von Massen-Daten verbinden.

Alle angeführten Aspekte der Datologie werden immer größere Anwendung im Bereich des Rechts und der Staatsverwaltung finden. Sie werden in Zukunft beim Aufbau umfassender Informationssysteme im Bereich des Rechts und der Staatsverwaltung berücksichtigt werden müssen.

Ich bin überzeugt, daß die Anwendung der Logik, einschließlich der logischen Methoden, die normative Aspekte der Struktur von Rechtsnormen zu untersuchen gestatten, und die Erfahrungen der Datologie die komplexe logische Analyse juristischer Texte einschließlich der Auffindung logischer und semantischer Widersprüche ermöglichen [4].

Zusammenfassung

Der Schilderung von Anwendungsmöglichkeiten der Informationstheorie im Bereich des Rechts und der Staatsverwaltung gehen einige Kennzeichnungen der Informationstheorie und sich daraus für die Anwendung ergebende Konsequenzen voraus. Die Anwendung der syntaktischen Informationstheorie basiert auf der Übertragung der *Shannon*schen Untersuchungen besonders über die bedingte Information auf rechtlich relevante Aussagen. Die Anwendung der pragmatischen Informationstheorie untersucht die Bedeutung empfangener Informationen für die Lösung rechtlich relevanter Aufgaben durch Richter oder Staatsfunktionäre. Die Anwendung der semantischen Informationstheorie geht zurück auf die von *R. Carnap* und *Y. Bar-Hillel* geleistete semantische Gehaltsbestimmungen von Texten. Die Verbindung informationstheoretischer Aspekte mit Methoden der Entscheidungstheorie liefert Verfahren zur Bestimmung des Risikos rechtlicher Fehlentscheidungen, wie sie erstmals von *A. Perez* und *L. Tondl* beschrieben worden sind. Zum Schluß folgen einige Bemerkungen zur Datologie.

Summary

Some characteristics of information theory and consequences resulting therefrom for its application precede a description of possible applications of information theory in the areas of law and public administration. The application of the syntactic information theory is based on the transfer of *Shannon's* research findings, in particular on conditional information, to legally relevant statements. The application of the pragmatic information theory inquires into the significance of received information for the solution of legally relevant tasks by judges and public officials. The application of the semantic information theory goes back to the semantic determination of substance of texts as it has been achieved by *R. Carnap* and *Y. Bar-Hillel.* Connecting aspects of information theory with methods of the decision-making theory results in procedures for determining the risk of wrong legal decisions as first described by *A. Perez* and *L. Tondl.* At the end there are some remarks on datology.

Albert Perez, Ladislav Tondl, Modely nekterych vedeckych procedur z hlediska logiky a teorie Informace. Problémy kybernetiky, Academia, Praha 1965.

Albert Perez, Sur le théorie de l'information et la descernabilité dans les problèms de decission statistique, The Second Prague Conference on Information Theory, Prague 1960.

L. Brillouin, Science and information theory, New York 1965.

Bar-Hillel, Y., Information and content: semantic analysis, Synthese 9 (1954).

Bar-Hillel, Y., Carnap R., An outline of a theory of semantic information, Research Laboratory of Electronics, Massachussetts Institute of Technology, Report No. 247, 1952.

Charkevic A. S., O cennosti informacij, Problemy Kibernetiki Moskva 1960.

Shannon C., Weaver W., The mathematical theory of communication, Urbana (Ill.) 1949.

[4] In diese Richtung gehen z. B. jetzt die Forschungen in der Tschechoslowakei. Grundlage ist dabei die sogenannte sanktionalistische Theorie der Normen.

Karl Heinz Schaefer / Hans Schuldt

Elektronische Datenverarbeitung in der Ausgleichsverwaltung

Übersicht

I. Grundsatzfragen

Die Ausgleichsverwaltung hat sich etwa seit 1964 mit der Frage befaßt, ob sich Teile ihres Tätigkeitsbereiches für den Übergang auf elektronische Datenverarbeitung eignen, und alsbald den Weg in die EDV beschritten.

1. Ausgangsprobleme

Unter den Ausgangsproblemen erschienen folgende von besonderer Bedeutung:

Die Ausgleichsverwaltung ist eine gemischte Bundes- und Bundesauftragsverwaltung. Die Durchführung im Einzelfall ist Sache der als Teile der Stadt- und Landkreisverwaltungen errichteten Ausgleichsämter. Voraussetzung für die Einführung der elektronischen Datenverarbeitung war somit außer einer Übereinstimmung mit den Ländern entweder ein gesetzlicher Zwang oder die Bereitschaft einer hinreichenden Anzahl von kommunalen Körperschaften, sich im Bereich des Lastenausgleichs an einem EDV-Verfahren zu beteiligen.

Die seit 1949 tätige Ausgleichsverwaltung hat zwar Aufgaben, die noch weit in die Zukunft reichen; doch hat sie den großen Auftrag, der mit der Durchführung der Lastenausgleichsgesetzgebung verbunden ist, in mehr als zwei Jahrzehnten schon soweit vorangetrieben, daß die Zahl der Ausgleichsämter (verstärkt durch die allgemeinen Kreisreformen in zahlreichen Ländern) sowie der Personalbestand der Ausgleichsverwaltung allmählich zurückgeht (früher fast 600, jetzt 308 Ausgleichsämter; früher 25 000, jetzt etwa 13 000 Bedienstete).

Die Arbeitsbereiche der Ausgleichsverwaltung sind so breit aufgefächert, daß es keine Basis für eine einheitliche Programmierung aller Ausgleichsleistungen hätte geben können. Was sich im Bereich der Schadensfeststellung, der einmaligen Entschädigungsleistungen, der laufenden Entschädigungsleistungen, der verschiedenartigen Eingliederungsdarlehen und der sonstigen Leistungen für eine Programmierung eignet, konnte nur für jedes Arbeitsgebiet in sich beantwortet werden. Hierbei spielt außerdem die Frage mit, in welchem Zeitraum Arbeitsvorgänge innerhalb der einzelnen Arbeitsgebiete anfallen dürften und welche Zeitspanne jeweils für die Vorbereitungszeit bis zum konkreten Anlaufen eines fertigen EDV-Programms zu veranschlagen ist.

Dem Bundesausgleichsamt erschien es von vornherein undiskutabel, von der elektronischen Datenverarbeitung etwa einen so bescheidenen Gebrauch zu machen, daß nur Auszahlungsvorgänge über die Datenverarbeitungsanlagen liefen. Eine sinnvolle Nutzung der Datenverarbeitung wurde von Anfang an vor allem darin gesehen, die manuelle Bearbeitung schwieriger Berechnungsvorgänge auf Datenverarbeitung umzustellen. Als dieses Planziel aufgestellt wurde, waren viele Rententräger mit ihrer Planung noch lange nicht soweit.

Hervorragend geeignet für die Datenverarbeitung erschienen die laufenden Leistungen zur Altersversorgung. Ihr Herzstück stellen Unterhaltshilfe und Entschädigungsrente nach dem Lastenausgleichsgesetz dar. Beide zusammen bilden die Kriegsschadenrente. Doch gehören zu den laufenden Leistungen auch die Unterhaltshilfe und Entschädigungsrente nach dem Reparationsschädengesetz, ferner Beihilfe zum Lebensunterhalt sowie besondere laufende Beihilfe für Personengruppen, die aus dem Härtefonds berücksichtigt werden (insbesondere also für Nichtstichtagsvertriebene mit Zwischenwohnsitz in Mitteldeutschland und Flüchtlinge im Sinne des BVFG), Beihilfe zum Lebensunterhalt und besondere laufende Beihilfe nach dem Flüchtlingshilfegesetz, Unterhaltsbeihilfe nach § 10 des 14. ÄndG LAG, dem AKG und dem RepG für andere Nichtstichtagsvertriebene und für Personengruppen, die unter das RepG fallen. Während Unterhaltshilfen und Beihilfen zum Lebensunterhalt bzw. Unterhaltsbeihilfen einem gehobenen Existenzminimum unter Anrechnung anderer Einkünfte – gemildert durch das Freibetragssystem – dienen, dienen die Entschädigungsrenten und diesen vergleichbare „besondere laufende Beihilfen" der Berücksichtigung des Ausmaßes der Vermögens- und Existenzschäden im Einzelfall auf höherer Einkommensebene. Die Entschädigungsrenten sind, ohne daß man dies wörtlich nehmen darf, der Idee nach eine Art Verrentung von Entschädigungsansprüchen. Die Zersplitterung dieser Altersrenten war für ein EDV-Programm besonders deswegen problematisch, weil die meisten Leistungsarten unterschiedliche Voraussetzungen und eine unterschiedliche Ausgestaltung aufweisen.

2. Entscheidung für die Programmierung aller laufenden Leistungen

Das Bundesausgleichsamt entschloß sich, nachdem das Ausgleichsamt Bremen einen Modell-Versuch erfolgreich gestartet hatte, auf groß angelegter Grundlage zur EDV-Berechnung aller der Altersversorgung dienenden laufenden Leistungen. Alle anderen Leistungen versprachen keinen hinreichenden Rationalisierungseffekt.

Die Pionierarbeit der Programmentwicklung und der Programmierung wurde von einem Programmierungsausschuß beim Bundesausgleichsamt geleistet, in dem aus Bund und Länden Fachleute des Lastenausgleichsrechts, insbesondere der Kriegsschadenrente, mit Fachleuten der Datenverarbeitung, von denen besonders die Fachkräfte der Lastenausgleichsbank zu erwähnen sind, zusammenwirkten. Die Kontinuität der Besetzung des Ausschusses sicherte, daß die Fachleute der Kriegsschadenrente allmählich gewisse Grundkenntnisse der Datenverarbeitung erhielten und umgekehrt die Datenverarbeiter die Grundkenntnisse des Rechts, das Gegenstand der Programmierung ist.

Außerdem wurde für die allgemeine Willensbildung und für die Abstimmung zwischen Bund, Ländern und Kommunen ein Arbeitskreis Elektronische Datenverarbeitung beim Bundesausgleichsamt gebildet. Dieser Arbeitskreis hat mit dem Programm und der Umsetzung des Programms in die Maschinensprache nichts zu tun. Seine Aufgabe war es, angesichts des Aufbaus der Ausgleichsverwaltung auf Bund-, Länder- und Kreisebene in allen grundlegenden Fragen einschließlich der Prinzipien und der Höhe der Gebührenberechnung zur einheitlichen Willensbildung und zur Durchsetzung der Willensbildung in den Ländern zu gelangen. Auch dies ist gelungen. Die praktische Arbeit mit dem fertigen Programm begann 1967.

3. Umfang und Schwierigkeitsgrad des Programms

Eine wichtige Frage war, wie umfangreich das Programm werden würde bzw. sein sollte und wieviel Kernspeicherstellen für die Berechnungsvorgänge benötigt würden. Die Zahl der benötigten Kernspeicherstellen ist außergewöhnlich hoch und vermehrt sich laufend. Gegenwärtig liegt die Zahl bei über 400 000 Kernspeicherstellen. Dies hat mehrere Ursachen:

1. Es bestehen grundlegende Unterschiede zwischen den Leistungsarten Unterhaltshilfe und Entschädigungsrente.
2. Die schon erwähnte fehlende Einheitlichkeit der Leistungen wegen Unterscheidung nach mehreren Gesetzen und nach mehreren in den Einzelheiten unterschiedlich gestalteten Renten- und Beihilfearten erfordert zusätzliche Kapazitäten.
3. Das Recht der Kriegsschadenrente und der laufenden Beihilfen ist äußerst kompliziert und erfordert umfassende Berechnungen zu zahlreichen, sich mehrenden Teilkomponenten (jüngste Beispiele: Selbständigenzuschlag, Sozialzuschlag).
4. Das Recht der Kriegsschadenrente ist nicht ein für allemal festgelegt, sondern in ständiger Rechtsentwicklung begriffen, und zwar nicht nur hinsichtlich der Erhöhung der Leistungen, deren Einprogrammierung im Zuge der laufenden Programmpflege verhältnismäßig einfach ist, sondern auch durch sonstige Änderungen in den Berechnungsfaktoren und rechtlichen Voraussetzungen.

Vom Personenkreis her dürfte von Interesse sein, daß nach der Statistik des Bundesausgleichsamtes bis Ende 1972, beginnend mit dem Soforthilfegesetz im Jahre 1949, 2,2 Mio Rentenanträge gestellt wurden, von denen insgesamt über 1,4 Mio zur Bewilligung führten. Die größte Zahl gleichzeitiger Empfänger von Unterhaltshilfe nach dem SHG wurde 1950 mit fast 1 Million und von Kriegsschadenrente nach dem LAG im Jahre 1956 erreicht, als rd. 900 000 Empfänger Unterhaftshilfe und Entschädigungsrente bezogen. Die Zahl der Kriegsschadenrentner und Beihilfeempfänger ist nicht konstant geblieben, sondern rückläufig. Dies hat zwei Ursachen. Die eine ist, daß die meisten Schadensfälle in der Kriegszeit und in den ersten Nachkriegsjahren entstanden sind, die Berechtigten also längst eingewiesen sind und meist den älteren Geburtsjahrgängen angehören. Die Zahl der Aussiedler und Flüchtlinge der Spätzeit und damit die Zahl der Spätberechtigten, die ihre Früh- und Spätschäden geltend machen, ist wesentlich geringer. Die jüngeren Geburtsjahrgänge konnten zudem in der Nachkriegszeit in der Bundesrepublik in erheblichem Umfang „Rentenjahre" ansammeln. Sie beziehen somit Sozialrente, gelangen damit in den Genuß der laufenden Leistungsverbesserung im Sozialrentenbereich und kommen deswegen häufig wegen der Höhe ihrer Einkünfte jedenfalls für die Unterhaltshilfe nicht mehr in Betracht. Außerdem wurden für jüngere Jahrgänge rechtliche Beschränkungen (z. B. auf ehemals Selbständige) eingeführt. Deshalb überwog ab 1958 die Zahl der Abgänge durch Tod oder endgültiges Ausscheiden zu Lebzeiten (wegen Überschreitens der Einkommensgrenze oder wegen Verzichts) die Zahl der Neuzugänge. Nach dem Stand von Ende Juni 1972 gibt es rd. 500 000 Empfänger von laufenden Leistungen, von denen ein Teil nur Unterhaltshilfe, ein Teil nur Entschädigungsrente und ein anderer Teil beide Leistungsarten enthält.

Zu den Plagen der Verwaltung im Bereich der Kriegsschadenrente gehört es, daß mindestens einmal jährlich alle Akten wegen gesetzlicher Leistungserhöhungen oder sonstiger Rechtsänderungen „umgewälzt" werden, ganz abgesehen von der jeweiligen Neubearbeitung bei Änderung tatsächlicher Merkmale, wie es bei Änderung anzurechnender Einkünfte laufend geschehen muß. Für die EDV bedeutet das, daß neben den normalen Durchläufen und neben dem normalen Änderungsdienst die alljährliche Arbeit der Änderung zur Anpassung an die neue Rechtslage steht.

4. Drei EDV-Stellen, ein Programm

Das Bundesausgleichsamt führte ein zentrales Datenverarbeitungsverfahren ein. Die Datenverarbeitungsstelle befindet sich bei der Lastenausgleichsbank, der Hausbank des Ausgleichsfonds, aus dem die Masse aller Leistungen des Lastenausgleichs geleistet wird. Das Bundesausgleichsamt hätte sich gewünscht, daß alle Ausgleichsämter des Bundesgebietes sich dieser einen Datenverarbeitungsstelle angeschlossen hätten. Dazu ist es leider nicht gekommen. In zwei Ländern wurden eigene Datenverarbeitungsstellen eingesetzt. Dies führte – schon wegen der unterschiedlichen Maschinentypen und Ausstattung – zu entsprechender Mehrarbeit in der Entwicklung des Programms. Doch ist als positiv hervorzuheben, daß der Programmierungsausschuß für alle drei Datenverarbeitungsstellen arbeitet und daß ein einheitliches Programm mit einer einheitlichen verbindlichen Arbeitsanweisung für den Bereich aller drei Datenverarbeitungsstellen eingeführt worden ist. Besonderheiten in einzelnen Ländern, die mit den Unterschieden im Maschinentyp und mit technischen Besonderheiten zusammenhängen, wurden durch entsprechende Regelungen in dem einheitlichen Programm berücksichtigt. Somit arbeiten im Rahmen des Gesamtprogramms zwei Datenverarbeitungsstellen für den Bereich einzelner Länder, die dritte Datenverarbeitungsstelle bei der Lastenausgleichsbank für die Ausgleichsämter in allen übrigen Ländern des Bundesgebietes.

5. Schwierigkeiten bei der Einführung

Anfänglich mußte eine Reihe psychologischer und praktischer Schwierigkeiten überwunden werden. Dabei spielten die Unterschiede zwischen den beiden großen Modellen, nämlich einem einzigen gezielten Fachprogramm (hier dem Programm der Kriegsschadenrente) für alle im Bundesgebiet damit befaßten Verwaltungskörperschaften und einem aufgefächerten Sachprogramm für alle Aufgabenbereiche nur einer Gebietskörperschaft (oder weniger Körperschaften) eine erhebliche Rolle. So verlockend die Zusammenfassung einer Vielzahl von Programmen für eine einzige Verwaltungsbehörde ist, so groß ist hier die Gefahr einer modernen Krähwinkelei. Es fiel manchem Landrat oder Oberbürgermeister schwer, die Kriegsschadenrente nicht in seine Datenverarbeitungsstelle zu übernehmen, vor allen Dingen, wenn schon damit begonnen worden war, Auszahlungen über eine solche Datenverarbeitungsanlage zu leisten. Doch konnten den Spitzen der Stadt- und Landkreisverwaltungen und den Dienststellenleitern der Ausgleichsämter in aller Regel drei Punkte klar gemacht werden:

1. daß kleine Datenverarbeitungsanlagen überhaupt nicht geeignet waren, ein derartiges Programm mit mehr als 400 000 Kernspeicherstellen zu bewältigen,
2. daß selbst dann, wenn große Maschinentypen zur Verfügung standen, ein Parallelprogramm für wenige hundert Fälle statt für Hunderttausende von Fällen höchst unrentabel wäre,
3. daß fachlich keine einzige kommunale Gebietskörperschaft zur Bewältigung der Gesamtprogrammierung überhaupt in der Lage gewesen wäre.

Bei allen drei Verfahren hat die Erarbeitung des Maschinenprogramms jeweils über mehrere Jahre hinweg den Einsatz von Spitzenkräften der Kriegsschadenrente und der elektronischen Datenverarbeitung erfordert.

Die bei Einführung der EDV im Lastenausgleich in den meisten Ländern gerade anlaufende Kreisreform hatte zunächst einmal für den Entschluß, der EDV beizutreten, hemmend gewirkt; hinzu kam, daß die Ausgleichsverwaltung in einigen Ländern durch Zusammenlegung, also das Tätigwerden eines Ausgleichsamtes für mehrere Kreise, eine Art Vorläufer der Kreisreform war. Genau in den unruhigsten Jahren der Zusammenlegung von Ausgleichsämtern oder Kreisen lag für viele Ausgleichsämter die Umstellung auf die EDV. Unter solchen

Umständen war es begreiflich, daß mancher Landrat oder Oberbürgermeister zunächst die Kreisreform abwarten wollte, so falsch dieser Entschluß auch war. Die Neuzuordnung der in die EDV eingegebenen Fälle von einem Ausgleichsamt auf ein anderes ist relativ einfach; an den Berechnungsgrundlagen ändert sich dadurch gar nichts.

Eine weitere Schwierigkeit bestand darin, in den gewohnten Gang der Verwaltungsarbeit einzubrechen. Auch war anfänglich nicht unumstritten, ob die Datenverarbeitung wirklich mehr als nur eine andere Methode der Bearbeitung sei, d. h. ob sie tatsächlich dazu beitragen würde, in nennenswertem Umfang Personal und damit Verwaltungskosten einzusparen. In der Tat war angesichts der hohen Entwicklungskosten, des Umfangs der laufenden Kosten und der zu erwartenden Weiterentwicklung des Programms zunächst schwer abzuschätzen, inwieweit sich solche Einsparungen tatsächlich ergeben würden. Doch hat bei vielen Verwaltungen eine Kernüberlegung den Entschluß wesentlich vereinfacht, nämlich die, daß ausreichendes, fachlich qualifiziertes Personal nicht mehr in hinreichendem Umfang zur Verfügung stand.

Nachteilig auf den Entschluß, der elektronischen Datenverarbeitung beizutreten, wirkte sich aus, daß die Umstellung auf die elektronische Datenverarbeitung („Einstieg“ mit der Ersteingabe der Fälle und Einarbeitung der Sachbearbeiter) mit erhöhtem Arbeitsaufwand und damit zusätzlichem Personalbedarf in der gesamten Anlaufzeit verbunden ist.

Das Bundesausgleichsamt hat, als es nach kritischer Überprüfung die Überzeugnug gewann, daß ohne die elekronische Datenverarbeitung die Kriegsschadenrente in den nächsten Jahrzehnten nicht zu bewältigen sei, zusammen mit den Landesausgleichsämtern darauf gedrängt, daß die Ausgleichsämter sich gerade deswegen nicht so spät wie möglich, sondern so früh wie möglich der elektronischen Datenverarbeitung anschlossen. Die Ausgleichsämter, die dies rechtzeitig getan haben, hatten davon wesentliche Vorteile. Je länger ein Amt wartet, desto länger hat es den ständigen Änderungen im manuellen Betrieb mit kräftigem Mehraufwand an Zeit und Personal folgen müssen; desto problematischer ist aber dann auch personell die Bewältigung der unvermeidlichen Mehrbelastung in der Ersteingabeperiode.

6. Das Ausgleichsamt muß die Entscheidungsgewalt behalten

Die Tatsache, daß die Berechnung der Kriegsschadenrente zwangsläufig mit der Wertung rechtlicher Vorgänge verbunden ist, also die Datenverarbeitung in den Rechtsraum hineinstößt, hat von Anfang an eine Reihe Absicherungen notwendig gemacht. Nach dem Gesetz beurteilt und entscheidet das Ausgleichsamt. Bei mangelnder Vorausschau kann diese Entscheidungsgewalt eingeschränkt und ausgehöhlt werden. Die EDV soll dem Amt Arbeit abnehmen, nicht Verantwortung. Es darf nichts programmiert sein, was den Rechtsvorschriften des Gesetzes und den für die Ausgleichsämter verbindlichen Rundschreibensregelungen des Bundesausgleichsamtes zur Anwendung des Kriegsschadenrentenrechtes widerspricht oder nicht entspricht. Es bedarf also einer Koordination – und zwar nicht nur am Anfang, sondern laufend – zwischen der Entwicklung der Rundschreiben des Bundesausgleichsamtes zur Anwendung des Kriegsschadrentenrechtes (wobei sich in den Anweisungen an die Verwaltung auch die Entwicklung der Rechtsprechung widerspiegelt) und der Übernahme des materiellen Rechtes in die EDV-Arbeitsanweisungen und Programme. Das Programm muß so aufgebaut sein, daß es kein Eigenleben in Rechtsfragen entwickeln kann. Das wäre identisch mit in der Sache fehlerhafter Programmierung oder fehlerhafter Programmpflege. Die EDV-Stelle hat aus dieser Sicht eine rein dienende Funktion. Die wird gesichert durch sorgsame Abwägung, was bei Änderungen tatsächlicher und rechtlicher Art vom Sachbearbeiter des Ausgleichsamtes der Datenverarbeitungsstelle im Einzelfall mit Belegblatt einzugeben ist oder was bei Änderung der Rechtslage generell ohne Einschaltung der Ausgleichsämter mit automatischer Auswirkung auf alle betroffenen Einzelfälle programmiert werden kann. Alle Beurteilungen und Wertungen des Einzelfalles müssen beim Ausgleichsamt bleiben; die Eingabebelege müssen dabei alles enthalten, was aufgrund der daraufhin getroffenen Entscheidung für die Bearbeitung durch die EDV erforderlich ist. Daß im EDV-Verfahren materielle Entscheidungen für das Amt vorbereitet werden, ist zwar richtig, trifft aber nur die Konsequenzen der Berechnung (Erhöhung, Kürzung, Ruhen der Leistung, Rückforderung, Einstellung).

Hierfür einige Beispiele, wie sie sicherlich auch für andere Rentenbereiche passen. Ob die Rentenvoraussetzungen vorliegen und Kriegsschadenrente bewilligt werden kann, kann und darf nur das Ausgleichsamt beurteilen. Es wäre denkbar, daraufhin eine Ersteingabe mit Ausdruck schon eines Erstbescheides durch die EDV-Stelle vorzunehmen. Den Erstbescheid über die Zuerkennung der Kriegsschadenrente lassen wir aber im Ausgleichsamt erstellen. Gleichzeitig wird der Fall in die EDV eingegeben. Die Eingabe enthält alle objektiven Daten für die Berechnung der Kriegsschadenrente auf der Grundlage der Erstentscheidung. Der Sachbearbeiter hat also neben den allgemeinen Voraussetzungen z. B. auch gewertet, welche Familienmitglieder durch Zuschläge kriegsschadenrentenberechtigt sind, ob Zuschläge wie Selbständigenzuschlag, Pflegezulage, Sozialzuschlag zustehen oder nicht, ggf. in welcher Höhe oder in welcher Stufe, ob Einkünfte vorhanden sind und anzurechnen sind und in welcher Höhe. Früher hat er daraus bei jeder späteren Änderung neu berechnet, ob und wie hoch Kriegsschadenrente zusteht. Diese Berechnungsvorgänge nimmt ihm die Maschine ab. Sie nimmt ihm aber noch mehr ab. Das Gesetz kennt Wahlmöglichkeiten – z. B. Übergang von Unterhaltshilfe auf Entschädigungsrente bei Einkünften, die für die Unterhaltshilfe zu hoch sind, oder Bezug von Unterhaltshilfe neben Entschädigungsrente, wenn die Einkünfte absinken. Dazu bietet die Datenverarbeitungsanlage die bestmögliche Lösung an und bereitet einen Umstellungsbescheid oder Ergänzungsbescheid vor. Das kann sie deswegen, weil dieses Angebot lediglich von mathematischen Bezugsgrößen abhängt, die eingespeist sind. Die Programmierung der Wahlmöglichkeiten beinhaltet aber keine rechtlich abzuwägenden Entscheidungen.

An diesem Wahlfall wird deutlich, daß im Programm selbst sehr wohl rechtliche Vorfragen auftreten. Die muß das Bundesausgleichsamt entscheiden. Insoweit entspricht die Arbeitsanweisung des Bundesausgleichsamtes im materiellen Gehalt seinen Rundschreiben. Das Bundesausgleichsamt muß verantworten, was an derartigen rechtlichen Entscheidungen im Programm berücksichtigt wird. Das ist auch der Grund, warum das Bundesausgleichsamt mit Nachdruck darauf hinweist, daß die Arbeitsanweisung dieselbe Bedeutung wie ein Rundschreiben hat, daß die Arbeitsanweisung verbindlich ist und sein muß und daß alle Programme und Vorschläge des Programmierungsausschusses vom Bundesausgleichsamt genehmigt sein müssen. Damit ist also eine doppelte Absicherung erreicht. Die für die Durchführung des Gesetzes verantwortliche zentrale Behörde, das Bundesausgleichsamt, hat unter Kontrolle, wie das EDV-Programm angelegt und im einzelnen bis in die letzte mehr als technische Frage hinein ausgestattet ist; es trägt dafür aber auch die Verantwortung. Die Verantwortung der EDV-Stelle beschränkt sich insoweit auf die richtige Umsetzung und Ausführung. Die Verantwortung des Ausgleichsamtes für seine Bescheide, d. h. für seine Verwaltungsakte, bleibt ebenso erhalten. Das Ausgleichsamt kann aber auf die Richtigkeit der Berechnung der EDV-Stelle vertrauen. Sein Tätigwerden verlagert sich nach dem beim Ausgleichsamt erlassenen Erstbescheid auf die Eingabe der Daten. Sie müssen auf den Einzelfall bezogen all das enthalten, was als Ergebnis und Beweiserhebung und rechtlicher Würdigung andernfalls Gegenstand von Bescheiden wäre. Die Rechtssicherheit wird also durch die Programmierung, jedenfalls bei der von der Ausgleichsverwaltung gewählten Methode, nicht gemindert, die Verantwortung nicht verlagert. Im Gegenteil – durch die Übernahme der Berechnungsvorgänge auf die Maschine werden die zahlreichen mathematischen Irrtümer und Fehler, wie sie zwangsläufig bei so schwierigen, umständlichen, langen und vielfachen Berechnungen vorkommen, man kann wohl sagen vollständig vermieden. Hierzu trägt bei, wie dies in der modernen EDV-Technik üblich ist, daß die Maschine sich weitgehend in sich kontrolliert, wobei teilweise auch Eingabefehler herausgeprüft werden. Demgegenüber fallen Fehler durch technische Störungen kaum ins Gewicht. Wenn sie vorkommen, werden sie regelmäßig so schnell erkannt, daß die Ausgleichsämter und die Bescheidempfänger bzw. Zahlungsempfänger davon nichts merken. Der Durchgang wird wiederholt. Schlimmstenfalls werden sofort die Ausgleichsämter oder die kontoführenden Stellen alarmiert.

In der Praxis hat sich eine fruchtbare Wechselwirkung ergeben. Einerseits wurden über die Berechnungen der Datenverarbeitungsstelle bei einigen Ausgleichsämtern Rechtsfehler entdeckt, meist nur in seltener vorkommenden Bereichen. Andererseits werden die Ergebnisse der Datenverarbeitungstelle, insbesondere die von der EDV-Stelle erstellten Änderungsbescheide, von den Sachbearbeitern sorgsam auf Fehler und Unzulänglichkeiten beobachtet, so daß im Laufe der Jahre manche wertvolle Anregung zur Weiterentwicklung des Programms oder zur Ausmerzung kleinerer Mängel von den Ausgleichsämtern gekommen ist.

7. Geht das Wissen zurück?

Vorläufig entstehen bei den Ausgleichsämtern noch keine personellen Probleme daraus, daß die EDV-Anlage berechnet und der Sachbearbeiter nur Daten eingibt. Die Ersteinweisung und die Überprüfung von Fallgruppen oder Einzelfällen aus besonderem Anlaß erhält dem Kriegsschadenrentensachbearbeiter des Ausgleichsamtes das nötige Fachwissen und die nötige Routine. Hier kann die Befreiung von der schematischen Rechnerei den Vorteil mit sich bringen, daß die Tätigkeit des Sachbearbeiters stärker auf hochwertige Fragen konzentriert wird als früher. Je mehr allerdings die Ersteinweisungen oder die Anlässe zur manuellen Überprüfung abnehmen, desto eher entsteht die Gefahr, daß der Kriegsschadenrentensachbearbeiter sein Metier nicht mehr in vollem Umfange beherrscht. Ob dies Probleme mit sich bringt, wird erst die Zukunft zeigen.

8. Stufenweiser Programmaufbau

In die Datenverarbeitung übernommen wurden alle laufenden Fälle der Altersversorgung. Neu hinzukommende Bewilligungsfälle werden mit der ersten Einweisung, die von den Ausgleichsämtern nach wie vor manuell vorzunehmen ist, übernommen.

Während sonst sehr häufig zunächst Auszahlungsvorgänge programmiert wurden, hat die Ausgleichsverwaltung den umgekehrten Weg gewählt. Zunächst wurden die Berechnungsvorgänge programmiert und damit das Herzstück. Erst anschließend wurde das an sich einfachere Auszahlungsprogramm aufgestellt und auch die Auszahlung zentral über EDV vorgenommen.

Anfänglich wurden alle schwierigen Sonderfälle, wenn sie nur verhältnismäßig selten vorkamen, von der elektronischen Datenverarbeitungsberechnung ausgenommen und dem manuellen Verfahren überlassen. Im Laufe der ständigen Weitertwicklung des Programms sind auch die meisten dieser besonderen kleinen Gruppen in die Datenverarbeitung übernommen worden. Einbezogen wurden auch Fälle, in denen eine früher bewilligte Kriegsschadenrente wegen der Höhe anderer Einkünfte „ruht". Aufgabe der Datenverarbeitungsstelle ist seit dem nicht nur die Neuberechnung der Renten und der Ausdruck der Änderungsbescheide für das Ausgleichsamt, sondern auch – wiederum für das Ausgleichsamt – die Berechnung der monatlichen Auszahlungsbeträge, die auf dieser Grundlage dem jeweiligen Änderungsbescheid zu entsprechen haben, ferner deren Auszahlung über die zentrale Amtskasse der Datenverarbeitungsstelle. Dies geschieht durch Überweisung auf Konten und nur ausnahmsweise durch Überweisung auf Sammelkonten, mit anschließender Auszahlung. Die Kontenauszahlung ist inzwischen allseits auch für Auslandsfälle zentral möglich.

Als sich die Verwaltung an das EDV-Verfahren gewöhnt hatte, war der nächste Schritt, das *Rentenauskunftsverfahren* mit der Deutschen Bundespost und mit einigen Landesversorgungsämtern in das EDV-Verfahren einzuführen und damit die Zahl der Fälle, in denen wegen abzurechnender Renten dritter Träger und deren laufende Veränderungen Eingabebelege des Sachbearbeiters beim Ausgleichsamt erforderlich werden, wesentlich zu vermindern. Eingaben sind nur noch insoweit erforderlich, als die von der EDV-Stelle aufbereiteten Listen über die gespeicherten Rentenfälle im Rentenauskunftsverfahren unvollständig sind.

9. Lochkartenverfahren abgeschafft

Ursprünglich wurden die eingegebenen Belege im Lochkartenverfahren für die EDV-Anlage aufbereitet. Das Lochkartenverfahren erfordert natürlich einen viel zu großen manuellen Einsatz und steht in Wirklichkeit der rationellen Ausnutzung einer EDV-Anlage und der höchstmöglichen Ersparnis an Zeit und Verwaltungskosten entscheidend entgegen. Darum war es ein erheblicher Fortschritt, daß inzwischen für die numerischen Daten bei der LAB auf das Belegleseverfahren unter Verwendung von Klarschriftdruckern übergegangen werden konnte. Das war mit einer gewissen Umstellung in der Arbeitstechnik der Ausgleichsämter verbunden. Die dadurch erstrebte Beschleunigung des Verfahrens und Verbilligung des Verwaltungskostenaufwandes für die EDV ist eingetreten .Zugleich wurde eine weitere Fehlerquelle, nämlich bei der manuellen Übertragung der Belege in die Lochkarten, verstopft.

10. Entlastung der Ausgleichsämter

Die Entlastung im KSR-EDV-Verfahren ist gewaltig. Das zeigt sich exemplarisch bei Rechtsänderungen. Bei gesetzlicher Erhöhung der Unterhaltshilfe wird umprogrammiert. Es bedarf in der Masse aller Fälle keiner Belegeingabe durch das Ausgleichsamt. Was früher in sechs bis zehn Monaten umgerechnet wurde, vollzieht sich jetzt schlagartig zum gesetzlichen oder – bei verspäteter Gesetzgebung – frühestmöglichen Termin.
Im Rentenauskunftsverfahren wird in zunehmendem Maße die Belegeingabe durch das Rentenauskunftsverfahren erspart.
Die Datenverarbeitungsstelle druckt die Bescheide aus, stellt sie über das Ausgleichsamt zu und zahlt direkt aus. Sie verwaltet auch die Rückforderungsbeträge. Das erspart die Berechnungen durch Sachbearbeiter, die Erstellung und das Schreiben der Bescheide und die Einschaltung der Amtskasse des Kreises.

Schließlich haben die Datenverarbeitungsstellen nunmehr ab 1. Januar 1973 auch die Kriegsschadenrentenstatistik übernommen. Die EDV-Statistik hat die erfreuliche Nebenwirkung, daß auf Abruf wesentlich mehr Daten als früher (die ohnehin eingespeichert sind) zur Verfügung stehen. Dies erspart Sonderarbeiten der Ausgleichsämter. Die Möglichkeit, Daten und Merkmale abzurufen, erleichtert, wie sich jetzt bereits gezeigt hat, die Entscheidung des Gesetzgebers für die Novellen im Lastenausgleich, die Finanzplanung des Bundesausgleichsamtes und die vom Bundesausgleichsamt in Zweijahresabständen aufzustellende Gesamtschätzung aller Einnahmen und Ausgaben des Ausgleichsfonds.

11. Ein Kostenbeispiel

Gerade bei größeren Ausgleichsämtern wirken sich die Einsparungseffekte ganz erheblich aus, weil die Verminderung um Sachbearbeiter und Schreibkräfte sowie um Kräfte aus der Amtskasse zu Buche schlägt. Dabei muß der Kostenfaktor eines Sachbearbeiters im Jahr mit etwa 27 000 DM und der einer Schreibkraft mit rd. 21 000 DM veranschlagt werden. Wenn bei diesem Amt 4000 laufende Fälle zu bearbeiten sind, so kann ohne EDV von einem Einsatz von rd. 13 Sachbearbeitern ausgegangen werden. Die gleiche Zahl der Fälle ist unter Einschaltung der EDV im Endstadium mit 8 Kräften zu bewältigen.

Für die direkten Personalkosten erster Stufe ergibt sich damit folgende Rechnung:

Sachbearbeiter-Kosten im Jahr ohne EDV	351 000 DM
Sachbearbeiter-Kosten im Jahr mit EDV	216 000 DM
plus Gebühren der EDV für 4000 Fälle im Jahr	38 400 DM
	254 400 DM

Dies ergibt allein an Kosten der Sachbearbeitung eine Einsparung von 96 600 DM. Hierzu kommen noch Einsparungen an Schreibkräften und Entlastung bei den Amtskassen sowie bei einer Reihe Sachkosten. Da die Personalkosten stärker steigen als die EDV-Kosten, öffnet sich die Kostenschere immer weiter und erhöht damit den Rationalisierungseffekt.

12. Zwei Ämter hinken nach

Es gibt nur noch zwei Ausgleichsämter, die bisher nicht an der EDV teilnehmen wollen. Das ist natürlich ein unhaltbarer Zustand. Diese Ausgleichsämter werden bald nicht mehr Schritt halten können. Die schon sehr niedrigen Gebühren der größten Datenverarbeitungstelle, der bei der Lastenausgleichsbank, konnten vor geraumer Zeit sogar erheblich gesenkt werden. Angesichts der laufend größer werdenden Schere zwischen dem Personal- und Kostenaufwand im manuellen Betrieb und den wesentlich geringeren Kosten, die sich aus der Summe der Gebühren der EDV-Stellen und den Restkosten der Ausgleichsämter ergeben und wegen der wachsenden Personalprobleme kann der Beitritt nur eine Frage der Zeit sein.

Auch die beiden Landesausgleichsämter und das Bundesausgleichsamt haben dadurch Mehrbelastungen. So braucht das Bundesausgleichsamt für die manuell arbeitenden Ausgleichsämter z. B. andere Verfahrensbestimmungen und mehr Sachregelungen, weil Probleme, die durch die unmittelbare Übernahme in das Programm den EDV-Ausgleichsämtern erst gar nicht dargestellt werden müssen, für die manuell arbeitenden Ausgleichsämter weiterhin der Darstellung bedürfen. Auch hat es Mehrarbeit, weil die Vordrucke der manuell arbeitenden Ausgleichsämter schreibmaschinengerecht angelegt wenrden müssen, die der EDV-Stellen dagegen druckmaschinengerecht.

Bundesausgleichsamt und Landesausgleichsämter werden jedenfalls alles daran setzen, das EDV-Werk durch freiwilligen Beitritt auch der letzten beiden Ämter abzurunden.

13. Umstände für den Erfolg

Zum Erfolg der Datenverarbeitung in der Ausgleichsverwaltung haben mehrere Umstände beigetragen:

1. Bildung des Programmierungsausschusses und personelle Kontinuität dieses Ausschusses.
2. Sorgfältige Programmerstellung und ebenso sorgfältige Programmprüfung einschließlich Probeläufe. Die Ausgleichsverwaltung kann mit einem gewissen Stolz darauf hinweisen, daß sich selbst in der Anfangszeit des Übergangs auf elektronische Datenverarbeitung mit einer winzigen Ausnahme praktisch keine ernsten Probleme aus Serienfehlern der Programmierung ergeben haben, wie sie vielfach – wegen unzureichender Erprobung vor dem Übergang auf EDV-Anwendung – als Kinderkrankheit in Kauf genommen wurden.
3. Der Programmierungsausschuß hat eine Arbeitsweise, bei der – erleichtert durch seine breit gestreute personelle Zusammensetzung – die Erfahrungen aus dem gesamten Bundesgebiet verwertet werden, und zwar einerseits die Erfahrungen der Ausgleichsämter, andererseits die der drei Datenverarbeitungsstellen, wobei das Bundesausgleichsamt für die notwendige Initiative, Koordinierung, ggf. die Bereinigung von Problemen und Schwierigkeiten und für die abfschießenden Entscheidungen zu sorgen hat. Das erstellte Programm unterliegt sorgfältiger Programmpflege.
4. Alle Anweisungen werden so früh und vollständig wie möglich in Amtlichen Mitteilungsblatt des Bundesausgleichsamtes bekanntgegeben, in besonders eiligen Fällen vorab mit Rundschreiben oder Fernschreiben.
5. Fortschrittliche Ausgleichsämter haben die zögernden nachgezogen. Ständige Betreuung der Ausgleichsämter durch Bundesausgleichsamt, die Landesausgleichsämter (mit Außenstellen) und die EDV-Stellen, die Hilfestellungen bei der Ersteingabe und Einarbeitung und das Mitziehen der Sachbearbeiter haben zu dem beinahe geräuschlosen Übergang in die EDV geführt.

II. Grundsatzfragen

1. Arbeitsanweisung

Grundlage für das Zusammenwirken der Ausgleichsämter mit den EDV-Stellen, den Zentralen Haushaltsstellen und den Zentralen Amtskassen ist die Arbeitsanweisung für elektronische Datenverarbeitung im Bereich der Kriegsschadenrente und der laufenden Beihilfe. Bei der Erstellung dieser Arbeitsanweisung wurde ganz besonders darauf geachtet, daß sie Arbeitsunterlage für einen Personenkreis sein mußte, der mit den Problemen der Datenverarbeitung bisher nicht befaßt war. Deshalb hatte die Allgemeinverständlichkeit der Ausführungen ganz besonderen Vorrang. So wurde z. B. vermieden, in den Bestimmungen Ausdrücke der „Computer-Fachsprache" zu verwenden. Dieses in Anbetracht der Aufgabenstellung schwierige Unterfangen kann aufgrund der zwischenzeitlich gemachten Erfahrungen als voll gelöst bezeichnet werden.

Dem Nachteil des zwangsläufig großen Umfangs der Arbeitsanweisung wurde dadurch begegnet, daß eine klare Gliederung und das Herstellen von Sachzusammenhängen die Übersichtlichkeit und das Auffinden der gesuchten Textstellen ermöglicht. Dabei ist hervorzuheben, daß eine Verbindung zwischen den Kenziffern in den Eingabebelegen und den Bestimmungen für die Ausgleichsämter in der Weise hergestellt wurde, daß die zweite bis vierte Stelle der vierstelligen Textziffern in der Arbeitsanweisung mit den Kennziffern der Eingabebelege, die für die einzutragenden Daten maßgebend sind, hergestellt werden konnte. Wenn also ein Sachbearbeiter im Einzelfall bestimmte Daten an die EDV-Stelle einzugeben hat, so findet er die Ausführungen über die Auswirkungen und Bedeutung dieser Eingabe mühelos in dem Teil der Arbeitsanweisung, der die Bestimmungen für die Ausgleichsämter enthält.

Außerdem wurde eine Verbindung zwischen dem Änderungsbescheid, der die Ergebnisse der maschinellen Berechnung im Einzelfall enthält, und dem Teil der Arbeitsanweisung, der die Bestimmungen für die Datenverarbeitungsstelle enthält, dadurch hergestellt, daß in das Bescheidmuster der Anlage die Textziffern eingedruckt wurden, unter denen die jeweilige Berechnung des Bescheidinhalts durch Programmformeln angelegt ist.

Die Arbeitsanweisung ist in folgende fünf Teile gegliedert:

Teil I: Gemeinsame Bestimmungen (für Ausgleichsämter, EDV-Stellen, Zentrale Amtskassen und Zentrale Haushaltsstellen)

Teil II: Bestimmungen für die Ausgleichsämter

Teil III: Bestimmungen für die Zentralen Haushaltsstellen und die Zentralen Amtskassen

Teil IV: Bestimmungen für die Datenverarbeitungsstellen

Teil V: Statistik

Da die beteiligten drei Datenverarbeitungsstellen über EDV-Anlagen unterschiedlicher Ausstattung und verschiedener Herstellungsfirmen verfügen und sich zudem unterschiedlicher Programmsprachen bedienen, wurden die Bestimmungen für die Datenverarbeitungsstellen (Teil IV der Arbeitsanweisung) in Programmformeln gekleidet, die eine Umsetzung in verschiedene Arten der Programmsprache und unterschiedliche Organisationsformen des Programms ermöglichen.

2. Eingabeverfahren

Für die Eingabe der benötigten Daten an die EDV-Stellen sind Eingabebelegblätter vorgesehen, die hinsichtlich der Kennziffern, zu denen jeweils bestimmte Schlüsselzahlen bzw. auf den Einzelfall abgestellte Beträge gehören, für alle drei Datenverarbeitungsstellen übereinstimmen. Abweichungen bestehen nur insoweit, als dies von der technischen Einrichtung her wegen der unterschiedlichen Organisationsformen notwendig war. Zu den einzelnen Kennziffern ist in Kurzform angemerkt, welche Daten hier einzutragen sind, ggf. zusätzlich die Gesetzesvorschrift, auf der diese Eingabe beruht. Der Inhalt der einzelnen Beleqblätter wurde so geordnet, daß er auf die Notwendigkeiten der Rangfolge der maschinellen Verarbeitung der Daten abgestellt ist. Folgende Belegblätter sind für das maschinelle Verfahren notwendig und als Vordrucke bekanntgegeben:

Belegblatt 1: „Allgemeine Daten"

Hier sind allgemeine Daten zur Person des Berechtigten sowie statistische Daten enthalten.

Belegblatt 3: „Daten für die Berechnung"

Das Belegblatt 3 enthält die für Berechnung notwendigen Daten des Berechtigten sowie des Ehegatten und der zuschlagsberechtigten Kinder, außerdem Daten über seine Geschädigteneigenschaft und den Umfang der Schädigung, soweit diese Merkmale Bedeutung für die Art und Höhe der zu gewährenden Leistung haben.

Belegblatt 4: „Daten für die Berechnung"

In dieses Belegblatt sind alle zu berücksichtigenden Einkünfte der Familieneinheit einzutragen. Außerdem enthält dieses Belegblatt Angaben über die Zuordnung der laufenden Leistung zu der jeweiligen Rechtsvorschrift sowie die Höhe der Sollbeträge an Unterhaltshilfe, Entschädigungsrente und des Sterbegeldbeitrags.

Belegblatt 5: „Daten für die Textgestaltung im Bescheid"

Neben den Daten für die Textgestaltung im Bescheid sind in diesem Belegblatt Steuerungsdaten vorgesehen, die die Krankenversorgung betreffen sowie eine Entscheidung darüber ermöglichen, ob eine errechnete Nachzahlung ausgezahlt werden kann oder wegen besonderer Umstände zurückzuhalten ist. Schließlich steuert der Sachbearbeiter durch diesen Beleg die Art des Rechtsbehelfs.

Belegblatt 6: „Daten für die Kontenführung und Auszahlung"

Da nach Aufnahme des zentralen Auszahlungsverfahrens in der Kriegsschadenrente und der laufenden Beihilfe das jeweils zuständige Ausgleichsamt Auszahlungen und Vereinnahmungen auf diesen Gebieten bei der eigenen zuständigen Amtskasse nicht mehr tätigen darf, wurde durch dieses Belegblatt die Möglichkeit geschaffen, die Auszahlung der laufenden Leistung sowie von Nachzahlungsbeträgen und die Buchung der Beträge durch die Zentrale Amtskasse zu steuern. Außerdem kann mit diesem Belegblatt die Auszahlung an mehrere Empfänger (z. B. Überleitung von Teilen der Leistung an den Sozialhilfeträger) gesteuert werden.

Belegblatt 7: „Daten für die Abwicklung des Verwahrkontos"

Sofern ein zur Auszahlung angewiesener Betrag wegen Unzustellbarkeit zurücküberwiesen wird oder Erstattungsbeträge im Einzelfall an die Zentrale Amtskasse überwiesen werden, werden diese Beträge zunächst auf ein Verwahrkonto gebucht. Die Abwicklung dieses Verwahrkontos wird maschinell durchgeführt, und zwar ausschließlich nach Anweisung des zuständigen Ausgleichsamtes, welches sich hierfür dieses Belegblattes bedient.

Belegblatt 9: „Daten für Sonderzahlungen"

Als einziges Belegblatt ist dieses nicht auf den Einzelfall abgestellt, sondern beinhaltet die Daten für die Überweisung der anteiligen Kosten der Krankenversorgung sowie die Erstattung von Pauschbeträgen für Taschengeld, welches durch den Sozialhilfeträger geleistet worden ist. Mit diesem Belegblatt veranlaßt das Ausgleichsamt die Überweisung der Gesamtsumme der vom Sozialhilfeträger geltend gemachten Erstattungsbeträge.

Belegblatt 0: „Kurzfassung"

Während in den bisher aufgeführten Belegblättern die Kennziffern mit ihrer Bedeutung eingedruckt sind, bietet das Belegblatt 0 die Möglichkeit, Daten unterschedlicher Belegblätter hier einzutragen. Allerdings müssen auf diesem Belegblatt nicht nur die notwendigen Daten, sondern auch die dazugehörenden Kennziffern handschriftlich eingetragen werden.

Während die numerischen Daten bei den Datenverarbeitungsstellen unterschiedlich erfaßt werden, geschieht dies bei den anderen Daten einheitlich durch das Ablochverfahren. Hinsichtlich der numerischen Daten bedient sich eine Datenverarbeitungsstelle des Belegleseverfahrens, die andere verwendet Klarsrchiftdrucker mit OCRA-Schrift und die dritte Datenverarbeitungstelle ausschließlich das Ablochverfahren. Vor der Speicherung der eingegebenen Daten wird maschinell eine Belegprüfung aufgrund des Prüfprogramms durchgeführt. Beanstandungen werden in einer Belegprüfungsliste unter Angabe der in Betracht kommenden Textziffer der Arbeitsanweisung, gegen die verstoßen worden ist, ausgediruckt. Sofern die unrichtig eingegebenen Daten Auswirkungen auf die Höhe der Leistung haben würden, wird der Beleg zurückgewiesen. Dies geschieht auch, wenn ein Kontrollsummenfehler zu verzeichnen ist, der die Gesamtsumme der eingegebenen Daten mit den dazugehörenden Kenziffern enthält. Bei den übrigen Beanstandungen wird aus Zweckmäßigkeitsgründen der Beleg nicht zurückgewiesen, sondern verarbeitet. Allerdings wird vom Ausgleichsamt verlangt, daß eine Richtigstellung unverzüglich zum nächsten Eingabetermin vorgenommen wird.

Die Art der Speicherung der einzelnen Daten ist unterschiedlich. Für die Berechnungsdaten in Belegblatt 3 und 4 wurde eine zeitabschnittsweise Speicherung eingeführt, so daß hinsichtlich dieses Teils der Daten ein Aufbau des Speichers mit Rückwirkung ab 1. Juni 1965 bei einer Datenverarbeitungstelle, ab 1. Juni 1967 bei den beiden anderen Datenverarbeitungsstellen möglich ist. Dieses Speicherungssystem wurde so angelegt, daß der komplette Speicheraufbau nicht in jedem Einzelfall notwendig ist, sondern den Änderungsbedürfnissen des Falles angepaßt werden kann. Die eingegebenen Daten wirken sowohl für die Vergangenheit als auch für die Zukunft, sofern sie nicht unter Festlegung eines anderen Änderungszeitpunktes durch Eingabe geändert werden. Die übrigen Daten werden je nach ihrer Art zeitlos gespeichert (wobei jede Änderung wiederum zeitlos wirkt) oder nach Verarbeitung gelöscht.

3. Verarbeitung der Daten

Die Berechnung der Leistung aufgrund der eingegebenen Daten wird nach den Grundsätzen der Arbeitsanweisung in folgender Reihenfolge vorgenommen:

Unter Berücksichtigung der unverändert gebliebenen Daten aus dem Bestand werden die neu eingegebenen Daten verwertet und aufbereitet. Danach werden die Kontenstände aus der Abwicklung des Verwahrkontos geändert. Als erste Leistungsart ist die Berechnung der Unterhaltshilfe, danach die Berechnung der Entschädigungsrente durchzuführen. Unter Verwendung der Berechnungsergebnisse dieser beiden Leistungsarten und des gespeicherten Kontenstandes wird sodann die Gesamtabrechnung durchgeführt, die in dem auszudruckenden Änderungsbescheid aufgeführt wird. Nach Abschluß der Berechnungsarbeiten werden die UH- und ER-Bescheide beschriftet. Das Ergebnis der Gesamtabrechnung in den Bescheiden führt sodann zu der Kontenänderung, die wiederum Ausgangspunkt für die nächste Änderung ist.

Alle wichtigen Ergebnisse des monatlichen Maschinenlaufs finden ihren Niederschlag in der Zahlungs- und Kontenliste, die dem Ausgleichsamt in jedem Monat übersandt wird und für jeden einzelnen im Bescheid geführten Fall insbesondere folgende Angaben enthält:

1. Sollbetrag der Unterhaltshilfe, der Entschädigungsrente, des Sterbegeldbeitrags und des Sterbegelds
2. Errechnete Nachzahlungen
3. Durchgeführte Verrechnungen
4. Vollzogene Einbehaltungen
5. Verbliebener Auszahlungsbetrag (netto)
6. Eingegangene Erstattungen
7. Den Stand der Konten im Einzelfall: das Gesamt-Ist, noch nicht ausgezahlte Nachzahlungsbeträge, Überzahlungen, Zuvielzahlungen, endgültige Zuvielzahlung.

Schließlich werden in einer besonderen Liste alle Buchungsbeträge sowie der Stand der Verwahrungen ausgewiesen.

4. Statistik

Während die einzelnen Ausgleichsämter bisher die statistischen Ergebnisse der Kriegsschadenrente und der laufenden Beihilfe unter Verwendung von Teilergebnissen aus dem EDV-Verfahren in gewissen Zeitabständen manuell auf dem Dienstwege melden mußten, wird ab 1. Januar 1973 die statistische Meldung unter Entlastung der Ausgleichsämter durch die Datenverarbeitungsstellen vorgenommen. Hierzu wurde das Programm der Statistik erweitert. Nach wie vor erhält das Ausgleichsamt jedoch die für seinen Bereich maßgebenden Ergebnisse übersandt, die Landesausgleichsämter die Zusammenfassung und die Einzelergebnisse der zu ihrem Bereich gehörenden Ausgleichsämter und das Bundesausgleichsamt die Gesamtergebnisse.

Inzwischen ist hinsichtlich der Vollständigkeit des Verfahrens ein Stand erreicht, der nur noch geringfügig ausgebaut werden kann. Abgesehen von kleinen Verbesserungen aufgrund der zukünftigen Erfahrungen und der notwendigen Änderungen aufgrund von Gesetzes- und Verordnungsänderungen ist mit grundsätzlichen Umstellungen des Verfahrens nicht mehr zu rechnen. Allerdings ist nicht abzusehen, welche Auswirkungen für eine Spätperiode des Lastenausgleichs und insbesondere der Ausgestaltung der Kriegsschadenrente zu erwarten ind. Hier kann es sich jedoch nur um Vereinfachungen handeln, die für das EDV-Verfahren unproblematisch sein dürften. Gerade für die zu erwartende Spätperiode kommt der Datenverarbeitung ganz besondere Bedeutung zu.

Zusammenfassung

Das Bundesausgleichsamt hat für die Ausgleichsverwaltung die elektronische Datenverarbeitung eingeführt. Vorarbeiten ab 1964, Durchführung ab 1967. Zentral programmiert wurden die laufenden Leistungen. Schwerpunkt ist die Berechnung aller Änderungen der Kriegsschadenrente (Unterhaltshilfe und Entschädigungsrente) und der vergleichbaren laufenden Leistungen aus allen Gesetzen, die von der Ausgleichsverwaltung durchgeführt werden. Obwohl Bundes- und Bundesauftragsverwaltung, beruht mangels gesetzlicher Regelung die Einführung auf freiwilliger Grundlage. Aufgrund eines einheitlichen Programms und einer einzigen Arbeitsanweisung wirken alle Ausgleichsämter in den

Stadt- und Landkreisen mit drei Datenverarbeitungsstellen (Lastenausgleichsbank für das Bundesausgleichsamt, Länder Nordrhein-Westfalen und Bayern) zusammen. Bei der Einführung der EDV, der Programmierung (die über 400 000 Kernspeicherstellen erfordert) und der Programmpflege waren zahlreiche Ausgangs- und Durchführungsprobleme zu lösen. Ein bundeseinheitliches Fachprogramm mit möglichst nur einer EDV-Stelle ist bei Durchführung der Bundesgesetze in Ländern und Kommunen rationeller als die kommunale oder regionale Zusammenfassung einer Vielzahl von Programmen für eine Vielzahl von EDV-Stellen. Zu lösen war auch die Aufrechterhaltung der Verantwortung des Bundesausgleichsamtes für die Anwendung des Gesetzes und der Verantwortung der Ausgleichsämter für alle rechtlichen Beurteilungen, die mit Prüfung und Wertung verbunden sind. Das Programm wird in einem Programmierungsausschuß beim Bundesausgleichsamt erarbeitet, dem Vertreter der Datenverarbeitungsstellen und Vertreter der Landesausgleichsämter und Ausgleichsämter angehören. Das Lochkartenverfahren wurde teilweise durch das rationellere Belegleseverfahren ersetzt. Erfahrungen über das Ausmaß der Kosteneinsparung liegen vor.

Summary

The Bundesausgleichsamt (Federal Compensation Agency) has introduced EDP for its administration; preliminary studies since 1964, effectuation beginning in 1967. All current payments were centrally programmed. At the center is the computation of all changes in the Kriegsschadensrente (war damage pensions) in the form of Unterhaltshilfe (subsistence pensions) and Entschädigungsrente (compensation pensions) and of comparable payments pursuant to all statutes administered by the compensation administration. Even though this administraion is federal or pursuant to a federal mandate, the introduction of EDP ist voluntary as there is no legal basis for it. Based on a uniform program and a single directive, all compensation offices in the cities and counties cooperate with three data processing offices (Lastenausgleichsbank – bank of burden-compensation – for the Bundesausgleichsamt, the States of Nordrhein-Westfalen and Bayern). Numerous starting and effectuating problems had to be solved in the introduction of EDP, in programming (requiring more than 400,000 core storage spots), and in program care and develpoment. A uniform specialized program for the whole country with, if possible, only one EDP office is more effective in carrying out federal laws at the state or community level than community or regional combinations of a large number of programs for a large number of EDP offices. A solution had also to be found for the maintenance of the responsibility of the Bundesausgleichsamt for applying the law and the responsibility of the compensation offices for legal judgements requiring examination and evaluation. The program is developed in a programming committee at the Bundesausgleichsamt which is made up of representatives of the data processing offices and the state and local compensation offices. The punch-card system was partially replaced by the more effective document reading system. Results are available on the extent of savings.

Franz Simmerding

Grundbuch und Liegenschaftskataster im Blick auf die Gesellschaft von morgen *

Übersicht

1. Die öffentlichen Grundstücksregister vor einem Anpassungsprozeß

Wenn der Mensch das Buch „nach seinem Bild und Gleichnis" geschaffen hat – wie ein spanischer Dichter, *J. de Castro y Serrano*, in Anspielung auf den biblischen Bericht über den Anfang des Menschengeschlechts sagt – dann ist es nur konsequent, daß sich das Buch mit dem Menschen und der von ihm gestalteten Umwelt wandelt. Hiervon können sich jene Bücher nicht ausnehmen, die zur Sicherung des Eigentums und der sonstigen Rechte an Grund und Boden sowie zur Gewährleistung der Steuergerechtigkeit angelegt worden sind, nämlich Grundbuch und Liegenschaftskastaster.

Bis heute konnte das Grundbuch an der ehrwürdigen foliantenhaften Form festhalten, die es mit seinen Vorläufern, den Traditions-, Protokoll- und Gewährschaftsbüchern, gemein hat, und auch die jetzige Loseblattform ist der überlieferten Buchform noch sehr nahe. Das Liegenschaftskataster hat sich den Neuerungen der Bürotechnik rascher anpassen müssen. Wenige Jahre, nachdem für das Grundbuch ein reichseinheitlicher Vordruck unter Beibehaltung der Buchform vorgeschrieben worden war[1], hat sich das Kataster von der eigentlichen Buchform gelöst: sein Hauptregister, das im Jahre 1938 eingeführte Liegenschaftsbuch, besteht aus Karteikarten. Jedoch wurde seinerzeit mit der Umgestaltung des Buchwerks keine durchgreifende Reform des Katasterinhalts verbunden. Das aus dem vorigen Jahrhundert übernommene System der Daten, insbesondere die Beschreibung der Nutzung, wurde im wesentlichen beibehalten, der Wandlung vom Agrarstaat zum Industriestaat kaum Rechnung getragen. Eine wirkliche Neuerung kann nur darin gesehen werden, daß die Ergebnisse der im Jahre 1933 begonnenen neuzeitlichen Reinertragsschätzung der Acker- und Wiesenböden in die Kataster übernommen wurden. Auf die derzeitige Verfassung des Katasters mag zum Teil zurückzuführen sein, daß bisher von seinen Angaben lediglich die über die Flächen der Grundstücke und der Gemeinden allgemeine Verwendung fanden, während die Angaben über die Nutzung der Grundstücke für Statistik, Planung und sonstige Zwecke nur in bescheidenem Umfang verwertet wurden. Ein gewisses Ungenügen und die zu geringe Breitenwirkung des Katasters mögen auch die Gründe dafür sein, daß neben den Katasterbehörden auch noch andere Stellen Erhebungen über Flächennutzungen pflegen und daß verschiedentlich beklagt wird, es mangle an einem brauchbaren Grundstücks-Informationssystem. Dabei soll nicht verkannt werden, daß schon früheren Generationen Wille und Einsichten zu eigen waren, das Kataster auch nichtsteuerlichen Zwecken nutzbar zu machen; so war z. B.

---

* Nach einem am 13. 11. 1972 vor dem Studienkreis für Automation im Grundstückswesen bei der Bayerischen Staatskanzlei gehaltenen Referat.

[1] §§ 4 ff. der Allgemeinen Verfügung über die Einrichtung und Führung des Grundbuchs (Grundbuchverfügung) vom 8. 8. 1935 (RMBl. S. 637).

dem bayerischen Grundsteuerkataster der Auftrag mit auf den Weg gegeben, daß es nicht ein „bloßes detailliertes Steuerbuch" sein dürfe, sondern „ein allgemeines, Grund-, Saal- und Lagerbuch über das Grundbesitztum" bilden solle[2].

Das Grundbuch muß sich nunmehr entscheiden, ob und wie es sich der Arbeits- und Organisationsmittel bedienen will, die das Zeitalter der Elektronik hervorgebracht hat. Für das Liegenschaftskataster ist die Entscheidung faktisch schon gefallen; denn einige Länder führen bereits mit sehr ermutigendem Erfolg einen Teil der Katasterbücher auf elektronischen Datenverarbeitungsanlagen. Aber auch diese Vorläufer haben an der konventionellen Form des Liegenschaftskatasters festgehalten.

2. Grundbuch und Liegenschaftskataster unter dem Blickwinkel der gesellschaftlichen Entwicklung

Nachdem sich Grundbuch und Liegenschaftskataster zunächst angeschickt hatten, den Weg in die Elektronik getrennt zu gehen, haben sie sich nun zu gemeinsamer Aktion gefunden. Durch eine Integration der beiden Register soll die Grundlage für eine Grundstücksdatenbank geschaffen werden. Dabei gilt es, nicht nur für die Aktualisierung der Daten, sondern auch für Struktur und Inhalt von Grundbuch und Kataster Lösungen zu finden, die in die Zukunft weisen. Dazu sollte man über die Zukunft einiges im voraus wissen

Über die technische Entwicklung ist nun zwar manches voraussagbar. Denn in begrenztem Maße läßt sich durch Extrapolation aus dem bisherigen Verlauf vorausberechnen, was morgen sein wird. Auch mit der sogenannten Delphi-Methode, die auf dem intuitiv abgegebenen Urteil eines Experten-Panels beruht, hat man Erfolge verzeichnen können. Mit verhältnismäßig großer Sicherheit lassen sich vor allem dort Prognosen aufstellen, wo sich ein starkes Bedürfnis nach der Lösung eines bestimmten technischen Problems zeigt, das sog. „äquivalente" Erfindungen (*Gilfillan*) stimuliert. So ist die Annahme erlaubt, daß der technologische Fortschritt Lösungen auf dem Gebiet des Umweltschutzes anbieten wird, z. B. für die Abgasentgiftung, wobei die Vorhersage über die Art der technischen Lösungen sehr viel unbestimmter lauten wird.

Bei dem Problem der Grundstücksdatenbank aber gilt es, auch über die gesellschaftliche Entwicklung, die sich schwerer vorhersehen läßt als die technische, Aussagen zu finden. Welche Vorsicht man freilich bei Zukunftsprognosen walten lassen muß, zeigt schon die Einsicht *Leopold von Rankes*, daß „die Geschichte gelegentlich um die Ecke biege und sich solchermaßen der verifizierbaren Voraussage entziehe". Oder in der Sprache unserer Zeit ausgedrückt[3]: „Das Unerwartete ist zu erwarten." Aber zweifellos ist die gesellschaftliche Entwicklung in einen Wandlungsprozeß geraten, dessen genaue Richtung sich freilich noch nicht erahnen läßt. Einer eingehenderen Aussage hierzu dürfen folgende Vorbemerkungen vorangestellt werden:

1. Die hochindustrialisierten Nationen scheinen dem Ende des Industriezeitalters entgegenzustreben. In diesem Zeitalter hat sich der Übergang von der Handarbeit zur Maschinenarbeit und von der Agrargesellschaft zur Industriegesellschaft vollzogen. Ein Grundzug dieser Gesellschaft war das Ethos der Arbeit – gleich aus welchen Motiven und mit welcher weltanschaulichen Untermauerung dieses Lied gesungen wurde. Dieses Prinzip – bisher eine Notwendigkeit für den raschen wirtschaftlichen Fortschritt – wird heute von den Kritikern der „Leistungsgesellschaft" in Frage gestellt, seine manchmal überhöhte Einschätzung wird einer anders orientierten Betrachtungsweise weichen.

2. Die hochindustrialisierten Nationen, an ihrer Spitze die USA, stehen an der Schwelle zu neuen Lebensformen. Da man wohl nicht mit Sicherheit ein einzelnes dominantes Kriterium nennen kann, wonach man dieser veränderten Zeit einen Namen geben könnte, hat der amerikanische Soziologe *Daniel Bell* die Bezeichnung „postindustrielle Gesell-

---

[2] § 43 der Instruktion für die Liquidierung, Catastrierung und Umschreibung der definitiven Grundsteuer vom 19. 1. 1830.

[3] *Ernst Gehmacher*, Methoden der Prognostik, Freiburg, Rombach 1971.

schaft" in das Schrifttum eingeführt. (Sein Landsmann *Alvin Toffler*, dessen Buch Future Shock – der Zukunftsschock – derzeit auch in Deutschland weithin Beachtung findet, verwendet den Ausdruck „superindustrielle Gesellschaft").

Wie sehr sich die Lebensformen der neuen Gesellschaft von unserer Zeit unterscheiden werden, darüber können die zahlreichen Voraussagen nicht völlig einheitlich sein. Jedoch genießt eine Untersuchung der Amerikaner *Bell* und *Kahn*, die einige Jahre zurückliegt, weitgehende Anerkennung und hat bis heute volle Gültigkeit behalten. Diese Soziologen mutmaßen, daß die Gesellschaft um das Jahr 2000 folgende Grundzüge aufweisen werde[4]:

1. Das Industrieinkommen wird vielleicht fünfzigmal höher sein als in der Zeit vor der Industrialisierung. Der größte Teil der Wirtschaft wird das Primärstadium, die Agrarwirtschaft, und vielleicht auch das Sekundärstadium, das durch die industrielle Entwicklung geprägt ist, verlassen haben, um in das „Tertiär" einzutreten, auf das wieder in einem späteren Stadium das „Quartär" folgen würde. Das Tertiär wäre die Phase der Dominanz von Verwaltungen und Behörden; im Quartär würden allmählich die Gesetze von Markt und Gewinn überwunden werden und uneigennützige Forschungen, Kultur und Organisationen ohne Erwerbscharakter vorherrschend werden.

2. Die Privatunternehmen werden vielleicht nicht mehr die Hauptquelle technischer und wirtschaftlicher Entwicklung sein.

3. Die Gesetze der Marktwirtschaft werden eine geringere Rolle spielen als der öffentliche Sektor und die sozialen Einrichtungen.

4. Die gesamte Industrie wird von der Kybernetik bestimmt werden.

5. Den Hauptfaktor des Fortschritts stellen die Ausbildungssysteme dar sowie die technologischen Neuerungen, die ihnen zur Verfügung stehen.

6. Die Faktoren Zeit und Raum spielen für die Verbindungen untereinander keine wesentliche Rolle mehr.

7. In der post-industriellen Gesellschaft wird der Abstand zwischen hohen und niedrigen Einkommen wahrscheinlich geringer sein als in der heutigen Industrie-Ära.

Wenn auch für das Thema Grundstücksbank nur einige dieser Punkte unmittelbar von Bedeutung sind, so sollten sie doch zur Abrundung des Bildes in ihrer Gänze aufgeführt werden. Wie immer man sich zu solchen und ähnlichen Zukunftsprognosen stellen will, selbst wenn man ihnen eine gewisse Grenzüberschreitung aus den Bezirken der Wissenschaftlichkeit in die Prophetie zum Vorwurf machen möchte, ganz an ihnen vorbeigehen sollte nicht, wer sich anschickt, eine auch für die kommende Gesellschaft wichtige Institution neu zu gestalten. Aber auch wenn man den Blick nicht so weit in eine ungewisse Zukunft schweifen läßt, so sind schon für die nächste Zeit gewisse Entwicklungen zu erkennen, mit denen sicher gerechnet werden muß und hierfür gilt das Wort des Cervantes „Vorgewarnt ist vorgerüstet":

1. Die Arbeitszeit der Arbeitnehmer wird auch in den nächsten Jahren weiter verkürzt werden. Die Elektronik wird es in erster Linie sein, die den Fortschritt in allen menschlichen Tätigkeitsbereichen bestimmen und die Basis für die Industrie abgeben wird. Die Expansion der Elektronik wird in den nächsten Jahren fraglos weitergehen.

2. Der Anteil der Dienstleistungen und damit auch des öffentlichen Dienstes am Sozialprodukt und an der Zahl der Erwerbstätigen wird stetig wachsen. Der Politologe *Thomas Ellwein* rechnet damit, daß schon in absehbarer Zeit in Deutschland jeder vierte Erwerbstätige im öffentlichen Dienst beschäftigt sein wird. Für den Zeitraum bis 1980 hat das Ifo-Institut für Wirtschaftsforschung in München die Prognose gestellt, daß die Zahl der im Sektor Dienstleistungen Beschäftigten auf einen Anteil von 43 v. H. ansteigen werde und der industrielle Sektor ebenfalls noch mit einer kleinen Steigerung, und zwar bis auf 50 v. H. der Beschäftigten rechnen könne; der landwirtschaftliche Setkor hingegen werde

---

[4] Zitiert nach *Servan-Schreiber*, Die amerikanische Herausforderung (Le défi américain), Hoffmann und Campe Verlag, 1969, S. 53.

auf 7 v. H. der Erwerbstätigen zurückfallen. Für ein späteres Stadium aber ist nach einer vornehmlich von dem französischen Wirtschaftswissenschaftler *Jean Fourastié*[5] ausgearbeiteten These zu erwarten, daß die Industrie trotz weiteren Wachstums der Produktion ihren Anteil an der Beschäftigtenzahl nicht behaupten wird, sondern vom Dienstleistungssektor überflügelt wird. Von diesem, dem tertiären Sektor, wird es dann abhängen, daß der soziale Fortschritt nicht zum Stillstand kommt.

3. Folgerungen für die öffentliche Verwaltung

Angesichts der sich abzeichnenden Entwicklung muß sich wohl jeder Zweig der öffentlichen Verwaltung Gedanken darüber machen, welche Innovationen in seiner Organisation und Funktionsweise notwendig werden, um die Anpassung an die sich wandelnden Verhältnisse zu gewährleisten. Die öffentliche Verwaltung muß sich der „Herausforderung des schnellen Wandels" (*Toffler*) stellen und darf nicht in eine Desorientierung fallen, wenn die Zukunft schneller als erwartet zu fordernder Gegenwart wird.

Wenn das Wachstum, die Expansion der Wirtschaft bei den Industrienationen nicht mehr so sehr durch die Vermehrung von Kapital und Arbeitskraft, sondern nur noch durch die Technologien zu bewirken ist, so gilt dies in ähnlicher Weise auch für die Dienstleistungen der öffentlichen Körperschaften. Die verschiedenen Zweige der Verwaltung dürfen nicht in einen zu großen technologischen Rückstand gegenüber den sonstigen Dienstleistungen und gegenüber dem produzierenden Sektor geraten. Gegen diese Forderung kann weder die in der öffentlichen Meinung sich abzeichnende allmähliche Abkehr von der bisherigen übertriebenen Wachstumseuphorie in das Feld geführt werden, noch das oft zitierte soziale Ungleichgewicht zwischen „privatem Reichtum und öffentlicher Armut", das Investitionen in der öffentlichen Verwaltung erschwert.

Bei der Grundbuchbehörde wie bei der Katasterverwaltung hat sich das Arbeitsvolumen, das zu bewältigen ist, während der letzten zwei Jahrzehnte stetig vergrößert, die Termine aber, innerhalb derer die Antragsteller die Erledigung erwarten, werden immer kürzer gesteckt. Dabei läßt sich noch kein Ende dieses Trends absehen. Als Tatsache muß auch hingenommen werden, daß es in beiden Verwaltungszweigen weder mit Personalvermehrungen noch mit Verbesserungen und Vereinfachungen der Verfahren gelungen ist, einen voll befriedigenden Geschäftsstand zu erreichen. Ein durchgreifendes Mittel hingegen, um die Arbeiten mit erheblich geringerem Personalaufwand, dabei rascher und nicht weniger sicher als bisher zu leisten, bietet sich erst in der elektronischen Datenverarbeitung an. Für die Führung der Katasterbücher wird allein aus diesen Gründen in einigen Ländern seit mehreren Jahren von dieser Technologie Gebrauch gemacht, worauf später noch näher eingegangen werden wird.

Ein vermehrter Einsatz der elektronischen Datenverarbeitung wird künftig schon dadurch erzwungen werden, daß für die Arbeitsleistung des Menschen auf allen Gebieten die Bezahlung stetig steigen, die Arbeitsstunde der Maschine hingegen vergleichsweise billiger werden wrd. Den elektronischen Datenverarbeitungsanlagen wird außerdem eine weitere Entwicklung und Perfektionierung vorausgesagt, die das bisher Erreichte weit hinter sich lassen wird. Freilich ist schon zur Erfahrung geworden, daß die Nutzung der Computer schwieriger ist als ihre Fabrikation (*Louis Armand*). Für die Zukunft nimmt Prof. *Karl Steinbuch* an, daß für die unmittelbare Benutzung der Computer immer weniger Vorkenntnisse erforderlich sein werden, die innere Organisation der Datenverarbeitung aber immer komplizierter werden wird.

Für den Aufbau der Datenorganisation, z. B. die Programmierung, werde man zunehmend höherwertige Experten benötigen. Das ist das Problem der Software und die Frage der Ausbildung; die Aus- und Fortbildung ist die zweite wichtige Grundlage wirtschaftlichen, ökonomischen Verhaltens neben der Entwicklung neuer Technologien. In dem amerikanischen Konzern Westinghouse wurde das Wort geprägt, das „halbe Leben" eines Ingenieurs dauere nur zehn Jahre, was besagen soll, daß die Hälfte von dem, was der

---

[5] *Jean Fourastié*, Gesetze der Wirtschaft von morgen, Econ-Verlag 1967.

Ingenieur gelernt hat, in einem Jahrzehnt überholt ist. Um andere Wissensgebiete steht es nicht viel besser: Unser Schulwissen veraltet nach 18 Jahren, Universitätswissen gar schon nach acht Jahren. So könnte der Satz des *Francis Bacon* „Wissen ist Macht" in der Sprache unserer Zeit und unter unseren gesellschaftlichen Gegebenheiten abgewandelt werden in „Wissen ist Wandel" (*Toffler* aaO. S. 34).

Vor kurzem haben der Bundeskanzler und auch der Bundesinnenminister das Problem der Verwaltungsrationalisierung angesprochen[6]. Der Bundeskanzler bezeichnete die Personalkostenentwicklung in der öffentlichen Verwaltung als eines der schwierigsten Probleme in unserer Gesellschaft. Das Problem Personalausgaben liege seiner Meinung nach in der Schwierigkeit, dieses Mammutunternehmen „Öffentliche Hand" wie einen privaten Betrieb zu rationalisieren. Wenn der Bundeskanzler etwas überpointiert die Rationalisierung des Staatsapparats als eine Aufgabe hinstellte, gegenüber der die Werke des Herkules wie Kinderspiel anmuteten, hat er dabei hoffentlich nicht gerade an die Reinigung des Augiasstalls gedacht.

Aber die öffentliche Verwaltung muß sich mehr vornehmen als die Herkulesarbeit einer Durchforschung der derzeitigen Verfahrensweisen im Verwaltungshandeln auf Rationalisierungsmöglichkeiten. Sie muß auch darauf bedacht sein, das Dienstleistungsangebot zu verbessern, und sich für Aufgaben rüsten, die in der Zukunft auf sie zukommen werden.

So sehen sich die öffentlichen Verwaltungszweige vor die Notwendigkeit gestellt, neben der sofortigen Lösung drängender Tagesfragen Planungen auf weite Sicht anzulegen, auch wenn die Früchte nicht sogleich, sondern erst in der Zukunft reifen werden. „Gouverner c'est prévoir", vorausschauendes Planen war stets eine Aufgabe vorsorgender Staatslenkung. Eine Gesellschaft jedoch, um den Politologen *Kurt Sontheimer*[7] zu zitieren, „die sich dem Prinzip eines sich zunehmend beschleunigenden Wandels verschrieben hat, bedarf, wenn sie nicht blindlings in die Zukunft taumeln will, der Mutmaßungen (conjectures), um ihre Entscheidungen für die Zukunft klug und verantwortlich zu treffen. Konjekturen sind nicht Prophezeiungen, sondern von wissenschaftlich ermittelten Tatsachen ausgehende Konstruktionen, welche eine mögliche Zukunft mit Phantasie und intellektueller Redlichkeit vorausdenken." Für manche Gebiete liegen Konjekturen auf der Hand. So versteht sich ohne weiteres, daß die Steigerung des Bedarfs an elektrischer Energie oder an Trink- und Brauchwasser auf etwa 10 Jahre vorausgeschätzt werden muß, wenn die Versorgung in der rechten Weise gesichert sein soll.

Die Verwaltung in allen Ebenen bedarf ebenso wie die technologische Entwicklung einer „Technologie der Information". Auch die Politik beginnt, die Bedeutung dieser Technologie zu erkennen und zu nutzen. Insoweit können heute Markt, Wissenschaft und Politik nicht mehr getrennt betrachtet werden, die Technostrukturen (*John Kenneth Galbraith*) der Information werden immer stärkere Wechselwirkungen zwischen diesen Bereichen hervorrufen. Gilt diese Einsicht heute ganz allgemein, so in besonderem Maße für das Projekt einer Grundstücksdatenbank. Es genügt aber nicht, Informationen in Mengen zu produzieren und auszustreuen. Ebenso wichtig ist, Regeln für den Umgang mit den Informationen zu erarbeiten, um sie auch bewältigen zu können. Als die wirkliche Revolution unserer Zeit ist eine Revolution im Gebrauch der Zahlen bezeichnet worden. Vor allem in öffentlichen Angelegenheiten drohe eine „Zahlenverschmutzung", fast so unheilvoll wie Luft- und Wasserverschmutzung.

4. Wesensmerkmale einer Grundstücksdatenbank

Als „Datenbank" oder „Informationsbank" wäre nach *Steinbuch* ein Spezialcomputer zu bezeichnen, der eingehende Informationen klassifiziert, komprimiert und abspeichert und die Informationen auf Abruf (oder von sich aus) wieder zur Verfügung stellt. Bei einer „Grundstücksdatenbank" sind von diesen Aktionsmöglichkeiten die Informationen betroffen, die zur Darstellung von Sachverhalten und Rechtsverhältnissen an Grund und Boden

---

[6] Bulletin Nr. 88 und 108/1972.
[7] Voraussage als Ziel und Problem moderner Sozialwissenschaft, Universitas 1971 S. 687.

dienen. Der Datenbestand muß dabei selbstredend stets aktuell, das heißt auf dem Stand der Gegenwart sein. Ein besonderes Erfordernis ist, daß sich auf der zunächst zu schaffenden Grunddatei zusätzlich beliebige Sonderdateien aufbauen lassen, um künftig auftretenden Bedürfnissen gerecht werden zu können, ohne die Organisation im grundsätzlichen zu ändern.

Schließlich muß sich die Grundstücksdatenbank in einem späteren Stadium in ein allgemeines, umfassendes Informationssystem eingliedern lassen (horizontale Integration). Die Querverbindung zur Personendatenbank, um nur eine herauszugreifen, wird die Angaben über die Eigentümer und die Berechtigten an den Grundstücken stets aktuell erhalten. Im übrigen darf daran erinnert werden, daß die Bundesregierung schon im Jahr 1968 ihre Absicht kundgetan hat, ein „Bundesdatenbanknetz" zu konzipieren, das Teilsysteme für politische, juristische, wirtschaftliche und statistische Informationen zusammenfassen soll. Nach den Vorstellungen einer interministeriellen Arbeitsgruppe, die mit Vor-Überlegungen hierzu betraut worden ist, sollte das Datenbanknetz von einzelnen Fachinformationsbanken getragen werden. Den Zugang zu den Informationen sollte ein weitverzweigtes Netz von „Informations-Vermittlungsstellen" eröffnen. Inwieweit diese Zukunftsprojektionen jemals Aktualität gewinnen werden, kann dahingestellt bleiben, solange keine greifbaren Möglichkeiten für eine Realisierung aufgezeigt werden können[8].

Für eine Grundstücksdatenbank müssen aber neben der horizontalen Integration noch andere, interne Integrationsmöglichkeiten ins Auge gefaßt werden: So soll z. B. bei Veränderungen oder Berichtigungen an den Grundstücken der Datenfluß von der Vermessung weg ohne Unterbrechung in die Grundstücksdatenbank einmünden. Ähnliches könnte vielleicht späterhin für die rechtlichen Veränderungen nach der Beurkundung durch den Notar in Aussicht genommen werden. Dieses Problem wird aber in der Anfangsstufe der Grundstücksdatenbank noch nicht zu lösen sein. Ebenso wird einer späteren Ausbaustufe vorbehalten bleiben müssen, den Informationsgehalt der Katasterkarte zu speichern; damit würde es dann möglich werden, jeden beliebigen Teil der Landesfläche in dem gewünschten Maßstab über Bildschirm oder durch Zeichengeräte an den Datenstationen zu reproduzieren. Über die hierfür zu speichernden Datenmengen gibt es erst überschlägige Schätzungen. Für eine Karte 1:5000 des Landes Niedersachsen ohne Höhendarstellung wurde die Datenmenge mit rund 4 Mrd. Byte angegeben, was dem Speicherraum von nahezu 40 Magnet-Großplatten entsprechen würde[9].

Vorerst werden in die Grundstücksdatenbank die Daten eingehen, die heute schon in Kataster und Grundbuch angesammelt sind, nämlich die Daten zur Bezeichnung und Beschreibung der Grundstücke und zur Darstellung der Rechte an ihnen. Ein Teil dieser Daten wird derzeit in beiden Registern, also zweimal geführt. Bei dieser zweifachen Buchführung findet aber lediglich ein Datenaustausch statt, ohne daß damit die Eintragungen gegenseitig auf ihre Richtigkeit kontrolliert werden können.

An dieser zweifachen Buchführung der nämlichen Daten in Grundbuch und Kataster haben schon frühere Generationen Anstoß genommen. Überlegungen, wie die beiden Register zu integrieren wären, wurden angestellt, seit die beiden Einrichtungen nebeneinander bestehen. Die vielfältigen Anregungen haben in einem umfangreichen Schrifttum vornehmlich in den beiden ersten Jahrzehnten unseres Jahrhunderts ihren Niederschlag gefunden. Die Vorschläge zeigen in der Regel das Bestreben, den Geometer irgendwie in die Grundbuchführung einzuschalten, weil dieser die Grundstücke aus eigener Anschauung kennt oder doch die technischen Grundlagen besser übersieht[10].

Das Bemühen, Kataster und Grundbuch zu vereinen, nahm also seinen Anfang zu einer Zeit, als das Wort „Integration" noch nicht in aller Munde war. Die elektronische Datenverarbeitung bietet nun endlich das Medium an, diese Vereinfachung auch in unserem von rechtsstaatlichem Denken geprägten Staatswesen zuwege zu bringen. Eine Änderung der

---

[8] Das Informationsbankensystem, Bericht der interministeriellen Arbeitsgruppe beim Bundesministerium des Innern an die Bundesregierung, 3 Bände, Verlag Carl Heymann 1971, 1972.

[9] Allgemeine Vermessungsnachrichten 1972 S. 257.

[10] Einzelheiten hierzu siehe *Simmerding/Göttlinger*, Integration von Liegenschaftskataster und Grundbuch in einer Grundstücksdatenbank, ÖVD 1973 S. 147.

bewährten Kompetenzverteilung zwischen Grundbuchbehörde und Katasterverwaltung ist hierbei weder notwendig noch beabsichtigt.

5. Die bisherige Anwendung der Automation für die Führung der Katasterbücher

Für das Grundbuch ist die Eignung auf elektronische Datenverarbeitung durch Untersuchungen der zuständigen Stellen nachgewiesen worden. Beim Liegenschaftskataster bedeutet die Umstellung auf elektronische Datenverarbeitung kein unüberschaubares Abenteuer mehr, weil wie bereits erwähnt verschiedene Systeme schon seit einiger Zeit arbeiten.

Für die Automation in der Erstellung und Führung der Katasterbücher war bisher nicht etwa eine Verbesserung des Katasterinhalts oder des Dienstleistungsangebots, sondern ausschließlich eine Rationalisierung das angestrebte Ziel. Den bemerkenswerten Anfang in dieser Richtung hat Österreich schon im Jahre 1956 mit einem Lochkartenkataster gemacht. Dem damaligen technologischen Stand entsprechend konnten die Lochkarten nur numerische Angaben aufnehmen. Deshalb wurden verschiedene Daten in Zahlen verschlüsselt. Die Angaben über den Eigentümer aber mußten weiterhin handschriftlich geführt werden. Inzwischen ist Österreich, den Fortschritten auf dem Gebiet der Datentechnik folgend, zu einer umfassenderen Form der Datenverarbeitung übergegangen.

Um das Jahr 1956 begannen auch Flurbereinigungsverwaltungen in der Bundesrepublik, für die Registerarbeiten Maschinenlochkarten zu verwenden[11]. Da im Lauf eines Flurbereinigungsverfahrens die Daten mehrmals umzuschlagen sind, war damit — neben der Beschleunigung der Arbeiten — auch ein ökonomischer Effekt zu erzielen.

Für die Führung des Liegenschaftskatasters hingegen waren aus der Lochkartentechnik nicht so offensichtlich Vorteile zu erwarten wie bei der Flurbereinigung. Die Veränderungsquote bei den Daten des Liegenschaftskatasters erscheint hierfür nicht hoch genug und auch statistische Auswertungen dieser Datensammlung, die die Vorteile der elektronischen Datenverarbeitung richtig zur Geltung bringen könnten, waren, wie schon eingangs ausgeführt wurde, zumindest bisher nicht gerade häufig.

Ein Anreiz jedoch für die Anwendung der Lochkartentechnik im Liegenschaftsaktaster kam von seiten der Flurbereinigung; denn für die aus der Flurbereinigung hervorgehenden Flurstücke liegen die Katasterdaten auf Lochkarten vor. Sie können daher einem geeigneten Computer unmittelbar eingegeben, von ihm verarbeitet und in Form von Katasterbüchern ausgedruckt werden. In Hessen wird von dieser Möglichkeit seit 1960 durch eine zentrale Anlage Gebrauch gemacht[12]. Die von den Lochkarten ausgedruckten Katasterbücher wurden jedoch zunächst noch nicht maschinell, sondern von Hand fortgeführt. Eine maschinelle Fortführung des Katasters über Lochkarten mit einer elektronischen Buchungsanlage wurde hingegen 1964 beim Katasteramt Frankfurt am Main und etwas später auch beim Katasteramt Wiesbaden eingerichtet. Neuerdings zielen Versuche in Hessen darauf ab, mittels mittlerer Datentechnik das Liegenschaftskataster als Vorstufe für die Grundstücksdatenbank zu automatisieren.

Pionierarbeit für die Automation des Liegenschaftskatasters leistet ferner seit über einem Jahrzehnt die Stadt Essen, die von einem reinen Lochkartenkataster ausging und nun eine neue Konzeption mit neuzeitlichen Speichermedien realisiert.

In gleichem Sinn verlief die Entwicklung in Niedersachsen. Dort wurden 1959 erste Versuche mit Lochkartenkatastern angestellt. Von dem Speichermedium Lochkarte wurde dann auf Magnetband und schließlich auf einen Magnetkartenspeicher übergegangen, der in Kürze wieder von einem Plattenspeicher abgelöst werden soll. Die Verarbeitung erfolgt zentral; die Katasterämter erhalten maschinell ausgedruckte Katasterbücher. Nach Veränderungen werden die betroffenen Blätter durch neue Ausdrucke ersetzt; die Aus-

[11] Siehe z. B. *Stegmann*, Die Anwendung des Lochkartenverfahrens bei der Flurbereinigung in Baden-Württemberg, Zeitschr. f. Vermessungswesen 1958 S. 416.

[12] *Kriegel/Oppel*, Mechanisierte Katasterführung, Allgemeine Vermessungsnachrichten 1965 S. 58.

drucke werden bei den Katasterämtern manuell wieder in die Katasterbücher eingeordnet.

Schließlich muß noch das Saarland erwähnt werden, das seit 1964 das Liegenschaftskataster auf Lochkarten umstellt, 1970 auf eine Magnetbandversion überging und nun schon fast für die Hälfte der Landesfläche ein weitgehend maschinell geführtes Kataster betreibt.

Auch die Stadt Berlin hat seit 1965 einen Teil des Liegenschaftskatasters auf Lochkarten umgestellt.

Alle diese bisherigen Versuche in Deutschland und Österreich beschränken sich auf das Liegenschaftskataster in der konventionellen Form. Die Datenfernverarbeitung ist zwar bei einigen Projekten in Aussicht genommen, aber bisher noch an der Kostenfrage gescheitert. Ein Großversuch mit einer Bodendatenbank ist hingegen in Schweden unternommen worden[13]. Schweden hat in den Jahren 1966 bis 1971 einen Probebetrieb unterhalten, der etwa die Hälfte des Regierungsbezirks Uppsala mit rund 40 000 Grundstükken umfaßte. In dem schwedischen Modell sind Grundbuch und Kataster in eine gemeinschaftliche zentrale Datenverarbeitungsanlage eingebracht, die Aktualisierung des Datenbestandes erfolgt durch Fernverarbeitung von den dezentralen Datenerfassungsstellen. Die Angaben über die Rechte an den Grundstücken beschränken sich hier jedoch auf Stichworte und auf Verweisungen auf die Grundakten. Für die Grundstücksdatenbank in Deutschland ist hingegen zum Grundgesetz erhoben, daß die Aussagekraft des bisherigen Grundbuchs in keiner Weise geschmälert werden darf. Im übrigen entspricht das schwedische Modell in vielen Zügen den Forderungen, Vorstellungen und Hoffnungen, die auch hier mit dem Projekt einer Grundstücksdatenbank verknüpft sind.

6. Rationalisierungseffekt und verbesserte Information durch die Grundstücksdatenbank

Die Integration von Grundbuch und Kataster und damit der Wegfall der zweifachen Registerführung und des gegenseitigen Mitteilungsverfahrens ist der eine Vorteil, der mit dem Übergang auf elektronische Datenverarbeitung in erreichbare Nähe gerückt ist. Die Integration zusammen mit der Rationalisierung und Beschleunigung des Buchungsverfahrens bilden den operationellen Effekt des Übergangs auf Datenverarbeitung in den angesprochenen Bereichen.

Dem steht der auf lange Sicht nicht weniger bedeutsame informationelle Aspekt gegenüber. Denn es liegt auf der Hand, daß die Grundbuch- und Katasterdaten in einer Grundstücksdatenbank in weitaus vielfältigerer und einfacherer Weise den verschiedensten Zwecken nutzbar gemacht werden können. Seit einigen Jahren wird die Forderung nach Planungsdaten von den Planungsträgern immer dringlicher erhoben, wenn auch nicht immer ganz klargemacht werden kann, welche Daten im einzelnen benötigt werden. Hierzu darf der Städtebaubericht der Bundesregierung vom 1. Dezember 1970[14] zitiert werden. Er stellt die Forderung auf, Entwicklungen namentlich in Bevölkerung und Wirtschaft im Zusammenhang mit den städtebaulichen Gegebenheiten und der baulichen Gemeindeentwicklung zu beobachten und auf Tendenzen hin zu analysieren. Im Hinblick auf die städtebaulichen Förderungsmaßnahmen des Bundes sei es unumgänglich, ein Datenprogramm zu entwickeln, mit dem soziologische und ökonomische Gegebenheiten und Entwicklungen im Zusammenhang mit der baulichen Gemeindestruktur in vergleichbarer Weise erfaßt werden könnten. Zumindest ein Teil der geforderten statistischen Angaben ist bereits in Kataster und Grundbuch gespeichert. Umso mehr drängt nun die Zeit, den Datenschatz dieser öffentlichen Bücher soweit erforderlich und vertretbar noch anzureichern und in ein bundeseinheitliches Informationssystem einzubringen, das der Struktur- und Städtebaupoltik nutzbar gemacht werden kann.

---

[13] *Wallner*, Die Grundstücksdatenbank in Schweden, ÖVD 1972 S. 7; *ders.*, The New Land Data Bank in Sweden, XII. FJG-Kongreß 1971, Kongreßbericht 305.

[14] Deutscher Bundestag — 6. Wahlperiode, Drs. VI/1497.

Literatur

W. Kunz/H. Rittel, Die Informationswissenschaften
Ihre Ansätze, Probleme, Methoden und ihr Ausbau in der Bundesrepublik Deutschland. Oldenbourg Verlag, München/Wien. 1972. 136 S. DM 30,–

Werner Kunz, Studiengruppe für Systemforschung der Gesellschaft für Kernforschung, Heidelberg, und *Horst Rittel*, University of California, Berkeley, legen in dem gegenständlichen Buch die Ergebnisse einer gutachtlichen Untersuchung vor, welche 1969 im Auftrag des Institutes für Dokumentationswesen, Frankfurt, durchgeführt wurde. Das Ziel dieser Untersuchung war es, Methoden und Gegenstand der Informationswissenschaften (IW) darzustellen und Ausbildungsgänge bzw. Forschungsschwerpunkte für die BRD anzugeben. Dabei konnten sich die Autoren auf ausländische, insbesondere auf amerikanische Erfahrungen stützen.

Im ersten Teil (S. 14–40) wird der Versuch unternommen, das Gebiet der IW zu bestimmen und gegenüber den Nachbargebieten der Computer Science, Linguistik, Informationstheorie und Publizistik abzugrenzen. Bei dieser Aufgabe gehen die Autoren pragmatisch unter Berücksichtigung der gegenwärtigen Ansätze und institutionellen Gegebenheiten vor und bestimmen das Ziel der IW als „Planung, Entwurf und Betrieb von Informationssystemen" (S. 19). Die IW sind transdisziplinäre Brückenwissenschaften; es ist daher richtiger, von einem „Fachbereich" und nicht von einer „Disziplin" der IW zu sprechen. Als spezielle Teilbereiche der IW sind die Information Sciences, die sich auf wissenschaftlich-technische Informationssysteme beschränken, und die Dokumentationsforschung, deren Gegenstandsbereich spezielle Informationssysteme (nämlich Dokumentationssysteme) umfaßt, anzusehen. Als von entscheidender Bedeutung für die IW ist die Systemforschung zu nennen, da sie die wichtigsten Methoden für Planung, Entwurf und Entwicklung von Informationssystemen liefert.

Anschließend an diese Abgrenzungen definieren die Autoren als Gegenstand der IW Informationsprozesse; ebenso die Einrichtungen, welche Informationsprozesse ermöglichen, auslösen und unterstützen sollen. Diese Einrichtungen werden Informationssysteme genannt (S. 33). Ausgehend von dem Konzept des Informationsprozesses als eines Vorganges, der das Wissen eines Akteurs verändert, führen *Kunz* und *Rittel* als zentrale methodische Schwierigkeit beim Entwurf von Informationssystemen die Ergründung der Wissensbasen und der Absichten derjenigen an, welchen ein Informationssystem dienen soll (S. 34, 35).

Im zweiten Teil (S. 41–81) werden eine Typologie der Informationssysteme entwickelt und einzelne Schwerpunkte der IW dargestellt. Die Autoren beschreiben und vergleichen die folgenden Informationssysteme (IS): Forschungs-IS, Technologisches IS, Management-IS, Planungs-IS, Administratives IS, Politisches IS, Monitorsystem, Information-Service-System. Juristische Informationssysteme werden nur an einer einzigen Stelle (S. 54) erwähnt. Die Darstellung der Forschung und Entwicklung der IW beschränkt sich auf schlagwortartige Darstellung und Literaturhinweise.

Im dritten Teil (S. 82–115) werden Ausbildungsgänge in den IW beschrieben und eine detaillierte Kursusbeschreibung unter Angabe einzelner Lehrveranstaltungen dargestellt. Die Autoren schließen mit der Forderung nach eigenständigen akademischen Ausbildungsprogrammen für den Bereich der IW. Ein ausführliches Verzeichnis einschlägiger Literatur und Projekte ergänzt die Studie.

Entsprechend dem Ziel der vorliegenden Arbeit bieten die Autoren vor allem eine Darstellung des Istzustandes (an die dann ein Ausbildungsprogramm der IW anschließt). Für die Rechtsinformatik ist einmal die Abgrenzung der Begriffe Informationswissenschaften, Information Science, Dokumentationsforschung, Bibliothekswissenschaft, Informatik (Ost), Kommunikationswissenschaft, Informatik (West) und Computer Science von großer

Bedeutung, da auch hier der Sprachgebrauch nicht einheitlich ist (vgl. die Bezeichnungen „juristische Informatik" bei *H. Fiedler*, „Rechtskybernetik" bei *A. Podlech* und „Rechtsinformatik" bei *W. Steinmüller*).

Bei der Darstellung der IS ist zu bedauern, daß die Autoren auf juristische IS nicht näher eingehen. Ihre Definition des IS ist funktionell ausgerichtet und läßt den strukturellen Aspekt etwas vermissen (vgl. die Definition des IS im engeren Sinn in: Das juristische Informationssystem. Analyse, Planung, Vorschläge. Herausgegeben vom Bundesministerium für Justiz, Karlsruhe 1972, S. 32).

Die verwendete Typologie der IS ist rein deskriptiv und daher ziemlich unsystematisch. Hier würde eine stärkere Systematik wahrscheinlch größere Klarheit bringen. Wie bereits dargelegt, ist die Darstellung der Forschung und Entwicklung der IW schlagwortartig und bietet keine eigentliche Einführung in die Probleme — was der Untertitel der vorliegenden Studie vermuten lassen würde. Es bleibt daher zu hoffen, daß die Autoren eine eingehendere Darstellung der IW mit Lehrbuchcharakter der gegenständlichen Arbeit folgen lassen. In der vorliegenden Form bietet das Buch vor allem für jene Leser einen großen Gewinn, die mit der Materie wenigstens teilweise vertraut sind.

Leo Reisinger

T. Lutz, Taschenlexikon der Kybernetik
verlag moderne industrie, München. 1972. 216 S. DM 16.80

In den letzten Jahren sind mehrere systematisch ausgebaute einführende Darstellungen der Kybernetik erschienen (vgl. z. B. *Anschütz, H.*, Kybernetik — kurz und bündig, Würzburg 1967; *von Cube, F.*, Was ist Kybernetik Bremen 1967). Daneben existieren Wörterbücher, welche den Gegenstand der Kybernetik lexikographisch geordnet darstellen (*Klaus G.* [Hrsg.], Wörterbuch der Kybernetik, Berlin 1968, Frankfurt/Hamburg 1969). *Lutz* verbindet beide Möglichkeiten der Darstellung, indem er im ersten Teil eine „kleine Einführung in die Kybernetik gibt (S. 9—81), an die im zweiten Teil ein Lexikon der Fachbegriffe zur Kybernetik anschließt (S. 85—214). Diese Darstellungsweise hat den Vorteil, daß der interessierte, aber mit der kybernetischen Denkweise nicht vertraute Leser die systematischen Ausführungen an Hand des Wörterbuches vertiefen und erweitern kann. Der systematische Teil umfaßt die folgenden Abschnitte: Der Begriff und seine Geschichte, Die Grundbegriffe der Kybernetik, Die Theorie von der Information, Kybernetische Maschinen, Die kybernetische Universalmaschine „Computer". Kybernetk wird also, der überwiegenden Lehrmeinung entsprechend, als Oberbegriff zu Systemtheorie, Steuerungs- und Regelungstheorie, Informationstheorie und Theorie der EDV aufgefaßt. Zur Definition von „Kybernetik" verweist der Autor auf *H. J. Flechtner:* „Kybernetik ist die allgemeine formale Wissenschaft von der Struktur, den Relationen und dem Verhalten dynamischer Systeme" (S. 21). Die Materie ist in pädagogisch vorzüglicher Weise an Hand zahlreicher Beispiele dargestellt. Kritisch ist eine Ungenauigkeit der Bezeichnung bei der Definition des durchschnittlichen Informationsgehalts anzumerken: auf S. 43 wird der logarithmus dualis durch lb, auf S. 148 durch ld bezeichnet, auf S. 146 wird stattdessen der logarithmus naturalis ln gesetzt. Ebenfalls ist nicht einsichtig, warum die Varietät der Struktur eines Systems auf S. 34 als negative Größe definiert wird.

Bei einer kurzen Einführung, wie sie das vorliegende Buch gibt, ist naturgemäß die Auswahl der Fachbegriffe einer Beschränkung unterworfen, die stets mehr oder weniger subjektiv bleiben muß. Unter dieser Einschränkung seien die folgenden Stichwörter angeführt, die der Rezensent vermißt: aus der Semiotik „Sigmatik", aus der Systemtheorie „multistabile" und „ultrastabile Systeme", aus den Programmiersprachen „PL/1".

Zusammenfassend läßt sich sagen, daß das vorliegende Buch eine vorzügliche erste Einführung in die Kybernetik bietet, der interessierte Leser wird jedoch unweigerlich zu einer weiterführenden Literatur (insbesondere zu *G. Klaus'* „Wörterbuch der Kybernetik") greifen müssen.

Leo Reisinger

Friedrich L. Bauer/Gerhard Goos, Informatik, Teil I und II
Heidelberger Taschenbücher Bde. 80 und 91, Springer-Verlag, Berlin/Heidelberg/New York. 1971. 213 u. 200 Seiten. DM 9,80 bzw. DM 12,80

Die beiden Bände geben eine einführende Übersicht über die Informatik. Teil I stellt im Kapitel Information und Nachricht zunächst die zentralen Begriffe vor und zeigt die Querverbindungen zu anderen Disziplinen auf. Danach folgen die begrifflichen Grundlagen der Programmierung, die Darstellung der Prinzipien der maschinenorientierten algorithmischen Sprachen, der Schaltnetze und Schaltwerke. Im Teil II werden die dynamischen Speicherverteilungen, die Hintergrundspeicher, die funktionale Charakterisierung der E/A-Vorgänge, die Betriebssysteme, Übersetzer und sonstige Dienstprogramme, die Problematik der Automaten und formalen Sprachen sowie die syntaktische und semantische Definition algorithmischer Sprachen behandelt. Ein Anhang stellt die Geschichte der Informatik vor.

Die beiden Bände, die zur Unterstützung einer zweisemestigen Einführungsvorlesung für das reguläre Informatikstudium gedacht sind, stellen in übersichtlicher – wenn auch nicht immer leicht lesbarer – Form Grundwissen zusammen. Die beiden Taschenbücher sind aber nicht nur für Informatikstudenten, sondern insbesondere für alle lesenswert, die vom eigenen Arbeitsgebiet ausgehend, sich mit Problemen der Informatik und der Anwendung von EDV-Anlagen beschäftigen.

Sigmar Uhlig

Klaus Jürgen Philippi, Tatsachenfeststellungen des Bundesverfassungsgerichts
Ein Beitrag zur rational-empirischen Fundierung verfassungsgerichtlicher Entscheidungen. (Band 64 der Schriftenreihe Annales Universitatis Saraviensis, rechts- und wirtschaftswissenschaftliche Abteilung). Carl Heymanns Verlag, Köln/Berlin/Bonn/München. 1971. 205 Seiten. DM 30,–

Als bemerkenswerter Beitrag zur Erforschung justizieller Entscheidungstätigkeit verdient die vorliegende Arbeit Beachtung. Zwar sind die Imponderabilien richterlicher Faktenermittlung bzw. Faktenselektion seit langem Gegenstand wissenschaftlicher Untersuchung. Die Diskussion bewegte sich jedoch im wesentlichen um die Frage, inwieweit richterliches Vorverständnis zu verzerrten Realitätskonstruktionen führen kann. Diesen Aspekt klammert *Philippi* in seiner Studie völlig aus. Stattdessen interessiert ihn, welche Legitimationsbasis ein Gericht für ausreichend erachtet, um eine bestimmte Tatsache als gegeben anzunehmen. Und diese Legitimationsbasis unterzieht er dann einer methodischen Kritik. D. h., er nimmt die jeweils vom Gericht verkündete Begründung als bare Münze, vernachlässigt die mögliche Diskrepanz zwischen Herstellung und Darstellung der Entscheidung und prüft, inwieweit die in den Gründen angeführten Ableitungszusammenhänge mit dem methodischen Instrumentarium der empirischen Sozialwissenschaften in Einklang zu bringen sind.

Das Erkenntnisinteresse des Verfassers zielt auf die Frage, ob es dem Bundesverfassungsgericht erlaubt sein soll, Tatsachen nachzuprüfen, von denen die Legislative bei der Gesetzgebung als feststehend ausgegangen ist, oder ob es wünschenswert wäre, die Nachprüfungsmöglichkeit des Bundesverfassungsgerichts darauf zu beschränken, ob der Gesetzgeber aus diesen Tatsachen Folgerungen gezogen hat, die der Verfassung nicht widersprechen. Hier ist bereits kritisch anzumerken, daß *Philippi* nicht einmal problematisiert, inwieweit eine solche Aufspaltung überhaupt möglich ist. Dies ist um so verwunderlicher, als er sich eingehend damit auseinandersetzt, was er als „Tatsache" verstanden wissen will. Letztere Diskussion war allerdings unumgänglich, da es sich bei den „Tatsachen", die der Gesetzgeber den Gesetzen unterlegt, den legislative facts, in der Regel nicht um konkret und unmittelbar sinnlich wahrnehmbare Erscheinungen handelt, sondern um hochkomplexe Vorgänge in der Vergangenheit, Gegenwart und Zukunft gesellschaftlicher Realität. Ob etwa die politische Struktur des Beamtenverhältnisses sich im Dritten Reich geändert hat oder ob etwa die männliche Homosexualität sich von der weiblichen grundlegend unterscheidet, sind sicher Fragen nach realen Sachverhalten. Jedoch ist evident, daß eine Antwort hierauf nicht so leicht zu gewinnen ist, wie z. B. auf die Frage, wann und wo ein bestimmtes Individuum geboren ist. Um seine Untersuchung auf solche legislative facts konzentrieren zu können, beschränkte sich *Philippi* auf die von ihm so genannten generellen Tatsachen, d. h. er eliminierte all die, die sich nur auf einzelne Menschen oder eine einzelne Sache beziehen.

In sorgfältiger Analyse des Gesamtinhalts der ersten 25 Bände der Bundesverfassungsgerichtsentscheidungen stieß der Verfasser der vorliegenden Arbeit auf 269 solcher genereller Tatsachen, die das Gericht ermittelt hatte. In der weitaus größten Anzahl der Fälle, nämlich bei 84%, handelte es sich um Normenkontrollverfahren. In einem ersten Hauptteil (S. 15–40) seiner Arbeit versucht *Philippi* die aufgestöberten Tatsachen zu klassifizieren, um dann im daran anschließenden Abschnitt (S. 41–81) darzustellen, auf welche Weise das Bundesverfassungsgericht die jeweils in Frage stehenden Sachverhalte ermittelte. Die Fülle der von *Philippi* in beiden Passagen zusammengetragenen Beispiele läßt eine ganz andere „Tatsache" deutlich werden, die größte Aufmerksamkeit verdient und die die eigentliche Faszination des Buches ausmacht: Wie sehr nämlich in weiten Bereichen die Tätigkeit zumindest der Bundesverfassungsrichter mit der eines empirischen Sozialforschers und in nicht unerheblichem Maß mit der eines Historikers identisch ist.

Deshalb ist es nur konsequent, wenn *Philippi* in einem dritten Hauptteil seiner Studie S. 83–183) das Vorgehen des Bundesverfassungsgerichts am methodischen Instrumentarium der empirischen Sozialforschung bzw. der Geschichtswissenschaft mißt. Diese Vergleichsgrößen stellt er jeweils knapp und in einer um Allgemeinverständlichkeit bemühten Sprache dar. Dabei trennt er die empirischen Methoden zur Erfassung vergangener und gegenwärtiger Realität von den Instrumentarien, mittels derer künftige Sachverhalte prognostiziert werden.

Sieht man einmal davon ab, daß *Philippi* mit Kritik an dem vom Bundesverfassungsgericht gelegentlich benutzten Stichprobenverfahren nicht spart („Stichproben ohne Aussagekraft; Stichproben, aus denen man lediglich eine Leerformel gewinnen könnte" S. 98), so fällt seine Beurteilung im übrigen erstaunlich positiv aus. Besonders gilt das für die vom Bundesverfassungsgericht angewandten Prognoseverfahren, wo *Philippi* das Fazit formuliert: „Das Bundesverfassungsgericht ist seiner, von ihm selbst gesetzten Aufgabe, zukünftige legislative facts festzustellen, in einem Umfang gerecht geworden, der nicht zu erwarten war." (S. 183). Wer sich vergegenwärtigt, wie wenig die traditionelle juristische Ausbildung auf die hier in Rede stehenden Funktionen vorbereitet, kann *Philippi* nur recht geben: zu erwarten war dieses von ihm im großen und ganzen überzeugend begründete Ergebnis ganz gewißt nicht. Es ist um so erstaunlicher, als etwa *Lautmann* in seiner die zivilrichterliche Entscheidungstätigkeit beobachtenden Studie vor kurzem wieder unterstrichen hat, daß die Gerichte insbesondere dann, wenn sie komplexe Sachverhalte festzustellen haben, sich im wesentlichen von Alltagstheorien leiten lassen, also von Hypothesen und Verallgemeinerungen, mit denen der Laie sich die Vorgänge seiner Umwelt erklärt (vgl. Justiz – Die stille Gewalt, 1972, S. 57 f.). Ob der qualitative Sprung von der übrigen Gerichtsbarkeit zur Verfassungsgerichtsbarkeit wirklich so groß ist, ob die eine unter- oder andere überbewertet wird, läßt sich vorläufig nur schwer abschätzen. Im Moment läßt sich nur feststellen, daß weder *Lautmanns* Untersuchung noch die in diesen Fragenkreis zielende Studie von *Opp* und *Peuckert* (Ideologie und Fakten in der Rechtsprechung, 1971) mit so umfangreichem Belegmaterial aufwarten können wie die Arbeit von *Philippi*. Inwieweit etwa größere materielle Ressourcen des Bundesverfassungsgerichts oder die größeren Möglichkeiten, Zeit und Arbeit für einzelne Fragen zu investieren, das im Verhältnis zu den übrigen Gerichten wissenschaftlichere Vorgehen erklären könnten, wäre ein lohnendes Untersuchungsziel.

Gerade im Hinblick auf die letztgenannten Faktoren überrascht ein weiterer Befund, zu dem *Philippi* in seiner Arbeit gelangt. In einer Stichprobe von 11 Prognosen vergleicht er die vom Bundesverfassungsgericht und vom Gesetzgeber jeweils eingeschlagenen Verfahren und gelangt dabei zu der Feststellung, daß die „Entscheidungen des Gerichts stärker rational fundiert (sind) als die des Gesetzgebers" (S. 165), d. h. sie sind überlegen „im rationalen Prognoseansatz als auch in der empirischen Fundierung" (S. 193). Die von *Philippi* angestellte Erfolgskontrolle dieser Prognosen – z. B. wie das geänderte Zulassungssystem die Zuwachsrate der Apotheken beeinflußt hat oder welche Wirkung die Niederlassungsfreiheit der Kassenärzte auf deren Einkommen zeigte – stützen diese Beurteilung. Dieses Ergebnis ist deswegen so erstaunlich, weil offensichtlich der Gesetzgeber über einen weitaus größeren Apparat, über größere materielle und personelle Ressourcen verfügt als das Bundesverfassungsgericht. Um so dringlicher wäre eine Untersuchung der Faktoren, die allem Anschein nach im Gesetzgebungsverfahren diese Vorzüge überlagern.

Daß *Philippi* das Bild des Bundesverfassungsgerichts insgesamt wohl doch zu rosig sieht, liegt vor allem daran, daß er die von ihm referierten, in den empirischen Sozialwissenschaften gebräuchlichen Ermittlungsmethoden ihrerseits keiner Kritik unterzieht. Um ein besonders einfaches Beispiel herauszugreifen: *Philippi* hält das möglichst umfangreiche Heranziehen von Fachliteratur (S. 103 ff.) sowie die Sachverständigenbefragung (S. 105 ff.) für geeignete Instrumentarien, um Tatsachen herauszufinden. Wie aber, wenn es um die wissenschaftlichen standards des jeweiligen Faches nicht zum besten bestellt ist? Wie dann, wenn die Fachliteratur und die Sachverständigen etwa zum Unterschied zwischen weiblicher und männlicher Homosexualität nichts Besseres zu sagen wissen, als z. B., daß die männliche Sexualität „drängender und aggressiver" ist? Daß die hier angedeuteten Zweifel nicht unbegründet sind, hat etwa *Moser* in seiner Streitschrift „Repressive Kriminalpsychiatrie. Vom Elend einer Wissenschaft" (1970) exemplarisch nachgewiesen.

Trotz dieses Einwandes behält das anregende und lesenswerte Buch von *Philippi* seine Bedeutung: Immerhin hat er zeigen können, daß das Bundesverfassungsgericht bei seiner Faktenermittlung die verfügbaren methodischen Instrumentarien nicht außer Acht läßt. Inwieweit diese Methoden einer Methodenkritik standhalten würden, läßt er zwar nicht genügend erkennen. Doch bietet er vielfältige Anhaltspunkte dafür, daß das Bundesverfassungsgericht sich auch einem in kritischer Diskussion verfeinerten und revidierten Methodenkanon nicht verschließen würde. Deshalb ist *Philippis* Schlußfolgerung zuzustimmen: „In Interesse einer realitätsnahen Verfassungsrechtsprechung und eines indirekten Drucks auf ein rational-empirisches Gesetzgebungsverfahren wird man es für wünschenswert halten, daß das Bundesverfassungsgericht auch in Zukunft Tatsachen ohne Bindung an den Gesetzgeber untersucht."

Manfred Weiss

Paul-Gerhard Brutschke, Urheberrecht und EDV
(„Das Wissenschaftliche Taschenbuch", Abteilung Rechts- und Staatswissenschaften). Wilhelm Goldmann Verlag, München. 1973. 136 S. DM 20,–

Das Buch behandelt den Urheberschutz für Rechenprogramme sowie für Computer-Erzeugnisse auf den Gebieten der Literatur und Kunst und untersucht Urheberrechtsverletzungen bei der Benutzung elektronischer Datenverarbeitungsanlagen. Ein sachlicher Zusammenhang zwischen diesen Problemkreisen besteht zwar nur insoweit, als sie alle erst durch die Möglichkeiten der elektronischen Datenverarbeitung entstanden sind. Eine zusammenfassende Darstellung rechtfertigt sich aber schon deshalb, weil die Gesamtdarstellungen des Urheberrechts hierzu teils geringe, teils überhaupt noch keine Hinweise enthalten. Das vorliegende Werk kann zur Einführung in die Probleme und zum Überblick über die teilweise sehr uniterschiedlichen Meinungen der Literatur gute Dienste leisten, auch wenn die vom Verfasser angestrebte umfassende Darstellung[1] nicht immer erreicht ist.Die Möglichkeiten der Monographie haben den Verfasser einerseits häufig dazu verführt, auch einfache Fragestellungen oder Antworten so umständlich einzufädeln, daß die Problemübersicht darunter gelitten hat. Andererseits werden einige wichtige Probleme nicht ihrer Bedeutung gemäß behandelt und die Ausführungen entsprechen nicht immer dem Stand der nur unvollständig wiedergegebenen Literatur.

Das gilt z. B. schon von der den urheberrechtlichen Untersuchungen vorangestellten Einführung in die elektronische Datenverarbeitung[2], die über das hinausgeht, was für Ver-

[1] Vgl. Vorwort.
[2] S. 11–43.

ständnis und Lösung der Rechtsfragen von Bedeutung sein kann. Die Darstellung des Dualsystems und der Booleschen Algebra beispielsweise ist für die rechtlichen Überlegungen unerheblich. Sie ist auch nicht etwa geeignet, Juristen mit der EDV vertraut zu machen. Denn eine solche Darstellung der mathematischen und technischen Grundlagen ist nicht mehr als eine gekürzte Übernahme anderer Einführungen. Durch die Kürzungen ergeben sich für den auf diesen Gebieten nicht Bewanderten nur zusätzliche Verständnisschwierigkeiten. Aus dem Hinweis[3], die Fähigkeiten der elektronischen Datenverarbeitungsanlagen beschränkten sich auf die Ausführung der vier Grundrechenarten, wird der technische Laie, an den sich das Buch in erster Linie wendet, eher falsche Schlüsse ziehen. Und wenn er 8 Seiten später[4] erfährt, im Grunde könne das Rechenwerk überhaupt nur addieren, wird ihm nicht klarer sein, wie etwa eine Rechtsprechungsdokumentation funktioniert. Diese — die rechtliche Wertung ncht beeinflussenden — überflüssigen Details fallen um so mehr ins Auge, als auf der anderen Seite z. B. ein genauer Einblick in das Programmieren und seine Vorstufen sowie ein Überblick über die heute realisierbaren Möglichkeiten der Dokumentation nicht gegeben werden. Da hier eine genauere Kenntnis der Fakten für die rechtliche Würdigung erforderlich ist, dürften sie in einer umfassenden Darstellung nicht fehlen.

Im ersten urheberrechtlichen Kapitel[5] untersucht *Brutschke*, ob Urheberschutz für Computer-Lyrik, Computer-Grafik und Computer-Musik besteht. Er verneint das, soweit es sich um Computer-Erzeugnisse handelt[6], die unter Einschaltung eines Zufallsgenerators entstehen. In eingehender Auseinandersetzung mit den Argumenten der gegenteiligen Auffassungen legt *Brutschke* dar, daß es sich hierbei nicht um persönliche geistige Schöpfungen im Sinne von § 2 II UrhG handele. „Aus dem gleichen Grunde" trifft er diese Feststellung auch für Computer-Übersetzungen[7], obwohl diese durch die Programmierung festgelegt werden und gerade nicht dem Zufallsgenerator entspringen. Der Verfasser macht sich hier[8] aber auch die andersartige Argumentation *Kummers* zu eigen, der gerade wegen ihrer starren Regelgebundenheit in der Computer-Übersetzung keine individuelle Leistung sieht. Zum Abschluß dieses Kapitels[9] fragt der Verfasser, ob de lege ferenda ein Urheberschutz für Computer-Erzeugnisse zu fordern ist. Er prüft hier insbesondere, ob der Ausschluß des Urheberschutzes mit dem Grundgesetz unvereinbar ist[10]. Wenn diese Frage ernsthaft in Betracht kommt, ist sie allerdings schon bei der Untersuchung de lege lata zu stellen. Denn bei ihrer Bejahung müßte eine verfassungskonforme Auslegung des § 2 UrhG zu einer Bejahung des Schutzes führen. Der Verfasser verneint die Frage jedoch, wobei er aber — in Auseinandersetzung mit *Schmieder*[11] — lediglich Art. 5 Abs. 3 Grundgesetz (Freiheit der Kunst) als Maßstab inmmt. Hier hätte wohl eine Prüfung im Hinblick auf Art. 14 (Eigentumsgarantie) noch nähergelegen.

Das 2. urheberrechtliche Kapitel[12] behandelt die Urheberrechtsverletzungen bei der Benutzung elektronischer Datenverarbeitungsanlagen. Zu diesem Fragenkreis hatte *Brutschke* als erster im deutschen Schrifttum Stellung genommen[13]. Bei der vorliegenden Darstellung sind leider wesentliche Arbeiten sowohl aus dem tatsächlichen wie aus dem rechtlichen Bereich nicht berücksichtigt. Zu Recht hebt *Brutschke* hervor[14], daß die Planungen des Bundesjustizministeriums für ein juristisches Informatonssystem von besonderem Interesse für Juristen sind. Er verweist[15] hierzu aber lediglich auf den Bericht

---

[3] S. 11.
[4] S. 19.
[5] S. 34–66.
[6] S. 47–57.
[7] S. 57.
[8] S. 58.
[9] S. 61–66.
[10] S. 61 f.
[11] *Schmieder*, Geistige Schöpfung als Auswahl und Bekenntnis, UFITA 52, 107 (108).
[12] S. 67–94.
[13] *Brutschke*, Urheberrechtsverletzungen bei der Benutzung von elektronischen Datenverarbeitunganlagen, NJW 1970, 889 ff.
[14] S. 67.
[15] S. 68.

der zunächst bestehenden Arbeitsgruppe und den 1. Zwischenbericht der Projektgruppe. Der umfang- und aufschlußreiche Schlußbericht der Projektgruppe vom Januar 1972[16] wird nicht erwähnt. Über den pauschalen Hinweis[17] auf die Arbeit von *Haft*[18] hinaus wäre bezüglich anderer Datenbanken auch die Erwähnung von neueren Einzeluntersuchungen[19] wünschenswert gewesen. Besonders bedauerlich ist die Nichtberücksichtigung des in seinem rechtstatsächlichen wie urheberrechtlichen Teil gleich bedeutenden Gutachtens, das *Eugen Ulmer* im Auftrag der UNESCO und der Weltorganisation für geistiges Eigentum erstattet hat[20]. Auch *Ulmers* Stellungnahme zum deutschen Recht[21] bleibt ungenannt. Erst nach *Brutschkes* Werk sind die Abhandlung von *Katzenberger* und *Kolle* zur urheberrechtlichen Beurteilung parlamentarischer Informationssysteme[22] sowie meine Untersuchung der sogenannten Pressedatenbank[23] erschienen. Die Möglichkeit der Kombination von elektronischer Datenverarbeitung und Mikrofilmspeicherung erwähnt der Verfasser nicht[24].

Brutschke beginnt die urheberrechtliche Darstellung mit einer kurzen Prüfung, inwieweit geschützte Werke für Speicherung und Wiedergewinnung in Betracht kommen[25]. Hier ist für die Frage, was unter amtlichen Werken im Sinne von § 5 UrhG zu verstehen ist, die vom Urheberschutz ausgenommen sind, die Arbeit von *Katzenberger*[26] nachzutragen.

Die weitere Untersuchung *Brutschkes* folgt dem Arbeitsvorgang einer elektronischen Datenverarbeitungsanlage, um festzustellen, welche Verwertungshandlungen dabei vorgenommen werden. Sie beginnt mit einer Prüfung, ob die Einspeicherung urheberrechtlich geschützter Werke eine Vervielfältigung ist[27]. Für die vorher notwendige Übertragung der Werke auf Eingabemedien wie Lochstreifen etc. wird diese Frage nicht gestellt, obwohl der Verfasser später bei der Untersuchung des Urheberschutzes von Rechenprogrammen[28] eine entsprechend differenzierte Betrachtung vornimmt. Sehr eingehend setzt sich *Brutschke*[29] mit der Ansicht von *Möhring-Nicolini*[30] zum Begriff der Vervielfältigung auseinander. Diese stimmen zwar der herrschenden Begriffsbestimmung zu, wonach Vervielfältigungsstücke körperliche Festlegungen darstellen, die geeignet sind, das Werk den menschlichen Sinnen auf irgendeine Weise unmittelbar oder mittelbar wahrnehmbar zu machen. Sie verlangen allerdings zusätzlich, daß es sich um eine Fixierung zur unmittelbaren Vermittlung des Werkgenusses handelt. Sie halten daher auch unter der Herrschaft des neuen Urheberrechtsgesetzes mit dem Reichsgericht[31] z. B. Druckformen nicht für Vervielfältigungsstücke.

---

[16] Das Juristische Informationssystem – Analyse, Planung, Vorschläge. Bericht der Projektgruppe aus Mitgliedern des Bundesministeriums der Justiz, der Gesellschaft für Mathematik und Datenverarbeitung und der C-E-I-R GmbH. Herausgegeben vom Bundesministerium der Justiz, Januar 1972.

[17] S. 68.

[18] *Haft*, Elektronische Datenverarbeitung im Recht, Berlin 1970.

[19] Vgl. z. B. aus dem Bereich der juristischen Dokumentation *Albrecht Berger*, Die automatisierte Leitsatzdokumentation am italienischen Kassationsgericht in Rom, in: Juristische Arbeitsblätter 1971, 407 ff. und 477 ff. sowie die Länderberichte in *Simitis/Voss-Eckermann/Dammann* (Hrsg.), Materialien zur Rechtsinformatik, Frankfurt, Folge 1, 1971 (mit Berichten über CREDOC und UNIDATA) und Folge 2, 1972 (CELEX, DOCILIS, IRETIJ).

[20] *Eugen Ulmer*, Elektronische Datenbanken und Urheberrecht, München 1971.

[21] *Eugen Ulmer*, Einspeicherung und Wiedergewinnung urheberrechtlich geschützter Werke durch Computeranlagen, GRUR 1971, 297 ff.

[22] *Katzenberger-Kolle*, Die urheberrechtliche Beurteilung computerunterstützter Informations- und Dokumentationssysteme, in: Gesetzesplanung, Beiträge der Rechtsinformatik. Herausgegeben von der Arbeitsgemeischaft Rechtsinformatik München/Regensburg, Berlin 1972, S. 181–207; Vorabdruck in: Nachrichten für Dokumentation 23 (1972) S. 94 ff.

[23] *Goose*, Urheberrechtliche Probleme der Pressedatenbank, GRUR 1973, 4 ff.

[24] Vgl. z. B. *Goose* (oben Note 23) GRUR 1973, 4 f., und *Budde*, Mikrofilm als aktive Datenbank. Möglichkeiten und Anwendungen des größten Analogspeichers, Berlin 1972.

[25] S. 68–70.

[26] *Katzenberger*, Die Frage des urheberrechtlichen Schutzes amtlicher Werke, GRUR 1972, 686 ff.

[27] S. 71–74.

[28] S. 109.

[29] Insbesondere S. 73 f.

[30] *Kroitzsch* in *Möhring-Nicolini*, Urheberrechtsgesetz, Berlin und Frankfurt 1970, § 16 Anm. 2.

[31] RGZ 107, 277 ff.

Nach dieser Meinung wäre die Einspeicherung in die Maschine nicht als Vervielfältigung anzusehen. Die möglichen Gefahren dieses Ergebnisses für die Urheber hat *Ulmer*[32] eingehend dargelegt. Andererseits würden die Schwierigkeiten, welche die herrschende Meinung für die Errichtung und den Betrieb von Datenbanken mit sich bringt, nicht auftreten.

Brutschke entscheidet ohne Diskussion der Interessenlage für die herrschende Meinung. Im Ergebnis ist dem zuzustimmen. Das von *Brutschke* nicht erwähnte Argument aus § 16 II UrhG[33] mag für sich allein nicht zwingend sein. Die Meinung *Möhring-Nicolinis* dürfte sich aber auch mit der Systematik des Gesetzes – nämlich grundsätzlicher Vorbehalt der Verwertung des Werkes in körperlicher Form für den Urheber, § 15 I UrhG – Ausnahmeregelung für besondere Fälle, selbst für die Herstellung eines einzelnen Vervielfältigungsstückes zum persönlichen Gebrauch – nicht vereinbaren lassen[34].

Schließlich spricht m. E. die Regelung in § 54 I Nr. 2 UrhG entscheidend gegen die von *Möhring-Nicolini* vertretene Ansicht[35]. Diese Bestimmung, welche die Herstellung eines Vervielfältigungsstückes zur Aufnahme in ein eigenes Archiv nur dann privilegiert, wenn als Vorlage für die Vervielfältigung ein eigenes Werkstück benutzt wird, soll vor allem die Herstellung eines Mikrofilmarchivs ermöglichen. Der Mikrofilm dient – zumindest da, wo die Benutzung auf die Herstellung von Rückvergrößerungen abzielt – nicht der unmittelbaren Vermittlung des Werkgenusses im Sinne von *Möhring-Nicolini*. Das Gesetz sieht ihn gleichwohl als Vervielfältgungsstück an. Soweit die Computer-Speicherung die gleichen Funktionen hat, kann sie nicht anders beurteilt werden. In gewissen Fällen mag eine Privilegierung in Betracht kommen und die Speicherung ohne Zustimmung des Urhebers zulässig sein, an der Qualifikation als Vervielfältigung ändert das aber gerade nichts.

Brutschke untersucht dann[36] mögliche Verwertungshandlungen bei dem Arbeitsvorgang der Datenverarbeitungsanlage, wobei er übrigens zu Unrecht sagt[37], bei der Dokumentation finde keine Datenverarbeitung statt. Im Gegensatz zu *Nordemann-Hertin* und *Katzenberger-Kolle*[38] kommt er zu dem Ergebnis, daß es sich hierbei nicht um eine Verwertung in körperlicher Form handele. Bei der anschließend[39] geprüften Ausgabe meint der Verfasser[40], die Sichtbarmachung auf Bildschirm falle zwar nicht unter eines der in § 15 II UrhG ausdrücklich genannten Rechte, werde aber gleichwohl vom Recht des Urhebers erfaßt, da diesem jede Art der Wiedergabe des Werkes in unkörperlicher Form vorbehalten sei. § 15 II spricht dem Urheber jedoch nur das Recht der öffentlichen Wiedergabe zu. Eine solche dürfte regelmäßig – mangels gemeinsamer Wahrnehmung durch eine Mehrzahl von Personen, § 15 III UrhG – nicht vorkommen[41], wie auch *Brutschke* bezüglich der Wiedergabe in einer Datenendstation durch Daten-Fernübertragung bemerkt[42]. Ein Unterschied dieser beiden Fallgestaltungen besteht nicht.

---

[32] *E. Ulmer* (oben Note 20) S. 32–36 und (oben Note 21) GRUR 1971, 299 f.
[33] *E. Ulmer* (oben Note 21) GRUR 1971, 300.
[34] Das hebt auch *Brutschke* (S. 73) hervor. Mit Recht sagt der Verf. (S. 74), daß aus § 98 UrhG nichts Entscheidendes für die Abgrenzung zwischen der Herstellung von Vervielfältigungsstücken und der bloßen Vorbereitung dafür zu entnehmen ist. Diese Bestimmung, auf deren Entsprechung in § 42 des LitUrhG von 1901 sich schon das Reichsgericht in RGZ 107, 277 (279) bezogen hatte, unterscheidet beim Anspruch auf Vernichtung bei rechtswidriger Vervielfältigung etc. zwischen Vervielfältigungsstükken (Abs. 1) und den zu deren Herstellung bestimmten Vorrichtungen (Abs. 2). Diese Vorschrift wird einerseits von *Fromm-Nordemann*, Urheberrecht, 2. Aufl. Stuttgart u. a. 1970, § 16 UrhG Anm. 2 für die h. M., andererseits von *Möhring-Nicolini* (oben Note 30)§ 16 Anm. 2 für ihre Ansicht angeführt.
[35] Vgl. *Goose* (oben Note 23) GRUR 1973 S. 7 f.
[36] S. 77 f.
[37] S. 77.
[38] *Nordemann-Hertin*, Die juristische Datenbank in urheber- und wettbewerbsrechtlicher Sicht, NJW 1971, 857 (859); *Katzenberger-Kolle* (oben Note 22) S. 197, Nachr. Dok. 23 (1972) S. 100.
[39] S. 79–83.
[40] S. 81.
[41] S. dazu *E. Ulmer* (oben Note 21) GRUR 1971, 301 m. w. N.; so auch *Goose* (oben Note 23) GRUR 1973, 13.
[42] S. 82 f.

Bei der Untersuchung privilegierter Nutzungen[43] stehen die tatsächlichen Ausgangspunkte des Verfassers mit den Entwicklungsmöglichkeiten oder auch den bereits vorliegenden Planungen für Datenbanken nicht immer in Einklang. Auch die rechtliche Würdigung überzeugt weitgehend nicht.

Der Verf. geht davon aus[44], daß Dokumentationen in elektronischen Datenverarbeitungsanlagen nicht eigenen Zwecken des Trägers der Datenbank dienen, sondern andere informieren sollen. Deshalb hält er z. B. die Anwendung der Nrn. 1 und 3 des § 54 I UrhG (Vervielfältigung zum eigenen wissenschaftlichen Gebrauch und zur eigenen Unterrichtung über Tagesfragen bei über Funk gesendeten Werken) von vornherein für ausgeschlossen. Dokumentation in elektronischen Datenverarbeitungsanlagen zu eigenen Zwecken wird aber bereits heute – z. B. in der Industrie zur naturwissenschaftlichen Dokumentation – in großem Umfang betrieben, z. Z. allerdings beschränkt auf bibliographische Angaben, die keinem Urheberschutz unterliegen. Bei der in naher Zukunft zu erwartenden genügenden Erpobung von elektronischen Dokumentationssystemen unterliegt es keinem Zweifel, daß Industrie- und Forschungseinrichtungen diese Möglichkeiten z. B. zur Bewältigung der ungeheuren Informationsflut in den Naturwissenschaften für ihre Zwecke nutzen werden. Es dürfte dann nur eine Frage der – von vielen günstig prognostizierten – Kostenentwicklung sein, ob solche Systeme als Gemeinschaftsunternehmen oder aber von einem (Groß-)Unternehmen allein betrieben werden.

Daß entgegen der Ansicht des Verfassers[45] nicht jede Datenbank Wert darauf legen muß, alle oder auch nur die meisten Aufsätze einer Zeitschrift zu speichern, zeigen die Planungen für das elektronische Informations- und Dokumentatonszentrum von Presse und Rundfunk[46]. Deshalb kann auch die Vorschrift des § 54 I Nr. 4a UrhG praktische Bedeutung gewinnen. Von Interesse wäre in diesem Zusammenhang die Konkretisierung gewesen, wann im Sinn dieser Bestimmung von „kleinen Teilen" eines Werkes bzw. von „einzelnen" Aufsätzen gesprochen werden kann[47].

Zu Unrecht nimmt *Brutschke*[48] an, daß die hier in Betracht kommenden Vervielfältigungen immer gewerblichen Zwecken dienten und aus diesem Grund unter die Vergütungspflicht nach § 54 II UrhG fielen. Wohl wäre bei der Anwendung aller Bestimmungen des § 54 I UrhG allgemein in Betracht zu ziehen, ob nicht nach den Grundsätzen, welche das Bundesverfassungsgericht in seinen Entscheidungen vom 7. 7. 1971[49] angewandt hat, eine Vergütung auch für die Nutzungen zu entrichten ist, die nicht gewerblichen Zwecken dienen, weil deren vergütungsfreie Zulassung gegen Art. 14 GG verstößt.

Die Anwendung des § 54 I Nr. 2 UrhG (Vervielfältigung zur Aufnahme in ein eigenes Archiv) scheitert nach *Brutschke*[50] daran, daß eine Datenbank nicht als „eigenes" Archiv ihres Trägers angesehen werden könne. Diese Ansicht ist konsequent von Brutschkes Ausgangspunkt her, wonach eine Datenbank überhaupt nur zur Information Fremder geschaffen wird. Wenn eine Datenbank aber nur oder wenigstens auch der Information ihres Trägers dient, dürfte es an dieser Voraussetzung des § 54 I Nr. 2 UrhG nicht fehlen. Ähnliches gilt für die Frage, ob die Einspeicherung in eine elektronische Datenverarbeitungsanlage im Sinne des Gesetzes eine durch Archivierungszwecke gebotene Vervielfältigung ist, was *Brutschke* verneint. Soll die Datenbank aber ausschließlich zur Information ihres Trägers genutzt werden, so ist auch diese Voraussetzung gegeben. Dann

---

[43] S. 83–91.
[44] S. 84.
[45] S. 86.
[46] *Goose* (oben Note 23) GRUR 1973, 4f.; *Pohlert,* Konzeption einer Fachinformationsbank für Presse und Rundfunk, in: Das Informationsbankensystem, Vorschläge für die Planung und den Aufbau eines allgemeinen arbeitsteiligen Informationsbankensystems für die Bundesrepublik Deutschland, Band II (Materialband), Bonn 1971, S. 193 ff.
[47] Dazu *Goose* (oben Note 23) GRUR 1973, 10 f.
[48] S. 86.
[49] Bundesverfassungsgericht, Beschlüsse vom 7. 7. 1971 – 1 BvR 765/66, 1 BvR 764/66 und 1 BvR 276/71 – NJW 1971, 2163 ff., 2165 f., 2169 f.
[50] S. 85.

ist die von *Brutschke*[51] offengelassene Frage zu entscheiden, ob eine Datenbank überhaupt als „Archiv" angesehen werden kann, was *Ulmer*[52] im Gegensatz zu *Nordemann-Hertin*[53, 54] verneint.

Zweifelhaft ist allerdings, ob eine Einspeicherung auch dann noch als durch Zwecke eines eigenen Archivs „geboten" gelten kann, wenn das Archiv nicht ausschließlich der Informaton ihres Trägers dient. Wie weit eine Weitergabe der gespeicherten Information (soweit es sich um geschützte Werke handelt) an Dritte zulässig ist, ist aber ene Frage, die sich für alle Fälle des § 54 I UrhG gleichmäßig stellt und nicht die von *Brutschke* vertretene unterschiedliche Beantwortung zuläßt.

Ist bei einer nach § 54 I UrhG privilegierten Speicherung die Ausgabe von Kopien an externe Benutzer erlaubt? Dem könnte das Verbreitungsverbot des § 53 III UrhG, auf den durch § 54 III UrhG verwiesen wird, entgegenstehen. Für die in der Speicherung liegende Vervielfältigung kommt zwar eine Verbreitung im Sinne des § 17 I UrhG nicht in Betracht, wohl aber für die Ausdrucke des Computers. Das scheint zu dem widersprüchlichen Ergebnis zu führen, daß die Herstellung von Kopien für Dritte durch die elektronische Datenverarbeitungsanlage durch § 54 III in Verbindung mit § 53 III UrhG verboten ist, während die Sichtbarmachung der Werke auf Bildschirm auch für Externe zulässig wäre, da es sich dabei nach dem oben Gesagten nicht um öffentliche Wiedergabe handelt. *Brutschke* hält die Herstellung der Vervielfältigung für externe Benutzer für zulässig, wenn – aus deren Sicht betrachtet – die Herstellung der Vervielfältigung unter § 54 I UrhG fällt, dessen Voraussetzungen hier in sehr vielen Fällen vorliegen werden. Er stellt darauf ab, daß die Bestimmung den einzelnen Benutzern ausdrücklich gestatte, die Vervielfältigungsstücke durch Dritte „herstellen zu lassen". Das trifft zu. Es begründet also keinen Unterschied, ob der externe Benutzer mit einem eigenen Terminal u. U. eigene Vervielfältigungsstücke herstellt oder ob die Datenbank für ihn Kopien fertigt.

Das entscheidende Problem stellt sich daher nicht wegen des Verbreitungsverbots, sondern mit der Frage, ob bei der Einspeicherung eine Vervielfältigung zum eigenen Gebrauch im Sinne von § 54 I UrhG vorliegt, wenn diese zur Herstellung von Kopien oder auch nur zur Sichtbarmachung für Dritte benutzt werden soll. Daß eine nach § 54 UrhG privilegierte Vervielfältigung dem eigenen Gebrauch dienen muß, wird schon in der (zum amtlichen Text gehörenden) Überschrift als gemeinsames Merkmal aller Tatbestände der Bestimmung gekennzeichnet. Die Fälle der Nr. 4 unterscheiden sich dabei von den übrigen Regelungen dadurch, daß sie keine besondere Zweckbestimmung verlangen. Das kann aber nicht bedeuten, daß hier jede beliebige Verwertung im Interesse des Berechtigten gestattet wäre. Der auch hier ausdrücklich vorausgesetzte eigene Gebrauch läßt vielmehr wie in den übrigen Tatbeständen ausschließlich eine interne Nutzung zu. Das bedeutet: Jede Datenbank, welche planmäßig die gespeicherten Werke externen Benutzern zugänglich macht, bedarf bereits zur Speicherung der Zustimmung der Urheber[55]. Es ist vielleicht nicht ausgeschlossen, daß hiervon unter dem Gesichtspunkt übergeordneter Interessen eine Ausnahme in Betracht kommt, z. B. bei einer Dokumentation, die wegen ihrer wissenschaftlichen Zielsetzung auf Vollständigkeit angelegt und angewiesen ist. Grundsätzlich ist jedoch nach dem geltenden Recht davon auszugehen, daß eine Speicherung ohne Zustimmung der Urheber der betroffenen Werke nur bei ausschließlich intern genutzten Datenbanken zulässig ist. Für die Fälle externer Nutzung, auf die *Brutschke* seine Untersuchung beschränkt, scheidet eine Privilegierung der Speicherung daher regelmäßig aus.

Die Ausführungen zum Rechtsschutz für Rechenprogramme[56] beschränken sich auf die urheberrechtliche Beurteilung, ohne auf die Wirksamkeit dieses Schutzes und sein Verhältnis zu vertrags- und wettbewerbsrechtlichen Schutzmöglichkeiten einzugehen. Von

---

[51] S. 85.
[52] (oben Note 21) GRUR 1971, 301.
[53] (oben Note 38) NJW 1971, 860.
[54] Vgl. auch *Goose* (oben Note 23) GRUR 1973, 11.
[55] Vgl. *E. Ulmer* (oben Note 21) GRUR 1971, 301.
[56] S. 95–117.

besonderem Interesse ist hier *Brutschkes* Beurteilung der Problemlösung, bei der er grundsätzlich sowohl von der Form wie vom Inhalt her Urheberschutz für möglich hält[57] und damit insbesondere *Ulmer*[58] und *Köhler*[59] entgegentritt. Da die auf diesem Gebiet vertretenen sehr widersprüchlichen Meinungen aber offenbar auf unterschiedlicher Vorstellung der Autoren von den zu beurteilenden Tatsachen beruhen[60], wäre hier eine detaillierte Sachverhaltsschilderung und -würdigung erforderlich gewesen. Das gilt auch für die weiteren Entwicklungsstufen eines Programms. Da insbesondere bei letzteren die Argumentation im wesentlichen die bisherige – ohne große Faktenbasis geführte – Diskussion wiedergibt, wird man noch auf die Klärung warten müssen, welcher Fall zu welcher Beurteilung paßt.

Dieter Goose

---

[57] S. 103 ff.

[58] *Eugen Ulmer*, Der Urheberschutz wissenschaftlicher Werke unter besonderer Berücksichtigung der Programme elektronischer Rechenanlagen, Bayerische Akademie der Wissenschaften, Phil.-hist. Klasse, Sitzungsberichte Jahrgang 1967, Heft 1, München 1967, S. 19.

[59] *Köhler*, Der urheberrechtliche Schutz der Rechenprogramme, München 1968, S. 60 f. und zum Urheberschutz für Programme elektronischer Datenverarbeitungsanlagen, BB 1969, 1114 (1116). Wie *Brutschke* dagegen *Goose* in der Besprechung der erstgenannten Arbeit von *Köhler* in DVR 1972/73, 368, 372.

[60] Vgl. *Goose* (Note 59) DVR 1972/73, 368, 369.

Gerhard Jahn

Auf dem Weg zur bürgernahen Rechtsordnung*

Verehrte Damen, meine Herren,

1970, auf dem 48. Deutschen Juristentag in Mainz, wurde in einer Sonderveranstaltung zum ersten Mal die „Datenverarbeitung im Recht" vor einem großen öffentlichen Forum vorgestellt und diskutiert. Das war für viele Juristen sicherlich die erste Begegnung mit der Informatik und der Datentechnik.

Inzwischen sind knapp drei Jahre vergangen. In diesen knapp drei Jahren sind sich Recht und Datenverarbeitung um vieles näher gekommen. Viele Vorbehalte sind ausgeräumt worden. Aber auch der erste Überschwang hat sich gelegt. Wir sind in ein Stadium eingetreten, in dem sich Justizpraktiker, Informatiker und Datenverarbeitungsfachleute gemeinsam um erste Nutzanwendungen bemühen.

Wenn wir uns heute erneut in einem größeren Kreis mit Juristischen Informationssystemen und der EDV im Recht befassen, dann tun wir das unter anderen Voraussetzungen als vor drei Jahren. Es geht nicht mehr darum, erste Denkanstöße zu geben. Denn die Diskussion ist schon in vollem Gange. Allen Einsichtigen ist längst klar, daß die Aufgaben der siebziger Jahre – in der Justiz wie auf vielen anderen Gebieten – nur lösbar sind, wenn wir bereit sind, uns dazu auch der technischen Mittel der siebziger Jahre zu bedienen.

So wird dieser Kongreß dazu dienen, eine erste Bilanz zu ziehen: Aktivitäten offenzulegen, Erfahrungen auszutauschen, eigene und fremde Standpunkte kritisch zu überprüfen, in der Diskussion gemeinsam nach dem besten Weg zu suchen. Die drei Tage dieses Kongresses werden dazu kaum ausreichen.

Ich danke Ihnen, meine Damen und Herren der Verlegervereinigung Rechtsinformatik, daß Sie mit diesem Kongreß für eine solche Bestandsaufnahme das Forum geschaffen haben. Verlegern wird seit jeher Vorausblick und unternehmerischer Mut nachgesagt. Ich sehe dafür in dieser Initiative eine glänzende Bestätigung.

Das Generalthema der drei Tage lautet:

„Juristische Informationssysteme – EDV und Recht".

Dieses Thema ist weitgespannt. Es läßt nicht nur für datentechnische Fachgespräche Raum. Es fordert auch zu rechtspolitischen Wertungen heraus.

---

* Vortrag des Bundesministers der Justiz Gerhard Jahn, Bonn, auf dem von der Verlegervereinigung Rechtsinformatik am 22. Mai 1973 in München veranstalteten Kongreß „Juristische Informationssysteme – EDV und Recht".

Die Chance der Datentechnik für die Justiz liegt eben nicht nur darin, den einen oder anderen Arbeitsgang zu erleichtern.

Die Datentechnik wird uns in naher Zukunft die Chance bieten, über den äußeren Arbeitsablauf hinaus die Rechtsanwendung und das Recht selbst in seiner Qualität zu verbessern.

Die Datenverarbeitung im Recht geht also nicht nur die Organisationsfachleute an den Gerichten und in den Ministerien an. Das Thema betrifft alle, die mit Gesetz und Recht umzugehen haben: den Gesetzgeber ebenso wie den Gesetzanwender, den Rechtswissenschaftler wie den Rechtspraktiker und letztlich jeden Bürger. Das bedeutet umgekehrt: Für den Datenspezialisten darf die Beschäftigung mit dem neuen Medium nicht zum Selbstzweck werden. Vor jedem Schritt muß die Frage stehen: Wie nutze ich dem rechtsuchenden Bürger?

Ich entnehme dem Tagungsprogramm zu meiner Freude, daß der rechtspolitische Bezug des Themas gegenüber dem fachlichen nicht zu kurz kommt. Zu diesem rechtspolitischen Teil seien einige Überlegungen beigesteuert.

Die Bundesregierung hat sich zum obersten rechtspolitischen Ziel gesetzt, eine humanere und sozialere Rechts- und Lebensordnung zu schaffen, eine Ordnung, die allen Bürgern gleiche Chancen und Schutz auch vor dem wirtschaftlich Stärkeren gewährt.

Wir sind von dieser idealen Rechts- und Lebensordnung immer noch ein gutes Stück entfernt. In vielen Bereichen hat die gesellschaftliche Entwicklung das geschriebene Recht weit hinter sich gelassen. Rechtsbewußtsein und Rechtswirklichkeit stimmen nicht mehr überein.

Hier ist der Gesetzgeber aufgerufen. Er muß neue Gesetze schaffen. Er muß alte ändern oder aufheben, nicht weil sie alt sind, sondern weil sie einen längst überholten Stand der gesellschaftlichen Entwicklung festschreiben. Sie stehen damit gegen den Auftrag des Grundgesetzes, die rechtsstaatliche soziale Demokratie auszubauen. Das geht nicht von heute auf morgen. Wir müssen uns damit bescheiden, in nach Dringlichkeit geordneten, abgegrenzten und in sich logischen Reformschritten Stück für Stück das alte Recht zu überprüfen und da zu erneuern, wo es geboten ist.

Wir haben in dieser Wahlperiode dafür folgende Schwerpunkte gesetzt:

die Reform des Ehe- und Eheverfahrensrechts,
die Reform des Kindschafts- und Adoptionsrechts,
die Weiterführung der Strafrechtsreform,
die Reform des Strafvollzugsrechts, zu dem es bisher an einer gesetzlichen Grundlage überhaupt fehlt,
und die Neuordnung des Verbraucherschutzes.

Schon mit diesen Themen haben wir ein Programm, das die Kräfte des Gesetzgebers für die kommenden Jahre auf das äußerste anspannen wird. Und trotzdem müssen wir nüchtern feststellen, daß damit auf absehbare Zeit keineswegs alles Nötige getan wäre.

- Unsere Zeit wird immer schnellebiger und wechselvoller. Veränderungen, die früher halbe Jahrhunderte brauchten, vollziehen sich heute in Jahrzehnten.

– Der Gesetzgeber sieht sich zunehmend vielschichtigeren und komplizierteren Sachverhalten gegenüber.
– Auf immer neuen Gebieten wird die helfende und ordnende Hand des Staates in Anspruch genommen. Das schafft neue Tatbestände, die durch Gesetze zu regeln sind.
– Die zunehmende internationale Verflechtung bringt dem Gesetzgeber neue Aufgaben.

Diese Einschätzung mag manchen beunruhigen. Denn die Folge ist eindeutig: Die Sorge um ein zeitgemäßes, soziales und humanes Recht bleibt ein Dauerauftrag an den Gesetzgeber. In einer Zeit, in der das geschriebene Recht so eingehenden Veränderungen unterzogen werden muß, kommt der Rechtspflege besondere Bedeutung zu. Wir haben uns zu fragen, ob Aufbau, Organisation, Verfahren und persönliche Leistungsfähigkeit der Rechtspflege noch den Anforderungen unserer Zeit entsprechen. Die Glaubhaftigkeit des Rechts hängt ab von der Glaubhaftigkeit seiner Institutionen.

Zu den von mir schon genannten Reformschwerpunkten tritt deshalb ein weiterer hinzu: die Reform der Rechtspflege. Wir haben uns mit dem Reformwerk vier Hauptziele gesetzt:

– die Neugliederung der ordentlichen Gerichtsbarkeit,
– die Beschleunigung der Verfahren,
– die Vereinheitlichung der Gerichtsverfassung und der Verfahrensordnungen, und
– die Stärkung der richterlichen Gewalt.

Das sind Aufgaben, die nicht von heute auf morgen – und auch nicht innerhalb dieser Wahlperiode des Bundestages – zu lösen sind. Unsere Planungen reichen deshalb bis zum Jahre 1990, also über einen Zeitraum von fast zwanzig Jahren. Notwendig und vorgesehen ist ein ganzes Bündel gesetzgeberischer Maßnahmen. Erste grundlegende Teile wird die Bundesregierung noch diesem Bundestag vorlegen.

Aber neue Gesetze allein können die Rechtspflege für die großen Aufgaben der siebziger und achtziger Jahre nicht hinreichend ausrüsten. Hinzutreten müssen die nötigen technischen Hilfsmittel. Damit sind wir mitten im Thema dieses Kongresses.

Ich glaube, ich trete niemandem zu nahe, wenn ich feststelle: Wenn es darum ging, neue Arbeitsmethoden zu entwickeln oder in anderen Bereichen erzielte Fortschritte in der Arbeitstechnik auf das eigene Gebiet zu übertragen, dann ist die Justiz bisher nicht gerade bei den Spitzenreitern gewesen.

Es gibt auch Erklärungen für diese Zurückhaltung. Eine scheint mir darin zu liegen, daß sich der Jurist durch die Technik in seiner Individualität bedroht fühlt. Er ist gewohnt, individuell zu arbeiten, hat individuelle Entscheidungen zu treffen und sorgt sich offensichtlich, für technische Hilfen ein Stück Individualität preisgeben zu müssen.

Eine andere Erklärung läßt sich aus der Organisation der Rechtspflege ableiten, so wie sie sich bisher darstellt. Hier bestimmen kleinere und mittlere Arbeitseinheiten das Bild. Es liegt auf der Hand, daß der Zwang, sich neuer technischer Hilfsmittel zu bedienen, sehr viel stärker da auftritt, wo größere, arbeitsteilig organisierte Einheiten die Tätigkeit kennzeichnen. Nur dort fallen gleichgelagerte oder ähnliche Aufgaben in genügend großer Zahl an, um technische Investitionen überhaupt sinnvoll und rentabel zu machen.

Und damit sind wir beim Geld und einer weiteren Erklärung dafür, warum sich die Justiz so zögernd neuen Methoden öffnet: Die Justiz hat sich jahrzehntelang so viel auf ihre Sparsamkeit zugute getan, daß noch heute weithin der Eindruck herrscht, es gehe in der Rechtspflege auch ohne größere Ausgaben. Das hat seine Folgen. Die Justiz tut sich sehr viel schwerer als manches andere Ressort, für die Modernisierung ihres Apparats die entsprechenden Mittel zu bekommen. In den Diskussionen um Justizprojekte wird ständig darüber geredet, was sie kosten; es sollte darüber nicht vergessen werden, was sie bringen.

Immerhin: ein langsamer Wandel ist unverkennbar: in der Einstellung der Juristen, in der Einstellung der Justizverwaltungen und in der Einstellung der Haushaltsgesetzgeber. Die Justiz beginnt, einen aktiveren Part zu übernehmen, auch auf dem Feld der elektronischen Datenverarbeitung, die uns in diesem Kongreß besonders beschäftigen soll.

Das Bundesministerium der Justiz hat diese Entwicklung maßgebend gefördert. Hier in München liegt es nahe, als erstes Beispiel auf die Anstrengungen des Deutschen Patentamts hinzuweisen. Es arbeitet mit großem Erfolg daran, die Patentdokumentation und andere EDV-geeignete Arbeitsläufe zu automatisieren.

Es war ein wichtiger Schritt vorwärts, als die Justizministerkonferenz eine Kommission aus Vertretern des Bundes und der Länder einberief und ihr den Auftrag gab, die weiteren Möglichkeiten für die Datenverarbeitung im Recht zu untersuchen. Zu dem Projekt „Deutsches Patentamt" kamen für das Bundesministerium der Justiz noch zwei Projekte hinzu, der Aufbau des Bundeszentralregisters und das Juristische Informationssystem, das rechtspolitisch und datentechnisch wohl anspruchsvollste aller Projekte. Seine Problematik wird im Mittelpunkt des Kongresses stehen. Sie werden noch darüber hören, wie wir uns den Aufbau des Juristischen Informationssystems denken und in welchen Schritten es realisiert werden soll. Lassen Sie mich den rechtspolitischen Ausgangspunkt und die rechtspolitische Zielsetzung näher umreißen:

Der Ausgangspunkt ist klar. Für die richtige Entscheidung brauche ich die richtige Information. Von Jahr zu Jahr aber wird es schwieriger, sich diese richtige Information schnell, vollständig und zuverlässig zu beschaffen. In allen Lebensbereichen wächst der Wissensstoff. Mit den herkömmlichen Mitteln ist die Flut der Informationen nicht mehr zu bewältigen.

Das gilt auch für das Recht. Einige Zahlen sollen das deutlich machen: Die vom 3. Deutschen Bundestag – 1957–1961 – verabschiedeten Gesetze nehmen im Bundesgesetzblatt knapp 11 000 Seiten ein. Der 4. Bundestag brachte es auf 13 000, der 5. auf 14 000 Seiten. Heute sind wir so weit, daß in Bund und Ländern Jahr für Jahr über 1200 Gesetze und Verordnungen ergehen. Das ist ein

Teil des Stoffes. Hinzu kommen die Gerichte. Sie treffen im Jahr etwa eine Million Entscheidungen. 20 000 davon sind für die Rechtsauslegung und Rechtsfortbildung bedeutungsvoll genug, um veröffentlicht zu werden. Die Zahl der jährlich veröffentlichten Aufsätze und Bücher juristischen oder für den Juristen bedeutsamen Inhalts erreichen die gleiche Größenordnung: etwa 20 000.

Dieses Material ist schon vom Umfang her auch für den Spezialisten kaum noch zu beherrschen. Wenn Sie bedenken, daß es noch dazu weit verstreut, oft schwer zugänglich und kaum erschlossen ist, dann wird verständlich, daß schon vor drei Jahren von der „Informationskrise des Rechts" geschrieben worden ist.

Kann aber schon der Spezialist das Informationsgebiet kaum noch durchschauen, wie soll es der Normalbürger können? Wenn das Recht aber der Gesellschaft zum weitaus überwiegenden Teil gar nicht bekannt ist, wie kann es dann – was seine Aufgabe ist – ihr Handeln und Verhalten ordnen?

Das Problem ist nicht neu. Thomas Morus, der große englische Humanist und Jurist, entwarf vor über 400 Jahren sein Bild eines idealen Staates, die „Utopia". „Die Utopier", so schreibt er, „mißbilligen an anderen Völkern vor allem, daß man dort selbst mit zahllosen Bänden von Gesetzen und Gesetzesauslegungen nicht auskommt. Sie selber" – so heißt es bei Thomas Morus weiter – „finden es höchst ungerecht, Menschen durch Gesetze zu binden, die entweder zu zahlreich sind, als daß man sie alle durchlesen könnte, oder zu unklar, als daß jeder imstande wäre, sie zu verstehen."

Was tun die Utopier nun, um diesen Schwierigkeiten zu entgehen. Hierzu Thomas Morus: „Sie haben nur sehr wenige Gesetze, und deshalb kennt sie bei ihnen jeder einzelne, und von den Auslegungen halten sie zudem jeweils die einfachste für die richtigste."

Ich fürchte, hier hat das Wunschdenken schon damals Pate gestanden. Es ist aber eine unwirkliche, eben eine utopische Vorstellung, man könne in einem modernen Staat mit wenigen Gesetzen alles klar und eindeutig regeln, was der Regelung bedarf.

Damit will ich nicht sagen, daß mit unserem Recht alles zum besten bestellt ist. Von der materiellen Reformbedürftigkeit vieler Bereiche ganz abgesehen, gibt zuletzt eine unverständliche Sprache stehen auch heute noch einem besseren es sicher in unseren Gesetzessammlungen manches, was überflüssig ist. Die Autorität des Gesetzgebers ist oft unnötigerweise bemüht worden.

Und ganz sicher gibt es viele Gesetze, die das, was sie mitzuteilen haben, sehr viel knapper und deutlicher sagen könnten. Aber alle Bereinigungen und Verbesserungen werden am Grundtatbestand nichts ändern: Je komplexer unsere Industriegesellschaft wird, um so komplexer wird das Gesetzgebungswerk, das die vielfältigen Beziehungen ordnet.

Müssen wir damit leben? Muß das Recht volksfremder und das Volk rechtsfremder werden? Nein, wir müssen es nicht und wir dürfen es nicht, heute weniger denn je. In unserer pluralistischen Gesellschaft verlieren außerrechtliche Wertvorstellungen – die Sitte, die Moral, die Konvention – an verbindender und verpflichtender Kraft. Um so mehr gewinnt das Recht als Ordnungsfaktor an Bedeutung.

Wir können noch eine Menge tun, um die Bindungen zwischen dem Bürger und seinem Recht fester zu knüpfen. Ich stelle immer wieder fest: Der Bürger kennt Rechtsverständnis der Bürger entgegen.

ja sogar zur Ablehnung des Rechts führen. Um so mehr müssen wir dafür tun, Unkenntnis des Rechts kann leicht zur Verschlossenheit gegenüber dem Recht, heit gegenüber dem Recht womöglich noch stärker. Eine dem Außenstehenden schwer durchschaubare Gerichtsorganisation, ein nicht immer volksnahes Verfahren, verwirrende Formulare, unnötig verklausulierte Bescheide und nicht für den Bürger fand kaum statt. Gesetzesänderungen wurden im Kreise der Fachleute ohne ihn ausgehandelt. Wenn er dann – ohne mit dem Recht vertraut zu sein – einen Rechtsstreit führen mußte, wurde das Gefühl der Fremddung haben die Rechtskunde jahrzehntelang ausgespart. Öffentlichkeitsarbeit sein Recht zu wenig. Das ist nicht seine Schuld. Schule und Erwachsenenbilden Bürger rechtskundiger zu machen. Er soll wissen, wie seine Lebensbeziehungen rechtlich ausgestaltet sind, welche Rechte und Pflichten er als Wähler, Familienmitglied, Arbeitnehmer, Steuerzahler, Mieter oder Autokäufer hat. Und er soll wissen, wie er seine Rechte geltend machen kann. Auch das ist Information im Recht, und ich glaube, es ist eine der wichtigsten Fragen dieses Themas überhaupt.

Der Bürger muß nicht nur rechtskundiger, er muß auch rechtsbewußter werden. Er soll nicht „Dienst nach Vorschrift" tun. Wir müssen das Recht so gestalten, daß er es als die ihm gemäße Ordnung anerkennt. Und hier schließt sich der Kreis zu dem Reformprogramm der Bundesregierung, das ich eingangs umrissen habe. Das Vertrauen des Bürgers zum Recht und zu seinen Institutionen wird auf die Dauer nur zu erhalten sein, wenn wir die notwendigen Reformen entschlossen weiterführen. Das gilt für die Anpassung des materiellen Rechts ebenso wie für die Bemühungen um eine zeitgemäße Rechtspflege, die insgesamt unter dem Leitthema Reform der Rechtspflege – oder auch weniger genau Justizreform – stehen.

Hier hat das Juristische Informationssystem seinen Platz. Wir wollen erreichen, daß der einzelne Bürger besser mit seinen Rechten vertraut wird, als dies bisher der Fall ist. Gewiß wird er kaum selber je in der Lage sein, sich über seinen Alltag hinaus einen Überblick über die gesamte Rechtsentwicklung zu verschaffen. Um so mehr aber muß er erwarten, daß zumindest diejenigen sich diesen Überblick verschaffen können, denen die Entwicklung des Rechts und seine Anwendung in erster Linie anvertraut sind: die Gesetzgeber in Bund und Ländern, die Richter, Staatsanwälte und Rechtspfleger, die Verwaltungsjuristen, die Vertreter der rechtsberatenden Berufe und die Rechtswissenschaftler.

Ich wiederhole: dieser Überblick droht bei der Fülle der auf uns einstürmenden Informationen verloren zu gehen. Es gibt eine Reihe bewährter Hilfsmittel, Kommentare, Loseblattsammlungen, Fundstellenhefte, Karteien und ähnliche Dinge, um die gerade Sie, meine Herren Verleger, sich verdient gemacht haben. Aber diese Hilfsmittel sind von Ihnen schon so weit fortenwickelt worden, daß wir damit ziemlich an der Grenze der Möglichkeiten angelangt sind. Und so unentbehrlich diese Dinge auch sind, um sich auf Teilbereichen des Rechts zu orientieren: die ständig steigende Informationsflut in ihrer ganzen Breite und Tiefe läßt sich damit nicht mehr so beherrschen, wie man sie eigentlich beherrschen müßte.

So geht dem Juristen mehr und mehr Zeit durch Sucharbeit verloren. Ich gebe Ihnen ein Beispiel aus dem Bundesministerium der Justiz: Im Rahmen der Strafrechtsreform wurde entschieden, die als Übertretungen bezeichneten Straftaten von geringerem Gewicht in Ordnungswidrigkeiten umzustellen. Übertretungen waren aber nicht nur im Strafgesetzbuch festgelegt. In hunderten von Gesetzen waren Straftatbestände als Übertretungen ausgestaltet. Sie alle waren von der Reform mit erfaßt und mußten genau bezeichnet und entsprechend umgeformt werden. An dieser eigentlich mehr technischen Aufgabe mußten zwei Referenten mit ihren Mitarbeitern zwei Jahre lang angestrengt arbeiten.

Aber nicht immer kann sich der Gesetzgeber die Zeit nehmen, seine Entscheidungen so gründlich vorzubereiten. Wo diese Zeit fehlt, kommt es zu Gesetzen, die schon bei Erlaß nicht den Forderungen genügen und immer wieder novelliert werden müssen; es kommt zu ungewollt voneinander abweichenden Gerichtsurteilen, mit Mängeln behafteten Verwaltungsakten und unvollständigen Rechtsberatungen. Wie manches Verfahren ließe sich abkürzen, wie mancher Rechtsstreit sich ganz vermeiden, wenn die notwendigen Rechtsinformationen schneller auf dem Tisch lägen!

In dem Einsatz datenverarbeitender Maschinen sehe ich eine Hoffnung, hier zu helfen. Ich sage bewußt eine Hoffnung, keine Gewißheit. Es gibt vielversprechende Ansätze genug. Aber: ein automatisiertes Informationssystem, das jedem Benutzer den gesamten Rechtsstoff seines Landes nachweist, gibt es bisher nicht. Erst die kommenden Jahre werden zeigen, ob sich die Hoffnung erfüllt, oder ob wir unsere hochgespannten Erwartungen niedriger ansetzen müssen.

Um die Pionierarbeit kommen wir nicht herum, ebensowenig wie unsere Nachbarländer. Wir müssen die Chance ergreifen, wenn wir mit der Sorge um die Rechtspflege glaubhaft bleiben wollen. Das Ziel ist es wert, ein Wagnis einzugehen.

Eine von mir beauftragte Projektgruppe hat im vergangenen Jahr ein Konzept für den Aufbau des Juristischen Informationssystems vorgelegt. Es ist fortgeschrieben und in vielen Diskussionen vertieft worden. Mit der Realisierung soll begonnen. werden. Ich strebe noch für diesen Sommer eine Kabinettentscheidung an.[1]

Meine – in diesem fachkundigen Kreis vielleicht ganz unnötige – Bitte ist: Haben Sie Geduld. Wir betreten mit dem Projekt Neuland, das nicht von heute auf morgen zu durchmessen ist.

---

[1] Die Entscheidung wurde am 12. September 1973 getroffen; s. die Pressemeldung, abgedruckt im Anschluß an den Vortrags-Text.

Im übrigen setzt uns schon der Umfang des Projekts Schranken. Es ist völlig unmöglich, sich bei dem Aufbau des Systems alle Rechtsgebiete gleichzeitig mit allem nur wünschbaren Material vorzunehmen. Der Aufbau muß in vernünftigen Schritten vor sich gehen.

Allen, die mich fragen, warum nicht auch dieses Rechtsgebiet oder jene Art von Dokumenten in das Informationssystem Eingang finden, muß ich antworten: Es sind noch gründliche Vorarbeiten zu leisten und unsere personelle und finanzielle Kapazität ist mit den Aufgaben, die wir für den Anfang übernommen haben, schon mehr als ausgeschöpft.

Glauben Sie mir: meine Mitarbeiter und ich warten auf die ersten praktischen Ergebnisse mindestens ebenso ungeduldig wie Sie. Aber der Elan kann die sorgfältige Planung nicht ersetzen. Sie finden Beispiele genug für Projekte dieser Art, die trotz weit geringerer Ansprüche schon im ersten Teil der Strecke hängengeblieben sind. Ich bin nicht bereit, nur um der vordergründigen Aktivität willen die Dinge zu überstürzen. Sie brauchen ihre Zeit und sie sollen ihre Zeit haben.

Vieles ist noch zu tun. Es ist noch viel zu wenig durchforscht, welche Informationen der Jurist am dringendsten braucht, in welcher Form er sie benötigt und wo die schwerwiegendsten Informationslücken auftreten. Inzwischen liegt eine von meinem Haus mitveranlaßte Studie vor, der über 2500 umfangreiche Interviews mit Juristen aller Sparten zugrundeliegen. Aus ihr gewinnen wir wichtige Erkenntnisse für unsere weitere Arbeit. Für den Erfolg des Unternehmens wird mitentscheidend sein, wie weit es dem Bedarf und den Wünschen der späteren Benutzer entgegenkommt. Das Informationssystem soll für den Benutzer da sein, nicht umgekehrt.

Es ist meine feste Absicht, dieses Informationssystem jedem Interessenten zu öffnen. Das schafft zusätzliche Probleme: Das Unternehmen muß für einen großen und sehr verschiedenartigen Kreis von Benutzern mit sehr unterschiedlichen Bedürfnissen geplant werden. Wer trifft die Auswahl des Materials? Nach welchen Grundsätzen geschieht das? Wie läßt sich die Objektivität des Unternehmens sicherstellen? Wie steht es mit dem Datenschutz? Das ist nur ein kleiner Ausschnitt der rechtspolitischen Fragen, die noch weiter erörtert werden müssen, von den vielen ungelösten technischen, dokumentarischen und organisatorischen Problemen ganz abgesehen.

Ich bin zuversichtlich, daß wir zügig vorankommen werden. Zuversichtlich stimmt mich vor allem die kräftige Mitarbeit, die wir von vielen Seiten erfahren: aus den Landesjustizverwaltungen, der Richterschaft, der Anwaltschaft, von den Bibliothekaren und nicht zuletzt auch von Ihnen, den Verlegern. Dafür danke ich an dieser Stelle ausdrücklich. Ich wünsche mir sehr, daß diese Zusammenarbeit anhält.

Wir suchen die Diskussion mit allen, die uns helfen können und wollen. Denen, die bisher schon juristische Information vermitteln, wollen wir nicht Konkurrent, sondern Partner sein. Das Juristische Informationssystem soll Verlage und Bibliotheken nicht ersetzen, es soll ihre Arbeit ergänzen und unterstützen. Daß es gerade die rechts- und staatswissenschaftlichen Verlage sind, die zu diesem

Kongreß einladen, zeigt mir, daß man uns richtig verstanden hat.

Ich hoffe, daß diese drei Tage hier in München Ihnen allen das bringen, was Sie sich davon versprochen haben: Neue Erfahrungen, gute Gespräche und viele Anregungen für Ihre weitere Arbeit.

Aufbau eines Juristischen Informationssystems

Der Bundesminister der Justiz ist in der Kabinettsitzung vom 12. September 1973 von der Bundesregierung beauftragt worden, ein automatisiertes Juristisches Informationssystem zu entwickeln. Dieses Vorhaben ist bereits in den bisherigen Berichten der Bundesregierung über die Anwendung der elektronischen Datenverarbeitung in der Bundesverwaltung angekündigt worden und steht in Zusammenhang mit den Bemühungen der Bundesregierung, auf allen Gebieten der wissenschaftlichen Dokumentation durch Einsatz moderner Techniken die ständig wachsende und unübersichtlicher werdende Menge von Informationen beherrschbar zu machen.

Dem Auftrag ist eine gründliche Untersuchung der rechtspolitischen, dokumentarischen, datenverarbeitungstechnischen und finanziellen Problematik vorausgegangen. Zunächst soll in einem Zeitraum von etwa 6 Jahren ein praktisch nutzbares Auskunftssystem für die Gebiete des Steuerrechts, des Sozialrechts und einen Teil des Privatrechts aufgebaut werden. Die Steuerrechtsdokumentation wird gemeinsam mit dem BMF, die Sozialrechtsdokumentation gemeinsam mit dem BMA aufgebaut.

Das Juristische Informationssystem wird keine automatisch erstellten Entscheidungsvorschläge für rechtliche Fragen anbieten. Es soll dem Benutzer vielmehr die Informationen über bestehende Vorschriften, über die Rechtsprechungspraxis und die wissenschaftliche Literatur vermitteln, die er als Entscheidungsgrundlagen in seiner täglichen Arbeit benötigt. Es soll so der Erleichterung der Gesetzgebungsarbeit dienen, eine einheitliche Rechtsanwendung fördern und damit die Rechtssicherheit erhöhen.

Spiros Simitis

Datenschutz – Notwendigkeit und Voraussetzungen einer gesetzlichen Regelung*

Übersicht

I. Zur Situation

Datenschutz ist für die Bundesrepublik nichts Neues, sie kann im Gegenteil zu Recht Pionierleistungen für sich in Anspruch nehmen. Während anderswo die zuweilen mit beträchtlichem Aufwand geführten Diskussionen kaum jemals zu mehr führten als zu Vorbereitungen für eine legislative Intervention[1], liegt hierzulande die erste detaillierte gesetzliche Regelung, das Hessische Datenschutzgesetz, schon über zwei Jahre zurück. Zudem ist – ebenfalls auf Länderebene – mit einer ganzen Reihe weiterer Gesetze in absehbarer Zeit zu rechnen[2]. Und

---

*) Prof. Dr. Dr. h. c. *Pan. J. Zepos* zum 65. Geburtstag gewidmet.
Der Aufsatz greift Überlegungen auf, die der Verfasser zunächst in einem Vortrag vor der Gesellschaft Hamburger Juristen sowie im Rahmen der vom Bundesministerium des Innern veranstalteten Anhörung zum Referentenentwurf eines Bundesdatenschutzgesetzes entwickelte.

[1] Am bezeichnendsten ist wohl die Situation in den Vereinigten Staaten. Der Anfang war vielversprechend: umfangreiche Untersuchungen, eingehende Diskussionen und eine ganze Reihe konkreter Vorschläge schienen die denkbar besten Voraussetzungen für eine baldige, geradezu vorbildliche Regelung zu schaffen. Doch das Ergebnis war erschreckend mager. Beachtung verdient eigentlich nur der Fair Credit Reporting Act. v. 26. 10. 1970, und auch dieser behandelt nur einen ganz besonderen Aspekt der Datenschutzproblematik, Mitteilungen, die mit der Frage der Kreditwürdigkeit des einzelnen zusammenhängen; dazu insbes. *O. Mallmann*, AWD 1973, 78 ff. Eine Übersicht über gegenwärtige Lage gibt der Zweite Tätigkeitsbericht des Hessischen Datenschutzbeauftragten, Hessischer Landtag – Drucksache 7/3137, 11 f. Zur Entwicklung vgl. statt aller *Miller*, Der Einbruch in die Privatsphäre (1973) 66 ff., 150 ff., 254 ff. Der Zweite Tätigkeitsbericht aaO. enthält auch, 12 f., Hinweise auf die augenblickliche Situation in weiteren ausländischen Staaten.

[2] Freilich macht sich gerade in letzter Zeit eine deutliche Verzögerungstendenz bemerkbar. Der Grund dafür sind die verstärkten Bemühungen um ein Bundesdatenschutzgesetz. Die Länder ziehen es fast durchweg vor, erst einmal dieses Gesetz abzuwarten, um dann ihre eigene Position festzulegen. Zur Situation vgl. den Ersten Tätigkeitsbericht des Hessischen Datenschutzbeauftragten, Hessischer Landtag, Drucksache 7/1495, 13 f. sowie die ergänzenden Bemerkungen des Zweiten Tätigkeitsberichts aaO. 10.

selbst dort, wo ähnlich umfassende Vorschriften weder vorhanden noch geplant sind, haben sich die staatlichen Administrationen zumeist bemüht, wenigstens einige Schutzbestimmungen vorzusehen[3]. Doch der wohl wichtigste Schritt, ein Bundesdatenschutzgesetz, steht noch aus. Immerhin, die Vorarbeiten sind weitgehend abgeschlossen[4]. Daß es dabei nicht bleiben wird, ist schon deshalb anzunehmen, weil „Datenschutz" mittlerweile national wie international zu den zentralen rechtspolitischen Forderungen zählt[5].

Für manchen sicherlich eine schlichte Selbstverständlichkeit. Denn, wer, so möchte man meinen, die Vorteile elektronischer Anlagen für sich in Anspruch nimmt, muß sich auch mit Kontrollmaßnahmen abfinden[6]. Die technische Perfektionierung privater oder staatlicher Administration ist nur solange akzeptabel, wie sie auch rechtlich domestiziert wird. Der Übergang zur elektronischen Datenverarbeitung fordert insofern die Reaktion der Rechtsordnung förmlich heraus.

Solche Überlegungen, mögen sie noch so plausibel klingen, operieren an der Realität vorbei. Datenschutz ist nun einmal, gleichwohl wie er sich im einzelnen konkretisiert, institutionalisiertes Mißtrauen, damit aber stets mit Eingriffen in die Tätigkeit derjenigen verbunden, die elektronische Anlagen nutzen. Kaum verwunderlich, wenn deshalb jeder Versuch einer gesetzlichen Regelung heftige Kritik hervorruft[7]. Sie operiert in aller Regel auf zwei Ebenen. Der Angriff richtet sich gegen die Einzelheiten der geplanten Bestimmungen ebenso wie gegen die Opportunität einer legislativen Intervention.

Zugegeben, wer es unternimmt, Vorschriften zu formulieren, die sich auf die Implikationen der Verwendung von Computern beziehen, arbeitet keineswegs auf der Grundlage „gesicherten" Erfahrungsmaterials[8]. Mag sein, daß der

---

[3] Vgl. etwa die Dienstanweisung v. 3. 2. 1970 in Schleswig-Holstein für die dortige Datenzentrale oder den Runderlaß des niedersächsischen Innenminissters v. 3. 11. 1970. Nds. MinBl. Nr. 46/1970, 1326.

[4] Ein Regierungsentwurf liegt nunmehr vor, BR-Drucksache 391/73. Zu einer ersten ausführlichen Diskussion kam es im November 1972. Anlaß dazu war das vom Bundesinnenministerium veranstaltete Hearing über den Referentenentwurf; vgl. dazu die vom Bundesministerium des Innern herausgegebene Dokumentation einer Anhörung zum Referentenentwurf eines Bundesdatenschutzgesetzes vom 7. bis 9. November 1972 (1973).

[5] Die Bundesregierung hat mehrfach vor allem durch den Bundesinnenminister erklärt, daß sie den Datenschutz als eine besonders wichtige Aufgabe ansieht, vgl. statt aller Dokumentation aaO. 1 ff.
Die OECD beschäftigt sich seit 1969 mit Datenschutzfragen. Der Europarat hat 1971 mit der Prüfung der Frage begonnen, wie sich die Verwendung elektronischer Anlagen auf die Privatsphäre des einzelnen auswirkt.

[6] „Datenschutz ist die Kehrseite der Datenverarbeitung. Wo Datenverarbeitung, da Datenschutz", *Steinmüller/Lutterbeck/C. Mallmann/Harbort/Kolb/Schneider*, Grundfragen des Datenschutzes, Gutachten im Auftrag des Bundesministeriums des Innern, BT-Drucksache VI/2826, 34; *Steinmüller* in *Kilian/Lenk/Steinmüller*, Datenschutz (1973) 51.

[7] Vgl. statt aller die Dokumentation aaO.

[8] Insofern stellt der Younger Report, Report of the Committee on privacy (1972), 179, nicht zu Unrecht fest: "Put quite simply, the computer problem as it affects privacy in Great Britain, is one of apprehensions and fears and not so far one of facts and figures."

Umgang mit elektronischen Anlagen nichts Außergewöhnliches mehr darstellt, doch die seit ihrer ersten Nutzung verstrichene, relativ kurze Zeit schließt Verallgemeinerungen weitgehend aus. Mit Computern kann man infolgedessen nicht so umgehen wie mit dem Straßenverkehr. Über Verkehrsunfälle läßt sich leicht sehr viel sagen, über die Folgen der elektronischen Verarbeitung von Daten, die sich auf die Person des einzelnen beziehen, dagegen auch bei größter Mühe nur sehr wenig. Darum fällt es nicht schwer, dem Gesetzgeber Zurückhaltung zu empfehlen. Nichts scheint näher zu liegen, als eine vorsichtig abwartende Analyse der weiteren Entwicklung verbunden mit der sorgfältigen Vorbereitung einer später vielleicht doch noch notwendigen Intervention. Hast ziemt nun einmal nicht dem Gesetzgeber und vordergründige, weil voreilige Regelungen eignen sich bestenfalls dazu, ihn zu diskreditieren.

Wenn allerdings derartige Bemerkungen kaum überzeugen, so keineswegs nur deshalb, weil sie gleichsam typisierte Begleitmusik aller gesetzgeberischen Vorhaben sind, die sich nicht darauf beschränken, alte Fassaden neu zu streichen. Weitaus schwerer wiegt vielmehr, daß sie an der durch die Aktivität der computergeprägten Alltagswirklichkeit des einzelnen vorbeigehen. Elektronisch gesteuerte Datensammlungen, die minutiöse Angaben zur Person des einzelnen beinhalten, sind keine Zukunftsprojekte, an deren Realisierung noch lange nicht zu denken ist. Stichworte wie elektronische Superpersonalakte, integrierte Datenverarbeitung, Personal-Informationssysteme, Zentralregister, computerisierter Kreditbericht dürften genügen, um zumindest einen vorläufigen Eindruck davon zu vermitteln, wie weit die Konsequenzen der Nutzung elektronischer Anlagen schon jetzt reichen[9]. Wer daher nach den Implikationen der Verwendung von Computern fragt, akkumuliert nicht mehr oder minder gelungene Spekulationen, sondern orientiert sich an der konkreten Situation des einzelnen[10].

---

[9] Situation und Mentalität lassen sich schon an der Sprache der Spezialisten ablesen, sie ist verräterisch genug. Von „benutzerfreundlichen" Anlagen, Programmen und dergleichen mehr ist fast ständig die Rede, an „betroffenenfreundliche Systeme" scheint dagegen niemand zu denken, was durchaus zu Recht die Kritik des Hessischen Datenschutzbeauftragten, Zweiter Tätigkeitsbericht aaO. 7, provoziert. Und vom „Beauskunfteten" spricht man mit der größten Selbstverständlichkeit, ohne wohl auch nur für einen Augenblick zu merken, wie sehr Wörter wie dieses zeigen, daß der einzelne nur noch als Objekt längst rezipierter Prozeduren gesehen wird.

[10] Dem scheint freilich die merkliche Zurückhaltung mancher profilierter Autoren zu widersprechen, die bislang die Folgen der elektronischen Datenverarbeitung in einer zuweilen beklemmend pessimistischen Form geschildert hatten, *Alan F. Westin*s Bemerkungen in seiner jüngsten Studie, *Westin/Baker*, Databanks in a free society (1972), insb. 242 ff., 317 ff., 337 ff., sind bezeichnend dafür. Doch die vorsichtigeren Formulierungen haben einen durchaus verständlichen Hintergrund: die in vielerlei Beziehung einseitige und verzerrte Darstellung der bisherigen Entwicklung durch eben diese Autoren. Im Übereifer einer mehr wortreich-pathetischen als überlegten Verteidigung der Privatheit zeichneten sie ein Bild der Konsequenzen, zu denen die Computerverwendung führt, das fundierter empirischer Analyse nicht standhält. So sehen sie sich nunmehr gezwungen, die eigenen Äußerungen zurückzunehmen, geraten aber dabei zuweilen in die Gefahr, in das genau entgegengesetzte Extrem zu verfallen, das also zu unterschätzen, was sie bislang überschätzt haben.

Die Notwendigkeit, für Vorschriften zu sorgen, die den Umgang mit den gespeicherten Daten regeln, drängt sich insofern fast von selbst auf. Jahrelang konzentrierten sich aber alle Bemühungen nahezu ausschließlich darauf, den Nutzungsbereich elektronischer Anlagen auszudehnen. Die Computereuphorie beherrschte unangefochten das Feld. Kein Wunder, wenn unter diesen Umständen alle Vorstellungen, die auf eine Disziplinierung des Computergebrauchs hinausliefen, als höchst unliebsame Störfaktoren erschienen[11]. Gewiß, die Forderung nach Datenschutz blieb, zumal in der Bundesrepublik, dennoch nicht folgenlos[12]. Aber die vorhandenen Regelungen sind bestenfalls fragmen-

---

[11] Nicht zu Unrecht stellt daher der Hessische Datenschutzbeauftragte in seinem Zweiten Tätigkeitsbericht, aaO. 7, fest: „Die Technik der Verwaltung und der Elektronik entwikkeln benutzerfreundliche Programme, Verfahrensregeln und Organisationsmuster, die den Informationsbedarf der Verwaltung optimal erfassen und den reibungslosen Datenfluß sicherstellen. Die Fragen nach den demokratischen Kontrollen, nach dem Schutzbedürfnis der Persönlichkeitsrechte des Bürgers und der verfassungsmäßigen Gewaltenbalance werden dabei meist vernachlässigt."

[12] Nach wie vor ist es freilich so, daß die Diskussion über den Datenschutz in aller Regel nur als Auseinandersetzung mit mißlichen Konsequenzen technologischer Entwicklung verstanden wird. Was verhütet werden soll, sind einzig und allein die unerwünschten Folgen eines ansonsten uneingeschränkt bejahten strukturellen Wandels der Informationstechnologie. Kurzum: Nachdenken hört dort auf, wo es noch wichtiger wäre, bei der Frage, inwieweit es wirklich schlicht selbstverständlich ist, daß technisch Mögliches auch realisiert werden muß, oder ob es nicht gerade die eigentlich entscheidende Aufgabe wäre, die Grenzen eben dieser Verwirklichung rechtzeitig aufzuzeigen und deutlich zu ziehen. Vgl. *Simitis*, ZSR 1972, 437 ff.; *Lenk* in *Kilian/Lenk/Steinmüller*, Datenschutz 18; *Rodotà*, L'elaboratore elettronico e il cittadino (1972) 33 ff., 38 „... denunciare singoli inconvenienti, prospettare un'apocalisse orwelliana, riaprire il dossier delle „due culture", può servire soltanto per qualche frettolosa panacea o per dibattiti consolatori, mentre gli elaboratori proliferano senza alcun controllo nella nostra società."

Um nur ein einziges Beispiel zu nehmen: Das Hessische Krankenhausgesetz v. 4. 4. 1973, GVBl. I 145, regelt in § 13 die Datenverarbeitung im Krankenhauswesen. An der Notwendigkeit einer solchen Bestimmung hat von Anfang nicht der geringste Zweifel bestanden. Nicht nur weil sich die Datenverarbeitung als „unentbehrliches Hilfsmittel im Gesundheitswesen" erwiesen hat, sondern auch und vor allem im Hinblick auf „das dringende öffentliche Bedürfnis" an der Weitergabe von Daten im Rahmen eines Verbundsystems. Denn nur so könne der „rationelle Einsatz der sehr hohe Aufwendungen erforderniden Datenverarbeitung" gewährleistet und die Wirtschaftlichkeit der Krankenhäuser verbessert werden, vgl. LT-Drucks. 7/2505. Daß jede solche Entscheidung schwerwiegende Konsequenzen für den Patienten haben kann, bleibt freilich unerwähnt. Gewiß fehlte es keineswegs an Hinweisen auf die „optimale ärztliche und pflegerische Betreuung", doch nirgends fand sich auch nur eine einzige Bemerkung über die Unterrichtung des Patienten oder gar mögliche Mitspracherechte. Erst die Intervention des Hessischen Datenschutzbeauftragten, Zweiter Tätigkeitsbericht aaO. 26 f., veranlaßte den Gesetzgeber, eine weitere Vorschrift aufzunehmen (§ 14), die den Datenschutz regelt. Kurzum, ohne die Kontrolle der Datenschutzbehörde hätte einmal mehr die eingefahrene Perspektive völlig dominiert: der angenommene Rationalisierungseffekt reicht aus, um einen Übergang zur Datenverarbeitung zu rechtfertigen. Nach mehr wird schlicht nicht gefragt. Zu den ähnlichen Erfahrungen in Frankreich vgl. *Braibant*, RevIntDrComp. 1971, 805 f. Zu der Situation in den Krankenhäusern vgl. auch *Westin/Baker*, Databanks 203 ff.

tarische Ansätze, ganz abgesehen davon, daß sie sich oft genug widersprechen[13]. Eine umfassende Datenschutzgesetzgebung ist deshalb alles andere als überflüssig und erst recht läßt sich nicht behaupten, sie käme viel zu früh[14]. Greift der Gesetzgeber nicht jetzt ein, so riskiert er die Effizienzchancen seiner Regelung restlos zu verspielen. Jede Verzögerung verschärft die Konfrontation mit einer sich zunehmend verfestigenden Computerpraxis, die zu modifizieren, immer schwerer fällt[16]. Nur solange aber Rechtsnormen tatsächlich Steuerungsfunktionen wahrnehmen, vermag ein Gesetzgeber sich selbst gegenüber gerecht zu werden, der seine Aufgabe in der Vorausplanung gesellschaftlicher Wirklichkeit sieht, und nicht in einem als weise Zurückhaltung ausgegebenen hoffnungslosen Hinterhinken hinter der Realität.

---

[13] Wohl am auffälligsten sind die Diskrepanzen zwischen den jeweils vorgesehenen Sanktionen. Während für die einen (§ 16 Hess. DatSchG) Verstöße schlichte Ordnungswidrigkeiten sind, sehen die anderen (Art. 16 des Bayerischen EDV-Gesetzes) bei Zuwiderhandlungen Freiheitsstrafen vor. Der Entwurf für ein BDatSchG (§§ 32 ff.) gibt einer Kombination von Straftaten und Ordnungswidrigkeitstatbeständen den Vorzug und möchte durch diese abgestufte Reaktion dem unterschiedlichen Maß an Gefährdung des einzelnen Rechnung tragen. In der Tat läßt sich die unbefugte Weitergabe oder Veränderung von Angaben nicht auf eine Stufe mit der Unterlassung von Benachrichtigungspflichten oder der Unvollständigkeit von Mitteilungen stellen – um nur diese Beispiele zu nennen.

[14] Vgl. auch *Westin/Baker*, Databanks 351: "Some commentators have also suggested that it would be helpful to create a national study commission on the computers and civil-liberties problem, to make recommendations for public policy. We do not think this would be a useful step. We already know the present impact of computerization and have a picture of what is foreseeable in the near future; our need at this point is to initiate new laws and other civil interventions that will bring organizational practices into line with new social values and civil liberties claims ..."; *Rodotà*, Elaboratore 108, „... questo, che sarebbe un difetto gravissimo in qualsiasi altra materia, diviene peccato impardonabile quando si debbono valutare i dati nuovo introdotti dal progresso tecnologico."; *Podlech*, Datenschutz im Bereich der öffentlichen Verwaltung (1973) 37.

[15] Vgl. auch *Warner-Stone*, Die Computer-Gesellschaft (1972) 77 f.; *Podlech*, Datenschutz 37 f.

[16] Das wohl beste Beispiel dafür ist die Diskussion in den Vereinigten Staaten. Lange Zeit hindurch drehte sie sich ausschließlich um die Verteidigung der „privacy". Computer wurden fast nur unter diesem Aspekt zur Kenntnis genommen und die Relevanz elektronischer Datenverarbeitung lediglich unter privacy-Gesichtspunkten beurteilt, sieht man einmal von der deutlich getrennt davon geführten Diskussion über Dokumentationsmethoden und Entscheidungsabläufe ab. Statt aller *Westin*, Privacy and freedom (1967), *Westin/Baker*, Databanks 241 ff., 337 ff.; *Miller*, Einbruch 29 ff., 203 ff. 289 ff. sowie *Kamlah*, Right of privacy (1969), Datenschutz im Spiegel der anglo-amerikanischen Literatur, BT-Drucksache VI/3826, 195 ff. Der Eindruck wiederholt sich freilich überall, wo Datenschutz zur Debatte gestanden hat, vgl. etwa *Warner-Stone*, Die Computer-Gesellschaft aaO.; Price of privacy, Report of the Privacy Committee of the Society of Conservative Lawyers, (1971); Younger Report 177 ff.; *Ryan*, Report on protection of privacy (1968); *Niblett*, L'information numérique et la protection des libertés individuelles (1971); *Seidel*, Datenbanken und Persönlichkeitsrecht (1972) 56 ff., 130 ff.; *Kamlah*, DÖV 1970, 361 ff.; *Auernhammer*, ÖVD 1971, 23, der „Datenschutz als Maßnahme im weitesten Sinne zum Schutz der Privatsphäre gegen Übergriffe bei der Datenverarbeitung" definiert; *Geiger*, in *Kilian/Lenk/Steinmüller*, Datenschutz 172. Vgl. auch *Hasselkuss/Kaminski*, in *Kilian/Lenk/Steinmüller*, Datenschutz 109 ff., 126.

II. Gegenstand und Ziele

1. Die wohl wichtigste Voraussetzung einer nicht nur überzeugenden, sondern auch effizienten gesetzlichen Regelung ist die exakte Umschreibung ihrer Ziele. Nichts scheint freilich einfacher zu sein. Eine legislative Intervention kann, so heißt es immer wieder, keinen anderen Sinn haben, als Privatheit und Persönlichkeit des einzelnen abzusichern[16]. Der Datenschutz präsentiert sich so als nahezu selbstverständliches Instrument zur Verteidigung der Privatsphäre[17]. Und genau in diese Richtung weisen auch alle bisher vorliegenden Reaktionen auf die Forderung nach Datenschutz, gleichviel ob sie wie das geplante Bundesmeldegesetz nur Einzelaspekte betreffen oder wie die Vorschläge zum Bundesdatenschutzgesetz eine globale Regelung anstreben. Vom Persönlichkeitsschutz ist ebensoviel die Rede wie von der Privatsphäre[18].

Gegen solche Formulierungen ist auf den ersten Blick wenig einzuwenden. Sie greifen, wenn man so will, in einem spezifischen Zusammenhang die weitaus allgemeineren Überlegungen des Bundesverfassungsgerichts zum Grundrecht des Bürgers auf Achtung seiner Privatsphäre auf[19]. Wenn es tatsächlich so etwas wie einen „unantastbaren Bereich privater Lebensgestaltung" gibt, dann ist dessen Existenz auch und vor allem dort unter Beweis zu stellen, wo Daten gesammelt, gespeichert und verarbeitet werden.

Dieses Ziel läßt sich aber nicht dadurch erreichen, daß man noch so laut und unüberhörbar den Respekt vor der Privatsphäre beteuert. Die eigentliche und entscheidende Frage lautet vielmehr, wie manifestiert sich rechtlich abgesicherte Privatheit, wo verlaufen also genau jene Grenzen, die von keinem Einwirkungsversuch mehr überwunden werden können. Der schlichte Hinweis auf die Privatsphäre hilft da nicht weiter. Auch die sonst gebräuchlichen Formeln geben nichts her. Was zu jenem „innersten Bezirk", der dem einzelnen „um seiner freien und selbstverantwortlichen Persönlichkeitsentfaltung willen verbleiben muß"[20], wirklich zählt, bleibt letztlich ebenso undefiniert wie der „schlechthin unantastbare Bereich", und dies selbst dann, wenn man sich auf die überaus kunstvolle Akrobatik der Unterscheidung von „Privat-" und „Intimsphäre"[21] einläßt.

---

[17] „... prodi cavalieri si accingono a scendere in campo a difesa dei diritti individuali minacciati dagli elaboratori elettronici. La difesa della privacy: ecco un tema che sembra congiungere propiziamente la tradizione individualistica del diritto privato occidentale e i dati nuovi proposti della tecnologia moderna.", *Rodotà*, Elaboratore 2.

[18] Der Entwurf des Bundesmeldegesetzes (BR-Drucks. 390/73) wählt für den Fragen der Datensammlung und -weitergabe betreffenden § 2 ausdrücklich die Überschrift „Persönlichkeitsschutz", und die Begründung betrachtet gerade diese Vorschrift als Beweis für das offensichtliche Interesse des Gesetzgebers an Vorkehrungen gegen eine Gefährdung der Persönlichkeit.

[19] BVerfGE 6, 32 (41); 27, 1 (6); 27, 344 (350 f.); 32, 373 (378 f.); BVerfG ZBlJR 1973, 26 (30); NJW 1973, 891, 1226; ZBR 1973, 174.

[20] BVerfGE 27, 1 (6).

[21] BVerfGE 27, 1 (6), 344 (350 f.), BVerfG, ZBlJR 1973, 30, ZBR 1973, 175. Hierher gehören auch die Versuche mancher Zivilgerichte, die Persönlichkeitssphäre in den Individual-, Privat- und Intimbereich aufzuteilen, wobei für den letzten „seiner Natur nach Anspruch auf Geheimhaltung besteht", OLG Celle NJW 1967, 2314; *Palandt-Thomas*, BGB (32. Aufl. 1973) § 823 Anm. 15 B. mit weiteren Angaben.

Freilich kaum verwunderlich, denn wer es auch immer unternimmt, den angeblich unzugänglichen Bereich mit Hilfe einzelner Datenkomplexe näher zu umschreiben, sieht sich sehr bald genötigt, die Existenz einer solchen Sphäre zu bezweifeln. Nach Angaben, die zu jeder Zeit und unter allen Umständen dem Zugriff Außenstehender entzogen bleiben, sucht man umsonst. Mit Sicherheit ist nur so viel zu sagen: Die Reaktion auf den Versuch, Angaben zu verwerten, die eine bestimmte Person betreffen, wechselt ständig. Und zwar keineswegs nur von Datenkomplex zu Datenkomplex, was nicht überrascht, sondern auch dann, wenn es um dieselben Angaben geht. Anders formuliert, Daten, die sich in einem konkreten Zusammenhang vielleicht als unzugänglich erweisen, büßen diese Eigenschaft ein, sobald sich der Kontext verändert. Kurzum, die Transparenz der persönlichen Sphäre variiert. Wie weit sie reichen kann, zeigt sich bei der Verwicklung in ein Strafverfahren wahrscheinlich am besten. Zu der Forderung, sich vor der Urteilsfindung ein möglichst genaues Bild vom Betroffenen zu machen, kommt die auch vom Bundesverfassungsgericht immer wieder betonte Notwendigkeit einer wirksamen Rechtspflege[22]. Beides trägt aber dazu bei, daß schwerlich noch von irgendeiner Angabe behauptet werden kann, sie sei wirklich unzugänglich.

Zugegeben, keine alltägliche Situation, doch deshalb noch lange nicht ein singulärer Fall. Staatliche Administration, um zunächst nur von ihr zu sprechen, ist gerade im Rahmen einer Verwaltung, die sich auch als leistende sowie planende Instanz versteht und als solche agiert, tendenziell auf Totalinformation ausgerichtet, mag im übrigen von der Persönlichkeit und ihrem Schutz noch so viel die Rede sein. Nicht von ungefähr überläßt es der Entwurf zu einem BMeldG in § 16 II dem Bundesinnenminister, durch Rechtsverordnung zu bestimmen, „welche personenbezogenen Daten zur Verfügung stehen müssen". Das prinzipielle Bekenntnis zur Unverletzlichkeit der persönlichen Sphäre ändert nichts daran, daß immer wieder „besondere" Zusammenhänge entdeckt werden, die offensichtlich jede Alternative zur lückenlosen Information kategorisch ausschließen. Nur so kann es, der Administration zufolge, gelingen, „den jeweiligen Informationsbedürfnissen" Rechnung zu tragen[23].

Selbst dort aber, wo es an Vorschriften fehlt, die den Zugriff auf die Privatsphäre legasisieren, fällt es schwer, sie als unzugänglich zu bezeichnen. Wer eine Lebensversicherung abschließt oder einen Kredit aufnimmt, gibt gleichzeitig eine Vielzahl von Informationen preis, die unstreitig seinen ureigensten privaten Bereich berühren. Sicherlich geschieht dies auf dem Hintergrund seiner eigenen Entscheidung, doch in Wirklichkeit nur um in den Genuß von Leistungen zu kommen, die längst zu den selbstverständlichen Begleiterscheinungen individueller Existenz in der industriellen Gesellschaft[24] zählen. Darum ist es

---

[22] BVerfG, NJW 1973, 893; BVerfGE 19, 342 (347); 20, 45 (49), 144 (147); 29, 183 (194); 32, 373 (381); BVerfG, ZBlJR 1973, 31. Im übrigen wäre hier an die §§ 160 II, III, 244 II StPO zu erinnern.

[23] BR-Drucksache 390/73, 19. Vgl. dazu auch die kritischen Bemerkungen von *Dammann*, ÖVD 1972, 70 ff.

[24] Vgl. *Simitis*, NJW 1971, 675 f.; *Miller*, Einbruch 81 ff.

reichlich müßig, darüber zu spekulieren, wieweit er tatsächlich freiwillig handelt. Dort, wo sich Risikoabwehr gar nicht anders mehr vollziehen kann als über über eine Versicherung und mit Kreditaufnahme gekoppelte Abzahlungskäufe nichts Außergewöhnliches darstellen, sondern im Gegenteil landläufige Kennzeichen jener Rolle sind, die der einzelne nach den täglich manifestierten Erwartungen einer durch immer neue Formen der Absatzstrategie geprägten Wirtschaft spielen soll, stellt sich dem einzelnen gar nicht erst die Frage nach der Exklusivität seiner Privatsphäre. Was ihn allein interessiert, sind die Leistungen auf die er angewiesen ist, diese aber sind nicht anders als über die Bereitschaft zur Information zu bekommen.

Deshalb überrascht es keineswegs, wenn zunehmend von der Relativität der Privatsphäre gesprochen wird[25]. Die Relativität umschreibt nichts anderes als eben jene immer wieder festgestellte Veränderlichkeit der Unzugänglichkeit. Sie kennzeichnet zugleich den endgültigen Verzicht auf jeden Versuch, einen Außenstehenden stets und unter allen Umständen verschlossenen Bereich persönlicher Daten auszumachen.

Mit dem Hinweis auf die Relativität wird auch ein weiteres deutlich: die „Privatsphäre" ist kein tauglicher Ansatzpunkt für eine Datenschutzregelung. Alle bisherige Bezugnahme auf die „Privatsphäre" hat eine ausschließlich negative Funktion gehabt. Wer von Persönlichkeitsschutz, Privatheit, Privat- und Intimsphäre oder ähnlichem spricht, bedient sich einer Abwehrformel, die dazu dienen soll, in einem präzisen Fall Sperriegel gegen eine Intervention in den persönlichen Bereich des einzelnen vorzuschieben. Er umschreibt aber niemals positiv eine wie auch immer näher definierte Sphäre. Kurzum, mit Privat- und Intimsphäre läßt sich vielleicht dort etwas anfangen, wo es um ein nachträgliches Korrektiv geht, nicht jedoch dann, wenn es sich darum handelt, die Grundlage für eine umfassende, präventive gesetzliche Regelung zu gewinnen[26]. Wer sich daher mit so allgemein gehaltenen Hinweisen begnügt, sieht sich dem verständlichen und berechtigten Vorwurf ausgesetzt[27], mit Leerformeln zu spielen, die bestenfalls den Eindruck gesetzgeberischer Aktivität und Fürsorge erwecken, in Wirklichkeit freilich jeden konkreten Nutzen missen lassen. Eine überzeugende Antwort auf die Frage nach dem Gegenstand einer effizienten

---

[25] *Steinmüller u. a.*, Grundfragen 51; *Steinmüller* in *Kilian/Lenk/Steinmüller*, Datenschutz 67; *C. Mallmann* in *Schneider*, Datenschutz — Datensicherung (1971) 21 ff.; *Podlech*, DVR 1 (1972) 156; *Kamlah*, DÖV 1970, 362; vgl. auch die Begründung zum Entwurf eines BDatSchG, aaO. 22.

[26] Zu den vielleicht kennzeichnendsten Erfahrungen der bisherigen Datenschutzdiskussion gehört freilich, daß Experten und Kommissionen, die gesetzliche Bestimmungen vorbereiten sollen, gerade dies immer wieder verkennen. Der Bericht der Interministeriellen Arbeitsgruppe beim Bundesministerium des Innern über ein Informationsbankensystem, Das Informationsbankensystem (1971) 80 f., ist nur ein Beispiel dafür. Auch graphische Darstellungen ändern daran nichts. Sie zeigen lediglich, wie wenig den Verfassern die Schwierigkeiten bewußt sind. Die Informationen durch eine Trennungslinie in Teilmengen zu teilen, ist kein Kunststück, für den Gesetzgebungsprozeß gewinnt man allerdings damit nichts.

[27] *Dammann*, ÖVD 1972, 70, „eine Art Verkaufsargument".

Datenschutzregelung setzt insofern weit mehr voraus als das noch so nachdrücklich formulierte Bekenntnis zum „unantastbaren Bereich privater Lebensgestaltung“, mag er als „Privat-“, „Intimsphäre“ oder wie auch immer ausgegeben werden.

2. Nichtsdestoweniger wäre es falsch zu meinen, die Bezugnahme auf die Privatsphäre sei schlicht entbehrlich, man täte deshalb besser daran, die Diskussion in Zukunft nicht weiter durch solche Hinweise zu belasten[28]. Denn der Forderung, sie zu respektieren, kommt zumindest eine Funktion zu: die Zusammenhänge anzudeuten, aus denen heraus die Notwendigkeit Datenschutz vorzusehen entsteht und die Richtung zu weisen, in die er zu gehen hat.

Gewiß, wer allzuoft von der Privatsphäre spricht, gerät leicht in die Gesellschaft jener pessimistisch-nörgelnder Kulturkritiker, denen Technik ohnehin ein Greuel ist, und die in der fortschreitenden Verwendung elektronischer Anlagen ein untrügliches Zeichen irreparabel geschädigter, untergangsgeweihter Zivilisation sehen. Ohnmacht des Individuums und Allmacht der Technik konstrastieren nun einmal überaus wirkungsvoll. Kaum ein Gegenstand dürfte sich aber besser als die Verarbeitung persönlicher Daten durch den Computer dazu eignen, um die beklemmende Vision des von der technischen Apparatur verfolgten, ja ihr restlos ausgelieferten einzelnen hervorzurufen.

Über die Tatsache freilich, daß die Nutzung elektronischer Anlagen alles andere als zufällig erfolgt, sondern wohlüberlegter und sorgfältig einkalkulierter Teil staatlicher und privater Tätigkeit ist, pflegt man kein Wort zu verlieren[29]. Von den Auswirkungen planender und leistender Verwaltung auf die Position des einzelnen ist ebensowenig die Rede wie von den Implikationen seiner zunehmenden Vermarktung[30]. Die Reflexion über das Mysterium der Technik beherrscht das Feld[31].

Mit solchen Überlegungen hat jedoch der hier immer wieder betonte Zusammenhang von Datenschutz und Privatsphäre nichts gemein. Er soll einzig und

---

[28] *Steinmüller u. a.*, Grundfragen 53, 54: „Das Reizwort ‚Privatsphäre‘ ist darum aus der wissenschaftlichen Diskussion des Datenschutzrechts auszuscheiden.“, 48: „die ‚Privatsphäre‘ hat ausgedient.“

[29] Vgl. auch *Rodotà*, Elaboratore 38: „L'ideologia del laissez-faire tecnologico e la superbia dei tecnici concorrono ad oscurare i nessi con il quadro istituzionale a cui riferire l'azione dei soggetti che si servono degli elaboratori elettronici; e ad accreditare ulteriormente l'opinione che la nostra società non possa sottrarsi ad un inquinamento da elaboratore.“

[30] Vgl. auch die kritischen Bemerkungen von *Lenk* in *Kilian/Lenk/Steinmüller*, Datenschutz 18 ff.

[31] Was freilich nur zu gut die ambivalente Position vor allem der amerikanischen Mittelklasse widerspiegelt, die sich einerseits energisch auf die Unverletztlichkeit der Privatsphäre beruft, um eine mißtrauisch beobachtete und für politisch sowie ökonomisch unerwünscht gehaltene Expansion staatlicher Aktivität zurückzuweisen, andererseits aber im Rahmen der eigenen wirtschaftlichen Tätigkeit die Vorteile einer Nutzung der Computer unter keinen Umständen missen möchte. Vgl. dazu auch *Rodotà*, Elaboratore 26 ff. Unter dem Eindruck dieses Konflikts verliert die Diskussion um die Privatsphäre zunehmend an Rationalität und verflüchtigt sich in Exkurse über das Schicksal der Zivilisation.

allein klarstellen, daß es eine Schwelle gibt, die nicht überschritten werden darf, wenn Informationsbeschaffung und Informationsverarbeitung den einzelnen nicht vollständig funktionalisieren und zum schlichten Objekt staatlicher und privater Bürokratie degradieren sollen[32]. Gleichviel also wie die Informationsansprüche der Administration gegenwärtig auch immer ausfallen, die Konsequenz kann niemals darin bestehen, den Anspruch auf eine rechtlich garantierte Privatsphäre preiszugeben. Festzustellen, wie schwer es fällt, sie einzugrenzen, und wie oft sie durchlöchert wird, heißt keineswegs, sie abzuschreiben. Nur wo dem einzelnen ein Bereich bleibt, in den er sich zurückziehen kann und in den eine noch so organisierte staatliche oder private Informationsanstrengung nicht einzudringen vermag, hat die Chance zur Selbstreflexion einen realen Hintergrund. Eine Gesellschaft, die Privatsphäre für überflüssig erklärt, gibt damit auch jede Hoffnung auf Selbstbestimmung auf. Die Existenz der Privatsphäre ist insofern Grundbedingung individueller Freiheit.

Das bedeutet aber zumindest soviel: Information kann nicht beliebig verfügbar sein, ihr Gebrauch bedarf der Legitimierung und Kontrolle. Der Rechtsordnung stellt sich deshalb die Aufgabe, für Mechanismen zu sorgen, die Informationsverarbeitung nicht zur Gefahr für die Integrität des einzelnen werden lassen. Die Forderung nach Datenschutz ist daher nichts anderes als Ausdruck der Überzeugung, daß eine Rechtsordnung, die den Respekt vor dem einzelnen zu ihren fundamentalen Prinzipien zählt, Abwehrstrategien entwickeln muß, um existente oder auch potentielle Gefährdungen eben dieser Integrität auszuschalten.

Zudem: Nicht zuletzt von solchen Vorkehrungen hängt es ab, ob jeder einzelne einen privaten, Außenstehenden verschlossenen Bereich für sich in Anspruch nehmen kann, oder ob die Privatsphäre nur Luxusgegenstand ist, den sich nur Privilegierte leisten. Denn soviel läßt sich nicht bestreiten, solange sich Informationssammlung und Informationsverarbeitung unkontrolliert vollziehen, richtet sich die Existenz der Privatsphäre nach der ökonomischen und gesellschaftlichen Position. Genauer: Wer krankenversicherungspflichtig ist, auf Abzahlung kaufen muß und auf Sozialleistungen nicht verzichten kann, dürfte kaum Chancen haben, Informationserwartungen erfolgreich zu widerstehen, und zwar ohne jede Rücksicht darauf wie sie auch immer formuliert werden. Überdies, die Bereitschaft zur kritischen Überprüfung der geforderten Angaben und damit zur Abwehr wird in entscheidendem Maß vom Sozialisationsprozeß des Betroffenen bestimmt. Kurzum, je höher sein Bildungsgrad und je geringer seine Abhängigkeit von den verschiedenen an Information gebundenen Leistungen desto größer die Wahrscheinlichkeit, eine Privatsphäre konstituieren

---

[32] Deshalb ist es auch verfehlt, die spezifische Gefahr elektronisch gesteuerter Datenbanken im Mißbrauch der gespeicherten Angaben zu sehen, ein Argument, das freilich die Diskussion beherrscht. Entscheidend ist vielmehr die mit dem Übergang zu einem qualitativ neuen Informationsinstrumentarium angestrebte Perfektionierung der sozialen Steuerung, *Simitis*, ZSR 1972, 457 ff.; *Lenk* in *Kilian/Lenk/Steinmüller*, Datenschutz 17.

und verteidigen zu können. Der Datenschutz kann hier zumindest korrigierend wirken, indem er institutionalisierte generelle Barrieren schafft, die Abwehr also nicht mehr der individuellen Möglichkeit überläßt.

Die Privatsphäre ist infolgedessen aus der Perspektive einer Datenschutzregelung keineswegs vernachlässigenswert[33], sondern in Wirklichkeit der einzig mögliche Reflexionsansatz. Trotzdem ändert sich nichts daran, daß damit für die Formulierung der gesetzlichen Vorschriften noch keine überzeugende Grundlage vorliegt. Nach wie vor gilt es ihren Gegenstand präziser zu umschreiben.

3. Die bisherige Diskussion erweckt freilich leicht den Eindruck als fiele es nicht schwer, diese Aufgabe zu lösen. Den Schlüssel liefert scheinbar eine Formel, die mittlerweile auch die gesetzgeberischen Vorarbeiten beherrscht. Datenschutz, so heißt es, diene der Kontrolle im Umgang mit „personenbezogenen Daten"[34].

Doch die Gefahr liegt auf der Hand. Begriffe wie „personenbezogene Daten" haben die bedenkliche Eigenschaft, Präzision und Konkretheit äußerst effektvoll vorzutäuschen und damit Hoffnungen zu wecken, die sie einfach nicht erfüllen können. Was wirklich „personenbezogen" ist, läßt sich ebensowenig exakt angeben, wie es gelingen kann, die „Privatsphäre" überzeugend zu definieren[35]. Erreicht ist bestenfalls eines: die Klarstellung, daß es nicht um beliebige Daten geht, sondern nur um solche, die mit der Person des einzelnen zusammenhängen. Welches aber diese Angaben genau sind, ob im Ernst sämtliche „personenbezogene Daten" erfaßt werden sollen oder nur ein bestimmter besonders relevanter Ausschnitt gemeint ist, bleibt im Dunkeln[36]. Jeden Hinweis

---

[33] In diesem Sinne wohl auch *Steinmüller*, der die in *Steinmüller u. a.*, aaO., Grundfragen, geübte scharfe Kritik später, *Kilian/Lenk/Steinmüller*, Datenschutz 67, insoweit präzisiert und einschränkt.

[34] Das gegenwärtig wohl wichtigste Beispiel dafür ist der Entwurf für ein Bundesdatenschutzgesetz. Für die Verfasser sind die „personenbezogenen Daten" der einzig mögliche Ansatzpunkt für eine gesetzliche Regelung, vgl. etwa die Begründung zu § 1, aaO. 22. Die Formulierungen freilich, deren sie sich bedienen, sind eher geeignet, heftige Kritik herauszufordern, denn zu überzeugen. Für jeden, der die bisherige Datenschutzdiskussion wirklich ernsthaft verfolgt hat, kann es niemals Zweck des Gesetzes sein (§ 1) „personenbezogene Daten vor Mißbrauch bei der Datenverarbeitung zu schützen". Wenn schon die Aufgabe der gesetzlichen Regelung umschrieben werden soll, so steht einzig und allein der Schutz des Bürgers zur Debatte. Um seine Interessen geht es und diese sind es, die dort besonders gefährdet werden, wo elektronische Anlagen dazu dienen, Angaben zu seiner Person zu verarbeiten.
Podlech, Datenschutz 8, 47, orientiert seinen Entwurf ebenfalls an den „personenbezogenen Daten". Vgl. zu diesem Begriff auch *Garstka* in *Kilian/Lenk/Steinmüller*, Datenschutz 68.

[35] Vgl. auch *Steinmüller* in *Kilian/Lenk/Steinmüller*, Datenschutz 68.

[36] Auch Definitionsversuche wie der von *Podlech*, DVR 1 (1972) 157, beseitigen diesen Nachteil nicht. Die Überlegung, daß das Datenobjekt eine Person sein muß „und die Daten entweder mit dem Personenkennzeichen verknüpft sind oder sich das Datenobjekt aus den Daten erschließen läßt", präzisiert letztlich nur den Bezugspunkt der Information, ohne aber Ansatzpunkte für mögliche, ja notwendige Eingrenzungen wenigstens anzudeuten.

auf die Privatsphäre zu kritisieren oder gar zu ironisieren, um sich dann mit den „personenbezogenen Daten" zu begnügen, erscheint darum als ein reichlich erfolgloses und zeitraubendes Spiel mit Worten.

Doch damit nicht genug. Mindestens ebenso gravierend ist ein weiterer Nachteil: der bewußt provozierte Eindruck, als könne und dürfe Datenschutz immer nur Angaben betreffen, die gezielt einzelne Personen zum Gegenstand haben. Anonymisierte und aggregierte Daten blieben so von vornherein ausgeschlossen, für eine effiziente Datenschutzregelung eine alles andere als gleichgültige Konsequenz.

In zunehmendem Maß versucht die Exekutive die Wirksamkeit der eigenen Tätigkeit durch den Rückgriff auf Entscheidungshilfesysteme zu steigern. Sorgfältig abgesicherte langfristige Prognosen sollen dazu verhelfen, die soziale Entwicklung zu steuern, Konflikte vorauszusehen und aufzufangen. Der Bedarf an Daten steigt damit ständig. Gewiß, die Versuchung ist groß, darin allenfalls eine quantitative Veränderung altbekannter Probleme zu sehen. Schließlich steht spätestens seit der Mikrozensus-Entscheidung[37] fest, daß Literatur und Rechtsprechung, die mit statistischen Erhebungen verbundenen Gefahren für den einzelnen sehr wohl kennen und auch zu bekämpfen suchen[38]. Doch solche und ähnliche Überlegungen helfen dort nicht mehr weiter, wo statistische Daten zum Spielmaterial staatlicher Planungsstrategie werden. Die Steuerung gesellschaftlicher Verhältnisse vollzieht sich über die permanente Rückbeziehung auf die individuelle Situation[39]. Man braucht nur an die wachsende Bedeutung von Longitudinalerhebungen zu denken, die ohne langfristige Aufbewahrung identifizierbarer Merkmale einfach nicht denkbar sind. Zudem verhelfen Personen- und Gruppenkennzeichen ebenso wie geographische Indikationen relativ leicht

---

[37] BVerfGE 27, 1.

[38] Vgl. etwa *Kamlah*, DÖV 1970, 361 ff. Nicht von ungefähr enthält manche Regelung von Datenschutzfragen Querverweise auf die für statistische Erhebungen geltende Bestimmungen; vgl. z. B. Ziff. 4.2 der Dienstanweisung über den Schutz der Daten und ihre Geheimhaltung in der Datenzentrale Schleswig-Holstein.

[39] In unmittelbarem Zusammenhang damit steht auch die immer wieder betonte Forderung, Restriktionen des Datenschutzes um der Aufrechterhaltung der sozialwissenschaftlichen Forschung willen vorzusehen. An der Notwendigkeit, empirisches Material auszuwerten, um eine Analyse der gesellschaftlichen Situation vornehmen zu können, zeigt sich das Dilemma, vor dem der Gesetzgeber steht; die Erwartung des einzelnen, Informationen über seine Person möglichst geheimzuhalten, kollidiert mit dem Wunsch, ja dem Erfordernis sozialen Ablauf transparenter, damit aber auch steuerbarer zu machen. Vgl. zu diesen Fragen insb. *Paul J. Müller*, Datenschutz und Datensicherung der Individualdaten der empirischen Sozialforschung (unveröffentlichtes Manuskript Köln 1972); *Karhausen/Müller*, Stellungnahme zum Entwurf eines Bundesdatenschutzgesetzes beim Hearing 7. bis 9. November 1972 in Bonn (unveröffentlichtes Manuskript Sept. 1972) 13 ff. Vgl. auch *Podlech*, Datenschutz 12, der wohl mit Rücksicht auf solche Überlegungen, die Informationsweitergabe für wissenschaftliche Zwecke in § 18 seines Entwurfs zu erleichtern sucht. Gerade hier dürfte es freilich besonders schwierig sein, die einer Weitergabe entgegenstehenden „schutzwürdigen Belange" des Betroffenen näher zu definieren.

dazu, vorhandene Informationen mit bestimmten Personen zu verknüpfen[40].

Kaum verwunderlich, wenn es unter diesen Umständen an unmißverständlichen Erklärungen der Exekutive nicht fehlt, auf Primärdaten um der eigenen Aufgabe willen nicht verzichten zu wollen[41]. Die Administration gibt so offen zu, daß der einzelne in den Informationsprozeß selbst dort einbezogen wird, wo nach traditionellem Verständnis vollendete Anonymität zu herrschen scheint. Der Wandel im Instrumentarium des politischen Systems geht also mit einer fortschreitenden Offenlegung persönlicher Daten einher. Anonymisierte und aggregierte Daten sind deshalb keineswegs datenschutzimmun. Im Gegenteil, eine Datenschutzregelung hat nur solange einen Sinn, wie sie auch diesem Sachverhalt Rechnung trägt. Sie muß sich mit anderen Worten am vorhandenen Steuerungspotential und seinen Konsequenzen orientieren und nicht an einem längst Geschichte gewordenen Bild von Umfang und Tragweite statistischer Erhebungen. Wer freilich meint, sich mit „personenbezogenen Daten" begnügen zu können, dem bleiben solche Fragestellungen von vornherein verschlossen[42].

4. Wenn aber weder die „Privatsphäre" noch der scheinbar weitaus konkretere

---

[40] Es ist das Verdienst des Hessischen Datenschutzbeauftragten in seinem Ersten Tätigkeitsbericht, aaO. 22 ff., unmißverständlich auf diese Zusammenhänge hingewiesen zu haben. Vgl. auch den Zweiten Tätigkeitsbericht, aaO. 21 f. sowie *Dammann* in *Kilian/Lenk/Steinmüller*, Datenschutz 268 ff.; *Hoffmann/Miller*, Datamation 16 (1970) 74 f.; *Lenk* in *Kilian/Lenk/Steinmüller*, Datenschutz 30 ff., ÖVD 1972, 410 ff.; *Westin/Baker*, Databanks 186 ff.; *Jacobs*, ÖVD 1973, 258 ff.

[41] Vgl. statt aller die Stellungnahme der Hessischen Landesregierung zu den Bemerkungen des Datenschutzbeauftragten, aaO., LT-Drucks. 7/1705.

[42] Das gilt freilich nicht für *Podlech*, der in seinem Entwurf, Datenschutz 12, 58, das Problem der Informationsweitergabe zu statistischen Zwecken ausdrücklich einbezieht und in einer besonderen Bestimmung (§ 17) zu regeln sucht. Sicherlich finden sich auch sonst Hinweise auf die besondere Situation bei anonymisierten Daten. So enthält der Entwurf zu einem BDatSchG Bestimmungen, die sich mit solchen Angaben befassen (§§ 23 Ziff. 2, 28). Doch die vorgeschlagene Regelung überzeugt nicht. Schon deshalb, weil sie nur einen Ausschnitt der relevanten Fälle erfaßt. Betroffen ist die Anonymysierung nur im Rahmen der Tätigkeit privater Unternehmen, die Angaben geschäftsmäßig für Dritte verarbeiten. Gewiß, kein Datenschutzgesetz kann Meinungs- und Marktforschungsinstitute übergehen, aber auch umgekehrt sich nicht mit ihnen begnügen. Und wer ihre Arbeitsweise gleichsam als exemplarisch für die Gefahren der Anonymisierung ansieht, sollte sich verpflichtet fühlen, alle anderen vergleichbaren Situationen, nicht zuletzt im staatlichen Bereich einzubeziehen. Überdies stellt die mangelnde Präzision des § 28 die Effizienz des Gesetzes selbst in dem vom Entwurf angesprochenen beschränkten Bereich in Frage. Über die zu treffenden Maßnahmen schweigen sich die Verfasser aus, sieht man von recht allgemein gehaltenen Anweisungen ab. Auch die Begründung gibt nichts her, aaO. 30; sie wiederholt mehr oder weniger den Wortlaut der Bestimmung. So sind die betroffenen Unternehmen zwar verpflichtet, die gespeicherten personenbezogenen Daten spätestens nach fünf Jahren zu anonymisieren. Es ist aber ein leichtes, sich dieser Verpflichtung zu entledigen, sobald sie lästig wird. Denn niemand anders als die betroffenen Unternehmen selbst bestimmen den „Zweck der Speicherung", und der Entwurf stellt es ihnen frei, unter Berufung auf eben diesen Zweck die Angaben doch wieder zu entschlüsseln, denn vernichtet werden sie nicht. Wer aber, um ein solches Ergebnis zu rechtfertigen, nur auf den eigenen Zweck hinzuweisen braucht, macht Kontrolle letztlich unmöglich und damit überflüssig.

Hinweis auf die „personenbezogenen Daten" ausreichen, um den Gegenstand einer Datenschutzregelung hinreichend präzise zu umschreiben, dann kann es nur eine Konsequenz geben: den radikalen Verzicht auf die noch immer weit verbreitete Annahme, der Datenschutz hätte es mit ganz bestimmten von vornherein deutlich erkennbaren und abgrenzbaren Angaben zu tun. Nicht die Sonderbehandlung einer Kategorie von Daten ist das Entscheidende, sondern die potentielle Relevanz jeder Angabe, sofern nur ein Zusammenhang mit der Person eines einzelnen bestehen sollte[43].

Sammlung und Verarbeitung von Information ist freilich stets ein eminent zweckrationaler Vorgang. Die durch die jeweilige Funktion staatlicher und privater Instanzen bedingten Informationsinteressen steuern den Informationsbedarf. Überhaupt werden Daten gleichviel welcher Art und Provenienz erst dadurch zur Information, daß sie im Hinblick auf spezifische Zwecke ermittelt und verwertet werden. Deshalb gewinnen die verschiedenen Angaben mit jedem Wechsel der sie anfordernden Instanz auch eine neue, nur im Zusammenhang mit der Tätigkeit eben dieser Instanz verständliche Bedeutung.

Am Beispiel gesprochen: Informationen über den gesundheitlichen Zustand sind nicht nur für den unmittelbar Betroffenen, sondern auch für Ärzte, eine Vielzahl von Versicherungen, Gesundheitsbehörden und nicht zuletzt die pharmazeutische Industrie wichtig, allerdings jeweils mit einem anderen Akzent versehen. Spezifische individuelle Interessen, gesundheitspolitische Überlegungen, Produktions- und Marktstrategien lösen einander ab und strukturieren den Gehalt der Information um.

---

[43] Ähnlich auch *Rodotà*, Elaboratore 23: „.. non è pensabile una impostazione che settorializzi il problema, sulla base di individuazione di aree nelle quali l'impiego dell'elaboratore è in se buono, distinte da quelle in cui l'uso è in se cattivo." *Rodotà* hält freilich nicht konsequent an dieser Position fest, da er an mehreren Stellen seiner Untersuchung, vgl. etwa 81 ff., 118, jedenfalls den Eindruck erweckt, als könnte, ja müßte es bestimmte Gruppen von Daten geben, auf die sich eine Datenverarbeitung von vornherein und generell niemals erstrecken dürfte. Deshalb lassen sich auch nicht bestimmte Daten von vornherein als „frei" qualifizieren, wie es der Entwurf zum BDatSchG (§ 8 II) tut. Wie bedenklich eine solche Annahme ist, zeigt sich sofort, wenn man die serienmäßige Weitergabe in die Diskussion einbezieht. Der Empfänger ist hier nicht an einer bestimmten Einzelinformaton interessiert; was er wissen möchte, sind Angaben zu ganzen Personengruppen. An diesem Beispiel erweist sich aber, daß das eigentlich Entscheidende nicht so sehr ist, um welche Angaben es dabei geht, sondern die Ziele, die mit der Kenntnis dieser Information verfolgt werden. Nur mit Hilfe ihrer Würdigung läßt sich die Frage nach der Notwendigkeit einer Kontrolle der Datenweitergabe beantworten, vgl. dazu auch unten Anm. 81. Überdies kann es nicht gleichgültig sein, von wem man die jeweiligen Daten erhält, mag es sich um noch so „offenkundige" Angaben handeln. Name, Beruf, Anschrift, Rufnummer sind Daten, die zunächst einmal einer Vielzahl von Instanzen bekannt sind. Daraus folgt aber noch keineswegs, daß jede von ihnen uneingeschränkt berechtigt ist, Fragen zu beantworten, die sich auf solche Angaben beziehen. Für die Meldebehörden ließe sich eine solche Praxis vielleicht vertreten, für das Finanz- oder das Gesundheitsamt nicht mehr ohne weiteres. Nur solange feststeht, über welche Kanäle selbst solche Informationen an Dritte gelangen können, vermag der Gesetzgeber sich mit den möglichen Zielen der Weitergabe auseinanderzusetzen und damit auch die notwendigen Kontrollmaßnahmen vorzusehen.

Wie sehr es auf den Verwendungszusammenhang ankommt, zeigt sich auch bei der Frage, ob Datenschutz nicht zwangsläufig dort aufhört, wo es sich um bereits publizierte Angaben handelt. Folgt man jedenfalls den gegenwärtig bestehenden Tendenzen, so müßte man bereit sein, solche Daten vom geplanten Schutz auszunehmen[44]. Doch zumindest soviel gilt es nicht zu übersehen: Nichts kennzeichnet die elektronische Datenverarbeitung vielleicht besser als die Fähigkeit, eine Vielzahl verstreuter Angaben aufeinander zu beziehen und zu einem persönlichen Profil auszubauen. Was jedoch als vereinzelte, in einem bestimmten Kontext erfolgende Information möglicherweise durchaus akzeptabel ist, braucht es nicht mehr zu sein, sobald sich der Zusammenhang verändert. Einzelangaben sind mit anderen Worten keineswegs notgedrungen nur Teile eines Mosaiks, das deshalb jederzeit ohne weiteres zusammengefügt werden kann. Es genügt, sich vorzustellen, daß Informationen, die zu verschiedenen Zeiten aus sehr unterschiedlichen Anlässen in alles andere als vergleichbaren Presseorganen erschienen sind, nunmehr als geschlossenes Ganzes präsentiert werden. Für den Betroffenen kann das Ergebnis unter Umständen weitaus gravierender sein als die Veröffentlichung bestimmter grundsätzlich unzugänglicher Angaben. Kontrollmaßnahmen bleiben deshalb nötig, was freilich keineswegs ausschließt, daß die Details – man denke nur an die Beweislast – anders ausfallen als sonst.

Solange nicht feststeht, für wen und warum Angaben gesammelt und verarbeitet werden, lassen sich auch die möglichen Konfliktherde nicht ausmachen. Die Frage nach einem Datenschutz stellt sich infolgedessen gar nicht erst. Eine überzeugende Argumentation über Umfang und Bedingungen einer Datenschutzregelung setzt also die genaue Kenntnis des Datenflusses ebenso voraus wie dessen funktionale Analyse. Abstrakte Rangordnungen der verschiedenen Daten führen nicht weiter, gleichviel ob an ihrer Spitze Informationen zur politischen Betätigung, zur religiösen Einstellung oder zum gesundheitlichen Zustand stehen. Wichtig ist allein die Übersicht über die potentiellen Konfliktsitua-

---

[44] In diese Richtung zielt der Entwurf für ein BDatSchG. Nach § 2 II sind personenbezogene Daten dann nicht geschützt, wenn sie aus „allgemein zugänglichen Quellen entnommen worden sind". Die Formulierung mag auf den ersten Blick harmlos erscheinen. Sie ist in Wirklichkeit überaus bedenklich. Zunächst: Auch Daten, die in „allgemein zugänglichen Quellen" enthalten sind, stehen immer in einem bestimmten Kontext. Die Art ihrer Präsentation hängt ebenso wie ihre inhaltliche Augestaltung unmittelbar mit dem Zweck der jeweils in Frage kommenden „Quelle" zusammen. Ob deshalb die einzelnen Angaben losgelöst von diesem Zweck uneingeschränkt für alle möglichen anderen Aufgaben benutzt werden können, ist zumindest fraglich. Es kann eben nicht völlig gleichgültig sein, ob es sich um Zeitungen, Adreßbücher, Telefonverzeichnisse oder welche andere Quelle man auch immer nehmen mag, handelt. Ganz abgesehen davon, gilt es nicht zu übersehen, daß bereits vorliegende Publikationen von Daten auch Reaktionen hervorgerufen haben können, die kaum zu übergehen sind. Es liegt sicherlich nahe, den Betroffenen auf die ihm für solche Fälle ohnehin zustehenden Abwehrmittel zu verweisen, schon um die Datenschutzregelung nicht zu komplizieren. Doch gerade unter diesem Gesichtspunkt sollte sich der Gesetzgeber überlegen, ob es nicht besser ist, Formulierungen zu wählen, die Interpretationsschwierigkeiten von vornherein vermeiden, statt sie herauszufordern.

tionen[45]. Keine Datenschutzregelung kann deshalb ohne eine erschöpfende Inventarisierung der Daten und ihrer Verwendungszusammenhänge auskommen[46]. Nur wer beides überblickt, vermag Information auf ihre Konfliktträchtigkeit abzutasten und Kriterien für eine Regelung zu entwickeln[47].

Die funktionale Analyse signalisiert damit den Übergang zu einer Konzeption, die Privatsphäre nicht mehr als unveränderlichen, in sich geschlossenen Bereich versteht. Eine Privatsphäre existiert vielmehr nur in dem Umfang, in dem kontrollierte Informationsweitergabe Freiräume erzeugt. Sie beruht insofern auf einer rechtlich gesteuerten Selektion und Kanalisierung der Information[48]. Der

---

[45] Mit Recht meint deshalb *O. Mallmann*, JZ 1973, 275, es käme nunmehr entscheidend darauf an, sich von den traditionellen persönlichkeitsrechtlichen Postulaten zu lösen, um die jeweils involvierten konkreten gesellschaftlichen und individuellen Interessen offenzulegen.

[46] In diese Richtung weisen auch die Überlegungen von *Bing*, in Data Banks and society (1972), 98 ff., vgl. auch *Samuelsen*, Statlige databanker og personlighetsvern (1972) 20, der eine Überprüfung der einzelnen Daten auf ihre Empfindlichkeit hin fordert. Freilich gilt es vor einem naheliegenden Mißverständnis zu warnen. Ansatzpunkt einer gesetzlichen Regelung kann nicht die Sensitivität abstrakter Datenkomplexe sein. Wie empfindlich medizinische, berufliche oder welche Angaben auch immer in Wirklichkeit sind, ergibt sich stets nur aus dem konkreten Kontext ihrer Verwendung. Empfindlichkeitsprüfung ist insofern zwangsläufig am jeweiligen Gebrauch der einzelnen Angaben orientiert.

[47] Die sich dann aber auch zwangsläufig an dem Grundsatz orientiert, den der Younger Report, aaO. 183, in den Mittelpunkt seiner Überlegungen stellt: "Information should be regarded as held for a specific purpose and not be used, without appropriate authorisation, for other purpose". Vgl. auch *Podlech*, Datenschutz 11, 55, der in § 15 seines Entwurfs den Grundsatz der Erforderlichkeit der Information aufstellt. „Erforderlichkeit" ist freilich eine Formel, die Widerspruch leicht provoziert. Verständlich, denn was sie bietet, ist zunächst einmal nichts anderes als eine weitere Generalklausel, die gerade, weil es dem Betroffenen überlassen bleibt, sie zu interpretieren, sich sehr bald als Leerformel und damit als unnützer Ballast jeder gesetzlichen Regelung erweisen könnte. Soviel ist sicher richtig: mit dem Hinweis auf die Erforderlichkeit kann man sich keineswegs begnügen. Der Appell, ihr Rechnung zu tragen, ist nur solange sinnvoll wie auch ihre Subsidiarität feststeht. Mit anderen Worten, der Gesetzgeber muß zunächst einmal die Datenverarbeitung an klar formulierte, in einer gesetzlichen Regelung eindeutig verankerte Voraussetzungen binden. Doch selbst dort, wo diese Voraussetzungen vorliegen, darf es für eine Datenbank nicht ohne weiteres selbstverständlich sein, den gesetzlichen Rahmen restlos auszuschöpfen. Die Gewinnung und Verarbeitung von Information wird erst akzeptabel, wenn beides auch wirklich erforderlich ist. Die „Erforderlichkeit" ist insofern eine zusätzliche zweite Legitimationsschranke. Sie zwingt denjenigen, der eine Datenbank betreibt, seine Informationserwartungen zu überprüfen, sich mit der Notwendigkeit der einzelnen Angaben für die eigene Tätigkeit auseinanderzusetzen. Mag sein, daß es sich dabei letztlich um nicht viel mehr als einen Appell handelt. Doch Datenschutz kann nur wirksam sein, wenn auch der Kontrollierte permanent veranlaßt wird, sich der Kontrollmaßnahmen bewußt zu sein. Die „Erforderlichkeit" ist ein Anreiz dazu.

[48] Man kann insofern durchaus von einer „rollenspezifischen Exklusivität der Informationsweitergabe" sprechen, *Müller*, in Dokumentation aaO., ÖVD 1973, 63; *Karhausen/Müller*, Stellungnahme 5 ff. Nur gilt es dabei soviel nicht zu übersehen: Der Hinweis auf die rollenspezifische Informationsweitergabe deutet nur die Notwendigkeit und den möglichen Ansatzpunkt für eine Steuerung des Informationsflusses an. Weder ist damit gesagt, wie eine Rolle definiert wird, noch was alles als rollenspezifisch zu

Datenschutzregelung fällt unter diesen Umständen die Aufgabe zu, die jeweilige Distanz zu den verschiedenen Angaben festzulegen[49]. Ihre Vorschriften sind daher nichts anderes als institutionalisierte Vorsorge für eine gezielte Informationslosigkeit zwischen dem einzelnen und seiner Umgebung. Sie greifen so, wenngleich in einem sehr viel größerem Rahmen, Strategien auf, die der Rechtsordnung durchaus geläufig sind. Man braucht nur an Erscheinungen wie das Steuergeheimnis zu denken. Mit seiner Anerkennung differenziert das geltende Recht bewußt zwischen den einzelnen Behörden, soweit es um den Zugang zu bestimmten Informationen geht, nimmt also partielle Informationslosigkeit in Kauf.

Der Kern aller Datenschutzregelung ist mithin kalkuliertes Nichtwissen. Planmäßig herbeigeführte und rechtlich abgesicherte Lenkung der Information garantiert die Balance zwischen staatlicher und privater Bürokratie einerseits und dem einzelnen andererseits, damit aber auch die Verwirklichung der Forderung nach Respekt vor seiner Integrität[50]. Der Weg dazu führt notwendigerweise über eine funktionale Analyse der Daten und ihrer Verwendungszusammenhänge. Eine solche Analyse sichert darüber hinaus der angestrebten Regelung ein Höchstmaß an Flexibilität. Weil der Verwendungszusammenhang stets im Mittelpunkt steht, kann sich das rechtliche Instrumentarium am konkreten Konflikt orientieren und differenzierend reagieren. Genauer: Welche Maßnahme aus der Palette von Sammlungs-, Speicherungs- und Weitergabeverboten ausgewählt wird und in welcher Kombination, folgt nicht aus einer ebenso abstrakten wie allgemeinen Reflexion über die verschiedenen Daten und ihre Bedeutung, sondern richtet sich ausschließlich nach situationsgebundenen Kriterien.

III. Geschützte Personen

Der immer wieder betonte Zusammenhang zwischen Datenschutz und Angaben, die eine bestimmte Person zum Gegenstand haben, legt es nahe, den Kreis der Geschützten recht eng zu ziehen. In der Tat ist dies der vielleicht kennzeichnendsten Merkmale aller bisherigen Versuche einer gesetzlichen Regelung. Sie sind, wenn man so will, strikt bürgerbezogen: geschützt wird immer nur der einzelne[51].

---

gelten hat. Solange es an einer exakten rechtlichen Eingrenzung der Informationsweitergabe fehlt, ist deshalb auch mit solchen Bemerkungen nichts gewonnen. Sie liefern Indikatoren, die zwar durchaus diskutabel sind, doch jederzeit unterlaufen werden können. Zu der Bedeutung rollenspezifischer Information vgl. auch *Samuelsen*, Databanker 25.

[49] Vgl. auch *P. Müller*, ÖVD 1973, 62 f.

[50] Insofern ist Datenschutz nur eine spezifische Form der „Präventivwirkung des Nichtwissens", *Popitz*, Über die Präventivwirkung des Nichtwissens (1968) 6 ff.

[51] So formuliert das HessDatSchG die Aufgaben des Datenschutzbeauftragten in § 10 ausdrücklich im Hinblick auf den einzelnen: „Der Datenschutzbeauftragte überwacht die Einhaltung der Vorschriften dieses Gesetzes und der übrigen Vorschriften über die vertrauliche Behandlung der Angaben der Bürger und der über die einzelnen Bürger vorhandenen Unterlagen ...". Und für den Europarat hat niemals ein Zweifel daran bestanden, daß es ausschließlich um den Schutz des einzelnen gegen die Konsequ-

Gerade in letzter Zeit macht sich freilich die Tendenz bemerkbar, wesentlich weiterzugehen. Der Datenschutz soll nicht nur natürlichen, sondern auch juristischen Personen sowie Personengemeinschaften zugutekommen und dies selbst dann, wenn es sich um juristische Personen des öffentlichen Rechts handelt[52]. Auf den ersten Blick eine durchaus plausible Überlegung. Schließlich spricht in einer Gesellschaft, in der organisierte Tätigkeit vorherrscht, vieles dafür, die kollektiven Betätigungsformen dem einzelnen gleichzustellen. Nicht von ungefähr zieht die Rechtsordnung selbst die Parallele zwischen natürlichen und juristischen Personen, um sich dann konsequenterweise offen für eine weitgehende Gleichbehandlung auszusprechen (Art. 19 III GG).

Den Ausschlag kann allerdings nicht die schlichte Überlegung geben, rechtlich seien natürliche und juristische Personen nun einmal Personen. Derlei Bemerkungen mögen den Vorzug spekulativer Reinheit und logischer Makellosigkeit haben. Sie verschleiern jedoch, daß die Forderung nach Datenschutz nicht zufällig aufgenommen ist, sondern mit Rücksicht auf ganz bestimmte Konfliktsituationen. Deshalb spielt es keine Rolle, inwieweit juristische Personen ohne Rücksicht auf ihren privaten oder öffentlich-rechtlichen Hintergrund ebenfalls Personen sind, wichtig ist vielmehr einzig und allein, ob sich bei ihnen jene Konflikte wiederholen, die im Fall der natürlchen Personen den Wunsch begründet haben, besondere Schutzvorkehrungen einzuführen. Man kann mit anderen Worten nicht einfach Sportvereine und Aktiengesellschaften, Kleingärtner und Kartelle schlicht über einen Kamm scheren und ihnen Datenschutz zuteil werden lassen, nur weil sie mit dem Etikett der juristischen Person versehen sind

---

enzen der technologischen Entwicklung geht. Ganz in diesem Sinn betonte der dänische Justizminister *Nielsen* in seinem Bericht vor der Europäischen Justizministerkonferenz in Basel v. 15. bis 18. 5. 1972, CMJ (72) C/1: „Il est donc devenu très urgent de refléchir, à l'échelon national comme à l'échelon international, aux moyens propres à protéger la vie privée de l'individu. Il s'agit de maintenir un equilibre constant entre cette considération et le désir d'utiliser efficacement la technologie de l'ordinateur das l'intérêt de la société." Schließlich geht aus dem Text des schwedischen Gesetzes für ein Datenschutzgesetz (Art. 1) ebenfalls klar hervor, daß es sich um eine Regelung handelt, die einzig und allein der Situation des einzelnen Rechnung zu tragen sucht.

Auch der Entwurf für ein BDatSchG entscheidet sich für eine Regelung, die die Schutzbestimmungen auf natürliche Personen beschränkt (§ 3 I), wohl ein Ergebnis der Kritik an den früheren Vorschlägen, die unterschiedslos alle „bestimmte oder bestimmbare natürliche oder jursitische Personen des privaten Rechts" sowie „bestimmte oder bestimmbare Personengemeinschaften" einbezogen (§ 2 I des in der Dokumentation aaO. 349, abgedruckten Referentenentwurfs).

[52] *Steinmüller* in *Kilian/Lenk/Steinmüller*, Datenschutz 70, spricht von einem „Institutional- oder Kollektivdatenschutz" und versteht darunter den „Schutz überpersonaler gesellschaftlicher Institutionen, namentlich des Staates selbst, vor unerwünschter Datenverarbeitung". Vgl. auch *Steinmüller u. a.*, Grundfragen 82, 92, „Gruppendatenschutz". Nicht ganz so weit geht der Younger Report, aaO. 179. Immerhin, die Tendenz, Privatunternehmen wenigstens nicht anders als den einzelnen zu behandeln, ihnen also vergleichbare Schutzrechte zu gewähren, kommt deutlich zum Ausdruck. Auch der Bericht der Interministeriellen Arbeitsgruppe, Informationsbankensystem aaO., 75 setzt „personen- und institutionenbezogene Informationen" gleich. Vgl. ferner *Bühnemann* in *Kilian/Lenk/Steinmüller*, Datenschutz 96.

oder als Personengemeinschaft überall sonst wie juristische Personen behandelt werden. Nicht alles, was sich aus welchen Gründen auch immer in der Schublade Person wiederfindet, gehört in den Bereich des Datenschutzes. Noch einmal: ohne vergleichbare Konfliktlagen kann und darf es keine Gleichbehandlung geben.

Den Beweis für eine solche Parallelität hat bislang aber niemand erbracht. Im Gegenteil, wer sich nicht mit abstrakten Spekulationen über das Wesen von Personen begnügt, sondern Ziele und Aktivität der juristischen Personen in den Vordergrund stellt, sieht sich alsbald zu deutlichen Differenzierungen gezwungen. Der Streit um das Publizitätsprinzip ist nur eines der vielen Beispiele dafür[53]. Man erinnert sich, die Publizitätspflicht hat als Verpflichtung der Aktiengesellschaften begonnen und war jahrzehntelang auf diese begrenzt. Schon damals ließ sich aber soviel erkennen: die Transparenz persönlicher Daten hängt eng mit den Formen der Betätigung des einzelnen zusammen. Die Teilnahme am wirtschaftlichen Verkehr sowie die Verflechtung mit der ökonomischen Entwicklung begründen die Forderung nach Durchsichtigkeit und führen zur fortschreitenden Offenlegung von Angaben, die sonst Dritten keineswegs ohne weiteres zugänglich wären. Publizität beugt der Wettbewerbsverfälschung vor, verhindert Fehlinvestitionen, sichert die Kontrolle der Unternehmenspolitik und schafft die Grundlage für Maßnahmen, die den gesamtwirtschaftlichen Auswirkungen unternehmerischer Aktivität Rechnung tragen. Aus diesen Überlegungen heraus ist dann auch das Publizitätsgesetz entstanden, das zum ersten Mal die Publizitätspflicht von der Bindung an eine bestimmte Rechtsform löst. Dieselben Gedanken rechtfertigen die immer stärkeren Bestrebungen, die viel zu eng gezogenen Grenzen des Publizitätsgesetzes zu revidieren, um für Transparenz bei einer weitaus größeren Zahl von Unternehmen zu sorgen[54].

Gesetzliche Regelungen wie diese bestätigen zunächst einmal die Notwendigkeit einer funktionalen Analyse. Sie würde sehr bald die besondere Bedeutung aller Datenkonstellationen, die sich auf den wirtschaftlichen Verkehr beziehen, aufzeigen. Sicherlich besteht insofern letztlich keine Verschiedenheit zwischen kollektiver und individueller Betätigung. Wer am ökonomischen Prozeß partizipiert, unterwirft sich denselben Regeln, gleichviel ob er als Einzelunternehmer auftritt oder sich an einer Gesellschaft beteiligt. Was allein zählt, ist seine Aktivität und nicht die Form, die er sich dafür aussucht. Aber: die wirtschaftliche Betätigung bleibt immer nur ein Ausschnitt seiner gesamten Tätigkeit, ökonomisch relevante Daten berühren daher stets nur einen Aspekt seiner Person. Nicht so bei den juristischen Personen, jedenfalls solange es sich um solche

---

[53] Vgl. statt aller *Rittner*, Die handelsrechtliche Publizität außerhalb der Aktiengesellschaft, Verhandlungsbericht des 45. DJT 1964, 4 sowie die einzelnen Beiträge im Frankfurter Publizitätsgespräch (1962), die zwar von der Aktiengesellschaft ausgehen, sehr bald aber die Grenzen jeder Diskussion erkennen lassen, die sich mit einer solchen Beschränkung zufriedengibt; *Simitis* in Festschrift für *Reinhardt* (1972) 331.

[54] Auf den beschränkten Wert des Publizitätsgesetzes hat vor allem die Bundesbank in ihrem Bericht für den Monat April 1973 16 ff., mit Rücksicht auf die zunehmende Bedeutung der Gesellschaften mit beschränkter Haftung hingewiesen.

handelt, deren Zweck in der Teilhabe am wirtschaftlichen Prozeß liegt. Gerade weil juristische Personen ebenso wie alle mit ihnen vergleichbaren Personengemeinschaften nichts anderes als zweckrational konzipierte und zielbewußt eingesetzte Instrumente sind, existieren sie ausschließlich um ihrer Aufgabe willen, lassen sich also völlig mit dieser identifizieren. Darum verbietet sich die Gleichstellung mit dem einzelnen. Allzu leicht könnte sonst ein unreflektiertes, weil viel zu allgemein gehaltenes Datenschutzgesetz zu einer Waffe werden, die den Gesellschaften nur dazu dienen würde, sich gegen das öffentliche Interesse an der Transparenz ihrer Tätigkeit erfolgreich zu verteidigen[55]. Der Gesetzgeber darf keine Regeln schaffen, die auch nur den Vorwand dafür liefern könnten, der mit Hilfe anderer Vorschriften mühsam erreichten Durchsichtigkeit Einhalt zu gebieten oder ihr nur Hindernisse in den Weg zu legen[56].

Eher noch stärker sind die Vorbehalte, sobald es darum geht, den Datenschutz auf juristische Personen des öffentlichen Rechts zu erstrecken. Gewiß, das zu leugnen. Nicht umsonst hat man freilich alle Überlegungen, die in diese abstrakte Spiel mit der „Person" rechtfertigt es durchaus, jeden Unterschied zwischen den juristischen Personen des privaten und des öffentlichen Rechts zu leugnen. Nicht umsonst hat man freilich alle Überlegungen, die in diese Richtung zielen als „seltsame Verirrung" bezeichnet[57]. Wollte man im Ernst Datenschutz selbst dort für nötig halten, wo die in Frage kommenden juristischen Personen öffentliche Aufgaben wahrnehmen, so würden solche Vorschriften sehr bald die Entstehung partikulärer antagonistischer Gebilde innerhalb

---

[55] Insofern erweist sich gerade hier, daß nichts gefährlicher wäre, als eine falsch verstandene Verabsolutierung der Privatsphäre. Sie verdeckt den ebenso elementaren wie unausweichlichen Konflikt zwischen dem Privatheitsinteresse des einzelnen und dem für die Existenz einer demokratischen Gesellschaft unerläßlichen Maß an Information. Die Schwierigkeit einer überzeugenden Datenschutzgesetzgebung besteht nicht zuletzt in der Notwendigkeit, dieser Konfliktsituation Rechnung zu tragen, Wege also zu finden, die die gesellschaftlich erforderliche Information garantieren ohne zugleich auf die Privatheit des einzelnen zu verzichten. Vgl. dazu auch *Dammann*, DVR 1 (1972) 222 f.; *Brinkmann* in *Kilian/Lenk/Steinmüller*, Datenschutz 76 ff., 82 ff. Das Problem läßt sich freilich nicht einfach dadurch lösen, daß man die strikt individuellen Daten den Angaben von allgemeinem Interesse gegenüberstellt, um dann bei den einen die Geheimhaltung und bei den anderen das Informationsrecht in den Vordergrund zu stellen, *Braibant*, RevIntDrComp 1971, 807, vgl. auch *Rodotà*, Elaboratore 90 f. Solche Unterscheidungen scheitern zwangsläufig an ihrer eigenen, freilich unvermeidlichen Abstraktion. Welche Angabe zu welcher Gruppe gehört, steht keineswegs ein und für allemal fest, sondern hängt vom konkreten Verwendungszusammenhang ab, der letztlich wiederum allein Anhaltspunkte dafür gewährt, ob die Entscheidung zugunsten einer Geheimhaltung oder einer wie auch immer näher definierten Zugänglichkeit der Information fallen muß.

[56] Mit Recht meint deshalb *Dammann*, DVR 1 (1972) 224: „Der neue Begriff des Datenschutzes verweist auf die Notwendigkeit, die Verhältnisse dem entwickelten Stand der Informationstechnik anzupassen, sollte aber nicht dazu verhelfen, elementare gesellschaftliche und rechtliche Unterschiede einzuebnen."

[57] *Rupp-v. Brünneck* in Festschrift für *Arndt* (1969) 355, eine Kritik, die von der Rechtsprechung des Bundesverfassungsgerichts klar bestätigt wird, BVerfGE 21, 362. Vgl. demgegenüber *Wittkämper*, Grundgesetz und Interessenverbände (1963) 58 ff. und *Ramm*, Die Freiheit der Willensbildung (1960) 30.

ein und desselben Staatsapparates begünstigen[58]. Man täusche sich nicht, mit der Frage der freien Zirkulation von Daten im staatlichen Bereich hat das nichts zu tun. Soll wirklich rechtzeitig für eine Steuerung der Information gesorgt werden, so bietet sich eine Vielzahl anderer, adäquaterer Mittel an, von generellen, den Besonderheiten des Datenschutzes freilich angepaßten Bestimmungen über die Amtshilfe bis hin zu speziellen auf den Datenfluß gemünzten Verwaltungsvorschriften. Aber auch für den fiskalischen Bereich kann nichts anderes gelten[59], ganz abgesehen davon, daß hier erneut die für die wirtschaftliche Betätigung allgemein zu berücksichtigenden Überlegungen zum Zuge kommen.

Selbst wer diesen Argumenten nicht viel abzugewinnen vermag, sollte folgendes bedenken: Je weiter der Kreis der Geschützten, desto inhaltsleerer die Schutzkriterien. Was beim Individuum vielleicht noch akzeptabel ist, läßt sich bei Unternehmen, Verbänden, politischen Parteien, um nur bei diesen Beispielen zu bleiben, nicht beliebig wiederholen. Die überaus unterschiedlichen Bezugspunkte zwingen dazu, die Maßstäbe zu verflachen und nehmen letztlich der geplanten Regelung jede Wirkung. Stumpfe Kontrollinstrumente sind die Kehrseite der globalen Lösungen.

Der Datenschutz kann infolgedessen keinen anderen Sinn haben als einen bestimmten, für natürliche Personen typischen, funktional zu ermittelnden Bereich von Daten dem Zugriff Dritter zu entziehen. Jede Regelung, die den Kreis der Geschützten erweitern wollte, würde deshalb unweigerlich ihr Ziel verfehlen. Kurzum, eine Datenschutzregelung vermag nur solange ihre Aufgabe zu erfüllen, wie sie nicht nur bürgernahe ist, sondern auch dem Bürger reserviert bleibt.

IV. Adressaten

Datenschutzregelungen formulieren Verhaltensvorschriften für Datenbanken. Umstritten ist allerdings nach wie vor für welche Datenbanken diese Bestimmungen gelten sollen. Denn, wer Datenschutz bejaht, erklärt sich deshalb noch lange nicht mit Kontrollmaßnahmen einverstanden, die ohne Rücksicht darauf anzuwenden sind, ob es sich um staatliche oder private Datenbanken handelt. Im Gegenteil, an Tendenzen, einer eindeutig einseitig ausgerichteten Überwachung den Vorzug zu geben, fehlt es nicht[60]. Das Ziel solcher Bestrebungen

---

[58] Vgl. insb. *Rupp-v. Brünneck* in Festschrift für *Arndt* 355 ff., aber auch BVerfGE 21, 362, 370 ff.

[59] Vgl. *Dürig* in Festschrift für *Apelt* (1958) 39; *Rüfner,* AöR 89 (1964) 265; *Rupp-v. Brünneck* in Festschrift für *Arndt* 366 ff.

[60] Streng davon zu unterscheiden sind freilich jene gesetzliche Regelungen, die wie das HessDatSchG von vornherein, und zwar mit Rücksicht auf die beschränkten Kompetenzen des Gesetzgebers gezwungen war, etwa lediglich für den Bereich der öffentlichen Verwaltung Vorkehrungen zu treffen, vgl. dazu die Stellungnahme des Hessischen Datenschutzbeauftragten *Birkelbach* in Dokumentation aaO. 60. Sie können deshalb niemals als Argument für die Notwendigkeit einer einseitigen Ausrichtung der Datenschutzregelung herangezogen werden. Der Younger Report, aaO. 192 unterstreicht dies nachdrücklich. Die Kommission war durch ihren Auftrag gehalten, sich mit Überlegungen zur Kontrolle des privaten Sektors zu begnügen. Sie stellt aber ausdrücklich fest: "We suggest that in the light of what we say and of the outcome of its own

ist freilich keineswegs immer gleich. Mal soll der Verwaltung jegliche Form der Kontrolle erspart bleiben[61], mal den privaten Unternehmen, die sich für eine elektronische Datenverarbeitung entschieden haben[62]. Akute, die Intervention des Gesetzgebers herausfordernde Gefahren präsentiert sich unter diesen Umständen stets nur als typische, ja unausweichliche Begleiterscheinungen der Verwendung elektronischer Anlagen durch eben jene Instanzen, die man gern kontrolliert sehen möchte. Mißtrauen und Kritik erscheinen daher nur solange als akzeptabel wie sie sich, je nach dem jeweiligen Ausgangspunkt, nur auf den Behördenapparat beziehen oder umgekehrt ausschließlich gegen die Aktivität privater Unternehmen gerichtet sind[63].

Die Strategie ist ebenso einfach wie einleuchtend. Der Forderung nach Datenschutz wird zwar nachgegeben, der Sündenbock aber gleich mitgeliefert. Kontrolle gilt solange als überaus angebracht, wie sie nicht einen selbst betrifft. Von einer wirklichen Diskussion kann unter diesen Umständen kaum die Rede

---

review of computerised personal information stores, held by Departments, the Government should consider the desirability of including both the public and private sectors within the purview of the standing commission which we recommend." Auch *Podlech*, Datenschutz 6 ff., beschränkt seinen Entwurf auf den Bereich der öffentlichen Verwaltung, freilich nur deshalb, vgl. 41 f., weil er in dieser Eingrenzung eine Effizienzvoraussetzung der angestrebten Regelung sieht. Die Reglementierung privater Datenbanken bleibt damit einem getrennten Gesetz vorbehalten.

[61] Bezeichnend für ein derartiges Verständnis der Datenschutzregelung sind etwa die Ausführungen *Weichmanns*, Die Verwaltung 1972, 1 ff. Solche Bestrebungen beherrschten lange Zeit die Diskussion im Rahmen des Europarats. Die Vorstellung einer umfassenden, den Staat keineswegs begünstigenden Kontrolle, setzte sich nur allmählich und gegen erhebliche Widerstände durch. Vgl. dazu auch *Auernhammer*, in Dokumentation aaO. 137 sowie den bereits erwähnten Bericht des dänischen Justizministers *Nielsen*, aaO. 4. Schließlich wäre auf die Entwicklung in den Vereinigten Staaten hinzuweisen. Statt der ursprünglich geforderten unterschiedslosen Überwachung aller Datenbanken, begnügte man sich zu guter Letzt mit einigen wenigen Bestimmungen, die in erster Linie den privaten Sektor betreffen, vgl. oben Anm. 1. Die öffentliche Verwaltung verstand es, sich erfolgreich allen Bemühungen zu widersetzen, sie in die geplante Kontrolle einzubeziehen, vgl. *Miller*, Einbruch 67 ff., 150 ff.

[62] Vgl. etwa den dem belgischen Parlament vorliegenden Gesetzesvorschlag vom 15. 3. 1973 (Chambre des Représentants 537 [1972–1973] No. 1) über die Schaffung einer nationalen Kommission zur Koordination und Kontrolle der Informatik. Eine Tendenz, die im übrigen verständlicherweise vor allem im Vordergrund der Stellungnahmen solcher Unternehmen steht, die befürchten, ihre Tätigkeit im Hinblick auf eine Datenschutzregelung reorganisieren zu müssen. Vgl. etwa *Rödl/Windolph*, Datenschutz und private Datenbanken, o. J., 2 ff., 4 f. sowie die Überlegungen des Zentralen Kreditausschusses in seinem Schreiben v. 25. 7. 1972 zum Referentenentwurf eines Datenschutzgesetzes, in dessen Mittelpunkt die Feststellung steht, daß es nicht „sachgerecht" wäre, „die weitgehend auf ein allumfassendes Informationssystem der öffentlichen Hand abgestellten Schutzvorschriften auch auf spezielle Informationssammlungen der Wirtschaft zu erstrecken."; aber auch *Schwappach* (BDI), in Dokumentation 41 f.; *Borchard* (Zentralverband der elektrotechnischen Industrie), ebda. 55; *Muschalla* (Verein Deutscher Maschinenbau-Anstalten), ebda. 66 f.; *Rödl* (Verband der Handelsauskunfteien), ebda. 93 f.; *Levin* (Rat de sdeutschen Handels), ebda. 105; *Riebandt/Korfmacher* (Freier Ausschuß der Deutschen Genossenschaftsverbände), ebda. 128; *Flachmann* (Zentraler Kreditausschuß), ebda. 109.

[63] Vgl. dazu auch *Simitis*, ZSR 1972, 458.

sein. Der Versuch einer rationalen Argumentation scheitert an der ständigen Wiederholung nichtssagender, weil viel zu allgemein gehaltener Aussagen, die zudem die emotionalen Untertöne nur schlecht kaschieren. Wer wollte schon ernsthaft bestreiten, daß für die öffentliche Verwaltung ohnehin eine Vielzahl interner Kontrollinstanzen existiert[64] oder gar ihre Verpflichtung in Frage stellen, sich in einer demokratisch verfaßten Gesellschaft als Institution zu verstehen, die rechtsstaatlich zu handeln hat und darum auch die Interessen des einzelnen verteidigen muß[65]. Aber auch über den in der Tat durchaus beschränkten Aktionsradius privater Unternehmen, verglichen mit der Allgegenwart und Omnipotenz staatlicher Instanzen, läßt sich kaum streiten. Und ganz abgesehen davon handelt sich niemand gern den Vorwurf ein, die ohnehin bedenklichen Bürokratisierungstendenzen nur noch verstärken zu wollen[66], denn Kontrolle ist nun einmal ohne Kontrollorgane schwer vorstellbar.

Auch wer aber nicht bereit ist, auf solche Behauptungen einzugehen, muß zugeben, daß es durchaus nicht an Argumenten fehlt, die jedenfalls auf den ersten Blick recht überzeugend für eine unterschiedliche Behandlung staatlicher und privater Datenbanken sprechen. Bereits die Ausgangssituation scheint für den Betroffenen eine andere zu sein, je nachdem ob er es mit einer Behörde oder mit einem privaten Unternehmen zu tun hat. Sicherlich, beide interessieren sich für ihn. Aber zumindest solange der Staat beteiligt ist, bleibt dem Betroffenen grundsätzlich keine Wahl, er muß die geforderten Angaben machen. Man braucht nur an so banale Beispiele wie Meldeformulare oder Steuererklärungen zu denken. Demgegenüber vermag Information im privaten Bereich den Anschein der Freiwilligkeit für sich in Anspruch zu nehmen. Kontrolle wird aber dort jedenfalls zweifelhaft, wo der Betroffene selbst, gleichsam aus eigenem Antrieb, die in Betracht kommenden Daten zur Verfügung stellt.

Doch die Annahme, Informationen im privaten Bereich hingen von einer freiwilligen Entscheidung des Betroffenen ab[67], trifft einfach nicht zu. An Institutionen, die Informationen über nahezu jeden vermitteln, ohne ihn auch nur ein einziges Mal gefragt, geschweige denn sich seiner Zustimmung versichert zu haben, besteht wahrlich kein Mangel. Sein „persönliches Profil" entsteht ohne seine Mitwirkung und wie die Informationsquellen auch immer aussehen mögen, er hat auf sie ebensowenig einen Einfluß wie er Inhalt und Weitergabe der einzelnen Daten zu kontrollieren vermag. Gewiß, ein aus der Perspektive des Betroffenen nicht unbedingt ungewöhnlicher Vorgang. Behörden gehen oft nicht viel anders vor. Sie greifen, um sich zu informieren, auf schon vorhandene Daten zurück, die aus recht unterschiedlichen Anlässen von den verschieden-

---

[64] Was freilich zur Folge hat, daß die Forderung nach einer Kontrolle der Datenverarbeitung im privaten Bereich um so nachdrücklicher vertreten wird, und zwar mit dem Argument, hier fehle es nun einmal an einer Alternative zur staatlichen Aufsicht; vgl. *Steinmüller* in *Schneider*, Datenschutz – Datensicherung 14; *Lenk* in *Kilian/Lenk/Steinmüller*, Datenschutz 16.

[65] Vgl. etwa *Weichmann*, Die Verwaltung 1972, 9.

[66] *Weichmann*, Die Verwaltung 1972, 8.

[67] Vgl. etwa *Levin*, in Dokumentation aaO. 105.

sten Stellen gesammelt wurden. Wiederum aber ein Vorgang, der dem Betroffenen selbst völlig verborgen bleibt. Die Parallelität der Situation zwingt die Konsequenz förmlich auf: für Kontrollfreiheit besteht nicht der geringste Anlaß und dies gleichviel, ob es sich um staatliche oder private Instanzen handelt.

Bestimmt bleiben genug andere Situationen, in denen unstreitig niemand sonst als der Betroffene die gewünschten Informationen gibt. Trotzdem fällt es schwer von einer „freiwilligen" Mitteilung zu sprechen. Um nur das Beispiel einer Krankenversicherung zu nehmen. Sicherlich ist niemand gezwungen, die vorformulierten Fragen zu beantworten, doch wer sich weigert, muß auf den Versicherungsschutz verzichten. Wohlgemerkt, nicht etwa nur dieser einen Versicherung, mit der er gerade verhandelt, sondern auch jeder anderen, denn die Fragen finden sich in allen Formularen wieder. Den Verzicht aber als diskutable Alternative zu präsentieren, heißt die Existenzbedingungen des einzelnen zu verkennen. Der Realitätsgehalt solcher Überlegungen ist genauso groß wie der von Hinweisen, man bräuchte sich der Post ebensowenig zu bedienen wie der Energie- oder Verkehrsleistungen staatlicher Unternehmen. Alternativen zu konstruieren, die keine sind, um dann von Freiwilligkeit zu sprechen, läuft darauf hinaus, Zwang schlicht mit roher Gewalt gleichzusetzen. Darum kann auch für diese Situationen nichts anderes gelten: die Notwendigkeit einer Kontrolle hört nicht dort auf, wo der staatliche Bereich endet.

Wer sich allerdings für eine Beschränkung der Überwachungsmaßnahmen auf die öffentliche Verwaltung einsetzt, pflegt in aller Regel Kostengesichtspunkten eine ganz besondere Bedeutung beizumessen[68]. Wirksamer Datenschutz zwingt in der Tat zu nicht gerade geringen Ausgaben. Der Staat aber, so meint man, könne es sich dank seiner finanziellen Reserven nicht nur leisten, eine beliebige Anzahl von Datenbanken einzurichten, sondern auch die mit jeder Kontrolle verbundene wirtschaftliche Belastung aufzufangen. Privatunternehmen hingegen riskieren durch den Aufwand für Schutzmaßnahmen, hoffnungslos überfordert zu werden.

Solche Überlegungen lassen sich nicht einfach abtun. Die wenigen bislang existierenden Untersuchungen zur Kostenstruktur des Datenschutzes bestätigen, daß er erhebliche Ausgaben mit sich bringt, und zwar vor allem dann, wenn die notwendigen Vorkehrungen erst nachträglich getroffen werden müssen[69]. Schon funktionierende Unternehmen sind also besonders betroffen. Auch dies ein Grund, um eine gesetzliche Regelung nicht weiter hinauszuschieben. Die Verzögerung ist ein außerordentlich ernst zu nehmender Faktor der Kostensteigerung.

Dennoch darf dem Kostenargument nicht ein Stellenwert eingeräumt werden, den es nicht haben kann. Die Verarbeitung von Daten, die den einzelnen betreffen, hört nicht deshalb auf, rechtlich bedenklich zu sein, weil eine Kontrolle zu kostspielig ist. Für eine Rechtsordnung, die von sich immer wieder behauptet, den Respekt vor dem einzelnen zu ihren fundamentalen Grundsätzen zu

---

[68] Vgl. etwa *Schwappach* in Dokumentation aaO. 42.

[69] Vgl. den Younger Report, aaO. 181, 189 f.

zählen, sind die Prioritäten klar fixiert. Die Überwachung von Informationsinstrumenten, die diesen Respekt zumindest gefährden, kann nicht von der ökonomischen Rücksicht auf diejenigen abhängen, die elektronisch gesteuerte Datensammlungen aufbauen. Erst wenn der einzelne nur noch Objekt staatlicher Planung und privater Marktstrategien ist, erhalten die Kosten den unbedingten Vorrang vor jedem Datenschutz.

Hinweise auf die Kosten können infolgedessen allenfalls bei der Auswahl zwischen mehreren möglichen aber durchaus gleichwertigen Abwehrmaßnahmen eine Rolle spielen. Auch hier ist freilich Vorsicht geboten. Die immer wieder gebrauchte Formel, der Datenschutz verpflichte nur zu solchen Maßnahmen, deren Schutzwirkung in einem angemessenen Verhältnis zum erforderlichen Aufwand stünde[70], bietet Anlaß genug zur Kritik. Und zwar gerade im Hinblick auf die in aller Regel zugleich formulierte Überlegung, Rationalisierungseffekte mit Hilfe der Datenverarbeitung sollten nicht durch die Datenschutzinvestitionen verhindert werden[71]. Der Schutz des einzelnen vor der Verarbeitung von Angaben, die sich auf seine Person beziehen, darf sich nicht nach der Investitionsfähigkeit oder gar nach der Investitionsbereitschaft des Unternehmens, das sich für die Verwendung elektronischer Anlagen entscheidet, richten. Wer durch die eigene Tätigkeit solche Gefährdungseffekte auslöst, muß auch bereit sein, die notwendigen Mittel für die objektiv erforderlichen Abwehrmaßnahmen von Anfang an aufzubringen. Wohlgemerkt, auf die persönliche Einstellung des betroffenen Unternehmers kommt es keineswegs an, seine Tätigkeit muß sich vielmehr an generellen Vorschriften orientieren, die von der Situation desjenigen ausgehen, über den Daten gesammelt und verarbeitet werden.

Bleibt schließlich das Argument, private Datenbanken verdienten deshalb eine Sonderbehandlung, weil ihre Tätigkeit den einzelnen im Vergleich zu der Aktivität staatlicher Instanzen weitaus weniger gefährdete. Richtig bedenklich sei die Lage erst, wenn es zu einem Austausch der Daten und zu ihrer Integration in einem zentralen System käme[72]. An beidem fehle es aber im privaten Bereich, schon mit Rücksicht auf die Konkurrenzsituation.

Sicherlich ist die Datenverarbeitung im staatlichen Bereich durch eine sehr starke Konzentration- und Zentralisationstendenz gekennzeichnet. Dafür spricht schon die Tatsache, daß die Verwendung elektronischer Anlagen immer wieder mit dem Hinweis begründet wurde, es gelte die von den verschiedensten Stellen angeforderten aber keineswegs nur von ihnen benötigten Angaben zusammenzufassen und damit zugleich leichter und schneller zugänglich zu machen[73]. Nicht umsonst ist „integrierte Datenverarbeitung" ein von staatlichen Ambitio-

---

[70] So ausdrücklich der Entwurf zu einem BDatSchG in § 4 I S. 2.

[71] Vgl. die Begründung zu § 4 BDatSchG, aaO. 23.

[72] Vgl. die bereits erwähnte Stellungnahme des Zentralen Kreditausschusses, oben Anm. 62, zum Referentenentwurf eines BDatSchG; sowie *Schwappach* in Dokumentation aaO. 43; *Muschalla*, ebda. 67; *Flachmann*, ebda. 109.

[73] Vgl. *Simitis*, Informationskrise des Rechts und Datenverarbeitung (1970) 131 ff. mit weiteren Angaben; *Miller*, Einbruch 170 ff.; *Westin/Baker*, Databanks 89 ff.

nen und staatlichen Aktivitäten inspiriertes Stichwort[74]. Und auch die von Anfang an im Zusammenhang mit dem Datenschutz im Bereich der öffentlichen Verwaltung geforderten Weitergabeverbote passen sehr gut in das Bild einer letztlich doch auf permanenten Austausch bedachten und zentralistisch ausgerichteten Datenbankorganisation[75].

Demgegenüber sind Personaldatenbanken oder die Datensammlungen von Versandhäusern, die Angaben zur Person der Kunden enthalten, nicht nur auf die spezifischen Interessen des jeweiligen Unternehmens abgestimmt, sondern grundsätzlich auch nur für dessen eigenen Gebrauch gedacht[76]. Die Datenbank ist als Instrument der Marktstrategie zugleich ein Mittel, das den Vorsprung vor den Konkurrenten sichern soll, ihnen deshalb aber vorenthalten bleiben muß.

Freilich, die zweifelsohne vorhandenen Unterschiede im Hinblick auf den Austausch und die Integration von Daten reichen nicht aus, um den Verzicht auf jegliche Kontrolle zu rechtfertigen. Schon deshalb weil auch eine Vielzahl nebeneinander bestehender und voneinander völlig unabhängiger Sammlungen für den einzelnen nicht ungefährlich ist. Im Gegenteil, die Gefahr falscher oder verfälschter Information multipliziert sich gleichsam. Für den Betroffenen ist es daher zunächst einmal irrelevant, ob eine ganze Reihe von Instanzen von der Existenz einer Sammlung profitiert oder nicht. Es genügt, daß Angaben zu seiner Person an den verschiedensten Stellen gesammelt und verarbeitet werden.

Ferner: Solche Sammlungen sind keineswegs immer nur an ein bestimmtes Unternehmen geknüpft und nur in dessen Rahmen verwertbar. Gerade weil sie unter marktstrategischen Gesichtspunkten entstehen, lassen sie sich zumindest innerhalb der jeweils in Betracht kommenden Branche nutzen. Nicht von ungefähr haben sie sich daher als ein recht gewinnbringendes Verkaufsobjekt erwiesen[77].

Schließlich steht die spezifische Situation privater Unternehmen entgegen landläufigen Annahmen einer Integration der Daten nicht im Weg[78]. Lediglich die Bedingungen, unter denen sich der Austausch von Information vollzieht, ändern sich. Während bei der öffentlichen Verwaltung globale Tendenzen zu dominie-

---

[74] Zur integrierten Datenverarbeitung vgl. *Ostermann*, Die Verwaltung 3 (1970) 129 ff.; *Lenk*, Automated information management in public administration, (OECD 1973); *Kilian/Lenk/Steinmüller* 20 ff.; *Thomas*, Computerised data banks in public administration (OECD 1971) 69 ff.

[75] Studien über umfassende staatliche Informationssysteme passen nur zu gut in dieses Bild, vgl. etwa den bereits erwähnten Bericht der Interministeriellen Arbeitsgruppe, Informationsbankensystem, aaO., und dazu *Dammann*, DVR 1 (1972) 209 ff.

[76] Zu den verschiedenen Gründen, die private Unternehmen veranlassen, personenbezogene Daten zusammenzustellen, vgl. *Kilian* in *Kilian/Lenk/Steinmüller*, Datenschutz 294 ff.

[77] *Braibant*, RevIntDrComp. 1971, 799; vgl. auch die in 80 Yale L. J. (1971) 1035 erwähnten und besprochenen Fälle, insbesondere den Hinweis auf die Veräußerung von Informationen durch die Bank of America an die Credit Data Corporation.

[78] Vgl. dazu auch *Whisler*, The impact of computers on organizations (1970) 65 ff.; *Miller*, Eingriff 90 ff., 93 ff.

ren scheinen, herrschen hier eindeutig sektorale Bestrebungen vor. Um nur das Beispiel der Kreditwirtschaft zu nehmen. Spätestens seit der Öffnung des Kreditmarkts durch den Übergang zu Kleinkrediten macht sich die Notwendigkeit von Informationsinstrumenten bemerkbar, die es dem Kreditgeber ermöglichen, Gefahren aufzufangen, die mit der Ausweitung des Kreditgeschäfts unweigerlich zusammenhängen. Kreditnehmer ist potentiell jeder und nicht mehr ein exklusiver, dem Kreditinstitut in aller Regel sehr gut bekannter Personenkreis. Die enge Verflechtung von Abzahlungskauf und Finanzierung steigert bewußt den Kreditbedarf und zielt darauf ab, die Kreditaufnahme zum selbstverständlichen Bestandteil individueller Vermögensdisposition werden zu lassen. Wer den einzelnen permanent auf die für ihn mehr oder weniger unentbehrlichen Konsumgüter anspricht, ihn regelrecht auffordert, sich nicht nach den beschränkten eigenen Möglichkeiten zu richten, sondern von der Fremdfinanzierung Gebrauch zu machen, läuft aber auch weitaus mehr als bisher Gefahr, mit der Zahlungsunfähigkeit seines Kunden konfrontiert zu werden. Ein solches Risiko läßt sich nur mit Hilfe intensiver Kooperation vermindern. Kein Wunder, wenn es deshalb zu einer Integration der Information kommt. Die Beteiligten schaffen Institutionen, die keinen anderen Sinn haben, als zuverlässige Warnsysteme zu entwickeln. Die zentralisierte Verarbeitung der Daten zur Person einzelner Kreditnehmer ermöglicht eine effiziente Absicherung. So unterschiedlich deshalb die Organisationsformen in den Vereinigten Staaten und in der Bundesrepublik sein mögen, ihre Aufgabe bleibt gleich, möglichst schnell, möglichst präzise über möglichst alle potentiellen Kreditnehmer Auskunft zu geben[79].

Ähnliches wiederholt sich in anderen Bereichen. Man braucht nur an die Versicherungswirtschaft zu denken. Schon die enge Beziehung zwischen Versicherern und Rückversicherungsunternehmen[80] ist Anlaß genug für einen Datenaustausch, ganz zu schweigen von den sich hier deutlich anbahnenden Verzahnungen des privaten mit dem öffentlichen Sektor[81]. Überdies begünstigt die beson-

---

[79] Zur Entwicklung und Situation in den Vereinigten Staaten vgl. *Miller,* Eingriff, 90ff.; *Westin/Baker*, Databanks 113 ff.; *O. Mallmann*, AWD 1973, 78 ff. Für die Bundesrepublik *Hoene*, Präventiver Kreditschutz und Zwangsvollstreckung durch Private (1971) insb. 71 ff. mit Angaben zur Schutzgemeinschaft für allgemeine Kreditsicherung (Schufa).

[80] Vgl. dazu auch *Mirow*, in Dokumentation aaO. 116.

[81] Die Formen können freilich sehr verschieden sein. Von besonderem Interesse ist verständlicherweise der direkte Austausch von Angaben, mithin die gegenseitige Versorgung mit Information. Vgl. dazu *Westin/Baker*, Databanks 31 ff.; *Miller*, Einbruch, 73 ff., 96 ff.; Privacy and computers. A report of a task force established jointly by the Departments of Communications and Justice, Canada (1972) 53 ff. sowie den Zweiten Tätigkeitsbericht des Hessischen Datenschutzbeauftragten aaO., 8, 23. Vorschläge, gemeinsame Datenbanken für Verwaltung und Wirtschaft vorzusehen, vgl. *Zimmermann*, ÖVD 1973, 130 ff., überraschen deshalb keineswegs. Aufmerksamkeit verdient allerdings auch eine andere Konstellation. Behörden überlassen es in zunehmendem Maß privaten Unternehmen, die für die staatlichen Aufgaben relevanten Angaben zu erfassen und zu verarbeiten. Durch die Einschaltung solcher Service-Unternehmen entstehen zusätzliche Gefahren für den betroffenen Einzelnen, die nur sehr schwer kontrol-

dere Situation bei den Versicherungsleistungen die Entstehung spezifischer zentralisierter Risikokarteien. Betroffen sind Personen, deren Verhalten oder deren Lage das Versicherungsrisiko erhöht[82]. Wiederum zwingt also die Abhängigkeit von bestimmten Informationen zu einem Austausch und zur Entwicklung eines neuen integrierten Informationssystems ohne Rücksicht auf die sonst durchaus partikulären Interessen der einzelnen Unternehmen.

Besondere Konsequenzen für die Informationsverbreitung hat auch die Unternehmenskonzentration. Daten, die von einem konzernierten Unternehmen gesammelt werden, sind potentiell immer dem Gesamtkonzern zugänglich. Obgleich also die Datenbank zunächst nur mit einem einzigen Unternehmen zusammenzuhängen scheint, erweitert die durch die Konzernierung geschaffene Verbindung die Zugriffsmöglichkeit, begünstigt aber damit zugleich eine Integration.

Die organisatorische Struktur staatlicher und privater Datenbanken mag sich mithin auf den ersten Blick deutlich voneinander unterscheiden. Trotzdem läßt sich nicht behaupten, von einem Datenaustausch ja von einer zunehmenden

---

liert werden können. Welchen Umfang diese Praxis schon erreicht hat, zeigt das Beispiel einer kommunalen Kriminalpolizeibehörde, die ohne jede Bedenken erkennungsdienstliche Unterlagen zur Erfassung auf Lochkarten an ein privates Rechenzentrum weitergab, vgl. den Zweiten Tätigkeitsbericht des Hessischen Datenschutzbeauftragten, aaO. 23, 27.

Schließlich pflegen Behörden immer wieder verschiedene von ihnen gesammelte Angaben an interessierte private Unternehmen zuweilen gegen Entgelt weiterzugeben. Beispiele dafür finden sich vor allem im Zusammenhang mit Eheschließungen, Geburten sowie der Anmeldung von Kraftfahrzeugen, vgl. vor allem *Westin/Baker*, Databanks 72 ff., *Rodotà*, Elaboratore 18 f., aber auch den Zweiten Bericht des Hessischen Datenschutzbeauftragten, aaO. 8. Allerdings handelt es sich gerade in solchen Fällen um Angaben, die wie etwa Namen und Adressen mehr oder weniger allgemein zugänglich sind. In den Vereinigten Staaten hat deshalb der Gesetzgeber ebenfalls keinerlei Bedenken gehabt, die Weitergabe zu sanktionieren. Auf den ersten Blick verständlich ist daher die Reaktion der Gerichte auf Klagen, die die Verfassungsmäßigkeit solcher Bestimmungen in Frage stellten. So meinte das Bundesgericht im Fall Lamont v. Commissioner of Motor Vehicles, 269 F. Supp. 880 (883) (1967): "The information sold by the Commissioner is not vital or intimate. It is, moreover, in the category of public records available to anyone upon demand. What the State has done in practical effect is to tap a small source of much needed revenue by offering a convenient packaging service. In his contrary thesis the plaintiff proposes to stretch the constitutional dimensions of privacy far beyond any reasonable foreseeable limits that the courts ought to enforce."

Daß eine solche Schlußfolgerung, wenigstens in dieser Allgemeinheit, viel zu voreilig ist, zeigt die Entscheidung des BGH zur Automobilwerbung, NJW 1973,1119. Der BGH bejaht die Möglichkeit einer Verletzung des Persönlichkeitsrechts, wenn eine Briefwerbung entgegen dem ausdrucklichen Widerspruch des Empfängers stattfindet. Selbst die Verwertung allgemein zugänglicher Daten kann infolgedessen gegen elementare Rechte des Einzelnen verstoßen. Einmal mehr kommt es freilich auf den Verwendungszusammenhang an. Unter diesem Aspekt ist die Weitergabe noch so allgemeiner Angaben durch Behörden an interessierte Unternehmen keineswegs unproblematisch. Auch hier gibt es, mit Rücksicht auf die Nutzung dieser Daten, Grenzen, die es von vornherein zu bedenken gilt.

[82] *Westin/Baker*, Databanks 144; *Mirow* in Dokumentation aaO. 119.

Integration könne und dürfe nur solange die Rede sein, wie man es mit der staatlichen Aktivität zu tun habe. Auch wenn die Formen und die Intensität der Informationsverbreitung keineswegs übereinstimmen, der Datenaustausch bleibt ein Phänomen, das beiden Bereichen gemeinsam ist.

Gerade diejenigen jedoch, die den Austausch von Information im privaten Bereich nicht bestreiten, weil sie ihn aus eigener Erfahrung kennen, meinen den Datenschutz entschieden ablehnen zu müssen, und zwar mit Rücksicht auf die gleichsam öffentliche Aufgabe der Datensammlungen. Denn solche Sammlungen zählen ihrer Ansicht nach zu den wichtigsten Instrumenten für die Bekämpfung der Wirtschaftskriminalität[83]. Die ohnehin stark „überforderte Kriminalpolizei" habe vor allem bei derartigen Delikten nur sehr beschränkte Erfolgschancen, ganz abgesehen davon, daß eine Strafverfolgung solange jedenfalls nicht einsetzen könne wie es am Versuch einer strafbaren Handlung fehle. Nur die Privatwirtschaft sei unter diesen Umständen in der Lage, für eine wirksame Prävention zu sorgen[84]. Die Datensammlung erscheint so als Abwehrmittel steigender Kriminalität, der Datenschutz hingegen garantiert den Kriminellen Straffreiheit. Kritik und Ablehnung aller Versuche, die Datenschutzregelung auch auf Privatunternehmen auszudehnen, folgen mithin aus der Hilfspolizistenrolle, die sich die Initiatoren und Nutznießer der Datensammlungen zudiktieren. Sie meinen wenigstens zugleich im Interesse einer wie auch immer verstandenen Allgemeinheit zu handeln. Ihre Tätigkeit hinderlichen Schranken zu unterwerfen, hieße deshalb in die Ausübung öffentlicher Funktionen einzugreifen.

Staatliche Aufgaben, und die Bekämpfung der Wirtschaftskriminalität ist unstreitig eine solche, lassen sich freilich nicht beliebig übernehmen. Selbst wenn die Mängel noch so groß sind, ist noch kein privates Unternehmen berechtigt, die ausschließlich den Behörden vorbehaltene Rolle zu spielen. Doch unabhängig davon befreit die Wahrnehmung öffentlicher Aufgaben keineswegs von der Kontrolle. Was sonst bei staatlichen Instanzen für selbstverständlich gehalten wird, kann hier nicht unterbleiben. Man vergesse nicht, Datenschutz ist eine Forderung, die sich an jede Datensammlung richtet, gleichviel wer sie auch immer betreibt. Privatunternehmen können sich deshalb nicht dadurch der Überwachung entziehen, daß sie plötzlich ihre Aufgabe neu definieren und sich wenigstens partiell als öffentliche Instanzen ausgeben.

Für eine Datenschutzregelung kann es mithin nicht darauf ankommen, wer im Einzelfall Angaben, die mit der Person des einzelnen zusammenhängen, sammelt. Was allein zählt, ist, daß mit Hilfe elektronischer Anlagen ein detailliertes Bild entsteht, das jederzeit abrufbar, prinzipiell jedem zur Verfügung gestellt werden kann. Öffentliche und private Datensammlungen verfolgen das gleiche Ziel, sie durchbrechen die Anonymität des einzelnen und präsentieren ihn als Addition fungibler, informationsrelevanter Angaben. Im einen wie im anderen Fall hat der unmittelbar Betroffene auf die Zusammenstellung der Daten eben-

---

[83] *Prager*, Creditreform 1972 H. 4; 6 ff.; *Rödl/Windolph*, Datenschutz 12 f.; Zentraler Kreditausschuß aaO.

[84] Vgl. insb. *Rödl/Windolph*, Datenschutz 12.

sowenig Einfluß wie auf ihre Verwendung. Darum kann weder die öffentliche Verwaltung noch die Privatwirtschaft aus dem Anwendungsbereich einer Datenschutzregelung ausgenommen werden[85]. Die prinzipiell gleichgelagerte Interessenkollision bedingt auch eine gleichgelagerte Kontrolle. Wem der Computer zugute kommt, bleibt irrelevant, wichtig ist allein, daß er zu ganz bestimmten Zwecken gebraucht wird. Diese und nur diese entscheiden über Notwendigkeit und Ausmaß der Kontrolle.

V. Elektronische und manuelle Datenverarbeitung

Wer Datenschutz als Instrument zum Schutz des einzelnen versteht, kann sich auf Dauer nicht der Frage entziehen, weshalb denn eigentlich nur elektronisch gesteuerte Datenbanken kontrolliert werden sollen. Schließlich scheint nichts folgerichtiger zu sein, als die einmal erkannte Gefährdung des einzelnen durch die Sammlung von Daten zu seiner Person wirklich vollständig zu regeln, sich also nicht mit den wenigen Fällen zu begnügen, in denen elektronische Anlagen für die Datenverarbeitung herangezogen werden[86]. Zudem läuft eine partielle Regelung Gefahr, durch den gezielten Wechsel der Verarbeitungsmethoden ständig umgangen zu werden[87]. Ein Datenschutzgesetz zu schaffen, das lediglich solche Datenbanken erfaßt, die mit Hilfe von Computern arbeiten, hieße unter diesen Umständen, den Übergang zu manuellen Verfahren förmlich zu provozieren.

Gegen eine solche Ausweitung spricht zunächst die Geschichte der bisherigen Bemühungen um eine Datenschutzregelung. Manuell betriebene Dateien gibt es schon lange, umsonst dürfte man aber nach Vorschriften für diese Form der Datenverarbeitung suchen. Die Datenschutzdiskussion ist eben in Wirklichkeit nur eine Auseinandersetzung mit der Tragweite und den Implikationen der Verwendung elektronischer Anlagen[88]. Verständlich, denn erst die Nutzung von

---

[85] Der Entwurf zu einem BDatSchG trägt dieser Forderung uneingeschränkt Rechnung. Sein in § 2 I definierter Anwendungsbereich umfaßt sowohl die öffentliche Verwaltung als auch private Unternehmen. Ebenso deutlich verfährt das schwedische Gesetz. Es lehnt jede einseitige Beschränkung ab und unterstellt in Art. 2 unterschiedslos sämtliche Datenbanken den Datenschutzregeln. Vgl. auch Art. 12 des dem belgischen Senat vorliegenden Gesetzentwurfs vom 26. 1. 1972 über den Schutz des Privatlebens und der Persönlichkeit sowie *Steinmüller* u. a., Grundfragen 34; *Bralbant*, RevIntDrComp. 1971, 806 f.

[86] Ganz in diesem Sinn spricht sich der Entwurf zu eninem BDatSchG gegen eine unterschiedliche Behandlung elektronisch gesteuerter und manuell betriebenen Dateien aus. Datenschutz soll nach § 2 I ohne Rücksicht auf das für die Datenverarbeitung gewählte Verfahren gewährt werden. Vgl. auch *Steinmüller* in *Kilian/Lenk/Steinmüller*, Datenschutz 70; *Steinmüller u. a.*, Grundfragen 34; *Podlech*, Datenschutz 8, 48. Der Fair Credit Reporting Act sieht ebenfalls von einer Restriktion auf Datensammlungen, die mit Hilfe von Computern arbeiten, ab. Doch nicht zuletzt deshalb, weil seine Regeln auch die Auskunfteien erfassen sollen, die bislang schon existierten und sich ausschließlich konventioneller Methoden bedienten. Die Kritik an ihrem Verhalten war für den Eingriff des Gesetzgebers mindestens genauso maßgeblich wie die Befürchtungen vor den Konsequenzen einer elektronisch gesteuerten Informationsvermittlung.

[87] Vgl. die Begründung zum Entwurf für ein BDatSchG, aaO. 17.

[88] Gerade die Bemühungen, Datenschutz nicht nur national, sondern auch international zu garantieren, verdeutlichen dies in ganz besonderem Maß. Sowohl der Europarat als

Computern hat jene spezifische Informationssituation geschaffen, welche die Einrichtung von Datenbanken zu einer akuten Gefährdung des einzelnen werden läßt[89].

Die Details hier aufzuzählen lohnt nicht, sie sind oft und präzise beschrieben worden[90]. Soviel ist unbestritten: Die elektronischen Anlagen haben den Informationsradius radikal verändert. Bis zu ihrer Einführung war der Gebrauch von Daten weitgehend auf denjenigen beschränkt, der sie auch sammelte, und selbst dies ließ sich von einer bestimmten Datenmenge an kaum noch sicherstellen. Der Computer schafft die Voraussetzungen für eine reibungslose Zirkulition der Angaben. Die Daten werden aus ihrer Isolierung gelöst, eine kontinuierliche, umfassende, akribische und jedem Interessierten zugängliche Unterrichtung läßt sich erstmalig garantieren. Gerade dieser jederzeit realisierbare Informationsaustausch begründet die Forderung nach Datenschutz. Gesammelte aber nicht verwertbare Information ist nur eine theoretische Gefahr,

---

auch die OECD schalteten sich unter dem Eindruck der spezifischen durch die elektronische Datenverarbeitung hervorgerufenen Gefahren ein. Sie verstehen ihre Intervention als Reaktion auf die Bedrohung des einzelnen durch ein dank der technischen Entwicklung radikal verändertes Informationsinstrumentarium. Konsequenterweise heißt es denn auch im Bericht des dänischen Justizministers *Nielsen*, aaO. 1, „Il est donc devenu très urgent de refléchir, à l'échelon national comme à l'échelon international, aux moyens propres à protèger la vie privée de l'individu. Il s'agit de maintenir un équilibre constant entre cette considération et le désir d'utiliser efficacement la technologie de l'ordinateur dans l'intérêt de la société". Eine ganz andere Frage ist es, ob die manuelle Datenverarbeitung nicht ebenfalls einer gesetzlichen Regelung bedarf. Sollte sich der Gesetzgeber dafür entscheiden, so muß er allerdings Normen entwickeln, die den spezifischen Merkmalen dieser Form der Datenverarbeitung Rechnung tragen. Noch einmal: Worauf es ankommt ist, unter keinen Umständen sämtliche Formen der Datenverarbeitung in ein und derselben gesetzlichen Regelung zu vermengen und damit die Effizienz der legislativen Entscheidung aufs Spiel zu setzen.

[89] Deshalb hat für den hessischen Gesetzgeber niemals ein Zweifel am Anwendungsbereich des Datenschutzgesetzes bestanden. § 1 unterstreicht den Zusammenhang zwischen Datenschutz und maschineller Datenverarbeitung. Auf derselben Linie bewegen sich auch alle anderen in den einzelnen Bundesländern existierenden oder geplanten Vorschriften. Genauso verfährt das schwedische Gesetz. Betroffen sind nach § 1 nur elektronisch gesteuerte Datensammlungen. Auch für die meisten Vorschläge einer legislativen Regelung in Großbritannien war eine Beschränkung auf die elektronische Datenverarbeitung schlicht selbstverständlich, vgl. die zusammenfassende Darstellung in Younger Report, aaO. 185 ff., sowie die in Price of Privacy, aaO. 25 ff. wiedergegebenen Forderungen des Privacy Committee der Society of conservative lawyers an den Gesetzgeber.

Demgegenüber bezieht der vom Unterhausabgeordneten *Huckfield* eingebrachte Control of personal information bill auch manuelle Sammlungen ein, freilich mit einer wichtigen Einschränkung: Betroffen sind nur Sammlungen, die entweder über 100 000 Personen erfassen oder deren Gefährlichkeit von der Regierung festgestellt wurde. Die Ausdehnung auf manuelle Datenverarbeitung wird infolgedessen durch Kriterien gerechtfertigt aber gleichzeitig auch beschränkt, die jedenfalls die Vermutung nahelegen, das Maß der Gefährdung ließe sich mit dem bei einer elektronischen Datenverarbeitung bestehenden vergleichen.

[90] Vgl. *Miller*, Einbruch 29 ff.; *Steinmüller u. a.*, Grundfragen 38; *Braibant*, RevIntDrComp. 1971, 798 f.; *Rodotà*, Elaboratore 8 ff.; *Samuelsen*, Databanker 36 ff.; *Simitis*, Informationskrise 133 f.

ständig erreichbare Datenbestände hingegen stellen eine höchst praktische Bedrohung dar. Ob deshalb eine Datei existiert, spielt noch keine Rolle. Nur die Prozedur der Informationsverarbeitung zählt. Sie bestimmt, inwieweit qualitativ schon ein Zustand eingetreten ist, der zu einer legislativen Intervention zwingt. Deshalb geht es auch nicht an, Regelungen, die sich ausschließlich auf die elektronische Datenverarbeitung beziehen, als diskriminierend abzutun[91]. Nicht Gleiches wird ungleich behandelt, sondern Verschiedenes, weil von einer deutlich unterscheidbaren Qualität, verschieden.

Auch das Umgehungsargument überzeugt nicht. Man wechselt nicht beliebig die Verfahren. Die Entscheidung für eine elektronische Datenverarbeitung ist weder willkürlich noch zufällig. Sie hängt vielmehr unmittelbar mit der Entwicklung der jeweils in Frage kommenden Organisation zusammen. Eine Datei ist, sobald die vorhandenen Angaben einen bestimmten Umfang und Komplexitätsgrad überschreiten, nur noch elektronisch steuerbar. Information läßt sich infolgedessen von einem gewissen Punkt an gar nicht mehr anders verarbeiten. Wer sich deshalb für elektronische Anlagen ausspricht, hat schon ein Stadium erreicht, in dem die elektronische Datenverarbeitung den einzig möglichen Ausweg darstellt. Insofern gibt es kein Zurück mehr zu manuellen Verfahren, es sei denn unter Verzicht auf Zuverlässigkeit und Schnelligkeit der Information und damit letztlich auch auf den Nutzen der Datei. Das Umgehungsargument spielt daher in dieser allgemeinen Form ein Scheinproblem vor.

Aber: Von vornherein strikt auf elektronisch gesteuerte Datenbanken begrenzte Regelungen riskieren, sich selbst um ihre Wirksamkeit zu bringen. Eine derart strenge Unterscheidung begünstigt zwangsläufig Kombinationen, die letztlich durchaus auf eine Umgebung hinauslaufen. Datenschutzregelungen können mit anderen Worten keinen Rückzug in die manuelle Datei tolerieren, der in Wirklichkeit nur den Zweck verfolgt, einzelne Teile der Datensammlung vor einer Kontrolle zu bewahren. Es fällt nicht schwer, sich Situationen auszumalen, in denen man im Hinblick auf die Überwachung für besonders empfindliche Daten eigene Karteien anlegt, die sich zwar leicht mit der gesamten übrigen elektronisch gesteuerten Datenbank rückkoppeln lassen aber nur manuell betrieben werden[92]. Deshalb muß schon eine partielle Nutzung elektronischer Anlagen im Rahmen der Datenverarbeitung genügen. In diese Richtung weisen auch bereits vorhandene Bestimmungen wie der § 1 HessDatSchG, die den Datenschutz auf alle für Zwecke der maschinellen Datenverarbeitung erstellten Unterlagen erstrecken. Die Formulierung ist freilich mißverständlich. Sie erweckt jedenfalls den Eindruck, als ob von Anfang an eine Verbindung zur elektronischen Datenverarbeitung bestanden haben muß, eine Ausnahme, die Beweisstreitigkeiten leicht heraufbeschwört. Mehr als die Existenz elektronischer Anlagen ist infolgedessen nicht zu verlangen. Sobald auch nur an einem Punkt des Informationsprozesses eine elektronische Datenverarbeitung stattfindet, hat die Kontrolle einzusetzen, und zwar für alle verwertete Daten, gleichviel also ob sie mit dem Computer in Berührung kommen oder nicht.

---

[91] Vgl. aber die Begründung zum Entwurf für ein BDatSchG, aaO. 20.

[92] Beispiele bei *Westin/Baker*, Databanks 143 ff.

Einem Einwand setzt sich jede solche Lösung mit ziemlicher Sicherheit aus: Man kann ihr vorwerfen, theoretisch zwar überzeugend, praktisch jedoch kaum durchführbar zu sein, weil der Kreis der betroffenen Datensammlungen nicht hinreichend klar definiert ist, Abgrenzungsschwierigkeiten also zwangsläufig auftreten müssen. Freilich, wer meint, daß sich dieses Problem nicht stellt, wenn die Datenschutzregelung sämtliche Dateien erfaßt, täuscht sich. Was eine Datei ist, steht keineswegs fest. Man kann sich sicherlich relativ einfach aus der Affäre ziehen, indem man sich mit einem überaus geringen und damit leicht überprüfbaren Formalisierungsgrad begnügt. Die geplante Regelung müßte aber dann schon an der schier uferlosen Zahl der zu berücksichtigenden Dateien scheitern. Will man dagegen nur solche Datenbanken der Kontrolle unterwerfen, die gewisse, gleichviel wie auch immer, bestimmte Merkmale erfüllen, kommt es sofort zu Abgrenzungsproblemen. Kurzum solche Komplikationen entstehen bei allen Restriktionen des Anwendungsbereichs einer Datenschutzregelung. Der Hinweis auf diese Schwierigkeiten ist deshalb auch kein Gegenargument gegen die hier vertretene Lösung.

Noch einmal: Wer zuviel zu regeln sucht, läuft Gefahr, letztlich nichts zu regeln. Darum muß es bei der Beschränkung auf einen präzisen, klar erkennbaren Gefahrenherd bleiben: der elektronischen Datenverarbeitung, und zwar ohne Rücksicht darauf, ob sich der Informationsprozeß ganz oder nur teilweise mit Hilfe von Computern vollzieht.

VI. Relevante Phasen des Informationsprozesses

Jede Datenschutzregelung muß den Zeitpunkt bestimmen, von dem an der Informationsprozeß unter Kontrolle gehalten werden soll. Die bisherigen Versuche einer gesetzlichen Regelung lassen allerdings keine einheitliche Linie erkennen. Ursprünglich ging die Tendenz wohl dahin, schon in der bloßen Datensammlung einen ausreichenden Anlaß für die Überwachung zu sehen[93]. Später machten sich Bestrebungen bemerkbar, den Datenschutz mit der Speicherung zu verknüpfen[94]. Zur Begründung heißt es immer wieder, die Aufgabe der gesetzlichen Vorschriften läge es nahe, einen für die Datenverarbeitung typischen Zeitpunkt zu wählen. Unter diesem Aspekt verdiene aber die Speicherung ganz entschieden den Vorzug vor der Sammlung.

---

[93] Diese Tendenz findet sich gegenwärtig wohl am deutlichsten im schwedischen Gesetz wieder. § 4 gewährt die Möglichkeit, mit Hilfe von Sammlungsverboten die Erhebung bestimmter Daten auszuschließen. Auch der Younger Report, aaO. 183, geht bei seinen Empfehlungen von der Überlegung aus, daß eine wirksame Kontrolle Beschränkungen der Datensammlung voraussetzt.

[94] Dem entspricht auch die Entwurf zu einem BDatSchG enthaltene Regelung. Das Gesetz läßt die für seine Vorschriften relevante Datenverarbeitung erst beim Speichern beginnen (§ 2 I). Doch handelt es sich dabei um eine Einschränkung, die erst in der letzten Fassung des Referentenentwurfs vorgenommen wurde. Die frühere Formulierung lautete demgegenüber (§ 2 III): „Gegenstand der Regelung des Datenschutzes in diesem Gesetz ist das Beschaffen, Erfassen, Speichern, Weitergeben, Verändern und Löschen sowie jedes sonstige Bearbeiten und Auswerfen von Individualinformationen, ungeachtet der dabei angewendeten Methoden (Informationsverarbeitung)."

Doch der Gesichtspunkt der Maschinennähe kann für sich genommen niemals ausreichen. Maßgebend für den Datenschutz muß vielmehr sein, wann Konflikte entstehen, die eine Intervention des Gesetzgebers rechtfertigen. Ob also die Speicherung oder die Sammlung vorzuziehen ist, richtet sich allein nach den konkreten Auswirkungen, die jeder dieser Vorgänge hat. Schon die Reaktion der unmittelbar Beteiligten läßt vermuten, daß die Datensammlung kein vernachlässigenswerter Abschnitt des Informationsprozesses ist. Die Widerstände gegen jede Form der Kontrolle sind oft überraschend heftig, und zwar sowohl von privater als auch von staatlicher Seite. Untergangsvisionen sind schnell bei der Hand. Ganze Branchen der Privatwirtschaft wähnen sich neben den staatlichen Planungsbehörden ausweglos bedroht. Für die einen vernichtet die Überwachung die Existenzchancen von Auskunfteien und Detekteien, für die anderen ist Kontrolle gleichbedeutend mit dem Zwang für den Verwaltungsapparat in längst überholten Strukturen zu verharren und damit an der gesellschaftlichen Realität hoffnungslos vorbeizuoperieren[95].

Solche reichlich dramatisierende Argumentationen haben allerdings einen Vorteil: Sie zeigen nicht nur, in welchem Umfang es bereits für selbstverständlich gehalten wird, Angaben über den einzelnen zusammenzustellen, sondern verdeutlichen zugleich, daß seine Interessen keineswegs erst durch die Speicherung tangiert werden. Der Konflikt mit dem einzelnen ist vielmehr schon in dem Augenblick angelegt, in dem ein Dritter, gleichviel ob es sich um eine private oder eine öffentliche Instanz handelt, dazu übergeht, Angaben über ihn zusammenzutragen[96]. Abgesehen davon ist mit der Sammlung die Grundvoraussetzung für jede spätere Verarbeitung erfüllt. Zudem kann bei Bedarf das aus der Zusammenstellung hervorgegangene Rohmaterial weitergegeben werden. Die mithin bereits im Stadium der bloßen Ermittlung von Angaben vorhandene Kommunikabilität der Information genügt völlig, um Kontrollvorkehrungen zu rechtfertigen.

Aus der Perspektive des Datenschutzes sind infolgedessen Sammlung und Speicherung zwar deutlich getrennte aber durchaus gleichgewichtige Teile des

---

[95] Vgl. etwa die Stellungnahme der Hessischen Landesregierung zum Ersten Tätigkeitsbericht des Datenschutzbeauftragten, LT-Drucksache 7/1705, 4. Gerade solche Reaktionen veranlaßten wohl *Steinmüller u. a.*, aaO. 148, in ihrem im Auftrag des Bundesinnenministeriums erstatteten Gutachten wenn auch widerstrebend nach Auswegen zu suchen „um das Auskunftsgewerbe nicht dem Untergang zu weihen". *Braibant*, RevIntDrComp. 1971, 796 ff. gibt einen Überblick über die meisten der in diesem Zusammenhang vorgebrachten Argumente gegen eine Kontrolle der Datenverarbeitung.

[96] Zu der spezifischen durch die Ermittlung von Angaben ausgelösten Gefährdung des einzelnen, vgl. auch *Miller*, Einbruch 154 ff.; *Westin/Baker*, Databanks 245 ff.; *Steinmüller u. a.*, Grundfragen 97 f., 145 f. Daß unter dem Vorwand der Kriminalitätsbekämpfung auch Angaben über „militants, activists, and mentals" gesammelt werden, vgl. die Beispiele bei *Westin/Baker*, Databanks 85 ff., ist weder außergewöhnlich noch unwiederholbar. Variationen einer solchen Klassifikation können bei jeder staatlichen Verwaltung auftauchen. Sei zeigen aber nur zu deutlich, daß sich der Gesetzgeber für die Sammlung keineswegs desinteressieren kann.

Informationsprozesses. Der Gesetzgeber kann keinen von beiden übergehen[97]. Insofern ist es in der Tat keineswegs rechtlich belanglos, ob, von wem, wann und welche Angaben zur Person des einzelnen ermittelt werden. Mehr als die Widerlegung der Annahme, der Datenschutz dürfe erst mit der Speicherung beginnen, folgt aber daraus nicht. Welche Konsequenzen also die Einbeziehung der Sammlung haben muß, kann sich nur aus der Kenntnis der betroffenen Daten und ihre Verwendungszusammenhänge ergeben[98]. Die funktionale Analyse bestimmt, inwieweit die konkrete, den Konflikt auslösende Situation Sammlungsverbote legitimiert oder nur Anlaß zu einer Kontrolle gibt, welche die notwendigen Maßnahmen auf andere der Sammlung nachfolgende Stadien des Informationsprozesses verlagert.

VII. Kontrollformen

1. Einigkeit über die Notwendigkeit ja Dringlichkeit einer Datenschutzregelung bedeutet noch keine Übereinstimmung über den Weg, den der Gesetzgeber beschreiten muß. Wer daran zweifelt, braucht sich nur die bisherigen Versuche anzusehen. Sie weichen keineswegs nur in den Details voneinander ab, sondern beruhen auf gegensätzlichen Prinzipien. Während sich die einen vorbehaltlos für eine Fremdkontrolle aussprechen, meinen die anderen, mit einer Selbstüberwachung auskommen zu können[99]. Die Folge: Entweder es entstehen neue Institutionen wie etwa der Hessische Datenschutzbeauftragte oder der Gesetzgeber begnügt sich damit, einige Grundsätze zu formulieren und überläßt es dann den Adressaten, für deren Einhaltung zu sorgen[100].

---

[97] Vgl. auch *Westin/Baker*, Databanks 379 ff. Konsequenterweise bezieht deshalb *Podlech*, Datenschutz 11, 55, die Informationserhebung in die von ihm vorgeschlagene Regelung ein (§ 15).

[98] Deshalb ist es zumindest fraglich, ob man in so abstrakter Form, wie es *Steinmüller u. a.*, Grundfragen 145 f. tun, Kategorien von Daten angeben kann, bei denen von vornherein schon eine Sammlung ausgeschlossen sein muß, und zwar wohl nur im Rahmen einer privaten Informationsverarbeitung. Mindestens bei den Angaben zur politischen Überzeugung sprechen die von *Steinmüller u. a.* angeführten Gründe auch gegen eine Ermittlung durch staatliche Instanzen. Eine überzeugende Lösung läßt sich freilich nur finden, wenn man auf die Abstraktion verzichtet, das Datum „politische Überzeugung" ebenso präzisiert wie mögliche Verwendungszusammenhänge offenlegt und diskutiert.

[99] Die Gegenüberstellung von Fremd- und Selbstkontrolle spielt eine besonders wichtige Rolle bei der Begründung der vom Entwurf für ein BDatSchG vorgeschlagenen Regeln, aaO. 18. Die Verfasser wenden sich mit Entschiedenheit gegen die Fremdkontrolle und präsentieren die Selbstverantwortlichkeit als den letztlich auch rechtlich einzig vertretbaren Ausgangspunkt für ein Datenschutzgesetz. Sie entscheiden sich allerdings für ein System, das sich keineswegs uneingeschränkt an den Grundsatz der Selbstkontrolle hält, sondern einen Kompromiß zwischen den beiden Grundsätzen anstrebt. Die Begründung, aaO. 18, spricht deshalb von einem „System abgestufter Selbstkontrolle".

[100] Eine besondere Spielart der Selbstkontrolle ist die vor allem in Großbritannien propagierte Entwicklung spezifischer standesrechtlicher Regeln für den Bereich der Datenverarbeitung. Vgl. den Younger Report, aaO. 185 sowie den dort, 331, ebenfalls abgedruckten Code of conduct der British computer society v. 17. 2. 1971. Für die Vereinigten Staaten vgl. Profesional Conduct in Information Processing, Communications

Für eine Selbstkontrolle spricht sicherlich die fast schon instinktive Abneigung gegen jede Expansion der Bürokratie. Die ohnehin reichlich vorhandenen Instanzen müßten, so möchte man meinen, ohne weiteres ausreichen, um den Datenschutz zu garantieren[101]. Zudem liefe eine Behörde mit so umfassenden Zielsetzungen, wie sie der Datenschutz nun einmal erfordert, von Anfang an Gefahr, im Widerstreit der Kompetenzen zu scheitern. Und schließlich pflegen private Unternehmen, die sich mit der Möglichkeit einer Fremdkontrolle konfrontiert sehen, überdeutlich auf die Freiheit der Berufsausübung hinzuweisen, aber auch auf die rechtlich ebenso abgesicherte freie Betätigung im wirtschaftlichen Verkehr.

Wer allerdings so argumentiert, verkennt die spezifische Situation, in der sich jeder befindet, der sich einer Datenbank bedient. Niemand, der Angaben zusammenstellt und verbreitet, wird jemals um plausibel klingende Gründe verlegen sein, die einen Ausbau seiner Sammlung nicht nur rechtfertigen, sondern geradezu notwendig erscheinen lassen. Keine Planungsinstanz und keine private Informationszentrale, die nicht mit aller ihr zur Verfügung stehenden Überzeugungskraft den Standpunkt vertritt, ihre Aufgabe nur mit Hilfe einer ständigen Erweiterung der Daten zufriedenstellend erfüllen zu können. Unter diesen Umständen hat ein Datenschutz, der sich auf Kontrollen innerhalb der betroffenen Instanzen verläßt, kaum eine Chance; sich mit solchen Maßnahmen zu begnügen, läuft darauf hinaus, die ständige Umgehung der gesetzlichen Vorschriften bewußt in Kauf zu nehmen. Ebensogut könnte man es daher bei einem an die Adressaten der Datenschutzregelung gerichteten Appell zum Wohlverhalten belassen[102]. Nur eine externe auf den Datenschutz spezialisierte und sich ihm vollauf widmende Instanz schafft das nötige Gegengewicht gegen die

---

of the Association for Computing Machinery 11 (1968) 135; *Karst*, Law and contemporary problems 31 (1966) 342, 361.

Von Selbstkontrolle wird allerdings zuweilen auch in einem ganz anderen Sinn gesprochen. Gemeint sind Maßnahmen, die es demjenigen, über den Angaben gesammelt und verarbeitet werden, ermöglichen, den Umgang mit den Daten zu seiner Person selbst zu überwachen. Solche Überlegungen haben mit der „Selbstkontrolle", wie sie hier verstanden wird, nichts zu tun. Sie sind daher gesondert zu betrachten und zu bewerten.

[101] Vgl. insb. die Begründung zum Entwurf eines BDatSchG, aaO. 18.

[102] Deshalb können auch Standesordnungen ein Datenschutzgesetz niemals ersetzen. Gewiß, an ebenso wohltönenden wie eindrucksvollen Formeln wird nicht gespart. Von Verantwortungsbewußtsein, strikter Diskretion, persönlicher Integrität ist genausoviel die Rede wie vom Wohl der Allgemeinheit und dem Respekt vor der Privatsphäre, denen sich alle am Informationsprozeß Beteiligten verpflichtet fühlen (vgl. die oben Anm. 99 angeführten Beispiele). Doch über die möglichen Konfliktfälle und ihre Konsequenzen erfährt man nichts, und erst recht bleiben Sanktionen, Kontrollmittel und Kontrollinstanzen im Dunkeln. Was daher solche Regelungen bieten, ist allenfalls die Hoffnung, daß sich die Betroffenen im Konfliktfall nach dem in ihrer Standesordnung gezeichneten Idealbild richten werden. Standesordnungen mögen als flankierende Maßnahmen durchaus wichtige Funktionen wahrnehmen, vgl. auch *Braibant*, RevIntDrComp. 1971, 809, mehr können sie aber nicht leisten. Man sollte deshalb so schnell wie möglich aufhören, ihnen Aufgaben zuzuweisen, die sie schlicht überfordern. Vgl. auch die Kritik von *Miller*, Einbruch 307 ff. sowie *Samuelsen*, Databanker 195 ff.

Interessen all derer, die Datenbanken einrichten und benutzen. Wirklicher Datenschutz ist deshalb ohne Fremdkontrolle nicht denkbar.

Daran ändert auch der Hinweis auf die Kompetenzschwierigkeiten nichts. Mag sein, daß manches legislative Vorhaben nicht zuletzt im Bereich der elektronischen Datenverarbeitung durch beharrlich verteidigte Zuständigkeiten nachhaltig bedroht worden ist[103]. Doch an keinem anderen Punkt dürfte sich vielleicht so deutlich zeigen, ob der Staat bereit ist, Prioritäten zu setzen, die den Grundsätzen seiner Verfassung entsprechen. Kompetenzregelungen sollen für eine sinnvolle Arbeitsteilung sorgen, sie können nicht die Aufgabe haben, den Schutz fundamentaler Positionen des einzelnen zu eskamotieren.

Noch eine Bemerkung zum Verhältnis von Datenschutz und Berufsausübung: Niemand hat bislang ernsthaft die These vertreten, daß etwa die Aufsicht über die Kredit- und Versicherungswirtschaft mit einer freien Berufsausübung oder wirtschaftlichen Betätigung unvereinbar sei. Die Freiheit, ungehindert dem eigenen Beruf nachzugehen, schließt weder das Recht ein, uneingeschränkt Angaben über andere zu sammeln und zu verwerten noch die Berechtigung, nur selbst darüber zu befinden, ob die vom Gesetzgeber geforderten Schutzmaßnahmen auch beachtet werden[104]. Selbst wenn die Ermittlung und Weitergabe von Daten zu den Voraussetzungen des Berufes rechnen, folgt daraus nicht die Unzulässigkeit aller Kontrolle. Im Gegenteil, der Beruf ist nur solange tolerabel, wie er die Interessen der Person über die Angaben zusammengestellt werden, respektiert. Dies aber zu garantieren ist Aufgabe des Datenschutzes[105]. Darum noch einmal: Selbst- und Fremdüberwachung stehen nicht zur Auswahl, Datenschutz verträgt sich nur mit Fremdkontrolle[106].

---

[103] Die Diskussion über die juristische Bundesdatenbank bietet genügend Beispiele dafür. Der Kompetenzstreit machte sich schon bemerkbar, als die einzelnen Projekte noch nicht einmal über das Stadium erster Vorüberlegungen hinaus waren, vgl. *Simitis*, Automation in der Rechtsordnung (1967) 16.

[104] Erst recht geht es nicht an, die Forderung nach Datenschutz durch den Hinweis auf die rechtlich garantierte Informationsfreiheit all derjenigen zurückzuweisen, die Datensammlungen einrichten, vgl. etwa *Rödl/Windolph*, Datenschutz 14 f.; *Rödl*, in Dokumentation aaO. 95. Gewiß dürfte niemand bestreiten, daß jeder, der sich wirtschaftlich betätigt, mit Erkundigungen über seine Person rechnen muß. Doch eine solche Feststellung legitimiert niemals eine uneingeschränkte Sammlung von Angaben. Sie rechtfertigt allenfalls Überlegungen zu einer differenzierenden Behandlung der verschiedenen Daten und damit zu einer funktionalen Analyse. Noch einmal: Eine Informationsfreiheit, die es gestattet, den Anspruch des einzelnen zu ignorieren, die Integrität seiner Person zu respektieren, gibt es nicht und damit auch keine wie auch immer verstandene abstrakte Priorität der Freiheit, beliebige Daten zusammenzustellen.

[105] Vgl. aber *Rödl* in Dokumentation aaO. 95.

[106] Beispielhaft dafür ist das schwedische Gesetz. Seine Vorschriften sehen eine strenge Kontrolle durch eine eigens zu schaffende Datenschutzbehörde vor (insb. §§ 7 ff). Auch die Vorschläge für Großbritannien gehen von der Fremdkontrolle aus. Wiederum liegt der Schwerpunkt bei einer besonderen staatlichen Instanz, die auf der Grundlage der Registrierung der einzelnen Datenbanken die Überwachung vornimmt, vgl. Younger Report, aaO. 186, Price of privacy 29. Ähnliche Überlegungen beherrschen schließlich die Diskussion in den Vereinigten Staaten, vgl. *Miller*, Einbruch 277 ff., 283 ff.
Der Entwurf für ein BDatSchG sieht wenigstens für einen beschränkten Bereich der

Der Datenschutzbehörde kommt damit eine Schlüsselfunktion zu. An ihrer Tätigkeit erweist sich der Realitätsgehalt der gesetzlichen Vorschriften. Verständlich, daß der Gesetzgeber gerade ihren Kompetenzen und ihrer organisatorischen Ausgestaltung ganz besondere Aufmerksamkeit widmen muß[107]. Auf Einzelheiten braucht hier nicht eingegangen zu werden. Sie sind an anderer Stelle schon diskutiert worden[108]. Nur noch so viel: Die Bedeutung einer sol-

---

Datenverarbeitung eine Aufsichtsbehörde vor (§ 31). Die Verfasser haben freilich jede Ausage vermieden, die dazu verhelfen könnte, ein auch nur halbwegs präzises Bild dieser Behörde zu gewinnen. Sie begnügen sich mit der Feststellung (§ 31 I), die Überwachung obläge, der „nach Landesrecht zuständigen Aufsichtsbehörde". Die Nachteile drängen sich von selbst auf: Das Landesrecht kann sehr verschiedene Lösungen vorsehen. Sie reichen von einer besonderen Datenschutzinstanz, wie dem Hessischen Datenschutzbeauftragten, bis hin zu der Zuweisung dieser Aufgaben an eine schon existierende Behörde. Die Konsequenz ist eine Zersplitterung der Kontrollmechanismen, was gerade in einem Bereich, in dem es gilt, Erfahrungen erst zu gewinnen und sie in eine ständig verbesserte Praxis umzusetzen, fatale Folgen für die Wirksamkeit des Gesetzes haben kann. Zudem bleibt die Forderung nach Fremdkontrolle solange unerfüllt, wie man sich nicht für eine Instanz entschließt, die in keinerlei Beziehung zu den Überwachten steht. Gewiß, für die in § 31 vorgesehene Aufsichtsbehörde trifft dies vordergründig durchaus zu. Sie ist eine staatliche Instanz und kontrolliert werden nur Private. Doch längst steht fest, daß die öffentliche Verwaltung private Unternehmen mit Informationen ebenso beliefert wie sie umgekehrt auf Angaben zurückgreift, die auf private Initiative hin zusammengestellt werden. Deshalb ist es für die Wirksamkeit einer Datenschutzbehörde essentiell, selbst dann nicht nur ein Teilaspekt bereits existierender Instanzen zu sein, wenn sie sich lediglich mit der Tätigkeit privater Institutionen beschäftigt.

Eine besondere Form der Fremdkontrolle stellt der Versuch dar, die Datenbanken durch einen eigens einzurichtenden Zweig der Gerichtsbarkeit überwachen zu lassen. So sieht Art. 12 des dem belgischen Senat vorliegenden Entwurfs für ein Gesetz zum Schutz des Privatlebens und der Persönlichkeit (Sénat de Belgique, Session de 1971–1972, 26. 1. 1972, 142) eine Kammer „de contrôle de l'électronique" beim Gericht erster Instanz in Brüssel vor. Wie wenig sich allerdings die dem Gericht zugewiesenen Aufgaben mit dem traditionellen Wirkungsbereich der Justiz vereinbaren lassen, zeigt gerade der belgische Entwurf. Vom Gericht wird keineswegs nur die Kontrolle konkreter Verstöße gegen die Rechte des einzelnen erwartet. Im Gegenteil, den Mittelpunkt seiner Tätigkeit bildet die generelle Überwachung sämtlicher in Frage kommender Datenbanken, denen zudem die Pflicht auferlegt wird, sich in ein von der Kammer geführtes Register einzutragen. In Wirklichkeit geht es also in erster Linie um rein administrative Aufgaben. Der Justiz wird mithin ein Bereich anvertraut, der sich durchaus mit dem sonst für die Aktivität der Datenschutzbehörden vorgesehenen Gebiet deckt. Insofern ist der wie auch immer zu benennende Gerichtszweig nichts anderes als eine Datenschutzbehörde.

107 Es versteht sich von selbst, daß die entscheidende Vorfrage für jede solche Regelung die Gesetzgebungskompetenz des Bundes ist. Sie setzt eine Grundgesetzänderung voraus, eine Erwartung, die in manch anderem Zusammenhang auf berechtigte Kritik stößt. Bedenkt man freilich, was beim Datenschutz auf dem Spiel steht, so erscheint die Notwendigkeit einer Neuerung der Kompetenzverteilung mindestens ebenso begründet wie beim Umweltschutz oder der Kernenergie. Vgl. dazu auch *Podlech*, Datenschutz 1 ff. mit einem detaillierten Vorschlag; *Auernhammer*, ÖVD 0 (1971) 26; *Steinmüller u. a.*, Grundfragen 61; *Simitis*, NJW 1971, 679.

108 Vgl. *Simitis*, NJW 1971, 680 ff.; *Steinmüller u. a.*, Grundfragen 126 ff., 151 ff., 159 ff.; *Braibant*, RevIntDrComp. 1971, 811 f.; *Miller*, Einbruch 278 ff.; *Podlech*, Datenschutz 10, 53. *Westin/Baker*, Databanks 351 ff. sprechen sich demgegenüber zwar auch für

chen Behörde ergibt sich auch aus der Überlegung, daß wirksamer Datenschutz eine Reihe technischer Absicherungen voraussetzt[109]. Gemeint sind nicht die Vorkehrungen zur Abwendung von Umwelteinflüssen oder gegen Fehlerquellen, die mit der Maschine selbst zusammenhängen, sondern vor allem die für eine konstante Programmüberwachung notwendigen Maßnahmen. Für den Umgang mit den Daten ist die Programmierung der entscheidende Ansatzpunkt. Regelungen, die sie nicht einbeziehen, sind daher weitgehend wertlos[110]. Um eine Kontrolle garantieren zu können, die den technischen Modalitäten der elektronischen Datenverarbeitung hinreichend Rechnung trägt, bedarf es aber einer Instanz, die über die erforderliche Sachkompetenz verfügt. Diesen Anforderungen genügt nur eine eigens um des Datenschutzes willen geschaffene und auf ihn zugeschnittene Überwachungsbehörde[111].

Und noch ein weiteres: Sämtliche Überwachungsmaßnahmen bewegen sich einstweilen auf einer mehr oder weniger experimentellen Ebene. Anders formuliert: der Datenschutz ist auf eine ständige Anpassung an die gesammelten Erfahrungen und damit auf permanente Innovation angewiesen[112]. Niemand eignet sich aber besser als eine Datenschutzbehörde, um den Gesetzgeber fortlaufend über notwendige Veränderungen der Kontrollmechanismen zu unterrichten. Die Wirksamkeit des Datenschutzes hängt von der Offenheit und Flexibilität der legislativen Reaktion ab. Eine unabhängige mit gleichen Rechten gegenüber staatlichen und privaten Datenbanken ausgestattete Kontrollinstanz ist die wahrscheinlich wichtigste Voraussetzung dafür[113].

---

eine Fremdkontrolle aus, meinen aber, daß eine zentrale Datenschutzbehörde leicht überfordert werden könnte. Sie ziehen deshalb „some combination of citizen advisory group and ombudsmanlike official" vor. Was freilich damit genau gemeint ist, bleibt offen. Fest steht so viel: Auch ein solcher Weg kann, wenn er effizient sein soll, nicht den Aufbau eines eigenen Überwachungsapparats ersparen. Nebenher lassen sich Datenschutzaufgaben nicht erledigen und schon gar nicht durch Personen, die sich ad hoc mit ihnen befassen.

[109] Vgl. dazu *Hauter*, Datenschutz, Datensicherung (AWV 1972) 111 ff., 39 ff., 52 ff.; *Steinmüller u. a.*, Grundfragen 73 ff.; *Schneider*, Datensicherung (1972), Datenschutz – Datensicherung (1971), in *Kilian/Lenk/Steinmüller*, 222 ff.; *Wissing*, ÖVD 1972, 107 ff.; *Horn*, ÖVD 1971, 99 ff.; *Schulze*, IBM-Nachrichten 205 (1971) 640 ff.; *Steinbuch/Wacker*, Überlegungen zu technischen Möglichkeiten des Datenschutzes im Hinblick auf ein Bundesdatenschutzgesetz, BT-Drucksache VI/3826, 213 ff; *Grebe*, ÖVD 1973, 159 ff.

[110] Vgl. *Miller*, Einbruch 290 ff.; *Steinmüller u. a.*, Grundfragen 74 ff.; *Podlech*, DVR 1 (1972) 159, Datenschutz 15, 38, 63 ff.; *Dammann*, ÖVD 1972, 73; *Schneider*, Datenschutz – Datensicherung 61 ff.

[111] Vgl. auch *Steinmüller* in *Kilian/Lenk/Steinmüller*, Datenschutz 73.

[112] Auch und gerade weil im Bereich des Datenschutzes der Schwerpunkt nicht so sehr bei den traditionellen Ansatzpunkten individuellen Rechtsschutzes liegen dürfte, sondern bei administrativen Maßnahmen, die für einen effizienten Schutz durch präventive Kontrollen sorgen. Vgl. dazu auch *Bühnemann* in *Kilian/Lenk/Steinmüller*, Datenschutz 96.

[113] Vgl .dazu auch den Younger Report, aaO. 191; *Braibant*, RevIntDrComp. 1971, 812. Das von *Podlech*, Datenschutz 10, in § 9 seines Entwurfs vorgeschlagene Aufsichtsamt erfüllt diese Erwartung jedenfalls solange nicht, wie die Frage der Weisungsbindung und allgemeiner gesprochen der Unabhängigkeit der im Rahmen der Bundesoberbehörde tätigen Personen ungeklärt bleibt. Vgl. dazu auch *Steinmüller u. a.*, Grundfragen 128.

Fremdkontrolle muß freilich, wenn sie ihre Aufgabe wirklich erfüllen soll, von vornherein zweigleisig konzipiert sein. Die Aktivität der Datenschutzbehörde ist nur einer ihrer Aspekte, der andere nicht minder wichtige, die Überwachung durch all diejenigen, auf die sich die gesammelten und verarbeiteten Angaben beziehen[114]. Auf die Zweigleisigkeit kann schon deshalb nicht verzichtet werden, weil kaum jemand mehr als der unmittelbar Betroffene daran interessiert sein dürfte, für einen korrekten, den gesetzlichen Vorschriften entsprechenden Umgang mit den Informationen zu sorgen.

Die Tätigkeit des einzelnen hängt allerdings entscheidend davon ab, ob das Maß der ihm gewährten Information einen Grad an Konkretheit erreicht, der geeignet ist, seine Gegenreaktion zu provozieren. Dazu reicht aber die in amtlichen Bekanntmachungen veröffentlichte Mitteilung über Existenz und Zwecke einer bestimmten Datenbank ebensowenig aus wie die von ihm zu irgendeinem Zeitpunkt verlangte und auch erteilte Zustimmung zur Datenverarbeitung[115]. Das Instrumentarium muß sich vielmehr einer Situation anpassen, in der Einverständniserklärungen dank ihrer formularmäßigen Routinisierung ihre Wirkung längst schon eingebüßt haben[116] und zur Lektüre amtlicher Bekanntma-

---

[114] Kaum eine der schon vorhandenen oder geplanten gesetzlichen Regelungen sieht von einer Mitwirkung des Betroffenen ab. Überhaupt wird in der rechtlichen Absicherung ein er Information des Betroffenen über die gespeicherten, auf seine Person bezogenen Angaben eine der wichtigsten Aufgaben der Datenschutzregelung gesehen. Kein Wunder, wenn deshalb sämtliche Regelungen trotz aller Verschiedenheit zumindest in einem Punkt übereinstimmen: in der Gewährung eines Auskunftsrechts. Vgl. etwa die §§ 11, 20, 26 des Entwurfs für ein BDatSchG, § 18 BmeldG, § 14 II Hess. KrankHG, § 10 des schwedischen Gesetzes, die Empfehlungen der Younger-Kommission für Großbritannien, Younger Report, aaO. 183, den Bericht des dänischen Justizministers *Nielsen*, aaO. 7, in Anlehnung an die im Rahmen des Europarats entwickelten Vorschläge. Vgl. auch *Westin/Baker*, Databanks 355 ff.

[115] So ist nach § 2 III des geplanten BDatSchG die schriftlich zu erteilende Zustimmung zwingende Zulässigkeitsvoraussetzung für die Verarbeitung personenbezogener Daten. Ferner müssen nach § 10 Behörden und sonstige öffentliche Stellen die Art und den Umfang der von ihnen gespeicherten personenbezogenen Daten sowie den betroffenen Personenkreis unverzüglich nach der ersten Einspeicherung in dem für ihren Bereich bestehenden Veröffentlichungsblatt für amtliche Bekanntmachungen publizieren.

[116] Man braucht nur an die Erfahrungen aus dem Bereich der allgemeinen Geschäftsbedingungen zu denken. Wer sie unterschreibt, nimmt Zustimmungserklärungen letztlich genausowenig zur Kenntnis, wie er sich mit den übrigen das Vertragsverhältnis beherrschenden Bedingungen auseinandersetzt. So macht sich, wer ein Konto eröffnet, weiter keine Gedanken über die in Ziff. 10 der allgemeinen Geschäftsbedingungen der Privatbanken (vgl. auch Ziff. 7 der AGB der Sparkassen) enthaltene Ermächtigung, Informationen weiterzugeben, und dies weil er im Zweifel die Existenz dieser Vorschrift nicht einmal kennt, darum auch von ihren Interpretationsmöglichkeiten nichts weiß. Zu der Bedeutung der in AGB enthaltenen Einschränkung des Bankgeheimnisses, vgl. *Wolf*, AG 1968, 286 ff.; *Schraepler*, NJW 1972, 1836; *Auernhammer* in Dokumentation aaO. 245; *Rodotà*, Elaboratore 46 ff., der nicht zuletzt unter Hinweis auf die allgemeinen Geschäftsbedingungen vom „mito del consenso" spricht. Auch die in § 2 III, Ziff. 2 des geplanten BDatSchG vorgesehene Verpflichtung, den Betroffenen auf die Zustimmung dann besonders hinzuweisen, wenn sie zusammen mit anderen Erklärungen schriftlich erteilt werden soll, ändert an dieser Situation nichts. Der Gesetzgeber ver-

chungen bestenfalls berufliches Interesse anstachelt. Nur wenn der einzelne mit dem genauen Inhalt der seine Person betreffenden Daten konfrontiert wird, vermag er sich wirklich von der Tragweite der Informationsverarbeitung eine Vorstellung zu machen, damit aber auch die mögliche Gefährdung seiner Interessen wahrzunehmen[117]. Kein anderes Mittel kann deshalb eine regelmäßig wiederkehrende, präzise Information über Art und Umfang der in der Datenbank enthaltenen Angaben an Wirksamkeit übertreffen[118]. Kurzum, nur wenn der Gesetzgeber sich nicht damit begnügt, Kontrolle vorzusehen, sondern auch für den nötigen Anreiz zu sorgen, wird wirksame Überwachung nicht Zufallsprodukt bleiben[119].

2. Bei aller Ablehnung der Alternative Selbst- oder Fremdkontrolle ließe sich vielleicht daran denken, beides miteinander zu kombinieren, der Selbstkontrolle also einen wenigstens beschränkten Anwendungsbereich zuzugestehen. Das Abgrenzungskriterium bietet sich fast von selbst an: der Verbreitungsgrad der Information. In der Tat, die Vermutung liegt nahe, daß die Gefährdung des einzelnen sehr stark mit der Verbreitung der Angaben zu seiner Person zusammenhängt. Je kleiner der Interessentenkreis desto geringer, so möchte man meinen, die Konfliktgefahr. Unter diesen Umständen könnte es durchaus genügen, nur solche Datenbanken der Fremdkontrolle zu unterwerfen, die von vornherein darauf gerichtet sind, die gesammelten Angaben an Dritte weiterzugeben. Wo die Datenbank hingegen dem Eigengebrauch reserviert bleibt, müßte die Selbstkontrolle ausreichen[120].

---

fügt über genügend Erfahrungen, die den zweifelhaften Wert solcher Regeln hinreichend demonstrieren. Die Diskussion über das Stimmrecht der Banken im Rahmen der Hauptversammlungen von Aktiengesellschaften (§ 135 AktG) ist nur ein Beispiel für die mögliche Wirkung ausdrücklicher schriftlicher Erklärungen. Ihre Institutionalisierung ist zugleich der Beginn einer unvermeidlichen Routinisierung, die, ob man es will oder nicht, den von der gesetzlichen Vorschrift einkalkulierten Warn- und Reflexionseffekt fortschreitend entschärft. Was deshalb allein zählt, ist nicht die formale Heraushebung der Zustimmungserklärung, sondern der Zwang, sich inhaltlich mit dem Gegenstand eben dieser Erklärung zu beschäftigen.

[117] Deshalb gehen die Verfasser des Entwurfs für ein BDatSchG schlicht an der Wirklichkeit vorbei, wenn sie in der Begründung zu § 10 bemerken, die Veröffentlichungen würden „die Datenverarbeitung in der öffentlichen Verwaltung für den Bürger durchsichtig machen und unberechtigtes Mißtrauen ausschließen sowie eine fruchtbare öffentliche Diskussion über die Notwendigkeit der Speicherung auslösen", aaO. 26.

[118] Eine Überlegung, die sich auch auf internationaler Ebene mehr und mehr durchsetzt, vgl. den Bericht des dänischen Justizministers *Nielsen*, aaO. 7, aber auch den Younger Report, aaO. 189 f., Price of privacy 25. Nach § 14 II des HessKrankHG ist jedem Patienten bekanntzugeben, daß Daten über seine Person in ein Datenverbundsystem einbezogen werden. Vgl. auch *Podlech*, Datenschutz 15, 62.

[119] „... insistere sulla necessità del consenso ben può essere l'alibi di un potere pubblico che, incapace di apprestare efficaci strumenti die controllo sociale, impone al singolo di contare solo sulle proprie forze per una battaglia che no potrà non vederlo sconfitto.", *Rodotà*, Elaboratore 49.

[120] Für diesen Weg entscheidet sich der Entwurf für ein BDatSchG. Die schärfste Form der Kontrolle – Registrierung und Überwachung durch eine Aufsichtsbehörde – bleibt der „geschäftsmäßigen Datenverarbeitung nichtöffentlicher Stellen für Dritte" (§§ 23 ff.) vorbehalten. Erfolgt hingegen die Datenverarbeitung nur für eigene Zwecke, so

Doch die Abgrenzung sieht einfacher aus, als sie wirklich ist. Streiten kann man schon darüber, wo die Weitergabe an Dritte beginnt. Der schlichte Hinweis, gemeint sei natürlich die Weiterleitung der Angaben an jede andere natürliche oder juristische Person, hilft nicht weiter. Die Probe aufs Exempel liefert der gewiß nicht außergewöhnliche Fall der Konzernierung. Bezeichnenderweise gehen die Verfechter einer Kombination von Selbst- und Fremdkontrolle gerade diesem Fall sorgfältig aus dem Weg. Sicherlich, formal gesehen, hat man es sehr wohl mit deutlich voneinander unterscheidbaren Personen zu tun. Die Aktiengesellschaft, die für eine bestimmte Produktionssparte im Konzern zuständig ist, hebt sich als rechtlich selbständige Einheit klar von der als GmbH organisierten Konzernspitze ab. Kein Zweifel, sie ist eine andere Person. Trotz-

---

tritt an die Stelle der Fremdaufsicht ein von den Betroffenen selbst bestellter Datenschutzbeauftragter (§ 22). Ähnliche Überlegungen enthält der Younger Report, aaO. 191 f. Dort wird ebenfalls vorgeschlagen, Sicherheitsbeauftragte im Rahmen der Unternehmen selbst vorzusehen. Genau wie in anderen Bereichen eigens dafür bestellte Personen die Einhaltung der gesetzlich vorgeschriebenen Schutzvorkehrungen überwachen, sollen auch hier diejenigen, die sich für eine elektronische Datenverarbeitung entscheiden, veranlaßt werden, einen besonderen Sicherheitsapparat aufzubauen. Für den Younger Report ist allerdings eine solche Maßnahme keineswegs als Alternative zur Datenschutzbehörde zu verstehen. Der Sicherheitsbeauftragte des Unternehmens verdrängt niemals die staatliche Aufsichtsinstanz; seine Funktionen sind immer nur komplementär, er stellt das notwendige Bindeglied zwischen Aufsichtsbehörde und Unternehmen dar.

Überdies ist es zumindest fraglich, ob es entsprechend der Bestimmung des § 22 wirklich den „Personen, Gesellschaften und anderen Personenvereinigungen" überlassen werden kann, den Datenschutzbeauftragten zu bestellen. Hält man sich strikt an die Formulierung des Entwurfs, so müßte es ausschließlich Aufgabe des jeweiligen geschäftsführenden Organs sein, die Entscheidung darüber zu treffen, wer mit diesen Aufgaben betraut werden soll. Anders formuliert: die Arbeitnehmer hätten keinerlei Einfluß auf die Wahl des Datenschutzbeauftragten. Wie fragwürdig eine solche Lösung ist, wird sofort klar, wenn man bedenkt, daß es sich um Unternehmen handelt, die sich der elektronischen Datenverarbeitung für eigene Zwecke bedienen. Personaldatenbanken dürften aber ein Musterbeispiel dafür sein. Die unmittelbar Betroffenen von der Entscheidung über die Schlüsselposition für eine korrekte Arbeit der Datenbank auszuschließen, widerspricht offen der für vergleichbare Fälle im Betriebsverfassungsrecht eingeräumten Mitbestimmung. Die in § 94 BetrVG zwingend vorgeschriebene Zustimmung des Betriebsrats soll verhindern, daß Fragen, wie sie in der Vergangenheit immer wieder für schlicht selbstverständlich gehalten wurden, auch weiterhin in Personalfragebogen aufgenommen oder sonst im Zusammenhang mit dem Arbeitsverhältnis ermittelt werden, vgl. dazu auch *Wiese*, ZfA 1971, 273 ff.; *Fitting/Auffarth*, BetrVG (10. Aufl. 1972) § 94 Rdziff. 4 f.; *Kehrmann*, Mitbestimmungsgespräch 1973, 74 ff.; *Gnade/Kehrmann/Schneider*, BetrVG (1972) § 94 Rdziff. 3 ff.; *Kilian* in *Kilian/Lenk/Steinmüller*, Datenschutz 299 ff. Mit dieser gleichsam präventiven Kontrolle allein ist es freilich nicht getan. Die Arbeitnehmer müssen auch gegen einen mehr oder weniger freien Zugriff auf die gespeicherten Angaben gesichert sein. Will deshalb der Gesetzgeber an dieser Konstruktion festhalten, so muß er wenigstens für eine Mitentscheidung der Arbeitnehmer sorgen.

Auch *Steinmüller u. a.*, Gutachten 143 ff., 155 ff. unterscheiden bei ihren Überlegungen zwischen Informationssystemen, die von vornherein eine Weitergabe an Dritte einbeziehen und solchen, die lediglich interne Aufgaben erfüllen. Im Gegensatz zum Entwurf sprechen sie sich für eine einheitliche Kontrollinstanz in Form einer selbständigen Bundesoberbehörde, aaO. 160, aus.

dem sind beide Bestandteile ein und desselben Unternehmens. Darum spricht mindestens ebensoviel, wenn nicht sehr viel mehr dafür, die Annahme, Information würde an einen Dritten weitergegeben, zurückzuweisen[121]. Was im Konzernbereich zirkuliert, ist, so gesehen, ausschließlich zum Eigengebrauch bestimmt. Die Konsequenz wäre dann eine Verdrängung der Fremd- durch die Selbstkontrolle.

Aus der Perspektive des Betroffenen kann es aber keineswegs gleichgültig sein, ob Angaben, die er beispielsweise im Rahmen eines Versicherungsverhältnisses macht, nunmehr dank der Konzernierung bei einem Versandhaus oder einer Finanzierungsgesellschaft landen. Zudem darf gerade in diesem Zusammenhang nicht übersehen werden, daß die im Rahmen eines Konzerns bestehenden rechtlichen Verbindungen die Möglichkeit verschaffen, in völlig legaler Weise an die Angaben heranzukommen. Man braucht sich nur eine eingegliederte und damit weisungsgebundene Konzerngesellschaft vorzustellen. Situationen, in denen die von ihr gesammelten Daten durchaus auch an anderer Stelle im Konzern gebraucht werden können, lassen sich leicht denken. Um bei dem vorhin erwähnten Beispiel zu bleiben: Entscheidet sich die Konzernspitze für den Aufbau eines Reisebüros, so liegt nichts näher, als sich auch jener Angaben zu bedienen, die in den übrigen Konzernsparten gleichsam zugriffsbereit sind. Den Weg dazu ebnet das Gesellschaftsrecht mit seinen Vorschriften (§ 308 AktG). Daß diese nicht anwendbar sein sollen, wenn es um die Weitergabe von Informationen geht, ist nirgendwo ersichtlich[122]. Was unstreitig für die Angaben aus dem Produktionsbereich gilt, kann und muß auch dort beachtet werden, wo es sich um Daten handelt, die ökonomisch gesehen, für die Unternehmenspolitik der Konzernspitze keineswegs von geringerer Bedeutung sind. Der betroffene einzelne befindet sich damit letztlich in einer Lage, die sich in nichts von der Situation unterscheidet, die dann für ihn entsteht, wenn eine Datenbank Angaben über ihn an unstreitig außenstehende

---

[121] Eine Überlegung, die gerade dann besonders naheliegt, wenn ein Unternehmen von vornherein, nicht zuletzt aus rechtlichen Gründen, nicht in der Lage ist, sich in verschiedenen Branchen zu betätigen. Man braucht nur an die im Rahmen der Versicherungswirtschaft bestehende Verpflichtung zur Spartentrennung zu denken. Die Konzernierung folgt fast zwangsläufig aus einer solchen Situation. Doch die äußerliche Verschiedenheit ändert nichts an der Unternehmenseinheit. Vgl. dazu auch *Mirow in* Dokumentation aaO. 116 f.; aber auch *Borchard,* in Dokumentation aaO. 57 f.; *Niemeyer,* ebda. 201 ff.; *Mohr,* ebda. 206.

[122] Um keine Mißverständnisse aufkommen zu lassen: Selbstverständlich ist auch innerhalb eines Konzerns kein uneingeschränkter Informationsaustausch möglich. Gesetzlich verankerte Schweigepflichten markieren Grenzen, die hier genausowenig wie sonst überschritten werden dürfen. Doch solche Pflichten erfassen nur einen geringen Ausschnitt der Daten und in Zweifelsfällen pflegen in aller Regel schon vorhandene Zustimmungserklärungen eine Weitergabe der Angaben zu erleichtern. Man braucht nur an die in den allgemeinen Geschäftsbedingungen vorformulierten Erklärungen zur Verwendung der im Rahmen des Geschäftsverhältnisses mitgeteilten Informationen zu denken.

Dritte weiterleitet[123]. Der „Eigengebrauch“ verringert die Konfliktmöglichkeiten nicht und nur darauf kann es für den Übergang zu abgeschwächten Kontrollvorkehrungen ankommen.

Nichts läßt sich überdies leichter umgehen, als die Unterscheidung zwischen Datenbanken, die ausschließlich eigenen Zwecken dienen und solchen, die ihrer Struktur und Funktion nach Informationsquellen für Dritte sind. Das Modell liefert die schon gegenwärtig vor allem in der Kreditwirtschaft weit verbreitete Praxis[124]. Interessierte Unternehmen brauchen lediglich gemeinsam eine Datenbank zu gründen. Niemand wird ernsthaft von einer Weitergabe an Dritte sprechen können, wenn sich die Datenbank darauf beschränkt, ihre Träger mit den jeweils benötigten Angaben zu beliefern. Wiederum besagt der „Eigengebrauch“ nichts über den Grad der Informationsverbreitung.

Kurzum, abgestufte Kontrolle ließe sich nur rechtfertigen, wenn sie mit dem überzeugenden Nachweis unterschiedlicher Gefahrensituationen gekoppelt wäre. Gerade dies gelingt freilich nicht. Wer deshalb wirklich wirksamen Schutz anstrebt, muß ein einheitliches auf Fremdkontrolle gegründetes Überwachungssystem vorsehen, keinerlei Rücklicht also darauf nehmen, wie groß die Zahl derjenigen ist, die von der Datenbank profitieren.

VIII. Internationale Aspekte

Alle bisherigen Versuche einer Datenschutzregelung beziehen sich ausschließlich auf die Tätigkeit inländischer Datenbanken. Keineswegs überraschend, wenn man bedenkt, daß es sich um nationale Gesetze handelt, für die es zunächst einmal schlicht selbstverständlich ist, den für die einzelnen Vorschriften maßgebenden Anknüpfungspunkt sorgfältig mit dem Herrschaftsbereich des nationalen Gesetzgebers abzustimmen. Was liegt dann aber näher, als sich an Datenbanken zu halten, die im Inland entstehen und auch auf dieses ihre Aktivität erstrecken.

Ob eine solche Regelung allerdings wirklich ausreicht, ist reichlich zweifelhaft. Längst hat sich der inländische Markt ausländischen Unternehmen geöffnet. Für die Sondierung ihrer Chancen und überhaupt für die Festlegung ihrer Politik sind Daten zur Situation auf dem inländischen Markt, also auch zu Personen, die sich dort betätigen, unerläßlich. Sicherlich stehen dafür inländischen Datenbanken zur Verfügung. Doch ebensogut können die interessierten Unternehmen ihre Informationen über ausländische Informationszentralen erhalten, die im Inland direkt recherchieren oder auf irgendeine andere Weise von dort bekommen. Auch die Existenz supranationaler Wirtschaftseinheiten fördert einen internationalisierten Datenaustausch. Eine ökonomische Aktivität, die von vornherein die engen nationalen Grenzen durchbricht, kann nur erfolgreich sein, wenn sie auf Informationen beruht, die den gesamten Markt

---

[123] *Steinmüller* u. a., Grundfragen 157 f. meinen deshhalb, daß Informationen an Konzernunternehmen nur unter ausdrücklicher Zustimmung des Betroffenen weitergegeben werden dürfen.

[124] Vgl. dazu oben Anm. 79.

einbeziehen. Schließlich sind gerade Unternehmen, die in der Lage wären, Datenbanken zu errichten oder auch mitzutragen, in der Regel auf einer Vielzahl von Märkten tätig. Wo sich die Datenbank daher befindet und wie sie im einzelnen ausgestaltet wird, ist deshalb eine Frage, die sich einzig und allein nach den Erfordernissen der Unternehmenspolitik richtet. Hinzu kommt die zunehmende Kooperation nationaler Administrationen und die Verfestigung internationaler Bürokratien, beides Faktoren, die ebenfalls einen Datenaustausch begünstigen. Die Konsequenz ergibt sich fast von selbst: internationalisierter Datenaustausch ist nur solange akzeptabel wie auch der Datenschutz internationalisiert wird[125]. Die Vereinheitlichung der nationalen Datenschutzregelungen, wenigstens aber ihre Koordination[126], stellt, wenn man so will, nur die Kehrseite einer Datenzirkulation dar, die sich auch nicht mehr innerhalb der nationalen Grenzen abspielt.

Der nationale Gesetzgeber kann sich freilich nicht mit der Hoffnung auf eine sicherlich wünschenswerte aber alles andere als absehbare internationale Regelung abfinden. Die Vermittlung von Daten ins Ausland ist für ihn ebensowenig gleichgültig wie die Verbreitung von Angaben im Inland mit Hilfe ausländischer Datenbanken. Maßgebend kann nur die Gefährdung des einzelnen sein. So gesehen, spielt es überhaupt keine Rolle, ob die Daten im Inland verbleiben oder ob die inländischen Interessenten ihre Information über das Ausland beziehen. Für den Gesetzgeber muß die Tatsache genügen, daß es immer wieder um Fälle geht, in deren Mittelpunkt die Verwertung von Angaben steht, die sich auf im Inland lebende und arbeitende Personen beziehen. Eine Datenschutzregelung, die deshalb auch diese Situationen nicht von Anfang an mitberücksichtigt, ist an einem entscheidenden Punkt unvollständig[127].

IX. Konsequenzen für den Gesetzgeber

1. Wer Datenschutz fordert, erweckt leicht den Eindruck, als ginge es ihm darum, sämtliche Probleme in einem einzigen umfassenden Gesetz zu regeln. Tatsächlich scheint dies auch das Ziel aller bisherigen Bestrebungen zu sein[128].

---

[125] Vgl. auch *Braibant*, RevIntDrComp. 1971, 817.

[126] Vgl. dazu die vom Comité de coopération juridique im Rahmen des Europarats, Doc. CCJ (71) 66, vorgeschlagenen Maßnahmen.

[127] Als einzige Regelung enthält bisher das schwedische Gesetz (§ 11) eine Bestimmung, die eine Weitergabe von Daten, die nicht in Übereinstimmung mit den gesetzlichen Vorschriften steht, ohne Rücksicht darauf untersagt, ob die Angaben im In- oder Ausland verwendet werden sollen. Dies ist um so mehr zu bedauern, als vor allem die verschiedenen internationalen Gremien, die sich in den letzten Jahren mit dem Datenschutz befaßt haben, durchaus in der Lage und von ihrer Aufgabenstellung her geradezu berufen gewesen wären, Vorschriften zu entwickeln, die in diese Richtung zielen.

[128] Gleichviel, ob man die Bundesrepublik mit dem Entwurf für ein BDatSchG, Großbritannien mit den verschiedenen, im Younger Report, aaO. 185 ff., zusammengestellten Vorschläge, das schwedische Gesetz oder die in Frankreich und Kanada bestehenden Ansätze für eine gesetzliche Regelung nimmt, überall wiederholt sich der Eindruck, Datenschutz sei eine Aufgabe, die der Gesetzgeber mit Hilfe eines einzigen Gesetzes erfüllen könne und müsse. Bezeichnenderweise ist in jedem dieser Länder bislang nur über das eine, umfassende Datenschutzgesetz diskutiert worden, gleichviel

Die genaue Beschäftigung mit Datenschutzfragen weckt freilich alsbald Zweifel an der Realisierbarkeit solcher Pläne[129]. Viel zu unterschiedlich sind die Angaben, um die es geht, viel zu verschieden die Verwendungszusammenhänge, die bedacht werden müssen, ganz zu schweigen von der kaum vergleichbaren Position und Situation der einzelnen Adressaten einer Datenschutzregelung[130]. Gerade wenn alle Datenbanken erfaßt werden sollen, ist nicht nur eine Vielzahl von Interessenkollisionen zu berücksichtigen, sondern der Gesetzgeber muß auf Konflikte eingehen, die ihrer Struktur und Erscheinungsform nach erheblich voneinander abweichen. Um nur das Beispiel der Presse zu nehmen. Daß man sie nicht übergehen kann, versteht sich von selbst. Schließlich gehören gut ausgestattete Archive seit jeher zum Instrumentarium der Redaktionen. Die Existenz einer Datensammlung genügt aber noch nicht, um Zeitungen an die Regeln zu binden, die etwa für Informationszentralen der Kreditwirtschaft vorzusehen sind. Vielmehr kommt es darauf an, einen Datenschutz zu entwickeln, der mit den spezifischen Aufgaben der Presse ebenso in Einklang steht, wie mit der besonderen Lage des durch die publizistische Auswertung von Informationen betroffenen einzelnen. Deshalb führen allgemein gehaltene Hinweise auf „die" Presse zu nichts[131]. Wollte man es im Ernst bei solchen Abstraktionen belassen, so könnte jeder Wirtschaftsverband seine Datenbank mit dem Verbandsblatt verbinden, um dann, falls ihm dies vorteilhaft genug erscheint, die für die Presse geltenden Vorschriften für sich in Anspruch zu nehmen[132].

---

ob es Bundesdatenschutzgesetz, Data Surveillance Bill, Control of personal information Bill, Data Act oder wie auch immer heißt. *Steinmüller* in Dokumentation aaO. 154 meint ebenfalls: „Der Datenschutz ist in einem einzigen Gesetz und nicht verstreut über viele Spezialmaterien zu regeln, wegen der realen Einheitlichkeit des Gegenstandes."

[129] Vgl. dazu auch *Lenk* in *Kilian/Lenk/Steinmüller*, Datenschutz 16 ff., insb. 47 ff.; *Miller*, Einbruch 267 ff.; *Podlech*, Datenschutz 41; *Samuelsen*, Databanker 199, aber auch *Rodotà*, Elaboratore 111 ff., der die Grenzen aller Bemühungen, die sich auf ein einziges Gesetz konzentrieren, deutlich sieht.

[130] Zweifelsohne werden Datenschutzregeln immer eine beträchtliche Anzahl gemeinsamer Punkte aufweisen, und zwar ohne Rücksicht auf den jeweils betroffenen Bereich. Daraus aber eine „reale Einheitlichkeit des Gegenstandes", *Steinmüller* in Dokumentation aaO. 154, folgern zu wollen, die dann auch dazu zwingt, sich auf ein einziges Gesetz zu konzentrieren, hieße die Effizienz der gesetzlichen Regelung aufs Spiel zu setzen. Sie hängt nicht davon ab, daß überall Daten gespeichert und verarbeitet werden. Den Ausschlag geben vielmehr einzig und allein materielle Elemente, mithin die spezifische Struktur der jeweiligen Konfliktsituation. Von ihr muß der Gesetzgeber ausgehen und an ihr seine Regeln ausrichten.

[131] Wie sie beispielsweise im Entwurf für BDatSchG (§ 2 II) enthalten sind.

[132] Ein weiterer wichtiger Fall, der einer gesonderten rechtlichen Regelung bedarf, ist die Weitergabe personenbezogener Daten an die Kirchen. Der Entwurf für ein BDatSchG entscheidet sich für eine einfache Lösung: Die für Behörden und sonstige öffentliche Stellen geltenden Regeln sind auch auf die öffentlich-rechtlichen Religionsgemeinschaften anzuwenden (§ 7 II), sofern freilich gewährleistet ist, daß der Empfänger für eine ausreichende Sicherung der Daten sorgt. Eine solche Regelung ist aber allenfalls durch den abstrakten Hinweis auf die öffentlich-rechtliche Stellung der Kirchen zu rechtfertigen. Sie legt in der Tat die Parallele nahe. Datenschutz kann jedoch nur solange überzeugend und wirksam sein, wie er sich nicht mit derartigen Abstraktionen

Am Beispiel der Presse zeigt sich freilich noch ein weiteres: Der Datenschutz berührt die unterschiedlichsten Rechtsgebiete. Sorgfältig durchdachte Abgrenzungen und Kategorisierungen, die sonst vielleicht durchaus sinnvoll und praktikabel sind, nützen hier nichts. Es geht genauso um Konflikte zwischen Privaten, wie um das Verhältnis der verschiedensten Behörden zueinander. Eine Datenschutzregelung stellt insofern Anforderungen, die weit über das hinausgehen, was sich im Rahmen legislativer Routine hält[133]. Selbst für noch so geübte Gesetzesverfasser ist es nun einmal nicht üblich, Konzernierungskonsequenzen, verwaltungsorganisatorische Auswirkungen, arbeitsrechtliche Implikationen und die vielfältigen Variationen individueller Auskunftsrechte – wohlgemerkt, eine vielleicht exemplarische aber keineswegs erschöpfende Aufzählung der relevanten Punkte – in ein und dieselbe Regelung einzubeziehen.

Ein Gesetzgeber, der trotz dieser Schwierigkeiten meint, mit einem einzigen Datenschutzgesetz auskommen zu können, läuft Gefahr, sich in nichtssagenden Formeln zu verlieren. Der exzessive Gebrauch von Generalklauseln ist die Kehrseite der mangelnden, ja unmöglichen Differenzierung. Typisch dafür ist der Hinweis auf „überwiegend berechtigte Interessen", „schutzwürdige Belange" und dergleichen mehr, um beispielsweise die Grenzen von Auskunftsrecht und Auskunftsverpflichtung oder die Voraussetzungen der Löschung zu umschreiben[134]. Solche Formeln mögen eine respektable juristische Tradition aufweisen, sie sind deshalb noch lange nicht akzeptabel. Im Gegenteil, wann tatsächlich ein „überwiegendes berechtigtes Interesse" des Betroffenen vorliegt, dürfte im Bereich des Datenschutzes für eine einstweilen nicht absehbare Zeit zu den umstrittensten Fragen zählen. Keine Datenbank wird der Versuchung widerstehen, ihre Belange zunächst höher einzustufen und dies mit Gründen, denen man aus der Sicht der Bank schwerlich eine gewisse Plausibilität abstreiten kann[135]. Mit derartigen Formulierungen werden deshalb nur jene Konflikte regelrecht provoziert, die der Gesetzgeber hätte lösen sollen. Solange es darum

---

begnügt, sondern sich konkret an der spezifischen Bedeutung der einzelnen in Frage kommenden Angaben orientiert. So gesehen, läßt sich ein genereller Zugang der Kirchen zu den im staatlichen Bereich gespeicherten Daten nicht legitimieren, selbst unter Berücksichtigung der in § 7 I des Entwurfs angedeuteten Schranken. Vielmehr kommt es darauf an, zunächst präzise festzustellen, welche Daten die Kirchen zu welchen Zwecken brauchen, um sich dann zu überlegen, in welchem Umfang eine Weitergabe auch und vor allem im Hinblick auf die Interessen der unmittelbar Betroffenen noch gerechtfertigt werden kann. Dies aber läßt sich nicht gleichsam im Nebensatz einer generellen Regelung über Datenschutz leisten.

[133] Insofern ist Datenschutz in der Tat, um eine Formulierung der Begründung zu einem BDatSchG, aaO. 16, aufzugreifen, eine „Querschnittsmaterie", die einen neuen rechtlichen Rahmen fordert, weil Lösungen mit Hilfe des traditionellen Instrumentariums entweder „wie an den Haaren herbeigezogen oder aber anachronistisch wirken", *Miller*, Einbruch 255.

[134] Vgl. etwa die §§ 11 III, 12 II, 20 IV, 21 II, 25, 26 IV, 27 III des Entwurfs für ein BDatSchG.

[135] Das zeigen auch die Ergebnisse der von *Westin* und *Baker* durchgeführten Untersuchung. So stellten sie, Databanks 152, unter anderem bei den Versicherungsgesellschaften folgendes fest: "Mutual also believes that the public does not regard investi-

geht, neue Verpflichtungen zu schaffen, und nichts anderes ist die Aufgabe einer Datenschutzgesetzgebung, bieten Generalklauseln nur Scheinlösungen an, und eignen sich letztlich weitaus besser zur Gesetzesumgehung denn zur Umschreibung der Verhaltenspflichten der Gesetzesadressaten[136].

Exakt formulierte Kriterien sind allerdings nicht nur um der Wirksamkeit der Datenschutzregelung willen erforderlich, sondern auch im Interesse der Gesetzesadressaten. Jeder, der aus welchem Grund auch immer eine Datenbank betreibt, muß wissen, wo die rechtlichen Grenzen seiner Tätigkeit genau verlaufen[137]. Kontrollmaßnahmen sind aus seiner Perspektive nur tragbar, wenn über ihre Voraussetzungen und Wirkungen keinerlei Zweifel bestehen. Kein noch so dringlicher Datenschutz rechtfertigt es, den Gesetzesadressaten in der Ungewißheit über die Bedingungen seiner Überwachung zu belassen. Kurzum, ein Gesetzgeber, der weitgehend mit Generalklauseln operiert, mindert nicht nur die Realisierungschancen seiner Regelung erheblich, sondern stellt auch ihre Rechtsstaatlichkeit bedenklich in Frage.

Für nahezu alle Versuche, den Datenschutz in einem einzigen Gesetz zu regeln, ist neben der Verwendung zahlreicher Generalklauseln die Tendenz kennzeichnend, zahlreiche Details schlicht auszuklammern und sie späteren Rechts-

---

gation of health, medical and personal morals to be an invasion of privacy, when this is done for the purposes of deciding whether or not an insurance company will issue a policy or honor an insurance claim. This is a view widely held in the insurance industry, and members cite as a support a national survey ...".

[136] Eine weitere Konsequenz des Versuchs, die Datenschutzprobleme nur mit Hilfe eines einzigen Gesetzes zu regeln, ist eine oft verwirrende Terminologie. Der Entwurf für ein BDatSchG bietet genügend Beispiele dafür. Eines davon ist der § 16, der den Anwendungsbereich der Datenschutzbestimmungen im Rahmen der Datenverarbeitung nicht-öffentlicher Stellen für eigene Zwecke umschreibt. Der Entwurf spricht von der Speicherung personenbezogener Daten als Hilfsmittel für die Erfüllung der „Geschäftszwecke oder Ziele" der in Betracht kommenden Unternehmen. Was der „Geschäftszweck" ist, kann man sich leicht vorstellen, zumindest wenn man die relevanten gesellschafts- und unternehmensrechtlichen Kategorien zur Interpretation heranzieht. Wie sich aber davon die „Ziele" unterscheiden und welche konkrete Bedeutung ihnen zukommt, läßt sich auch bei bestem Willen kaum beantworten. Mag sein, daß es sich letztlich nur um eine Tautologie handelt, die dazu dient, die gesetzliche Bestimmung besser zu verdeutlichen. Solche Wortspielereien sollte sich der Gesetzgeber freilich nicht leisten. Sie verunsichern den Interpreten und stellen damit die Wirksamkeit des Gesetzes in Frage. Hinzu kommen mehr oder weniger zwangsläufige Unvollständigkeiten. Auch hierfür ein Beispiel aus dem Entwurf zum BDatSchG. § 2 zählt die Adressaten des Gesetzes auf. Für den privaten Bereich fällt die Bezeichnung der Betroffenen verständlicherweise etwas umständlich aus. Da ist von Personen und Gesellschaften ebenso die Rede wie von anderen Personenvereinigungen. Man kann diese Aufzählung zunächst einmal durchaus als Hinweis auf die wichtigsten möglichen Adressaten deuten. Dann spielt es auch weiter keine Rolle, ob sie vollständig ist oder nicht. Sollte sie hingegen abschließend sein, so verwundert zumindest der fehlende Hinweis auf Stiftungen. Dies um so mehr, als im Rahmen der Bestimmungen für Behörden und sonstige öffentliche Stellen die Stiftungen des öffentlichen Rechts ebenso erwähnt werden (§ 5) wie im Zusammenhang mit der Datenverarbeitung nicht-öffentlicher Stellen für eigene Zwecke. § 16 spricht im Gegensatz zu § 2 von juristischen Personen, Gesellschaften und anderen Personenvereinigungnen des privaten Rechts.

[137] Vgl. auch *Podlech*, Datenschutz 42.

verordnungen zu überlassen[138]. Der Gesetzgeber gesteht damit die Nutzlosigkeit einer globalen Regelung selbst ein. Der Rückzug in die Rechtsverordnung ermöglicht Reaktionen, die sich am konkreten Konflikt orientieren. Zugleich entpuppt sich auf diese Weise das Datenschutzgesetz als mehr oder weniger überflüssige Fassade. Was es bietet, ist bestenfalls eine Zusammenstellung von Grundsätzen, deren Tragweite und Bedeutung keineswegs dem Gesetz selbst entnommen werden kann.[139]. Erst an der Rechtsverordnung zeigt sich, wie weit der Gesetzgeber wirklich bereit ist, zu gehen, sie erweist sich daher auch als der einzig zuverlässige Gradmesser seiner Aktivität.

Der hohe Komplexitätsgrad der Datenschutzfragen spricht mithin für mehrere sorgfältig aufeinander abgestimmte Regelungen. Der Gesetzgeber könnte sich dann voll auf die partikulären Aspekte der einzelnen Problembereiche konzentrieren und ebenso präzise wie ausdifferenzierte Vorschriften vorlegen; Konkretheit und Genauigkeit sind nur möglich, wenn der Zwang, alles in einem Gesetz zu behandeln, beseitigt wird. Sicherlich, der Weg ist ungleich mühseliger und wahrscheinlich auch langwieriger. Spezialisierungen verlangen eine weitaus intensivere Auseinandersetzung mit den jeweils in Frage kommenden Problemen. Doch gerade deshalb haben sie alle Chancen, überzeugender und effizienter zu sein. Auf nichts anderes sollte es aber dem Gesetzgeber ankommen.

Wer sich freilich für einen solchen Weg entscheidet, setzt sich leicht dem Vorwurf aus, Verzögerungen bewußt in Kauf zu nehmen, die letztlich jede Hoffnung auf eine Datenschutzregelung zunichte machen könnten. Doch derlei Überlegungen lassen eines außer Acht: An der Notwendigkeit unverzüglicher legislativer Intervention ändert sich nicht das Geringste, nur der Ansatz ist weitaus bescheidener als beim Versuch, eine allumfassende Regelung vorzulegen. Der Gesetzgeber muß sich zunächst mit wenigen Vorschriften begnügen, die nicht zuletzt dazu dienen sollen, die Grundlage für spätere differenzierte Reaktionen auf die unterschiedliche Verwendung der verschiedensten Daten zu schaffen. Zur Debatte stehen deshalb in erster Linie organisatorische Vorkehrungen, deren Ziel die Einrichtung einer präzise funktionierenden Fremdkontrolle sein muß. Daß dazu die obligatorische Registrierung aller betroffenen Datenbanken ebenso zählt wie die Liste der für den Aufbau und die Nutzung solcher Informationssammlungen unerläßlichen Grundbedingungen, versteht sich von selbst.

2. Freilich wäre es reichlich vordergründig zu meinen, wohldurchdachte und exakte Regelungen garantierten wirksamen Datenschutz. Bürokratien, die sich für elektronische Datenverarbeitung entscheiden, tun es, weil sie davon überzeugt sind, ihre Aufgabe nicht anders und nicht besser erfüllen zu können. Jede Regelung aber, die gleichviel in welchem Umfang darauf hinausläuft, den Umgang mit dem gerade für unentbehrlich angesehenen Instrument zu disziplinie-

---

[138] Vgl. § 4 II des Entwurfs für ein BDatSchG.

[139] Gerade deshalb ist eine Regelung, wie sie der Entwurf für ein BDatSchG (§ 4 II) enthält, verfassungsrechtlich zumindest bedenklich. Solange an nahezu allen für die Interpretation des Gesetzes entscheidenden Stellen Generalklauseln auftauchen, lassen sich die Voraussetzungen des Art. 80 GG schwerlich erfüllen.

ren, fordert, ob man es zugibt oder nicht, Widerstand heraus und provoziert zum Boykott. Wohlgemerkt, das Problem stellt sich nicht überall in derselben Schärfe. Zudem fallen die Reaktionen verschieden aus. Dennoch lassen sich die Abwehrtendenzen nahezu überall relativ leicht ausmachen. Stellungnahmen wie die der Hessischen Landesregierung zum Bericht des Datenschutzbeauftragten sind bezeichnend genug[140]. Die vorsichtigen, zuweilen überaus verklausulierten Formulierungen zeigen, daß der Unmut der Verwaltung dann besonders groß ist, wenn sie von ihrer Aufgabenstellung her meint, nicht anders handeln zu können, als mit Hilfe einer restlosen Ausschöpfung der Chancen, die eine elektronische Datenverarbeitung bietet[141].

Wiederum erweist sich aber auf diese Weise, daß es keinen Datenschutz ohne Fremdkontrolle geben kann. Vorschriften haben nur solange einen Sinn wie Zuwiderhandlungen offengelegt und geahndet werden. Genau dies läßt sich jedoch mit Rücksicht auf die Einstellung des Gesetzesadressaten nicht anders als mit Hilfe einer klar von ihm getrennten und ausschließlich dem Datenschutz gewidmeten Instanz erreichen.

Die institutionelle Absicherung genügt allerdings nicht, um informelle Abwehrtechniken abzufangen[142]. Eine Datenschutzbehörde ist wie alle bürokratische Instanzen auf Kooperation angewiesen. Kunstvoll verweigerte oder auch nur stockende Zusammenarbeit reichen schon, um ihrer Tätigkeit die Wirkung zu nehmen. Die Effizienz der Datenschutzregelung hängt infolgedessen in ganz besonderem Maße von der Attitüde der Gesetzesadressaten ab. Solange die Bereitschaft, die gesetzlichen Vorschriften hinzunehmen, nicht wenigstens latent vorhanden ist, bleibt ihre Verwirklichung fraglich. Ein Grund mehr, das Instrumentarium permanent zu überprüfen. Die Kontrollmechanismen greifen ins Leere, wenn nicht ablehnende Einstellung und Abwehrstrategien ständig auf ihre Motivation hin analysiert und zugleich positiv verarbeitet werden[143].

Auch die zweifelsohne zu erwartende informelle Abwehr ist deshalb kein Argument gegen eine gesetzliche Regelung, sie unterstreicht nur die Notwendigkeit, rechtzeitig alles zu tun, um keine Regeln zu schaffen, die sich sehr bald als stumpfe Waffen erweisen können. Kurzum, wirksamer Datenschutz bleibt eine der vordringlichsten Aufgaben. Noch hat der Gesetzgeber alle Chancen, sie zu erfüllen. Er kann sie freilich durch schlichte Untätigkeit ebenso verspielen wie durch eine wirkungslose Regelung. Beides gilt es zu vermeiden.

Zusammenfassung

1. Über Datenschutz ist oft und ausführlich genug gesprochen worden. Was not tut, sind nicht weitere, noch so gründliche Diskussionen, sondern die Intervention des Gesetzgebers. Zu ihrer Rechtfertigung bedarf es keineswegs der Aufdeckung massiver Mißbräuche, die Möglichkeit das durch die elektronische Datenverarbeitung veränderte Informa-

---

[140] Landtags-Drucksache 7/1705, 4 f., 7.

[141] Vgl. dazu auch *Lenk* in *Kilian/Lenk/Steinmüller*, Datenschutz 42 f.

[142] Darauf weist mit Recht *Lenk* in *Kilian/Lenk/Steinmüller* 43 f., hin.

[143] Vgl. dazu auch *Baran*, Communications, computers and people, Rand Corporation, Doc. P 3235, 15 ff.

tionsinstrumentarium in einer Weise zu gebrauchen, die den einzelnen nachhaltig gefährdet, genügt vollauf.

2. Der Schutzgegenstand einer gesetzlichen Regelung läßt sich weder durch den Hinweis auf die Privatsphäre noch durch die Bezugnahme auf personenbezogene Daten umschreiben. Notwendig ist vielmehr eine funktionale Analyse. Sie fragt nach dem Verwendungszusammenhang jeder einzelnen Angabe und zwingt damit zu Entscheidungen, die sich offen an den konkreten Konflikten orientieren.

3. Datenschutz hat nicht nur bürgernahe zu sein, sondern muß auch dem Bürger vorbehalten bleiben. Zu schützen sind deshalb einzig und allein natürliche Personen.

4. Maßgebend für die Intervention des Gesetzgebers ist ausschließlich die Gefährdung des einzelnen. Von wem sie ausgeht, spielt daher keine Rolle. Adressat der gesetzlichen Regelung sind infolgedessen sowohl die öffentliche Verwaltung als auch die Privatwirtschaft.

5. Ein überzeugender und wirksamer Datenschutz setzt eine Regelung sämtlicher Stadien der Datenverarbeitung voraus. Sammlung, Speicherung und Weitergabe sind infolgedessen zunächst einmal gleichermaßen datenschutzrelevant. Wann und in welcher Form freilich jeder dieser Abschnitte in die gesetzliche Regelung einzubeziehen ist, läßt sich niemals abstrakt beantworten, sondern hängt ausschließlich von den jeweils betroffenen Angaben und ihrer beabsichtigten Verwendung ab.

6. Ohne Fremdkontrolle gibt es keinen effizienten Datenschutz. Sie beinhaltet sowohl die Errichtung einer besonderen, nur dieser Aufgabe dienenden Behörde als auch die Gewährung von Auskunfts- und Berichtigungsansprüchen an den Betroffenen.

7. Datenschutz ist solange unvollständig wie der internationale Datenaustausch ungeregelt bleibt. Konventionen sind deshalb ebenso nötig wie nationale Bestimmungen, die eine Weitergabe von Daten an das Ausland denselben Bedingungen unterwerfen wie die Verwertung im Inland.

8. Datenschutz ist eine Aufgabe, die mit Rücksicht auf die Vielzahl und die Komplexität der zu regelnden Fragen, nicht in einem einzigen Gesetz erfüllt werden kann. Der Gesetzgeber vermag ihr vielmehr durch eine Reihe von Einzelregelungen zu genügen, die durch präzise Aussagen den Besonderheiten der verschiedenen Konfliktsituationen Rechnung tragen müssen.

Summary

Discussions on the protection of the individual against the storage of personal information in electronic data banks have lasted long enough. There is therefore no need to continue them. What on the contrary is really needed, is immediate legislative action. To justify the legislators' intervention no list of doubtful practices or even serious abuses and misuses must be presented. The new information techniques developed with the help of computers and the dangers inherent to them are an entirely sufficient and convincing reason for the statutory approach.

The object of statutory rules cannot be described by general references to privacy, integrity of human personality or secrecy of personal information. An efficient regulation is strictly bound to a functional approach: Not only all the data in question must be exactly described but also their possible uses analysed. Only then the solutions proposed will be really based on an adequate consideration of the concrete conflict situations.

Rules must not only consider the specific interests of the individual but also be reserved to conflicts typical for his situation. It is therefore not the task of statutory rules to protect commercial and industrial enterprises or any other institutions or groups.

Statutory rules aim at preventing and even excluding dangers due to the use of computers. Hence it is of no importance where computers storing personal information are to be found. It may be a branch of public administration as well as a private enterprise. Statutory regulation must therefore include both the public and the private sector.

Efficient regulation presupposes rules for all parts of the information process. Collection, storage and dissemination are equally important, though regulation may and must even differ according to the precise danger created during each of these stages of the information process in a specific conflict situation. Adequate protection is bound to the existence of an independent authority. To restrain measures to self-control and professional conduct rules equals in giving up any serious chance of control. On the same time the right of the person concerned to know the information stored about him, the periodical printout of the information contained in the data bank, the immediate correction of inaccurate and the erasure of obsolete information as well as the continuous updating should be secured.

Statutory approach is necessarily incomplete as long as it includes no provisions on the international exchange of data. Transmission abroad must be submitted to the same rules as the dissemination at home. Besides, national legislation must be completed by international treaties guaranteeing the protection of the individual.

Efficient protection cannot be assured by a single law to be generally applied. The complexity of the matter affords complex legislation. Adequate instruments can only be created by a series of separate but harmonized statutes based on the particularities of the different conflict situations to be faced by the legislator.

Adalbert Podlech

Adressenverlage, die Mengenlehre und der Entwurf eines Bundes-Datenschutzgesetzes

Der Regierungsentwurf eines Gesetzes zum Schutz vor Mißbrauch personenbezogener Daten bei der Datenverarbeitung (Bundes-Datenschutzgesetz) (Bundesrat-Drucksache 391/73) regelt im 4. Abschnitt die geschäftsmäßige Datenverarbeitung nicht-öffentlicher Stellen für Dritte. § 24 Abs. 2 bestimmt als Grundsatz, daß die Weitergabe von personenbezogenen Daten nur zulässig ist, wenn der Empfänger ein berechtigtes Interesse an ihrer Kenntnis glaubhaft dargelegt hat. § 24 Abs. 3 bestimmt:

> „Abweichend von Absatz 2 Satz 1 ist die Weitergabe zulässig, wenn sie sich auf freie Daten (§ 8 Abs. 2) sowie auf eine Angabe über die Zugehörigkeit des Betroffenen zu einer Personengruppe beschränkt und kein Grund zur Annahme besteht, daß dabei schutzwürdige Belange des Betroffenen beeinträchtigt werden."

Freie Daten nach § 8 Abs. 2 sind Namen, Titel und akademische Grade, Geburtsdatum, Berufs-, Branchen- oder Geschäftsbezeichnungen, Anschriften und die Rufnummern. Es wird erwartet, daß nach Erlaß des Bundesmeldegesetzes (jetzt Entwurf der Bundesregierung, Bundesrat-Drucksache 390/73) auch das bundeseinheitliche Personenkennzeichen zu den freien Daten gehören wird[1]. Die amtliche Begründung zu § 24 Abs. 3 lautet knapp aber deutlich:

> „Durch die Vorschrift soll den Bedürfnissen der Werbewirtschaft auf eine mit dem Datenschutzgedanken verträgliche Weise Rechnung getragen werden."

Der Ausdruck „Bedürfnisse der Werbewirtschaft" ist dabei vornehm entsprechend einer im derzeitigen Stadium unseres Wirtschaftssystems anscheinend unentbehrlichen Funktion gewählt worden. Weniger vornehm geht es um die Geschäftsgebräuche der Adressenverlage, die noch weitgehend hinter dem Schleier eines Informationsdefizits der Öffentlichkeit die Werbewirtschaft und Großunternehmen mit den erforderlichen Namens- und Adressenkollektionen beliefern und über die jede neue Veröffentlichung Praktiken und Möglichkeiten berichtet, die mit dem durch unsere verfassungsmäßige Ordnung zugelassenen Netz der Informationsbahnen wenig mehr gemein haben. Im folgenden unterstelle ich die Kenntnis der einschlägigen Faktendarstellungen[2] und die Begrün-

---

[1] Vgl. dazu: *Bundesministerium des Innern* (Hrsg.), Dokumentation einer Anhörung zum Referentenentwurf eines Bundes-Datenschutzgesetzes vom 7. bis 9. November 1972, Bonn, Mai 1973 (im folgenden zitiert als: Dokumentation), S. 194 ff.

[2] Vgl. z. B.: Zweiter Bericht des Hessischen Datenschutzbeauftragten, vorgelegt zum 31. März 1973, Hessischer Landtag, Drucksache 7/3137, Nr. 132; *M. Warner/M. Stone*, Die Computer-Gesellschaft (1970), München 1972, bes. S. 108, 156; *A. R. Miller*, Der

dungsfähigkeit der Wertung, daß Informationsstrukturen, deren Bestandteile solche Fakten sind, solche Informationsstrukturen vorzuziehen sind, die solche Fakten nicht als Bestandteile enthalten; eine Wertung, die die weitere Wertung impliziert, daß für den Gesetzgeber derzeit eine regelungsbedürftige Materie vorliegt[3]. Im folgenden beschränke ich mich auf die Beantwortung der Frage, ob die vorgesehene Bestimmung des § 24 Abs. 3 des Regierungsentwurfs eines Bundes-Datenschutzgesetzes eine mögliche Regelung dieser Materie enthalten kann.

Zum Zwecke der Untersuchung interpretiere ich die Bestimmung des § 24 Abs. 3 derart, daß ich Bedeutungsgleichheit mit folgendem Satz behaupte:

> Jede Weitergabe personenbezogener Daten ist unabhängig davon, ob der Empfänger dieser Daten ein berechtigtes Interesse an ihrer Kenntnis glaubhaft gemacht hat oder nicht, immer dann zulässig, wenn sie sich außer auf freie Daten auf **eine** Angabe über die Zugehörigkeit des Betroffenen zu einer Personengruppe beschränkt und kein Grund zur Annahme besteht, daß durch die Weitergabe schutzwürdige Belange des Betroffenen beeinträchtigt werden.

Die erste Schwierigkeit der durch diese Bestimmung getroffenen Regelung besteht darin, daß die Angabe eines **Zeitintervalls** fehlt, innerhalb dessen die Restriktion der Angabe **eines** Merkmals liegt. Die Geschäftsbeziehungen zwischen einem Adressenverlag und einem Werbeunternehmen sind wirtschaftlich betrachtet nur dann interessant, wenn sie auf Dauer angelegt sind. Dasselbe gilt mit Einschränkungen für Eigenwerbung betreibende Großunternehmen. Restriktionen unter Zugrundelegung einer Dauergeschäftsbeziehung könnten etwa sein: **ein** Merkmal je Kunde, **ein** Merkmal je Auftrag, **ein** Merkmal je Zeiteinheit (Woche?, Monat?, Jahr?). Alle diese Restriktionen haben den Nachteil, daß bei großen Werbeagenturen nach relativ kurzer Zeit umfassende Merkmalskombinationen über die Betroffenen zusammengestellt werden können, der Schutzzweck des § 24 Abs. 3 also so nicht erreicht werden kann.

Das Problem des Zeitintervalls kann jedoch dahinstehen, da die Restriktion des **einen** Merkmals aus logischen und linguistischen Gründen ineffektiv ist. Ehe dies ausgeführt wird, interpretiere ich den Ausdruck

> „Zugehörigkeit des Betroffenen zu einer Personengruppe"

derart, daß ich Bedeutungsgleichheit mit folgendem Ausdruck behaupte:

> Zugehörigkeit des Betroffenen zu einer Menge von Personen.

Gruppe wird im juristischen Sprachgebrauch unscharf verwendet[4]. Im Kontext

---

Einbruch in die Privatsphäre. Datenbanken und Dossiers (1971), Neuwied, Berlin 1973, bes. S. 30 ff.; *U. Seidel*, Datenbanken und Persönlichkeitsrecht, Köln 1972, bes. S. 12 ff.; *ders.*, Datenschutz, in: Online (1973), bes. S. 148; *W. Steinmüller*, in: Dokumentation, S. 321.

[3] Letzteres wird bestritten. Vgl. dazu die Stellungnahme des Bundesverbandes der Deutschen Industrie, in: Dokumentation, S. 41 ff.

[4] Vgl. dazu *J. H. Fichter*, Grundbegriffe der Soziologie, Wien, New York 1968, S. 47 ff.; *A. Podlech*, Gehalt und Funktionen des allgemeinen verfassungsrechtlichen Gleichheitssatzes, Berlin 1971, S. 64.

der Bestimmung des § 24 Abs. 3 sind nicht soziologisch zu definierende Gruppen,

z. B. die am Bummelstreik beteiligten Fluglotsen, die Lehrer des XY-Gymnasiums, die Arbeiter der Z-Werke,

sondern durch Merkmale definierte Gruppen gemeint, die logisch „Mengen" genannt werden,

z. B. Käufer von Waschmaschinen, Inhaber von Theater-Dauerabonnements, Autobesitzer,

wobei zu beachten ist, daß alle Gruppen im soziologischen Sinn natürlich zugleich Mengen im logischen Sinn sind.

Betrachten wir das Problem des einen Merkmals zuerst logisch. Logisch (mathematisch) definiert jedes Merkmal genau eine Menge[5]. Daraus folgt, daß auch jede Merkmalskombination ein Merkmal ist.

Individuenbereich (universe of discourse): Menschen. Erstes Merkmal: Ehepartner ist gestorben. Zweites Merkmal: Männlich. Merkmalskombination: Witwer.

Logisch ist dabei darauf zu achten, daß unabhängig davon, ob für das neue Merkmal ein Name vorhanden ist,

Die Menge männlicher überlebender Ehepartner heißt „Witwer". Die Menge gallenkranker Beamter in der Finanzverwaltung hat keinen eigenen Mengennamen.

alle Merkmalskombinationen, die logisch durch mengentheoretische Operationen[6] beschreibbar sind,

z. B. Durchschnittsbildung wie in den bisherigen Beispielen. Vereinigungsbildung: Mitglied der KPD (ML) **oder** des Spartakus **oder** ... **oder** ergibt (in der wertenden Benennung des Verfassungsschutzes) Linksradikal.

ein neues Merkmal definieren[7]. Im Falle des Durchschnitts lassen sich die entstehenden Merkmale leicht anhand einer quadratischen Matrix darstellen. Jedes Element einer Matrix A definiert ein Merkmal, wobei etwa a_{11} das 1. Merkmal,

	1. Merkmal	2. Merkmal	3. Merkmal	...
1. Merkmal	a_{11}	a_{12}		
2. Merkmal	a_{21}			
3. Merkmal				
...				

[5] Zu dem philosophischen Problem, das dieser These zugrunde liegt, vgl. *H. Scholz/G. Hasenjäger*, Grundzüge der mathematischen Logik, Berlin, Göttingen, Heidelberg 1961, S. 125.

[6] Vgl. dazu *D. Klaus*, Allgemeine Mengenlehre, 1. Bd., 2. Aufl., Berlin 1968, S. 125 ff.

[7] Außer der Merkmalsgewinnung durch Merkmalskombination mit Hilfe mengentheoretischer Operationen gibt es noch weitere Möglichkeiten, so etwa die Merkmalsgewinnung durch Struktur- und Hyperstrukturbildung. Vgl. dazu *D. Klaus*, Allgemeine Mengenlehre, 2. Bd., 2. Aufl., Berlin 1969, S. 51 ff. Hyperstrukturen können als Strukturen über Mengen von Strukturen aufgefaßt werden. Solche Möglichkeiten dürften jedoch für die Rechtstheorie wichtiger sein als für die EDV-Praxis der Adressenverlage.

a_{23} die Kombination des 2. und 3. Merkmals darstellt.

Bei dieser einfachen Darstellung wird die Matrix nur halb genützt, da a_{23} und a_{32} dieselbe Kombination darstellen.

Bedenkt man, daß EDV-Anlagen die Verarbeitung mehrdimensionaler Matrizen zulassen – in der Sprache PL/I bis zu 32 Dimensionen – so wird deutlich, daß man nahezu beliebige Kombinationen beliebig vielen Personen als **ein** Merkmal zuordnen kann. Nehmen wir an, ein Sozialbereich sei durch 50 Merkmale beschrieben und es seien Tausend Personen zu qualifizieren. Wir können noch weiter annehmen, daß jedes Merkmal (jede Kombination) gewichtet werden soll (etwa: Eigenschaft fehlt, schwach vorhanden, mittelmäßig vorhanden, stark vorhanden, sehr stark vorhanden), so würde in einem EDV-Programm eine vierdimensionale Matrix A definiert werden, deren 1. Dimension Tausend Personenkennzeichen aufnehmen kann, deren 2. und 3. Dimension je 50 Merkmalskennzeichen und deren 4. Dimension 5 Bewertungen aufnehmen kann[8]. Das Element $a_{523,\ 42,\ 3,\ 5}$ kann dann z. B. bedeuten, daß Herr Fritz Müller Beamter in der Finanzverwaltung ist, der sein Geld in fast ungezügelter Weise für Wetten ausgibt. Um auch äußerlich darzustellen, daß jede Kombination von Indizes, also etwa $_{42,\ 3,\ 5}$ **ein** Merkmal bestimmt, kann man diese Kombinationen durchnumerieren, also die durch $a_{-,\ 42,\ 3,\ 5}$ beschriebene Eigenschaft durch **eine** Zahl angeben, deren Bedeutung in einer Liste nachgeschlagen werden kann. Logisch liegt dann eine Abbildung der Elemente der Potenzmenge der Menge in Betracht zu ziehender Eigenschaften in die Menge der natürlichen Zahlen vor. Werden als Zahlen Gödelzahlen verwendet, kann die Bedeutung der Merkmalsnummer durch arithmetische Operationen wieder ermittelt werden[9], ohne daß eine Zuordnungsliste angelegt werden muß.

Es ist also festzuhalten: 1. Logisch ist jede beliebige Information über eine Person oder eine Personenmehrheit als die Zuordnung **eines** Merkmals darstellbar. Dies ist hier nur für einstellige Prädikate kurz skizziert worden, gilt aber genau so für mehrstellige Prädikate, also Relationen[10]. 2. In der EDV-Praxis gibt es zahlreiche Verfahren, die Zusammenführung beliebiger Merkmalskombinationen zu einem Merkmal zu leisten und dieses **eine** Merkmal durch **eine** Zahl zu repräsentieren. 3. Die Weitergabe beliebiger endlicher Informationen über eine Person oder eine Personenmehrheit ist immer so möglich, daß **eine** Zahl weitergegeben wird.

Juristen, logischen Beweisgängen gegenüber skeptisch, könnten versuchen, diese logischen Zusammenhänge bei der Interpretation von Bestimmungen wie solchen des § 24 Abs. 3 nicht hinzunehmen, um die Ratio der Bestimmung zu retten (teleologische Auslegung!). Es bieten sich hierzu zwei Überlegungen an. Die erste Überlegung verbleibt im Bereich der Logik. Sie besteht darin, die Informationen in irreduzible Informationselemente, in Informationsatome

---

[8] In der Praxis wird man eleganter programmieren, um Speicherkapazität zu sparen.

[9] Vgl. dazu *H. Scholz/G. Hasenjäger*, aaO., S. 442 ff.

[10] Vgl. dazu *R. Carnap*, Einführung in die symbolische Logik, 2. Aufl., Wien 1960, §§ 28 a, 28 c, 32 c, 33 a, 33 d.

aufzulösen und die Erlaubnis des § 24 Abs. 3 auf jeweils **ein** Informationsatom zu beschränken. Diese Überlegung führt jedoch nicht zum Ziel, weil es prinzipiell nicht möglich ist, eine eindeutige Informationsbasis als Menge aller Informationsatome auszuzeichnen. Aber selbst wenn dies gelänge, wäre der Ratio der Bestimmung noch nicht genügt. Merkmale wie

> Körperbehinderter, Hausbesitzer, Verkäufer, Gallenkranker, Elektrobranche, Großverdiener, Hundebesitzer, Raucher,

deren Weitergabe im Einzelfall nach der Bestimmung sicher erlaubt sein soll, sind unter keinen Gesichtspunkten Informationsatome. Für die Werbewirtschaft dürfte kaum ein Informationsatom, unterstellt, es gibt eines, interessant sein. Menschen sind wir alle.

Die zweite Überlegung könnte von der natürlichen Sprache ausgehen und jede Informationsweitergabe nach § 24 Abs. 3 als zulässig ansehen, die durch **ein** Wort einer natürlichen Sprache bewerkstelligt werden kann. Auch diese Lösung führt nicht zum Ziel. Schon zahlreiche Berufsbezeichnungen benötigen mehrere Wörter; man denke nur an die neuen Dienstbezeichnungen der Richter. Grundsätzlicher ist aber der Einwand, daß die Zulässigkeit der Informationsweitergabe von der sprachschöpferischen Begabung der Beteiligten abhinge. Gerichte hätten dann zu entscheiden, wieviele Morpheme (oder korrekter: Morphe) **ein** Wort maximal besitzen darf und ob eine Morphem-Kombination den Regeln der Grammatik einer natürlichen Sprache genügt[11].

Weitere Überlegungen, die zur Rettung des § 24 Abs. 3 führen können, sind nicht ersichtlich.

Als Ergebnis ist festzuhalten: Betrachtet man das Problem der **einen** Angabe über die Zugehörigkeit zu einer Personengruppe logisch, so reduziert sich der Regelungsgehalt der Bestimmung des § 24 Abs. 3 auf das Verbot der Weitergabe beliebiger Informationen, wenn ein Grund zur Annahme besteht, daß dadurch schutzwürdige Belange des Betroffenen beeinträchtigt werden. Betrachtet man das Problem linguistisch hinsichtlich der informationsübertragenden natürlichen Sprache, so entstehen rechtlich unlösbare linguistische Folgeprobleme. Kürzer und prägnanter gefaßt: Eine mit den Bedürfnissen der Werbewirtschaft verträgliche Regelung der Informationsweitergabe ist mit dem Datenschutzgedanken und der Datenschutz ist mit der Existenz von Adressenverlagen unverträglich: das Dilemma des Regierungsentwurfs nicht nur an dieser Stelle, der gesellschaftspolitisch der Maxime folgte: „Wasch mir den Pelz, aber mach mich nicht naß!"

Aus diesem Ergebnis ist wohl nur die Schlußfolgerung zu ziehen, daß die ohne Berücksichtigung logischer und linguistischer Erkenntnisse konzipierte Bestimmung des § 24 Abs. 3 des Regierungsentwurfs eines Bundes-Datenschutzgesetzes ersatzlos zu streichen ist[12].

---

[11] Vgl. dazu *J. Lyons*, Einführung in die moderne Linguistik, München 1971, S. 184 ff., 200 ff.

[12] Im Ergebnis so auch der *Bundesrat* in seiner Stellungnahme zu § 24 Abs. 3 (Beschluß vom 6. 7. 1973, Nr. 17).

Vittorio Frosini

Der Bürger und der Computer in der italienischen Rechtspraxis

Übersicht

1. Der Eintritt der Computer in die italienische Rechtspraxis

Der kulturelle Horizont, der von der Rechtspraxis geprägt wird, umfaßt eine Vielfalt von Elementen und Beziehungen, von Problemen und Perspektiven, die sich auf die theoretischen und praktischen Aspekte des menschlichen Lebens beziehen, das unter dem Gesichtspunkt der Gemeinschaftsregeln betrachtet wird, welche es lenken, überwachen und regeln: d. h. also auf die Aspekte dessen, was die Morphologie der sozialen Praxis genannt wurde. In unserer Zeit ist der Unterscheidungscharakter, der der Rechtspraxis einen neuen physiognomischen Zug verleiht, jener, der von der Existenz des Computers geschaffen wird: das bedeutet, von der Existenz eines technologischen Rechenverfahrens, das auf Grund seiner flexiblen Anwendbarkeit auch auf Fragen von Rechtsinteresse angewandt werden kann; und der sogar selbst ein neues Kulturmodell darstellt, anhand dessen die Rechtspraxis in ihrem Aspekt des logischen operationalen Lenkungsverfahrens, der Leitung und Kontrolle der Gesellschaftsorganisation durch den normativen Apparat, an Beispielen erläutert werden kann.

Der Computer, als Bezugspunkt einer neuen Problematik verstanden, die Methodenfragen aufwirft, die bisherigen Zeitaltern unbekannt waren, hat sich von der Peripherie des kulturellen Horizontes der Juristen immer mehr zum Zentrum des Untersuchungsfeldes hin bewegt, bis er zu einem der Attraktions- und Diskussionspole der heutigen Rechtswissenschaft wurde. Das ist auch in Italien geschehen, wie es im übrigen auch in anderen Ländern mit einer fortgeschrittenen industriellen Kultur vor sich gegangen ist; der erkennbare Unterschied im chronologischen Ablauf ist der Verspätung zuzuschreiben, mit der in Italien Computer aufgestellt wurden und mit der sich die Aufmerksamkeit des Betrachters der sozialen Realität auf die Möglichkeit und die Implikationen der Anwendung von Computern in der Ordnung produktiver Prozesse auch der kulturellen Dienste zog[1].

Innerhalb der hier angestellten Betrachtungen wird eine Prüfung der größten Untersuchung, die auch in Italien in bezug auf die Beziehungen zwischen Jurist und technischem Zeitalter durchgeführt wurde, nicht berücksichtigt. Hierfür kann man auf das wichtige und bedeutende Buch von *Sergio Cotta* zurückgreifen, das 1968 in Italien erschien und den bezeichnenden Titel **„La sfida tecnologica"** trägt[2] („Die technologische Herausforderung"). Darin werden Motive philosophischer Überlegungen wieder aufgenommen und ausgearbeitet, die das Verhalten der Juristen gegenüber neuen Problemen betreffen, und die der Autor bereits in Aufsätzen und Berichten in den vergangenen Jahren dargestellt hatte. Wir möchten aber unsere Betrachtung auf den rein technisch-juridischen Rahmen beschränken, ohne uns auf das Gebiet der Interpretation moralischer Strukturen einer Kultur, wie sie die unsere ist, zu begeben, mit dem wir uns an anderer Stelle beschäftigt haben.

2. Die ersten Untersuchungen über die Lehre der Kybernetik und des Rechts

Wollte man einen Beginn setzen, an dem sich das theoretische Interesse der Juristen auf die neuen Probleme konzentriert hat, die von der Möglichkeit aufgeworfen wurden, daß man zu Verfahren zurückgreifen kann, die man beim Computer anwendet, könnte man das Jahr 1962 als Bezugspunkt nehmen; in diesem Jahr erschien ein erster Artikel über Experimente, die eine Untersuchung der Behandlung von Rechtsinformationen mit Hilfe der Methoden und Mittel der Informatik betrafen[3], die sich aber nicht damit begnügten, das Werk der Koordination und der Rationalisierung der juristischen Dokumentation unter Anwendung elektronischer Instrumente zu unterstützen, wie man es vorher bereits getan hatte[4]. Es wurden neue Formen der Interpretation und der Ausführung betrachtet, die den Übergang von einer Phase größerer Vereinfachung und Ausführungsschnelligkeit in der **äußeren** Sammlungs- und Einordnungsarbeit von Rechtsdaten zu einer neuen Phase **innerer** Dimension kennzeichnet, die die Gesamtheit der Mittel für das Auffinden und die Klassifizierung und die Umwandlung von Daten betrifft.

Es vergingen aber noch einige Jahre, bevor das erste Buch erschien, das speziell das Problem der Beziehungen zwischen Kybernetik, Recht und Gesellschaft („Cibernetica, diritto e società")[5] behandelte; es ist ein Werk des Berichterstat-

---

[1] *S. Rossi*, Il calcolatore elettronico, Etas-Kompass, Milano 1967, 3. Aufl. 1972, S. 48 ff.

[2] *S. Cotta*, La sfida tecnologica, Il Mulino, Bologna 1968.

[3] *M. G. Losano*, Giuscibernetica, eine Bibliographie, in *R. Treves*, Nuovi sviluppi della sociologia del diritto, Edizioni di Comunitá, Milano 1968, S. 316 ff.

[4] *C. Lavagna*, Presupposti teorici e pratici per un centro di documentazione giuridica, in La scienza e la tecnica della organizzazione della pubblica amministrazione, V, 1958, S. 425 ff.

[5] *V. Frosini*, Cibernetica diritto e societa, Edizioni di Comunitá, Milano 1968, 2. Aufl. 1973.

ters. Einige Kapitel des Buches waren bereits in Form von Zeitschriftenaufsätzen in den 2 Jahren vor seiner Veröffentlichung erschienen, und sie hatten dazu beigetragen, die Diskussion über das Thema anzuregen; sie hatten aber nur einen sehr engen Kreis von spezialisierten oder zumindest besonders interessierten Lesern erreicht. Das Erscheinen des Buchs, in dem jene Aufsätze in einem organischen Zusammenhang wiedergegeben worden waren, war Anlaß zu einer großen Debatte, die über die wissenschaftlichen Zeitschriften hinaus auf die kulturellen und selbst auf die Nachrichtenzeitungen übergriff[6]; man kann also behaupten, daß es die Funktion einer Art öffentlichen Verkünders der neuen Technik übernahm. Ihm folgte ein Jahr später das Buch von *Mario Losano* mit dem bezeichnenden Titel „Kybernetik des Rechts" („Giuscibernetica")[7], mit dem der Autor vorschlug, die Gesamtheit der Probleme und Interessen zu bezeichnen, die die Einführung der Informatik auf dem Gebiet des Rechts betreffen; es ist eine Formel, die in Italien und auch im Ausland freundlich begrüßt wurde und einen gewissen Erfolg erfuhr, obwohl der Autor für den Titel seines nächsten Buches sich dann lieber der herkömmlichen Begriffe wie „Informatik des Rechts" bediente[8]. In den letzten Jahren wurden Bände von Kongreßakten und Monographien juristischen Charakters veröffentlicht, die das Ausdehnen und das Anwachsen des Interesses der Juristen für dieses Problem bestätigen. Es ist hier nicht möglich, die verschiedenen besonderen Beiträge zu berücksichtigen, vor allem die, die in Zeitschriften erschienen sind; unter ihnen wollen wir aber wenigstens den bedeutenden Aufsatz nennen, den wir der Zusammenarbeit eines Rechtsphilosophen und eines Wissenschaftlers verdanken, *Luigi Lombardi Vallauri* und *Giuseppe Tratteur*, und der die Beziehungen zwischen Recht und Kybernetik[9] behandelt. Der Aufsatz ist 1969 erschienen. Zu dieser ersten Periode einer „Doktrinforschung", die die Jahre 1963—68 umfaßt, haben die ersten italienischen Fachleute einen wertvollen Beitrag zur neuen Problematik geleistet. Unter ihnen hat der Notar *Angelo Gallizia* eine besondere Stellung eingenommen. In Zusammenarbeit mit *E. Maretti* und *Franca Mollame* war er nicht nur Pionier in der Erforschung des neuen Gebiets, in dem er Untersuchungen durchführte sowie Verbindungen und Kulturaustausch auf Kongressen und in nationalen und internationalen Verbänden herstellte; darüber hinaus hat er das Verdienst gehabt, eine nützliche Arbeit der Verbreitung beim großen Leserpublikum der Mailänder Tageszeitung „Il Giorno" zu leisten, wobei er Mißverständnisse und Vorurteile aus dem Weg räumte. Die erwähnten Autoren, die zugleich auch die Begründer des „Centro per la documentazione giuridica" von Mailand waren, können sich also rühmen, eine wichtige Arbeit der Begriffsklärung und der methodologischen Ausfeilung geleistet zu haben, die gekennzeichnet ist durch die engen Beziehungen zur Notwendigkeit einer

---

[6] S. Bibliografia critica, in *V. Frosini*, aaO., S. 173 ff.

[7] *M. G. Losano*, Giuscibernetica. Macchine e modelli cibernetici nel diritto, Einaudi, Torino 1969.

[8] *M. G. Losano*, Corso di informatica giuridica, Cooperativa universitaria editrice Milanese, Milano 1971.

[9] *L. Lombardi Vallauri* e *G. Tratteur*, Giurisprudenza e cibernetica, in „Rivista internazionale di filosofia del diritto", XLVI, 1969, S. 423 ff.

operationalen Anwendung, durch die Möglichkeit, sie in eine neue technologische Praxis in der Rechtsforschung zu übertragen und durch den Zweck, zu versuchen, die Verwaltung des Rechtswesens zu vereinfachen und zu rationalisieren.

3. Die operativen Untersuchungen der C.N.R und des Revisionsgerichts

Das Jahr 1968 kann als ein entscheidendes Jahr auf dem Weg angesehen werden, auf dem die Juristen den neuen Problemen der Datenverarbeitung im Rechtswesen Italiens näher gekommen sind, und das nicht zuletzt aus bedeutenden Gründen praktischer Art. Im Mai 1968 gründete der „Consiglio Nazionale delle Ricerche" (C. N. R.) aufgrund des Beschlusses seines Präsidenten, Prof. *Vincenzo Caglioti*, das Institut für Rechtsdokumentation (Istituto per la documentazione giuridica) in Florenz, das mit der Aufgabe betraut wurde, bibliographisches Material und Lehrmaterial aus dem Gebiet der Informatik zu sammeln und in Zusammenarbeit mit dem nationalen Universitätszentrum der Datenverarbeitung in Pisa an der praktischen Realisierung eines Programms der Speicherung von Rechtsdaten aus Lehrtexten und Gesetzgebungsakten zu arbeiten, das wie folgt formuliert werden soll:

Es ist vorgesehen, eine elektronische Datei einzurichten, die einmal alle Texte und Dokumente von juristischem Interesse erfaßt, die in der Vulgärsprache vor 1375 geschrieben sind. Von den späteren Texten sollen zum anderen gespeichert werden alle Verfassungen italienischer Sprache von der Französischen Revolution bis heute, alle Kodifikationen, die im Vereinten Italien in Kraft waren oder heute noch in Kraft sind, alle Gesetze der Vor-Einigungszeit, die großes Ansehen und Beispielswert hatten, sowie schließlich alle Texte – insbesondere Texte von Legislativakten –, die aus verschiedenen Gründen von Bedeutung sind. Als erstes Ergebnis dieser Arbeit wurde 1971 ein Buch veröffentlicht, das die elektronische Analyse der Konkordanzen des Textes (im Text) der heute geltenden italienischen Verfassung wiedergibt: eine gerechte und gebührende Huldigung an die Wertordnung[10], die unser gesellschaftliches Zusammenleben beherrscht.

Ebenfalls 1968 wurde eine erste Initiative der praktischen Benutzung von Computern abgeschlossen: sie betraf eine Arbeit zur Speicherung und automatischem Abfragen von Rechtsdaten der Rechtsprechung, wie sie in der Sammlung der Entscheidungen des Obersten Kassationsgerichtshofs niedergelegt sind; das Verfahren wurde von einer Gruppe von Richtern durchgeführt, die von Dr. *Enrico Laporta*, Leiter des Ufficio Massimario[11] (Büro für die Herausgabe der Leitsätzesammlung), geleitet wurde. Weitere Teilnehmer waren *R. Borruso*, *A. Falcone* und *V. Novelli*. Am 21. 3. 1969 wurde beim Centro elettronico internazionale der UNIVAC in Rom (EUR) das erste italienische Experi-

---

[10] La Costituzione della Repubblica Italiana del 1947. Testo, concordanze, indici. Istituto per la documentazione giuridica del Consiglio Nazionale delle Ricerche, 1972.

[11] *R. Borruso* e *V. Novelli*, Relazione sul primo esperimento di ricerca elettronica della giurisprudenza, in „La scienza e la tecnica della pubblica amministrazione", XVI, 1969, S. 189 ff.

ment innerhalb der elektronischen Forschung im Rechtswesen gezeigt, das von der Arbeitsgruppe des Ufficio Massimario durchgeführt worden war; im gleichen Jahr wurde ein erläuterndes Buch über das angewandte System der elektronischen Forschung veröffentlicht, die von der obengenannten Gruppe unternommen worden war. Das System stützte sich auf einen **Thesaurus** des ganzen italienischen Wortschatzes[12].

4. Die Computer im juridischen Sektor der Verwaltung

Welches sind die Probleme, die heute in Italien in den Beziehungen zwischen dem Bürger, d. h. dem Individuum als Rechtssubjekt und dem Computer entstehen, wobei wir den Begriff Computer hier als Metapher benutzen, um einen neuen organisatorischen und technischen Aspekt der Rechtsordnung des Staates aufzuzeigen? Die italienische Rechtskultur hat diesbezüglich verschiedene beträchtliche Beiträge geleistet: wir beschränken uns darauf hinzuweisen, daß 1970 zu den strafrechtlichen Aspekten und vor allem den kriminologischen der ausführliche Aufsatz von *Ilio Corti* über die Computer und die Rechtsverwaltung („I cervelli elettronici e l'amministrazione della giustizia") erschien[13]; daß eine Reihe von Beiträgen zu den verschiedenen rechtlichen, politischen und sozialen Aspekten der Frage in der sehr nützlichen Aktensammlung eines Kongresses zusammengetragen wurde, herausgegeben von der Zeitschrift L'informatica[14]; und schließlich, daß 1971 das hervorragende und äußerst informationsreiche Bändchen von *Alberto Predieri* über die Computer in der Staatsverwaltung („Gli ellaboratori elettronici e l'amministrazione dello stato")[15] veröffentlicht wurde, das entschieden das Grundproblem, das uns betrifft, aufnimmt, wobei es die Bedingungen, die Grenzen, die Perspektiven des rechtlich geregelten Gebrauchs von Computern bespricht. Vollständigkeitshalber soll der Artikel von *Franzesco Faina* zum gleichen Thema erwähnt werden[16].

Ein neues Kapitel in der Geschichte der Beziehungen zwischen Kultur und Politik im Verwaltungsrecht in Ergänzung zu den seit der italienischen Einigung bereits studierten Problemen hat sich mit dem Buch von *Sabino Cassese* eröffnet[17]. Was die bibliographische Information betrifft, kann man auf die Aufstellung von *Predieri* hinweisen, da das Buch viele und reiche Hinweise auf italienische und ausländische Literatur gibt. Die Aufgabe des Verfassers besteht schließlich nicht darin, eine minuziöse kritische Analyse der wissenschaftlichen Arbeit und der mit ihr verbundenen Problematik wiederzugeben, sondern

---

[12] *E. Laporta, R. Borruso, A. Falcone, V. Novelli*, Sistema di ricerca elettronica della guirisprudenza: Stamperia Nazionale, Roma 1969.

[13] *J. Corti*, I cervelli elettronici e l'ámministrazione della giuistizia, F. Angeli, Milano 1970.

[14] L'informatica, la cultura e la societá italiana, in „Rivista di Informatica", II, 2, 1971.

[15] *A. Predieri*, Gli elaboratori elettronici nell'amministrazione della giustizia, Il Mulino, Bologna 1971.

[16] *F. Faina*, Organizzazione dei centri di elaborazione elettronica dei dati della pubblica amministrazione, in „Rivista trimestrale di diritto pubblico", 1971, S. 1853 ff.

[17] *S. Cassese*, Cultura e politica nel diritto amministrativo, Il Mulino, Bologna 1971.

nur darin, ein schnelles geistiges Panorama der aktuellen Situation zu zeichnen, in der sich Bürger und Computer gegenüberstehen.

5. Der Vergangenheitskult in der Rechtslehre Italiens

Ein erster Aspekt des Problems, der in Erwägung gezogen werden muß, betrifft die Stellung, die man dem Computer im Rahmen der italienischen Rechtskultur und des ganzen Gebiets des Rechtslebens einräumen muß. Diese wurde bis jetzt in entschiedener und übermäßiger Art und Weise von drei typischen hervorstechenden Zügen charakterisiert: dem Kult überholter Werte, auf den sich der Rechtsunterricht in den Rechtsfakultäten stützt; den rechtlichen Formalismus, der das italienische Rechtssystem kennzeichnet; den Traditionalismus, der das Verhalten in der Verwaltungspraxis beherrscht.

Die Anwendung von logischen Modellen, von mathematischen Verfahren, von technischen Hilfsmitteln, die die Arbeit der Computer bestimmen, sind mehr als eine Erneuerung: sie sind eine geistige Revolution auf dem Gebiet der humanistischen Rechtsausbildung, in der die Aufmerksamkeit, die man für in der Vergangenheit gesammelte Erfahrungen zeigt, die Aufmerksamkeit gegenüber den in unserer Zeit unter völlig neuen Bedingungen unternommenen Versuchen stützt und zugleich festhält. Ein bezeichnendes Beispiel dieses rückblickenden Verfahrens im Rechtsdenken sind die Juristen des 19. Jahrhunderts, die auf die Formeln und die Termini des Römischen Rechts zurückgriffen, um die Rechtsfigur der Mitteilung durch ein dem Postboten als nuncius anvertrautes Telegramm festzulegen. Die Datenverarbeitung des Rechts hat keine historischen Präzedenzfälle und erlaubt keine subtilen und abstrakten Untersuchungen; diese Tatsache nimmt ihr an Würde und Prestige innerhalb einer intellektuell konservativen Umgebung. Um eine Vorstellung der theoretischen Interessen zu geben, zu denen die Rechtskultur noch zu neigen scheint, kann man das Thema nennen, das für den schriftlichen Teil des Tests für Schulräte vor einigen Jahren gestellt worden war: „Sprechen Sie über die Grunddienstbarkeit unter besonderer Berücksichtigung des Römischen Rechts". Es wäre vorzuziehen gewesen, die zukünftigen Schulleiter aufzufordern, sich mit der Einführung in die Methoden der Kybernetik für den Unterricht und die Leistungskontrolle in der Schule zu beschäftigen.

In unseren Rechtsfakultäten werden überall Vorlesungen über Landwirtschaftsrecht gehalten, das, und das muß gesagt werden, im Humus römischer Rechtspraxis wurzelt; in keiner Universität des italienischen Staates findet man aber einen Lehrstuhl für Luftverkehrsrecht (der einzige Lehrstuhl dieser Art befindet sich in der katholischen Universität des Sacro Cuore); das neue Weltallrecht wird noch weitgehend als eine Zukunftshypothese angesehen, für die sich nur wenige Juristen ernstlich interessieren. Es wundert deshalb niemanden, daß der Unterricht in der Rechtsdatenverarbeitung nur von sehr wenigen Freiwilligen in ein paar Universitäten gehalten wird, und daß er noch nicht zu den Disziplinen zählt, die für Bewerbungen zu freien Dozentenstellen zugelassen sind, wie es bei der Rechtspapyrologie der Fall ist.

Zwar gäbe es ferner die praktische Juristenausbildung, die in anderen Ländern die natürliche Fortsetzung der Universitätsausbildung darstellt; aber in ihr wird die ganze Welt des Rechts auf die Kunst der Gesetzesanwendung reduziert und als eine Welt des Schlußfolgerns angesehen, vollgepropft mit Rechtsformeln, zwischen denen sich die Gedanken wie ein Aal winden müssen.

Hier müßte man eine Reihe Betrachtungen über die Entfernung von Rechtstheorie und Rechtspraxis anschließen, und sogar über diejenige zwischen dem Recht in den Büchern und der Rechtswirklichkeit; dazu würde sich jetzt das Recht in den Computern gesellen.

6. Der gesetzliche Formalismus im italienischen Rechtssystem

Was den Rechtsformalismus des italienischen Rechtssystems angeht, so ist er heute wahrscheinlich das formalistischste aller geltenden Systeme in den Ländern mit fortgeschrittener Zivilisation. Das Kennzeichen dieser Situation, das einen symbolischen Wert in der ganzen Art, die Gesellschaftsbeziehungen zu begreifen und zu erleben, annimmt, tritt in Form von Stempelpapier auf, auf das man immer zurückgreifen muß, damit jede Rechtsform als solche bestätigt und anerkannt wird. Der italienische Rechtsformalismus hat also zwei Aspekte: den ideellen und den materiellen. Er besteht aus dem eifrigen Respekt vor gewissen Verhaltens- und Ausdrucksschemata, die sich aus Gesetzen und Verordnungen ergeben und an die man sich strengstens halten muß, wenn man nicht Gefahr laufen will, durch die Nutzlosigkeit dessen, was man getan hat, bestraft zu werden (was in der Rechtssprache Nichtigkeit oder Anfechtbarkeit oder Ungültigkeit genannt wird), oder aber wenigstens durch die lähmende Wirkung auf das, was man gerade tut. Es genügt, an die Beispiele zu denken, die das Prozeßrecht bietet. Danach ist es schwierig, auszumachen, welches Gericht für gewisse aufsehenerregende Prozesse zuständig ist, oder sogar, wie das definitive Urteil lauten muß, wenn im nachhinein ein Verfahrensfehler entdeckt wird, der manchmal darin besteht, daß ein Geschworener sein Schulzeugnis nicht vorgelegt hat. Aber der ideelle Formalismus, der Richter und Beamte bindet und manchmal lähmt, spiegelt sich und verstärkt sich im materiellen Formalismus. Man denke an das bereits erwähnte Stempelpapier, das eine Art juristischer Freibrief mit einer sehr hohen Quote des Umlaufs, des Guthabens und der Kreditwürdigkeit ist, da es nicht nur vor Gericht, bei der Verwaltung und in den Notariatszimmern unentbehrlich ist, sondern auch in den einfachsten und unschuldigsten Beziehungen zwischen Privatleuten. Es ist so unentbehrlich, daß man glauben kann, es verleihe auch ungesetzlichem Handel Rechtsgültigkeit; und man kann häufig in Zeitungen lesen von Eltern, die die elterliche Gewalt an die Kinder abtreten und sogar von Ehemännern, die ihre Frauen ausleihen, wobei sie den Vertrag auf Stempelpapier schreiben, um ordnungsgemäß gegenüber dem Gesetz und auch gegenüber dem eigenen Gewissen zu handeln. Mehr noch: auf dem Papier mußten Urkunden handschriftlich niedergelegt werden, selbst als bereits die Schreibmaschine existierte. Der Beschluß, der den Gebrauch von Schreibmaschinen für Gerichtsschreiber ermöglichte, die sie übrigens gar nicht zu bedienen wußten, wurde erst vor wenigen Jahren verfaßt. Noch bis vor kurzer Zeit verbot die Banca d'Italia den Gebrauch des Kugelschreibers für Unterschriften auf Quittungen und zwang ihre Kunden, Tintenfaß, Tinte und Federhalter zu benutzen. Wir warten auf den Computer wie die Gestalten von Becketts Drama auf Godot warten.

7. Der Traditionalismus in der Verwaltungspraxis

Wir kommen jetzt zum Traditionalismus der Gerichts- und Verwaltungskanzleien. Es gibt natürlich Erklärungen geschichtlichen Charakters, d. h. politischen und sozialen Charakters, für das bürokratische Ritual, das seinen Prunk noch weitgehend in dem langsamen, ermüdenden, unwegsamen und manchmal unvorhergesehenen Verwaltungsvorgängen zur Schau trägt, um die Bearbeitung einer jeglichen Akte zu erreichen, die dazu bestimmt ist, von Hand zu Hand zu gehen, damit sie betastet, abgewogen und fortgesetzten Kontrollen auf den Schreibtischen der Büros unterworfen werden kann, um jedesmal in eine Schublade gesteckt oder aus ihr gezogen zu werden oder aus einem Schrank oder wie man häufig feststellt, aus dem Blätterberg eines Regals: eine Prozedur, der das Magnetband der Zentraleinheit eines Computers ein Ende setzen würde. Diese historischen Gründe gehen auf das alte Mißtrauen zum Herrschaftsverhältnis zurück, das die Funktionäre fremder oder absolutistischer Regierungen jahrhundertelang zum analphabetischen Bürger hergestellt haben. Das geschriebene Gesetz, die Rechtsurkunde auf Stempelpapier, das Zitat in Latein, das alles hat dazu beigetragen, jahrhundertelang die sozialen Entfernungen und Unterschiede, die Abhängigkeit zwischen dem Anwalt *Azzecagarbugli* im Dienste der Mächtigen und dem armen *Renzo Tramaglino*, der Kapaune trägt, aufrechtzuerhalten. Und gegen den Strom im Fluß der eingewurzelten und privilegierten Gewohnheiten zu schwimmen ist nicht einfach.

Nun ist hier die Maschine, die das persönliche Verhältnis zwischen Bürger und Verwaltungsbeamten abschafft, weil sie eine anonyme, neutrale und desinteressierte Beziehung herstellt; sie vereinfacht das Verfahren, indem sie es zu einem sich wiederholenden Vorgang einer mechanischen Serienarbeit macht; sie zwingt uns, uns einer vereinfachten und rationellen Sprache zu bedienen. Man hat bereits die Wirkungen dieser neuen Sachlage in bestimmten mit Maschinen ausgerüsteten Büros ausprobiert, z. B. bei der Ausstellung von Personenstandsurkunden: der Beamte, der einst die Urkunden schrieb und sich dabei jedesmal über die persönliche Lage des Antragstellers informierte, händigt heute den Schein aus, ohne ihn vorher zu lesen. Die Einführung des Computers, d. h. eine Methode der Speicherung, Ausarbeitung und Mitteilung der Daten, die sich auf völlig andere Verfahren stützt, als den Gebrauch von Handschrift auf Papier, wird nicht nur der Forderung der Massenzivilisation gerecht, sondern ist dazu bestimmt, eine radikale Veränderung der sozialen Bräuche vorzunehmen in den Beziehungen zwischen Bürger und öffentlicher Verwaltung. Es wäre wünschenswert, daß die neuen Hilfsquellen, die der Computer bietet, Linderung für die alten Klagen Hamlets, des Prinzen von Dänemark, brächten, der in dem berühmten Monolog **To be or not to be** die Dauer der Gerichtsverfahren und die Arroganz der Verwaltungsbeamten als unerträgliches Übel im menschlichen Leben ansieht.

8. Die neuen automatischen Apparate der öffentlichen Behörden aus dem Gebiet der Information

Haben wir diesen Weg eingeschlagen? Es ist uns jedoch nicht erlaubt, uns der Illusion einer technischen Utopie hinzugeben und uns einer kritischen Prüfung der Realität mit all ihrem Licht und Schatten zu entziehen. Nach einer scharfen Beobachtung von *Rodotà* liegt „die bezeichnendste Auswirkung der Einführung von Computern in der Herstellung eines neuen Typs der Macht, die sich auf die Informationen stützt ... Die Verzerrrung im Gebrauch solcher Information kann im Monopol der Kenntnisse liegen, die nur für einige Personen reserviert sind, so daß es notwendig ist, an soziale Kontrollformen zu denken, die imstande sind, solche schädlichen monopolistischen Situationen zu zerschlagen"[18].

Es ist das neue Problem, das sich dem Bürger des 20. Jahrhunderts stellt; ihm wird die Information, wie *Predieri* gesagt hat, zur Hilfsquelle, vergleichbar jenen der Energie und der Rohstoffe, die man verarbeiten und verteilen muß, damit sie von Nutzen sind. Die politische und wirtschaftliche Bedeutung dieser neuen Hilfsquelle, die aus dem zur Ware gewordenen Wissen besteht, ist so groß, daß man heute dazu neigt, die Existenz eines vierten Sektors in der wirtschaftlichen Produktion anzuerkennen, den sogenannten quartären Sektor, der zu den drei traditionellen Sektoren Industrie, Landwirtschaft und Verwaltung hinzukommt. Der quartäre Sektor umfaßt das Studium, die Unterrichtung, die Vermittlung und Ausarbeitung von Informationen, es ist ein Sektor, der nun einen ausschlaggebenden Faktor in der Entwicklung der modernen Wirtschaft darstellt, sowohl auf Unternehmensebene als auch auf der Ebene der Wirtschaftspolitik.

Die Arbeitskapazität der Computer hat sich in der Tat sehr bald als ein neues mächtiges Mittel der Kontrolle gesellschaftlichen Lebens erwiesen. Man erlebt eine ständige Konzentration der Ausarbeitung von Informationen bei den zentralen politischen und ökonomischen Organen, eine Konzentration, die dazu dienen soll, die neuen Techniken im Dienste der Gemeinschaft zu nutzen. Ein Beispiel, das sehr bald jedem verständlich sein wird, ist die kürzlich verabschiedete Steuerreform, die die elektronische Speicherung aller die Steuerzahler betreffenden Daten in einem großen, zentralen Computer vorsieht; mit dem neuen System wird die Suche, die Ergänzung, das Rechnen und das Mitteilen von Angaben zur Steuerlage jedes Steuerpflichtigen eine Frage weniger Augenblicke sein. Aber nicht nur das Finanzministerium bedient sich der Computer. Auch die Banca d'Italia, die über eine sehr moderne Anlage verfügt, tut es, und nicht nur, um Zahlenangaben zu sammeln, die die wirtschaftliche Leitung interessieren, sondern auch um Informationen zusammenzutragen, die sich auf sie beziehen; das Innenministerium bedient sich ihrer, um Vorbestrafte zu registrieren, und auch andere Ministerien benützen sie für ihre spezifischen Zwecke. Der bürokratische Apparat der Exekutive hat sich somit auf unsichtbare Weise vergrößert und in einem viel größeren Maße an Macht gewonnnen als sich der ein-

---

[18] *S. Rodotà*, Elaboratori elettronici, strutture amministrative e garanzie della collettivitá, in „Rivista trimestrale di diritto pubblico", 1971, S. 1842 ff.

fache Bürger vorstellen kann. Er verfügt jetzt über neue Beamte in Form von Maschinen, die nicht im Stellenplan der Staatsverwaltung verzeichnet sind, die aber in gewissem Sinne fleißiger, wirksamer und qualifizierter sind als ein ganzes Heer von Beamten aus Fleisch und Blut.

9. Der Bürger, der Staat und der Computer

Es handelt sich also um eine unmerkliche Revolution, die sich in den Beziehungen zwischen Staat und Bürger ereignet hat, von dem Augenblick an, seitdem die öffentliche Macht auch die Informationen regiert und dadurch über eine neue Kraft verfügt, die rechtlich noch nicht geregelt und garantiert wird. Man hat auf die Finanzämter hingewiesen; man denke, daß es nun durchaus möglich ist, mit den Mitteln der Kybernetik eine verständliche Katalogisierung aller Bürger vorzunehmen und aller Ereignisse, die das Leben jedes Einzelnen betreffen; zum Beispiel aller registrierten Krankheitsfälle mit den Untersuchungen bei Kassenärzten, deren Diagnosen für die Kostenrückerstattung verlangt werden. Es ist eine Art ständiges jüngstes Gericht, das sich auf Erden anbahnt; in jedem Augenblick könnte vor ihm die Vergangenheit jedes Menschen vorgeführt werden von einem mechanischen, luziden und unerbittlichen Gehirn.

Wir sind noch nicht an diesem Punkt angelangt, und es ist nicht gesagt, daß wir ihn wirklich erreichen werden; das schließt aber nicht aus, daß das Problem sich als eine bedrückende Realität darstellt, deren man sich bewußt werden muß, um notwendige Maßnahmen zu treffen zum Schutz des Menschen vor der vervielfachten Macht des Staates. Es ist nun an der Zeit, die Grenzen öffentlicher Information und die Formen rechtlicher Kontrolle für die Beachtung dieser Grenzen festzulegen, so wie es die amerikanische Erfahrung lehrt.

Predieri hat noch eine andere Verwendung der neuen Techniken der Informatik vorgeschlagen, die für die Beteiligung des Bürgers an der Ausübung öffentlicher Gewalt von Bedeutung ist; er nennt es eine „breitere politische Kontrolle". Es wird sich dabei um eine Alternative zu der zentralisierten politischen Kontrolle handeln, die vereinfacht würde, wenn man in der Informatik das fände, was, als Edison die Glühbirne erfand, in der elektrischen Energie gefunden wurde, die zur Universalform der Energie wurde. Die Entscheidungsprozesse würden so rationaler und durchsichtiger mit Hilfe der Computer, denn der Gesetzgeber wäre gezwungen, gewisse öffentliche Entscheidungen in Begriffen darzulegen, zu programmieren und in Geltung zu setzen, die von großer intellektueller Strenge sind, was notwendig ist, damit sie von den Computern aufgenommen werden können. Es ist schließlich wahr, daß die gegenwärtige logische Fähigkeit der Computer und folglich ihre Rationalisierungswirkung heute nicht in angemessener Form genutzt werden können, weil die Computer in eine Organisation eingefügt sind, die ganz bestimmt nicht rationell ist. Anstatt daß sie dazu dienen, das Irrationale zu rationalisieren und das heißt, Entscheidungen einen falschen Anschein von Rationalität zu verleihen, geschieht es, daß sie der Vernunft und dem gesunden Menschenverstand zuwiderlaufen.

Hier liegt schließlich das Grundproblem eines juristisch korrekten Gebrauch des Computers; d. h., wie es *Giovanni Conso* hervorgehoben hat, „die erste Grundforderung, die absolut unverzichtbar ist, liegt in der Zuverlässigkeit der Informationen, sowohl bei deren Eingabe als auch bei der Ausgabe. Anders ausgedrückt: es ist notwendig, sich gegen das Risiko einer Datenmanipulation zu sichern, oder, was praktisch das gleiche ist, einer Unzulänglichkeit der Daten. Mit besonderem Bezug auf die Phase der Informationssammlung spricht man von Speicherungsbetrug und Informationsverlust. Ein auf tendenziöse Art gesteuerter Computer kann sich in ein sehr gefährliches und sogar verhängnisvolles Machtinstrument verwandeln auf Grund der Echtheit der Orientierung und der Entscheidung derer, die sich an ihn wenden“[19].

Im Endeffekt kann die Rechenfähigkeit des Computers sicher nicht die Intuition, den Willen, den guten Glauben der Menschen ersetzen, wie es in manchen Science-fiction-Romanen oder -Filmen geschieht, aber dadurch, daß sie die Denkenergie des Menschen vervielfachen, erhöhen sie ganz außerordentlich seine Fähigkeit, Gutes und Schlechtes zu tun. Der Computer ist ein simia hominis, wie er definiert worden ist, um die innere Grenze seiner Anwendbarkeit anzudeuten, welche in einer Mimesistätigkeit der menschlichen Intelligenz liegt, aber seine Arbeitsvorgänge werden auf einer Skala übermenschlicher Größen wiedergegeben und übertragen. In diesem Sinne könnte man sogar sagen, daß der Computer ein verkörpertes und tätiges Bild nicht des Menschen ist, sondern bereits des technologischen Übermenschen, der im Laboratorium der modernen Wissenschaft geschaffen wurde. Man muß verhindern, daß diese neuen Giganten des Verstandes zur Leibwache der technologischen Macht der neuen Gesellschaft werden; auch die neue Dimension der menschlichen Intelligenz muß in den Dienst der Freiheit gestellt werden[20].

Zusammenfassung

Bereits seit 1962 interessierte man sich in Italien für die Möglichkeiten des Einsatzes von Computern in der Rechtspraxis. Entscheidende Fortschritte wurden 1968 erzielt, als das Institut für Rechtsdokumentation in Florenz gegründet wurde, das ein Programm der Speicherung von Lehrtexten und Gesetzgebungsakten realisieren soll. Ebenfalls 1968 wurden erste Ergebnisse der Dokumentation der Entscheidungen des Obersten Kassationsgerichtshofs vorgelegt. Drei Faktoren sind hinsichtlich des Einsatzes von Computern im juristischen Bereich besonders zu berücksichtigen: Der Vergangenheitskult in der Rechtslehre Italiens, der gesetzliche Formalismus im Rechtssystem und der Traditionalismus in der Verwaltungspraxis. Was die gesellschaftlichen Konsequenzen des Einsatzes von Computern angeht, ist es wesentlich, Maßnahmen gegen Informationsmonopole und eine Katalogisierung aller Bürger zu treffen.

Summary

Since 1962 Italien lawyers have been interested in the use of computers. Significant progress was made in 1968 when the Institute of Legal Documentation in Florence was founded which is to realize a program of storing legal texts (literature and legislation). Moreover, in 1968 the documentation of the Highest Court of Cassation's decisions showed first results. Three factors must be emphasized as to the use of computers in

---

[19] *G. Conso*, Macchine elettroniche e nuove prospettive giuridiche, in „Rivista italiana di diritto e procedura penale“, 1971, 3, S. 660 ff.

[20] Der Beitrag ist der Text eines Vortrags, den der Verfasser im Mai 1973 in den Universitäten Saarbrücken, Frankfurt a. M. und Bonn gehalten hat.

law: The overvaluation of the past in Italy's legal literature, the formalism of the legal system, and the traditionalism of the administrative practise. As to the social consequences of the use of computers it is essential to take measures against information monopolies and a catalogisation of all citizens.

Willibald Liehr

Die computerunterstützte Rechtsbereinigung in Niederösterreich

Übersicht

1. Entwicklung des Konzeptes einer Rechtsbereinigung in Niederösterreich

Bevor auf die Probleme der computerunterstützten Rechtsbereinigung im einzelnen eingegangen wird, soll ein kurzer Überblick über die Entwicklung des Konzeptes einer Rechtsbereinigung in Niederösterreich gegeben werden.

Der erste und entscheidende Anstoß zur Durchführung einer Rechtsbereinigung in Niederösterreich ging vom Niederösterreichischen Landtag aus, der in einer Resolution am 11. April 1962[1] die Niederösterreichische Landesregierung aufforderte, eine Bereinigung des niederösterreichischen Landesrechts in die Wege zu leiten. Die daraufhin von der Landesamtsdirektion-Legistischer Dienst durchgeführten Vorarbeiten zur Sichtung des Rechtsmaterials führten im Hinblick auf die im März 1964 auf Bundesebene vorbereitete Konzeption für eine Rechtsbereinigung noch nicht zu konkreten Bereinigungsmaßnahmen, da zunächst die Entwicklung auf Bundesebene abgewartet werden sollte[2].

In weiteren, am 2. Februar 1965 und 10. Dezember 1968 gefaßten Resolutionen[3] forderte der Landtag von Niederösterreich die Landesregierung neuerlich auf, der Rechtsbereinigung besonderes Augenmerk zuzuwenden. Daraufhin wurden

---

[1] Siehe Stenographisches Protokoll des NÖ Landtages von der 12. Sitzung der IV. Session der VII. Gesetzgebungsperiode, S. 292 f.

[2] Vgl. die in *Berchtold-Liehr*, Die Rechtsbereinigung in Niederösterreich, Wien 1972, gegebene Übersicht über die bisherigen Schritte für eine Rechtsbereinigung auf Bundesebene.

[3] Siehe Stenographische Protokolle des NÖ Landtages von der 5. Sitzung der I. Session der VIII. Gesetzgebungsperiode am 2. Februar 1965, S. 77, 89 und von der 5. Sitzung der V. Session der VIII. Gesetzgebungsperiode am 10. Dezember 1968, S. 98, 127.

von der Landesamtsdirektion-Legistischer Dienst Alternativkonzepte für die Methode der Rechtsbereinigung in Niederösterreich erarbeitet. Im Zuge dieser Vorarbeiten kristallisierte sich als Hauptproblem der Rechtsbereinigung immer mehr die Form der Kundmachung heraus, wobei im Herbst des Jahres 1969 die Idee der Verlautbarung von Rechtsvorschriften in Lose-Blatt-Form immer mehr an Bedeutung gewann. Diese Kundmachungsform schien am ehesten geeignet, eine permanente Rechtsbereinigung sicherzustellen. Nach Beratungen, an denen sich auch Vertreter der parlamentarischen Klubs des Landtags beteiligten, wurde ein erster Gesetzentwurf über die Verlautbarung von Rechtsvorschriften in Lose-Blatt-Form erstellt. Dieser Entwurf wurde einem Begutachtungsverfahren bei den Bundesministerien und bei den gesetzlichen Interessenvertretungen unterzogen. Auf Grund der Ergebnisse des Begutachtungsverfahrens wurden Änderungen vorgenommen, die jedoch das Grundkonzept nicht berührten. Der Gesetzentwurf wurde auf Grund eines Beschlusses der Niederösterreichischen Landesregierung vom 6. Oktober 1970 dem Landtag als Regierungsvorlage zugeleitet. Die Beschlußfassung durch den Landtag von Niederösterreich erfolgte unter geringfügiger Änderung der Regierungsvorlage am 5. November 1970[4].

Das Gesetz sieht vor, daß das Landesgesetzblatt aus auswechselbaren Blättern zu bestehen hat und systematisch zu gliedern ist. Das System ist so einzurichten, daß eine übersichtliche, nach Sachgebieten gegliederte Ordnung der Rechtsvorschriften entsteht, Rechtsvorschriften über bisher nicht geregelte Gegenstände ohne Störung der Übersichtlichkeit eingefügt werden können und der für einen bestimmten Zeitpunkt geltende Rechtszustand ermittelt werden kann. Das System muß also offen sein und die Identifikation der jeweiligen Fassung ermöglichen[5]. Stammvorschriften werden in der Form verlautbart, daß Titel, Beurkundung, Gegenzeichnung oder Zeichnung auf einem eigenen Blatt, dem sog. Titelblatt, abgedruckt werden. Der übrige Text der Stammvorschrift, also im wesentlichen die Paragraphen, ist auf auswechselbaren Blättern zu verlautbaren. Ausdrückliche Änderungen oder Ergänzungen werden in Form von Austauschblättern zur Stammvorschrift verlautbart, wobei Titel, Beurkundung, Gegenzeichnung oder Zeichnung sowie Änderungs- und Ergänzungsanordnungen und besondere Bestimmungen über die Geltungsdauer auf einem Titelblatt zu verlautbaren sind. Der übrige Text der Novelle ist auf den entsprechenden Austauschblättern zu verlautbaren. Auf diesen Austauschblättern ist der geänderte Text in Kursivdruck und der unveränderte Text in Normaldruck kundzumachen. Die Niederösterreichische Landesregierung wurde gemäß § 11 des Gesetzes über das Landesgesetzblatt beauftragt, dafür Sorge zu tragen, daß alle Rechtsvorschriften, die das niederösterreichische Landesrecht bilden, bis zum 31. Dezember 1975 nach den Bestimmungen dieses Gesetzes verlautbart sind. Das Gesetz über das Landesgesetzblatt wurde als Nummer 1 des Landesgesetzblattes aus 1971 kundgemacht und trat gemäß seinem § 12 am 1. Januar 1972 in Kraft.

---

[4] Siehe Stenographisches Protokoll des NÖ Landtages von der 3. Sitzung der II. Session der IX. Gesetzgebungsperiode, S. 15 ff.

[5] Vgl. die näheren Ausführungen über das System in *Berchtold-Liehr*, Die Rechtsbereinigung in Niederösterreich, Wien 1972, S. 33 ff.

Bis zu diesem Zeitpunkt waren zwei zentrale Probleme zu lösen: Es mußte die Liste der zu bereinigenden Rechtsvorschriften erstellt werden. Weiter galt es, technische Vorkehrungen für die Verlautbarung in Lose-Blatt-Form zu treffen.

2. Bereinigungsliste

Der Bereinigungsliste kommt im Konzept der Rechtsbereinigung deshalb zentrale Bedeutung zu, da sie die Entscheidungen darüber enthält, welche Rechtsvorschriften einer Bereinigung unterzogen werden müssen und welche Rechtsvorschriften kraft der mit negativer Ausschlußwirkung auszustattenden Bereinigungsnorm aus dem Rechtsbestand ausscheiden[6]. Bereits in der erwähnten Resolution des Landtages von Niederösterreich vom 11. April 1962[7] wurde dem „Fundstellennachweis" entscheidende Bedeutung zugemessen und angeregt, vor Inangriffnahme der praktischen Arbeiten zur Rechtsbereinigung folgende Fragen zu klären:

a) Welche Vorschriften (Verfassungsgesetze, einfache Gesetze, Staatsverträge, Verordnungen, Erlässe usw.) und welche Kundmachungsorgane (Gesetz- und Verordnungsblätter, Amtsblätter usw.) Gegenstand der Rechtsbereinigung sein sollen und ob sich die Bereinigung auch auf nicht ordnungsgemäß kundgemachte Rechtsvorschriften erstrecken soll;
b) welche Rechtswirkungen an den Fundstellennachweis geknüpft werden sollen und
c) ob die überholten Vorschriften schon bei Erstellung des Fundstellennachweises oder erst bei der endgültigen Bereinigung ausgeschieden werden sollen.

Der Resolution des Landtages entsprechend gab die Landesamtsdirektion-Legistischer Dienst ein Rundschreiben aus, in dem die Fachabteilungen des Amtes der Niederösterreichischen Landesregierung aufgefordert wurden, alle in ihren Kompetenzbereich fallenden landesrechtlichen Vorschriften nach Sachgebieten chronologisch geordnet, nach einem bestimmten Muster bekanntzugeben. Dieses Muster enthielt Angaben über Art und Gegenstand der Rechtsvorschrift, den Tag des Beschlusses oder der Fertigung, die Fundstelle und die auszuscheidenden oder zu bereinigenden Bestimmungen der geltenden Rechtsvorschriften. In diese Liste waren nicht nur jene Rechtsvorschriften aufzunehmen, die im Landesgesetzblatt für das Land Niederösterreich oder einem seiner Vorgänger verlautbart wurden, sondern es waren auch die Rechtsvorschriften festzuhalten, die unter Annahme der Geltung des Gesetzes über das Landesgesetzblatt für das Land Niederösterreich, LGBl. Nr. 12/1957, im Landesgesetzblatt zu verlautbaren gewesen wären. Das Ergebnis dieser Umfrage ermöglichte bereits einen groben Überblick über den Bestand des niederösterreichischen Landesrechts, insbesondere über die in die österreichische Rechtsordnung als Landesrecht übergeleiteten Rechtsvorschriften. Zusammen mit den vorhandenen Registern

---

[6] Nach Ablauf der Übergangszeit wird der Landtag einen Gesetzesbeschluß (Bereinigungsnorm) fassen, wonach das vor dem 1. Januar 1972 verlautbarte Rechtsgut aufgehoben wird (negative Ausschlußwirkung).

[7] Vgl. Anm. 1.

bildete diese Auswertung die Grundlage für die Ausarbeitung des Systems, nach dem die Rechtsvorschriften künftig geordnet werden sollen. Überdies wurden von der Landesamtsdirektion-Legistischer Dienst im Laufe des Jahres 1970 in einem Exemplar der Bände des Landesgesetzblattes für das Land Niederösterreich bzw. seiner Vorgänger bis zum Jahre 1848 formelle Aufhebungen und materielle Derogationen gesamter Rechtsvorschriften sowie ausdrückliche Änderungen von Teilen einer Rechtsvorschrift eingetragen. Auf Grund dieser Eintragungen und einer genauen Untersuchung der in die österreichische Rechtsordnung als Landesrecht übergeleiteten reichsdeutschen Rechtsvorschriften[8] konnten jahrgangsweise Verzeichnisse angelegt werden, die sämtliche Rechtsvorschriften des betreffenden Jahrgangs des Kundmachungsblattes mit Hinweisen auf ausdrückliche Aufhebungen oder materielle Derogationen einer ganzen Rechtsvorschrift enthielten.

Diese Verzeichnisse ermöglichten nun den Aufbau einer Liste, die alle kundgemachten Rechtsvorschriften auf der Stufe von Landesverfassungsgesetzen, einfachen Landesgesetzen, Rechtsverordnungen und allgemein verbindlichen Kundmachungen, von denen der Großteil ebenfalls der Kategorie Rechtsverordnung zuzuordnen sein wird, enthält. Diese Liste war chronologisch, also nach Jahresbänden des Kundmachungsblattes und innerhalb des Jahrgangs nach Nummern der Verlautbarungen geordnet. Ihr praktischer Anwendungswert als Hilfsmittel zur Durchführung der Rechtsbereinigung war jedoch infolge der einseitigen Ordnung sehr gering, da eine Rechtsbereinigung nicht in chronologischem Vorgehen durchgeführt werden kann, sondern einer systematischen Vorgangsweise bedarf, indem zusammenhängende Rechtsgebiete einer Bereinigung unterzogen werden. Die Notwendigkeit, die Bereinigungsliste nach verschiedenen Gesichtspunkten ordnen zu können, führte dazu, die Bereinigungsliste in Form einer verarbeitungsfähigen Datei aufzubauen.

Als Hilfsmittel zur Durchführung der Rechtsbereinigung sollte die Datei folgenden Anforderungen entsprechen:

1. Möglichkeit der chronologischen Ordnung der zu bereinigenden Rechtsvorschriften
2. Möglichkeit einer *übersichtlichen* Ordnung der zu bereinigenden Rechtsvorschriften nach Sachgebieten
3. Innerhalb der systematischen Ordnung: Aufzeigen des Zusammenhangs der Stammvorschriften und Novellen einer Rechtsvorschrift
5. Periodischer Nachweis über die bereits der Rechtsbereinigung unterzogenen Rechtsvorschriften.

2.1 Datensatz der Bereinigungsliste

Auf Grund der genannten Forderungen wurde folgender Datensatz der Bereinigungsliste aufgebaut, wobei als Eingabeeinheit die Lochkarte gewählt wurde:

---

[8] Übergeleitete deutsche Rechtsvorschriften, die nach der Kompetenzverteilung vom Bund zu erlassen wären, gelten als Bundesrecht, Rechtsvorschriften, die vom Land zu erlassen wären, als Landesrecht. Für die Einordnung in den Stufenbau (z. B. Gesetz – Verordnung) ist die Frage entscheidend, ob die Vorschrift nach dem Bundesverfassungsgesetz in Gesetzes- oder Verordnungsform ergehen müßte.

968380	13	GEMEINDEN VEREINIGUNGEN	ST.BERNHARD	08	12800100
968380	14	GEMEINDEN VEREINIGUNGEN	SALLAPULKA	08	12800100
968380	15	GEMEINDEN VEREINIGUNGEN	HEILIGENBLUT-RAXEND	12	12800100
968380	16	GEMEINDEN VEREINIGUNGEN	POEGGSTALL	12	12800100
968380	17	GEMEINDEN VEREINIGUNGEN	PERSENBEUG-GOTTSDF	12	12800100
968380	18	GEMEINDEN VEREINIGUNGEN	WEITEN	12	12800100
968380	19	GEMEINDEN VEREINIGUNGEN	TERNITZ	15	12800100
968380	20	GEMEINDEN VEREINIGUNGEN	NEUNKIRCHEN	15	12800100
968380	21	GEMEINDEN VEREINIGUNGEN	BIERBAUM KLEEBUEHEL	19	12800100
968380	22	GEMEINDEN VEREINIGUNGEN	BAD FISCHAU-BRUNN	21	12800100
968380	23	GEMEINDEN VEREINIGUNGEN	GROSSGERUNGS	22	12800100
968383	GE	LANDESSTRASSENGESETZ			85000002
968386	VR	LANDW.BETRIEBSRATS-WAHLORDNUNG			90200202
968387	VR	LANDW.BETRIEBSRATS-GESCHAEFTSORDNUNG			90200101
968389	KR	GEMEINDEN NAMENSAENDERUNG	LICHTENAU WALDVIER.	10	10000100
968391	VR	SCHULSPRENGEL VOLKSSCHULEN	PATZMANNSDORF	13	50002000
968395	VR	SCHULSPRENGEL VOLKSSCHULEN	WALDKIRCHEN THAYA	20	50002000
968396	VR	SCHULSPRENGEL HAUPTSCHULEN	GERASDORF	06	50001000
968397	VR	SCHULSPRENGEL HAUPTSCHULEN	GRAMATNEUSIEDL	06	50001000
968398	VR	SCHULSPRENGEL HAUPTSCHULEN	PRESSBAUM	06	50001000
968399	VR	SCHULSPRENGEL HAUPTSCHULEN	PURKERSDORF	06	50001000
968400	VR	SCHULSPRENGEL HAUPTSCHULEN	SCHWADORF	06	50001000
968401	VR	SCHULSPRENGEL HAUPTSCHULEN	LANGSCHLAG	22	50001000
968402	VR	SCHULSPRENGEL VOLKSSCHULEN	BRAND-NAGELBERG	05	50002000
968405	VR	SCHULSPRENGEL VOLKSSCHULEN	KREUTTAL-UNTEROLB.	13	50002000
968406	VR	SCHULSPRENGEL VOLKSSCHULEN	GRIMMENSTEIN-HOCHE.	15	50002000
968407	VR	SCHULSPRENGEL VOLKSSCHULEN	WARTH-HASSBACH	15	50002000
968410	VR	SCHULSPRENGEL VOLKSSCHULEN	MARIA-LANZENDORF	06	50002000
968412	VR	SCHULSPRENGEL HAUPTSCHULEN	OBERWALTERSDORF	02	50001000
968413	VR	SCHULSPRENGEL HAUPTSCHULEN	HAINFELD	11	50001000
968414	VR	SCHULSPRENGEL HAUPTSCHULEN	ALLENTSTEIG	22	50001000
968417	VR	SCHULSPRENGEL VOLKSSCHULEN	LIMBERG	07	50002000
968418	VR	SCHULSPRENGEL VOLKSSCHULEN	SCHOENGRABERN	07	50002000
968420	VR	SCHULSPRENGEL VOLKSSCHULEN	PUCH	20	50002000
968421	VR	SCHULSPRENGEL HAUPTSCHULEN	FISCHAMEND	06	50001000
968422	VR	SCHULSPRENGEL HAUPTSCHULEN	HIMBERG	06	50001000
968423	VR	SCHULSPRENGEL HAUPTSCHULEN	LANZENDORF	06	50001000
968424	VR	SCHULSPRENGEL HAUPTSCHULEN	KREMS-STEIN	10	50001000
968425	VR	SCHULSPRENGEL HAUPTSCHULEN	LANGENLOIS	10	50001000
968426	VR	SCHULSPRENGEL HAUPTSCHULEN	ARBESBACH	22	50001000
968427	VR	SCHULSPRENGEL VOLKSSCHULEN	HARMANNSDORF	09	50002000
968428	VR	SCHULSPRENGEL VOLKSSCHULEN	BIERBAUM KLEEBUEHEL	19	50002000
968429	VR	SCHULSPRENGEL VOLKSSCHULEN	OTTENSCHLAG	22	50002000
968430	VR	STRASSEN WEGWIDMUNG AUFHEBUNG	NEUSTIFT-INNERMANZ.	17	85005000
9684301	VR	STRASSEN WEGWIDMUNG AUFHEBUNG	BRAND-LAABEN	17	85005000
968431	VR	SCHULSPRENGEL SONDERSCHULEN	GROSS-SIEGHARTS	20	50003000
968436	VR	GEMEINDEN GRENZAENDERUNGEN	HERRNLEIS	13	12600100
9684361	VR	GEMEINDEN GRENZAENDERUNGEN	GRAFENSULZ	13	12600100
968437	VR	GEMEINDEN GRENZAENDERUNGEN	GERHAUS	03	12600100
9684371	VR	GEMEINDEN GRENZAENDERUNGEN	ROHRAU	03	12600100
9684372	VR	GEMEINDEN GRENZAENDERUNGEN	PACHFURTH	03	12600100
968438	KR	LUSTBARKEITSABGABEGESETZ DRF.			36150005
968444	KR	GEMEINDEN WAPPEN UND FARBEN	MARTINSBERG	22	10100100
968445	KR	GEMEINDEN WAPPEN UND FARBEN	BADEN	02	10100100
968446	GE	GEMEINDEN GEBIETSAENDERUNGEN	MAMAU	17	12500000
968448	VH	STANDESAMTSBEZIRKE			42500100
968449	VR	AUFNAHME-UND AMTSTITELVERORDNUNG			22000103
968450	GE	NATURSCHUTZGESETZ			55000000
968452	GE	SKISCHULGESETZ			70500000
968453	GE	WEINBAUGESETZ			61500002
968454	VR	GEMEINDEN GRENZAENDERUNGEN	ST.MARGARETHEN SIER	17	12600100
9684541	VR	GEMEINDEN GRENZAENDERUNGEN	OBERGRAFENDORF	17	12600100
9684542	VR	GEMEINDEN GRENZAENDERUNGEN	BISCHOFSTETTEN	12	12600100
9684543	VR	GEMEINDEN GRENZAENDERUNGEN	HUERM	12	12600100
968455	VR	GEMEINDEN GRENZAENDERUNGEN	SIEGERSDORF	02	12600100
9684551	VR	GEMEINDEN GRENZAENDERUNGEN	GUENSELSDORF	02	12600100

Abbildung 1

Die Spalten 1 bis 6 enthalten die Nummer, unter der die Rechtsvorschrift im Kundmachungsblatt verlautbart wurde, davon bedeuten die Spalten

1 das Jahrhundert

2 das Jahrzehnt

3 das Jahr

4 bis 6 die Nummer innerhalb des Jahresbandes.

Die Spalte 7 enthält eine fortlaufende Ziffer zur Unterscheidung von Datensätzen, die innerhalb derselben Nummer des Landesgesetzblattes mehrfach indiziert werden müssen, da sie – wie zum Beispiel die Grenzänderungen – mehrere Gemeinden betreffen.

Die Spalten 8 bis 9 enthalten einen Hinweis auf die Art der Rechtsvorschrift. So bedeutet zum Beispiel VG = Verfassungsgesetz; GE = einfaches Landesgesetz; VR = Verordnung der Niederösterreichischen Landesregierung und KH = Kundmachung des Landeshauptmanns von Niederösterreich.

Die Spalten 11 bis 48 enthalten den Titel der Rechtsvorschrift entweder in Form des gesetzlichen Kurztitels oder von Stichworten, die den Inhalt der Rechtsvorschrift präzisieren.

Die Spalten 73 bis 80 enthalten die systematische Gliederungszahl, die eine Ordnung der Rechtsvorschriften nach zusammenhängenden Rechtsgebieten ermöglicht. Diese Gliederungszahl wurde im Zusammenhang mit der Verlautbarung in Lose-Blatt-Form geschaffen. Mit ihrer Hilfe sollen die einzelnen Stücke des Landesgesetzblatts systematisch geordnet werden. Bei der Entwicklung der Gliederungszahl wurde zunächst das gesamte Rechtsmaterial, das anläßlich der Vorbereitungsarbeiten für die Bereinigungsliste zur Verfügung stand, in zehn große Sachgruppen aufgeteilt. Jeder Sachgruppe wurden durch Anfügen einer weiteren Stelle zehn Untergruppen zugeordnet. Durch Anfügen zweier weiterer Stellen konnten jeder Untergruppe einhundert Stellen zugeordnet werden, die mit Rechtsvorschriften auf der Stufe eines Landesverfassungsgesetzes oder einfachen Landesgesetzes belegt werden können. Zur Ordnung der Rechtsverordnungen und Kundmachungen, die nur auf Grund der Gesetze erlassen werden dürfen, wurde der jeweiligen vierstelligen Gliederungszahl für das betreffende Gesetz eine zweistellige Zahl angefügt. Schließlich mußte noch die Forderung erfüllt werden, daß der für einen bestimmten Zeitpunkt maßgebliche Rechtszustand auch nach Ablage der ausgeschiedenen Blätter ohne Schwierigkeiten ermittelt werden kann. Der Verwirklichung dieser Forderung dient eine weitere Kennziffer, die die Fassung der betreffenden Rechtsvorschrift anzeigt (zweistellig).

Zur systematischen Ordnung der Rechtsvorschriften sind daher nach dem gewählten System acht Stellen erforderlich. Demgemäß enthalten die Spalten 73 bis 80 des Datensatzes der Bereinigungsliste die systematische Gliederungszahl:

zum Beispiel

Spalte 73	Sachgruppe (z. B. Verfassungsrecht)	0
Spalte 74	Untergruppe (z. B. Landesverfassung, Landtag und Landesregierung)	00
Spalten 75 und 76	Individuell bezeichnetes Gesetz (hier: NÖ Landesverfassungsgesetz)	0001

Spalten 77 und 78	Fortlaufende Nummer für die auf Grund des Gesetzes erlassene Verordnung (hier: Geschäftsordnung der NÖ Landesregierung)	000101
Spalten 79 und 80	Bezeichnung der Fassung (hier: Stammfassung)	00010100

Diese Datenelemente allein reichen jedoch nicht aus, um eine übersichtliche Ordnung aller niederösterreichischen Rechtsvorschriften zu gewährleisten. Dem niederösterreichischen Landesrecht gehören z. B. derzeit etwa 500 Kundmachungen über Grenzänderungen von Gemeinden oder 300 Verordnungen über Volksschulsprengel an. Die bloße Sortierung dieser Rechtsvorschriften nach der systematischen Gliederungszahl würde zu keinem brauchbaren Ergebnis führen. Bei jenen Rechtsvorschriften, die primär am Gebiet orientiert sind, wurde daher der Datensatz um die Datenelemente Gemeinde und Verwaltungsbezirk erweitert. Bei der systematischen Sortierung (nach den Spalten 73 bis 80) wird zunächst nach dem Verwaltungsbezirk und dann alphabetisch nach dem Namen der Gemeinde sortiert.

Zu diesem Zweck enthalten die Spalten 70 und 71 einen Schlüssel für den Verwaltungsbezirk; des weiteren die Spalten 50 bis 68 den Namen der betreffenden Gemeinde. Hier einen Schlüssel anzuwenden, wäre zu aufwendig gewesen, weil in die Bereinigungsliste Rechtsvorschriften aus den Jahren 1848 bis 1973 aufgenommen werden und aus diesem Grund eine 125jährige Entwicklung der Gemeindenamen zu berücksichtigen gewesen wäre.

Zusammenfassend darf daher festgestellt werden: Die Nummer des Landesgesetzblattes ermöglicht eine chronologische Ordnung der zu bereinigenden Rechtsvorschriften. Mit Hilfe der systematischen Gliederungszahl in Verbindung mit dem Schlüssel für den Verwaltungsbezirk und dem Namen der Gemeinde wird eine übersichtliche Ordnung der Rechtsvorschriften erreicht. Die Fassungsbezeichnung innerhalb der systematischen Gliederungszahl bewirkt die zusammenhängende Ordnung der Stammvorschriften und Novellen einer Rechtsvorschrift. Das anläßlich des Änderungsdienstes ausgedruckte Änderungsjournal ermöglicht einen periodischen Nachweis über die bereits der Rechtsbereinigung unterzogenen Rechtsvorschriften.

2.2 Systematisch sortierte Bereinigungsliste

Wesentlichstes Hilfsmittel bei der Durchführung der Bereinigungsmaßnahmen ist die systematisch sortierte Bereinigungsliste. Sie gibt einen genauen Überblick über die auf einem bestimmten Rechtsgebiet bestehenden Rechtsvorschriften. Zum Beispiel sei hier die Ordnung jener Rechtsvorschriften angeführt, die die niederösterreichische Landesverfassung, den Landtag von Niederösterreich und die Niederösterreichische Landesregierung betreffen (vgl. Abb. 2). Die Geschäftsordnung der Niederösterreichischen Landesregierung, die u. a. die Aufteilung der Aufgaben auf das Kollegium und auf das einzelne Mitglied der Landesregierung regelt, enthält in der abgebildeten Liste eine Stammfassung mit einer Druckfehlerberichtigung (00010100) und 9 Änderungen (00010101 bis 00010109).

```
000000060 LANDESVERFASSUNG,LANDTAG UND LANDESREGIERUNG                00000001


930137 VG LANDESVERFASSUNG                                             00010000
954053 VG LANDESVERFASSUNG                                             00010001
969288 VG LANDESVERFASSUNG                                             00010003
966273 VR LANDESREGIERUNG GESCHAEFTSORDNUNG                            00010100
966306 KR LANDESREGIERUNG GESCHAEFTSORDNUNG DRF.                       00010100
967122 VR LANDESREGIERUNG GESCHAEFTSORDNUNG                            00010101
967446 VR LANDESREGIERUNG GESCHAEFTSORDNUNG                            00010102
969096 KR LANDESREGIERUNG GESCHAEFTSORDNUNG                            00010103
969165 VR LANDESREGIERUNG GESCHAEFTSORDNUNG                            00010104
969323 VR LANDESREGIERUNG GESCHAEFTSORDNUNG                            00010105
970125 VR LANDESREGIERUNG GESCHAEFTSORDNUNG                            00010106
971117 VR LANDESREGIERUNG GESCHAEFTSORDNUNG                            00010107
971311 VR LANDESREGIERUNG GESCHAEFTSORDNUNG                            00010108
972007 VR LANDESREGIERUNG GESCHAEFTSORDNUNG                            00010109
935043 GE FINANZKONTROLLAUSSCHUSS                                      00020000
964161 VH GESCHAEFTSORDNUNG DES AMTES DER NOELR.                       00050100
969221 VH GESCHAEFTSORDNUNG DES AMTES DER NOELR.                       00050101
921120 VG LANDTAG GESCHAEFTSORDNUNG                                    00100000
925156 VG LANDTAG GESCHAEFTSORDNUNG                                    00100001
949047 GE LANDTAG AUFLOESUNG                                           00150000
959274 GE LANDTAG AUFLOESUNG                                           00150000
925157 GE LANDTAG UNVEREINBARKEITSAUSSCHUSS                            00200000
960116 GE LANDESREGIERUNG MITGLIEDER BEZUEGE                           00300000
963230 GE LANDESREGIERUNG MITGLIEDER BEZUEGE                           00300001
```

Abbildung 2

Die systematisch sortierte Bereinigungsliste dient zunächst als Anstoß für die sachgebietsweise vorzunehmenden Bereinigungsmaßnahmen. Nach Abschluß der Ersterfassung stand die Bereinigungsdatei mit etwa 6500 Datensätzen zur Verfügung. Diese Zahl entspricht allerdings nicht 6500 zu bereinigenden Rechtsvorschriften. Einerseits bilden nämlich die Stammfassung und jede ausdrückliche Änderung oder Teilaufhebung einer Rechtsvorschrift je einen eigenen Datensatz, andererseits sind Rechtsvorschriften, die mehrere andere Rechtsvorschriften ändern (sog. leges fugitivae), in mehrere Datensätze aufgespalten, um bei der systematischen Ordnung die Änderungen jeweils im Zusammenhang erkennen zu können. Ebenso wurden Rechtsvorschriften, die vorwiegend am Gebiet orientiert sind, und mehrere Gemeinden betreffen – wie zum Beispiel die Verordnungen über die Volksschulsprengel in Niederösterreich oder die Kundmachungen über Grenzänderungen zwischen mehreren Gemeinden – unter der Bezeichnung des Verwaltungsbezirks und der Namen der Gemeinden mehrfach indiziert.

In weiterer Folge – also im Stadium des Entwurfs der bereinigten Rechtsvorschrift – bildet die systematisch sortierte Bereinigungsliste ein Kontrollmittel, ob die bereinigte Rechtsvorschrift vollständig ist, also alle bestehenden Rechtsvorschriften dieser Materie ersetzt. Sie gibt aber auch Denkanstöße zur Zusammenfassung verwandter Rechtsgebiete und zur Untergliederung jener Rechtsvorschriften, die primär am Gebiet orientiert sind.

Im Zuge der Bereinigung des niederösterreichischen Landesrechts ist beabsichtigt, Rechtsvorschriften, die denselben Gegenstand betreffen, zu einer Rechtsvorschrift zusammenzufassen. Im Dienste der Übersichtlichkeit dieser Rechtsvorschrift ist eine Gliederung derselben nach Verwaltungsbezirken und innerhalb der Verwaltungsbezirke alphabetisch nach Gemeinden vorzunehmen. Ebenso können Grenzänderungen zwischen mehreren Gemeinden, die in der Regel mit Beginn eines Kalenderjahres in Geltung gesetzt werden, jahrgangsweise zu einer einzigen Kundmachung zusammengefaßt werden, die wieder gebietsweise gegliedert wird. Diese Vorgangsweise, die wesentlich durch den Aufbau der Bereinigungsliste mitbestimmt wurde, hat aber auch einen bedeutenden Einfluß auf die Struktur der Rechtsordnung. Die systematische Bereinigung erhöht einerseits durch den Zwang zur Zusammenfassung gleichartiger Rechtsvorschriften in einer einzigen Rechtsvorschrift und andererseits durch eine übersichtliche und aussagekräftige Gliederung der Rechtsvorschriften die Transparenz der Rechtsordnung.

2.3 Periodischer Änderungsdienst

Der periodische Änderungsdienst ist wie folgt organisiert:

Nach Verlautbarung der bereinigten Rechtsvorschriften im Landesgesetzblatt werden die durch sie aufgehobenen Rechtsvorschriften in der chronologisch sortierten Bereinigungsliste aufgesucht (s. Abb. 1) und dort als aufgehoben angemerkt. Nach Ablauf einer bestimmten Periode (bisher etwa vierteljährlich) werden die Aufhebungen in Form einer Stornoanweisung in eine Lochvorlage eingetragen.

Neben den aus der Bereinigungsliste auszuscheidenden Rechtsvorschriften gibt es aber auch Rechtsvorschriften, die zwar im neuen Landesgesetzblatt verlautbart wurden, aber trotzdem noch bereinigt werden müssen. Es handelt sich hiebei um Änderungen von Rechtsvorschriften, bei denen die Stammfassung noch nicht in Lose-Blatt-Form verlautbart wurde. Auch solche Änderungen sind im neuen Landesgesetzblatt zu verlautbaren. Die Novelle kann aber, da die Stammfassung noch nicht in Lose-Blatt-Form verlautbart wurde, nicht in ein Titelblatt und Austauschblätter zerlegt werden. Diese Rechtsvorschriften müssen in der Folge entweder durch eine sog. Wiederverlautbarung[9] der Landesregierung oder durch einen neuen Gesetzesbeschluß des Landtages bereinigt werden.

Nach Ablochung der Bewegungsdaten (Stornoanweisungen und Neuaufnahmen) wird die Bereinigungsdatei alt, die auf dem Datenträger Magnetband enthalten ist, zur Bereinigungsdatei neu verarbeitet. Dabei wird ein nach Nummern des Landesgesetzblattes jahrgangsweise summiertes Änderungsjournal ausgedruckt (s. Abb. 3).

Das Änderungsjournal wird auf Fehler überprüft, wobei fehlerhafte Verarbeitungen in den Bereinigungslisten angemerkt und erst beim nächsten Änderungsdienst korrigiert werden.

[9] Das Bundesverfassungsgesetz vom 12. Juli 1947 über die Verlautbarung von Rechtsvorschriften (Wiederverlautbarungsgesetz), BGBl. Nr. 114/1947, ermächtigt die Bundesregierung, Rechtsvorschriften in ihrer durch spätere Vorschriften ergänzten oder abgeänderten Fassung durch Kundmachung mit rechtsverbindlicher Wirkung neu zu verlautbaren. § 9 des genannten Gesetzes ermächtigt die Länder, gleichartige Bestimmungen für den Bereich der Landesgesetzgebung zu erlassen. Von dieser Ermächtigung hat der NÖ Landesgesetzgeber durch das NÖ Wiederverlautbarungsgesetz, LGBl. Nr. 1/1954, Gebrauch gemacht.

```
967287 GE STORNO
967287 GE DIENSTPRAGMATIK DER LANDESBEAMTEN                        22000001 ALTER SATZ

SUMMEN       1967  ALTE SAETZE      394 NEUE SAETZE      393 BEWEGUNG        1-

968137 VH STORNO
968137 VH LEHRER SCHULFESTE STELLEN L. U. FW.                      52250100 ALTER SATZ
968367 GE STORNO
968367 GE DIENSTPRAGMATIK DER LANDESBEAMTEN                        22000002 ALTER SATZ
968385 VR STORNO
968385 VR FUERSORGE RICHTSAETZE                                    92001000 ALTER SATZ

SUMMEN       1968  ALTE SAETZE      379 NEUE SAETZE      376 BEWEGUNG        3-

969184 GE STORNO
969184 GE HAUSSTANDSGRUENDUNGEN FOERDERUNG                         83200000 ALTER SATZ
969249 GE STORNO
969249 GE SIEDLUNGSGESETZ LW.                                      66450000 ALTER SATZ
969250 GE STORNO
969250 GE DIENSTPRAGMATIK DER LANDESBEAMTEN                        22000003 ALTER SATZ
969268 GE STORNO
969268 GE LANDESWOHNBAUFOERDERUNGSGESETZ                           83000000 ALTER SATZ
969269 KR STORNO
969269 KR WOHNBAUFOERDERUNGSFONDS STATUT                           83000100 ALTER SATZ
969289 GE STORNO
969289 GE LICHTSCHAUSPIELGESETZ                                    70600005 ALTER SATZ
969300 VR STORNO
969300 VR FUERSORGE RICHTSAETZE                                    92001001 ALTER SATZ

969301 VH STORNO
969301 VH LEHRER SCHULFESTE STELLEN L.U.FW.                        52250100 ALTER SATZ

SUMMEN       1969  ALTE SAETZE      317 NEUE SAETZE      309 BEWEGUNG        8-
```

Abbildung 3

Zunächst ermöglicht das Änderungsjournal einen periodischen Nachweis über die bereits der Rechtsbereinigung unterzogenen Rechtsvorschriften. Darüber hinaus hat es aber auch Nebeneffekte.

So werden in der Regel die durch die bereinigte Rechtsvorschift aufgehobenen Rechtsvorschriften in einer besonderen Bestimmung ausdrücklich bezeichnet. In einzelnen Fällen wird jedoch eine solche ausdrückliche Bezeichnung infolge des Umfangs der aufgehobenen Rechtsvorschriften nicht möglich sein (vgl. z. B. die ca. 300 Verordnungen über die Volksschulsprengel in Niederösterreich). In solchen Ausnahmefällen wird die Aufhebung in Form einer Generalklausel (z. B. „Mit dem Inkrafttreten dieser Verordnung verlieren alle Verordnungen über die Festlegung der Volksschulsprengel in Niederösterreich ihre Wirksamkeit.") erfolgen müssen. Den Erläuterungen dieser Rechtsvorschrift kann aber in Form eines Änderungsjournals eine Liste der ausgeschiedenen Rechtsvorschriften angefügt werden. Auch diese Vorgangsweise dient der Transparenz der Rechtsordnung, hier der Klarheit über die von der Generalklausel erfaßten Rechtsvorschriften.

Darüber hinaus kann das Änderungsjournal auch in der Materialverwaltung Verwendung finden, da die darin enthaltenen Stornobelege die Ausscheidung der überholten Bestände des Landesgesetzblattes ermöglichen.

Nach Durchführung des Änderungsdienstes werden Bereinigungslisten in chronologischer und systematischer Sortierung ausgedruckt. Der jeweilige Stand der Bereinigungsliste wird in der ersten Zeile ausgedruckt.

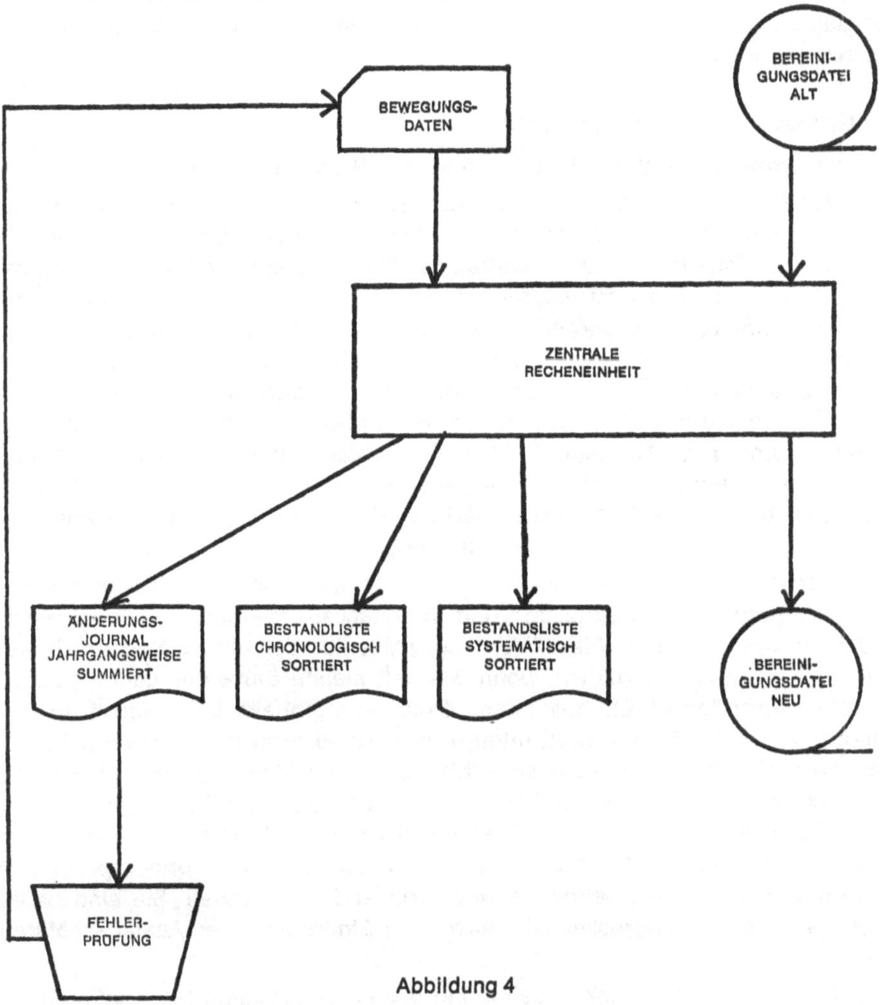

Abbildung 4

3. Satztechnik bei der Verlautbarung in Lose-Blatt-Form

Wie bereits in der Einleitung angedeutet, erfordert die Verlautbarung von Rechtsvorschriften in Lose-Blatt-Form umfangreiche technische Vorkehrungen, insbesondere auf dem Gebiete der Satztechnik.

Hier muß zunächst angemerkt werden, daß das Amt der Niederösterreichischen Landesregierung über eine eigene Hausdruckerei verfügt, die unter anderem auch das Landesgesetzblatt herstellt. Gerade zum Zeitpunkt der Vorbereitungen für die Rechtsbereinigung war eine Neuadaptierung dieser Amtsdruckerei geplant. Bedingt durch die Art und die zumeist geringe Auflage der einzelnen Drucksorten, die erforderliche Mobilität des Satzes sowie schließlich im Hinblick auf das vorhandene Personal sollte von der bestehenden Konfiguration – 90% der Druckarbeiten im Buchdruck und nur 10% im Offsetverfahren – nicht abgegangen werden. Der Buchdruck und damit der Bleisatz waren daher für das Landesgesetzblatt, das in einer Auflage von 2500 bis 3000 Stück erscheint, vorgegeben.

3.1 Grundprobleme der Satztechnik

Von der Seite der Satztechnik galt es folgende Probleme zu lösen:

1. In der Zeit vom 1. Januar 1972 bis zum 31. Dezember 1975 soll das gesamte niederösterreichische Landesrecht in Lose-Blatt-Form verlautbart sein; es muß also innerhalb dieses Zeitraums das gesamte niederösterreichische Landesrecht neu gesetzt werden. In der Bereinigungsperiode ist daher mit einem erhöhten Satzaufwand – geschätzt auf zusätzlich 125 000 Zeilen pro Jahr – zu rechnen. Aber auch nach Abschluß der Rechtsbereinigung erfordert die Verlautbarung der Novellen in Form von Austauschblättern einen gegenüber der bisherigen Publikationsform wesentlich erhöhten Satzaufwand. Die Verlautbarung von Novellen in Form von Austauschblättern setzt voraus, daß bei einer auch nur geringfügigen Änderung einer Rechtsvorschrift jeweils mindestens ein ganzes Blatt ausgetauscht wird. Bei umfangreichen Novellen ist oft ein beträchtlicher Teil der ganzen Rechtsvorschrift neu zu setzen.
2. Ferner muß Vorsorge getroffen werden, daß auch noch nach Jahren ein bereits gesetzter oder gedruckter Text in zunächst unveränderter Form reproduziert werden kann. Diese Vorgangsweise ist bei einem Nachdruck der Rechtsvorschrift erforderlich, wenn das betreffende Stück des Landesgesetzblattes vergriffen ist. Ein besonderes Problem ergibt sich beim Nachdruck bereits geänderter Rechtsvorschriften. Hier wird es nicht zweckmäßig sein, die einzelnen Stücke des Landesgesetzblattes mit der Stammfassung der Rechtsvorschrift und allen Austauschlieferungen nachzudrucken und dem Bezieher der Rechtsvorschrift das Einordnen der Austauschblätter zu überlassen. Bereits geänderte Rechtsvorschriften müssen daher in der Form reproduziert werden, daß sie dem geltenden Rechtszustand entsprechen. Sie sind daher in der Form nachzudrucken, die sich nach Einordnung der Austauschblätter ergibt.
3. Ließe sich der Nachdruck – selbst bei der oben geschilderten Konfiguration der Amtsdruckerei – noch in einem photomechanischen Reproduktionsverfahren bewerkstelligen, so erfordert doch die Verlautbarung der Novellen in Form von Austauschblättern auch die Möglichkeit, den bereits gesetzten und gedruckten Text, zum Beispiel der Stammfassung einer Rechtsvorschrift, durch Einbau der Änderungen zum Austauschblatt zu verarbeiten. Hierbei stand einerseits die Forderung nach Bewältigung des erhöhten Satzanfalls im Vordergrund; dazu kam aber noch folgendes theoretisches Kundmachungsproblem:

3.2 Exkurs über die Authenzität des verlautbarten Textes

Das Gesetz über das Landesgesetzblatt verschafft den im Landesgesetzblatt verlautbarten Rechtsvorschriften „verbindende Kraft"[10]. Der authentische Text einer Rechtsvorschrift ist aus dem Landesgesetzblatt zu entnehmen. Bei Änderung einer Rechtsvorschrift sieht die Verlautbarung in Lose-Blatt-Form folgende Vorgangsweise vor[11]: Der geänderte Wortlaut der Rechtsvorschrift – also der Wortlaut des Gesetzesbeschlusses, der die Änderung enthält – ist in Kursivdruck zu verlautbaren. Der unveränderte Text auf dem betreffenden Austauschblatt ist in Normaldruck hinzuzufügen. Die verbindende Kraft der Verlautbarung einer Novelle erstreckt sich jedoch nur auf den kursiv gedruckten Text auf dem Austauschblatt, denn nur er wird im engeren Sinne „verlautbart". Der auf dem Austauschblatt in Normaldruck „hinzugefügte" Text kann theoretisch keine Authentizität für sich beanspruchen. Um diese theoretische Unterscheidung praktisch zu beseitigen, müssen daher technische Vorsorgen für die Übereinstimmung des zum Beispiel in der Stammfassung bereits kundgemachten Texts mit dem unveränderten Text auf dem Austauschblatt einer Novellenverlautbarung getroffen werden. Durch den Einsatz der elektronischen Datenverarbeitung soll schon ab ovo das Einschleusen neuer Fehler vermieden werden.

3.3 Lochstreifengesteuertes Setzen

Das Problem des erhöhten Satzaufwandes allein wäre eventuell vom Personalsektor – durch Überstundenanordnungen, Personalzulagen oder durch eine zweite Schicht – zu lösen gewesen. Allenfalls wäre auf der Maschinenseite die Aufstellung einer weiteren Bleisetzmaschine erforderlich geworden. Die Forderung nach Reproduzierbarkeit und Verarbeitungsfähigkeit des gesetzten und gedruckten Texts läßt sich jedoch nur durch Einsatz der elektronischen Datenverarbeitung bewerkstelligen. Hierbei erfordert die vorgegebene Technik des Buchdrucks und damit des Bleisatzes den Einsatz einer Zeilengießmaschine, die durch einen Lochstreifen gesteuert wird. Der Lochstreifen wird auf einem Perforator hergestellt. Der Text wird entweder endlos abgelocht, von Fehlern befreit und über einen Satzrechner nach Silben getrennt und im entsprechenden graphischen Format ausgeschlossen oder auf einem sog. Ausschlußperforator bereits im graphischen Format ausgeschlossen gestanzt. Ausschlußperforatoren und Zeilengießmaschine reichen an sich aus, um Texte lochstreifengesteuert setzen zu können und zum Zwecke der Reproduktion zu speichern. Das Erfordernis der Speicherung des fehlerlosen Texts sowie die Forderung nach Verarbeitung des Texts durch Einbau der Änderungen führt zum Einsatz eines Spezialzweckrechners, der die Klarschrift der Lochstreifen, die Durchführung der Korrekturen und den Einbau der Änderungen übernimmt.

---

[10] Gemäß § 9 des Gesetzes über das Landesgesetzblatt Nr. 1/1971, beginnt die verbindende Kraft einer im Landesgesetzblatt verlautbarten Rechtsvorschrift, wenn nicht ausdrücklich anderes bestimmt ist, nach Ablauf des Tages, an dem das sie enthaltende Stück herausgegeben und versendet wird.

[11] Vgl. § 5 Abs. 2 des Gesetzes über das Landesgesetzblatt, LGBl. Nr. 1/1971.

Aus Kosten- und Kapazitätsgründen wurde die an sich wesentlich leistungsfähigere Variante der Endlosperforatoren mit Satzrechner ausgeschieden. Die Maschinenkonfiguration umfaßte schließlich zwei sogen. Ausschlußperforatoren, auf denen der Text bereits im späteren graphischen Format gestanzt wird, einen Spezialzweckrechner und eine lochstreifengesteuerte Zeilengießmaschine.

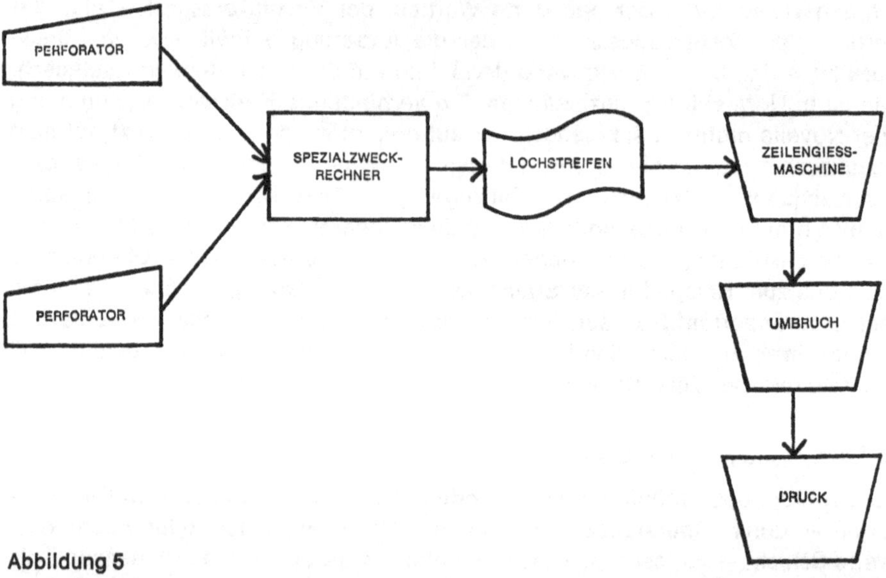

Abbildung 5

Der Spezialzweckrechner hat vier vorgegebene Programme, die vom Hersteller angeboten und entsprechend den Anforderungen der Verlautbarungstechnik modifiziert wurden:

1. Programm zur Herstellung eines Klarschriftbelegs unter Eingabe des am Ausschlußperforator gestanzten Lochstreifens und Ausgabe einer zeilennumerierten Liste in Klein- und Großschreibung und schwarzem und rotem Ausdruck für Normalbild und Auszeichnung. Der Klarschriftbeleg kann wahlweise mit Steuerzeichen für die Zeilengießmaschine (z. B. Zentrierkommando, fixer Einzug, Magazinschaltung usw.) und ohne Steuerzeichen (z. B. für Ausdruck auf Vervielfältigungsmatrizen) ausgegeben werden.
2. Programm zur Lochstreifenkorrektur: Als Eingabe dienen zwei Lochstreifen, und zwar der fehlerhafte Erststreifen und ein Korrekturlochsteifen; die Ausgabe besteht aus einem korrigierten Lochstreifen. Wahlweise kann gleichzeitig ein Klarschriftbeleg mit den korrigierten Zeilen oder über den gesamten korrigierten Text ausgegeben werden. Zur Herstellung von Lochstreifenauszügen (z. B. den unveränderten Text auf einem Austauschblatt enthaltend) kann der Lochstreifen in diesem Programm unter Vorschub auf eine beliebige Zeile auch dupliziert werden.
3. Im dritten Programm kann der Rechner über die Eingabetastatur als Lochstreifenstanzer verwendet werden, während das vierte Programm das Stanzen der Transportlochung und der Lochstreifenradierung ermöglicht.

3.4 Setzen von Stammvorschriften

Der Gesetzesbeschluß des Landtags über eine Stammvorschrift wird vom Präsidenten des Landtags dem Landeshauptmann übermittelt. Der Landeshauptmann darf diesen Gesetzesbeschluß jedoch noch nicht verlautbaren, sondern hat ihn dem zuständigen Bundesministerium bekanntzugeben. Die Bundesregierung kann wegen Gefährdung von Bundesinteressen gegen den Gesetzesbeschluß des Landtags binnen 8 Wochen Einspruch erheben. In diesem Falle

```
____§__3____+
____Begriffe____+
(1) Als versorgungsberechtigte Hinterbliebene gelten der
Ehegatte und jene Kinder, für die der Verunglückte zu
sorgen gesetzlich verpflichtet war.____+-
(2) _Beihilfen _sind _einmalige _nicht _rückzahlbare _Geld-
leistungen.____+-
(3) Laufende Zuwendungen sind nicht rückzahlbare Geld-
leistungen, die in bestimmten Abständen und für eine be-
stimmte Zeit gewährt werden.____+-
(4) Sonstige Geld- oder geldwerte Leistungen sind ins-
besondere die Gewährung von Zinsenzuschüssen und
rückzahlbaren Geldaushilfen, die Übernahme von Bürg-
schaften, die Beistellung von Heilbehelfen und sonstigen
Gegenständen, die im Hinblick auf eine Körperverletzung
oder Körperbehinderung erforderlich sind.____+-
____§__4____+
____Mittel des Fonds____+
Die Mittel des Fonds werden aufgebracht durch____+-
___1.__Zuwendungen des Landes nach Maßgabe des je-
________weiligen Landesvoranschlages,____+-
___2.__Zuwendungen der Gemeinden auf Grund freiwillig
________übernommener Verpflichtung,____+-
___3.__Erlöse aus Darlehensaufnahmen und____+-
___4.__sonstige Zuwendungen.____+-
____§__5____+
____Auskunfts- und Anzeigepflicht____+
(1) Die Dienststellen des Landes, der Gemeinden und der
Gemeindeverbände sowie der NÖ Landesfeuerwehrver-
band, die Feuerwehren und allenfalls in Betracht kom-
mende landesgesetzlich geregelte Körperschaften haben
den Organen des Fonds (§ 6) im Einzelfall jene Auskünfte
zu erteilen, die zur Beurteilung der Voraussetzungen für
die Gewährung einer Unterstützung erforderlich sind.____+-
(2) In den Richtlinien gemäß § 11 Abs. 1 Z. 1 ist zu regeln,
ob und inwieweit der Empfänger einer Unterstützung oder
sein gesetzlicher Vertreter zu verpflichten ist, eine Ände-
rung der für die Gewährung einer Unterstützung maß-
```

Abbildung 6

darf der Gesetzesbeschluß nur kundgemacht werden, wenn der Landtag einen sog. Beharrungsbeschluß faßt[12].

In der Regel bleiben also mindestens 8 Wochen zur Vorbereitung der Drucklegung eines Landesgesetzes. Ein vom Präsidenten des Landtags an den Landeshauptmann zur vorläufigen Drucklegung übermitteltes Exemplar des Gesetzesbeschlusses – zumeist ein auf Schreibmaschine geschriebenes und vervielfältigtes Manuskript – gelangt in die hauseigene Druckerei und wird dort auf einem Ausschlußperforator bereits unter Berücksichtigung des späteren graphischen Formats abgelocht. Das Ergebnis ist ein 6-Kanal-(TTS-)Lochstreifen. Dieser Lochstreifen wird über das erste Programm des Spezialzweckrechners mit Groß- und Kleinschreibung und schwarzem und rotem Ausdruck (für Normaldruck und Auszeichnung) klargeschrieben.

Das Klarschriftprotokoll wird nun sowohl auf die Übereinstimmung mit dem Manuskript als auch auf die Richtigkeit der Steuerzeichen (z. B. Zentrierkom-

```
0001 003507wird,
0002 003508
0003 005804_einmalige,
0004 005805
0005 007201___1.__Zuwendungen
0006 007203
0007 008604Unterstützung
0008 008605
0009 009106Änderung_seines
0010
0011 009201
0012 010403Landtag
0013 010404
0014 012403zur
0015 012404
0016 013003sie
0017 013004
0018 017601___1.__die
0019 017602
0020 021705Mitgliedern
0021 021706
0022 025901gelaufene
0023 025902
0024 .0272
```

Abbildung 7

[12] Vgl. Art. 98 des Bundesverfassungsgesetzes in der Fassung von 1920, Art. 22 des Landesverfassungsgesetzes für das Land Niederösterreich in der Fassung von 1930.

mando, Magazinschaltung, fixe Einzüge usw.) überprüft. Die Fehler werden vom Korrektor auf der Klarschrift ausgezeichnet (s. Abb. 6). An Hand der auf der Klarschrift angezeichneten Korrekturen wird ein Korrekturbeleg erstellt. In diesen Korrekturbeleg werden zunächst die zu korrigierenden Zeilen und das zu korrigierende Wort adressiert (Korrekturblock-Anfang-Nummer). Dieser Angabe folgt der korrigierte Text. Die einzelne Korrektur wird mit der Angabe jener Zeile und jenes Worts, von denen ab der Text wieder unverändert übernommen werden soll, beendet (Korrekturblock-Ende-Nummer). Nach Kodierung aller Korrekturen wird eine Information über das Arbeitsende gebracht, z. B. .0272 (s. Abb. 7).

Vom Korrekturbeleg werden nun die kodierten Korrekturen auf einem Ausschlußperforator abgelocht. Nach dem Stanzvorgang wird der Lochstreifen, der die Korrekturen enthält, über das erste Programm des Rechners klargeschrieben und mit dem ersten Klarschriftprotokoll verglichen. Bei geringfügigen Korrekturen, die das Zeilenformat nicht berühren, erfolgt die Herstellung des Korrekturstreifens über die Eingabetastatur des Spezialzweckrechners, der in dieser Konfiguration keinen Zeilenausschluß ermöglicht. Es wird jedoch gleichzeitig mit dem Stanzvorgang ein Klarschriftbeleg ausgegeben. Je nach dem Umfang der Korrekturen wird bei fehlerhaften Korrekturen eine Korrektur der Korrektur durchgeführt.

Nach der Kontrolle des Korrekturlochstreifens werden dem Spezialzweckrechner über die beiden Lochstreifenleser der fehlerhafte Erstlochstreifen und der fehlerfreie Korrekturlochstreifen eingegeben. Nach Einlesen der ersten Korrekturblock-Anfang-Nummer übernimmt der Rechner zunächst die fehlerlosen Zeilen vom Erstlochstreifen, liest dann den Wortlaut der ersten Korrektur ein, überspringt den zu korrigierenden Wortlaut auf dem Erstlochstreifen und dupliziert die nächsten fehlerlosen Zeilen des Erstlochstreifens bis zur nächsten Korrektur. Über den Lochstreifenstanzer wird ein korrigierter, fehlerloser Lochstreifen ausgegeben. Dabei wird gleichzeitig ein Klarschriftbeleg erstellt, der wahlweise entweder nur die korrigierten Zeilen oder den gesamten korrigierten Text enthält (s. Abbb. 8). Das Ende der Korrektur wird durch den Ausdruck „ARBEITSENDE“ angezeigt.

```
____§__3____+
____Begriffe____+
(1) Als versorgungsberechtigte Hinterbliebene gelten der
Ehegatte und jene Kinder, für die der Verunglückte zu
sorgen gesetzlich verpflichtet war.____+-
(2) _Beihilfen _sind _einmalige, _nicht _rückzahlbare _Geld-
leistungen.____+-
(3) Laufende Zuwendungen sind nicht rückzahlbare Geld-
leistungen, die in bestimmten Abständen und für eine be-
stimmte Zeit gewährt werden.____+-
(4) Sonstige Geld- oder geldwerte Leistungen sind ins-
besondere die Gewährung von Zinsenzuschüssen und
rückzahlbaren Geldaushilfen, die Übernahme von Bürg-
schaften, die Beistellung von Heilbehelfen und sonstigen
Gegenständen, die im Hinblick auf eine Körperverletzung
oder Körperbehinderung erforderlich sind.____+-
____§__4____+
____Mittel des Fonds____+
Die Mittel des Fonds werden aufgebracht durch____+-
___1.__Zuwendungen des Landes nach Maßgabe des je-
________weiligen Landesvoranschlages,____+-
___2.__Zuwendungen der Gemeinden auf Grund freiwillig
________übernommener Verpflichtung,____+-
___3.__Erlöse aus Darlehensaufnahmen und____+-
___4.__sonstige Zuwendungen.____+-
____§__5____+
____Auskunfts- und Anzeigepflicht____+
(1) Die Dienststellen des Landes, der Gemeinden und der
Gemeindeverbände sowie der NÖ Landesfeuerwehrver-
band, die Feuerwehren und allenfalls in Betracht kom-
mende landesgesetzlich geregelte Körperschaften haben
den Organen des Fonds (§ 6) im Einzelfall jene Auskünfte
zu erteilen, die zur Beurteilung der Voraussetzungen für
die Gewährung einer Unterstützung erforderlich sind.____+-
(2) In den Richtlinien gemäß § 11 Abs. 1 Z. 1 ist zu regeln,
ob und inwieweit der Empfänger einer Unterstützung oder
sein gesetzlicher Vertreter zu verpflichten ist, eine Ände-
rung der für die Gewährung einer Unterstützung maß-
```

Abbildung 8

Nach Durchführung der Korrektur werden die korrigierten Zeilen nochmals kontrolliert. Mit Hilfe des korrigierten Lochstreifens werden von der Zeilengießmaschine die Bleizeilen gegossen. Nach dem Gußvorgang folgt gleich der Umbruch des Satzes auf Seiten. Der Bürstenabzug des Umbruchs wird auf Gießfehler kontrolliert. Obwohl die Zeilengießmaschine durch eine elektronische Kontrolleinrichtung die Anzahl der gelochten Zeichen je Zeile mit der Anzahl der gefallenen Matrizen vergleicht, besteht doch die Möglichkeit, daß 2 Matrizen in umgekehrter Reihenfolge in den Sammler fallen (sog. Verfaller, z. B. „dre" statt „der"). Es wird aber auch der Umbruch kontrolliert; dann erfolgt der Andruck, die Druckrevision und schließlich der Druck des Landesgesetzblattes. Die Druckbögen werden auf Blätter aufgeschnitten, die Blätter über eine Sortiermaschine zusammengetragen und mit einer Schleife versehen. Schließlich erfolgt der Versand des Landesgesetzblattes.

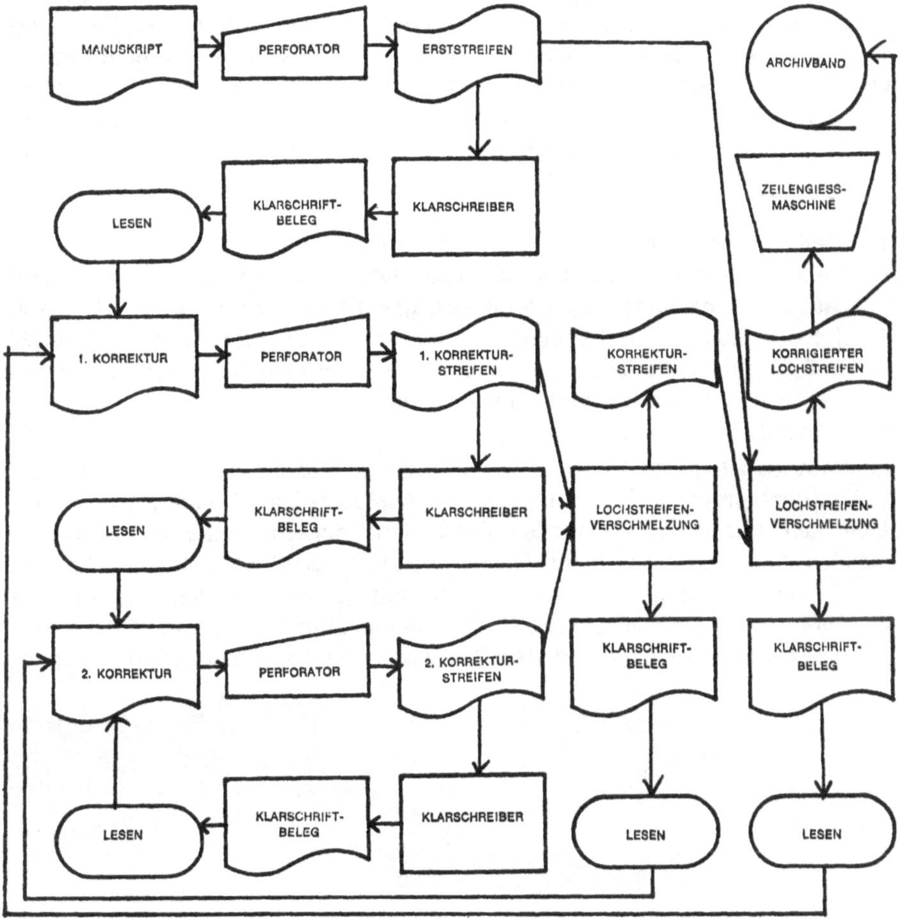

Abbildung 9: Setzen von Stammvorschriften

3.5 Archivierung der gesetzten Rechtsvorschriften

Nach dem Setzvorgang werden die Lochstreifen archiviert. Derzeit erfolgt diese Archivierung in der Amtsdruckerei selbst. Im Hinblick auf den zu erwartenden Umfang des Archivs und die Notwendigkeit, bei der Herstellung von Austauschblättern Auszüge von archivierten Rechtsvorschriften herstellen zu können, ist derzeit ein Programm in Vorbereitung, das die Archivierung der Rechtsvorschriften in der EDV-Abteilung auf Magnetband ermöglicht.

Nach dem bereits bestehenden Organisationsentwurf sollen die Lochstreifen von der Amtsdruckerei periodisch an die EDV-Abteilung geliefert werden. In Form eines periodischen Änderungsdienstes sollen dann Rechtsvorschriften neu aufgenommen bzw. bereits auf dem Magnetband vorhandene Rechtsvorschriften berichtigt werden. Bei geänderten Rechtsvorschriften wird – abgesehen von dem durch die Datensicherung erforderlichen Generationenprinzip – nur die jeweils letzte Fassung archiviert. Gleichzeitig mit jedem Änderungsdienst soll ein Änderungsjournal hergestellt werden, in dem jede neu aufgenommene oder geänderte Rechtsvorschrift zeilennumeriert zur Gänze am Schnelldrucker ausgedruckt wird.

3.6 Setzen von Novellen

Die Verlautbarung von Novellen in Lose-Blatt-Form erfordert es, daß jedes Blatt, auf dem eine Änderung erfolgt, neu gesetzt und gedruckt wird. Die Abb. 10 zeigt das Blatt 8 der Landes-Verwaltungsabgabenverordnung 1972, LGBl. 3800/1–0, in der Stammfassung (–0). Durch eine Novelle zu dieser Verordnung wird die Tarifpost 103 geändert. Diese Novelle soll nun in Lose-Blatt-Form verlautbart werden.

Bei Voraussetzung der Archivierung auf Magnetband müssen in unserem Beispiel die entsprechenden Zeilen, die das Austauschblatt 8 enthalten, von der EDV-Abteilung angefordert werden. Die Zeilennummern können auf Grund des anläßlich der Neuaufnahme der Rechtsvorschrift auf Magnetband am Schnelldrucker ausgegebenen Änderungsjournals aufgefunden werden. Kriterium für das Auffinden der Rechtsvorschrift am Magnetband ist die Gliederungszahl. Vom Magnetband wird nun in der EDV-Abteilung ein Lochstreifenauszug er-

	b) wenn zur Erteilung der Bewilligung die Landesregierung zuständig ist	S
	aa) für eine einmalige Fahrt	150.–
	bb) für mehrmalige Fahrten	300.–
	Die Verwaltungsabgabe ist pro Fahrzeug, bei Kraftwagenzügen je Zug, vorzuschreiben.	
100.	Bewilligung von Ausnahmen von Verkehrsgeboten oder -verboten (§ 45 Abs. 2 Straßenverkehrsordnung 1960, BGBl. Nr. 159)	
	a) wenn zur Erteilung der Bewilligung die Bezirksverwaltungsbehörde zuständig ist	
	aa) für eine einmalige Fahrt	60.–
	bb) für mehrmalige Fahrten	150.–
	b) wenn zur Erteilung der Bewilligung die Landesregierung zuständig ist	
	aa) für eine einmalige Fahrt	150.–
	bb) für mehrmalige Fahrten	300.–
	Die Verwaltungsabgabe ist pro Fahrzeug, bei Kraftwagenzügen je Zug, vorzuschreiben. Die Verwaltungsabgabe ist nicht zu entrichten für Ausnahmebewilligungen für Straßenbenützungen, die im Rahmen des Katastrophenhilfsdienstes gemäß den Bestimmungen des Katastrophenhilfsdienstgesetzes, LGBl. Nr. 351/1961, erfolgen.	
101.	Bewilligung für eine Ladetätigkeit auf Straßenstellen, wo das Halten verboten ist oder auf Gehsteigen (§ 62 Abs. 4 Straßenverkehrsordnung 1960, BGBl. Nr. 159)	
	a) für eine einmalige Ladetätigkeit	60.–
	b) für mehrmalige Ladetätigkeit	150.–
102.	Bewilligung einer sportlichen Veranstaltung auf Straßen (§ 64 Straßenverkehrsordnung 1960, BGBl. Nr. 159)	
	a) wenn zur Erteilung der Bewilligung die Bezirksverwaltungsbehörde (Bundespolizeibehörde) zuständig ist	300.–
	b) wenn zur Erteilung der Bewilligung die Landesregierung zuständig ist	800.–
103.	Bewilligung der Benützung von Fahrrädern durch Kinder unter 12 Jahren (§ 65 Abs. 1 Straßenvehrkehrsordnung 1960, BGBl. Nr. 159)	50.–

Abbildung 10

stellt, der die Zeilen des Austauschblattes 8 enthält. In Form einer Korrekturanweisung zum Lochstreifenauszug müssen die Änderungen – in unserem Beispiel die Änderung der Tarifpost 103 – eingefügt werden. Die zusätzliche Anordnung einer Magazinschaltung bewirkt, daß der geänderte Text kursiv gesetzt wird (s. Abb. 11).

```
0001 004001m1103.__Bewilligung der Benützung von Fahrrädern____________
0002 _______durch Kinder unter 12 Jahren (§ 65 Abs. 1_______________
0003 _______Straßenverkehrsordnung 1960, BGBl. Nr.________________
0004 _______159) ____ ____ _____ _____ _______ ______ 30.--m1
0005
0006 004401
0007 .0085
```

Abbildung 11

Enthält der Änderungsstreifen Fehler, so kann – gleich wie beim Setzen von Stammvorschriften – eine mehrmalige Korrektur der Korrektur durchgeführt werden. Dies wird bei umfangreichen Novellen jedenfalls notwendig sein. Nach der letzten Korrektur wird der fehlerlose Lochstreifen, der den geänderten Text enthält (Änderungsstreifen), mit dem Lochstreifenauszug verschmolzen. Der hierbei ausgegebene Lochstreifen enthält nun den gesamten Text des Austauschblatts in seiner letzten Fassung. Der beim Korrekturvorgang ausgegebene Klarschrifttext wird überprüft und die Bleizeilen auf der Zeilengießmaschine gegossen. Danach erfolgt der Umbruch des Satzes, die Revision und schließlich der Druck der Novelle in Form eines Austauschblatts zum Stammgesetz, wobei der geänderte Text – in unserem Beispiel der Wortlaut der Tarifpost 103 – in kursiv gesetzt ist (s. Abb. 12).

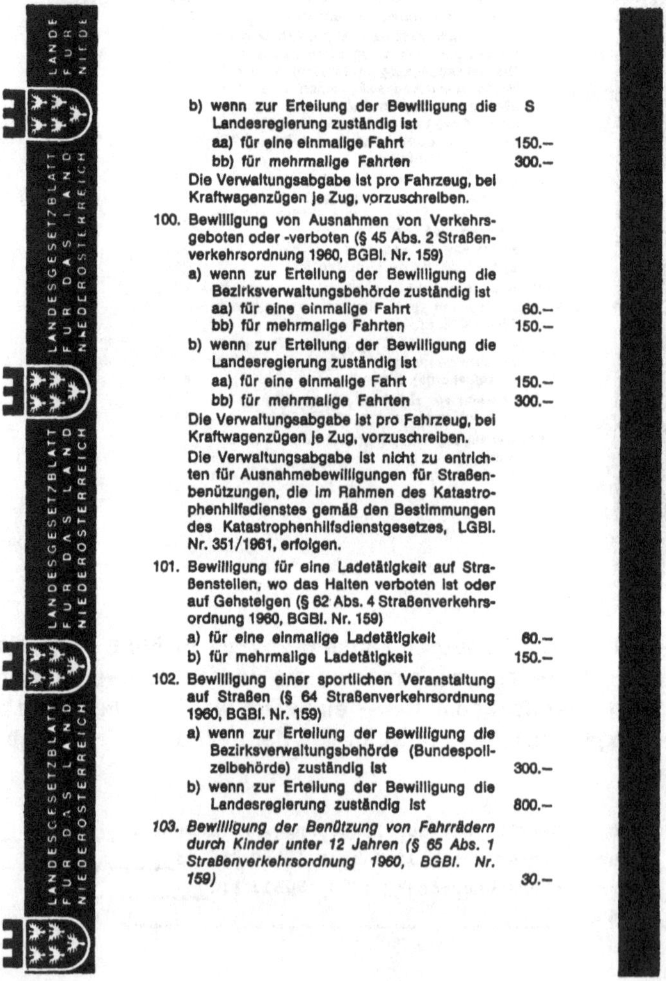

	b) wenn zur Erteilung der Bewilligung die Landesregierung zuständig ist	S
	aa) für eine einmalige Fahrt	150.–
	bb) für mehrmalige Fahrten	300.–
	Die Verwaltungsabgabe ist pro Fahrzeug, bei Kraftwagenzügen je Zug, vorzuschreiben.	
100.	Bewilligung von Ausnahmen von Verkehrsgeboten oder -verboten (§ 45 Abs. 2 Straßenverkehrsordnung 1960, BGBl. Nr. 159)	
	a) wenn zur Erteilung der Bewilligung die Bezirksverwaltungsbehörde zuständig ist	
	aa) für eine einmalige Fahrt	60.–
	bb) für mehrmalige Fahrten	150.–
	b) wenn zur Erteilung der Bewilligung die Landesregierung zuständig ist	
	aa) für eine einmalige Fahrt	150.–
	bb) für mehrmalige Fahrten	300.–
	Die Verwaltungsabgabe ist pro Fahrzeug, bei Kraftwagenzügen je Zug, vorzuschreiben.	
	Die Verwaltungsabgabe ist nicht zu entrichten für Ausnahmebewilligungen für Straßenbenützungen, die im Rahmen des Katastrophenhilfsdienstes gemäß den Bestimmungen des Katastrophenhilfsdienstgesetzes, LGBl. Nr. 351/1961, erfolgen.	
101.	Bewilligung für eine Ladetätigkeit auf Straßenstellen, wo das Halten verboten ist oder auf Gehsteigen (§ 62 Abs. 4 Straßenverkehrsordnung 1960, BGBl. Nr. 159)	
	a) für eine einmalige Ladetätigkeit	60.–
	b) für mehrmalige Ladetätigkeit	150.–
102.	Bewilligung einer sportlichen Veranstaltung auf Straßen (§ 64 Straßenverkehrsordnung 1960, BGBl. Nr. 159)	
	a) wenn zur Erteilung der Bewilligung die Bezirksverwaltungsbehörde (Bundespolizeibehörde) zuständig ist	300.–
	b) wenn zur Erteilung der Bewilligung die Landesregierung zuständig ist	800.–
103.	*Bewilligung der Benützung von Fahrrädern durch Kinder unter 12 Jahren (§ 65 Abs. 1 Straßenverkehrsordnung 1960, BGBl. Nr. 159)*	*30.–*

Abbildung 12

Nach dem Setzvorgang wird der Lochstreifen mit dem Text des Austauschblatts

8 unter Angabe der seinerzeit vom Magnetband ausgegebenen Zeilen von ..... bis ..... und der neuen Zeilenanzahl, die am geänderten Lochstreifen enthalten ist, an die EDV-Abteilung geliefert. In der EDV-Abteilung wird die Änderung am Magnetband durchgeführt und ein Änderungsjournal ausgegeben, das nun wieder den gesamten Text der Rechtsvorschrift enthält. Dieses Änderungsjournal gilt einerseits der Kontrolle der richtigen Durchführung des Änderungsdienstes, es ermöglicht aber auch die Auffindung der richtigen Zeilen bei der Anforderung von Zeilenauszügen für die nächste Novelle.

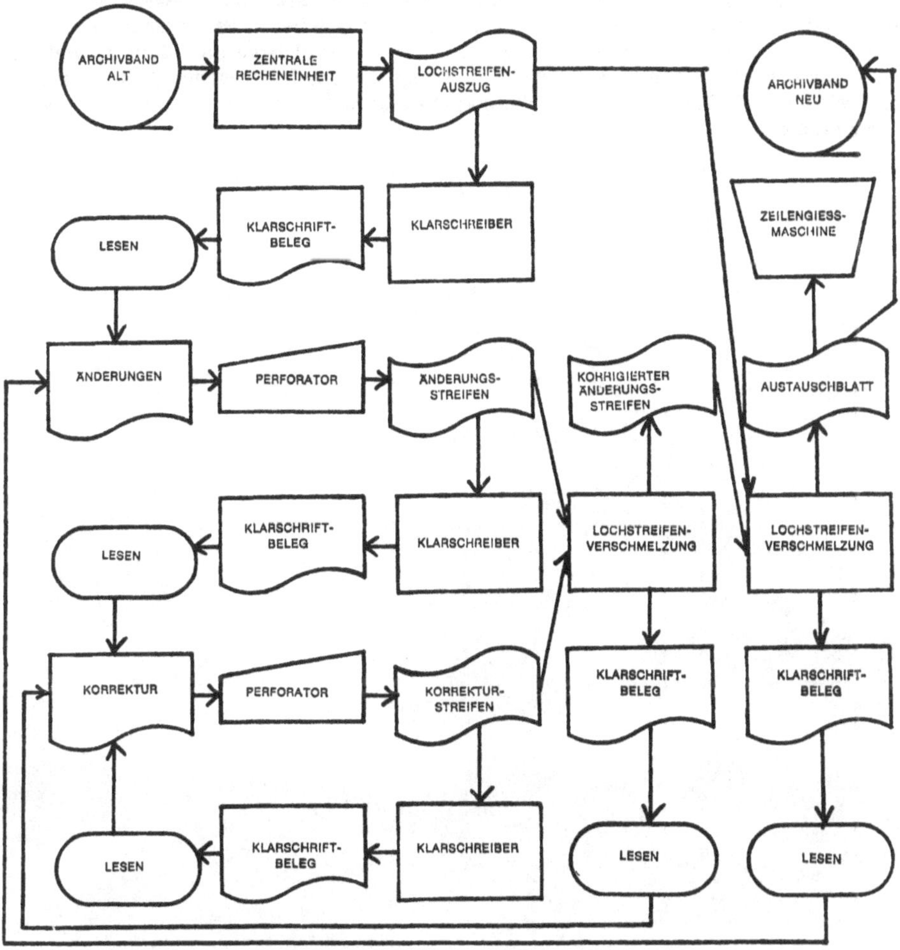

Abbildung 13: Setzen von Novellen

Zusammenfassung

Die Rechtsbereinigung im Bundesland Niederösterreich sieht die Neufassung und Neuverlautbarung des gesamten geltenden niederösterreichischen Landesrechtes in systematischer Ordnung und in Lose-Blatt-Form vor. Die Notwendigkeit der Sichtung des geltenden Rechtsmaterials sowie der Evidenthaltung der bereits bereinigten und der noch zu bereinigenden Normen setzt eine verarbeitungsfähige Datei voraus. Der durch die Neuverlautbarung der Rechtsvorschriften bedingte vermehrte Satzaufwand sowie die Herstellung der Austauschblätter bei Änderungen (Lose-Blatt-System) erfordern ein Textverarbeitungssystem. Die Bereinigungsdatei und die Satzverarbeitung sind Gegenstand dieses Aufsatzes.

Summary

The general revision of the laws of Niederösterreich envisages the reformulation and reenactment of the whole current state law of Niederösterreich under a systematic order and in loose-leaf form. With regard to the necessity of reviewing all legal material currently in force and of keeping current the provisions which are already revised or still to be revised, a data file capable of being processed is required. The increased expenditures of typesetting which are caused by the reenactment of legal provisions as well as the production of replacements in case of changes (loose-leaf system) demand a text processing system. The revision data file and the processing of typesetting are dealt with in this article.

Herbert Fiedler, Malte von Berg

Stichworte zur Rechtsinformatik-Ausbildung an den Juristischen Fakultäten

Übersicht

Wie bei jeder neuen Disziplin steht auch bei der „Rechtsinformatik" die Forschung am Anfang (vgl. z. B. *Fiedler*, Forschungsaufgaben der Juristischen Informatik, Ringvorlesung München 1972). Diese ist übrigens nicht etwa nur Angelegenheit der Juristischen Fakultäten, sondern auch von außeruniversitären Forschungseinrichtungen gewesen (z. B. der GMD; vgl. den Projektbericht „Das Juristische Informationssystem", 1972). Inzwischen aber scheint die Forschung auf dem Gebiet der Rechtsinformatik weit genug fortgeschritten, um mit einem planmäßigen Lehrbetrieb zu beginnen. Andererseits aber zeigt sich inzwischen deutlich genug, daß die Rechtsinformatik-Ausbildung von den Zielen der Juristenausbildung her notwendig ist.

1. Bedeutung der Rechtsinformatik für den Juristen

Daß die DV für Staat, Wirtschaft und Wissenschaft heute grundlegende Bedeutung hat, ist anerkannt (vgl. das 2. DV-Programm der BReg.). Hier geht es aber natürlich nicht etwa nur um die „Allgemeinbildung" darüber, i. S. einer „Informatik für Juristen" (obwohl – nebenbei bemerkt – auch diese sehr nötig wäre). Vielmehr hat die Informatik gerade für den Juristen eine besondere fachspezifische Bedeutung, welche sowohl zu den Forschungsaufgaben der Rechtsinformatik wie zu den entsprechenden Ausbildungsbedürfnissen führt. Dazu einige Hinweise:

1.1 Wechselwirkung zwischen Recht und DV über die Automatisierung von Informations- und Entscheidungsprozessen

Für Recht und Rechtswissenschaft sind normativ geregelte Informations- und Entscheidungsprozesse als solche thematisch; die Automatisierung solcher Prozesse muß daher den Kernbereich des methodischen wie auch dogmatischen juristischen Interesses berühren. DV und Recht, Informatik und Rechtswissenschaft treten daher in Wechselwirkung, sobald nichttriviale Aufgaben im Rechts- und Staatswesen automatisiert werden. Dies aber ist längst der Fall und steht in noch viel größerem Maße bevor. Von Regierungsseite werden die Überlegungen hierzu allenthalben forciert (auch im Justizbereich), von den Rechtsfakultäten fast ignoriert (z. B. Registerwesen, Meldewesen BZRG, Grundbuch, Bundesmeldegesetz usw.); Verwaltungsorganisation und -verfahren (DV-Gesetze der Länder); Datenschutz; Rechtsdokumentation („Juristisches Informationssystem); Automatisierung im Steuer- und Sozialrecht; allgemeine Gesichtspunkte der „automationsgerechten Rechtssetzung".

1.2 DV-gestützte Analyse und Planung

Wissenschaftliche Analyse und fundierte Planung in gesellschaftlichen Zusammenhängen (z. B. auch Rechtspolitik) sind heute vielfach nicht mehr ohne DV denkbar und werden zunehmend von den durch die DV ermöglichten Methoden beeinflußt. Hier ist insbesondere an die OR-Methoden und die Methoden informationswissenschaftlicher Analyse (Meinungs-, Benutzerforschung usw.), an Systemanalyse und Planungsmethoden zu denken. Die DV wird hier zugleich zum Vehikel der Mathematisierung, die Informatik übernimmt (zusammen mit den Informationswissenschaften) die Rolle einer allgemeinen Strukturwissenschaft.

Dies wird gerade für die Strukturanalyse und Planung in nicht mathematisierten Bereichen wichtig. Im juristischen Bereich z. B. verschiedene Aufgaben der Gesetzes- und Verfahrensplanung, z. B. auch Untersuchungen zur Beschleunigung im Zivilprozeß (*Baumgärtel-Mes*); kriminologische Forschung.

1.3 Bedeutung der Informatik-Ausbildung für administrative Führungspositionen

Führungspositionen in Staat und Verwaltung sind zunehmend an entsprechende Kenntnisse gebunden. Hierzu werden gegenwärtig von den Rechtsfakultäten aus keinerlei Verbindungen hergestellt (obwohl das Rechtsstudium die Befähigung zum höheren Verwaltungsdienst verleihen soll, vgl. z. B. § 1 JAG NW). Von

Seiten der Regierung und Verwaltung werden dagegen zunehmend Ausbildungskurse in Informatik eingerichtet. Dies auch für Beamte des höheren Dienstes und für den Justizbereich (z. B. Informatikkolleg der GMD; Bundesverwaltungsakademie; KGSt-Seminare usw.; vgl. 2. DV-Programm der BReg.; *Gerlich*, ÖVD 1972).

Die Vielfalt derartiger Ausbildungs- und Fortbildungskurse orientiert sich an den Bedürfnissen der Verwaltungspraxis und zielt schwerpunktmäßig auf die Vermittlung direkt anwendbaren DV-Wissens. Das Angebot reicht dabei von der Einführung in spezielle Verfahren (z. B. automatisiertes Einwohnerwesen) über die Fortbildung in bestimmten Methoden (z. B. Netzplantechnik) bis zu einer halbjährigen Ausbildung für Programmierer und DV-Organisatoren. Dieses bestehende und ständig weiterentwickelte Angebot darf nicht zu dem Trugschluß verleiten, für die Rechtsfakultäten bestände deshalb kein weiterer Ausbildungsbedarf. Eine Beobachtung der Verwaltungspraxis zeigt das Gegenteil: es ist ein unhaltbarer Zustand, wenn z. B. die DV-Organisationsgesetze der Länder und die damit verbundenen Planungen umfassender Verbundsysteme mit ihren weitreichenden Konsequenzen für die herkömmliche Verwaltungsstruktur ohne genügende rechts- und verwaltungswissenschaftliche Beratung zustande kommen. Schon heute dürfte es kaum noch administrative Führungspositionen geben, die nicht mit Fragen der DV-Organisation und deren rechtlichen Implikationen in Berührung kommen. Es besteht ein erheblicher Bedarf an Juristen, die über ein Wissen verfügen, das zusammen oder in Ergänzung zu den in den Ausbildungs- und Fortbildungskursen der Verwaltung vermittelten DV-Spezialkenntnissen zur Lösung der immer mehr in den Vordergrund tretenden Grundsatzprobleme befähigt (wie z. B. Datenschutz, Institutionalisierung der DV-Koordination in Bund, Ländern und Gemeinden, automationsgerechte Normsetzung, personal- und bürgerfreundlicher DV-Einsatz). Der Jurist wird diese Aufgaben — auch in Verbindung mit der Rolle eines Korrektivs gegenüber der realen Gefahr einseitig technologische oder technokratischer Tendenzen — nur wahrnehmen können, wenn schon im Studium das entsprechende Grundlagenwissen und eine kritische Betrachtungsweise vermittelt bzw. eingeübt werden.

Auch die Rechtsfakultäten werden sich daher der Theorie und Methodik der angewandten DV, insbesondere der Rechtsinformatik, annehmen müssen. Dabei geht es — wie anläßlich der Verwaltungsautomatisierung schon vor Jahren erkannt wurde — keineswegs nur um „Bürorationalisierung". Verschließt man sich dem, so läge darin ein weiterer Schritt in Richtung auf einen Zustand, welcher von *Luhmann* (Theorie der Verwaltungswissenschaft, 1966, S. 82) für die USA folgendermaßen beschrieben wird: „Das Recht wird als Datum hingenommen, wenn nicht gar als bizarres, als Institution aber geachtetes Hindernis des Handelns gesehen. Und die Präjudizien des Richterrechts tummeln sich in der sonst so geordneten Landschaft der Verwaltung wie heilige Kühe, die an ihrer Selbstvermehrung nicht gehindert werden können."

Müßte nicht aber hierin auf die Dauer auch das Ende des „Rechtsstaats" liegen? Wie lange kann ein „bizarres Hindernis des Handelns" noch „als Institution geachtet" sein? Der Beitrag der Juristen und der Rechtsfakultäten gegenüber den modernen Methoden und Denkweisen auch der Informatik wird darin liegen müssen, nicht so sehr den **Stil** des Rechts zu konservieren wie seine **Funktion** in der Gesellschaft. Z. B. auch die historische Betrachtung klassischer Rechtsordnungen soll natürlich (übertrieben gesagt) nicht nur dahin gehen, wie sich die Alten „geräuspert und wie sie gespuckt" haben – sondern die Funktionen des (horribile dictu) „Social System Engineering" in ihrer Jurisprudenz zu erkennen, welche als Parallele in der heutigen Gesellschaft mit ganz anderen Methoden (eben z. T. denen der DV) zu erfüllen wären.

2. Lehrinhalte der Rechtsinformatik (im Rahmen der Juristenausbildung)

Die nötigen Lehrinhalte der Rechtsinformatik werden hier von den Bedürfnissen der Juristenausbildung und insbesondere der Rechtsfakultät her gesehen. Die Bedürfnisse der Informatikerausbildung und eines evtl. späteren Vollstudiums der Rechtsinformatik oder einer „Rechts- und Staatswissenschaftlichen Informatik (*Ruckriegel*, ÖVD 1973/1) stehen in einem anderen Zusammenhang. Nichtsdestoweniger wäre die Rechtsinformatik-Ausbildung bereits heute vernünftigerweise ein „interdisziplinäres" Unternehmen i. S. der zweckmäßigen Kooperation verschiedener Fachrichtungen. „Interdisziplinär" bedeutet dabei nicht das Votum für eine unverbindliche „Allgemeinbildung", sondern das gezielte Kombinieren verschiedener Fachkenntnisse für spezifizierte Aufgaben.

Die Schwerpunkte liegen hier auf Recht und Informatik. Wünschbare Ergänzungsfächer (aus Wirtschaftswissenschaft, Sozial- und Politikwissenschaften), welche für den weiteren Ausbau sicherlich sehr wichtig sind, bleiben hier noch unberücksichtigt. Andererseits steht hier auch die Realisierbarkeit i. S. der gegenwärtigen juristischen Studien- und Prüfungsordnungen noch nicht im Vordergrund (vgl. dazu unter 3). Gegliedert wird in das Kerngebiet der Rechtsinformatik als spezifische Verbindung Recht/Informatik einerseits und in die Grundlagenfächer aus der Informatik andererseits. Die rechtswissenschaftlichen Grundlagen werden durch das juristische Studium geboten, welches hier als Vollstudium vorausgesetzt wird. Bei der Informatik sind hier auch die Grundlagen aus Mathematik und DV aufgeführt. Die Informatik selbst erscheint als eine Art allgemeiner Strukturwissenschaft, welche allerdings durch ihren Bezug zur DV verschieden ist von den ebenfalls wichtigen „Informationswissenschaften".

2.1 Spezifische Rechtsinformatik-Fächer als Verbindung Recht/Informatik

Es handelt sich hier um den Zentralbereich der Rechtsinformatik, der innerhalb der Rechtsfakultät herausgebildet wurde und auch von dieser weiter zu betreuen ist.

Die Untergliederung folgt der Gliederung der Rechtsinformatik in allgemeine und spezielle Rechtsinformatik und Informationsrecht, s. *Fiedler*, JuS 1971. Die angeführten Lehrinhalte scheinen notwendig, sind aber z. T. noch nicht an Hochschulen realisiert. Ein Novum wären insbesondere „Gesetzgebungslehre", „Planungsmethoden", „Datenanalyse und Statistik".

2.1.1 Spezieller Teil der Rechtsinformatik

– DV in Recht und Verwaltung (Einführung, Überblick)

– Rechtsdokumentation und DV-gestützte juristische Informationssysteme
– Verwaltungsautomation, Regierungs- und Verwaltungsinformationssysteme

2.1.2 Allgemeiner Teil der Rechtsinformatik

– Juristische Logik und Rechtsanwendungslehre
– Gesetzgebungslehre und Gesetzgebungstechnik (unter besonderer Berücksichtigung der automationsgerechten Gesetzgebung)
– Planungsmethoden (insbesondere OR im Rechts- und Staatswesen)
– Angewandte Systemanalyse und Einsatzplanung der DV in Recht und Verwaltung
– Datenanalyse und Statistik im Rechts- und Staatswesen

2.1.3 DV-Recht und Informationsrecht

– DV-Recht, insbesondere DV-Organisationsrecht und Datenschutzrecht
– Allgemeines Informationsrecht (insbesondere rechtspolitische Ansätze)

2.2 Informatik-Grundlagen (einschließlich Grundlagen in Mathematik und DV)

Die hier angeführten Grundlagen aus der Informatik könnten zunächst dem Juristen sehr eingehend scheinen, dürften sich aber in der weiteren Entwicklung als notwendig erweisen. Ihre Lehre wäre soweit als möglich vom Informatik-Bereich beizusteuern.

Das Problem liegt hier u. a. darin, daß auch die Informatik-Ausbildung meist auf „numerische" Anwendungen abgestellt ist, deren Bedeutung in der Rechtswissenschaft vorerst zurücktritt. Allerdings werden im Rahmen der Planungsmethoden für Recht und Verwaltung langfristig auch dort numerische Methoden und deren mathematische Grundlagen an Bedeutung gewinnen.

– DV-Elemente (Aufbau und Bausteine von Rechenanlagen, DV-Technik)
– DV-Funktionen (Einführung in die Programmierung, Programmiertechnik, insbesondere anhand einer höheren Programmiersprache, z. B. PL 1)
– DV-Organisation (Organisation des Rechnerbetriebs, Betriebssysteme und deren Benutzung, Rechenzentren, Verbundsysteme)
– DV-Strukturen (Einführung in die theoretische Informatik, Alogrithmen, Datenstrukturen, formale Sprachen, Automatentheorie)
– Grundzüge der mathematischen Logik (einschließlich der Theorie der Entscheidbarkeit)
– Grundzüge der Wahrscheinlichkeitstheorie und Statistik (Schwierigkeit: setzt in der heutigen Form lineare Algebra und Analysis voraus)
– Mathematische Planungsmethoden, OR (Schwierigkeit: ähnlich wie beim vorigen Punkt)
– Zur Ergänzung nach Wahl und Möglichkeiten: Datenbankmethodik, Datenfernverarbeitung, Textbearbeitungsmethoden

3. Ein Minimalprogramm für den Beginn der Rechtsinformatik-Lehre

Der Beginn der Rechtsinformatik-Ausbildung und ihre Einfügung in den gegenwärtigen juristischen Studienbetrieb sollten möglichst erleichtert werden. Daher sollte an geeigneten Orten damit begonnen werden, auch bevor noch die Voraussetzungen eines vollen Programms gemäß (2) gegeben sind. Hierzu wird im folgenden ein Minimalprogramm angegeben, welches thematisch den Konsens der „Rechtsinformatiker" besitzen dürfte und nach der gegenwärtigen Konzeption der juristischen „Wahlfächer" zugleich als Vorbereitung auf ein einzurichtendes Wahlfach Rechtsinformatik im 1. Staatsexamen dienen könnte. Der weitere Ausbau in Richtung auf (2) wie auch schon der Beginn gemäß (3) sollte in Zusammenarbeit mit örtlichen Forschungsgruppen für Rechtsinformatik wie auch mit den örtlichen Informatik-Bereichen erfolgen (im folgenden Stundenzahlen in Klammern; die skizzierten Lehrinhalte sind ebenso wie die Aufgliederung der Veranstaltungen als Vorschläge zu verstehen, die selbstverständlich örtlicher Variation unterliegen).

3.1 Informatik-Grundlagen

3.1.1 DV-Elemente (Einführung in die DV-Technik) (2)

Lehrziel: Einführung in den grundsätzlichen Aufbau und die Arbeitsweise von Rechenanlagen

Lehrinhalt: Grundbegriffe (Zeichen, Daten, Informationen, Codierung, Eingabe, Speicherung, Verarbeitung, Ausgabe)
Aufbau und Arbeitsweise der Zentraleinheit
Betriebsarten
Periphere Geräte, Datenerfassungsgeräte und Einrichtungen zur Datenfernübertragung

3.1.2 DV-Funktionen (Einführung in die Programmierung, mit Übungen) (2)

Lehrziel: Kennenlernen einer Programmiersprache, Erstellen von Programmen geringeren Schwierigkeitsgrades

Lehrinhalt: Abhängig von der angebotenen Programmiersprache

3.2 Spezifische Rechtsinformatik-Fächer

Lehrziel: Einführung in die bestehenden und geplanten DV-Anwendungen in Recht und Verwaltung

Lehrinhalt: Allgemeine Grundlagen (Automatisierbarkeit, Rolle des Juristen bei der DV, Strukturelle Konsequenzen des DV-Einsatzes, insbesondere Datenschutz)
Überblick über ausgewählte DV-Verfahren und Projekte (z. B. juristisches Informationssystem, Grundbuchautomation, automatisiertes Einwohner-, Finanz- und Personalwesen, Kommunale und Landesinformationssysteme, Bundesdatenbank), Zukunftstendenzen

3.2.2 Juristische Logik und Rechtsanwendungslehre

Lehrziel: Einführung in die formale Logik für Juristen (2)

Lehrinhalt: Grundbegriffe (formales Schließen, logische Verknüpfungen, Axiomatisierung, Kalkülisierung)
Einführung in die Aussagen- und Prädikatenlogik mit juristischen Beispielen
Anwendungsmöglichkeiten und Grenzen formalen Denkens in der Jurisprudenz

3.2.3 Rechtsdokumentation und DV-gestützte juristische Informationssysteme (1)

Lehrziel: Einführung in die Probleme der Rechtsdokumentation einschließlich

der über die reine Dokumentation hinausgehenden Entscheidungshilfen
Lehrinhalt: Grundbegriffe (Dokumentation, Information, Kommunikation, Benutzerforschung)
Dokumentationssysteme und Retrievalmethoden
Überblick über bestehende oder projektierte Verfahren (z. B. Juristisches Informationssystem, Testdatenbank, Informationssystem des Bundessozialgerichts)
Entscheidungshilfen durch Rechtsdokumentation

3.2.4 Regierungs- und Verwaltungsinformationssysteme (2)

Lehrziel: Einführung in die Struktur- und Rechtsprobleme der Regierungs- und Verwaltungsinformationssysteme
Lehrinhalt: Allgemeine Grundlagen (Integration, funktionelle Zentralisierung, Verbundsysteme)
Kommunale Automation (gemeinsame Kommunale Datenzentralen, Funktionsgruppen, Rechtsprobleme)
DV-Organisationsgesetz der Länder (Zielvorstellungen, Systematischer Vergleich, Koordinierungsinstrumentarium)
Projekte auf Bundesebene
Ausgewählte Rechtsfragen (Kommunale Selbstverwaltung, Föderalismus, Ressortprinzip, Datenschutz)

3.2.5 DV-Recht, insbesondere Datenschutzrecht (1)

Lehrziel: Einführung in die wichtigsten Gebiete rechtlicher Regelungen der DV
Lehrinhalt: DV-Organisationsrecht
Datenschutzrecht
Einzelne spezielle Rechtsfragen der DV

Zu den unter 3.2 aufgeführten spezifischen Rechtsinformatik-Vorlesungen werden Übungen, Praktika und Seminare abgehalten.

Die unter 3.1 angeführten Einführungsveranstaltungen erscheinen je nach der örtlichen Formulierung z. T. auch als „Einführung in die DV" oder als „Programmierkurs"; evtl. faßt eine vierstündige Vorlesung „Informatik I" beides zusammen. Nach Möglichkeit sind die Einführungsveranstaltungen zu 3.1 von den Informatikbereichen (in einer auch für Juristen geeigneten Form) bereitzustellen.

Jede der einführenden Veranstaltungen zu 3.1 und 3.2 (DV in Recht und Verwaltung, DV-Technik, Programmierung) sollte in jedem Jahr mindestens einmal stattfinden. Das gesamte Programm sollte so angelegt werden, daß es in dem zur Vorbereitung auf das Wahlfach nötigen Umfang innerhalb von 4 Semestern abgeleistet werden kann.

Damit würde die Einführung der Rechtsinformatik als Wahlfach (Wahlfachgruppe) im 1. Staatsexamen möglich. Diese könnte z. B. in Nordrhein-Westfalen durch Rechts-VO erfolgen (§ 3 Abs. 4 JAG NW). Es ist anzunehmen, daß dieses Wahlfach sowohl bei den Studenten wie ihren späteren Dienstgebern Anklang fände. Von studentischer Seite besteht bereits jetzt ein verbreitetes Interesse an der Rechtsinformatik, welches unter Berücksichtigung der gegenwärtig völligen Irrelevanz im Examen sehr beachtlich ist.

4. Ansatzpunkte und Mittel zum ersten Aufbau der Rechtsinformatik-Lehre

Den Bedürfnissen der Rechtsinformatik-Ausbildung stehen gegenwärtig schon eine ganze Reihe von Ansatzpunkten, aber durchweg noch unzureichende Mittel gegenüber.

4.1 Örtliche Ansatzpunkte

Im Sinne bereits vorhandener Bestrebungen auf dem Gebiet der Rechtsinformatik wären gegenwärtig zu nennen:

- Berlin
- Bonn
- Darmstadt
- Frankfurt
- Gießen
- Heidelberg
- München
- Münster
- Regensburg
- Saarbrücken.

Hiervon hat sich besonders Regensburg um die Rechtsinformatik-Lehre verdient gemacht; turnusmäßige Lehrveranstaltungen finden auch in Bonn statt, wobei hier besonders die Verbindung zur GMD (Gesellschaft für Mathematik und Datenverarbeitung) hervorgehoben werden kann. Auch an anderen Orten sind sehr aktive Institutionen (Frankfurt) oder Arbeitsgruppen (Darmstadt, München) auf dem Gebiet der Rechtsinformatik aufgebaut worden, welche gute Anknüpfungsmöglichkeiten für die Lehre ergeben könnten.

4.2 Personelle Mittel

Eine Schwierigkeit für die Rechtsinformatik-Lehre ist gegenwärtig die noch geringe Zahl habilitierter Juristen, welche auf diesem Gebiet arbeiten. In der Bundesrepublik sind sie gegenwärtig noch etwa an den Fingern einer Hand abzuzählen. Jedoch stehen weitere Habilitationen entsprechend orientierter Juristen bevor. Veröffentlichungen lassen erkennen, daß ein erhebliches Potential für dieses Gebiet interessierter und befähigter jüngerer Forscher besteht. Ein Bedürfnis wäre die Herstellung einer genügend engen Verbindung zu Informatik, Mathematik und DV. Hier wäre auch an die Gewinnung ursprünglich derart orientierter Kräfte für die Rechtsinformatik zu denken.

4.3 Sachliche Mittel

Einem offensichtlich großen Bedarf stehen heute ganz unzureichende Sachmittel gegenüber. Der Bedarf betrifft Bibliotheksausstattungen, Rechenzentrumsleistungen (Rechenzeit, Speicher, eigene Terminals), Reisemittel. Der Mangel ergibt sich vor allem daraus, daß die Aufgaben der Rechtsinformatik gegenwärtig meist nur „nebenher", noch ohne eigene Instiutionalisierung und Etatisierung erfüllt werden. Auch soweit Institutionalisierungen bereits vollzogen wurden (z. B. in Bonn) ist die Ausstattung minimal und ganz unzureichend. Hier wäre ein Punkt, wo mit verhältnismäßig geringem Aufwand wesentlich geholfen werden könnte.

4.4 Institutionen

Formale Institutionalisierungen der Rechtsinformatik bestehen in der Bundesrepublik noch wenige. Hier sind zu nennen die Forschungsstelle für Juristische Informatik und Automation in Bonn (mit entsprechendem Lehrstuhl), die Forschungsstelle für Juristische Dokumentation in Frankfurt, eine H 3-Stelle in Augsburg. Die Errichtung weiterer Lehrstühle (u. a. in Bayern) ist im Überlegungsstadium.

Im Rahmen des 2. DV-Programms der Bundesregierung sollen 5–8 Forschungsgruppen für „DV in Recht und Verwaltung“ eingerichtet werden, was bis jetzt formell noch in keinem Falle geschehen ist. Jedoch konnten hier z. T. bereits Keimzellen gebildet werden (z. B. in Bonn), deren weiterer Ausbau zu erwarten ist.

4.5 Vorschlag

Aufgrund der beschriebenen Situation eines nachweisbaren Bedürfnisses für eine Rechtsinformatik-Ausbildung einerseits und der weitgehend mangelhaften Institutionalisierung andererseits werden folgende kurzfristig zu ergreifende Maßnahmen vorgeschlagen:

1. Einführung der Rechtsinformatik als Wahlfach in allen Bundesländern
2. Ausrüstung der Rechtsfakultäten mit Rechtsinformatik-Lehrstühlen, wobei länderweise Schwerpunkte gebildet werden sollten
3. Anerkennung einzelner bestehender Gruppierungen an den Hochschulen als Forschungsgrupppen für „DV in Recht und Verwaltung“ i. S. des 2. DV-Programms der Bundesregierung.

Zusammenfassung

Der Beitrag geht davon aus, daß sich nach einem gewissen Verlauf der Forschung auf dem Gebiet der Rechtsinformatik nun immer stärker das Bedürfnis nach einer Rechtsinformatik-Ausbildung zeigt.

Unter den Überschriften

Wechselwirkung zwischen Recht und DV ...
DV-gestützte Analyse und Planung
Bedeutung der Informatik-Ausbildung für administrative Führungspositionen

wird einleitend in knappen Ausführungen auf die besondere fachspezifische Bedeutung einer angewandten Informatik für Juristen hingewiesen, die neben Forschungsaufgaben auch zu den entsprechenden Ausbildungsbedürfnissen der Rechtsinformatik führt. Nach Auffassung des Verfassers sollte der Beitrag der Jurisprudenz gegenüber den modernen Methoden und Denkweisen auch der Informatik darin liegen, nicht so sehr den Stil des Rechts zu konservieren, wie seine Funktion in der Gesellschaft, die heute mit neuen Methoden – und gerade auch denen der DV – zu erfüllen sei.

Zu den Lehrinhalten der Rechtsinformatik im Rahmen der Juristenausbildung werden die folgenden beiden Hauptgruppen vorgeschlagen:

– Informatik-Grundlagen
– Spezifische Rechtsinformatik-Fächer.

Zu den Informatik-Grundlagen gehören Veranstaltungen über DV-Technik, Programmierung, DV-Organisation und DV-Strukturen, Grundzüge der mathematischen Logik, Wahrscheinlichkeitstheorie, Planungsmethoden, die soweit als möglich vom Informatik-Bereich beizusteuern wären. Die spezifischen Rechtsinformatikfächer gliedern sich in einen allgemeinen Teil der Rechtsinformatik (Juristische Logik und Rechtsanwendungslehre, Gesetzgebungslehre und Gesetzgebungstechnik, Planungsmethoden, Systemanalyse in Recht und Verwaltung) in einen speziellen Teil der Rechtsinformatik (DV in Recht und Verwaltung, Rechtsdokumentation und DV-gestützte juristische Informationssysteme, Regierungs- und Verwaltungsinformationssysteme) und in den Teilbereich DV-Recht und Informationsrecht (DV-Recht, insbesondere DV-Organisationsrecht und Datenschutzrecht, Allgemeines Informationsrecht).

Unter Beschränkung auf das wesentlichste aus diesem Fächerkanon und ausgerichtet auf die gegenwärtige Konzeption der juristischen Wahlfächer zur Vorbereitung eines einzurichtenden Wahlfachs Rechtsinformatik schlagen die Verfasser ein Minimalprogramm für den Beginn der Rechtsinformatik-Lehre vor, das innerhalb 4 Semestern mit insgesamt ca. 15 Wochenstunden abgeleistet werden kann.

Den Abschluß des Beitrages bildet eine stichwortartige Aufzählung der örtlichen Ansatzpunkte, der personellen und sachlichen Mittel und der Institutionen zum ersten Aufbau der Rechtsinformatiklehre.

Summary

The article starts from the consideration that now, after a certain time of research in the field of jurimetrics (Rechtsinformatik: computers and the law, information science in law), there appears an increasing need for training in this field of law.

Under the headings

- Interrelationship between law and data processing,
- Computer-assisted analysis and planning,
- Significance of training in information and computer sciences (Informatik), for top positions in administration,

there are at the outset, brief references to the subject-specific importance of applied information and computer sciences for lawyers, which, in addition to research tasks, also leads to corresponding needs for training in jurimetrics. Jurisprudence should contribute to modern apprpoaches and ways of thinking also in the information and computer sciences, primarily by determining the function of law in the society, as it presents itself in the application of new methods, including particularly also these of data processing, rather than by conserving the style of law.

As instructional contents of jurimetrics within the academic training of lawyers, the following two main groups are suggested:

- fundamentals of information and computer sciences,
- specific subjects of jurimetrics.

Within the training in fundamentals of information and computer sciences, courses should be arranged on data processing systems, programming, organization and structures of data processing, basic principles of mathematical logic, theory of probability, and planning methods. As far as possible, the faculties of information and computer sciences should be responsible for these topics. The specific subjects of jurimetrics are divided into a general part of jurimetrics (legal logic and theory of application of the law, legislative theory and techniques, planning methods, systems analysis in law and administration), a special part of jurimetrics (data processing in law and administration, legal documentation and computer-assisted legal information systems, governmental and administrative information systems), and the specific field of the law of data processing and protection of privacy against data misuse [Datenschutz], the general law of information).

Under limitation to the essentials of this canon of subjects, and, in orientation toward the present conception of optional subjects in legal studies, under the aspect of preparing an optional subject of jurimetrics to be established, a minimum program is suggested, for the beginning of the teaching of jurimetrics, which program may be performed within 4 semesters with a total of about 15 credit hours.

At the end of the article there is a catch-word like enumeration of local points of application, of personal and material resources, and of institutions for the initial establishment o fthe teaching of jurimetrics.

Literatur zur Konzeption der Rechtsinformatik und vor allem zu Ausbildungsfragen

H. Fiedler, Forschungsaufgaben der Juristischen Informatik, Ringvorlesung an der Juristischen Fakultät der Universität München WS 1971/72 (MS, im Druck)

H. Fiedler, Automatisierung im Recht und Juristische Informatik, Aufsatzreihe JuS 1970/71. Teil 5: Perspektiven der Automatisierung im Recht und der Juristischen Informatik JuS 1971, 228.

H. Gerlich, Berufsbilder der Datenverarbeitung in der öffentlichen Verwaltung, ÖVD 1972, 278

GMD (Gesellschaft für Mathematik und Datenverarbeitung m.b.H., Bonn) – Informatikkolleg (Leitung *P. Heyderhoff*). Unveröffentlichte Unterlagen

J. Griese, Öffentliche Verwaltung. In: P. Mertens (Hrsg.), Angewandte Informatik, Berlin 1972, S. 128

K. Grimmer, Social-System-Engineering. Zur Funktion der Verwaltung in der modernen Industriegesellschaft und zur Ausbildung eines Verwaltungsingenieurs. (DÖV 1971, 485)

E. Grochla/N. Szyperski/D. Seibt, Ausbildung und Fortbildung in der Automatisierten Datenverarbeitung, Wien 1970

E. Grochla/P. Schmitz/D. Seibt/N. Szyperski, Ein Vorschlag für einen Studiengang „Diplom-Betriebswirt der Fachrichtung Informatik". Angewandte Informatik 1972, 81

P. Heyderhoff/P. Gerken, Das Ausbildungsangebot des Informatikkollegs der Gesellschaft für Mathematik und Datenverarbeitung m. b. H., Bonn, ÖVD 1971, 159

Informatik – Aspekte und Studienmodelle. Symposium zur Vorbereitung einer neuen Studienrichtung in Österreich (Wien 1971). Hrsg. vom Rektorat der TH Wien. Wien 1972

W. Jähnig, Automation in der öffentlichen Verwaltung. DÖV 1970, 465

T. Kôkai, Tagungsbericht über die „World Conference on Informatics in Government", Florenz 16.–20. 10. 1972, ÖVD 1973, 41

KGSt (Kommunale Gemeinschaftsstelle für Verwaltungsvereinfachung, Köln) – Seminar für Automation, Augsburg (Leitung *W. Jähnig*). Unveröffentlichte Seminarunterlagen

N. Luhmann, Recht und Automation in der öffentlichen Verwaltung, Berlin 1966

N. Luhmann, Theorie der Verwaltungswissenschaft, Köln 1967

W. Ruckriegel, Quo vadis, ADV? ÖVD 1973, 1

G. Stadler, Tagungsbericht „Rechtstheorie, Recht und Computer" (Wiener Rechtstheorie-Symposium 1972) ÖVD 1973, 42

W. Steinmüller, EDV und Recht – Einführung in die Rechtsinformatik, Berlin 1970 (JA-Sonderheft 6)

W. Steinmüller, Recht. In: *P. Mertens* (Hrsg.), Angewandte Informatik, Berlin 1972, S. 111

W. Steinmüller, Rechtsinformatikausbildung – Projektbericht und Perspektiven. ÖVD 1972, 231

Studienführer: Studien- und Prüfungsordnungen, Berichte der Informatikbereiche einer Reihe von Universitäten bzw THs, TUs.

2. DV-Programm (Zweites Datenverarbeitungsprogramm der Bundesregierung). Hrsg. vom Bundesminister für Bildung und Wissenschaft, Bonn 1971.

Zeitschriften (BRD):

ÖVD (Öffentliche Verwaltung und Datenverarbeitung), Stuttgart

DSWR (Datenverarbeitung, Steuer, Wirtschaft und Recht), München

DVR (Datenverarbeitung im Recht), Berlin.

Friedrich Lachmayer

Anwendungsmöglichkeiten für EDV-Bildschirmgeräte

Übersicht

Das juristische Material findet sich zumeist in sprachlicher Gestaltung. Es besteht deshalb aber noch kein zwingender Grund, bei einer Wiedergabe juristischer Probleme durch den Computer sich ebenfalls ausschließlich der sprachlichen Ausdrucksweise zu bedienen. Es ist durchaus möglich, daß eine andere Form der Wiedergabe des juristischen Materials wirksamer, übersichtlicher und einprägsamer wäre. So ist etwa an eine graphische Form der Wiedergabe zu denken. In der Rechtswissenschaft werden schon seit längerer Zeit zu Zwecken der Illustration Graphiken verwendet. Doch kommt diesen Diagrammen eine völlig untergeordnete Bedeutung zu. Es ist nun zu überlegen, ob nicht durch ein intensiveres Heranziehen solcher graphischer Ausdrucksmittel eine Erhöhung der Ausdruckskraft und somit ein weiterer Anstoß für die Entwicklung der Rechtswissenschaft erreicht werden könnte.

Diese Bemühungen sind deshalb auch im Zusammenhang mit der EDV zu sehen, da durch die Entwicklung der EDV-Bildschirmgeräte neue Dimensionen für eine graphische Wiedergabe des Rechtsmaterials eröffnet werden. Freilich kann man juristische Texte in verbaler Form auf dem EDV-Bildschirmgerät zum Ausdruck bringen. Doch ergibt sich eben die Frage, ob sich mit den EDV-Bildschirmgeräten nicht mehr als eine bloße Reproduktion des Verbalen erreichen läßt.

Im folgenden seien einige solcher über das Verbale hinausgehende Anwendungsmöglichkeiten aufgezeigt:

1. Zeitliche Einordnung von Rechtsquellen

Das Recht ist historisch einordenbar. Die Quantität der Rechtsquellen läßt sich zeitlich darstellen, gleichermaßen wie die Geltung, die sich ebenfalls über eine bestimmte Zeitdauer erstreckt[1].

In der Praxis stellt sich etwa für einen Legisten ein konkretes Problem so, daß die verschiedenen Bundesländer im Rahmen ihrer Gesetzgebungskompetenzen verschiedene Gesetze erlassen. Seitens des Bundes können Grundsatzgesetze

[1] Zur Frage der automatischen Feststellung von formellen Derogationen wurde im Rahmen des EDV-Versuchsprojekts Verfassungsrecht (Republik Österreich, Bundeskanzleramt – IBM Österreich) eine Lösung erarbeitet.

erlassen werden oder Gesetze, die verwandte Materien regeln. Der Verfassungsgerichtshof wird das eine oder das andere Gesetz prüfen. Am Ende ergibt sich so für einen bestimmten Zeitraum eine Menge von Rechtsquellen. Für die Erstellung eines Gutachtens über einen Gesetzentwurf wird es von Bedeutung sein, eine gewisse Übersicht zu besitzen, wann und von wem solche Rechtsquellen geschaffen wurden.

Mittels eines EDV-Bildschirmgeräts könnten nun die in einen Sachbereich fallenden Rechtsquellen tabellenartig aufgezeigt werden:

Rechtsträger oder Organ:	Jahr:	Rechtsquelle:
Bund	x + 2	Gesetz
Bund	x + 5	Gesetz
Land 1	x + 2	Gesetz
Land 1	x + 3	Novelle
Land 1	x + 3	Novelle
Land 1	x + 5	Entwurf
Land 1	x + 6	Novelle
Land 2	x + 3	Entwurf
Land 2	x + 6	Entwurf
Land 3	x + 2	Gesetz
Land 3	x + 4	Gesetz
Land 3	x + 6	Entwurf
Land 4	x + 2	Gesetz
Land 4	x + 3	Entwurf
Land 4	x + 5	Novelle
Land 4	x + 6	Novelle
Land n	x + 2	Novelle
Land n	x + 4	Novelle
Land n	x + 6	Gesetz
Land n	x + 6	Novelle
VfGH	x + 1	Erkenntnis
VfGH	x + 3	Erkenntnis
VfGH	x + 4	Erkenntnis
VfGH	x + 5	Erkenntnis
VfGH	x + 7	Erkenntnis

In einer graphischen Form erweist sich eine solche Aufstellung als viel übersichtlicher. Für jeden der Rechtsträger oder für jedes Organ kann eine horizontale Linie gewählt werden. Während also diese personellen Positionen auf der Vertikalen aufgetragen werden, läßt sich die Zeit auf der Horizontalen darstellen (Personen-Zeit-Diagramm)[2]. Darüber hinaus werden folgende Symbole angenommen:

□ = Gesetz	• = Erkenntnis
▫ = Novelle	→ = Geltungsdauer
I = Entwurf	ı = Zeiteinheit

---

[2] *Lachmayer*, Subsidiäre Pflichten, in: Zeitschrift für öffentliches Recht, 1971.

Eine solche Reproduktion von Rechtsquellen mittels eines EDV-Bildschirmgerätes könnte dann etwa folgendermaßen aussehen:

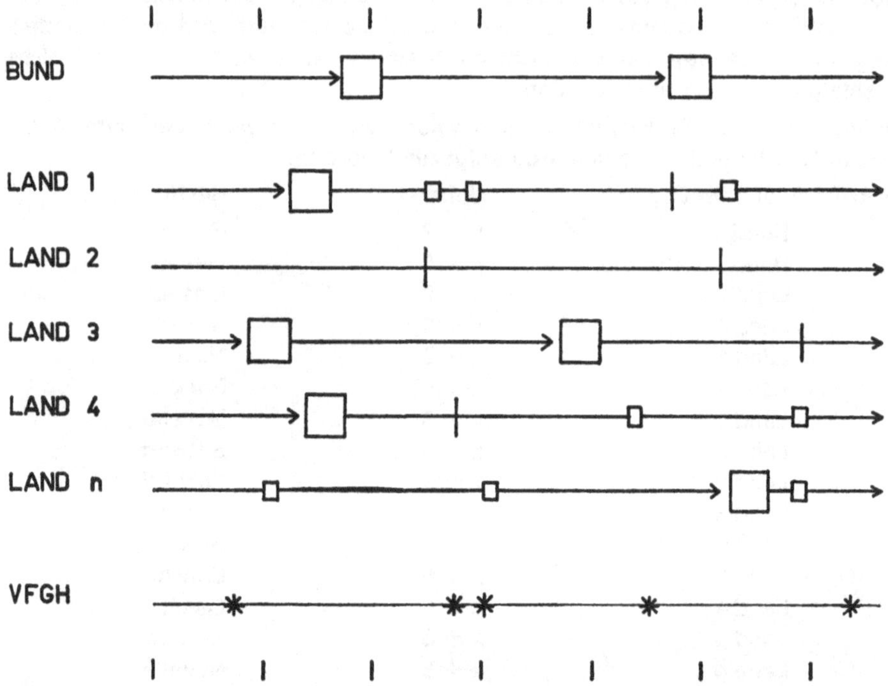

Abbildung 1

Sofern das EDV-Bildschirmgerät über einen Lichtstift verfügt, lassen sich im Retrieval die konkreten Texte der Rechtsquellen unmittelbar vom Bildschirm abrufen. Auf jeden Fall bietet so eine graphische Darstellung einen optischen Ausgangspunkt für das Retrieval. Eine optisch gefällige Anordnung von Daten ist dem Bewußtsein wohl adäquater als eine Tabelle, welche auf das Problem der äußeren Gestaltung nicht in diesem Maße Wert legen kann.

Es kann nun eingewendet werden, daß die in der graphischen Darstellung zum Ausdruck kommenden Daten viel zu wenige seien. Es mag eben nicht nur interessant sein, wann ein Gesetz kundgemacht wurde, sondern es kann noch relevanter sein, welche Entwürfe dem Gesetz zugrundegelegen sind, welche Gutachten ausgearbeitet wurden, wie die einzelnen Schritte des Gesetzgebungsverfahrens waren, ob ein Einspruch seitens des Bundes erhoben wurde, etc.

Es dürfte möglich sein, mittels der EDV gleichsam eine Vergrößerung von Ausschnitten aus solchen graphischen Darstellungen zu erreichen. So wie es bei einem Atlas Karten in einem großen Maßstab gibt und dann wieder Detailkarten in einem kleineren Maßstab, so dürfte es realisierbar sein, mittels EDV-Bildschirmgeräten Ausschnitte von graphischen Darstellungen in detaillierter Weise zu zeigen. Auch bei der Darstellung von Detailausschnitten kann man sich an die grundsätzliche zeitliche Ordnung halten. Interessiert man sich etwa für das

Verfahren anläßlich des Zustandekommens eines bestimmten Landesgesetzes, so könnte sich etwa folgendes Bild ergeben:

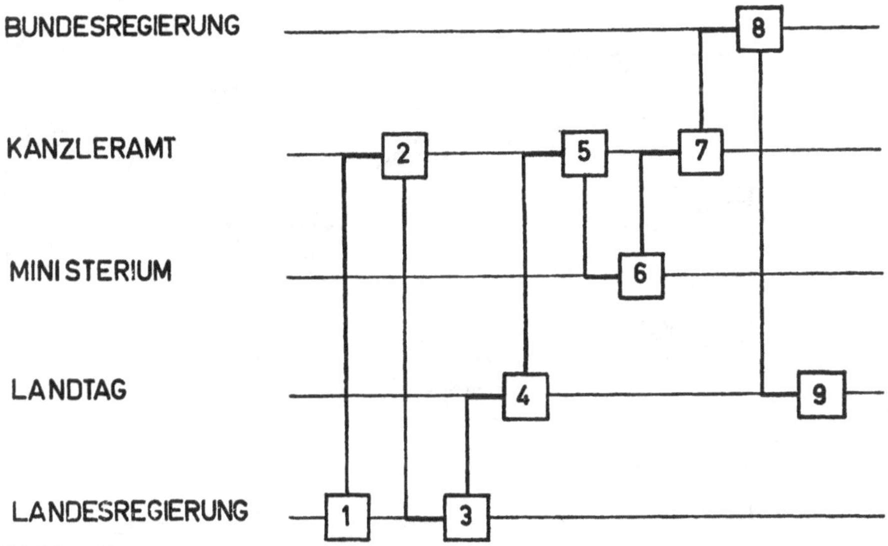

Abbildung 2

Die Verfahrensstadien sind im einzelnen folgende:

1 = Entwurf des Landesgesetzes

2 = Begutachtung dieses Entwurfs

3 = Vorlage des revidierten Entwurfs

4 = Gesetzesbeschluß

5 = Aussendung des Gesetzesbeschlusses zur Ressortstellungnahme

6 = Ressortstellungnahme

7 = Ministerratsvortrag

8 = Einspruch

9 = modifizierter Gesetzesbeschluß oder Beharrungsbeschluß

Zum Unterschied von der Abb. 1 ist bei der Abb. 2 die Zeit keine solche im physikalischen Sinn, sondern eine im funktionellen Sinn, d. h. es wird nur die Sukzession der Rechtsakte gezählt.

Auch die Abb. 2 kann ihrerseits wieder zur Grundlage für ein Retrieval der Texte genommen werden.

2. Einordnung von Rechtsquellen im Stufenbau

Ausgehend von der Theorie des Stufenbaus stellt sich das Problem, welche Rechtsquellen es für einen bestimmten Gegenstand, für einen Lebenssachverhalt gibt, wobei der Rang und der Delegationszusammenhang dieser Rechtsquellen ebenfalls zu beachten sein wird. Die in einem Staat bestehenden normativen Schichten lassen sich z. B. in der folgenden Weise graphisch darstellen:

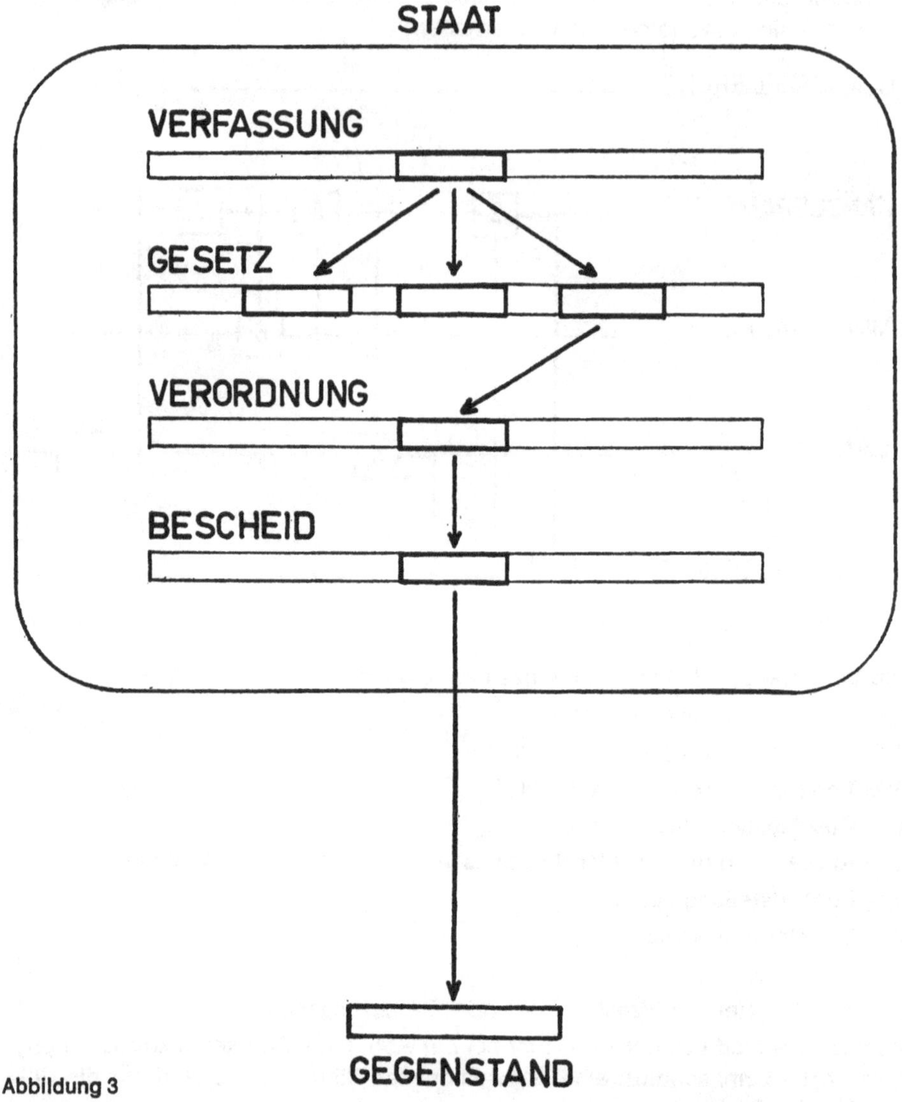

Abbildung 3

Die konkreten Rechtsquellen werden jeweils in der Ebene eingetragen, der sie rangmäßig angehören. Die Delegationszusammenhänge lassen sich durch Pfeile darstellen.

3. Didaktische Anwendungsmöglichkeiten

Bei solchen Darstellungen ist insbesondere an didaktische Zwecke zu denken. Graphische Darstellungen können ja auch ohne EDV-Bildschirmgeräte verwendet werden. Der Einsatz von EDV-Bildschirmgeräten ermöglicht jedoch eine Dynamik und ein Eingehen auf die Besonderheiten des Lernprozesses im Sinne von Fragen und Antworten, des Einsatzes eines Lichtstiftes, die Verbindung mit Datenbanken etc., wie dies bei gedruckten graphischen Darstellungen in dieser Form nicht möglich ist. Durch die Verbindung graphischer Darstellungen mit der Möglichkeit, auch die dahinterliegenden juristischen Texte zu reproduzieren, wird eine völlig neue Dimension des juristischen Unterrichts eröffnet. Die Anwendung graphischer Darstellungen im Unterricht erscheint schon deshalb wichtig, da viele Studenten optisch orientiert sind und sich daher graphische Darstellungen leichter merken als das Textbild von Gesetzen. Es darf dabei nicht übersehen werden, daß in den graphischen Darstellungen die hinter dem Text liegenden begrifflichen Strukturen klarer zum Ausdruck kommen können, als dies bei der rein verbalen Ausdrucksform zumeist der Fall sein wird.

Es soll hier nicht eine bestimmte Art von graphischen Darstellungen in den Vordergrund gerückt werden. Die Frage der Anwendung und Auswahl solcher optischer Lehrbehelfe im Bereich des Juristischen ist bisher überhaupt zu wenig untersucht worden, scheint jedoch sehr ausbaufähig zu sein. Als einfachste Formen graphischer Darstellungen könnten Personen-Zeit-Diagramme sowie Organisationsschemata zur Anwendung kommen. Bei den Verfahrensdiagrammen könnte der Student etwa gefragt werden, welches der nächste Schritt des prozessualen Geschehens sein wird, welche Institutionen im Falle der Negation eines Verfahrensstadiums in Betracht kommen, etc.

Analog zu der obigen Darstellung der Einordnung von Rechtsquellen im Stufenbau (Abb. 3) wäre auch an Organisationsdarstellungen mittels EDV-Bildschirmgeräten zu denken.

Für didaktische Zwecke könnte sich eine Kombination von gedruckten graphischen Darstellungen mit solchen, welchen mittels EDV-Bildschirmgeräten produziert werden, als vorteilhaft erweisen. Soweit es sich um grundsätzliche Überblicke handelt oder um Strukturen, bei welchen man mit einer statischen Darstellungsform das Auslangen findet, dürften gedruckte Darstellungen („juristischer Atlas")[3] zweckmäßiger sein. Die für den Lernprozeß notwendige Dynamik könnte dann durch den zusätzlichen Einsatz von EDV-Bildschirmgeräten erreicht werden.

4. Strukturelle Rechtsvergleichung

Der seit einiger Zeit in der Rechtswissenschaft aufkommende Strukturalismus, welcher sich schon infolge seines umfassenderen Gegenstands, nämlich der möglichen normativen Strukturen und nicht bloß der positives Recht gewordenen, gegen die Hegemonie dogmatischer, positivistischer Strömungen richtet, bringt für die Rechtsvergleichung einen neuen theoretischen Ansatz mit sich. Indem nämlich die einzelne im positiven Recht vorkommende Rechtsfigur nur als eine der vielen Varianten des Spektrums möglicher normativer Strukturen angesehen wird, was auch für die in einer anderen Rechtsordnung aufscheinende und zu vergleichende Rechtsfigur gilt, ist es möglich, in diesem Spektrum

[3] *Lachmayer*, Bürokratische Interaktionsmodelle und Verwaltungsreform, in: Österreichische Gemeinde-Zeitung, 1973.

der Strukturen eine gemeinsame Basis der verschiedenen Erscheinungen des Rechtes zu finden.

Eines der ergiebigsten Anwendungsgebiete der EDV im Bereich des Rechts dürfte eine solche strukturelle Rechtsvergleichung sein. Wesentlich nämlich ist nicht so sehr die Gegenüberstellung verschiedener Texte. Viel wichtiger erscheint es, die hinter diesen Gesetzestexten stehenden begrifflichen Strukturen zu erfassen und gegenüberzustellen. Die entscheidende interpretative Aufgabe der Aufschlüsselung des Gesetzestextes in seine normativen Strukturen ist nicht Sache des Computers, sondern des Wissenschaftlers. Sind jedoch einmal diese Strukturen eingegeben, so ist es mittels EDV möglich, diese Strukturen zu vergleichen und die sich ergebenden Unterschiede und Gemeinsamkeiten festzustellen.

Im Rahmen dieser strukturellen Rechtsvergleichung ist es möglich, graphische Darstellungen zum Einsatz zu bringen.

Im folgenden Beispiel werden 2 Rechtsordnungen angenommen, wobei in beiden die Frage des Eigentumsübergangs bei einer Sachübertragung behandelt werden soll. Die Subjekte S 1 und S 2 sind in einem Personen-Zeit-Diagramm eingetragen. Die Sache ist in beiden Fällen zunächst dem Subjekt S 1 zugeordnet und wird sodann auf Grund eines Vertrags (I)an das Subjekt S 2 übertragen. Das Problem besteht nun darin, in welchem Zeitpunkt das zunächst dem Subjekt S 1 zustehende Eigentumsrecht erlischt und beim Subjekt S 2 begründet wird. Die Rechtsordnung 1 hat sich in diesem Beispiel entschieden, daß für die Eigentumsübertragung der Zeitpunkt der Übergabe der Sache relevant ist, während nach der Rechtsordnung 2 dafür der Zeitpunkt des Vertrags maßgeblich ist.

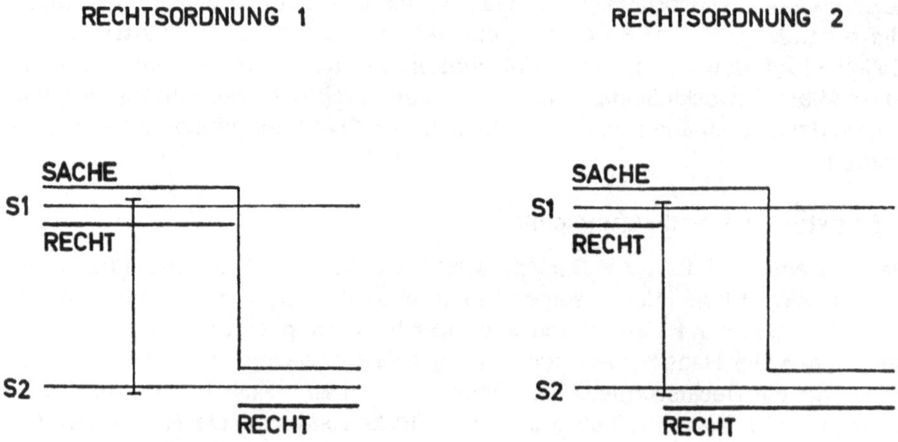

Abbildung 4

Gerade dieses Beispiel zeigt aber auch wieder, wie sehr die dem Problem der Anwendung der EDV vorgelagerte Problematik eine rechtstheoretische ist. Die Rechtsinformatik setzt die Rechtstheorie voraus. Ohne entsprechende rechtstheoretische Vorarbeiten dürfte es schwierig sein, zu einer Applikation der EDV im Bereich des Rechts zu gelangen, welche über die Wiedergabe bloß verbaler Art hinausgeht.

Die Ausarbeitung von Methoden zu graphischen Darstellung, welche sodann mittels EDV-Bildschirmgeräten im Bereich des Rechts angewendet werden können, ist nur ein Schritt im Rahmen einer intensiveren Aufbereitung des Rechts durch EDV. Mit den hier dargelegten graphischen Darstellungen sollte dieses Problem nur angedeutet und auf die Notwendigkeit der Entwicklung nichtverbaler Notationen hingewiesen werden.

Zusammenfassung

Die bisher in der Rechtswissenschaft übliche verbale Ausdrucksweise kann durch eine nichtverbale Notation ergänzt werden. So ist an graphische Darstellung zu denken. Ein Einsatz von EDV-Bildschirmgeräten ist insbesondere in folgenden Gebieten möglich: zeitliche Einordnung von Rechtsquellen, Einordnung von Rechtsquellen im Stufenbau der Rechtsordnung, strukturelle Rechtsvergleichung. Weiters bestehen didaktische Anwendungsmöglichkeiten.

Summary

The mode of expression which has been used in the jurisprudence so far can be completed by a non-verbal notation, for instance graphical figures. Display units (screens) may be used especially for the following applications: chronological classification of norms, classification of norms according to the hierarchy of the legal system. Further on exists the possibility of didactical applications.

Bericht

Gerhard Stadler

Die EDV im österreichischen Recht und in der Bundesverwaltung

Über den Einsatz der EDV im Bundesbereich gibt der jährliche EDV-Bericht der Bundesregierung an den Nationalrat Auskunft (zuletzt: Elektronische Datenverarbeitung im Bundesbereich. EDV-Bericht 1972, Bedarfsprognose 1972 bis 1975, III – 67 der Beilagen zu den Sten. Protokollen des Nationalrats, XIII. Gesetzgebungsperiode). Dieser EDV-Bericht und -Plan wird vom Koordinationskomitee für die elektronische Datenverarbeitung im Bereich des Bundes im Bundeskanzleramt (BKA, A-1010 Wien, Ballhausplatz 2) erstellt und gibt neben einer kurzen Beschreibung über die EDV-Applikationen und Projekte im Bundesbereich detaillierte Aufstellungen über hardware, software und brainware. Neben der Herausgabe dieses EDV-Berichts, der ein wesentliches Informationspotential für den Gesetzgeber darstellt, obliegt diesem Koordinationskomitee die Ausarbeitung von Musterverträgen, die Erarbeitung eines EDV-Besoldungsschemas, die Koordinierung aller EDV-Aktivitäten des Bundes (wohl steht dem österreichischen Bundeskanzler keine dem Bonner Grundgesetz entsprechende „Richtlinienkompetenz" zu, doch haben die Gutachten des Koordinationskomitees, das als Kollegialorgan aus Vertretern der Bundesministerien zusammengesetzt ist, wesentlichen Einfluß auf die Durchführung von EDV-Vorhaben aller Bundesdienststellen, da infolge eines Grundsatzbeschlusses der Bundesregierung die Finanzierung von EDV-Vorhaben vom Finanzministerium nur bei einem positiven Gutachten des Koordinationskomitees erfolgen soll), für die Zukunft ist eine Programmdokumentation geplant.

Die österreichische Bundesregierung, innerhalb der der Staatssekretär im Bundeskanzleramt, Dr. E. E. Veselsky, mit der Koordination der EDV-Agenden betraut ist, sieht den Einsatz der EDV in der öffentlichen Verwaltung als Bestandteil einer Verwaltungsreform, der nicht nur die Verwaltung ökonomischer gestalten, sondern auch und vor allem dem Staatsbürger besseres Verwaltungsservice bieten soll.

Am 1. 1. 1972 waren im Bundesbereich 38 EDV-Anlagen über 4 KB eingesetzt (mit Zentraleinheiten von insgesamt 4325 KB), davon 16 in der Hoheitsverwaltung, 9 in Bundesbetrieben (z. B. Post, Bahn) und 13 im Hochschulbereich; für den EDV-Bereich waren an Sach- und Personalkosten im Budget 1972 ca. 0,5 Milliarden S vorgesehen, die Tendenz ist stark steigend (jährlicher Zuwachs: 50%). Der überwiegende Teil der Anlagen ist von den Herstellerfirmen gemietet (Wertanteile: IBM 80%, Honeywell Bull 9%, UNIVAC und CDC je 4%).

Es sind bereits in den Bereichen aller Ministerialressorts EDV-Anlagen eingesetzt; im folgenden werden aber nur die Anwendungen dargestellt, die vom Juristischen her interessant sind.

Im BKA (Administrative Bibliothek) wurde nach 2jähriger Arbeit im Herbst 1972 das „EDV-Versuchsprojekt Verfassungsrecht" fertiggestellt, das ein Modell für ein österreichisches Rechtsinformationssystem darstellt. Aufbauend auf einem umfassenden Kategorienschema (Wiener Allgemeines Kategorienschema, WAKS) und eingehender Systemanalyse aller Rechtsinformationsquellen wurden ins System aufgenommen die ca. 5000 Entscheidungen des österreichischen Verfassungsgerichtshofs seit 1960 (Volltext mit geringfügigen Kürzungen), alle Verfassungsgesetze (Volltext), österreichische Rechtsliteratur seit 1969 (nur bibliographische Angaben und Deskriptoren) die Zeitschrift „Österreichische Rechtsdokumentation" (Aufnahme aller in diesem Dokumentationsorgan aufgenommenen Dokumente in den Fundstellen), insgesamt ca. 40 Millionen Zeichen. Die Verbindung zwischen den einzelnen Dokumenten wird hergestellt durch eine detaillierte Zitatenauswertung, die über das WAKS und formalisierte inhaltliche Angaben erstellt wird. Wesentliche Neuerungen gegenüber anderen Rechtsinformationssystemen sind auch die automatische Generierung der formellen Derogation bei Gesetzen, eine Flexionsformenbereinigung der deutschen Sprache für die Volltextsuche und die Zuordnung von Schlüsselwortphrasen zu Fachbereichen des österreichischen Rechts. Von der software her arbeitet das System on line auf Bildschirm-Terminals im teleprocessing mit FAIR (Full Automatic Information Retrieval), einer von IBM Österreich in Zusammenarbeit mit dem Bundeskanzleramt erarbeiteten Erweiterung des Programmpaketes STAIRS. Die Auswertung einer im Rahmen des Projekts durchgeführten Benutzerbefragung (ca. 3000 ausgesandte Fragebögen, Rücklaufquote 80%, und Benutzerinterviews) wird u. a. die Entscheidungsgrundlage für den Ausbau dieses gegenwärtig im Testbetrieb stehenden Modells eines Informationssystems sein.

In Feinplanung sind im Bundeskanzleramt ein Personalinformationssystem sowie der Einsatz der EDV bei der Publikation des Bundesgesetzblattes; im Statistischen Zentralamt beginnt das Integrierte Statistische Informationssystem (ISIS) im Herbst 1973 mit dem Probebetrieb (auf IBM 370/158), das – ausgehend von den Volkszählungsergebnissen – sämtliche amtlichen statistischen Erhebungen in Österreich umfassen und die Basis für ein Management-Informationssystem der Bundesregierung sein wird. Die Überlegungen für den Aufbau eines Personenkennzeichens (Bevölkerungsevidenz) sind bisher nur im Rahmen der Sozialversicherung in die Praxis umgesetzt worden. Vor einer allgemeinen Einführung wird ein Datenschutzgesetz auf Verfassungsebene beschlossen werden müssen, das gegenwärtig unter der Federführung des Bundeskanzleramts-Verfassungsdienst ausgearbeitet wird. Vom BKA-VD wurden auch bereits 1970 Richtlinien für automationsgerechte Gesetze erlassen.

Das im Bundesminsiterium für Inneres im Aufbau befindliche kriminalpolizeiliche Informationssystem (EKIS) umfaßt derzeit die Kriminalstatistik, die Überwachung der bargeldlosen Organmandatseinhebung und die Kraftfahrzeugfahndung (mit gegenwärtig ca. 15 000 gestohlenen oder sonst im Zusammenhang mit einer Straftat gesuchten Kfz; die über Fernschreiber von ca. 1200 Sicherheitsdienststellen möglichen Anfragen werden innerhalb von 10 Sekunden beantwortet; derzeit sind 64 Suchbegriffe – u. a. einzelne Zahlen der Zulassungs- oder Motornummer, Farbe, Type – zugelassen); vor dem praktischen Einsatz stehen die Kraftfahrzeugzulassung und die Personen- und Sachfahndung. Seit 1968 wird bei der Bundespolizeidirektion Wien für das gesamte Bundesgebiet das Strafregister über EDV geführt (vgl. das automationsgerecht erstellte Strafregistergesetz, BGBl. 1968/277 i. d. F. 1972/101). Im Strafregister werden gegenwärtig knapp 1 Million Personen in Evidenz geführt, täglich werden ca. 5000 Auskünfte an die anfrageberechtigten Behörden erteilt; jede Person kann über den Inhalt der sie betreffenden Strafregistereintragung eine Strafregisterbescheinigung erhalten. Die Führung des Strafregisters mit EDV ermöglicht es, vom bisherigen Prinzip der Tilgung über Antrag zur automatischen Straftilgung überzugehen. Ab dem Inkrafttreten des automationsgerechten Tilgungsgesetzes (BGBl. 1972/68), das ist am 1. 1. 1974, wird nach Ablauf der vorgesehenen Fristen und bei Vorliegen der sonstigen Voraussetzungen die Tilgung strafgerichtlicher Verurteilungen von Gesetzes wegen eintreten. Es laufen in der EDV-Zentrale des Innenministeriums bei der Bundespolizeidirektion Wien (A-1092 Wien, Roßauer Lände 7) derzeit ca. 200 Programme (überwiegend Assembler, PL/1) auf 2 Anlagen IBM 360/40 und 370/45 im Duplex-System.

Im Bundesministerium für Justiz ist neben den Vorbereitungen für ein Rechtsdokumentationssystem und ein betriebliches Informationssystem eine Umstellung des Grundbuches auf EDV geplant. Die Vorteile eines Grundbuches auf EDV-Basis wären u. a. die Lösung des ständig steigenden Raum-, Personal- und Zeitbedarfs für Grundbuchführung; die Ermöglichung der Auflösung kleinerer Bezirksgerichte, da an dem betreffenden Ort Grundbuchseinsichten über Datenendstationen – etwa im Notariat – möglich wären; bessere Übersichtlichkeit der Grundbucheintragungen; einfache und raschere Erstellung fehlerfreier Grundbuchauszüge; Ermöglichung bestimmter Reformen des Sachenrechts; vollautomatische Ausarbeitung von einfachen, häufig wiederkehrenden Grundbucherledigungen. Die beim EDV-Grundbuch noch zu lösenden Schwierigkeiten liegen hauptsächlich in einer tiefgreifenden Änderung des Grundbuchgesetzes, in der Entscheidung über die Notwendigkeit der Evidenthaltung bereits gelöschter Eintragungen (zu diesem Zweck Zweck wurde u. a. 1972 eine umfangreiche Erhebung des Ist-Zustandes in allen österreichischen Grundbuchgerichten durchgeführt) sowie in der Abstimmung mit den bereits auf EDV umgestellten Grundkatastern.

Aus dem Bereich des Bundesministeriums für Unterricht und Kunst sei das Schülerbeihilfengesetz (BGBl. 1971/253 i. d. F. 1972/285) als Beispiel eines mit Hilfe der EDV durch Verwaltungsakte vollzogenen Gesetzes dargestellt: Aus EDV-gerechten Antragsformularen werden die Antragsdaten abgelocht, die Anspruchsvoraussetzungen (z. B. Einkommen der Eltern, Zahl der Geschwister, besuchte Schulklasse) maschinell überprüft, die Beihilfenhöhe errechnet sowie über den Drucker der EDVA (IBM 360/25) Bescheide (20 Varianten) erstellt, die dann dem Antragsteller zugestellt werden. Von den 33 000 bisherigen Antragstellern ergriffen nur 3,6% Rechtsmittel, von denen bisher nur 8 gegen den Computerbescheid erfolgreich waren. Erst die EDV ermöglichte faktisch die Erlassung des Schülerbeihilfengesetzes, da eine herkömmliche Vollziehung den Großteil der für dieses Gesetz vorgesehenen Budgetmittel an Verwaltungsaufwand absorbiert hätte, wie eine Kosten-Nutzen-Analyse ergab.

Im Bundesministerium für Finanzen stehen derzeit die leistungsfähigsten EDV-Anlagen Österreichs im Einsatz (2 IBM 370/145 mit je 768 KB) und hier ist auch bereits ein Datenfernübertragungsnetz in Betrieb. Die ca. 90 Finanzämter Österreichs sind mit den CPUs in Wien über herkömmliche Telefonleitungen verbunden, an allen ca. 110 Terminals können Daten eingegeben und empfangen werden. Die EDV vollbringt dabei u. a. folgende Leistungen: automatische Überwachung unter Berücksichtigung der Verpflichtung zur Selbstbemessung und Abfuhr von Abgaben; automatische Evidenthaltung und Abrechnung der Jahresschuldigkeiten (Vorauszahlungen) der 15 wichtigsten Abgabenarten; logische Prüfung aller Arten von Abgaben auch in kassen- und verrechnungstechnischer Hinsicht; Drucken von Listen und Adressen zur Vorbereitung und Durchführung der Versendung von Steuererklärungen; bescheidmäßige Festsetzung und Vorschreibung von Säumniszuschlägen (Bescheide ohne Unterschrift und Beglaubigung wurden ermöglicht durch die Novelle BGBl. 1969/134 des § 96 Bundesabgabenordnung); automatische Verarbeitung von Zahlungen auf Einzahlungslochkarten; Errechnung und bescheidmäßige Festsetzung der Beiträge und Abgaben von land- und forstwirtschaftlichen Betrieben. Im Zentralbesoldungsamt wird die Bezugsverrechnung für alle Bundesbediensteten vollautomatisch durchgeführt, wobei auch die sich durch Gesetzesnovellen häufig ergebenden Änderungen einbezogen werden. In Planung befindet sich eine Zusammenfassung der EDV-Agenden im Finanzressort in einem Bundesrechenamt, dem auch eine wesentliche Aufgabe beim projektierten Budgetplanungssystem zukommt (vgl. die Regierungsvorlagen vom Januar 1973, 608 und 609 der Beilagen zu den Stenographischen Protokollen des Nationalrates, XIII. Gesetzgebungsperiode).

Die österreichischen Bundesländer setzen ebenfalls in ihrem Aufgabenbereich die EDV ein, überwiegend für die Vollziehung von Besoldungs- und Leistungsvorschriften (z. B. in Krankenanstalten), aber auch im betriebswirtschaftlichen Bereich für optimalen Sachmitteleinsatz; ähnliches gilt für größere Gemeinden. In der personellen Selbstverwaltung ist vor allem auf die Sozialversicherungsträger hinzuweisen, die die sozialversicherungsrechtlichen Leistungsvorschriften seit mehreren Jahren fast ausschließlich per Computer vollziehen. Als auf der privaten Initiative der Notariatskammern beruhend ist auf das seit 1972 in Operation befindliche Testamentsregister hinzuweisen, in dem alle bei österreichischen Notaren hinterlegten Testamente registriert sind.

Im rechtswissenschaftlichen Bereich ist die Rechtsinformatik gegenüber ihrem praktischen Einsatz noch im Rückstand (im Entwurf des neuen juristischen Studiengesetzes ist aber EDV als Wahlfach vorgesehen): Neben einem Seminar (an der Universität Wien im Wintersemester 1971/72 von Prof. Bruckmann und Prof. Ermacora) und wenigen Einzelvorlesungen (an der Hochschule Linz von Prof. Weinberger, an der Universität Wien von DDr. Reisinger, Dr. Svoboda und Dr. Stadler, an der Universität Salzburg von Dr. Scheffenacker), die zum Großteil auf Initiative von Assistenten beruhen, aber einen interessierten Zuhörerkreis finden, ist besonders auf die Rechtstheorie-Symposien hinzuweisen, deren erstes auf Initiative des gegenwärtigen Rektors der Universität Wien, Prof. Günther Winkler, sich im Herbst 1972 an der Universität Wien (Institut für Staats- und Verwaltungsrecht, Dr. Dohr, A-1010 Wien, Lueger-Ring 1) unter namhafter internationaler Beteiligung mit Fragen der Logik und Formalisierung im Recht in Hinblick auf den EDV-Einsatz beschäftigte, während das zweite im Oktober 1973 sich mit Methoden und Zielen der Rechtsinformatik befassen wird und das dritte (1974) einem Methodenvergleich von Rechtsinformationssystemen gewidmet sein soll.

Im Bereich der internationalen Organisationen, die in Wien ihren Sitz haben, ist – neben dem im Aufbau befindlichen Weltpatentdokumentationszentrum (INPADOC) – vor allem auf das INIS-Informationssystem der Internationalen Atomenergieorganisation hinzuweisen, das in einer Kombination von EDV-Recherche und Mikrofiches seit mehreren Jahren die Atomwissenschaftler in aller Welt mit SDI-Diensten und Volltexten auf Grund konkreter Anfragen versorgt.

Literaturauswahl:

H. Ambrosi, Elektronik im Dienste der Polizei, in: Öffentliche Sicherheit (Wien), April 1972, S. 1–5.
Chr. Broda, Elektronische Datenverarbeitung in der Justiz, in: Der Staatsbürger (Salzburg), Nr. 1/1971.
E. Dietrich, Zur Neugestaltung des Grundbuchs, in: Österreichische Juristenzeitung (Wien), 1972, S. 61–64.
R. Dittrich, Elektronische Datenverarbeitung und Urheberrecht, in: Österr. Blätter für gewerblichen Rechtsschutz (Wien), 1970, S. 1–14.
F. Ermacora, „Futurologie" in Rechts- und Staatswissenschaften, in: Festschrift für E. Kolb, 1971 (Veröffentlichungen der Universität Innsbruck, 69), S. 81–90.
A. Matouschek, Tilgung kraft Gesetzes und elektronische Datenverarbeitung, in: Österr. Notariats-Zeitug (Wien), 1972, S. 65–71.
G. Mutz, Die rechtliche Zulässigkeit des Einsatzes von elektronischen Datenverarbeitungsanlagen in der Verwaltung, in: Juristische Blätter (Wien), 1971, S. 21–26.
G. Mutz, Rechtsprobleme des sogenannten Datenschutzes, in: Juristische Blätter (Wien), 1973, S. 245–255.
L. Reisinger, Wiener Symposium aus Rechtstheorie, in: DSWR, 1973, S. 83–76.
K. Selzer/A. Schnabl, Automatisierte Bundesverrechnung mit Datenfernübertragung in Österreich, in: ÖVD, 1972, S. 136–141.
J. Schuster, Elektronische Datenverarbeitung in Bundesverwaltung und Justiz, in: Österr. Richterzeitung (Wien), 1972, S. 93–97.
G. Stadler, Neue Wege der juristischen Information auch in Österreich – Das EDV-Versuchsprojekt Verfassungsrecht des Bundeskanzleramtes, in: Österr. Anwaltsblatt (Wien), 1972, S. 72–75.
G. Stadler, Rechtserkenntnis aus höchstgerichtlichen Entscheidungen, in: Österr. Notariats-Zeitung (Wien), 1973, S. 3–10.
G. Stadler, Der Computer als Entscheidungshelfer des Richters, in: Österr. Richterzeitung (Wien), 1973.
G. Stadler, Elektronische Datenverarbeitung und Kybernetik in der Gesetzgebung, in: DVR, 1973, S. 1 ff.
G. Stadler, Rechtsordnung und Rechtsinformationssystem, in: Die Evolution des öffentlichen Rechtes (Festschrift F. Ermacora), im Erscheinen (Verlag Braumüller, Wien/Stuttgart).
Wiener Beiträge zur elektronischen Erschließung der Information im Recht, Wien 1973.
Wiener Rechtstheorie-Symposium 1972, im Erscheinen (Reihe: Forschungen aus Staat und Recht, Wien-New York).

Literatur

Rolf Bender (Hrsg.), Tatsachenforschung in der Justiz.

(Reform der Justizreform, Band 1). Verlag J. C. B. Mohr (Paul Siebeck), Tübingen. 1972. 233 Seiten. Kartoniert DM 9,80

Das von Prof. *Bauer* eingeleitete und dem Vorsitzenden Richter am OLG Stuttgart, *Bender*, herausgegebene Buch versteht sich selbst als einen „Anfang vom Anfang", ein gelungener Anfang, wie man hinzufügen muß.

Die von verschiedenen Autoren geschriebenen einzelnen Abhandlungen sind zu fünf Sachgruppen zusammengefaßt. In der ersten Gruppe (Zur Schriftenreihe des Instituts für Rechtstatsachenforschung Stuttgart e.V.) hat *Bender* einige Grundsatzfragen zur Justizreform angeschnitten und versucht die Frage zu erläutern, was Tatsachenforschung für die Justizreform zu leisten vermag. Dieser Beitrag wird durch ein Postskriptum von *Blankenburg* ergänzt. Im zweiten Teil (Leitstudien zu den Berufungsgründen und zur Prozeßbeschleunigung) wird zunächst von *Bender* und *Wax* eine Einführung in die Methoden der Tatsachenforschung anhand von Daten zur Verfahrensbeschleunigung im Zivilprozeß gegeben. Zugleich wird in dieser Einführung ein Hypothesenkatalog zur Prozeßdauer erarbeitet und in einer Grafik zusammengefaßt. Danach wird eine Leitstudie aufgrund einer Richterbefragung in Baden-Württemberg zu Berufungsgründen in Zivilsachen aus der Sicht der Richter von *Wax*, *Bender* und *Schade* vorgelegt und durch eine Untersuchung aufgrund von Aktenanalysen und Interviews aus der Sicht der Rechtsuchenden in Zivilprozessen am Amtsgericht mit dem Titel „Der lange Weg in die Berufung" von *Erhard* und *Viola Blankenburg* und *Morasch* ergänzt. Im dritten Teil mit dem etwas übertriebenen Titel „Hypothesengewinnung zur Justizreform aus Erkenntnissen eines anderen Wissenschaftszweiges" führt *Hendel* aufgrund von Materialien zur Kleingruppenforschung den Versuch durch, Hypothesen zur Frage Einzelrichter oder Kollegialsystem zu erarbeiten. Dieser Versuch wird ergänzt durch die Ausführungen von *Leu* und *Werner* über den Einzelnen und die Gruppe im juristischen Entscheidungsprozeß.

Im nächsten Abschnitt (Das Experiment in der Justiz – Theorie und Praxis) erläutert zunächst *Häcker* die experimentelle Methode in der Rechtstatsachenforschung im Hinblick auf empirische Untersuchungen zum Problem Einzelrichter und Kollegium. *Herbst* gibt eine Bestandsaufnahme über die Verbreitung der Hauptverhandlung in Zivilsachen in Bayern. Gemeint ist mit diesem etwas irreführenden Titel die Darstellung der Ergebnisse einer Untersuchung darüber, in welcher Form an den einzelnen Gerichten die Hauptverhandlungen vorbereitet und durchgeführt werden.

Im letzten Abschnitt des Buchs (Probleme der Gerichtsorganisation) legen *Bender* und *Wax* mit dem Titel „Organisation und Verfahrensweise der 19 Oberlandesgerichte" eine Leitstudie zum Versuch einer Quantifizierung von Leistungskriterien und zur vergleichenden Analyse von Gerichten vor. *Zwisele* und *Bender* versuchen, Zusammenhänge zwischen Organisation, Verfahren und Gestaltung von Gerichtsgebäuden unter dem Gesichtspunkt betriebswirtschaftliche Methoden und Vorschläge zur Verbesserung der Justizorganisation herauszustellen. Zum Schluß folgt eine Abhandlung von *Blankenburg* und *Wolff*: Das Gericht als professionalisierte Organisation.

Als Anzeige findet sich danach noch eine Vorschau auf die Themenplanung des Instituts für Rechtstatsachenforschung Stuttgart e.V., die vieles hoffen läßt.

Insgesamt ein sehr interessantes Buch, das zu lesen sich lohnt. Anerkennenswert ist der Ansatz und die Zielrichtung der Untersuchung, Grundlagen für abgesicherte Reformen und Verbesserungen zu liefern.

Etwas kritisch stimmt der – möglicherweise objektiv unzutreffende – Eindruck, daß die Verfasser – subjektiv und unbewußt sicherlich – etwas zu sehr von der Richtigkeit des sog. Stuttgarter Modells überzeugt sind, und daß diese Überzeugung auch Art und Weise der Untersuchung beeinflußt hätte.

Im Rahmen von Studien über die Verbesserung einer so komplexen Organisation wie der Justiz muß es heute stark verwundern, daß der Einsatz der elektronischen Datenverarbeitung zur Verbesserung dieser großen Organisation lediglich im letzten Beitrag (Das Gericht als professionalisierte Organisation, S. 223 ff., hier: Fußnote 229) und dort nur nebenbei erwähnt wurde. Dies scheint aus mehreren Gründen unbefriedigend. Einmal gibt es heute zahlreiche Methoden, unter Einsatz der EDV die Gerichtsorganisation zu verbessern und effektiver zu machen (z. B. die Möglichkeit, etwa ein Terminisierungssystem zu installieren, das – nach Angaben des Richters über erforderliche Verhandlungszeit und Vorbereitung durch die Geschäftsstelle – alle weiteren Aufgaben automatisch erledigt und z. B. prüft, ob alle Anwälte überschneidungsfrei zur Verfügung stehen, daß bei Terminsaufhebungen und Terminsverlegungen erforderliche Umladungen veranlaßt und zugleich die Einterminierung einer neuen Sache in den verfügbaren Zeitraum vornimmt).

Die Möglichkeiten dieses neuen Hilfsmittels sollten zumindest mit in die Diskussion einbezogen werden. Auch scheint mir die Aussage (Fußnote 9 S. 229), der Aufbau eines juristischen Dokumentationssystems interessiere im Rahmen von Organisationsüberlegungen nicht, zumindest unreflektiert zu sein. Einmal ist die Frage unter betriebswirtschaftlichen Gesichtspunkten und im Zusammenhang der allgemeinen technischen Ausrüstung der Gerichte prüfenswert, zum anderen kann ein solches System auch tiefgreifende Änderungen bewirken. Hierzu ein kleines Beispiel: In der Leitstudie „Die Berufungsgründe in Zivilsachen aus der Sicht der Richter" (S. 57 ff., S. 62 und 63), wird mitgeteilt, daß in 78% aller Berufungen Rechtsfehler geltend gemacht werden. Von geltend gemachten Rechtsfehlern würden 42% als zutreffend festgestellt und in den Verfahren, in denen ein Rechtsfehler festgestellt würde, würde in 82% dies zu einer Abänderung des angefochtenen Urteils führen. Es bleibt abzuwarten, was die Hauptuntersuchung erbringen wird. Auch wird weiter zu prüfen sein, was denn eigentlich ein Rechtsfehler genau ist, und ob nicht nur – zumindest in einer größeren Zahl der Fälle – eine juristisch zulässige Rechtsauslegung vom nachprüfenden Spruchkörper durch eine andere ebenso juristisch zulässige Rechtsauslegung ersetzt wird, also eine Fehlerkorrektur nicht erforderlich war, sondern lediglich von einer der höheren Hierarchiestelle vorbehaltenen Ersetzungsbefugnis Gebrauch gemacht wurde. Das vorläufige Ergebnis aber zeigt m. E. bereits, daß in diesem Zusammenhang nicht nur die Frage nach einer Verbesserung der Juristenausbildung angesprochen werden sollte (wie die Verfasser es auf S. 68 tun), sondern zumindest auch die Frage geprüft werden sollte, welchen Einfluß eine Verbesserung der Organisation juristischer Entscheidungen und eine Veränderung der Versorgung mit Informationen haben kann. Dabei wird auch zu fragen sein, ob und wie ein automatisiertes juristisches Informationssystem dazu beitragen kann, daß Rügen von Rechtsfehlern sich auf Ausnahmefälle beschränken und darüber hinaus – verbunden mit einem Rückgang der Rechtsmittel – bedeutungslos werden.

Werden diese Probleme in die Untersuchung eingeschlossen, können sich naturgemäß auch wesentliche Rückwirkungen auf die Organisationsgröße und die Organisationsform der Gerichtsbarkeit – insbesondere unter betriebswirtschaftlichen Gesichtspunkten – ergeben.

Zwar bezeichnet sich die Schrift selbst als „Tatsachenforschung in der Justiz", der Reihentitel ist jedoch sehr anspruchsvoll formuliert: „Reform der Justizreform". Dies sollte dazu zwingen, den Blick auch auf die vorhandenen oder künftig zu erwartenden technischen Hilfsmittel zu richten und, wenn schon Aussagen zu Reformvorhaben gemacht werden, auch diese Entwicklungen mit einzubeziehen.

Die von mir geäußerte Kritik soll den Wert der Untersuchung nicht mindern. Die Arbeiten bleiben verdienstvoll, aber noch verdienstvoller werden die angekündigten Hauptuntersuchungen sein. Die Kritik soll lediglich dazu beitragen, die gründlichen Untersuchungen und Thesen bereits von Beginn an in einen Zusammenhang zu stellen, der künftig zu sehen sein wird.

Sigmar Uhlig

Adalbert Podlech, Datenschutz im Bereich der öffentlichen Verwaltung

Entwürfe eines Gesetzes zur Änderung des Grundgesetzes (Art. 75 GG) zur Einführung einer Rahmenkompetenz für Datenschutz und eines Bundesdatenschutz-Rahmengesetzes. Datenverarbeitung im Recht (DVR), Beiheft 1. J .Schweitzer Verlag, Berlin. 1973. XVI, 97 Seiten. Kartoniert DM 64,–

Die Diskussion um das Bundesdatenschutz-Gesetz hat das Augenmerk der Öffentlichkeit auf die Probleme des Datenschutzes und der Datensicherung gelenkt und damit indirekt zur Publizität der Rechtsinformatik wesentlich beigetragen. *Adalbert Podlech*, seit Jahren als einer der hervorragendsten Vertreter dieser Disziplin bekannt, legt in der gegenständlichen Arbeit seine Alternative zum Entwurf des Bundesinnenministeriums vor.

Diese Alternative beinhaltet zwei Gesetzesentwürfe. Der erste betrifft die Änderung des Grundgesetzes (Artikel 75 GG), welche dem Bund eine Gesetzgebungskompetenz auf dem Gebiet des Datenschutzes einschließlich der dem Datenschutz dienenden Organisationsformen des Betriebes von automatischen Datenverarbeitungsanlagen einräumt. *Podlech* hält eine Änderung des Grundgesetzes für notwendig oder zumindest wünschenswert, da die Rechtslage unsicher ist (Begründung S. 1). Die neue Gesetzgebungskompetenz des Bundes umfaßt nach dem Entwurf zweierlei: Erstens wird dem Bund eine Rahmenkompetenz für das gesamte Gebiet des Datenschutzes verliehen. Zweitens wird dem Bund die Gesetzgebungskompetenz verliehen, für die Datenverwaltung der Länder einen organisatorischen Rahmen vorzuschreiben, soweit er zur Sicherung eines effektiven Datenschutzes erforderlich ist.

Der zweite Entwurf hat ein „Bundesrahmengesetz zum Schutz personenbezogener Daten und Informationen im Bereich der öffentlichen Verwaltung (Bundesdatenschutz-Rahmengesetz)" zum Gegenstand und stellt den eigentlichen Kern der vorliegenden Arbeit dar. Wie aus dem Titel hervorgeht, beinhaltet der Gesetzesentwurf nur die Frage des Datenschutzes in der öffentlichen Verwaltung, nicht aber im Bereich der Wirtschaft. Eine Zusammenfassung beider Materien in einem Korpus ist nach Ansicht des Autors nicht zweckmäßig.

Podlech legt seinem Entwurf den Grundsatz der Systemdifferenzierung der öffentlichen Verwaltung und das Prinzip der Konkurrenz der staatlichen Teilsysteme zugrunde (Begründung S. 39 ff.). Nach seiner Ansicht können dem Bürger Freiheitsspielräume nur noch gewährleistet werden, wenn die einzelnen Behördensysteme in der Erreichung von konsistent nicht mehr formulierbaren Staatszielen konkurrieren. Ausgehend von dieser Überlegung ersetzt er materielle Kriterien für die Zulässigkeit von Informationsbewegungen durch Verfahren, in denen über die Zulässigkeit entschieden wird.

Das Studium des Entwurfs ist in mehrfacher Hinsicht ein Genuß. Wie auch die anderen Arbeiten des Verfassers bestechen Gesetzentwurf und Begründung durch Klarheit und Übersichtlichkeit. Es ist interessant festzustellen, wie sehr die Grundsätze der Gliederung von Rechtsvorschriften, welche von der Rechtsinformatik zum Zweck der Automationsgerechtheit gefordert werden, für den systematisch denkenden Wissenschaftler offenbar selbstverständlich sind. Darüber hinaus aber zeigt der Autor auch die wichtigen Bezüge auf, welche eine Regelung des Datenschutzes zur Stellung des einzelnen in der Gesellschaft hat.

Aus der Fülle der Einzelheiten seien einige herausgegriffen. Der Entwurf beginnt mit den Begriffsbestimmungen der wichtigsten Begriffe wie Daten, Datenverarbeitung, Datenbanken, Informationssysteme (§ 1–5). Diese Begriffsbestimmungen lehnen sich eng an die entsprechenden DIN-Vorschriften an. Interessant ist hierbei, daß „Information" als undefinierter Grundbegriff angenommen wird, bei dem der Autor (Begründung S. 46) auf die Umgangssprache verweist. Weiters fällt auf, daß „Datensicherung" als Unterbegriff zu „Datenschutz" definiert wird (§ 6), eine völlige Gleichsetzung mit den anglo-amerikanischen Begriffen „privacy" und „security" also nicht angestrebt wird. Wenn „Informationssystem" als „jedes System von Datenbanken oder automatischen Datenverarbeitungsanlagen, die zur Anwendung von Rechtsvorschriften dienen" definiert wird (§ 5), so gilt diese Begriffsbestimmung freilich nur für den vorliegenden Gesetzentwurf. Auf eine Normierung der Gesetzessprache, wie sie für den Thesaurus eines juristischen Informationssystems, welches das gesamte Informationsrecht enthalten soll, notwendig ist, wird damit verzichtet.

Als wesentlichen Grundsatz des Datenschutzes sieht der Entwurf eine Registrierungspflicht für alle Datenbanken, in denen personenbezogene Daten gespeichert werden, bei den hierfür einzurichtenden Aufsichtsämtern vor (§ 9 ff.). Jedermann, der ein Interesse geltend macht, ist Einblick in die Datenbank-Register zu gewähren (§ 13). Als weiterer Grundsatz wird die Erforderlichkeit und Gesetzmäßigkeit der Informationserhebung und des Informationsaustausches verankert (§ 15 ff.).

Von besonderem Interesse erscheinen dem Rezensenten weiters die Bestimmungen über den Programmschutz (§ 26–34). Wenn § 26 (1) fordert, daß mit Ausnahme der Programme der Betriebssysteme alle Programme in einer problemorientierten Programmiersprache abzufassen sind, so wird damit (wie auch bei den neu zu schaffenden Aufsichtsämtern [§ 9]) klar, daß das Ziel des Datenschutzes mit jenem der Wirtschaftlichkeit der Datenverarbeitung konkurriert, der Datenschutz den Staatsbürger also etwas „kostet".

Das Aufsichtsamt hat alle Programme (Betriebs-, Verarbeitungs- und Schutzprogramme) zu testen, zu genehmigen und anschließend in geeigneter Form zu veröffentlichen (§ 29). Für die Form der Veröffentlichung (eine sehr kontroverse Materie, da einerseits nur eine detaillierte Dokumentation einen effektiven Schutz vermittelt, andererseits aber eine solche die Möglichkeit der unbefugten Programmkopierung mit sich bringt), wird auf eine zu erlassende Rechtsverordnung der Bundesregierung verwiesen (§ 31 [3]).

Im folgenden bringt der Entwurf zahlreiche organisatorische Vorschriften für den Bereich integrierter Informationssysteme (§ 36 ff.). Insbesondere wird auch der Grundsatz der organisatorischen Trennung von Unternehmer und Benutzer der Daten- oder Programmbanken vorgesehen (§ 36 [1]). Nach Vorschriften über Datensicherung (Verschwiegenheitspflicht, Begrenzung des Personenkreises, Sicherheitsberichte), über Rechte der Betroffenen (Anspruch auf Auskunft, Anspruch auf Berichtigung und Schadenersatz) sowie Straf- und Bußgeldbestimmungen folgen in den Schlußbestimmungen Änderungen zahlreicher Gesetze, die vom Datenschutz berührt werden.

Besonders wertvoll erscheint die ausführliche Begründung des Gesetzentwurfes, welche in Verbindung mit der angeführten Literatur einer wissenschaftlichen Durchleuchtung des gesamten Problemkreises gleichkommt. Da der Entwurf außerdem ein vorzügliches Beispiel für eine moderne legistische Behandlung einer schwierigen Materie bietet, ist die vorliegende Untersuchung nicht nur den an der Rechtsinformatik Interessierten, sondern allgemein Studenten der Rechte sehr zu empfehlen. Allerdings dürfte sich dort der Preis des Buches für eine weitere Verbreitung prohibitiv auswirken.

Zusammenfassend bleibt zu hoffen, daß *Podlechs* Alternative bei der endgültigen Formulierung des Bundesdatenschutz-Gesetzes die ihr gebührende Berücksichtigung findet.

Leo Reisinger

Eberhard Witte (Hrsg.), Das Informationsverhalten in Entscheidungsprozessen

Mit 20 Abbildungen und 85 Tabellen (Die Einheit der Gesellschaftswissenschaft, Bd. 13, und Empirsche Theorie der Unternehmung, Bd. 1). Verlag J. C. B. Mohr (Paul Siebeck). Tübingen 1972. 222 Seiten. Leinen DM 48,–; Kartoniert DM 40,–.

Der Band wird vorgelegt als Band 13 der Schriftenreihe „Die Einheit der Gesellschaftswissenschaften" und zugleich als Band 1 der Schriftenreihe „Empirische Theorie der Unternehmungen". Der Herausgeber, *Eberhard Witte*, will damit eine programmatische Verpflichtung ausgedrückt sehen, daß die betriebswirtschaftliche Forschung ein Bestandteil der umfassenden Wirtschafts- und Sozialwissenschaften ist und in diesem Bewußtsein eine empirische Theorie für den spezifischen Bereich der Betriebswirtschaftslehre entwickelt werden muß.

Dieses Werk ist über den Bereich der Betriebswirtschaft hinaus von Bedeutung. Nur in dieser Richtung sollen hier einige kurze Anmerkungen gemacht werden. Es handelt sich um das Werk mehrer Autoren. Teil A ist ein Beitrag von *Witte* „Das Informationsverhalten in Entscheidungsprozessen", Teil B ein Beitrag von *Weigand* und *Witte* „Felduntersuchungen zur Nutzung des Computers als Informationsinstrument", Teil C ein Beitrag von *Grün*, *Hamel* und *Witte* „Felduntersuchungen zur Struktur von Informations- und Entscheidungsprozessen", Teil D ein Beitrag von *Bronner*, *Witte* und *Wossidlo* „Betriebswirtschaftliche Experimente zum Informationsverhalten in Entscheidungsprozessen".

Die Autoren haben sich die Aufgabe gestellt, mit dieser Schrift den unbescheidenen Versuch zu unternehmen, den Zusammenhang zwischen Information und Entscheidung mit einer Forschungsmethode zu bearbeiten, die den Normen der modernen Wissenschaft folgt. Es werden zunächst begründete Hypothesen mit Aussagegehalt über die Realität abgeleitet, mit Hilfe von empirischen Felduntersuchungen und Experimenten geprüft und schließlich die praxeologischen und theoretischen Konsequenzen gezogen. Bedauerlich scheint mir, daß diese sehr begrüßenswerten Untersuchungen nicht anhand von typischen, ständig wiederkehrenden Entscheidungsprozessen durchgeführt wurden, sondern die Grundgesamtheit der zu untersuchenden Fälle aus allen Entscheidungsprozessen zur Erstbeschaffung einer elektronischen Datenverarbeitungsanlage innerhalb der Bundesrepublik Deutschland bestand, soweit die Bestellung bis zum 30. 6. 1966 bei den Herstellern Bull/General Elektrik, IBM, Remington/Rand UNIVAC und Siemens eingegangen war. Diese Grundgesamtheit besteht aus 2436 Fällen. Die Besteller sind Unternehmungen, öffentlich-rechtliche Körperschaften, Behörden und Verbände. Die Untersuchung wird anhand einer gezogenen Stichprobe von 420 Unternehmungen, die zu 84 v. H. zustimmten, ausgeführt. Die Erhebung erfolgte schließlich anhand von 345 Entscheidungsprozessen. Dabei stellte sich heraus, daß das Interview keine geeignete Methode der Untersuchung für diese Fälle war, weil die zu untersuchenden Vorgänge bereits lange zurücklagen. Aus diesem Grund mußte auf die seitens der Hersteller geführte sorgfältige Dokumentation über die Entscheidungsprozesse in den Unternehmen zurückgegriffen werden, die in zahlreichen Notizen, Organisationsvorschlägen, Angeboten und Korrespondenz bei den Herstellern niedergelegt ist und – das wird unterstellt – spiegelbildlich – den Entscheidungsvorgang in dem einzelnen Unternehmen wiedergibt.

Verdienstvoll ist die Untersuchung insbesondere deshalb, weil hier mit wissenschaftlichen Methoden der Versuch gemacht wird, die Fortschrittseuphorie im Hinblick auf Informationssysteme und Management-Informationssysteme auf ein vernünftiges Maß zu relativieren. Die Zurückweisung der Modellfigur eines „homo informaticus", der seinen objektiven Informationsbedarf bestens kenne, ihn in der systemgerechten Weise als Informationsnachfrage äußere und die darauf von einem Informationssystem gelieferten Informationen ohne Vorbehalte und Präferenzen entgegennimmt, um sie effizient für seinen Entschluß zu verarbeiten, ist verdienstvoll. Gerade und auch für die juristische Praxis läßt sich aus dieser Untersuchung dahin Gewinn ziehen, daß der Zusammenhang zwischen Art und Menge der Informationsversorgung und der Entschlußeffizienz eingehender Untersuchung bedarf. Insbesondere wird die Frage danach zu untersuchen sein, ob die am Entscheidungsprozeß beteilgten Personen durch höhere Eigen- und Fremdversorgung mit Informationen zu mutigeren, anspruchsvolleren, schnelleren und besseren Entscheidungen bewogen werden können oder ob es anderer und ggf. welcher Mittel und Methoden bedarf, um den Innovationsgrad des Entschlusses positiv zu beeinflussen. Auch wird zu klären sein, welcher Zusammenhang zwischen diesem Problemkreis und den Leistungen eines Informationssystems besteht.

Es ist der Verdienst der Studie, sich mit dem Informationsverhalten des menschlichen Entscheidungsträgers zu befassen und nachzuweisen, daß die Effizienz wirtschaftlicher Entscheidungen nicht – wie bisher vermutet wurde – von der weitgehend vollständigen Informationsversorgung, sondern von der beeinflußbaren Informationsnachfrage des menschlichen Entscheidungsträgers abhängt.

Diese Untersuchung sollte jeder studieren, nicht nur lesen, der sich beruflich oder wissenschaftlich mit den Fragen von Informationssystemen beschäftigt. Sigmar Uhlig

Brackmann/Heußner/Schroeder-Printzen/Richter/Geinitz/Hebebrand, Grundkonzeption für die Errichtung einer sozialrechtlichen Datenbank beim Bundessozialgericht

Arbeitspapiere Rechtsinformatik, Heft 6, J. Schweitzer Verlag, Berlin 1972. DIN A4. IV, 51 Seiten. Broschiert DM 16,–.

Verschiedene glückliche Umstände führten vor einigen Jahren zu der Inangriffnahme eines Projekts, dessen Grundkonzeption in diesem Heft 6 der Arbeitspapiere Rechtsinformatik von den Mitgliedern der Projektgruppe des Bundessozialgerichts vorgestellt wird, die Errichtung einer sozialrechtlichen Datenbank beim Bundessozialgericht in Kassel: Zu den begünstigenden Faktoren zählte zunächst die Tatsache, daß beim BSG in Kassel seit 1954 Richter und Dokumentationsfachleute gemeinsam reichhaltige Erfahrungen in der Dokumentation des Sozialrechts gewonnen haben und zu einem Spezialistenteam herangereift sind, das auch und gerade für die Schaffung von Datenbanken unerläßlich ist. Die bisherigen Tätigkeiten finden ihren markanten Ausdruck in der wohl einzigartigen Dokumentation von ca. 450 000 Karteikarten. Favorisierend wirkte des weiteren, daß – wohl auch bedingt durch die sich abzeichnende Informationskrise im sozialrechtlichen Bereich – schon frühzeitig die Notwendigkeit erkannt wurde, die Ergebnisse der allgemeinen Diskussion vieler noch ungeklärter Fragen um die Errichtung EDV-betriebener Datenbanken nicht abzuwarten, sondern anhand eines konkreten Projekts die notwendigen Erfahrungen und Erkenntnisse zu sammeln. Schließlich und nicht zuletzt begünstigte die frühe Bildung einer gemeinsamen Arbeitsgruppe mit einer Herstellerfirma, die zu der notwendigen Integration der einzelnen Fachkenntnisse führte ,die begonnenen Arbeiten.

Der gegenwärtige Stand des Vorhabens, das vielen Interessierten in zahlreichen Demonstrationen des Versuchsprojekts über das Kindergeldrecht vor Augen geführt worden ist und seine offizielle Anerkennung in der Übernahme als Testprojekt im Rahmen der Arbeiten des Bundesjustizministeriums zum Aufbau eines juristischen Dokumentationssystems erfahren hat, läßt jedenfalls vermuten, daß die sozialrechtliche Datenbank des BSG nicht Wunschvorstellung bleiben, sondern in absehbarer Zeit Realität sein wird. Die vorgelegte Grundkonzeption zeugt in ihrer wohltuend nüchternen, im spekulativen Bereich auf ein Minimum begrenzten Darstellung von der Sorgfalt, mit der das Projekt in Angriff genommen worden ist. Notwendigerweise bewegt sich die Grundkonzeption in dem mehr oder minder vorgegebenen Koordinatensystem, das aus den Strukturen des Sachbereichs Sozialrecht, dem Benutzerbedürfnis und den technischen, organisatorischen sowie wirtschaftlichen Realisierungsmöglichkeiten gebildet wird.

Ganz entscheidend für die Gestaltung der sozialrechtlichen Datenbank und damit Grundlage der Konzeption ist – jedenfalls einstweilen – die Absicht, die in die Datenbank einzugebenden Informationen (das gilt sowohl für die Bestands- wie die geplante Neudokumentation) auf Informationskomprimate zu verdichten, wie sie bislang auch in den Karteikarten der vorhandenen Rechtsdokumentation ihren Niederschlag gefunden haben. Die Vorteile dieses Verfahrens bestehen darin, daß langjährig praktizierte Dokumentationstechniken des BSG fortgesetzt werden können und das Mengenproblem bei der Datenbank und beim Benutzer nicht so stark in den Vordergrund tritt. Gerade dieses Mengenproblem (ein Zuviel an Informationen kann auch ein Zuwenig darstellen) muß in Zukunft gelöst werden, will man nicht Gefahr laufen, daß der Benutzer in einem Meer an Informationen ertrinkt. Die Probleme und Gefahren einer Datenbank, die auf Informationskomprimaten aufbaut, sollten allerdings gesehen werden: Das Informationskomprimat führt im allgemeinen zu einem Informationsverlust, wenn der Benutzer nur mit diesem Informationskomprimat arbeitet. Es müßte daher durch begleitende Maßnahmen, so z. B. durch Kooperationsvereinbarungen mit Verlagen, Bibliotheken und andernen Informationsträgern bzw. -mittlern oder durch einen ergänzenden Informationsdienst der Datenbank selbst, sichergestellt werden, daß der Benutzer auch tatsächlich die Möglichkeit hat, im Bedarfsfall auf die vollständige Information zurückzugreifen. Eine weitere Gefahr besteht darin, daß durch den bisher und wohl auch noch für die nächste Zeit notwendigen Einsatz menschlich wertender Tätigkeiten im Rahmen der Inhaltserschließung der einzelnen Dokumente eine Verfälschung des Inhalts möglich ist und gelegentlich vorkommen wird.

Wie hoch diese Risiken beim BSG-Projekt sind, vermag bislang nicht beurteilt zu werden. Ebensowenig kann generell festgestellt werden, daß ein derartiges Verfahren stets wegen der damit verbundenen Gefahren abzulehnen ist. Für die Konzeption des BSG spricht, daß diese Informationskomprimate von hochqualifizierten, langjährig erfahrenen Personen erstellt werden und eine spätere Ergänzung der Datenbank um die vollständigen Informationen keine unüberwindlichen Schwierigkeiten aufwirft. Eine absolute Objektivität der Information des Benutzers ist im übrigen weder bei der Volltextmethode noch bei der Indexmethode gewährleistet, denn mitentscheidend für Art und Umfang der Informaion des Benutzers sind dessen Aufnahmefähigkeit und -bereitschaft. Damit relativiert sich zugleich auch die Forderung nach einer objektiven Information.

Außerordentlich interessant und wichtig sind die vorgelegten Klassifikationsschemata für die bibliographische Erfassung der Dokumente. Diese hier schon bis zu einer gewissen Perfektion vorangetriebenen Arbeiten sind nicht nur für die formalisierte Erfassung und Erschließung der Dokumente und damit für die Struktur der Datenbank von Bedeutung; sie werden vielmehr zugleich auch jedem Benutzer eine hervorragende Unterstützung bei der Suche nach den benötigten Informationen bieten können, denn Art und Inhalt einer Information werden bei weitem nicht nur durch die Sachausführungen, den bloßen Text des jeweiligen Autors bestimmt.

Der Darstellung des Informationswiedergewinnungssystems, dessen Realisierung zweifellos erhebliches Kopfzerbrechen bereiten wird, kann entnommen werden, daß als Ausgangspunkt des Suchverfahrens jede beliebige Information numerischer oder nichtnumerischer Art einzeln oder in Verbindung mit weiteren Informationen gewählt werden kann. Damit wird zu Recht dem Umstand Rechnung getragen, daß dem Benutzer je nach Bedarf eine unbegrenzte Vielzahl von Ansatzpunkten eröffnet sein muß. Als nahezu selbstverständlich sei in diesem Zusammenhang vermerkt, daß der Benutzer die Möglichkeit haben soll, im Dialogverkehr mit der Datenbank Art und Umfang der Informationsgewinnung selbst zu bestimmen.

Dem in dem Problem der juristischen Dokumentation und Information mittels EDVA kundigen wie nichtkundigen Leser kann dieser Bericht ohne Einschränkung empfohlen werden. Er wird neben den vorerwähnten Fragestellungen darüber hinaus u. a. auch Informationen finden zu Benutzerproblemen, zu Organisations- wie zu Kostenfragen. Daß im übrigen auch hier noch viele Fragen offen bleiben, wie z. B. Entwicklung sachgerechter Kriterien für die Auswahl der einzuspreichernden Informationen oder Fragen im Hinblick auf Art und Umfang der Benutzerbedürfnisse, liegt in Anbetracht der Komplexität der Materie auf der Hand.

Bernt Bühnemann

Lutz/Düll/Kammerer/Kreuz, Rationalisierung und Mechanisierung im öffentlichen Dienst

Ein Gutachten für die Gewerkschaft ÖTV. Von Prof. Dr. Burkart Lutz, Assessor Klaus Düll, Dipl.-Volkswirt Guido Kammerer und Dipl.-Soz. Dieter Kreuz. (Münchner Beiträge zur Soziologie der industriellen Gesellschaft. Herausgegeben vom Institut für Sozialwissenschaftliche Forschung e. V., München). Carl Hanser Verlag, München. 279 Seiten mit 11 Tabellen. 1970. Alkorphaneinband DM 34,–.

Gegenstand der Veröffentlichung ist ein auf dem 6. Ordentlichen Gewerkschaftstag der Gewerkschaft ÖTV im Juli 1968 vorgelegtes Gutachten, in dem das Institut für Sozialwissenschaftliche Forschung versucht, den Stand der Modernisierung in den wichtigsten Bereichen des öffentlichen Dienstes darzustellen, die hauptsächlichen Entwicklungstendenzen freizulegen und hieraus die Folgerungen für eine Modernisierungspolitik der Gewerkschaft ÖTV abzuleiten. Dieses Buch will und kann nur ein Zwischenstadium in einer Diskussion und Forschungsarbeit sein. In einem Nachruf zum damals veröffentlichten Gutachten haben daher die Verfasser zum Stellen- und Informationswert des Gutachtens aufgrund der inzwischen weitergegangenen Diskussion Stellung genommen.

In dem Werk werden im wesentlichen vier Bereiche behandelt, zunächst der Problemkreis „Modernisierungsprobleme und Modernisierungsstrategie“, dann die Grundfragen der „Rationalisierung und Mechanisierung der öffentlichen Verwaltung“, anschließend „Rationalisierung und Modernisierung in den öffentlichen Betrieben“ und – obwohl sehr kurz, doch „eines der wesentlichen Probleme“ – Modernisierung im Bewußtsein der Gewerkschaftsfunktionäre.

Das Werk dürfte über den Kreis der Soziologen hinaus insbesondere im gesamten Bereich des öffentlichen Dienstes und der Wirtschaft der öffentlichen Hände bedeutsam sein, stellt es doch einen „wissenschaftlichen“ Diskussionsbeitrag für die künftige Entwicklung der Gewerkschaftspolitik dar. Sigmar Uhlig

E. S. Maiminas, Planungsprozesse — Informationsaspekt

Aus dem Russischen übersetzt und wissenschaftlich bearbeitet durch *Georg Wintgen, Georg Gerhardt* und *Ulrich Juschkus*. Verlag Die Wirtschaft, Berlin. 1972. 444 Seiten. Ln. DM 35,–.

Eine dankenswerte Arbeit ist die Übersetzung des Buchs des sowjetischen Ökonomen *E. S. Maiminas*. Die in der DDR erschienene Übersetzung versucht eine übersichtliche Darstellung der gegenwärtigen Planungsmethodik – insbesondere in der UdSSR – aus der Sicht der Informationstheorie zu geben. Dabei wird auch der politische Bezugsrahmen deutlich, in denen der Autor des Werks zu arbeiten und zu denken gewohnt ist. Er betrachtet demgemäß auch aus diesem Blickwinkel die Stellung des volkswirtschaftlichen Planungssystems innerhalb der sowjetischen Gesellschaft und die daraus resultierenden Anforderungen für eine systematische Weiterentwicklung des Planungssystems. Besondere Beachtung wird dabei darauf gelegt, daß mit der ständig zunehmenden Einführung elektronischer Datenverarbeitungsanlagen neue Besonderheiten berücksichtigt werden müssen, die mit dem Entwurf automatisierte Leitungssysteme zusammenhängen, wie sie gegenwärtig in der UdSSR vorbereitet werden. Das Buch will Ökonomen und Gesellschaftswissenschaftlern Methoden, Betrachtungsweisen und Terminologie der Informationstheorie, der ökonomischen Kybernetik und der ökonomischen Semiotik aus sowjetischer Sicht erläutern. Insgesamt ein Werk, das zu studieren sich lohnt, weil ja gerade der Erfahrungsaustausch zwischen den Fachleuten der BRD und denen der UdSSR nicht nur aus sprachlichen Gründen bisher recht schwierig war. Dabei wird dem aufmerksamen Leser nicht entgehen, in welchen Fällen und welchen Bereichen Übereinstimmungen in den Grundanschauungen bestehen und an welchen Punkten sehr erheblich differenzierte Meinungen vorhanden sind. Aber dies zu erkennen ist gut und zugleich Anlaß für eine Überprüfung, Veränderung oder Verfestigung des eigenen Standpunkts. Sigmar Uhlig

Albrecht Nagel,
Leistungsfähige Entscheidungen in Politik und Verwaltung durch Systemanalyse

Verlag Duncker & Humblot, Berlin. 1971. 158 Seiten. Kartoniert DM 22,–.

Das Buch ist eine beachtenswerte Veröffentlichung zum Bereich der Systemanalyse. Es ist klar in der Diktion, leicht im Aufbau und enthält dennoch sehr viele sachliche Schwierigkeiten. Über die einzelnen Thesen, Schlußfolgerungen und Meinungen des Autors zu streiten, würde erfordern, selbst in einem umfangreichen Beitrag die Methodik darzulegen.

Das Werk soll daher nur kurz angezeigt werden. Die Studie erörtert die Entstehung, den Methodenansatz, den Entwicklungsstand und die Vor- und Nachteile der Systemanalyse und der Anwendung dieser Methodik in Politik und Verwaltung. Die verwendeten Begriffe werden in einem gesonderten Verzeichnis mit den Definitionen zusammengefaßt, 24 Tabellen oder Zeichnungen und 155 Literaturhinweise geben die Möglichkeit zum vertieften Eindringen in die Problematik. Ziel der vorgestellten Arbeit soll es sein, Methoden aufzuzeigen, die ein leistungsfähiges Entscheidungshilfsmittel sein können, das es „gestattet, zu jedem unerwartet auftauchenden Problem in gesetzter Zeit bei begrenztem Informationsstand systematisch, rational und nachvollziehbar eine tragfähige Entscheidung zu erarbeiten, welche die Ziele der betroffenen Bürger nachweisbar ihrer Verwirklichung näherbringt“. Zwar verneint der Autor die zuvor rhetorisch gestellte Frage nach dem Vorhandensein einer solchen Methodik, aber insgesamt sind die Ausführungen darauf ausgerichtet, ein solches System zu entwickeln. Nach der Untersuchung, warum Systemanalyse notwendig sei, folgt die Darlegung der Unzulänglichkeit traditioneller Entscheidungswerkzeuge und die genaue Untersuchung, was Systemanalyse eigentlich ist. Danach werden die Probleme der Zielprojektion und der Transformationsformel behandelt und der Versuch gemacht, ein geschlossenes System für ein „Politisches Entscheidungshilfsmittel Systemanalyse (PES)“ vorzustellen.

Unabhängig davon, daß in vielen Einzelfragen andere und bessere Ansätze denkbar sind, würde das Verständnis der Ausführungen dieses Buchs viel Klarheit in politische Diskussionen und Zielprojektionen bringen können, weil die darin vorgestellten Methoden Möglichkeiten der rational abwägenden Diskussion eröffnen, die derzeit häufig durch ideologischen Ballast versperrt werden. Das Buch sollte daher nicht nur lesen, wer Verantwortung trägt, sondern auch, wer bestrebt ist, in politischen Entscheidungsprozessen künftig mitzuwirken. Sigmar Uhlig

Operation Compulex. Information needs of the practicing lawyer.

Department of Justice, Ottawa, Canada. Available from Information Canada, Ottawa, at $ 2.00, pp. 87 (1972).

Considering the resources that have been expended in North America on developing various types of information handling systems and the literature in which these ventures have been described, one can not fail to be amazed at the absence of reported studies assessing the information needs of the principal clients: the practising profession. The interest for such studies seems to be growing rapidly in the United States: at the Atlanta Conference on Automation and the Law, *David Link*, Chairman of the American Bar Association's Special Committee on Law and Technology, announced steps to undertake such a study throughout the country. In Canada two such evaluations have already been conducted. The earliest is a survey of the lawyers of Quebec by the provincial Bar and the DATUM group[1] and the second Operation Compulex.

The Compulex study was organized by the Federal Government. At first sight, it may seem surprising to see the Government conduct a study of the needs of practitioners rather than of the profession as a whole[2]. At the time when the study was ordered the Federal Government was a major source of financing for the various document retrieval projects and one of its purposes was to provide information on which a long term policy on computer applications in law could be based.

The Compulex Report is based on a survey followed by in depth interviews with selected law offices. It provides interesting statistics on the profession and the information it uses. This information is divided into three large classes: legal information, legally-related information and operational information. The first class refers to documentation and is given the most elaborate treatment in the study with 24 pages. The second topic, 6 pages, deals with public records on securities, damage awards and courts scheduling information and the third, also 6 pages, with drafting of documents and management information. Hereafter the discussion on documentation systems is summarized.

Although the discussion of research problems has been written in a common law perspective, many though not all of its findings can be transposed to the Civil Law situation in Quebec. On the average a lawyer spends 21% of his time on research. The distribution is rather asymmetrical with almost half of the sample spending less than 15% of his time on it and only one out of seven lawyers giving it more than half of his time. The amount of research varies widely with the fields of law; real property, estates, collection work and commercial law give rise to much less research than other areas.

Research itself is divided in four stages. During the first, facts are assembled and decisions made as to the legal issues they raise. The second stage consists in research of the relevant legal sources via secondary literature such as indexes, abridgements, citators and legal commentaries. These sources are interpreted during the third stage to determine their validity and their relevance to the problem at hand. In the final step, the relevant law is brought to bear on the problem. Present automated documentation systems offer help only at stage 2 and their relative importance may be put into perspec-

---

[1] A French language account of this study appears in the May 1973 issue of the Quebec Bar Review under the title „Les habitudes de recherch des juristes québécois" by *Jacques Boucher* and *Ejan Mackaay*.

[2] Such a general mandate was given to the comparable German Task Force. See its report: „Das Juristische Informationssystem – Analyse, Planung, Vorschläge", C. F. Müller Verlag, Karlsruhe.

tive by the consideration that that part accounts for only one third of the total research time or 7% of the average lawyer's total time. The relative importance of documentation systems to lawyers is reduced even further by short cuts which practioners have introduced to offset the drawbacks of manual research methods. These shortcuts include specialization of lawyers, delegation of entire problems to specialists and of research to law students and personal retrieval aids in the form of annotation of codes, indexing of the office's past files and memoranda on law for future reference.

After reviewing the economics of publishing of legal materials in Canada, the consultants state their views as to the desirability of automated research systems. At present, "direct exposure of the systems to practicing lawyers would be premature and would run a serious risk of permanently destroying the legal professions' confidence in computer-based services". Such systems might be useful occasionally for unusually complex questions. There is no reason to think that the market will bear the high volume of operations needed to make large on-line systems economically feasible. Moreover, "with a few exceptions, lawyers prefer a service centre as opposed to a terminal in their office" and, because of infrequent need for the system, would prefer to pay per use rather than a flat monthly sum. In summary, if automated retrieval systems are to be made available to lawyers at all, the consultants suggest that this be done through a service centre, protecting the lawyers from direct exposure to the system while allowing developers to evaluate and improve their system through operating experience. Thise mode would also ensure equal access to all lawyers.

The Report then states that in the development of automated research system priority should be given to the area of statute law, since computers have already made their mark there in the revision and publication process and because as a result of uniform terminology retrieval would be easier. These arguments are, of course, rather weak. If cases were published via photocomposition or could be optically read in their type written form[3], machine readable versions of the material would be available immediately. Whether statutes have a sufficiently uniform vocabulary to provide better retrieval results than cases is an empirical question which I would not venture to answer without further evidence. At any rate, the surveys indicate that practitioners rate an improvement of research methods on cases higher than on statutes. In this context it is surprising that the consultants have not seriously discussed the possibility of automated indexing systems as exemplified in Medlars and in services set up by French legal researchers. In general, one must regret that the Report does not contain an adequate literature survey.

To sum up, the Compulex Report contains a rather down-to-earth study of information needs of the practicing profession. Unlike its German counterpart, it does not contain a thorough systems analysis of possibilities of automated research systems in the long run. For the immediate future it gives the information on which Bar organizations and Governments can decide to take initiatives. Ejan Mackaay

Enzyklopädie der geisteswissenschaftlichen Arbeitsmethoden

11. Lieferung „Methoden der Rechtswissenschaft Teil 1", herausgegeben von Manfred Thiel, dargestellt von Josef Esser, Thomas Würtenberger und Friedrich Müller. R. Oldenbourg Verlag, München/Wien. 1972. 216 Seiten. Kartoniert DM 36,–.

Mit der Enzyklopädie der geisteswissenschaftlichen Arbeitsmethoden versuchen die Bearbeiter und der Herausgeber eine Gesamtschau über diesen Arbeitsbereich zu geben, der zugleich die Möglichkeit eröffnen soll, über die engen Grenzen des eigenen Fachbereiches vergleichend hinauszuschauen. Hier soll zunächst nur der Teil 1 der Methoden der Rechtswissenschaft angezeigt werden. Der Band enthält eine Darstellung von *Josef Esser* zur Methodik des Privatrechts, von *Karl Engisch* „Methoden der Strafrechtswissenschaft", von *Thomas Württenberger* „Methodik der Kriminologie", von *Friedrich Müller*

[3] Experience acquired by DATUM with Information International would suggest that this is technically feasible and economically interesting.

„Arbeitsmethoden des Verfassungsrechts" und von *Rudolf Bruns* „Methodik des Prozeßrechts".

Eine ausführliche Wertung der empfehlenswerten Veröffentlichung bleibt der Vorlage des Gesamtbereichs der Methoden der Rechtswissenschaft vorbehalten. Sigmar Uhlig

Friedrich Müller, Juristische Methodik

Verlag Duncker & Humblot, Berlin. 1971, 202 Seiten. Br. DM 32,60.

Der Titel für die Untersuchung ist zu anspruchsvoll. Eine juristische Methodik gibt es nach den Ausführungen des Verfassers nicht, sondern nur partikuläre Methodiken von Zivilrecht, Strafrecht, Öffentlichem Recht usw. Eine solche Differenzierung sei erforderlich, damit die Genauigkeit der Sachnähe nicht dem Anspruch allseitiger Sachkompetenz geopfert werden müsse. Der Verfasser selbst behandelt daher juristische Methodik am Exempel einer Methodik des Verfassungsrechts. Er verknüpft damit den Anspruch, daß die behandelten Grundfragen und Einzelprobleme in allen Bereichen praktischer Arbeit am Recht von Bedeutung seien.

Nach definitorischen Vorarbeiten und Konkretisierung der Fragestellung wird sehr ausführlich der gegenwärtige Stand der Methodik des Verfassungsrechts (Seiten 19–93) dargestellt, um dann zu folgern, daß die juristische Methodik durch eine Rechtstheorie fundiert werden muß, eine Theorie nicht über das Recht, sondern durch eine Theorie des Rechts, durch eine Rechtsnormtheorie. Danach wird der anspruchsvolle Versuch des Entwurfs einer juristischen Methodik (Seiten 94–192) im einzelnen ausführlich behandelt. Am Schluß (Seiten 193–195) werden die Ergebnisse der Untersuchung zusammengefaßt.

Sigmar Uhlig

Karl-Ernst Schenk, Systemanalyse in den Wirtschafts- und Sozialwissenschaften

(Wirtschaftskybernetik und Systemanalyse, Band 1) Verlag Duncker & Humblot, Berlin/München. 1971. 215 Seiten, DM 44,60.

Die Beiträge dieses Bandes sind aus Vorträgen entstanden, die im Wintersemester 1969/70 von den Autoren in einem Kolloquium in der Universität Münster gehalten worden sind. Im einzelnen sind in dem von *Schenk* herausgegebenen Band folgende Beiträge enthalten: *Gerhard Kade/Reinhard Hujer/Dirk Ipsen*, Wirtschaftskybernetik – eine Zwischenbilanz; *Herbert Biermann*, Prognose und Optimierungsmodelle (in der Regionalplanung); *Karl-Ernst Schenk*, Gedanken zur Untersuchung von Koordiniereungsmechanismen mit systemanalytischen Methoden; *Gerd-Jan-Kroll/Hermann Wessels*, Systemanalyse und politische Ökonomie in den Ostblockländern; *Niklas Luhmann*, Wirtschaft als soziales System; *Heribert Meffert*, Systemtheorie aus betriebswirtschaftlicher Sicht.

Obwohl gerade in diesem Bereich die Veröffentlichungsflut ständig steigt, dürfte die fortbestehende Aktualität der von Schenk zusammengestellten Beiträge genug Veranlassung sein, die darin enthaltenen grundlegenden Gedanken auch in die Diskussion im rechtlichen Bereich einzubeziehen. Sigmar Uhlig

Elke Bonneß/Harro Heim (Hrsg.), Datenerfassung und Datenverarbeitung in der Universitätsbibliothek Bielefeld

Verlag Dokumentation, München-Pullach und Berlin, 1972. 413 S. Ln.

Die Materialsammlung der bisherigen Arbeitsergebnisse der Universitätsbibliothek Bielefeld verfolgt nach ihrer Vorbemerkung (S. 5) einen doppelten Zweck: einen Anstoß zu weiterführender Kritik zu geben und als eine Art Nachschlagewerk für Einzelprobleme beim Aufbau neuer Bibliotheken zu dienen. Die Erfüllung des erstgenannten Zwecks will auch diese Besprechung versuchen.

Folgende Einzelprobleme, die beim Aufbau und Betrieb einer Bibliothek mit Hilfe von EDV-Anlagen auftreten, werden in der Arbeit abgehandelt:

- technische Ausstattung (Anlagekonfiguration, periphere Geräte zur Datenerfassung und Datenverarbeitung)

– Verfahren (Bielefelder Katalogsystem BIKAS, on-line-Verbuchungssystemausleihe, off-line-System Passive Fernleihe, off-line-System Statistikausleihe)
– geplante Verfahren (z. B. on-line-System Erwerbung unter Ausnutzung von Fremdleistungen).

Die Darstellung dieser Probleme geschieht in einer sparsamen, z. T. stichwortartigen Sprache, was durchaus dem Nachschlagewerkcharakter gerecht wird. Die verbalen Ausführungen werden zudem durch viele Organigramme und konkrete Ausgabebeispiele ergänzt; dadurch wird die Umsetzung der bibliothekarischen Arbeit in die Programmsprache besonders gut verdeutlicht. Also ein Buch für den Bibliotheksfachmann und DV-Praktiker. Den Wert des Nachschlagewerks hätte aber ein Stichwortregister, ein Glossar mit Definitionen der Fachausdrücke und ein Mitführen der Kapitelüberschriften auf den einzelnen Seiten erhöht.

Im Datenerfassungsteil bietet die Arbeit Hinweise nicht nur für Bibliothekare, sondern für jeden, der sich mit der Datenerfassung selbständiger Literatur befassen muß. Insgesamt werden genaue Angaben über die bisher entstandenen Kosten, insbesondere die eingebrachte man-power vermißt. Aber vielleicht soll das dem in der Vorbemerkung angekündigten weiteren Band vorbehalten bleiben, der sich mit der Geschichte der Bibliothek, ihrer Struktur in Theorie und Praxis, ihre Arbeitsfähigkeit und Arbeitsweise sowie der gesamten Bauplanung befassen will.

Was den Stand der Arbeitsergebnisse (Juli 1971) betrifft, gilt wörtlich der in der Einführung (S. 11) enthaltene Satz: „Es wäre aus diesem Grunde besser, einen solchen Bericht nicht in Buchform zu veröffentlichen, sondern auf Magnetband oder andere Speichermedien aufzunehmen, um ihn in ständigem Änderungsdienst à jour halten und bei Bedarf abrufen zu können." Aber werden in diesem Satz nicht auch völlig neue Dimensionen und Funktionen des Informationsmediums Buch und des Informationsmittlers Bibliothek angesprochen?

Dieter Strempel

Klaus Laisiepen/Ernst Lutterbeck/Karl-Heinrich Meyer-Uhlenried, Grundlagen der praktischen Information und Dokumentation.

(DGD-Schriftenreihe, Band 1). Verlag Dokumentation, München-Pullach und Berlin. 1972. 652 Seiten. DM 64,–.

Das Buch ist das erste Lehrbuch über die Grundlagen der „Dokumentarischen Allgemeinbildung". In Bezug auf die Stoffauswahl, auf die Breite und das Niveau der Darstellung wird das dargestellt, was sich bei der Ausbildung dimplomierter Dokumentare beim Lehrinstitut für Dokumentation der DGD als Standort eingependelt hat. Dabei wollten die Autoren bewußt lediglich Grundlagen für die praktische Information und Dokumentation, d. h. also Prinzipien und Überblicke, darstellen und erläutern, jedoch nicht die ganze Fülle der Einzelheiten spezieller dokumentarischer Techniken. Dies ist nicht als Mangel des Werks zu verstehen, sondern sein wesentlicher Vorzug; es kann dem Leser einen zusammenhängenden Überblick vermitteln. Demjenigen, der bei speziellen Fragen tiefer in die Materie eindringen will, wird durch die Angabe weiterführender, leicht zugänglicher Literatur Hilfe geleistet.

Im einzelnen werden folgende Themenbereiche in dem Buch behandelt: Was ist Information und Dokumentation? Berufs-, Standes- und Ausbildungsfragen, obligatorisches Grundwissen für Bibliothekare, Terminologie und linguistische Grundlage, Stufen im Dokumentationsprozeß, Beschaffung und Einschleusen der Dokumente, Prinzipien und Organisation der Dokumentauswertung, Grundprobleme der Ordnungslehre, Speichern und Wiederauffinden von Information, Speichermedien, Informationstätigkeit und schließlich Reprographie, Normung, Planung, Organisation, Verwaltung und Betrieb von Informations- und Dokumentationseinrichtungen. Zusätzlich werden die Rechtsfragen der praktischen Information und Dokumentation sowie die mathematischen Grundbegriffe erläutert, um auch in diesen Themenkreis einen ersten Einstieg zu ermöglichen.

Es liegt damit das erste Standardwerk aus neuerer Zeit vor, das den Gesamtbereich der praktischen Information und Dokumentation behandelt und auf den Arbeitstisch eines jeden gehört, der sich mit Dokumentations- oder Informationssystemen beschäftigt, gleichgültig, ob diese auf konventioneller Basis oder unter Anwendung der elektronischen Datenverarbeitung arbeiten sollen. Sigmar Uhlig

Eberhard Meincke, Integrierte Datenverarbeitung in der öffentlichen Verwaltung unter besonderer Berücksichtigung der Kommunalverwaltung

Verlag W. Kohlhammer, Köln. 1970. 159 Seiten. Kart.

Die von Prof. Dr. *Werner Thieme* angeregte Untersuchung entstand im engen Kontakt mit der Kommunalen Gemeinschaftsstelle für Verwaltungsvereinfachung (KGSt) in Köln. Der Verfasser weist jedoch darauf hin, daß seine Untersuchung unabhängig von dieser Stelle erfolgt sei und die von ihm vorgelegten Vorschläge nicht als Empfehlung der KGSt angesehen werden könnten.

Die in 4 große Teile gegliederte Studie behandelt zunächst die elektronische Datenverarbeitung in der öffentlichen Verwaltung allgemein, um sodann im 2. Teil auf Begriff und Erscheinungsform integrierter Datenverarbeitung einzugehen. Im 3. Teil wird eines der wesentlichen Probleme, die Organisation der integrierten Datenverarbeitung, behandelt. Zuletzt, aber von der Bedeutung doch besonders eingeschätzt, wird das Gebot der Wirtschaftlichkeit und seine wesentlichen Auswirkungen auf die Organisation der integrierten Datenverarbeitung in der öffentlichen Verwaltung untersucht.

Das Verdienst der lesenswerten und lesbaren Studie, die durch zahlreiche Hinweise auf Schrifttum, Materialien und Dokumente auch zum Vertiefen einzelner Fragen anregt, liegt in der zusammenfassenden Gesamtschau der mit der Integration der Datenverarbeitung in der öffentlichen Verwaltung verbundenen Probleme und dem Versuch der Herausarbeitung klarer begrifflicher Abgrenzungen. Zutreffend weist der Verfasser darauf hin, daß es bei solchen Vorhaben eines der zentralen Probleme ist, dafür zu sorgen, „daß die Beteiligten nicht versuchen, eigene Wege zu gehen oder nur bestimmte Massenarbeit erledigen zu lassen, sondern miteinander in übereinstimmender Weise eine Lösung der sicherlich schwierigen Verarbeitungsprobleme erarbeiten". Hierzu ist es allerdings unbedingt notwendig, die wichtigen psychologischen Momente zu berücksichtigen. Diese bestehen hauptsächlich in der Frage der Kompetenzabgabe und der Erhaltung der „eigenen Verwaltung". Sigmar Uhlig

Lassar G. Gotkin/Leo S. Goldstein, Grundkurs in Statistik

Ein programmiertes Lehrbuch in zwei Bänden. R. Oldenbourg Verlag, München/Wien. Band 1, 3. Aufl. 237 Seiten mit 34 Abbildungen und 61 Tabellen. 1971. Spiralband DM 28,50 Band 2, 3. Aufl. 209 Seiten mit 128 Abbildungen und 64 Tabellen. 1972. Spiralband DM 28,50.

Das dem Juristen weitgehend fremde Gebiet der Statistik wird durch diesen Grundkurs gut erschlossen. Das Werk führt in die Grundbegriffe der Statistik intensiv ein und verwendet dazu die neue Lehrmethode der programmierten Unterweisung. Jeder, der das Werk studiert, kann damit Schritt für Schritt vorgehen und überprüfen, wie weit er die einzelnen Lernschritte erfaßt und verarbeitet hat. Besonders positiv ist neben der übersichtlichen Gestaltung und der leichten Handhabung des Werkes die genaue Beschreibung des Ziels, das in jedem einzelnen Kapitel des Werks behandelt und erlernt werden soll. Einziger Mangel des Buchs: ein Stichwortverzeichnis würde das Aufsuchen von einzelnen Problemen ohne Durcharbeitung des Buchs erleichtern.

In Band 1 werden zunächst Grundmenge und Teilmenge (Begriffe und Definitionen, einige Fragen über Daten, Gebrauch einer Tafel und Zufallszahlen) erläutert, die Variable dargestellt und zur Anordnung der Daten (Methoden der Tabellierung, Häufigkeitsverteilung, Perzentile, Quartile, Dezile) einges gesagt. Die weiteren Kapitel beschäftigen sich mit der Darstellung der Daten, mit elementarisch statistischen Maßzahlen (Modus oder häufigster Wert, Mediane, Perzentile und Perzentilenrang, das Mittel) Streuungsmaßnahme (Spannweite, Interquartile und semiinterquartile Spannweiten, Streuung, Standardabweichung, Rechenformeln und Merkmalstransformationen).

Im zweiten Band wird die Normalkurve (einführende Begriffe, Einheitsnormalkurve, Bestimmung der Z-Merkmale für Perzentilen, T-Merkmale und die Verwendung von Normalkurve zur Maßstabsbestimmung für Variable) behandelt, die Korrelation (Begriff der Korrelation Rechenverfahren, Berechnung aus gruppierten Daten, Berechnung einer Matrix und Interkorrelationen, Rangkorrelation, Zuverlässigkeit und Gültigkeit) dargestellt und die Regression (Einführung in die Regression, Überblick über die Algebra der graphischen Darstellung von geraden Linien, bedingte Verteilungen, Berechnung der Regressionslinien und der Standardfehler und Schätzungen, erklärte und unerklärte Variationen und die Beziehungen zwischen Korrelation und Regression und die Schützung) ausführlich behandelt. Jedem Band sind gesonderte Aufgaben und dem Band 1 Übungsblätter beigeheftet.

Insgesamt ein gelungener Versuch, die schwierige Materie auch demjenigen verständlich und erlernbar zu machen, dem sie von der beruflichen Ausbildung her zunächst fremd sind. Sigmar Uhlig

Hans-Gert Braun, Programmierte Instruktion.

Grundlegung für ihre Anwendung in den Wirtschaftswissenschaften (Volkswirtschaftliche Schriften, Heft 176). Verlag Duncker & Humblot, Berlin/München. 1971. 164 Seiten DM 38,60.

Eine der Ursachen für die Notwendigkeit einer Hochschulreform ist die Tatsache, daß die Hochschulen den an sie gerichteten Anforderungen hinsichtlich der Ausbildung der Studenten nie gewachsen waren oder nicht mehr gewachsen sind. Jedenfalls trifft dies für den Bereich des Rechts zu, da der Repetitor keine neue Erscheinung ist. Längst hat die Diskussion über die Anwendung programmierter Instruktionen zur Erlernung des notwendigen Fachwissens auch in den Bereich des Rechts Einzug gehalten. Aber es sind immer noch Ausnahmeexperimente, nicht die Regel. Um die erforderliche Ausbildung der Jurastudenten in der Qualität durchzuführen, die heute von der Ausbildung der Juristen erwartet wird, wäre ein enormer personeller und materieller Aufwand erforderlich, um die Ausbildungskapazitäten dementsprechend zu steigern.

Hier könnte die programmierte Instruktion helfen. Die Studie selbst befaßt sich mit der Grundlegung der Anwendung programmierter Instruktionen für den Bereich der Wirtschaftswissenschaft. Sie beginnt mit einem Beitrag zur Verbesserung der Lehrmethoden, also mit einer Begründung einer Hochschuldidaktik, stellt dann die programmierte Instruktion als Realisation lerntheoretischer Kenntnisse dar und behandelt ausführlich die Anwendung der programmierten Instruktion in den Wirtschaftswissenschaften.

Die Darlegungen und Ergebnisse sind nicht ohne weiteres und unreflektiert übertragbar, jedoch ist diese Studie geeignet, die entsprechende Diskussion auch über den Bereich der Rechtswissenschaft durch zusätzliche Argumente zu erleichtern. Sigmar Uhlig

Felix Rauner/Jürgen Trotler, Computergesteuerter Unterricht. Das ALCU-Projekt.

Verlag Berliner Union-Kohlhammer, Stuttgart. 1971. 228 Seiten mit 21 erläuternden Skizzen. Kart. DM 19,80.

Das sog. ALCU-Projekt stellt den Versuch dar, computergesteuerten Unterricht an einer staatlichen (Berufs-)Schule, der Planck-Oberschule in Berlin, auf breiter Basis einzusetzen.

Formal werden in 4 Kapiteln folgende Problemkreise behandelt:

1. Das ALCU-Projekt: Eine Beschreibung der schulpolitisch interessanten Form der Zusammenarbeit zwischen einem koordinierenden Kernteam, Projektgruppen zur Lehrprogrammerstellung sowie am Ergebnis des Lernprozesses Interessierten (z. B. Industrie, Hochschule usw.).
2. Lehrprogrammentwicklung in der Schule: Dieser Abschnitt ist einer kurzen technischen Anleitung für eine sinnvolle Gestaltung computergesteuerter Lehrprogramme gewidmet sowie deren Erprobungsmöglichkeiten im Einzel- und Gruppentest, welche zur Revidierung und Validierung der Lehrprogramme führen.

3. Einsatz der Lehrprogramme: Hier wird über Erfahrungen mit den vorhandenen Lehrprogrammen und über die sich daraus ergebenden Möglichkeiten einer Innovation des konventionellen Unterrichts durch den Einsatz von programmiertem Unterricht (PU) referiert.
4. Computergesteuerter Unterricht: In diesem Teil berichten die Mitarbeiter am ALCU-Projekt über (realistische) Perspektiven eines zukünftigen Einsatzes von PU auf allen Ebenen des Schulunterrichts (Grundschule bis Hochschule). Es werden Vergleiche der Ergebnisse von PU und personalem Unterricht geboten wie auch die Vorteile und Schwächen beider Systeme verdeutlicht, aber auch gezeigt, daß es in Zukunft von allen Beteiligten am Projekt als allein sinnvoll betrachtet wird, lehrstoffadäquat beide Methoden in verschiedener Gewichtung im Unterricht einzusetzen.

Die Autoren versuchen nach einer kurzen Einführung in die Zielsetzungen und Umstände des ALCU-Projekts und Aufzeigung der anfänglich wohl immer zu überbrückenden (sachlichen, materiellen, finanziellen und personellen) Schwierigkeiten, dem Leser die Möglichkeiten des PU hinsichtlich einer Lernkapazitätssteigerung (Bewältgiung des Lernstoffs in kürzerer Zeit; größere Effektivität des PU hinsichtlich des Lernprozesses, was sich in einer erhöhten Behaltensquote niederschlägt; Aktivierung durch unmittelbare Mitarbeit am Programm; Steigerung der Selbsteinschätzungsfähigkeit, der Reaktionsfähigkeit und der Entscheidungsfreudigkeit; Steigerung der Bereitschaft und Fähigkeit zu sachlicher Diskussion durch Vermittlung des materiellen Substrats usw.) aufzuzeigen.

Ausgegangen wird beim ALCU-Projekt von einem Einsatz der Lehrprogramme – auf einem Nixdorf-Computer, Systemname „Bakkalaureus" – zusätzlich zu herkömmlichem Unterricht im Ausmaß von zweimal 45 Minuten täglich, und zwar sachlich beschränkt auf den Fachkundeunterricht (Elektrotechnik, Elektronik, elektrische Schutzmaßnahmen usw.). Die Programme werden nach ihrer Erarbeitung durch den Programmautor in Zusammenarbeit mit der betreffenden Projektgruppe und der koordinierenden Tätigkeit des Kernteams zunächst einer Einzelerprobung mit 5–10 Schülern (freiwillige Mitarbeit) unterzogen. Etwa auftretende Fehlerquellen und Unklarheiten können revidiert werden. Ein Problem ist in diesem Stadium nur die noch nicht erreichte technische Reife des Lehrprogramms (LP), wodurch die Aktualität der Situation nur annähernd abgeschätzt werden kann. Nach diesem Arbeitsschritt erfolgt eine neuerliche Diskussion mit allen Beteiligten (unter Beiziehung der beteiligten Schüler), welche einen verbesserten Entwurf des LP zum Ziel hat, der schon in die technische Form gebracht wird, in der das Programm später eingesetzt werden soll. Dieses Programm wird einer Gruppenerprobung (ca. 20–25 Schüler, mehrere Klassen) unterzogen. Durch die Maschinenprotokolle der Schülerreaktionen und der Prüfungsergebnisse sowie der Lehrergutachten kann ein Bild der Einsatzmöglichkeiten gewonnen werden.

Notwendig verbunden mit dem Einsatz des PU ist eine Innovation des Unterrichts durch das geänderte Rollenverständnis des Lehrers als Diskussionsleiter und Partner wie auch der Schüler, die als „Sachkundige" (nach Erlangung des Fachwissens durch den PU) ihr erworbenes Wissen in theoretischer und praktischer Anwendung mit Hilfe und in Wechselbeziehung mit dem Lehrer erproben sollen. Immer wieder wird auf den engen Anwendungsbereich innerhalb des ALCU-Projekts hingewiesen.

Es ergibt sich deshalb die Frage, ob eine Realisierung des PU nur in solchen Unterrichtszweigen möglich ist, die herkömmlicherweise formalisiert nach strengen Algorithmen wertfrei Fakten vermitteln oder ob z. B. auch ein PU im Rahmen des juristischen Studiums sinnvoll und zielführend sein kann. Eine allgemeingültige Antwort ist hier wohl nicht zu geben. Es muß unterschieden werden zwischen juristischen Fachbereichen, die sich für eine Formalisierung und damit eine Lehrstoffvermittlung durch LP geradezu anbieten (z. B. das gesamte Prozeßrecht, das strengen formalistischen Regeln unterliegt; Simulation von Prozeßabläufen; aber auch Verdeutlichung der Subsumierungstätigkeit durch Herstellung des Konnexes zwischen Sachverhalt und Tatbestandsmerkmalen im Gesetz u. ä.) und solchen Fachbereichen, die weitgehend von Wertungen getragen sind und daher besser im konventionellen Unterricht vermittelt werden. Dadurch wird aber nur dem auch vom ALCU-Team vehement vertretenenen Grundsatz Rechnung getragen, daß nicht nur eine einzige Unterrichtsmethode den Unterrichtserfolg garantiert. Der Vorteil des Einsatzes der PU im juristischen Studium brächte eine teilweise Entlastung der akademischen Lehrer von der reinen Wissensvermittlung und dadurch könnte diese Kraft freigesetzt werden für praxisnahe Vertiefungstätigkeit (z. B. Fallbesprechung anhand der Judikatur der Höchstgerichte; Bearbeitung von Fällen aus der Gerichts- und Verwaltungspraxis; Erarbeitung theoretischer Problemkreise; usw.). Eine wohl umstrittene Konsequenz des Einsatzes der PU im juristischen Studium wäre aber m. E. auch die Aufhebung der strengen Einteilung in mehrere Studienabschnitte (in Österreich z. B. 3), da der einzelne Schüler weitgehend (da Arbeit in Kleingruppen mit annähernd gleichem Bildungsniveau der Teilnehmer) das Lerntempo und damit die Studiendauer bestimmen könnte. Aber auch die Möglichkeit der Spezialisierung neben der normalen Lehrstoffülle durch Absolvierung zusätzlicher Programme ermöglicht es, daß durch eine parallel laufende Lernüberwachung durch Protokolle der Lernschritte und Prüfungstestergebnisse eine Beurteilung der Leistung erfolgen könnte, wodurch eine Eingliederung in den vom künftigen Juristen angestrebten Berufszweig sich ökonomischer und effektiver gestalten ließe.

Helga Stadler

Hinweise

Informationssystem Umwelt

Konzept eines Meß- und Planungsinformationssystems für Umweltmaßnahmen

Mit einer Studie für ein „Informationssystem Umwelt" hat *Siemens* den Vorschlag für eine

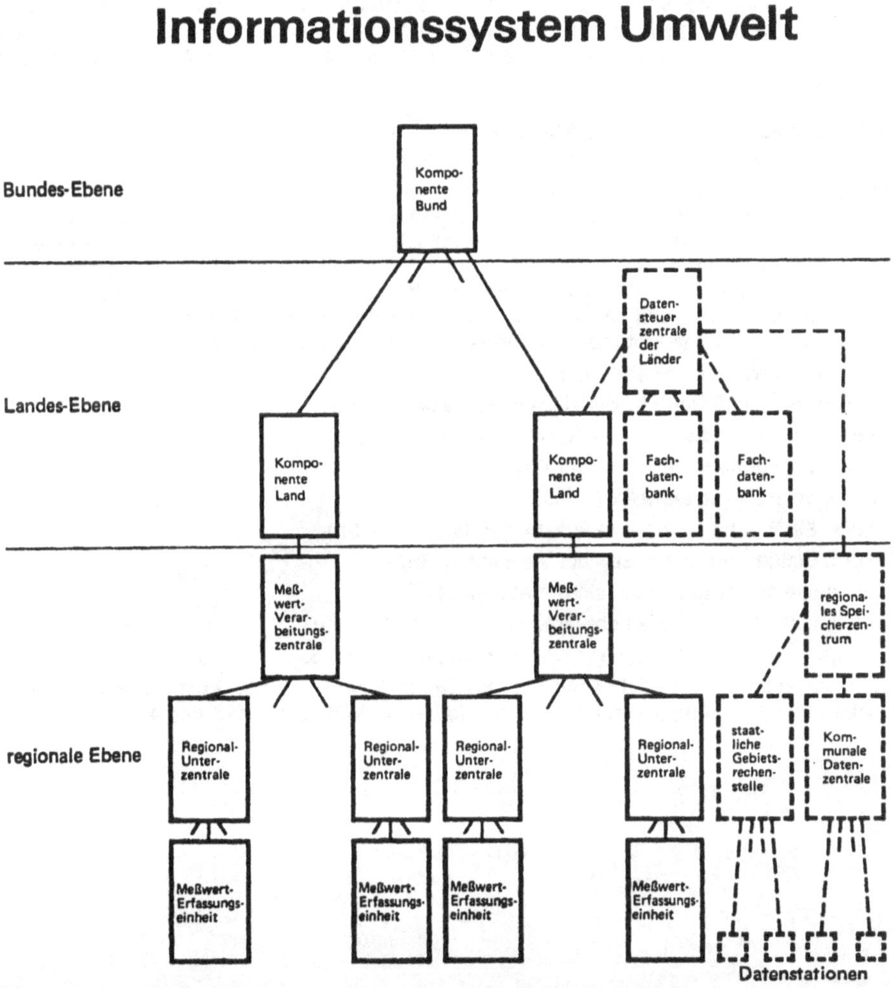

integrierte Lösung zur Planung und Information bei Problemen des Umweltschutzes und der Raumordnung vorgestellt. Der Schwerpunkt der Studie liegt auf einer Integration der Umwelt-Meßdaten in die Datenverarbeitung der öffentlichen Verwaltung und enthält konkrete Vorschläge für eine organisatorische Eingliederung des Systems auf den verschiedenen Verwaltungs- und Regierungsebenen.

Ausgangsbasis für eine systematische Umweltbeobachtung sollen vollautomatisch arbeitende Meßstationen sein, die vor allem in besonders belasteten Gebieten fortwährend Luft- und Wasserzusammensetzung analysieren sowie z. B. meteorologische Daten oder Lärm erfassen. Diese Meßergebnisse sollen gesammelt, weitergeleitet und auf verschiedenen Ebenen einer hierarchischen Struktur kurzfristig von Computern ausgewertet werden.

Aufgabe eines solchen weitgespannten „Informationssystem Umwelt" soll sein, Entscheidungshilfen und Kontrollmöglichkeiten für Maßnahmen des Umweltschutzes zu liefern, in kritischen Situationen ein gezieltes Reagieren zu ermöglichen und der Wissenschaft Daten zur weiteren Erforschung der verschiedenartigen Umwelt-Komponenten an die Hand zu geben.

Für die technische und organisatorische Realisierung des „Informationssystems Umwelt" sollen grundsätzlich zwei Varianten denkbar werden. Der linke Zweig auf dem Schema stellt einen Vorschlag für eine isolierte Lösung dar, bei der nur die Meßwerte direkt erfaßt und für weitere Auswertungen in der Hierarchie des Systems weitergeleitet werden. Die zweite Variante ist der Vorschlag für ein System, das an öffentliche Verwaltungsstellen auf Bundes- und Landesebene angeschlossen wird. Hier können über die Datensteuerzentralen Informationen direkt (on line) aus den Beständen der Fachdatenbanken von Verwaltung und Wissenschaft in das „Informationssystem Umwelt" eingelesen und dort verarbeitet werden.

Rechtsinformatik-Ausbildung im Wintersemester 1973/74

Im Rahmen der vom Lehrstuhl Prof. Dr. *W. Steinmüller* an der Universität Regensburg durchgeführten Rechtsinformatik-Ausbildung werden im Wintersemester 1973/74 Lehrveranstaltungen für die Grundstufe (1. Studienabschnitt, 1. Ausbildungssemester) und die Aufbaustufe (2. Studienabschnitt, 3. Ausbildungssemester) angeboten. (Vgl. hierzu auch den in ÖVD 1972 Heft 6, Seite 231 ff. veröffentlichten Lehrplan). Der Schwerpunkt der Ausbildung liegt im WS 1973/74 bei Fragen der Anwendung formaler Methoden im Recht, wobei mathematische und logische Methoden einerseits sowie kybernetische und entscheidungstheoretische Methoden andererseits im Vordergrund stehen.

Im einzelnen werden folgende Lehrveranstaltungen abgehalten:

1. Vorlesung: Einführung in die Rechtsinformatik (2 Std.)
2. Vorlesung: Grundlegung der Rechtsinformatik (1 Std.)
3. Seminar: Formale Methoden im Recht (2 Std.)
4. Seminar: Rechtskybernetik (2 Std.)
5. Kurs: Einführung in die Mathematik für Juristen (2 Std.)
6. Kurs: Einführung in die EDV für Juristen (1 Std.)
7. Arbeitsgemeinschaft: Rechtsinformatik (1 Std.)

Zur Grundstufe zählen die Lehrveranstaltungen 1, 3, 6 und 7.

Zur Aufbaustufe zählen die Lehrveranstaltungen 2, 4 und 5.

Blockveranstaltungen sind beabsichtigt für Nr. 2, 6 und 7 (nach Abstimmung mit dem Fachbereich); Grundlagenseminar gemäß § 13 bayer. JAPO sind Nr. 3 und 4.

Leo Reisinger

Strukturtheorie des Rechts und EDV[1]

Übersicht

Der folgende Aufsatz stellt sich die Aufgabe, die Anwendbarkeit des Strukturbegriffes und der strukturalen Methode auf das Recht zu untersuchen. In Abschnitt 1 werden einige Grundbegriffe des Strukturalismus, die für die gegenständliche Fragestellung besonders wichtig sind, kurz skizziert. Abschnitt 2 zeigt mögliche Anwendungsgebiete, insbesondere in Verbindung mit EDV-Einsatz, in Rechtstheorie und Rechtsanwendung. Abschnitt 3 bringt ein Modell, das für eine vorgegebene Zahl von Tatbestands- und Rechtsfolgeelementen die Zahl der möglichen Rechtsnormen unter Annahme bestimmter Nebenbedingungen untersucht.

1 Grundbegriffe des Strukturalismus

1.1 Die Struktur

Die Begriffe „Struktur" und „Strukturalismus" werden seit einigen Jahren in so vielen Wissenschaften verwendet, daß man beinahe von einer Modeerscheinung sprechen kann. Wissenschaftsgeschichtlich müssen zumindest zwei Quellen des Strukturbegriffes unterschieden werden, die für eine Strukturtheorie des Rechts von Bedeutung sind[2]:

---

[1] Der Verfasser verdankt *Dr. Friedrich Lachmayer*, Bundeskanzleramt Wien, und *Dr. Helmut Strasser*, Institut für Statistik der Universität Wien, zahlreiche Anregungen zum Thema des vorliegenden Aufsatzes.

[2] Als eine dritte Quelle des Strukturbegriffes ist die strukturell-funktionale Theorie der Soziologie zu nennen, die insbesondere in den Schriften *T. Parsons* (The Structure of Social Action 1961, zuerst 1937; Essays in Sociological Theory 1954) ihren Niederschlag findet. Ebenso wie die von *Lévi-Strauss* vertretene strukturale Theorie ist sie stark von *B. Malinowski* (Crime and Custom in Savage Society 1926, A Scientific Theory of Culture and Other Essays 1944) und *A. R. Radcliffe-Brown* (Structure and Function in Primitive Society, 1952) beeinflußt. Die Anfänge des Strukturalismus sind wohl in der Entwicklung der algebraischen Strukturen (*Galois, Abel*) zu finden.

1. Der von *Ferdinand de Saussure* (1857–1913) in der Linguistik entwickelte Strukturbegriff mit seinen Gegensatzpaaren Synchronie/Diachronie und Syntagmatik/Paradigmatik[3].

   Der Strukturbegriff der Linguistik ist für die Strukturtheorie des Rechts von besonderem Interesse, da sich, wie z. B. *E. J. Lampe* zeigt, zwischen Recht und Sprache interessante Parallelen aufzeigen lassen. „(Zweitens) besteht zwischen Recht und Sprache eine enge Strukturverwandtschaft: Sie sind beide normative Elemente, Ordnungselemente des menschlichen Seins, für unser Denken und Handeln zwar nicht von determinierendem, doch aber motivierendem, ja bisweilen suggestivem Einfluß. Beide entspringen Gewohnheiten (Rechtsgewohnheiten, Sprachgewohnheiten), beide verfestigen sich zum ständigen Gebrauch (Rechtsbrauch, Sprachgebrauch), und beide erlangen schließlich Allgemeingültigkeit (Rechtsregel, Sprachregel). Recht ‚gilt', sagt man dann, und Sprache, sagt man, ‚bedeutet' etwas."[4]

   Der Strukturbegriff der Strukturalen Linguistik hat vor allem den französischen Strukturalismus geprägt und das Denken des Ethnologen *Lévi-Strauss* entscheidend beeinflußt[5].

2. Der von *Wiener*, *Shannon* und ihren Nachfolgern entwickelte Strukturbegriff der Kybernetik mit den allgemeinen Prinzipien der Regelung und Information[6]. Aus der Beschreibung der Strukturen verschiedener Systeme mit Hilfe dieser allgemeinen Prinzipien entwickelt sich heute eine allgemeine Systemtheorie, die immer mehr zu einer der wichtigsten Disziplinen der Kybernetik wird.

Zwischen diesen beiden Quellen des Strukturbegriffes bestehen zahlreiche Interdependenzen, insbesondere ist in zunehmendem Maße eine Verwendung des formalwissenschaftlich formulierten Strukturbegriffes in der Linguistik und den Sozialwissenschaften festzustellen. Mathematische Begriffe wie „Gruppe", „Verband" und „Halbordnung" erweisen sich für die Beschreibung substanzwis-

---

[3] *De Saussure*, Cours de linguistique générale, 1916 von *Ch. Bally* und *A. Sechehaye* herausgegeben. Zur strukturalen Linguistik vgl. insbesondere die folgende Literatur: *Bierwisch M.*, Strukturalismus. Geschichte, Probleme und Methoden, in: Kursbuch 5, S. 77–152. 2. Aufl., Frankfurt 1969; *Fages J. B.*, Comprendre le Structuralisme. Paris 1968; *Fages, J. B.*, Le Structuralisme en procès. Paris 1968; *Lepschy, G. C.*, Die Strukturale Sprachwissenschaft. München 1969; *Martinet A.*, Grundzüge der Allgemeinen Sprachwissenschaft. Urban Taschenbücher 69, Stuttgart 1963.

[4] *Lampe E. J.*, Juristische Semantik, in: Studien und Texte zur Theorie und Methodologie des Rechts, Bd. 6, Bad Homburg v. d. H./Berlin/Zürich 1970, S. 17.

[5] Vgl. insbesondere die folgenden Arbeiten von *Lévi-Strauss*: Les structures élémentaires de la parenté, Paris 1949. Anthropologie structurale, Paris 1958. La pensée sauvage, Paris 1962. Vgl. dazu auch *Leach E.*, *Lévi-Strauss*. London 1970.

[6] *Wiener N.*, Cybernetics or Control and Communication in the Animate and the Machine. Paris/Cambridge/New York 1948; *Shannon C.*, and *Weaver W.*, The Mathematical Theory of Communication. Urbana 1950. Zum Überblick zur neueren Entwicklung der Kybernetik vgl. *von Cube, F.*, Was ist Kybernetik? Grundbegriffe, Methoden, Anwendungen. dtv WR 4079, München 1971.

senschaftlicher Strukturen als äußerst fruchtbar[7]. Umgekehrt wird der Strukturbegriff von philosophischer Seite einer ideologiekritischen Untersuchung unterzogen[8].

Es erscheint zweckmäßig, eine vorläufige Definition von „Struktur" zu geben. Im Sinn der Systemtheorie kann ein System abstrakt als eine Menge von Elementen beschrieben werden, die miteinander durch Relationen verbunden werden. Die Menge dieser Relationen nennen wir die Struktur des Systems[9].

Im französischen Sprachgebrauch wird häufig nicht explizit zwischen Struktur und System unterschieden. So definiert *Lalande* „structure" als „un tout formé de phénomènes solidaires, tels que chacun dépend des autres et ne peut être ce qu'il est que par sa relation avec eux" und *Benvéniste* als „une entité autonome de dépendences internes"[10]. Es ist in diesem Zusammenhang interessant festzuhalten, daß *de Saussure* selbst niemals von Strukturen, sondern stets von Systemen spricht.

Bevor wir prüfen, welche Verwendungsmöglichkeiten des Strukturbegriffes sich für Rechtstheorie und/oder Rechtsanwendung ergeben, müssen die auf *de Saussure* zurückgehenden Begriffspaare Synchronie/Diachronie und Syntagmatik/Paradigmatik sowie die von *Lévi-Strauss* angewandte „Strukturale Methode" kurz erörtert werden.

1.2 Synchronie und Diachronie

Unter diachronischer Betrachtungsweise einer Sprache versteht *de Saussure* die Beschreibung der historischen Entwicklung dieser Sprache, unter synchronischer Betrachtungsweise die Beschreibung dieser Sprache (ihrer Struktur) zu einem gegebenen Zeitpunkt. Historische Perspektiven werden hierbei ausgeschieden. Das Prinzip der Synchronie ist für den Strukturalismus von grundlegender Bedeutung. Es erschöpft sich nicht in einer bloß ahistorischen Betrachtungsweise, sondern ermöglicht erst durch das (vorübergehende) Ausschalten historischer Perspektiven das Erarbeiten der Struktur.

Das berühmte, von *de Saussure* verwendete Beispiel des Schachspiels möge dies verdeutlichen[11]. Das spezifische Material, aus dem Schachbrett und Schachfiguren gefertigt sind, sowie die spezielle Form der Schachfiguren sind für das Schachspiel irrelevant. Notwendig ist lediglich, daß jede Schachfigur

---

[7] *Piaget J.*, Le Structuralisme, Paris 1970, weist eine gleichartige Verwendung des Strukturbegriffes in so verschiedenen Wissenschaften wie Mathematik und Logik, Physik, Biologie, Psychologie, Linguistik, den Sozialwissenschaften und der Philosophie nach. Vgl. auch *von Kempski J.*, Grundlegung zu einer Strukturtheorie des Rechts. Wiesbaden 1961.

[8] Vgl. dazu *Fages J. B.*, Le structuralisme en procès, a.a.O., S. 81–116.

[9] *Klaus G.*, Wörterbuch der Kybernetik, Frankfurt/M. und Hamburg 1969, S. 625 definiert Struktur als die „Menge der die Elemente eines Systems miteinander verbindenden Relationen und aller dazu isomorphen Relationsgefüge".

[10] *Lalande*, Vocabulaire de philosophie III; *Benvéniste*, Problèmes de linguistique générale, Paris 1966, S. 97.

[11] Vgl. dazu *Lyons J.*, Introduction to Theoretical Linguistics, Cambridge 1968, S. 46 und 59.

gemäß den Regeln des Schachspiels identifizierbar ist. Solange zwischen den Spielern Konvention bezüglich der Figuren besteht, kann mit Figuren beliebiger Form gespielt werden. Entscheidend sind allein die Regeln des Schachspiels, die Beziehungen zwischen den Schachfiguren definieren und so die Struktur des Spiels darstellen. Während des Spiels ändern die Figuren ständig ihre Position, aber zur Analyse der Spielsituation zu einem gegebenen Zeitpunkt genügt es, die augenblicklichen Relationen festzustellen (synchronische Betrachtungsweise). Es ist nicht notwendig zu wissen, auf welchem Weg die Spieler den augenblicklichen Spielstand erreicht haben[12].

Es muß betont werden, daß die Synchronie nicht die Erforschung der Veränderung eines Systems in der Zeit ausschließt. Führt man mehrere synchronische Untersuchungen ein- und derselben Struktur zu verschiedenen Zeitpunkten durch, gelangt man zu einer Diachronie, der in der ökonomischen Theorie die „komparative Statik" entspricht.

Wir geben dazu ein einfaches Beispiel, das auch die Abstraktheit des Systembegriffes und seine Formalisierbarkeit erläutert. Ein System S bestehe aus den fünf Elementen x_1, x_2, x_3, x_4, x_5. Zwischen diesen Elementen sei eine irreflexive, symmetrische Relation R zu drei Zeitpunkten t_1, t_2, t_3 in der folgenden Weise definiert[13]:

t_1: $R(x_1, x_2)$, $R(x_1, x_3)$, $R(x_1, x_4)$, $R(x_2, x_4)$

t_2: $R(x_1, x_2)$, $R(x_1, x_3)$, $R(x_2, x_3)$, $R(x_2, x_5)$

t_3: $R(x_1, x_3)$, $R(x_2, x_3)$, $R(x_3, x_4)$

Wir können $S = \{ \{x_i\}, \{R(x_i, x_j)\} \}$ für jeden Zeitpunkt durch eine Matrix M darstellen mit $m_{ij} = \begin{pmatrix} 1 \text{ falls } R(x_i, x_j) \\ 0 \text{ sonst} \end{pmatrix}$

t_1	x_1	x_2	x_3	x_4	x_5
x_1	0	1	1	1	0
x_2	1	0	0	1	0
x_3	1	0	0	0	0
x_4	1	1	0	0	0
x_5	0	0	0	0	0

t_2	x_1	x_2	x_3	x_4	x_5
x_1	0	1	1	0	0
x_2	1	0	1	0	1
x_3	1	1	0	0	0
x_4	0	0	0	0	0
x_5	0	1	0	0	0

t_3	x_1	x_2	x_3	x_4	x_5
x_1	0	0	1	0	0
x_2	0	0	1	0	0
x_3	1	1	0	1	0
x_4	0	0	1	0	0
x_5	0	0	0	0	0

[12] Die Analyse des Schachspiels weist jedoch einige diachronische Züge auf. So muß man beispielsweise vor der Rochade wissen, ob der König bereits gezogen hat oder nicht. Vgl. auch *Lepschy, G. C.*, Die Strukturale Sprachwissenschaft, a.a.O., S. 35.

[13] Vgl. dazu z. B. *Henn R./Künzi H. P.*, Einführung in die Unternehmensforschung, Bd. II, Berlin/Heidelberg/New York 1968, S. 138–186.

1.3 Syntagmatik und Paradigmatik

Eine zweite, für unsere Fragestellung wichtige Unterscheidung ist jene von Syntagma und Paradigma. Betrachten wir ein beliebiges System von Zeichen (auch die Rechtsordnung kann, wie die Rechtskybernetik zeigt, als ein solches System aufgefaßt werden), so nennt man die Relation der Zeichen im gegebenen Kontext syntagmatisch, während ein Zeichen zu allen anderen Zeichen, die an seiner Stelle im selben Kontext auftreten können, in paradigmatischer Relation steht.

Ein Beispiel möge diese Definition erhellen. Wir fassen den Satz „ich lese ein Buch" als System von Zeichen (Wörtern) auf. Die Elemente dieses Systems „ich", „lese", „ein", „Buch" stehen zueinander in syntagmatischer Relation. „Buch" steht in paradigmatischer Relation zu „Zeitung", „Zeitschrift", „Schriftrolle" etc.

Roland Barthes hat gezeigt, daß syntagmatische und paradigmatische Relationen auf die verschiedensten Systeme anwendbar sind[14]. Um die syntagmatischen Einheiten eines Erfahrungsobjektes zu erhalten, muß man die Operation der Trennung (découpage), insbesondere durch Vertauschung (commutation) der einzelnen Elemente vornehmen[15]. Die Erstellung der paradigmatischen Relationen setzt die Operation der Klassenbildung voraus.

1.4 Die Permutationsmatrix

Durch das Erarbeiten der syntagmatischen und paradigmatischen Relationen schafft man sich einen Überblick über die Struktur eines Systems. Die strukturale Methode, wie sie *Lévi-Strauss* anwendet, geht nun so vor, daß sie die möglichen Permutationen der Elemente eines Systems in einer Matrix zusammenstellt und diese Permutationsmatrix als eigentliches Erkenntnisobjekt betrachtet[16].

"The method we adopt ... consists of the following operations:

1. define the phenomenon under study as a relation between two or more terms, real or supposed;
2. construct a table of possible permutations between these terms;
3. take this table as the general object of analysis which, at this level only, can yield necessary connections, the empirical phenomenon considered at the

---

[14] *Barthes R.*, Eléments de sémiologie, in: Communications 4, 1964, S. 116.

[15] Wie die Vertreter der generativen Grammatik gezeigt haben, können Systeme, die auf der Oberflächenstruktur verschiedene Syntagmen aufweisen, durch geeignete Transformationsregeln als in der Tiefenstruktur gleichartig nachgewiesen werden. Beispiel: „Ich habe Kopfweh" und „Mich schmerzt der Kopf" weisen unterschiedliche Oberflächenstruktur, aber gleiche Tiefenstruktur auf. Vgl. insbesondere die Arbeiten *N. Chomskys* (Syntactic Structures, Den Haag 1957 und Aspects of the Theory of Syntax, Cambridge, Mass. 1965).

[16] Der Name „Permutationsmatrix" ist insofern irreführend, als man die einzelnen Elemente der Matrix nicht nur durch Permutationen, sondern allgemein durch kombinatorische Operationen (auch Kombinationen und Variationen) erhält.

beginning being only one possible combination among others, the complete system of which must be constructed beforehand."[17]

Das empirisch festgestellte Phänomen wird daher nur als eine unter den möglichen Realisationen aufgefaßt. Primäre Aufgabe des Forschers ist die Konstruktion des vollständigen Systems der denkmöglichen Realisationen.

Wir sehen in dem Vorgehen der strukturalen Methode ein wichtiges Beispiel für eine Denkform, die wir als „kombinatorisches Denken" bezeichnen können[18]. Das kombinatorische Denken läßt sich durch folgende Vorgangsweise charakterisieren:

1. Ein gegebener Zeichenvorrat (die Menge der Basiszeichen) stellt den Input des Systems dar.
2. Nach kombinatorischen Regeln wird die Menge der aus den Basiszeichen herstellbaren „Superzeichen" des Output definiert.
3. Nach einer Entscheidungsfunktion – unter Umständen mit Hilfe des Zufallsmechanismus – wird der konkrete Output des Systems bestimmt.

Die Anwendung des kombinatorischen Denkens legt den Einsatz von EDV besonders nahe. Erstens setzt die Bestimmung des möglichen Output bereits eine Formalisierung voraus und zweitens steigt aus kombinatorischen Gründen die Zahl der möglichen Superzeichen auch bei nur geringer Zunahme der Basiszeichen sehr rasch an. Dennoch sind auch für die EDV die Grenzen der Leistungsfähigkeit sehr bald erreicht. „So würde z. B. eine große Rechenanlage für alle möglichen Kombinationen von 100 verschiedenen Worten zu einem Text von 30 Wörtern Länge – bei einer Leistung von 10 Sätzen in der Sekunde – einen Zeitraum von ca. 10^{40} Erdzeitalter benötigen."[19]

Eine händische Vorauswahl geeigneter Elemente ist daher schon aus zeit- und kostentechnischen Gründen notwendig.

2 Anwendungen im Recht

Nach der Beschreibung einiger allgemeiner Prinzipien des Strukturalismus geben wir Bereiche aus Rechtstheorie und Rechtspraxis an, die sich für eine strukturale Betrachtungsweise besonders eignen.

2.1 Vergleichende Rechtstheorie (die Struktur der Rechtsinstitute)

Betrachten wir als Beispiel die Sexualdelikte. In einem ersten, sehr groben Raster können wir 5 Systemelemente feststellen, die in der Struktur des Tatbestandes berücksichtigt werden müssen:

1. Geschlecht

---

[17] *Lévi-Strauss C.*, Tristes tropiques, Paris 1965, S. 16. Zitiert in *Leach E., Lévi-Strauss*, a.a.O., S. 25. Vgl. auch *Lévi-Strauss*, Der Strukturbegriff in der Ethnologie, in: *Lévi-Strauss*, Strukturale Anthropologie. Suhrkamp Taschenbuch 15, Frankfurt/M. 1971, S. 299.

[18] Vgl. insbesondere *Adam A.*, Informatik. Probleme der Mit- und Umwelt. Opladen 1971, S. 3. *Adam* spricht von „kombinatorischer Semiotik".

[19] *von Cube F.*, Was ist Kybernetik?, a.a.O., S. 20.

2. Alter
3. Verwandtschaft
4. Zwang
5. Sexuelle Technik.

Führen wir eine einfache Dichotomie ein (z. B. bestimmtes Geschlecht geschützt/bestimmtes Geschlecht nicht geschützt = Geschlecht beliebig) erhalten wir bereits $2^5 = 32$ Möglichkeiten, die wir in der Permutationsmatrix zusammenstellen. Tatsächlich sind die 5 Systemelemente jedoch Superzeichen, die weiter zerlegt werden müssen, bis wir jene im Detail feststehenden Elemente erhalten, die den Tatbestandselementen der modernen Rechtsordnung entsprechen (z. B. abstrakter oder kausaler Charakter der Traditio im Sachenrecht).

Während also die Tatbestandselemente zahlreich sind, genügen in der Regel zur Bestimmung der Relationen zwischen den Elementen die aussagenlogischen Operatoren der Negation, der Konjunktion und der Disjunktion.

Nach der Konstruktion der Permutationsmatrix und dem Feststellen der tatsächlich auftretenden Regelungen können Gleichheit oder Unterschiede der Rechtsinstitute in verschiedenen Rechtsordnungen festgestellt und die Erklärung der Unterschiede durch Einbeziehungn sozio-ökonomischer Variablen versucht werden. Aus der Permutationsmatrix läßt sich ablesen, welche Realisationen als eigene Rechtsinstitute angesehen werden. Tragen die einzelnen Realisationen spezielle Namen, so ist dies ein Indiz dafür, daß diese Rechtsmaterie für eine Rechtsordnung eine große Bedeutung hat – oder in der Vergangenheit einmal hatte. Gerade hier zeigt sich jedoch die Wichtigkeit der diachronischen Betrachtungsweise in der Rechtstheorie, da für die kontinentaleuropäischen Rechtsordnungen zahlreiche Strukturen durch die Rezeption des Römischen Rechts erklärbar sind.

Auf Grund des empirischen Auftretens lassen sich Wahrscheinlichkeiten für die einzelnen Realisationen bestimmen und daraus unter Umständen Prognosen für die Veränderung der gegenwärtigen Strukturen ableiten.

2.2 Positives und potentielles Recht[20]

Bei feststehenden Tatbestands- und Rechtsfolgeelementen gibt die Permutationsmatrix auch die denkbar möglichen Regelungen und damit das potentielle Recht an. Die Relationen zwischen den tatsächlich realisierten Elementen sind dabei syntagmatischer, jene zu den nicht realisierten Elementen paradigmatischer Natur. De lege ferenda stellt sich die Rechtsschöpfung daher als Auswahl einer neuen Realisation aus der Permutationsmatrix dar. Dieses Verfahren sichert die Vermeidung von Rechtslücken, die einfach dadurch zustande kommen, daß wegen der Komplexität der zu regelnden Sachverhalte bestimmte Möglichkeiten übersehen werden. So ist nach dem österreichischen Strafgesetzbuch (§ 128) wohl der „geschlechtliche Mißbrauch" eines Knaben unter 14 Jahren durch eine Frau strafbar, nicht jedoch der „unternommene Beischlaf".

---

[20] Vgl. *Lachmayer F./Reisinger L.*, Potentielles und Positives Recht. In: ARSP 1 (1974).

Die in den Abschnitten 2.1 und 2.2 skizzierten Probleme werden in Abschnitt 3 genauer analysiert.

2.3 Rechtskybernetik

Es bestehen bereits mehrere Versuche, kybernetische Strukturbegriffe wie die der Steuerung, Regelung und Information auf die Rechtstheorie anzuwenden[21]. Wir glauben, daß auch hier die strukturale Methode Wertvolles leisten kann. Durch „Superzeichenbildung" im Sinn des Informationsabbaues können Rechtsinstitute als Elemente eines Zeichenrepertoires höherer Ordnung aufgefaßt werden. Sind zwischen diesen Elementen Relationen definiert, so läßt sich wiederum eine Permutationsmatrix erstellen[22]. Diese kann zur Klärung des Zusammenwirkens der Rechtsinstitute zur Homöostase der Rechtsordnung beitragen. Mehrere miteinander verbundene Regelkreise bewirken nämlich eine Komplexität des Systemverhaltens, die eine direkte Modellkonstruktion sehr schwer, wenn nicht gar unmöglich macht.

2.4 Generative Rechtstheorie

Eines der fruchtbarsten Konzepte der strukturalen Linguistik ist jenes der generativen Grammatik[23]. Darunter versteht man eine Menge von expliziten und formalen Regeln, die für eine bestimmte Sprache die (an sich unendliche) Menge der akzeptablen (richtigen) Sätze dieser Sprache generiert. Eine generative Grammatik besteht aus zwei Teilen:

1. dem Lexikon, in dem die Wörter der Sprache nach ihren grammatikalischen Eigenschaften (Nomen, Verb, ...) klassifiziert sind,
2. Strukturregeln, die angeben, wie die Wörter kombiniert werden müssen, um einen akzeptablen Satz zu bilden (im speziellen Fall der Transformationsgrammatik treten ergänzend dazu Transformationsregeln).

Dieses Konzept der generativen Grammatik wurde mit Erfolg auf ein scheinbar so andersartiges Gebiet wie die Ästhetik angewandt.

„Unter generativer Ästhetik ist nun die Zusammenfassung aller Operationen, Regeln und Theoreme zu verstehen, durch deren Anwendung auf eine Menge materialer Elemente, die als Zeichen fungieren können, in dieser ästhetische Zustände (Verteilungen oder Gestaltungen) bewußt und methodisch erzeugbar

---

[21] Vgl. insbesondere *Afanasjew W. G.*, Wissenschaftliche Leitung der Gesellschaft, Berlin 1969; *Lang E.*, Staat und Kybernetik, Salzburg/München 1966; *Podlech A.*, Rechtskybernetik – eine juristische Disziplin der Zukunft; in: Juristenjahrbuch 1969/70, S. 157; *Steinmüller W.*, EDV und Recht. Einführung in die Rechtsinformatik, Berlin 1970.

[22] Relationen eines hohen Aggregationsgrades siehe bei *Fages J. B.*, Comprendre le structuralisme, a.a.O., S. 45–64.

[23] Vgl. neben den in Anmerkung 15 angeführten Arbeiten von *N. Chomsky* insbesondere *Bar-Hillel, Y.*, Language and Information. Reading Mass. 1969; *Bechert J.* et al., Einführung in die generative Transformationsgrammatik. München 1970; *Borko H.* (Hrsg.), Automated Language Processing. New York/London/Sydney 1967; *Friedmann J.*, A Computer Model of Transformational Grammar. New York/London/Amsterdam 1971; *Maurer H.*, Theoretische Grundlagen der Programmiersprachen. BI 404/404 a. Mannheim/Wien/Zürich 1969.

sind. Generative Ästehtik ist also in dem Sinne ein Analogon zur generativen Grammatik, als sie, wie diese, Sätze eines grammatischen Schemas, Realisationen einer ästhetischen Struktur liefert."[24]

Übertragen wir diese Prinzipien auf die Rechtswissenschaft, so können wir folgende interessante Parallelen feststellen. Dem Lexikon der generativen Grammatik entspricht die Menge der Tatbestands- und Rechtsfolgeelemente einer Rechtsordnung. Den Strukturregeln sind die Rechtsnormen selbst vergleichbar, die angeben, auf welche Weise die Tatbestands- und Rechtsfolgeelemente kombiniert werden dürfen. Dem Output der Grammatik (Menge der Sätze einer Sprache) entspricht die Menge der Entscheidungen, die auf Grund einer gegebenen Rechtsordnung erfolgen können. In beiden Fällen handelt es sich um eine im allgemeinen unendliche Menge, so daß das Prinzip der Aufzählung versagt. Wir können daher eine positiv-rechtlich fixierte Rechtsordnung als ein generatives System zur Erzeugung von Rechtsentscheidungen ansehen.

Aufgabe einer generativen Rechtstheorie ist es, Tatbestands- und Rechtsfolgeelemente derart zu strukturieren, daß mit Hilfe der Strukturregeln, deren Zahl aus technischen und ökonomischen Gründen auch für große EDV-Anlagen relativ klein sein muß, der einer bestimmten Rechtsordnung entsprechende Output an Entscheidungen generiert werden kann. Dies ist aber gerade die Voraussetzung für eine automatisierte Normanwendung (Subsumtion)[25].

3 Eine Strukturtheorie der Rechtsordnung

In diesem Abschnitt wird der Versuch uniternommen, ein einfaches Modell der Rechtsordnung zu konstruieren[26]. Für eine fest vorgegebene Zahl von Tatbestands- und Rechtsfolgeelementen wird die Menge der daraus ableitbaren Rechtsnormen und Rechtsordnungen angegeben. Dies geschieht in Abschnitt 3.1 unter Annahme einer minimalen Strukturiertheit der Rechtsnormen. Abschnitt 3.2 behandelt dasselbe Problem für die unter Zugrundelegung des Aussagenkalküls maximale Strukturiertheit der Rechtsnormen. In Abschnitt 3.3 wird ein Koeffizient angegeben, der eine Maßzahl für die Strukturiertheit einer Normenmenge darstellt. Abschnitt 3.4 untersucht schließlich den speziellen Fall, daß – unabhängig von positiv-rechtlich formulierten Tatbeständen – zwischen Tatbestandselementen bestimmte logische Relationen bestehen.

Das hier vorgestellte Modell trifft folgende Grundannahmen:

(A 1) Eine Rechtsnorm N läßt sich darstellen als geordnetes Paar von Tatbestand (Bedingung) T und Rechtsfolge (gesolltem Verhalten) F.

$$N = (T, F)$$

---

[24] *Bense M.*, Projekte generativer Ästhetik. In: *von Cube F.*, Was ist Kybernetik?, a.a.O., S. 266.

[25] Vgl. zum Problemkreis der automatisierten Normanwendung *Haft F.*, Elektronische Datenverarbeitung im Recht, Berlin 1970, und die dort angegebene Literatur; *Reisinger L.*, Automatisierte Normanalyse und Normanwendung. Berlin 1972; *Reisinger L.*, Die automatisierte Messung juristischer Begriffe, Berlin 1973.

[26] Vgl. zum folgenden *Reisinger L.*, Automatisierte Normanalyse und Normanwendung a.a.O., S. 98–122.

Diese Definition umgeht die Schwierigkeit, die sich aus der sogenannten Rechtsnormimplikation für die formale Logik ergibt. Rechtsnormen werden gewöhnlich als aussagend bedingte Normsätze aufgefaßt. Die Bedingung kann mit Hilfe des Aussagen-, Klassen- und Prädikatenkalküls beschrieben werden, für die Rechtsfolge ist dies bestritten[27]. (In Abschnitt 3.2 setzen wir jedoch voraus, daß für Rechtsfolgen ein dem Aussagenkalkül analoger Kalkül mit den Werten {geltend, nicht geltend} existiert.)

(A 2) Jeder Tatbestand ist aus Tatbestandselementen (T-Elementen), jede Rechtsfolge aus Rechtsfolgeelementen (F-Elementen) aufgebaut.

Im konkreten Fall kann die Feststellung, was als T-Element bzw. F-Element anzusehen ist, beträchtliche Schwierigkeiten bereiten. Als Kriterium geben wir an, daß jedes Element eine semantische Einheit bildet.

(A 3) Sei $A = \{a\}$ die Menge der T-Elemente und $B = \{b\}$ die Menge der F-Elemente. so bezeichnen wir die aus A und B ableitbare Normenmenge $\{N\}_{A,B}$ als „das potentielle Recht von A und B". Wir fassen eine Rechtsordnung R als Teilmenge dieses potentiellen Rechts auf.

$$R \supset \{N\}_{A,B}$$

Die Unterscheidung von Rechtsnormen als Sätze, die ein Sollen zum Inhalt haben („Wer stiehlt, soll bestraft werden") und Rechtsaussagen als Sätze, die kein Sollen zum Inhalt haben (z. B. Legaldefinitionen), berührt (A 3) insofern nicht, als Legaldefinitionen als zur Rechtsnorm gehörige Bestandteile aufgefaßt werden können, die nur aus technischen Gründen aus der Rechtsnorm ausgespart sind[28].

Wir geben nun die Zahl der T-Elemente und F-Elemente fest vor und fragen nach der Zahl der Elemente von $\{N\}_{A,B}$.

(D 1) Die Zahl der Elemente von A sei $n(A) = m$,
die Zahl der Elemente von B sei $n(B) = n$.

3.1 Die unstrukturierte Rechtsnorm N_U

Berücksichtigen wir die Relationen zwischen den T-Elementen (F-Elementen) nicht, können wir Tatbestand und Rechtsfolge als Teilmengen von A bzw. B auffassen.

(D 2) $N_U = (T_U, F_U)$

(D 3) $T_U = A_i \subset A$ und $F_U = B_i \subset B$

Die Menge der möglichen Tatbestände ist daher gleich der Potenzmenge P (A), der Menge der Teilmengen von A. Analoges gilt für die Rechtsfolge.

(D 4) $\{T_U\} = P(A)$ und $\{F_U\} = P(B)$

Daraus folgt

(D 5) $n(\{T_U\}) = 2^m$ und $n(\{F_U)\}) = 2^n$

---

[27] Vgl. *Schneider E.*, Logik für Juristen, Berlin/Frankfurt (M.) 1965, S. 160.

[28] Vgl. *Weinberger O.*, Rechtslogik, Wien/New York 1970, S. 209; *Wagner, H./Haag, K.*, Die moderne Logik in der Rechtswissenschaft, Bad Homburg v. d. H./Berlin/Zürich 1970, S. 105; *Klug U.*, Juristische Logik, 3. Aufl., Berlin/Heidelberg/New York 1966, S. 178.

Die Menge der möglichen Rechtsnormen (das potentielle Recht von A und B) ist daher

(D 6) $\{N_U\}_{A,B} = P(A) \times P(B)$

und die Anzahl ihrer Elemente

(D 7) $n(\{N_U\}_{A,B}) = 2^{m+n}$

Bemerkung: Schließen wir die Rechtsnorm $(\emptyset, \emptyset)$ aus, erhalten wir $2^{m+n} - 1$ Elemente. Auch bei einigen der folgenden Überlegungen erscheint das Ausscheiden des Nullelements aus sachlogischen Gründen sinnvoll. Zur einfacheren Schreibweise der Formeln wird das Nullelement im folgenden jedoch nicht ausgeschlossen. Die daraus entstehende Ungenauigkeit ist insofern zu vernachlässigen, als in den Abschnitten 3.2 und 3.3 vielfach mit Schätzwerten operiert wird.

$\{(A_i, \emptyset)\}$, $A_i \neq \emptyset$, können wir als normfreien Raum, $\{(\emptyset, B_i)\}$, $B_i \neq \emptyset$, als Menge der unbedingten Rechtsnormen interpretieren. Um eine Vorstellung von der Größenordnung von $n(\{N_U\}_{A,B})$ zu erhalten, überlegen wir, daß $2^{10} = 1024 > 10^3$. Dies bedeutet, daß bereits für den einfachen Fall $m + n = 30$ $n(\{N_U\}_{A,B}) > (10^3)^3 = 1$ Milliarde. Eine vollständige Liste der Rechtsnormen kann daher auch bei einfachen Modellen praktisch nicht mehr erstellt werden. Nach (A 3) ist R_U, eine Rechtsordnung aufgebaut aus unstrukturierten Rechtsnormen, eine Teilmenge von $\{N_U\}_{A,B}$. Es gilt daher

(D8) $n(\{R_U\}) = 2^{(2^{m+n})}$

3.2 Die strukturierte Rechtsnorm N_S

In Abschnitt 3.1 wurden mögliche Verknüpfungen der T-Elemente (F-Elemente) untereinander nicht berücksichtigt. Offensichtlich sind jedoch die folgenden Tatbestände T_1 und T_2 als verschieden anzusehen, obwohl sie aus denselben T-Elementen aufgebaut sind:

$$T_1 = a_1 \wedge a_2 \wedge \ldots \wedge a_k$$

$$T_2 = a_1 \vee a_2 \vee \ldots \vee a_k$$

T_1 ist nur dann erfüllt, wenn alle a_i erfüllt sind; T_2 ist erfüllt, wenn mindestens ein a_i erfüllt ist.

Wir treffen daher die folgende Modellannahme:

(A 4) Jeder Tatbestand T_S ist darstellbar als aussagenlogischer Ausdruck der T-Elemente $f(A_i)$. Für die Rechtsfolge existiert ein analoger Kalkül.

(D 9) $N_S = (T_S, F_S)$

(D 10) $T_S = f(A_i)$, $A_i \subset A$, und $F_S = f(B_i)$, $B_i \subset B$

Wir fragen nun nach der Zahl der Elemente von T_S und F_S. Dazu überlegen wir folgendes: Wir greifen ein festes k-Tupel, $1 \leqq k \leqq m$, von T-Elementen aus A heraus. Ohne Beschränkung der Allgemeingültigkeit seien dies die Elemente a_1, a_2 ..., a_k. Die Wahrheitstafel für einen aussagenlogischen Ausdruck $f(a_1, a_2, \ldots, a_k)$ hat 2^k Zeilen. Dies bedeutet, daß $f(a_1, a_2, \ldots, a_k)$ sich durch einen Vektor von 2^k Elementen beschreiben läßt, dessen Elemente 0 (unwahr) oder 1 (wahr) sind. Für ein festes k-Tupel von T-Elementen sind daher $2^{(2^k)}$

verschiedene Ausdrücke möglich. Es bestehen $\binom{m}{k}$ Möglichkeiten, aus m T-Elementen k auszuwählen, so daß für ein festes k $\binom{m}{k}2^{(2^k)}$ Tatbestände denkbar sind. Insgesamt erhalten wir daher

(D11) $n(\{T_S\}) = \sum_{k=1}^{m} \binom{m}{k} 2^{(2^k)}$

Bemerkung: In $n(\{T_S\})$ sind auch einander äquivalente Tatbestände enthalten. Dies sind jene Ausdrücke von k Elementen, die auf äquivalente Ausdrücke von $k^* < k$ Elementen rückführbar sind. Dies gilt insbesondere für Tautologie und Kontradiktion, die in den $2^{(2^k)}$ Vektoren ebenfalls enthalten sind. Die Annahme von zueinander äquivalenten Tatbeständen erscheint jedoch nicht unrealistisch, da jede Rechtsordnung eine gewisse Redundanz aufweist.

Analog erhalten wir die Zahl der möglichen Rechtsfolgen

(D12) $n(\{F_S\}) = \sum_{l=1}^{m} \binom{n}{l} 2^{(2^l)}$

und die Zahl der möglichen Rechtsnormen

(D13) $n(\{N_S\}) = \sum_{k=1}^{m} \binom{m}{k} 2^{(2^k)} \sum_{l=1}^{n} \binom{n}{l} 2^{(2^l)}$

Als Abschätzung von $n(\{N_S\})$ nach oben können wir angeben[29]

(D14) $n(\{N_S\}) < (1 + 2^{(\frac{2^m}{m})})^{m+n}$

---

29 Wir suchen zuerst eine Abschätzung nach oben für $n(\{T_S\})$

$$n(\{T_S\}) = \sum_{k=1}^{m} \binom{m}{k} 2^{(2^k)}$$

Wir betrachten $2^{(2^k)} \leq a^k$ und bestimmen a:

$2^k \ln 2 \leq k \ln a$

$\frac{2^k \ln 2}{k} \leq \ln a$

Für $k \leq m$ gilt $\frac{2^k \ln 2}{k} \leq \frac{2^m \ln 2}{m} = \ln a$. Daraus folgt $a = 2^{(\frac{2^m}{m})}$

$$\sum_{k=1}^{m} \binom{m}{k} 2^{(2^k)} \leq \sum_{k=1}^{m} \binom{m}{k} a^k = (1+a)^m - 1 < (1+a)^m = (1+2^{(\frac{2^m}{m})})^m$$

Analog ist $\sum_{l=1}^{n} \binom{n}{l} 2^{(2^l)} < (1+2^{(\frac{2^n}{n})})^n$

Für $m \geq n$ ist $(1+2^{(\frac{2^m}{m})})^m (1+2^{(\frac{2^n}{n})})^n \leq (1+2^{(\frac{2^m}{m})})^{m+n}$

Die Zahl der aus $\{N_S\}$ konstruierbaren Rechtsordnungen R_S ist

(D15) $$n(\{R_S\}) = 2^{\sum_{k=1}^{m} \binom{m}{k} 2^{(2^k)} \sum_{l=1}^{n} \binom{n}{l} 2^{(2^l)}}$$

3.3 Der Strukturkoeffizient s

In den Abschnitten 3.1 und 3.2 haben wir unter den Annahmen (A 1) bis (A 4) zwei Grenzfälle von Rechtsordnungen betrachtet. Die Rechtsnormen N_U sind dadurch charakterisiert, daß die T-Elemente (F-Elemente) unverbunden nebeneinander stehen, die Rechtsnormen N_S lassen alle denkbaren Verknüpfungen zu. Die Rechtsnormen N_U stellen daher ein Minimum, die Rechtsnormen N_S ein Maximum an Strukturiertheit dar. Mit dem Grade der Strukturiertheit wächst aber die Anzahl der Elemente des potentiellen Rechts und damit jene der daraus konstruierbaren Rechtsordnungen. Betrachten wir die aus einer empirischen Rechtsordnung ableitbare Normenmenge $\{N_E\}$, so können wir erwarten, daß ihre Strukturiertheit zwischen den beiden Extremen liegt und für gegebene m und n gilt:

(D16) $$n(\{N_U\}) < n(\{N_E\}) < n(\{N_S\})$$

Setzen wir (D 14) als Schätzwert für (D 13), können wir schreiben

(D17) $$n(\{N\}) = (1 + t)^{m+n} \text{ mit } \begin{cases} t = 1 \text{ für } \{N_U\} \\ t = 2^{\left(\frac{2^m}{m}\right)} \text{ für } \{N_S\} \end{cases}$$

Aus (D 16) folgt, daß für $\{N_E\}$ gilt

(D18) $$1 < t_E < 2^{\left(\frac{2^m}{m}\right)}$$

Wir definieren daher den Strukturkoeffizienten s als

(D19) $$s = \frac{t_E}{2^{\left(\frac{2^m}{m}\right)}} \quad \text{für } m > n$$

Es gilt

(D20) $$2^{-\left(\frac{2^m}{m}\right)} < s < 1$$

Da für große m die Untergrenze von s nahe bei 0 ist, können wir mit genügender Genauigkeit schreiben

(D 21) $$0 < s < 1$$

s ist ein Maß für die Strukturiertheit einer Normenmenge. Je größer s, um so größer die Strukturiertheit von $\{N\}_{A,\,B}$.

3.4 Die Strukturmatrix S

In Abschnitt 3.2 wurde der Fall untersucht, daß alle aussagenlogischen Verknüpfungen zwischen den T-Elementen (F-Elementen) zur Formulierung einer Rechtsnorm zulässig sind. Es ist jedoch denkbar, daß unabhängig von den konkret formulierten Rechtsnormen zwischen den T-Elementen (F-Elementen) Relationen aus logischen Gründen bestehen, die bei der Generierung der Menge der „akzeptablen" Rechtsnormen als Nebenbedingungen zu berücksichtigen sind.

Wir betrachten den folgenden speziellen Fall für die Menge A der T-Elemente:

(A 5) Die Beziehungen zwischen den T-Elementen lassen sich durch zweistellige Relationen beschreiben.

(A 6) Zwischen zwei T-Elementen a_i und a_j, $i \neq j$, existiert höchstens eine zweistellige Relation.

(A 7) Diese Relation läßt sich durch einen zweistelligen Wahrheitsfunktor des Aussagenkalküls $f(a_i, a_j)$ darstellen.

Die Menge der durch (A 5) bis (A 7) definierten Relationen bezeichnen wir als die „Struktur von A".

(Setzen wir einen entsprechenden Kalkül für die F-Elemente voraus, ist auch die Struktur der Rechtsfolgen in analoger Weise darstellbar.)

Bekanntlich sind 16 zweistellige Wahrheitsfunktoren denkbar. Von diesen haben vor allem die folgenden für unsere Fragestellung Bedeutung[30]:

1. Äquivalenz (gegenseitige Implikation): Ein a_i muß für ein bestimmtes a_j vorliegen und beweist a_j. In diesem Fall ist a_i notwendige und hinreichende Bedingung für a_j und es gilt

   $a_i \longleftrightarrow a_j$ oder dazu äquivalent $(\neg a_i \vee a_j) \wedge (a_i \vee \neg a_j)$.

2. Extensive Implikation: Ein a_i kann bei einem bestimmten a_j vorliegen, wenn a_i auftritt, beweist es a_j. In diesem Fall ist a_i hinreichende Bedingung für a_j und es gilt

   $a_i \rightarrow a_j$ oder dazu äquivalent $\neg a_i \vee a_j$.

3. Intensive Implikation: Ein a_i muß bei einem bestimmten a_j vorliegen, beweist aber a_j nicht. In diesem Fall ist a_i notwendige Bedingung für a_j und es gilt

   $a_i \leftarrow a_j$ oder dazu äquivalent $a_i \vee \neg a_j$.

4. Unvereinbarkeit (Inkompatibilität): Ein a_i darf bei einem bestimmten a_j nicht vorliegen, kommt a_i vor, ist a_j nicht erfüllt. In diesem Fall gilt

   $\neg (a_i \wedge a_j)$.

5. Alternative: Genau eines der beiden Elemente a_i oder a_j muß vorliegen; kommt a_i vor, ist a_j auszuschließen und umgekehrt. In diesem Fall gilt

   $\neg (a_i \longleftrightarrow a_j)$.

Die Forderung (A 6) erfüllen wir dadurch, daß wir von zwei möglichen Wahrheitsfunktoren $f_1(a_i, a_j)$ und $f_2(a_i, a_j)$ den „stärkeren" heranziehen. Als Kriterium dafür vereinbaren wir:

$f_1(a_i, a_j)$ ist stärker als $f_2(a_i, a_j)$, wenn gilt

$(f_1(a_i, a_j) \wedge f_2(a_i, a_j)) \longleftrightarrow f_1(a_i, a_j)$.

---

[30] Vgl. *Klug U.*, Juristische Logik, a.a.O. S. 34; *Bauer P./Gangl A./Grabner G./Jahn O.*, Ein Computer-Verfahren zur Unterstützung des Arztes bei der Erstellung von Differential-Diagnosen; in: Impuls 10. Wien 1968.

Danach gilt:

$a_i \longleftrightarrow a_j$ ist stärker als $a_i \rightarrow a_j$

$a_i \longleftrightarrow a_j$ ist stärker als $a_i \leftarrow a_j$

$\neg (a_i \longleftrightarrow a_j)$ ist stärker als $\neg (a_i \wedge a_j)$

Wir numerieren die f (a_i, a_j) in geeigneter Weise durch, ordnen also jedem f (a_i, a_j) seine Nummer m $(f[a_i, a_j])$ zu, stellen diese in der Strukturmatrix S (A) zusammen.

Für S (A) gilt:

S (A) = (s_{ij}) ist eine quadratische Matrix der Dimension m $\times$ m und

(D 22)

$$s_{ij} = \begin{cases} m\,(f\,[a_i, a_j]), \text{ falls } f\,(a_i, a_j) \text{ definiert} \\ 0 \text{ falls keine aussagenlogische Beziehung zwischen } a_i \text{ und } a_j \text{ definiert} \end{cases}$$

Daraus folgt:

(D 23) $s_{ij} = s_{ji}$ falls f (a_i, a_j) symmetrisch

Beispiel: $\neg (a_i \wedge a_j) \longleftrightarrow \neg (a_j \wedge a_i)$

(D 24) $s_{ij} = s_{jk} = s_{ik}$ falls f (a_i, a_j) transitiv

Beispiele: $((a_i \rightarrow a_j) \wedge (a_j \rightarrow a_k)) \rightarrow (a_i \rightarrow a_k)$

$((a_i \leftarrow a_j) \wedge (a_j \leftarrow a_k)) \rightarrow (a_i \leftarrow a_k)$

$((a_i \longleftrightarrow a_j) \wedge (a_j \longleftrightarrow a_k)) \rightarrow (a_i \longleftrightarrow a_k)$

Vereinbaren wir m $(a_i \longleftrightarrow a_i)$ = 1, so gilt außerdem

(D 25) $s_{ii} = 1$

Wir betrachten nun das Zusammentreffen mehrer gleichberechtigter Rechtsordnungen, welche dieselbe Menge der T-Elemente aufweisen[31].

Bemerkung: Sind A_1 und A_2 zwei Mengen von T-Elementen, S_1 und S_2 ihre Strukturmatrizen und gilt $A_1 \neq A_2$, so konstruieren wir die Matrizen $S_1 (A_1 \cup A_2)$ und $S_2(A_1 \cup A_2)$, um die Strukturen vergleichbar zu machen.

Sei S_1 (A) = (s_{ij}^1) die Strukturmatrix der ersten Rechtsordnung und S_2 (A) = (s_{ij}^2) jene der zweiten, so definieren wir

(D 26) $S_1 \circ S_2 = S_{1,2} = (s_{ij}^{1,2})$ mit

$$(s_{ij}^{1,2}) = \begin{cases} m(f_1\,(a_i, a_j) \wedge f_2\,(a_i, a_j)) \text{ für } s_{ij}^1 \neq 0,\ s_{ij}^2 \neq 0 \\ m(f_1\,(a_i, a_j)) \text{ für } s_{ij}^1 \neq 0,\ s_{ij}^2 = 0 \\ m(f_2\,(a_i,a_j)) \text{ für } s_{ij}^1 = 0,\ s_{ij}^2 \neq 0 \\ 0 \text{ für } s_{ij}^1 = 0,\ s_{ij}^2 = 0 \end{cases}$$

$S_{1,2}$ ist als die Tatbestandsstruktur eines Normensystems interpretierbar, das durch das Zusammentreffen zweier verschiedener Rechtsordnungen charakterisiert wird.

---

[31] Vgl. zu dieser Problematik *Weinberger O.*, Die Pluralität der Normensysteme; in: ARSP 3 (1971).

Für die Menge der Strukturmatrizen $\{S(A)\}$ und die Verknüpfung o gilt:

(D 27) o ist kommutativ. $S_1 \circ S_2 = S_2 \circ S_1$

(D 28) o ist assoziativ. $S_1 \circ (S_2 \circ S_3) = (S_1 \circ S_2) \circ S_3$

(D 29) Es existiert ein neutrales Element

$$S_0 = (s_{ij}^0) \text{ mit } s_{ij}^0 = \begin{matrix} 1 \text{ für } i = j \\ 0 \text{ für } i \neq j \end{matrix}$$

Es gilt $S_0 \circ S_i = S_i \circ S_0 = S_i$

S_0 können wir als die Tatbestandsstrukturmatrix jener Rechtsordnung interpretieren, deren T-Elemente (abgesehen von den konkreten Tatbeständen) durch keine logischen Relationen verbunden sind.

Aus (D 27) bis (D 29) folgt, daß $(\{S[A]\}, o)$ einen kommutativen Monoid darstellt.

Unter der folgenden Annahme

(A8) Ergibt $f_1(a_i, a_j) \wedge f_2(a_i, a_j)$ eine Kontradiktion, so heben $f_1(a_i, a_j)$ und $f_2(a_i, a_j)$ sich gegenseitig auf und zwischen a_i und a_j ist keine Relation definiert,

erhalten wir

(D 30) Es existiert ein inverses Element

$$S_i^{-1} = (s_{ij}^{-1}) \text{ mit } s_{ij}^{-1} = \begin{matrix} m(\neg f(a_i, a_j)) \text{ für } s_{ij} \neq 0 \text{ und } i \neq j \\ 0 \text{ für } s_{ij} = 0 \text{ und } i \neq j \\ 1 \text{ für } i = j \end{matrix}$$

Es gilt $S_i \circ S_i^{-1} = S_i^{-1} \circ S_i = S_0$.

S_i^{-1} können wir als die Tatbestandsstrukturmatrix der zu S_i entgegengesetzten Rechtsordnung interpretieren.

Aus (D 27) bis (D 30) folgt, daß $(\{S[A]\}, o)$ eine Abelsche Gruppe darstellt. Wir haben damit gezeigt, daß unter geeigneten Annahmen auch die Erkenntnisobjekte der Rechtswissenschaft durch algebraische Strukturen beschreibbar und damit einer systematischen Formalisierung zugänglich sind.

Zur Illustration des hier vorgestellten Modells der Strukturmatrix geben wir das folgende Beispiel:

Es seien zwei Mengen von T-Elementen A_1 und A_2 mit den folgenden Relationen gegeben:

$A_1 = \{a_1, a_2, a_3\}$	$A_2 = \{a_1, a_2, a_4\}$
$f(a_1, a_2) = a_1 \rightarrow a_2$	$f(a_1, a_2) = a_1 \leftarrow a_2$
$f(a_2, a_3) = \neg(a_2 \wedge a_3)$	$f(a_1, a_4) = \neg(a_1 \longleftrightarrow a_4)$

1. Schritt: Wir numerieren die $f(a_i, a_j)$ in der folgenden Weise durch:

$m(a_i \longleftrightarrow a_j) = 1$

$m(a_i \rightarrow a_j) = 2$

$m(a_i \leftarrow a_j) = 3$

$m(\neg(a_i \wedge a_j)) = 4$

$m(\neg(a_i \longleftrightarrow a_j)) = 5$

2. Schritt: Wir erstellen die vorläufigen Strukturmatrizen $\hat{S}(A_1)$ und $\hat{S}(A_2)$ mit Hilfe der auf A_1 und A_2 zutreffenden $m(f(a_i, a_j))$.

$\hat{S}(A_1)$	a_1	a_2	a_3
a_1	1	2	
a_2		1	4
a_3			1

$\hat{S}(A_2)$	a_1	a_2	a_4
a_1	1	3	5
a_2		1	
a_4			1

3. Schritt: Wir ergänzen die leeren Felder der vorläufigen Strukturmatrizen durch die folgenden Überlegungen.

Für A_1: $f(a_2, a_1) = a_2 \leftarrow a_1$, da $(a_1 \rightarrow a_2) \longleftrightarrow (a_2 \leftarrow a_1)$.

$f(a_1, a_3) = \neg (a_1 \wedge a_3)$, da $((a_1 \rightarrow a_2) \wedge \neg (a_2 \wedge a_3)) \rightarrow \neg (a_1 \wedge a_3)$.

$f(a_3, a_1) = f(a_1, a_3)$ und $f(a_3, a_2) = f(a_2, a_3)$, da $\neg (a_i \wedge a_j)$ symmetrisch.

Für A_2: $f(a_2, a_1) = a_2 \rightarrow a_1$.

$f(a_4, a_1) = f(a_1, a_4)$, da $\neg (a_i \longleftrightarrow a_j)$ symmetrisch.

$f(a_2, a_4) = \neg (a_2 \wedge a_4)$, da $((a_1 \leftarrow a_2) \wedge \neg (a_1 \longleftrightarrow a_4)) \rightarrow \neg (a_2 \wedge a_4)$.

$f(a_4, a_2) = f(a_2, a_4)$

$f(a_4, a_2) = f\ a_2, a_4)$.

Wir erhalten daraus $S(A_1)$ und $S(A_2)$.

$S(A_1)$	a_1	a_2	a_3
a_1	1	2	4
a_2	3	1	4
a_3	4	4	1

$S(A_2)$	a_1	a_2	a_4
a_1	1	3	5
a_2	2	1	4
a_4	5	4	1

4. Schritt: Wir machen $S(A_1)$ und $s(A_2)$ vergleichbar, indem wir $A = A_1 \cup A_2$ setzen und $S_1(A)$ und $S_2(A)$ bilden.

S_1	a_1	a_2	a_3	a_4
a_1	1	2	4	0
a_2	3	1	4	0
a_3	4	4	1	0
a_4	0	0	0	1

S_2	a_1	a_2	a_3	a_4
a_1	1	3	0	5
a_2	2	1	0	4
a_3	0	0	1	0
a_4	5	4	0	1

5. Schritt: Wir bilden die gemeinsame Strukturmatrix $S_{1,2}$, wobei wir berücksichtigen, daß $((a_i \rightarrow a_j) \wedge (a_i \leftarrow a_j)) \longleftrightarrow (a_i \longleftrightarrow aj)$.

$S_{1,2}$	a_1	a_2	a_3	a_4
a_1	1	1	4	5
a_2	1	1	4	4
a_3	4	4	1	0
a_4	5	4	0	1

Damit haben wir die gesuchte Strukturmatrix $S_{1,2}$ bestimmt. Im speziellen Fall können wir $S_{1,2}$ zu einer Matrix $S_{1,}{}^{*}{}_{2}$ in der folgenden Weise vereinfachen: Da $((a_1 \longleftrightarrow a_2) \wedge \neg (a_1 \longleftrightarrow a_4)) \rightarrow \neg (a_2 \longleftrightarrow a_4)$, setzen wir gemäß unserer Vereinbarung, von zwei Funktoren die „stärkere" zu wählen, $s_{24} = s_{42} = 5$. Wir sehen, daß die erste und zweite Zeile (bzw. Spalte) von $S_{1,2}$ völlig übereinstimmen. Dies bedeutet, daß wir eine der beiden Zeilen bzw. Spalten streichen können, ohne die Struktur von A zu verändern. Wir erhalten daher als vereinfachte Matrix $S_{1,2}^*$

$S_{1,2}^*$	a_1	a_3	a_4
a_1	1	4	5
a_3	4	1	0
a_4	5	0	1

Das Beispiel zeigt, daß die aus dem Zusammentreffen zweier gleichberechtigter Rechtsordnungen resultierende Struktur nicht immer komplexer (stärker strukturiert) sein muß als die ursprünglichen Strukturen.

3.5 Zur Beurteilung des Strukturmodells

Das in den Abschnitten 3.1 bis 3.4 dargestellte Modell beruht auf stark vereinfachten Annahmen.

Kritik erscheint uns vor allem in den beiden folgenden Punkten berechtigt:

1. Annahme (A 3) postuliert, daß die Rechtsnormen einer Rechtsordnung „unverbunden" nebeneinander stehen. Eine Rechtsordnung stellt jedoch ein System und nicht eine Menge von Rechtsnormen dar. Diesem Einwand kann dadurch begegnet werden, daß Teilmengen von $\{N\}_{A,\ B}$ zu Normenkomplexen (Subsystemen) zusammengefaßt werden, die ihrerseits wieder durch bestehende Relationen miteinander verbunden sind. Durch die Definition solcher Subsysteme steigt natürlich die Zahl der aus $\{N\}_{A,\ B}$ konstruierbaren Rechtsordnungen beträchtlich.
2. Annahme (A 1) stellt einen zu groben Raster für eine Typologie von Rechtsnormen dar. Insbesondere vernachlässigt das Modell eine Gliederung der Normen nach dem Normerzeugungssubjekt. Dieser Einwand ist richtig, jedoch werfen die Pluralität der Normerzeugungssubjekte und der Stufenbau der Rechtsordnung zahlreiche Probleme auf, die in einem Modell dieses Aggregationsgrades nicht gelöst werden können. Zweifellos wird aber eine Verfeinerung des Modells diesen Gesichtspunkt berücksichtigen müssen. Dasselbe gilt für eine Gliederung der Rechtsnormen nach einer Typologie der Tatbestände und Rechtsfolgen.

Zusammenfassend ist zu dem hier vorgestellten Modell festzustellen, daß es noch nicht jenen Grad an Differenziertheit aufweist, der zur Beschreibung einer empirischen Rechtsordnung nötig ist. Dennoch zeigt es ,daß auch die Rechtstheorie einer formalwissenschaftlichen Betrachtungsweise zugänglich ist. Nur eine solche gestattet die Konstruktion von Maßzahlen, die einen exakten Vergleich von Rechtsordnungen ermöglichen.

4 Methodische Bemerkung

Wir haben versucht, einige Anwendungsmöglichkeiten des kombinatorischen Denkens und der strukturalen Methode in der Rechtswissenschaft aufzuzeigen. Anwendungen in der Praxis setzen jedoch voraus:

1. eine Formalisierung des Rechts
2. den Einsatz von EDV.

Beide Voraussetzungen gehören in den Problemkreis der Rechtsinformatik. Üblicherweise wird dieser die Stellung einer Hilfswissenschaft zur Lösung rechtlicher Probleme (Rechtsdokumentation etc.) zugewiesen. Wir glauben jedoch, daß die strukturale Methode auch für rein theoretische Rechtsbetrachtungen Fruchtbares leisten kann. Eine Formalisierung des Rechts hat nach unserer Überzeugung unabhängig von allen Anwendungsmöglichkeiten theoretischen Erkenntniswert. Darüber hinaus trägt das kombinatorische Denken mit seiner Methode der Konstruktion zum „Bewußtsein der Machbarkeit" (*Max Bense*) bei.

Zusammenfassung

Der Aufsatz untersucht die Anwendbarkeit des Strukturbegriffes der Linguistik und Kybernetik und der strukturalen Methode, insbesondere in Verbindung mit EDV-Einsatz, auf das Recht. Nach einer kurzen Beschreibung der Begriffspaare Synchronie/Diachronie, Syntagmatik/Paradigmatik, sowie der von *Lévi-Strauss* angewandten strukturalen Methode werden folgende Problemkreise als Anwendungsgebiete angegeben: Vergleichende Theorie der Rechtsinstitute, Positives und potentielles Recht, Rechtskybernetik, Generative Rechtstheorie. Schließlich wird ein formales Modell konstruiert, das für eine vorgegebene Anzahl von Tatbestands- und Rechtsfolgeelementen die Zahl der möglichen Rechtsnormen und Rechtsordnungen bestimmt. Außerdem wird gezeigt, daß Rechtsordnungen durch algebraische Strukturen beschreibbar sind.

Summary

The article analyzes the question whether and to what extent the concept of structure in linguistics and cybernetics as well as the structural method, in particular in connection with the employment of EDP, is applicable to the law. After a short description of the conceptual pairs of synchrony/diachrony, syntagmatics/paradigmatics, and of the structural method applied by *Lévi-Strauss*, the following problem complexes are indicated as fields of application: comparative theory of legal institutions, legal cybernetics, generative theory of law. Finally, a formal model of law is constructed which determines the number of possible legal provisions and legal systems for a pre-determined number of factual elements and corresponding legal consequences. In addition, it is shown that legal systems can be described by algebraic structures.

Gert Kolle

Der Rechtsschutz von Computerprogrammen aus nationaler und internationaler Sicht*

Übersicht

---

* Die Abhandlung beruht auf einem Vortrag, den der Verfasser auf der Jahrestagung 1973 der Deutschen Vereinigung für gewerblichen Rechtsschutz und Urheberrecht in Frankfurt a. M. am 31. Mai 1973 gehalten hat. Der Beitrag ist zuerst in der Zeitschrift „Gewerblicher Rechtsschutz und Urheberrecht" (GRUR) 1973, Heft 12, und 1974, Heft 1 erschienen.

A Einleitung

Das Thema, das ich hier zu behandeln habe, ist seit vielen Jahren Gegenstand weltweiter Diskussion[1]. Es führt in sehr verschiedene Rechtsgebiete hinein, vornehmlich in das Patent- und Urheberrecht, in das Wettbewerbsrecht und das allgemeine Vertragsrecht. Viele der mit dem Schlagwort „Schutz von Computerprogrammen" aufgeworfenen Rechtsfragen sind schwierig, die meisten umstritten oder noch ungeklärt. Weder auf nationaler noch auf internationaler Ebene[2] ist eine befriedigende Lösung in Sicht. Ich will versuchen, die wesentlichen Aspekte dieses komplexen Problemkreises darzustellen und werde mich dabei nicht auf eine Erörterung des freilich besonders heiklen Patentschutzes beschränken, um nicht die Zusammenhänge der verschiedenen Schutzformen aus dem Auge zu verlieren.

B Die wirtschaftliche Bedeutung der Computerprogramme

I. Überblick

Die Computerprogramme und allgemein die Produkte der automatischen Datenverarbeitung, die mit dem Begriff „Software"[3] umschrieben werden, stellen ein bedeutendes wirtschaftliches Potential dar. Ihr rechnerischer Wert ist mit etlichen Dollar-Milliarden nicht zu niedrig angesetzt[4]. Die Software-Entwicklung er-

---

[1] In mehr als 20 Staaten in Ost und West hat man sich mit diesem Problemkreis befaßt. Wohl an die 300 größere Abhandlungen, Stellungnahmen etc. sind bislang publiziert worden. Allein aus 10 Ländern sind knapp 30 veröffentlichte Entscheidungen der Gerichte und Patentbehörden bekannt geworden. Die Diskussion ist dabei wie kaum auf einem anderen Gebiet von Standortinteressen beeinflußt.

[2] Erstmals im Jahre 1971 (und bisher das einzige Mal) hat ein von WIPO/OMPI eingesetzter Sachverständigenausschuß diese Fragen beraten. Über eine Bestandsaufnahme sowie einige allgemeine Überlegungen und Richtlinien hinaus sind konkrete Empfehlungen für eine internationale bzw. einheitliche nationale Bewältigung des Problems verständlicherweise unterblieben, vgl. Report of the Advisory Group of Governmental Experts on the Protection of Computer Programs, Ind. Prop. 1971, 64 ff. = Prop. ind. 1971, 63 ff. Weitere Sitzungen des Ausschusses sind in Aussicht genommen, sobald WIPO entsprechende vorbereitende Studien vorlegt. Die Anregung zur Aufnahme des Themas durch die Weltorganisation ist übrigens von den Vereinten Nationen ausgegangen, vgl. The Application of Computer Technology for Development, New York 1971, S. 64 ff. (Doc. E/4800). Auch die AIPPI hat die Computerprogramme auf ihr langfristiges Programm gesetzt (Frage 57 B); vgl. hierzu die Berichte im AIPPI-Jahrbuch 1971/II, S. 109 ff, und 1973/I, S. 399 ff.

[3] „Software" umfaßt als Oberbegriff alle gedanklich erarbeiteten Materialien, die für den Einsatz der Computer benötigt werden bzw. diesem vorausgehen, also Verfahrensbeschreibungen, mathematische Konzepte, Datenfluß- und Programmablaufpläne, Programme, Programmbeschreibungen etc.; vgl. dazu *Wolters* (Hrsg.): Der Schlüssel zum Computer, Düsseldorf 1970, Teil 1, S. 307, ferner What is software?, Data Processing March-April 1966, S. 69 ff.

[4] Ist-Angaben und Schätzungen schwanken allerdings in beträchtlichen Größenordnungen. *Thurman*: Der Rechtsschutz von Computer-Programmen in den USA, GRUR Int. 1969, 207, berichtet, daß die Software-Aufwendungen für 1970 in den USA auf 7 Mrd. Dollar geschätzt wurden; vgl. dazu im einzelnen *Bender*: Business and Research Data on Software Development, in: The Law of Software.1968 Proceedings of the Computers-In-Law Institute, Washington D.C. 1968, S. B-40 ff.; *Brothers and Grimaldi*: Comment/ In re Prater and Patent Reform Proposals: "Debugging" the Patent Office's Administra-

fordert regelmäßig hohen Kapitaleinsatz. Notwendig hochqualifiziertes Personal und bis zur Fertigstellung des endgültigen Programms benötigte Maschinenzeiten sind teuer. Man kann davon ausgehen, daß heute ein durchschnittlicher Entwicklungsaufwand für Software erbracht wird, der zwei- bis dreimal so hoch ist wie der Entwicklungsaufwand für die Hardware, also für die Datenverarbeitungsanlagen und ihre Peripheriegeräte[5].

Mehr und mehr bildet sich auch ein eigenständiger Markt für Computerprogramme heraus[6]: Software wird nicht oder nicht mehr nur für die speziellen Bedürfnisse des Anwenders entwickelt. Insbesondere die sog. Service-Rechenzentren sind zunehmend daran interessiert, z. B. standardisierte Computerprogramme durch Verkauf, Vermietung oder Lizenzierung verwerten zu können[7]. Die Software wird zur Ware[8]. So gibt das Münchner Marktforschungsinstitut Infratest einen „Software-Informationsservice" heraus, der zweimal jährlich über nahezu alle in Deutschland, Österreich und der Schweiz zum Kauf oder zur Miete angebotenen Computerprogramme aus einer Vielzahl von Anwendungsbereichen informiert[9]. Auch die Hardware-Hersteller, die früher den Benutzern ihrer Anlagen die benötigten Programme in erheblichem Umfang kostenlos überließen, stellen diese ihren Kunden, von einer Grundausstattung

---

tion of Computer Program Applications, 51 JPOS 581, 582 (1969), berichten über Schätzungen von 11 Mrd. Dollar für 1972 (bei einem Ist von 3,4 Mrd. 1967). Wegen der Situation in der Bundesrepublik vgl. die Studie: Management der EDV, Düsseldorf (Kearney GmbH) 1972, S. 13, 18. Danach entfallen bei den Anwendern von den Gesamtaufwendungen 45% auf Hardware und 41% auf Software. Bei den Service-Rechenzentren dürften aber ganz andere Werte anfallen, ebenso bei den Herstellern.

[5] Diese Schere wird immer größer. Während 1950 vielleicht 5 bis 10% der Gesamtaufwendungen in der Computer-F&E für Software erbracht wurden, waren es 1970 schon etwa 70%; vgl. *Firestone*: Economic Implications of Patents, Ottawa 1971, S. 286, und *Kargl*: Aspekte eines geplanten Rechtsschutzes für Computerprogramme, DB 1969, 159, 160. Es wirkt deshalb recht kurios, wenn *Wittkämper*: Das Recht der Elektronischen Datenverarbeitung, in:Almanach 1971, S. 29, 35, über eine Prognose berichtet, nach der 1978 die Mehrheit der heutigen Software durch Hardware ersetzt sein wird. Nach dem heutigen Stand der Dinge wird die Software ihre überragende Bedeutung im Bereich der automatischen Datenverarbeitung behalten, wahrscheinlich noch verstärken.

[6] Vgl. dazu *Herblay*: Un besoin et un marché révolutionnaires — le software, direction 1968, 1163 ff.

[7] Nach einem Bericht der Diebold-Gruppe: Computer in den 70er Jahren, Kiel 1971 (?), S. 7, der sich vorwiegend auf den amerikanischen Markt bezieht, betrug der Software-Umsatz der kommerziellen Service-Unternehmen 1960 erst 300, 1965 schon 650, 1970 sogar 1500 Mio. Dollar. Die Schätzungen für 1975 belaufen sich auf 2,6 Mrd. Dollar. Vgl. auch *Thurman*, a.a.O., Fußn. 4, S. 207 f. Vgl. auch Blick durch die Wirtschaft vom 14. 9. 1973, S. 1.

[8] Vgl. dazu *Feige*: Zur Problematik des Rechtsschutzes von Computerprogrammen, neuerer B 1969, 229, und *Vanderperre*: Après les Journées internationales de l'informatique, Ing.-Cons. 1968, 290/91; *Schwaiger* und *Kockler*: Zum Rechtsschutz und zur Verkehrsfähigkeit von Rechenprogrammen, WiR 1973, 353, 355; sowie eingehend *Brandt*: Der Rechtsschutz von Rechenprogrammen der elektronischen Datenverarbeitung, Potsdam-Babelsberg 1973, S. 44 ff.

[9] Vgl. auch den Hinweis in Film u. R. 1973, 35. Der Wert aller dieser Programme — berechnet auf der Basis von Lizenzgebühren — soll 15 Mio. DM betragen, vgl. den Bericht: Computer-Software von 100 Unternehmen, Blick durch die Wirtschaft vom 6. 9. 1973, S. 1.

abgesehen, gesondert in Rechnung[10]. Nicht nur zwischen den Service-Rechenzentren untereinander, sondern auch zwischen Hardware-Herstellern und Service-Unternehmen besteht daher Wettbewerb, wenn auch den Herstellern leistungsfähige Service-Rechenzentren nicht unwillkommen sind, da sie die ständig zunehmende Nachfrage nicht allein befriedigen können, z. B. was spezielle Anwenderprogramme betrifft[11].

II. Der Schöpfungsprozeß der Programmierung

Die Entwicklung von Computerprogrammen erfordert regelmäßig ein hohes Maß geistiger Fähigkeiten der am Schöpfungsprozeß beteiligten Personen. Wenn auch ein großer Teil des gesamten Programmierungsprozesses auf relativ routinemäßige, freilich Mühe und Kosten verursachende Arbeiten wie das Codieren, das Testen usw. entfällt – etwa 80 bis 90% des Gesamtprogrammierkosten entstehen in diesen Phasen[12] –, so bedarf es zur Erstellung der einem Programm zugrundeliegenden Konzeption meist hoher fachlicher Qualitäten.

Soll eine bestimmte Aufgabe durch Programmierung eines Datenverarbeitungssystems gelöst werden, etwa die Lagerbestandsführung eines Unternehmens, so muß diese Aufgabe klar definiert und nach allen in Betracht kommenden Größen, Bedingungen und Parametern exakt und vollständig beschrieben werden. Schließlich muß ein allgemeiner, oft mathematisch formulierter Lösungsweg gefunden werden, mit dem das gewünschte Endergebnis erreicht werden kann. Dieser Lösungsweg muß in eine algorithmische Formulierung gebracht

---

[10] Das sog. „Unbundling", d. h. die Entkoppelung von Hardware- und Software-Geschäften war bislang keineswegs die Regel. Insbesondere der Marktführer IBM berechnete seinen Kunden früher die benötigte Software nicht gesondert, sondern stellte diese „kostenlos" zur Verfügung. Erst 1969 gab IBM diese Praxis auf, wohl mit Rücksicht auf antitrustrechtliche Bedenken; vgl. dazu ausführlich *Jacobs*: Computer Technology (Hardware and Software): Some Legal Implications for Antitrust, Copyrights, and Patents, 1970 Rutgers J. Computers & L., No. 2, S. 50, 61 ff.; vgl. auch *Firestone*, a.a.O., Fußn. 5, S. 287, und *Braun*: Neue Aspekte der Vertragsgestaltung in der elektronischen Datenverarbeitung, BB 1971, 1264 f. Heute ist die gesonderte Berechnung von Software-Leistungen bei allen Computerherstellern der Normalfall. Dies ist für die Wettbewerbssituation der Service-Rechenzentren gewiß nicht ohne Einfluß geblieben. Vgl. dazu *Van Horn*: The Effect of Unbundling on Commercial Service Bureaus, in: The Law of Software. 1969 Proceedings on the Computers-In-Law Institute, Washington D.C. 1969, S. N-1 ff.

[11] Vgl. den Bericht: Der Software-Markt gerät in Bewegung – Computerhersteller können der Nachfrage nicht mehr nachkommen, Blick durch die Wirtschaft vom 24. 3. 1970, S. 1.

[12] *Galbi*: Proposal for New Legislation to Protect Computer Programming, 17 Bull. Cr. Soc. 280, 282 (1970): "... between five and twenty percent of investment goes towards developing new concepts and ... in the neighborhood of eighty to ninety-five percent of the investment goes into the hard work involved in writing code, testing, de-bugging and documenting". Vgl. auch *Breyer*: The Uneasy Case for Copyright: A Study of Copyright in Books, Photocopies, and Computer Programs, 84 Harv. L. Rev. 281, 343 (1970), und *Schuyler*: Protecting Property in Computer Software, in: The Law of Software 1969 (a.a.O. Fußn. 10), S. H-1, 4.

werden, die dann die eigentliche Programmerstellung ermöglicht[13]. Von der Güte dieser Vorarbeiten hängt die Güte des Programms entscheidend ab. Gerade in den Programmierungsstufen der Aufgabenstellung, der Problemanalyse und beim Auffinden und der Formulierung des Lösungsweges ist oftmals Erfindungsgabe notwendig, um das gesteckte Ziel überhaupt oder optimal zu erreichen.

III. Ein praktischer Fall

Diese knappe Charakterisierung macht deutlich, daß für die Computerprogramme ein prima facie-Schutzbedürfnis besteht. Daß dieses nicht nur theoretisch ist, zeigt der folgende Fall[14], wie er mir berichtet wurde und wie er sich mehrfach ereignet haben mag:

Der hochbesoldete Chefprogrammierer eines Service-Rechenzentrums entwikkelt für seinen Arbeitgeber ein standardisiertes Programm für die Lohn- und Gehaltsabrechnung, das für eine Vielzahl unterschiedlicher Unternehmen eingesetzt werden kann. Noch während seiner Zugehörigkeit zum Rechenzentrum stellt er von diesem Programm, dessen Entwicklung den Arbeitgeber 500 000,– DM gekostet haben mag, eine Kopie auf Magnetband oder -platte her und verwertet das Programm nach seinem Ausscheiden im neu gegründeten eigenen Unternehmen oder überläßt es gegen Entgelt einem Wettbewerber seines früheren Arbeitgebers. Der ungetreue Angestellte hat damit nicht nur eigene Entwicklungskosten erspart, er kann seinem Arbeitgeber weiteren Schaden zufügen, da er dessen alte und potentielle neue Kunden billiger zu bedienen vermag. Das geschädigte Unternehmen wird daher, sofern es den Vorgang überhaupt entdeckt, daran interessiert sein, den ehemaligen Angestellten und evtl. dritte Benutzer dieses Programms auf Schadensersatz und vor allem Unterlassung in Anspruch nehmen zu können, um den Gebrauch und eine anderweitige Verwertung des Programms zu unterbinden[15].

Hierzu ist es nur in der Lage, wenn ihm an dem Programm Patent- oder Urheberrechte zustehen oder wenigstens Wettbewerbsrecht oder vertragliche Rechtspositionen ein Vorgehen ermöglichen. Zwar könnte das Rechenzentrum ihm ge-

---

[13] Zum technischen Sachverhalt der Programmierung – speziell im Hinblick auf die immaterialgüterrechtlichen Probleme – ausführlich *Köhler*: Der urheberrechtliche Schutz der Rechenprogramme, München 1968, S. 5 ff.; *Dittrich*: Elektronische Datenverarbeitung und Urheberrecht, ÖBl. 1970, 1 ff.; *Zipse*: Sind Computerprogramme Anweisungen an den menschlichen Geist?, GRUR 1973, 123, 126 ff. und *Brutschke*: Urheberrecht und EDV, München 1972, S. 11 ff.

[14] Die Sache liegt in erster Instanz einem Arbeitsgericht vor, dessen Urteil in Kürze zu erwarten ist. Kernfragen sind die Urheberrechtsschutzfähigkeit des Programms und die Verletzung evtl. hieran bestehender Urheberrechte.

[15] Im Gefolge der Computer treten neue Formen unrechtmäßigen Verhaltens auf, die plastisch mit Ausdrücken wie „Computer- und Datenkriminalität" umschrieben werden. Hierzu gehören etwa das Anzapfen von Datenverarbeitungsanlagen, bewußte Falschprogrammierung in Bereicherungsabsicht und nicht zuletzt der „Programmdiebstahl". Vgl. hierzu „Idealer Tummelplatz für Industriespione", Der Spiegel 1972, Nr. 13, S. 46, 58/60; *von zur Mühlen*: Computer-Kriminalität. Gefahren und Abwehrmaßnahmen, Neuwied etc. 1973; *Wiesel*: Computerkriminalität. Tatbestände und ihre strafrechtliche Ver-

hörende Magnetbänder, Platten, Programmbeschreibungen oder -listen und dergleichen mehr von dem Angestellten oder dritten Besitzern aufgrund seines Eigentums hieran herausverlangen. Das Eigentumsrecht versagt jedoch, wo es um den ungleich wertvolleren Informationsinhalt dieser körperlichen Gegenstände geht, an dem vorbehaltlich eines Patent- oder Urheberrechtsschutzes keine absoluten Rechte bestehen.

C Die für die Computerprogramme de lege lata möglichen Schutzformen

I. Überblick

Ganz im Mittelpunkt der Diskussion um einen Schutz der Computerprogramme und weitergehend der in ihnen verkörperten Ideen und Verfahren stehen Überlegungen, ob und inwieweit die geltenden Urheber- und Patentgesetze einen solchen Schutz gewährleisten. Denn Urheber- und Patentrecht begründen für ihre Inhaber subjektive Rechte und wirken gegenüber jedermann. Das Patentrecht als stärkste Schutzform entfaltet absolute Sperrwirkung, während sich das Urheberrecht an einem konkreten Werk nicht auf die identische unabhängige Doppelschöpfung erstreckt, die freilich äußerst selten ist[16].

Weit weniger problematisch, aber auch weit weniger wirksam ist ein Schutz der Computerprogramme durch das Vertrags- und Wettbewerbsrecht. Ohne daß grundsätzliche Hindernisse bestehen[17], können über Programme vertragliche Vereinbarungen getroffen werden. Auch kann ein Computerprogramm regelmäßig Gegenstand eines Geschäftsgeheimnisses sein, das den besonderen Schutz der Gesetze gegen unlauteren Wettbewerb oder nach den Regeln des trade secret genießt. Vertrags- und Wettbewerbsrecht bieten jedoch nur relativen Schutz. Sie entfalten ihre Wirkung nur gegenüber bestimmten Personen, die entweder durch vertragliche Pflichten gebunden sind oder denen gewisse Verhaltens- bzw. Unterlassungspflichten obliegen. Im Gegensatz zum Urheber- und Patentrecht gewähren sie keine monopolartige Rechtsstellung und erschweren daher Verkehrsfähigkeit und Verwertung von Computerprogrammen, mag ihnen in der Praxis auch aus tatsächlichen oder rechtlichen Gründen oft der Vorzug gegeben werden.

II. Die möglichen Schutzgegenstände der Programmierung

Welche dieser Schutzformen nun grundsätzlich in Betracht kommt und welche

---

folgung, data report 1973, Nr. 3, S. 24 ff. Zum Teil lassen sich Mißbräuche mit den allgemeinen Sanktionen des Zivil- und Strafrechts bekämpfen, zum Teil müssen sie durch spezielle „Datenschutzgesetze" erst tatbestandsmäßig erfaßt werden. Einzelne Bundesländer haben solche Gesetze bereits erlassen, ein Datenschutzgesetz des Bundes ist in Vorbereitung. Vgl. zu der vieldiskutierten Problematik die Beiträge in: Datenschutz. Juristische Grundsatzfragen beim Einsatz elektronischer Datenverarbeitungsanlagen in Wirtschaft und Verwaltung, Frankfurt/Main 1973. Daten- und Programmschutz werden gerade bei den privaten Service-Rechenzentren und den Anwendern oft sträflich vernachlässigt.

[16] Vgl. dazu *Ulmer*: Urheber- und Verlagsrecht, 2. Aufl., Berlin 1960, S. 14; *Fromm-Nordemann*: Urheberrecht, 3. Aufl., Stuttgart 1973, Anhang zu § 24 URG Anm. 11 (*Vinck*).

[17] Auf die kartellrechtlichen Probleme, die sich im Zusammenhang mit §§ 20, 21 GWB ergeben, kann hier nicht eingegangen werden.

im Einzelfall besonders geeignet erscheint – die Verfügbarkeit aller Schutzformen einmal unterstellt –, hängt stark davon ab, was aus dem Gesamtbereich der Programmierung und der Software überhaupt möglicher und schutzbedürftiger Gegenstand ist.

Dies kann einmal der allgemeine mathematisch-logische Lösungsweg für eine durch Programmierung einer Datenverarbeitungsanlage zu lösende Aufgabe sein, unabhängig also von einem konkreten Programm, durch das diese Lösung realisiert wird. Nehmen wir als Beispiel ein bestimmtes Verfahren zur Lagerbestandsführung oder zur Steuerung einer Walzstraße. Hier handelt es sich um allgemein definierte Verfahren mit dem besonderen Kennzeichen, daß sie programmierbar[18], d. h. durch Benutzung einer Datenverarbeitungsanlage ausführbar sind. Ein solches Verfahren könnte durch eine Vielzahl ganz unterschiedlicher Programme, die dennoch alle von seinem grundsätzlichen Lösungsweg Gebrauch machen, realisiert werden. So könnte etwa das Verfahren X zur Lagerbestandsführung mit den Programmen A 1 bis A 1000 konkret verwirklicht werden.

Andererseits kommt als möglicher Schutzgegenstand das nackte Programm[19] als solches in Betracht, d. h. die konkrete, vollständige Anweisung zur Lösung einer bestimmten Aufgabe X oder, um das gewählte Beispiel zu modifizieren, das spezielle Programm A 1 zur Durchführung des Verfahrens X zur Lagerbestandsführung. Unterstellen wir, daß für beide Varianten der Patentschutz erhältlich ist, so würde ein Patent für das programmierbare Verfahren X zur Lagerbestandsführung einen großen Schutzbereich abdecken, da eine Vielzahl von Programmen zu seiner Ausführung denkbar sind, ein Patent für das spezielle Programm A 1 zur Durchführung des Verfahrens X zur Lagerbestandsführung hingegen nur einen kleinen Schutzumfang aufweisen, da ein das Patent verletzendes Programm gerade von dem Lösungsgedanken der speziellen Programmierung A 1 Gebrauch machen müßte.

Eine weitere Unterscheidung im Hinblick auf den möglichen Schutzgegenstand

---

[18] Zur Charakteristik der „programmierbaren Verfahren" vgl. *Galbi*: The Unpatentability of Computer Programs, 5 Pat. L. Ann. 147, 156 ff. (1967), und *Popper*: Method Claims for Programmable Processes, in: The Law of Software 1968 (a.a.O., Fußn. 4), S. B-55 ff.

[19] Nach DIN 44300 ist ein Programm „eine zur Lösung einer Aufgabe vollständige Anweisung zusammen mit allen erforderlichen Vereinbarungen". Vgl. auch *Klaus* (Hrsg.): Wörterbuch der Kybernetik, Berlin (DDR) 1968, S. 484 ff. In der urheber- und patentrechtlichen Literatur beginnt der Streit schon beim Programmbegriff. So definiert z. B. *Zipse*, a.a.O., Fußn. 13, S. 130, Programm viel enger als „eine Reihenfolge von Maschinenbefehlen"; dies impliziert schon die rechtliche Wertung, vgl. unten E II 3 c. Ähnlich klingen viele Programmdefinitionen im anglo-amerikanischen Schrifttum, vgl. statt vieler *Falk* und *Popper*: Computer Programs and Non-Statutory Subject Matter in Canada, 28 PTIC 109 (1971): "The term (d. h. Programm) means any self-consistent set of ordered steps specifying the internal changes of states of physical (e. g. electrical and magnetic) devices within a particular data processor". Richtiger sind schon Inhaltsbestimmungen des Programmbegriffs wie in Art. 7 Abs. 2 Nr. 3 des französischen Patentgesetzes von 1968 (J.O. 1968, 13), vgl. unten Fußn. 107, oder in der Empfehlung der Patentrechtskommission des Präsidenten der Vereinigten Staaten, GRUR Int. 1967, 37, 41.

auf dem Gebiet der Programmierung läßt sich nach der Art der Programme treffen. Es könnte von Bedeutung sein, ob ein Programm kaufmännisch-organisatorischen Zwecken, etwa der betrieblichen Lohnabrechnung, oder aber wissenschaftlich-technischen Zwecken, z. B. der Steuerung von Werkzeugmaschinen dient[20]. Schließlich könnte sich eine besondere Beurteilung ergeben für die Betriebs- oder Systemprogramme, die ausschließlich die interne Organisation und Korrelation der Maschinenoperationen steuern[21].

D Praktikabilität, Reichweite und Wert der verschiedenen Schutzformen

I. Allgemeines

Bevor ich mich den Voraussetzungen der verschiedenen Schutzsysteme im einzelnen zuwende, scheint es mir wichtig, Praktikabilität, Reichweite und Wert des jeweiligen Schutzsystems näher zu analysieren. Diese Aspekte sind bisher nur vereinzelt untersucht worden[22]. Sie sind gleichwohl nicht nur für ein tiefergehendes Verständnis der rechtlichen Problematik unentbehrlich, sondern können vor allem dann ausschlaggebende Bedeutung gewinnen, wenn eine klare Einord-

---

[20] Zahlreiche Autoren bejahen jedenfalls für die Programme der Prozeßsteuerung die Patentfähigkeit, vgl. z. B. *Huber*: Patentrechtliche Probleme auf dem Gebiet der elektronischen Datenverarbeitung, Mitt. 1965, 21, 22/23; *Skaupy*: Möglichkeiten des Urheber-, Patent- und Wettbewerbsschutzes von elektronischen Rechenprogrammen, Mitt. 1967, 121, 129; *Vanderperre*: La propriété industrielle face à l'informatique, Ing.-Cons. 1967, 197, 206 ff.; *Rackman*: Re: Legal Protection of Computer Programs, 47 JPOS 275, 276 (1965); *Nawrocki*: Machines électroniques et créations intellectuelles, DdA 1969, 30, 34 = Copyright 1969, 29, 35; *Perot-Morel*: Le rejét des demandes de brevet dans la loi du 2 janvier 1968, tendant à valoriser l'activité inventive et à modifier le régime des brevets d'invention, JCP 1969 I 2220 No. 24, 25. *Burke*: Software Protection: Patents, Copyrights and Trade Secrets, 35 Albany L. Rev. 695, 714 f. (1971) votiert je nach Art der Programme teils für Patent-, teils für Urheber-, teils für Geheimnisschutz.

[21] Diese Auffassung vertrat der CCPA in der ersten Benson-Entscheidung; vgl. In re Benson, 169 USQP 548, 553 = GRUR Int. 1972, 128, 129 mit Anm. von *Kolle* – BCD-Umwandlung. Ebenso z. B. *Puckett:* The Limits o fCopyright and Patent Protection of Computer Programs, 16 ASCAP Copr. L. Symp. 81, 116 (1968); *Falk* und *Popper*, a.a.O. Fußnote 19, S. 114.

[22] In der deutschen Literatur ausführlicher nur von *Köhler*, a.a.O. Fußn. 13, S. 31 ff., und von *Rau*: Die Patentfähigkeit von Programmen für elektronische Datenverarbeitungsanlagen, Diss. München (TU) 1968, S. 86 ff., hinsichtlich der Wirksamkeit des Patentschutzes. Ansätze finden sich bei *Braun*: Rechtsschutz für Rechenprogramme, BB 1971, 1343 ff. und bei *Kargl*, a.a.O., Fußn. 5; vgl. auch *Kolle*: Rechtsschutz von Computerprogrammen, Umschau in Wissenschaft und Technik 1971, 506/507. Aus der ergiebigeren ausländischen Literatur vgl. z. B. *Banzhaf III*: Legal protection for Computer Programs, Data Processing, July 1964, S. 8 ff.; *Bender*: Computer Programs: Should They be Patentable, 68 Colum. L. Rev. 241 ff. (1968); *Gonda*: Legal Protection for Computer Software, Electronic Industries, December 1965, S. 110 ff.; *Katona*: Legal Protection of Computer Programs, 47 JPOS 955 ff. (1965); Note: Computer Programs and Proposed Revisions of the Patent and Copyright Laws, 81 Harv. L. Rev. 1541 ff. (1968); *Thurman*, a.a.O., Fußn. 4, S. 215 ff.; *Mousseron*: La protection juridique des programmes d'ordinateurs, in: La protection des résultats de la recherche face à l'évolution des sciences et des techniques, Paris 1969, S. 118, 129 ff.; *Morris*: Protecting Proprietary Rights of Computer Programs: The Need For New Legislative Protection, 21 Catholic Univ. L. Rev. 181 ff. (1971).

nung der Computerprogramme, d. h. genauer der möglichen Schutzgegenstände aus dem Bereich der Programmierung, in das eine oder andere Schutzsystem nicht ohne Not möglich ist. Bewertungsgesichtspunkte, die sich aus der Praktikabilität, der Reichweite und dem praktischen Nutzen der verschiedenen Schutzformen ergeben, sind nicht nur in der rechtspolitischen Diskussion um eine erst zu schaffende sondergesetzliche Regelung beachtlich, sondern können das Zünglein an der Waage sein, wenn es um die extensive oder restriktive Auslegung des geltenden Rechts, etwa also des Erfindungsbegriffs, und die dabei gebotene Interessen- und Güterabwägung geht.

Folgende Punkte erscheinen mir näherer Betrachtung wert: Die Erlangung des jeweiligen Schutzes und seine Durchsetzbarkeit, Verletzungsgefahr sowie Aufdeckung und Beweis von Verletzungen, der Schutzumfang und die Verletzungshandlungen, die Schutzdauer sowie einige spezifische Bewertungsfaktoren des Allgemeininteresses.

II. Erlangung des Schutzes

Was zunächst die förmlichen Bedingungen betrifft, die zur Begründung des jeweiligen Schutzes erfüllt werden müssen, so sind urheberrechtlicher und vertragsrechtlicher Schutz im allgemeinen mühelos zu erlangen. Abgesehen von wenigen Ländern, deren nationales Recht die Hinterlegung eines Werkexemplars bei einer hierfür vorgesehene Stelle und ggf. die Anbringung eines Schutzvermerks auf den Vervielfältigungsstücken verlangt[23], entsteht das Urheberrecht regelmäßig mit der Schöpfung des Werkqualität aufweisenden Computerprogramms.

Vertragliche Vereinbarungen können durchweg formlos getroffen werden, wenn auch in der Regel eine schriftliche Niederlegung des Vertragsinhalts erfolgen wird. Auch der wettbewerbsrechtliche Schutz erfordert grundsätzlich keine besonderen Anstalten. Lediglich die Begründung des Geheimnisschutzes setzt gewisse Geheimhaltungsmaßnahmen voraus, die sicherstellen, daß das Programm lediglich einem eng begrenzten Personenkreis bekannt wird, und sein Offenkundigwerden verhindern[24]. Urheber-, vertrags- und wettbewerbsrechtlicher Schutz verursachen keine oder nur geringe zusätzliche Kosten.

Demgegenüber entsteht der Patentschutz, läßt man die Modalitäten der aufgeschobenen Prüfung einmal außer Acht, in den wichtigsten Industrienationen erst nach Durchlaufen eines meist langwierigen Erteilungsverfahrens mit regelmäßig strenger materieller Prüfung auf Neuheit und Erfindungshöhe. Die Kosten für die Erlangung des Schutzes sind hoch. Als besondere Bewertungsfaktoren kommen hinzu, daß jedenfalls anfänglich Stand der Technik als Prüfungsgrund-

---

[23] So insbesondere der amerikanische gesetzliche Copyright-Schutz. Wegen der sich hieraus für die Programme ergebenden Besonderheiten vgl. *Thurman*, a.a.O., Fußn. 4, S. 211 f.

[24] Eingehend zum Geheimnisschutz (trade secret) der Computerprogramme *Bender*: Trade Secret Protection of Software, in: Software Protection by Trade Secret, Contract, Patent. Law, Practice and Forms, Washington D.C. 1969 (Patent Resources Group), S. 3 ff. Für das deutsche Recht vgl. *Braun*, a.a.O. Fußn. 22, S. 1345.

lage für Neuheit und Erfindungshöhe von Programmanmeldungen nicht oder nicht ausreichend vorhanden und nur schwer erreichbar ist[25]. Ungleich schwieriger noch ist die Entscheidung, welches Material im Einzelfall relevanter Stand der Technik ist. Können dies nur öffentlich zugängliche Programme mit gleicher oder ähnlicher Aufgabenstellung sein oder etwa auch Programme mit ganz unterschiedlicher Aufgabenstellung, aber ähnlicher Staruktur? Inwieweit kommen sogar Hardware-Offenbarungen in Betracht[26]? Schließlich fehlt eine geeignete Klassifikation für die Computerprogramme.

Freilich sind diese administrativen Schwierigkeiten und die daraus folgende Rechtsunsicherheit nicht notwendiger Dauerzustand, sondern mehr oder weniger rasch behebbar. Überdies gelten ähnliche Überlegungen für jedes neuartige Gebiet der Technik. Immerhin wird im Anfangsstadium oft die Gefahr bestehen, daß eine bloße Registrierung und damit ein wertloses Schutzrecht erlangt wird[27]. Insbesondere bei der Beurteilung der Erfindungshöhe mag es zu Willkürentscheidungen kommen. Für die Beurteilung der Eignung und Praktikabilität der verschiedenen Schutzformen sind diese Erwägungen aber nur ein erster Ansatz, der keinesfalls verabsolutiert werden darf.

III. Durchsetzung und Wert des Schutzes

Aufschlußreicher ist schon die Frage nach der Durchsetzbarkeit und dem Wert des jeweiligen Schutzsystems.

Ganz generell sind vertraglicher und wettbewerbsrechtlicher Schutz nur als schwach anzusehen, da sie kein Ausschließlichkeitsrecht zu begründen vermögen, sondern nur dem gebundenen Vertragspartner bzw. dem nach Wettbewerbsrecht Verpflichteten gegenüber durchsetzbar sind, mag auch im Einzelfall nach den Grundsätzen über den Schutz gegen unmittelbare Leistungsübernahme eine eng begrenzte monopolartige Rechtsposition an einem Programm begründet werden können.

Das Urheberrecht ist zwar Ausschlußrecht, gewährt aber keinen Schutz gegen eine unabhängige Zweitschöpfung und erfaßt insbesondere nicht den einem Programm zugrundeliegenden allgemeinen mathematisch-logischen Lösungsweg als solchen. Dennoch darf daraus nicht gefolgert werden, daß der Schutz des Urheberrechts für die Computerprogramme allgemein unzureichend sei.

---

[25] Diese Argumentation findet sich erstmals im Bericht der Patentrechtskommission des Präsidenten der Vereinigten Staaten, a.a.O. Fußn. 19, S. 42. Der Bericht ist nicht nur insoweit heftig kritisiert worden, vgl. z. B. *Graham*: Process Patents for Computer Programs, 56 Calif. L. Rev. 466, 493 ff. (1968); *Jacobs*: Commission's Report (re: Computer Programs), 49 JPOS 372 ff., 377 (1967); *Nimtz*: Computers, Programs, and the Patent Laws, 11 IDEA 199, 208 ff. (1967); *Koller*: Computer Software Protection: Report of an Institute Clinic, 13 IDEA 351, 361 ff. (1969).*Sheers* und *Encke*: Copyrights or Patents for Computer Programs, 49 JPOS 323, 327 (1967), empfehlen eine Recherche nach Computerprogrammen (als Stand der Technik) durch Computerprogramme selber; ähnlich *Thurman*, a.a.O. Fußn. 4 ,S. 219 f.

[26] Vgl. dazu die interessanten Überlegungen des niederländischen Octrooiraad, Afdeling van Beroep vom 16. 12. 1970, B.I.E. 1971, 54, 59 = GRUR Int. 1971, 335, 337 – Telefonverbindungssystem; vgl. auch *Puckett*, a.a.O. Fußn. 21, S. 118.

[27] So mit Recht der Bericht der Patentrechtskommission, a.a.O. Fußn. 19, S. 42.

Die Reichweite des Urheberschutzes ist, wie noch darzulegen sein wird, größer als in der Literatur behauptet[28]. Freilich, die absolute Sperrwirkung des Patentschutzes vermag das Urheberrecht nicht zu erreichen.

1. Gefahr von Rechtsverletzungen

Von großer praktischer Bedeutung sind die Fragen, wie hoch die Gefahr von Rechtsverletzungen einerseits und andererseits die Chancen, Rechtsverletzungen aufzudecken und zu beweisen, zu bewerten sind[29].

Geht man davon aus, daß Computerprogramme regelmäßig nur betriebsintern genutzt werden, so erscheint die Verletzungsgefahr hoch, da der Verletzer ähnlich wie bei reinen Arbeitsverfahren mühelose Entdeckung nicht zu befürchten hat. Dies setzt freilich voraus, daß ihm das gewünschte Programm ohne größere Schwierigkeiten zugänglich ist. Diese Möglichkeit ist aber im allgemeinen nicht gegeben, da der Inhaber evtl. Rechte am Programm bzw. der Inhaber der Verfügungsgewalt über das Programm dieses im Regelfall auch nur für die Zwecke des eigenen Betriebes nutzen wird. Ein Computerprogramm erscheint daher typischerweise nicht wie ein gewöhnliches Produkt auf dem Markt[30]. Selbst in den Fällen ,in denen beispielsweise durch einen Software-Informationsservice Computerprogramme auf dem Markt angeboten werden, geschieht dies durch eine allgemeine Beschreibung der Aufgaben, Funktionen und Eigenschaften des offerierten Programms. Der Interessent ist daher gezwungen, sich mit dem Programminhaber in Verbindung zu setzen. Die Gefahr, daß dieser dann etwa bei der Prüfung des fertigen Programms unbefugt eine Kopie anfertigt, ist gering und kann durch entsprechende Vorkehrungen ganz ausgeschaltet werden. Nicht mit Sicherheit verhindern läßt sich dagegen, daß der Käufer oder Lizenznehmer das Programm vertragswidrig an Dritte weitergibt. So gesehen ist die Verletzungsgefahr bei absoluter Geheimhaltung des Programms am geringsten – allerdings auf Kosten der Chance, Entwicklungsaufwendungen durch Fremdverwertung wieder hereinzuspielen oder zusätzliche Erträge zu erzielen.

Der Grad der Verletzungsanfälligkeit wird durch den Charakter des Programms entscheidend mitbestimmt. Standardisierte Programme, die genormte Lösungen für gleiche oder ähnliche Datenverarbeitungsprobleme eines größeren Benutzerkreises bieten und die entweder unverändert übernommen oder leicht angepaßt werden können[31], sind weit stärker der Piraterie ausgesetzt als maß-

---

[28] Siehe unten Fußn. 46.

[29] Vgl. dazu *Köhler*, a.a.O. Fußn. 13, S. 26 ff., 35 ff.; *Thurman*, a.a.O., Fußn. 4, S. 217 f.; *Harwell*: Proprietory Rights in Programs, 6 Computer Bull. 98 f. (1964); *Wessel*: Legal Protection of Computer Programs, Harv. Bus. Rev. 1965, 97, 101 f., 104; *Henderson* und *Fisk*: The Patentability of Computers, Computer Systems and Programs, 24 PTIC 57, 59, 65 (1969); Note: Computer Programs and Proposed Revisions . . ., a.a.O. Fußn. 22, S. 1546 f.

[30] Dem steht nicht entgegen, daß die Software „Warencharakter" hat; vgl. oben Fußn. 8.

[31] Hierauf hat die „Kompatibilität" wesentlichen Einfluß. Programme, die – obwohl ursprünglich für eine bestimmte Maschine konzipiert – ohne weiteres auf einem anderen Computer gefahren werden können, erscheinen besonders anfällig; vgl. dazu *Köhler*, a.a.O, Fußn. 13 ,S.27 f. Sehr instruktiv auch Project: New Technology and the Law of Copyright: Reprography and Computers, 15 UCLA L. Rev. 931, 981 ff. (1968).

geschneiderte Programme für ganz spezielle Anwendungen[32]. Standardanwenderprogramme und Systemprogramme bergen daher ein höheres Verletzungsrisiko in sich. Die Prüfung aber, ob eine vorhandene spezielle Problemlösung sich auch in einem anderen ähnlichen Fall eignet, setzt eine meist mühselige und kostspielige Analyse des Programms voraus, so daß es oft ökonomischer ist, sofort ein neues, eigenständiges Programm zu schreiben. Dies gilt um so mehr, wenn die in Betracht kommenden, schon existierenden Programmlösungen unzureichend beschrieben und dokumentiert sind[33], da eine Eignungsprüfung komplexer Programme aus ihrer codierten Form heraus mitunter gar nicht mehr möglich ist[34].

Auch für Schutzformen mit Veröffentlichungszwang ergibt sich keine grundsätzlich andere Beurteilung. Das Verletzungsrisiko ist jedoch eher größer einzuschätzen, da mit der Veröffentlichung die geschützte Lösung allgemein zugänglich wird, die Verletzungshandlung gleichwohl auf die betriebsinterne Sphäre beschränkt bleibt. Die Situation ist hier ähnlich wie beim Verfahrensschutz allgemein[35]. Ist ein programmierbares Verfahren bzw. ein Algorithmus Schutzgegenstand, so erspart dessen Übernahme nicht die kostenintensive Umsetzung in ein fertiges Programm. Der Weg zum Schutzrechtsinhaber wird dann oft billiger sein. Nur wenn die detaillierte Befehlsfolge eines konkreten Programms Schutzgegenstand ist oder als Ausführungsbeispiel etwa ein fertiges Programm zur Durchführung eines programmierbaren Verfahrens offenbart wird, ist durch die Veröffentlichung des Schutzrechtsinhalts auch eine höhere Verletzungsgefahr begründet.

Im ganzen erscheint das tatsächliche Verletzungsrisiko aufgrund der Besonderheiten der Computerprogramme und des Software-Marktes nicht so groß, wie mitunter angenommen wird[36].

Bei allen Schutzformen aber ist die tatsächliche Aufdeckung von Rechtsverletzungen schwierig, da sich diese, wie schon gesagt, meist in der rein betriebs-

---

[32] Vgl. dazu *Verkade*: Software-bescherming, Alphen a. d. R. 1972, S. 9; *ders.*: Studiedag „Bescherming van Software", Informatie 1971, 303, 305. Eine Verletzungsgefahr besteht hier weniger für die Programme selber als für das möglicherweise in ihnen verkörperte betriebliche Know-how. Vgl. auch *Call*: The Client's Invention Disclosure, in: Software Protection by Trade Secret, Contract, Patent (a.a.O. Fußn. 24), S. 291, 300 f.

[33] Insbesondere bei über längere Zeit schrittweise gewachsenen Programmen, an deren Schöpfung viele Personen beteiligt waren, sind Programmbeschreibung und -dokumentation oft äußerst dürftig. Im Streitfall wird sich dies stets nachteilig auswirken, insbesondere wenn es um den Nachweis der Individualität im Urheberrecht geht; vgl. dazu unten E I 2 b.

[34] Vgl. *Thurman*, a.a.O. Fußn. 4, S. 218.

[35] Vgl. Economic Council of Canada: Report on Intellectual and Industrial Property, Ottawa 1971, S. 102 f. Fußn. 1.

[36] Vgl. etwa *Breyer*, a.a.O. Fußn. 12, S. 347; *Goetz*: Protecting Computer Program Concepts and Copies, 14 IDEA (Conference Number 1970) 7 f.; *Pascal*: Legal Protection for Computer Programs, 21 PTIC 83, 96. Differenzierend *Köhler*, a.a.O. Fußn. 13, S. 26 ff. Allerdings ist ein codiertes Programm, vor allem wenn es auf Magnetträgern fixiert ist, mühelos zu kopieren. Das setzt aber voraus, daß der Verletzer Zugang zum Programm hat bzw. dieses besitzt.

internen Sphäre ereignen und nur wenigen Personen bekannt werden[37]. Das verletzende Programm wird regelmäßig nicht wie ein beliebiges Erzeugnis auf dem Markt erscheinen. Hat der Rechtsinhaber ausnahmsweise einmal einen Verletzer aufgespürt, so ist die Beweislage für ihn nicht wesentlich günstiger.

Sind geschütztes und verletzendes Programm nicht vollkommen oder nahezu identisch, so hat er schon den Nachweis zu erbringen, daß die Verletzungsform überhaupt vom Gegenstand des geschützten Programms Gebrauch macht. Noch schlechter ist seine Position, wenn etwa das geschützte Programm in eine andere Programmsprache übertragen worden ist, oder wenn darzulegen und zu beweisen ist, daß ein bestimmtes Programm ein geschütztes programmierbares Verfahren oder einen geschützten Algorithmus zum Gegenstand hat[38]. Daß der Beweis einer Rechtsverletzung im Streitfall gelingt, hängt davon ab, ob geeignete Methoden bzw. Computerprogramme selber zur Verfügung stehen, die es ohne größeren Aufwand gestatten, Programme inhaltlich zu analysieren und zu vergleichen.

Jeder Programmschutz bedarf daher flankierender Maßnahmen der „Datensicherung", um seine volle Wirkung entfalten zu können[39].

Immerhin gibt es eine Reihe typischer Merkmale, die im Einzelfall die Feststellung der Identität verschiedener Programme erleichtern könnenn. Eine Rechtsverletzung ist insbesondere indiziert, wenn Wahlfreiheiten, Programmier-, Codier- und Erfassungsfehler sowie Sonderroutinen im verletzenden Programm wiederkehren, die bei selbständiger Programmierung niemals auch in nur ähnlicher Form auftreten würden. Darüberhinaus ist es u. a. möglich, in ein Programm bestimmte Code-Wörter einzubauen, die ausschließlich Beweiszwecken dienen sollen[40].

---

[37] Vgl. allgemein hierzu *Köhler*, a.a.O. Fußn. 13, S. 35 f.; *Galbi*, a.a.O. Fußn. 12, S. 295 f.; *Banzhaf III*: Copyright Protection for Computer Programs, 14 ASCAP Copr. L. Symp. 118, 155 ff. (1966); *Thurman*, a.a.O. Fußn. 4, S. 217 f.; Report of the Advisory Group, a.a.O., Fußn. 2, S. 67. *Banzhaf III:* Copyright Protection for Computer Programs, in: The Law of Software 1968 (a.a.O. Fußn. 4), S. C-33, 46 ff.

[38] Vgl. *H.* und *O. Axster*: Die Urheberrechtsschutzfähigkeit von Rechenprogrammen, BB 1967, 606, 613; *Burke*: Software Protection: Patents, Copyrights, and Trade Secrets, 35 Albany L. Rev. 695, 710 (1971). Gerade im Urheberrecht wird man sich deshalb mit Vermutungen und prima facie-Beweisen behelfen müssen, vgl. *Köhler*, a.a.O. Fußn. 13, S. 86. Vgl. auch Project: New Technology and the Law of Copyright, a.a.O. Fußn. 31, S. 993. Zweifelnd *Goose*, DVR 1972, 368, 373.

[39] Vgl. zum Begriff und zu den Maßnahmen der Datensicherung insbesondere *Steinmüller*: EDV und Recht. Einführung in die Rechtsinformatik, Berlin 1970, S. 87; *Podlech*: Datenschutz im Bereich der öffentlichen Verwaltung, Berlin 1973, S. 22 ff. und 74 ff.; *J. Schneider*: Datenschutz – Datensicherung, München 1971 (Siemens AG. Beiträge zur integrierten Datenverarbeitung in der öffentlichen Verwaltung. H. 5), S. 27 ff.; *Grebe*: Ein Modell zur Datensicherung, ÖVD 1973, 159 ff.

[40] In der Literatur wird dem „Selbstschutz" der Programme mit Recht eine neben den rechtlichen Schutzmöglichkeiten eigenständige und wesentliche Bedeutung beigemessen. Hierzu gehören etwa Programmbefehle, die bei unbefugter Benutzung das Programm zerstören; vgl. im einzelnen *Hammer*: Computer Program Protection, 14 IDEA (Conference Number 1970) 10, 11; *Pascal*, a.a.O. Fußn. 36, S. 95 f.; *Perot-Morel*, a.a.O. Fußn. 20. Neuerdings *Schwaiger* und *Kockler*, a.a.O. Fußn. 8, S. 369 f.

III. Schutzumfang und Verletzungstatbestände

Wichtige Aufschlüsse über die Eignung der jeweiligen Schutzform vermögen auch Überlegungen zu vermitteln, welche Verletzungshandlungen sie erfaßt und wie groß der Umfang des durch sie gewährten Schutzes ist.

Grundsätzlich unproblematisch ist der vertragsrechtliche Schutz von Computerprogrammen. Rechte und Pflichten der Vertragsparteien können weitgehend autonom bestimmt werden. Vertragliche Vereinbarungen über den Erwerb oder die Benutzung von Programmen können daher sehr weitreichenden Inhalt haben und die Position des anderen Teils mehr oder weniger stark beschränken; abgesehen von seiner grundsätzlichen relativen Wirkung ist daher der Vertragsschutz aufgrund seiner Flexibilität durchaus als geeignetes Instrument anzusehen[41]. Er vermag einen Ausschließlichkeitsschutz zwar nicht zu ersetzen, wohl aber ihn wirkungsvoll zu unterstützen und zu ergänzen.

Unterschiedlich, wenn auch meist eng begrenzt, ist die Reichweite des wettbewerbsrechtlichen Schutzes. Eine Haftung des Verletzers nach den Grundsätzen über die Sittenwidrigkeit der unmittelbaren Leistungsübernahme wird regelmäßig nur dann gegeben sein, wenn das Programm telle quelle kopiert oder nur geringfügig verändert verwertet wird[42]. Ein Schutz der dem Programm zugrundeliegenden Konzeption, auf der durch Schaffung eines eigenständigen Programms aufgebaut wird, kann hierdurch nicht erreicht werden. Der Schutz des Geschäfts- und Betriebsgeheimnisses gegen Mitteilung an Dritte durch einen Arbeitnehmer kann sich zwar auf alle erwähnten Schutzgegenstände auf dem

---

[41] Einige Autoren halten deshalb den Vertragsschutz allein oder in Kombination mit dem Geheimnisschutz für das geeignetste Instrument; vgl. *Braun*, a.a.O. Fußn. 22, S. 1344, 1347; *Pantages*: The Problems of Packaged Programs, Datamation, April 1968, S. 75, 79; *Brandt* und *Schönrath*: Rechtsschutz für Computerprogramme, neuerer B 1969, 62, 63; *Bigelow*: Legal Aspects of Proprietary Software, Datamation, Oktober 1968, S. 32, 39. *Koller*: Proprietory Rights in Computer Software Inventions: Preliminary Results of Two Surveys, 14 IDEA (Conference Number 1970) 3, 5, berichtet über eine – allerdings auf viel zu schmaler statistischer Basis durchgeführte – Umfrage, wonach Verträge als Schutzform bevorzugt werden. Kritisch *Thurman*, a.a.O. Fußn. 4, S. 214 f.; vgl. auch Report of the Advisory Group, a.a.O. Fußn. 2, S. 65 f. Wegen der Vertragsgestaltung vgl. z. B. die Vertragsmuster von IBM: License Agreement for IBM Program Products, in: The Law of Software 1969 (a.a.O. Fußn. 10), S. C-1 ff., und *Braun*: Unklare Verträge können teuer werden – Verlustquelle Computer (XVI)/Vertragsgestaltung bei Software, Blick durch die Wirtschaft vom 6. 2. 1972, S. 5; *Verkade*, a.a.O. Fußn. 32, S. 35 ff.

[42] Vgl. hierzu *Möhring*: Die Schutzfähigkeit von Programmen für Datenverarbeitungsmaschinen, GRUR 1967, 269, 277; *v. Gamm*: Der urheber- und wettbewerbsrechtliche Schutz von Rechenprogrammen, WRP 1969, 96, 100; *Braun*, a.a.O. Fußn. 22, S. 1344; *Skaupy*, a.a.O. Fußn. 20, S. 130. Hinsichtlich der Voraussetzungen des Schutzes gegen unmittelbare Leistungsübernahme vgl. die Urteile des BGH vom 13. 10. 1965, GRUR 1966, 503, 506 – Apfelmadonna; vom 30. 10. 1968, GRUR 1969, 186, 188 – Reprint; vom 2. 7. 1969, GRUR 1969, 618, 620 – Kunststoffzähne; vom 17. 9. 1971, GRUR 1972, 127 – Formulare. Ausführlich für das schweizerische Recht *Sidler*: Der Schutz von Computerprogrammen im Urheber- und Wettbewerbsrecht, Basel 1968, S. 60 ff. Vgl. auch *Thurman*, a.a.O. Fußn. 4, S. 213 f., und *Verkade*, a.a.O. Fußn. 32, S. 40 f.

Gebiet der Software erstrecken[43], ist aber, sofern der Angestellte hiervon befugterweise Kenntnis erlangt hat, von Sonderfällen abgesehen[44], zeitlich auf die Geltungsdauer des Dienstverhältnisses beschränkt. Weitergehend ist seine Haftung hingegen, wenn er sich die Kenntnis auf gesetz- oder sittenwidrige Weise verschafft hat. Dies gilt auch für den Adressaten eines Geheimnisverrats. Hier besteht ein umfassendes Verbot, das in strafbarer Weise erlangte Geheimnis zu verwerten oder weiterzugeben[45].

Immer wieder wird behauptet, der Urheberschutz sei seinem Umfang nach so begrenzt, daß er für die Computerprogramme unzureichend sei[46]. Diese Behauptung ist nur sehr bedingt richtig.

Was zunächst die möglichen Verletzungshandlungen angeht, so sind dem Urheber bzw. seinem Rechtsnachfolger insbesondere alle Handlungen vorbehalten, die sich als Vervielfältigung oder Verbreitung darstellen. Eine Vervielfältigung im Rechtssinne liegt aber nicht nur vor, wenn ein Computerprogramm von Lochkarten, Magnetband, Magnetplatte o. ä. kopiert wird, sondern auch in jeder Benutzung in der Datenverarbeitungsanlage selber, in jedem Programmlauf[47].

---

[43] Es bedarf keiner näheren Begründung, daß alle Erscheinungsformen der Software ein Geheimnis" bilden können; vgl. zum ganzen *Kraßer*: Der Schutz des Know-how nach deutschem Recht, GRUR 1970, 587 ff., und speziell für die Programme *Braun*, a.a.O. Fußn. 22, S. 1345. Für das amerikanische Recht vgl. die ausführlichen Untersuchungen von *Bender*, a.a.O .Fußn. 24 und: Post-Adkins Trade Secret Protection of Software, 1970 Rutgers J. Computers L., No. 1, S. 5 ff.

[44] So etwa bei der Fallkonstellation BGH vom 21. 12. 1962, GRUR 1963, 367 – Industrieböden.

[45] Vgl. § 17 UWG. Gegenüber ungetreuen Geschäftspartnern kann der Tatbestand der Vorlagefreibeuterei nach § 18 UWG zum Zuge kommen.

[46] Vgl. etwa *Braun*, a.a.O. Fußn. 22, S. 1347; Note: Computer Programs and Proposed Revisions . . ., a.a.O. Fußn. 22, S. 1549 ff.; *Thurman*, a.a.O. Fußn. 4, S. 217; *Wild*: Computer Program Protection: The Need to Legislate a Solution, 54 Cornell L. Rev. 586, 594 f. (1969); *McOustra*: Software: Copyright and Other Kinds of Control, 8 Computer Bull. 96, 97 (1964); *Sheers* and *Encke*, a.a.O. Fußn. 25, S. 327; *Verkade*, a.a.O. Fußn. 32, S. 28 ff. Zweifelnd *Goose*, DVR 1972 368, 373. Einen größeren Schutzumfang nehmen mit Recht an *Köhler*, a.a.O. Fußn. 13, S. 68 ff. und 84 ff.; *Puckett*, a.a.O. Fußn. 21, S. 96 ff., a.a.O. Fußn. 22, S. 972 ff. Richtig ist allerdings, daß der Urheberschutz nur für einen Teil aller Leistungen aus dem Gesamtbereich der Datenverarbeitung überhaupt in Betracht kommt; vgl. insofern *Schwaiger* und *Kockler*, a.a.O. Fußn. 8, S. 261 ff.

[47] Vgl. dazu *Ulmer*: Der Urheberschutz wissenschaftlicher Werke unter besonderer Berücksichtigung der Programme elektronischer Rechenanlagen, München 1967, S. 19 = 2 IIC 56, 69 f. (1971); *Köhler*, a.a.O. Fußn. 13, S. 26, 69, 76; *Katzenberger* und *Kolle*: Die urheberrechtliche Beurteilung computerunterstützter parlamentarischer Informations- und Dokumentationssysteme, in: Gesetzesplanung. Beiträge der Rechtsinformatik, Berlin 1972, S. 181, 195 = Nachr. Dok. 1972, 94, 99 mit weiteren Nachweisen. Zweifelnd für die Speicherung im Computer selber etwa *Braun*, a.a.O. Fußn. 22, S. 1346 f., und *Fabien*: Ordinateur et protection de la propriété intellectuelle, 6 R.J.T. 209, 215 (1971). Ablehnend etwa *Falk*: Copyright Infringement Problems, in: The Law of Software 1969 (a.a.O. Fußn. 10), S. A-1, 5, und *Banzhaf III*, a.a.O. Fußn. 37, S. 137. Sehr zweifelhaft ist insofern die Rechtslage in den USA, vgl. *Cary*: Copyright-Eintragung und Rechenprogramme, GRUR Int. 1964, 623 ff. = 11 Bull. Cr. Soc. 362 ff. (1964), und *Ulmer*: Elektronische Datenbanken und Urheberrecht, München 1971, S. 28 ff.

Das Urheberrecht schützt also qua Vervielfältigungsrecht auch gegen den unbefugten Gebrauch des Programms. Um eine Verbreitung handelt es sich schon, wenn nur ein einziges Vervielfältigungsstück des Programms der Öffentlichkeit angeboten oder in Verkehr gebracht wird[48].

Unrichtig ist auch die pauschale Aussage, das Urheberrecht gewähre nur Schutz gegen eine weitgehend identische Verwertung des Programms, so daß schon kleinere Änderungen eines Programms aus dessen Schutzbereich herausführten[49]. Vielmehr erstreckt sich der Schutz des Urheberrechts auf die Verwertung aller Bearbeitungs- und Umgestaltungsformen eines Programms, die nicht als freie Benutzung des geschützten Programms zu beurteilen sind[50]. So ist die Übersetzung eines Programms in eine andere Programmsprache, sei sie von der Maschine oder vom Menschen vorgenommen, eine Bearbeitung im urheberrechtlichen Sinne[51]. Selbst die Übernahme nur kleiner Teile eines Programms verletzt, sofern diese ihrerseits Werkqualität aufweisen, das Urheberrecht[52]. An das Vorliegen einer freien Benutzung hat die Rechtsprechung stets strenge Anforderungen gestellt, da angesichts der Fülle möglicher Gestaltungen eines Werkes der Bereich der erlaubten Anlehnung an das Vorbild eng gehalten werden kann[53]. Diese Gestaltungsfülle besteht auch auf dem Gebiet der Programmierung.

Andererseits gewährt das Urheberrecht keinen Konzeptschutz; es erfaßt nicht wissenschaftliche Erkenntnisse, Ideen, mathematische Lehrsätze und Prinzipien als solche[54]. Daher gehören zwar der einem Programm zugrundeliegende allgemeine Lösungsgedanke, der Algorithmus der zu programmierenden Aufgabe zum Gemeingut und dürfen für die Schaffung eigenständiger Programme frei verwendet werden[55]. Auch der Urheberschutz ist aber nicht nur reiner Formschutz, sondern umfaßt auch gewisse inhaltliche Elemente, die in der konkreten Formgebung des Werkes zum Ausdruck kommen. Die Grundstruktur, der

---

[48] Siehe § 17 (1) URG.

[49] Vgl. z. B. *Burke*, a.a.O. Fußn. 38, S. 709; Note: Computer Programs and Proposed Revisions . . ., a.a.O. Fußn. 22, S. 1550. Vgl. auch *Breyer*, a.a.O. Fußn. 12, S. 347 f.

[50] Vgl. §§ 23 Satz 1, 24 (1) URG). Die Schranken des Urheberrechts (§§ 45 ff. URG) spielen für die Programme praktisch keine Rolle; vgl. dazu *Dittrich*, a.a.O. Fußn. 13, S. 13. Wegen der Tatbestände des „fair use" vgl. *Schumann*: Fair Use im amerikanischen Urheberrecht, GRUR Int. 1969, 125 ff.

[51] Vgl. *Köhler*, a.a.O. Fußn. 13, S. 85.

[52] Vgl. allgemein BGH vom 23. 6. 1971, GRUR 1961, 631, 633 – Fernsprechbuch. Vgl. auch *Banzhaf III*, a.a.O. Fußn. 37, S. 152 f.

[53] Vgl. dazu aus der deutschen Rechtsprechung RG vom 30. 6. 1928, RGZ 121, 357 – Universalrechner; BGH vom 3. 7. 1964, GRUR 1965, 45 – Stadtplan; BGH vom 26. 9. 1971, GRUR 1971, 588 – Disney Parodie.

[54] Allgemeine Ansicht, vgl. statt aller *Ulmer*, a.a.O. Fußn. 47, S. 15.

[55] Vgl. *Ulmer*, a.a.O. Fußn. 47, S. 19; *Köhler*, a.a.O. Fußn. 13, S. 69. Zu weitgehend *Brutschke*, a.a.O. Fußn. 13, S. 104 f. Daß die in der Umgangssprache formulierte Sy-systemanalyse regelmäßig Urheberrechtsschutz genießt (vgl. dazu *Goose*, DVR 1972, 368, 372), ist von geringer praktischer Bedeutung, da sie nur inhaltlich, nicht auch durch ihre Form in den Ablaufplänen und im Programm selber wiederkehrt, daher in diesen Stufen keinen Bearbeitungsschutz nach sich zieht. Vgl. auch *Banzhaf III*, a.a.O. Fußn. 37, S. 147 ff.

gedankliche Aufbau eines konkreten Programms werden daher vom Urheberrecht mitumfaßt und bewirken damit einen gewissen mittelbaren Schutz der dem Programm immanenten Konzeption[56].

Der Schutzumfang eines Programmpatents hängt entscheidend davon ab, was aus dem Gesamtbereich „Software" zulässiger und geeigneter Schutzgegenstand des Patents ist. Erfaßt das Schutzrecht den allgemeinen mathematisch-logischen Lösungsweg für eine durch Programmierung zu lösende Aufgabe nebst seiner algorithmischen Formulierung, so ist sein Schutzumfang sehr groß bemessen, da alle denkbaren Programmrealisieungen, die von diesem Lösungsweg Gebrauch machen, im Schutzbereich des Patentens liegen[57]. Der hierdurch begründete Konzeptionsschutz reicht ungleich weiter als das Urheberrecht, das sich nicht auf die gedankliche Lösung als solche erstreckt, und sperrt jede Benutzung dieses Lösungsweges durch Programmierung einer Datenverarbeitungsanlage schlechthin. Demgegenüber wäre der Patentschutz für das konkrete, ausgearbeitete Programm, also etwa des speziellen Programms A 1 zur Durchführung des Verfahrens X, nahezu deckungsgleich mit dem Urheberrechtsschutz[58]. Das insoweit geschützte Programm ist als Verfahren zu qualifizieren. Die im Hinblick auf ein Verfahrenspatent möglichen Verletzungshandlungen des Gebrauchens, Inverkehrbringens und Feilhaltens sind dann gleichbedeutend mit den urheberrechtlichen Befugnissen, das geschützte Programm zu vervielfältigen und zu verbreiten. Auch der Schutzumfang eines solchen Verfahrenspatents entspricht in etwa dem Umfang des urheberrechtlichen Programmschutzes. Patentrechtlich äquivalente und sonstige Verletzungsformen lassen sich urheberrechtlich im Bearbeitungsschutz einordnen. Lediglich der in einem solchen Programm evtl. offenbarte allgemeine Erfindungsgedanke findet im Urheberrecht kein Äquivalent; da insofern eine nicht mehr geschützte freie Benutzung anzunehmen wäre.

Diese Gedanken sind nur ein vorsichtiger Bewertungsansatz. Sie zeigen aber deutlich, daß sich das Patentrecht für den echten Programmschutz wenig eignet, da das Urheberrecht ganz ähnliche Wirkungen entfaltet. Die Anwendung des Patentrechts erscheint daher nur dort sinnvoll, wo es um den Schutz programmierbarer Verfahren und Algorithmen geht.

---

[56] Ähnlich *Möhring*, a.a.O. Fußn. 42, S. 275, und wohl auch *Goose*, ibid. Vgl. auch BGH vom 23. 6. 1971, GRUR 1961, 631, 732 – Fernsprechbuch. Die Feststellung, welche inhaltlichen Elemente eines geschützten Programms individualitätsbegründend sind und ob diese im verletzenden Programm wiederkehren, dürfte, je stärker sich die zu vergleichenden Programme in der äußeren Form unterscheiden, immer schwieriger werden.

[57] Vgl. dazu *Banzhaf III*, a.a.O. Fußn. 22, S. 11. Dieses Argument ist letztlich der entscheidende Grund dafür, warum der U.S. Supreme Court in der Benson-Entscheidung das beanspruchte BCD-Umwandlungsverfahren für nicht patentierbar erachtet hat, siehe dazu näher unten E II 2 b (1.1). Aufschlußreich sind auch die Überlegungen des CCPA in In re Bernhart, 163 USPQ 611, 616 = GRUR Int. 1970, 52, 53 r. Sp. – Zeichengerät.

[58] Ähnlich *Katona*, a.a.O. Fußn. 22. Vgl. auch *Köhler*, a.a.O. Fußn. 13, S. 37; *Avery*: Das US-Patent, Köln etc. 1967, S. 121 und Note: Computer Programs and Proposed Revisions . . ., a.a.O. Fußn. 22, S. 1551 f.

V. Schutzdauer

Problematisch ist schließlich auch die Schutzdauer. Die Schutzdauer sowohl des Urheberrechts als auch des Patentrechts erscheint mit Rücksicht auf die Besonderheiten der Computerprogramme zu lang. Vor allem die Dauer des Urheberschutzes bis zum Ablauf von 50 oder gar 70 Jahren post mortem auctoris ist zu lang[59] im Hinblick darauf, daß die Computerprogramme anders als die meisten anderen Werkkategorien zum Gebrauch für nützliche Zwecke bestimmt sind. Die Situation ist hier ähnlich wie bei den Werken der angewandten Kunst, für die einerseits der kurze besondere Schutz des Geschmacksmusterrechts, andererseits bei Vorliegen der strengeren Voraussetzungen aber auch der lange Urheberrechtsschutz in Anspruch genommen werden kann. Die Schutzfrist des Urheberrechts verhindert die grundsätzlich wünschenswert erscheinende Möglichkeit, schon vorhandene Programme relativ frühzeitig übernehmen zu können[60].

Auch die Dauer des Patentschutzes ist, besonders wenn wir ganz allgemein programmierbare Verfahren und Algorithmen zum Schutz zulassen, noch zu lang bemessen. Die Gefahr, daß sich derartige Schutzrechte über das wesensmäßig mit dem Patentrecht verbundene Maß hinaus behindernd auswirken und ganz Anwendungsgebiete der elektronischen Datenverarbeitung oder die computerisierte Bearbeitung ganzer Problemkomplexe blockieren und für den Patentinhaber mangels Ausweichmöglichkeiten monopolisieren, darf nicht unterschätzt werden[61]. Auch das Argument, daß die meisten Programme sehr schnell veralten und daher ein Schutzrecht lange vor Ablauf der Schutzfrist gegenstandslos werde[62], ist in dieser Allgemeinheit nicht überzeugend. Denn einmal ist dies nicht für Algorithmen und programmierbare Verfahren gültig. Zum anderen können die konkreten Programme unter Beibehaltung ihrer Struktur auch

---

[59] Vgl. die Stellungnahme des Interuniversity Communications Council: The Copyright Revision Bill in Relation to Computers, 10 Communications of the ACM 318 (1967), wo auf die Blockierungsgefahr hingewiesen wird; ferner *Breyer*, a.a.O. Fußn. 12, S. 348, sowie Report of the Advisory Group, a.a.O. Fußn. 2, S. 67.

[60] Zumal sich das Gebiet der automatischen Datenverarbeitung rasch fortentwickelt; vgl. *Galbi*, a.a.O. Fußn. 12, S. 288.

[61] Vgl. dazu Note: Computer Programs and Proposed Revisions ..., a.a.O. Fußn. 22, S. 1553 f.; *Banzhaf III*, a.a.O. Fußn. 22, S. 11; *Devant/Plasseraud/Gutmann/Jacquelin/Lemoine*: Les brevets d'invention, 4. Aufl., Paris 1971, No. 71 (S. 87); *Boissel*: Libres propos sur une prospective de motivations de nouvelles activités humaines, in: La protection des résultats de la recherche (a.a.O. Fußn. 22), S. 21, 31. Diese Motivation liegt zweifellos auch der Benson-Entscheidung des Supreme Court zugrunde, siehe unten E II 2 b (1.1). Wenn hiergegen vorgebracht wird, diese Behinderung sei notwendige Folge des Patentschutzes überhaupt (vgl. z. B. *Thurman*, a.a.O. Fußn. 4, S. 218), so verkennt diese Argumentation, daß die Datenverarbeitung kein klar abgegrenztes Gebiet wie andere Sparten der Technik darstellt (zutreffend der Bericht des Economic Council of Canada, a.a.O. Fußn. 35, S. 101), ein Ausschließlichkeitsschutz daher u. U. alle Gesellschaftsgruppen beeinträchtigen könnte; siehe dazu unten D VII.

[62] So etwa *Thurman*, a.a.O. Fußn. 4, S. 217; *Hammer*, a.a.O. Fußn. 40, S. 12; *Vanderperre*: La protection des résultats de la recherche face à l'évolution des sciences et des techniques, Ing.-Cons. 1967, 145, 153.

für neue Maschinengenerationen kompatibel gemacht oder in neue Programmiersprachen übertragen werden, ohne daß damit Patent- oder Urheberschutz gegenstandslos oder hinfällig werden.

VI. Verhältnis der verschiedenen Schutzformen

Interessante, wenn auch schwierige Fragen wirft das Verhältnis von Urheberrecht und Patentrecht zueinander auf[63]. Während Urheber- und Patentschutz einerseits und Vertrags- und Wettbewerbsschutz einander nicht ausschließen, sondern grundsätzlich nebeneinander bestehen können und sich ergänzen, ist die Konkurrenz von Urheber- und Patentrecht neuartig. Bisher bestanden zwischen klassischem Urheberrecht und Patentrecht wegen der grundsätzlichen Veschiedenheit der jeweiligen Schutzgegenstände keine Konkurrenzprobleme[64]. Nunmehr sind vielfältige Überschneidungen möglich.

Nehmen wir folgenden Fall: Das Unternehmen A hat ein Programm entwickelt, das urheberrechtlich geschützt ist. Später entwickelt das Unternehmen B unabhängig davon ein eigenes Programm, das nach Form und Inhalt an sich unter den Schutzumfang des Programms von A fiele. B meldet nun sein Programm zum Patent an und bekommt dies erteilt, da das Programm von A wegen rein betrieblicher Nutzung nicht zum Stand der Technik gehört. A hätte dann zwar gegenüber B ein Vorbenutzungsrecht, wäre aber durch das Patent von B an sich gehindert, sein Programm auf andere Weise zu verwerten, etwa durch Lizenz oder Verkauf. Oder wäre es etwa B aufgrund der Priorität des Urheberrechts von A verboten, sein Programmzu vervielfältigen und zu verbreiten, d. h. letztlich zu benutzen? Ähnliche Situationen können auch dann auftreten, wenn Patente nicht für konkrete Programme, sondern nur für Algorithmen bzw. programmierbare Verfahren erteilt werden. Auch dann ist es möglich, daß das Unternehmen A bereits vor dem Prioritätszeitpunkt ein urheberrechtlich geschütztes Programm entwickelt hat, das vom Gegenstand der Patentanmeldung Gebrauch macht, aber nicht Stand der Technik ist.

Schließlich wäre es möglich, die Schutzdauer des Patents mittelbar durch das Urheberrecht zu verlängern[65], indem z. B. mit Hilfe des Computers selbst eine große Zahl von Programmen hergestellt wird, die alle vom Gegenstand des Schutzrechts Gebrauch machen. All diese Überlegungen zeigen, daß der Weg zu einer befriedigenden Einordnung der Computerprogramme in die Schutzsysteme des geltenden Rechts mit Steinen gepflastert ist.

VII. Bewertungsfaktoren des öffentlichen Interesses

Abschließend seien einige Bewertungsfaktoren erwähnt, die in ganz besonderem Maße das Allgemeininteresse berühren.

---

[63] Vgl. dazu *Köhler*, a.a.O. Fußn. 13, S. 36 ff.; *Nawrocki*, a.a.O. Fußn. 20, S. 33, der in einem Nebeneinander von Urheber- und Patentrecht keine Schwierigkeiten sieht, sowie *Sheers* und *Encke*, a.a.O. Fußn. 25, S. 324 ff.

[64] Vgl. allgemein *Möhring*, in: *Klauer/Möhring*: Patenrechtskommentar, Bd. I, 3. Aufl., München 1971, Einleitung S. 48 f.; *Nastelski*, in: *Reimer*: Patentgesetz und Gebrauchsmustergesetz, 3. Aufl., Köln etc. 1968, § 1 PatG Rdz. 102.

[65] Vgl. dazu *Köhler*, a.a.O .Fußn. 13, S. 37.

Speziell zugunsten des Patentschutzes für Computerprogramme wird immer wieder vorgebracht, gerade diese Schutzform sei notwendig, um zu verhindern, daß immer mehr Programme geheimgehalten würden. Geheimhaltung behindere aber die Verbreitung der Kenntnisse, führe zu unnützer Doppelarbeit und vereitle damit letztlich den Fortschritt auf diesem so eminent wichtigen Sektor menschlichen Wirkens. Nur das Patentrecht mit seinem starken Schutz vermöge diese Entwicklung aufzuhalten und durch den mit ihm verbundenen Offenbarungszwang zur Weiterentwicklung anzuregen und die Vergeudung wertvoller Ressourcen zu vermeiden[66].

Dies mag im Einzelfall richtig sein. Ich zweifle aber, ob die Geheimhaltung bei Verweigerung des Patentschutzes wirklich zunimmt, der Informationsaustausch versiegen würde. Denn dies müßte auch schon gegenwärtig, da der Patentschutz höchst unsicher ist und in vielen Ländern a priori abgelehnt wird, in erheblichem Maße der Fall sein. Der ungeheure Aufschwung aber des ganzen Wirtschaftsbereichs, der sich mit der Entwicklung von Software befaßt, spricht eher dagegen[67]. Auch sind nennenswerte Konflikte größerer Anzahl bisher nicht bekannt geworden. Darüber hinaus erscheint es fraglich, ob vom Patentschutz angesichts der Besonderheiten der Software gegenüber konventionellen Sparten der Technik auch tatsächlich im notwendigen Umfang Gebrauch gemacht würde, so daß die von ihm erhofften Wirkungen auf lange Sicht eintreten könnten[68].

---

[66] In diesem Sinne u. a. *Buckman*: Protection of Proprietory Interest in Computer Programs, 51 JPOS 135, 143 f. (1969); *Bender*, a.a.O. Fußn. 22, S. 245 f.; *Pascal*, a.a.O. Fußn. 36, S. 85, 87; *Jacobs*, a.a.O. Fußn. 25, S. 376 f.; *Nimtz*, a.a.O. Fußn. 25, S. 215; Bericht des Economic Council of Canada, a.a.O. Fußn. 35, S. 101; Report of the Advisory Group, a.a.O. Fußn. 2, S. 65. Wohl auch *Köhler*, a.a.O. Fußn. 13, S. 33. Zweifelnd mit Recht *Goose*, DVR 1972, 368, 369; *Puckett*, a.a.O. Fußn. 21, S. 133 f., der zutreffend darauf hinweist, daß ähnliche Überlegungen für alle Verfahren gelten; kritisch auch Note: Computer Programs and Proposed Revisions . . ., a.a.O. Fußn. 22, S. 1546 f.

[67] Ebenso im Ergebnis der Bericht des Economic Council of Canada, a.a.O. Fußn. 35, S. 102 f.; Bericht des Patentrechtskommission, a.a.O. Fußn. 19, S. 42; Note: Computer Programs and Proposed Revisions . . ., a.a.O. Fußn. 22, S. 1557. Vgl. auch *Rau*, a.a.O. Fußn. 22, S. 87 f., und *Breyer*, a.a.O. Fußn. 12, S. 346.

[68] In diesem Zusammenhang ist zu erwähnen, daß hauptsächlich in der US-Literatur die Auswirkungen vor allem des Patentschutzes für den Wettbewerb auf dem Software-Markt erörtert worden sind. Überwiegend wird dabei die Auffassung vertreten, der Patentschutz fördere den Wettbewerb zwischen den Herstellern und Service-Unternehmen wie den Wettbewerb dieser Marktteilnehmer untereinander. Nur die Aussicht auf Patentschutz gewähre genügend Investitionsanreiz und bewirke daher Innovation auf diesem Gebiet; vgl. statt vieler *Thurman*, a.a.O. Fußn. 4, S. 218 f.; *Buckman*, a.a.O. Fußn. 66, S. 142 f.; *Firestone*, a.a.O. Fußn. 5, S. 294; *Bender*, a.a.O. Fußn. 22, S. 245 ff.; *Falk* und *Popper*, a.a.O. Fußn. 19, S. 110; *Koller*, a.a.O. Fußn. 25, S. 358 ff., läßt die Frage mit Recht offen. Vgl. auch *Schuyler* a.a.O. Fußn. 12, S. H-5. Diese keineswegs näher geprüften oder gar faktisch belegten Behauptungen rufen einiges Erstaunen hervor, bedenkt man, daß sich die führenden Köpfe der Sozialökonomie seit Jahrzehnten bemühen, den Einfluß des Patentsystems auf Wettbewerb und technischen Fortschritt nachzuweisen, ohne bisher auch nur teilweise gesicherte Ergebnisse – seien sie negativer oder positiver Art – gefunden zu haben; vgl. zum ganzen *Strohm*: Wettbewerbsbeschränkungen in Patentlizenzverträgen, Köln etc. 1971, S. 15 ff.; *Machlup*: An Econo-

Schließlich ist zu bedenken, daß der Patentschutz für programmierbare Verfahren oder Algorithmen eine umfassende und allseitige Behinderung zur Folge haben kann, die sich nicht nur auf einzelne Wirtschafts- und Industriebranchen erstrecken würde, sondern auf alle Bereiche, in denen die elektronische Datenverarbeitung zur Lösung vielfältiger Aufgaben eingesetzt wird. Das ist aber unsere Gesellschaft schlechthin[69].

E Die Schutzfähigkeit von Computerprogrammen nach dem geltenden Urheber- und Patentrecht

Nun zum geltenden Recht. Ich muß mich hier darauf beschränken, darzustellen, ob und inwieweit die Computerprogramme bzw. programmierbare Verfahren und Algorithmen nach dem geltenden Urheber- und Patentrecht schutzfähig sind. Vertrags- und Wettbewerbsrecht werfen im Hinblick auf die Einordnung der Computerprogramme keine grundsätzlich neuartigen Rechtsfragen auf und sollen daher vernachlässigt werden.

I. Urheberrecht

Gerichtsentscheidungen, die sich mit dem Urheberschutz von Computerprogrammen befassen, sind bisher nicht bekannt geworden[70]. Das Schrifttum vertritt aber – mit Abweichungen im Detail – nahezu einhellig den Standpunkt, daß die Computerprogramme und ihre Vorstufen, Datenfluß- und Programmablaufpläne, dem Urheberrechtsschutz zugänglich und regelmäßig auch tatsächlich geschützt sind[70a]. Dies deckt sich mit den auch in der ausländischen Urheberrechtslehre überwiegend vertretenen Ansichten[71].

1. Werkart und Ausdrucksmittel der Programme

Was zunächst die dem Urheberrechtsschutz überhaupt zugänglichen Werkarten

---

mic Review of the Patent System, Washington D.C. 1958; *Kaufer*: Patente, Wettbewerb und technischer Fortschritt, Bad Homburg 1970; *Prahl*: Patentschutz und Wettbewerb, Göttingen 1969; *Scherer*: Industrial Market Structure and Economic Performance, Chicago 1971, S. 379 ff.

[69] Vgl. etwa RG vom 31. 1. 1928, RGZ 120, 94, 97, wonach der monopolartige Schutz unter Ausschluß aller anderen nur insoweit gerechtfertigt ist, als das Allgemeininteresse durch diese Beschränkung nicht zu schwer geschädigt wird. Vgl auch BPatG, 10. Senat, vom 30. 7. 1965, BPatGerE 8, 121/22.

[70] Vgl. aber oben Fußn. 14. Die in GRUR-Ber. Nr. 1741/72 berichteten finnischen Entscheidungen, die sich mit der Urheberrechtsschutzfähigkeit von sog. Checklisten befassen, sind bisher nicht veröffentlicht worden; vgl. hierzu *Seipel*: Datorprogrammens rättsskydd-Tva rättsfall kommenterade, NIR 1973, 121, 142 ff. Im September 1973 hat das Stadtgericht Budapest eine Grundsatzentscheidung verkündet. Sie wird, sobald die schriftliche Begründung vorliegt, in deutscher Übersetzung in GRUR Int. veröffentlicht werden.

[71] Vgl. die Nachweise bei *Ulmer*: Copyright Protection of Scientific Works with Special Reference to Computer Programs, 2 II C 56, 60 Fußn. 14 (1971). Vgl. ferner die Übersichten bei *Heim* und *Curchod*: La protection des programmes d'ordinateurs, Schw. Mitt. 1972, 103, 105 ff., und bei *Debetencourt*: La protection juridique des programmes d'ordinateurs, Ing.-Cons. 1972, 1, 13 ff. Eine Ausnahme bildet die Schweiz, deren Doktrin den Urheberrechtsschutz geschlossen ablehnt; vgl. unten Fußn. 74 und 88. Zweifelnd auch *Seipel*, ibid., S. 144 ff. (165 ff.).

betrifft, so ist es gleichgültig, ob die Rechenprogramme den Sprachwerken (§ 2 [1] Nr. 1 URG), zu denen insbesondere die Schriftwerke gehören, oder den wissenschaftlich-technischen Darstellungen (§ 2 [1] Nr. 7 URG) zuzurechnen sind oder eine Mischform aus beiden Werktypen bilden. Auch vom Ausdrucksmittel her fügen sich die Programme und ihre Vorstufen zwanglos in die genannten Werkarten ein.

Das geschützte Werk kann sich aller nur denkbaren Ausdrucksmittel bedienen, es ist nicht beschränkt auf Schriftzeichen und Buchstaben, sondern umfaßt alle sinnlich wahrnehmbaren Formen des Ausdrucks. Es ist nicht erforderlich, daß das Werk durch das gewählte Ausdrucksmittel für den Menschen unmittelbar wahrnehmbar und verständlich ist. Es genügt, daß das Werk durch geeignete Verfahren oder entsprechende Vorrichtungen den menschlichen Sinnen wieder wahrnehmbar gemacht werden kann. Daß der Inhalt eines Programms regelmäßig nur einem Fachmann verständlich ist, steht seiner Schutzfähigkeit nicht entgegen[72].

Gleiches gilt im Hinblick auf die Tatsache, daß sich die Programme anders als herkömmliche Werke ihrer Zweckbestimmung gemäß nicht an den Menschen, sondern an eine Maschine wenden. Denn das Urheberrecht verlangt vom schutzfähigen Werk nicht eine bestimmte Art der Einwirkung auf die menschlichen Sinne[73]. Im Gegensatz zu dieser ganz herrschenden Lehre nimmt etwa *Troller*[74] eine scharfe Trennung vor zwischen den urheberrechtlich schutzfähigen ästhetischen Werken, die eine den Schönheitssinn unmittelbar ansprechende Vorstellung entstehen lassen, und den Verstandeswerken, die nur insoweit schutzfähig seien, als Elemente der Begründung und Erläuterung sie in den Rang

---

[72] Vgl. zum ganzen den Rgierungsentwurf 1962 zum Urheberrechtsgesetz, BT-Drucks. IV/270, S. 39, und *Ulmer*, a.a.O. Fußn. 47, S. 10 ff.

[73] Vgl. *Ulmer*, a.a.O. Fußn. 47, S. 12 f. Die von *H.* und *O. Axster* (a.a.O. Fußn. 38, S. 611) vertretene Auffassung, daß ein Urheberrechtsschutz für die Endstufen des verkörperten Rechenprogramms, also für die das Programm repräsentierenden Lochkarten, Lochstreifen oder Magnetband daran scheitere, daß diese Informationsträger nicht der Mitteilung der dem Programm zugrunde liegenden Gedanken dienten, ist daher abzulehnen. Denn einmal würde dieses Argument nicht für die niedergeschriebene oder ausgedruckte Programmliste gelten, als deren nackte Vervielfältigung sich aber Lochkarte, Lochstreifen und Magnetband darstellen. Zum anderen erschiene es, worauf *Köhler* (Zum Urheberrechtsschutz für Programme elektronischer Datenverarbeitungsanlagen, BB 1969, 1114) und *Skaupy* (Zur Schutzfähigkeit von elektronischen Rechenprogrammen, BB 1967, 945/46) zu Recht hinweisen, sinnwidrig und widersprüchlich, den Vorstufen des Programms (Datenfluß- und Programmablaufplan) Urheberrechtsschutz zuzubilligen, der eigentlich erstrebten Endstufe aber, dem codierten und abgelochten Programm den Schutz zu versagen. Der Urheberrechtsschutz kann nicht gerade da aufhören, wo Schutzbedürfnis und Verletzungsgefahr besonders groß sind. Zudem würde, auch wenn man der Aufassung von *H.* und *O. Axster* folgen sollte, sich der Urheberrechtsschutz der Vorstufen in irgendeiner Form auf die Endstufen erstrecken, sei es, daß man darin eine Vervielfältigung, sei es, daß man eine Bearbeitung des Programmablaufplans annehmen müßte.

[74] Urheberrecht und Ontologie, UFITA Bd. 50, S. 385, 414 ff. (1967). Ebenso sein Schüler *Sidler*, a.a.O. Fußn. 42, S. 25 ff. Vgl. auch *Heim*, Die statistische Einmaligkeit im Urheberrecht de lege lata und de lege ferenda, Diss. Freiburg/Schweiz 1971, S. 77 ff.

eines ästhetischen Sprachwerkes erheben. Nach seiner Auffassung fallen alle Rechenprogramme nebst ihren Vorstufen als Produkt reiner Verstandestätigkeit und zwingender Logik unter die Verstandeswerke und können, da ihnen die Elemente der Begründung und Erläuterung fehlen, nicht Gegenstand des Urheberrechts sein. Diese Ansicht findet aber im geltenden Recht keine Stütze[75].

2. Die Qualität der Programme als persönlicher geistiger Schöpfungen

Sehr viel schwieriger zu beantworten ist die Frage, ob die Computerprogramme als persönliche geistige Schöpfungen und damit als Werke zu beurteilen sind. Um ein Werk zu sein, muß sich eine Geistesschöpfung zunächst als Ergebnis einer gewissen geistigen Leistung darstellen, die in Form oder Inhalt, in der Offenbarung von Sachkenntnis oder in der Sammlung, Auswahl und Gliederung eines Stoffes Ausdruck finden kann. Mit dem Erfordernis der persönlichen Schöpfung wird gefordert, daß dem Werk eine gewisse Individualität eigen ist, die es von Vorbekanntem und Alltäglichem abhebt und einen gewissen Spielraum für die persönliche Gestaltung durch seinen Urheber erkennen läßt[76]. An beide Erfordernisse dürfen nicht zu hohe Anforderungen gestellt werden. Geschützt sind nicht nur die Werke großer Meister, die den Stempel ihrer Persönlichkeit unverkennbar tragen, sondern auch Schöpfungen, die auf einer relativ geringen geistigen Leistung beruhen, und zwar noch individuelle Züge tragen, ohne jedoch ihren Urheber erkennen zu lassen.

a) Die geistige Leistung

Dem Erfordernis, daß sich ein Programm als Ergebnis einer gewissen geistigen Leistung darstellen muß, wird selbst bei trivialen Programmen ohne weiteres genügt sein. Bereits die Problemanalyse und die Ausarbeitung des grundsätzlichen Lösungsweges verlangen regelmäßig hohe Kenntnisse, Einfallsreichtum und Geschick. Diese geistige Leistung ist dem Programmablaufplan und dem codierten Programm selber stets immanent. Selbst die Codierung eines Ablaufplans setzt neben äußerster Sorgfalt ein hohes Maß an Geschick und Umsicht voraus, um den angestrebten Erfolg optimal zu verwirklichen. Auch besteht regelmäßig noch eine Fülle von Wahlmöglichkeiten, die sich entscheidend auf Rechenzeit, Speicherplatzbelegung und Verständlichkeit des Programms auswirken können.[77]. Dies wird schon dadurch deutlich, daß es nahezu ausgeschlossen ist, auf Anhieb ein fehlerfreies Programm zu erstellen[78].

b) Individualität und Zwangsläufigkeit

Weniger eindeutig zu beantworten ist die Frage, ob im Bereich der Programmierung Individualität möglich ist, d. h. ob ein ausreichender Spielraum für die Entfaltung persönlicher Züge bleibt. Dabei ist zwischen der Problemanalyse, dem Datenflußplan, dem Programmablaufplan und dem endgültigen, codierten Programm zu unterscheiden.

---

[75] So mit Recht *Dittrich*, a.a.O. Fußn. 13, S. 8 f., der sich eingehend mit Trollers Lehre auseinandersetzt. Vgl. auch *Kolle*, GRUR Int. 1969, 548.

[76] Vgl. *Ulmer*, a.a.O. Fußn. 16, S. 109, 119.

[77] Vgl. *Köhler*, a.a.O. Fußn. 13, S. 79. Es ist deshalb unrichtig, wenn *Brutschke* (a.a.O. Fußn. 13, S. 108) meint, das Codieren sei eine „schematische" Tätigkeit.

[78] Vgl. z B. *Wolters*, a.a.O. Fußn. 3, S. 345.

Je komplexer zunächst die Aufgabe ist, die durch Programmierung einer Datenverarbeitungsanlage gelöst werden soll, desto schwieriger und differenzierter sind Problemanalyse, Erstellung des Ablaufplans und schließlich die Codierung des fertigen Programms[79], desto vielfältiger sind auch die möglichen Lösungswege, deren Wahl und Augestaltung von der Art und Zahl der zu erfüllenden Bedingungen ebenso abhängig ist wie vom Endziel. Selbst bei völlig gleicher Aufgabenstellung ist eine Gleichheit des Lösungsweges unwahrscheinlich.

Auch für den Datenflußplan ergeben sich eine Reihe von Wahlfreiheiten sowohl im Hinblick auf die Art und Reihenfolge der einzuhaltenden Schritte als auch auf die zur Anwendung kommende Datenverarbeitungsanlage und ihre Einheiten. Im Programmablaufplan schließlich besteht ein großer und wesentlicher Entscheidungsspielraum, wobei eine Entscheidung in dieser oder jener Richtung zumeist eine Vielzahl von Konsequenzentscheidungen nach sich zieht.

Diese Wahlmöglichkeiten betreffen nun nicht nur Art und Reihenfolge der einzelnen Befehle, die grundsätzliche Programmierungstechnik, sondern ebensosehr die in wechselseitiger Abhängigkeit dazu stehenden Entscheidungen im Hinblick auf Optimierungsziele, die bei jeder Programmierung eine Rolle spielen. Es sind dies kurz gesagt folgende Ziele: möglichst kurze Rechenzeit, geringer Bedarf an Speicherplatz, sowie Klarheit, Übersichtlichkeit und Transparenz des Programms. Diese Optimierungsziele sind aber regelmäßig voneinander abhängig. Das heißt, jedes dieser Ziele ist im allgemeinen nur auf Kosten eines anderen zu erreichen[80]. Immerhin ist es wenigstens theoretisch möglich, ein Programm zu schaffen, das bei gegebener Aufgabenstellung, bei einem bestimmten zur Verfügung stehenden Datenverarbeitungssystem mit bestimmter Ausstattung und bei klar definierten Randbedingungen eine für den speziellen Fall optimale Korrelation dieser Ziele erreicht. Die außerordentliche Vielfalt der oben aufgezeigten Wahlmöglichkeiten und Entscheidungen auf den verschiedensten Ebenen der Programmierung, den Ablaufplänen und der Programmierung selber schließen es jedoch aus, daß die theoretische Optimallösung praktisch je erreicht wird[81]. Dies gilt auch da, wo es nicht um Optimierung von Lösungen geht, sondern – wie bei der erstmaligen Lösung eines Problems – um die Schaffung irgendeines Programms überhaupt, das zu einem brauchbaren Ergebnis führt. Auch hier werden verschiedene Programmierer zu ganz unterschiedlichen Programmen gelangen.

Das bedeutet aber nichts anderes, als daß der aus den inhaltlichen Elementen der Programmierung resultierende Spielraum für die Entfaltung persönlicher Züge der am Programmierungsprozeß beteiligten Urheber bei nur einigermaßen komplexen, nicht ganz einfachen Problemen derart groß ist, daß verschiedene Programmierer selbst bei identischer Aufgabenstellung, ja selbst bei identischem Programmablaufplan als Vorlage für die Codierung weitgehend

---

[79] Vgl. z. B. *Ulmer*, a.a.O. Fußn. 47, S. 16 f.; *Köhler*, a.a.O. Fußn. 13, S. 11 ff. und 23 f.; *H.* und *O. Axster*, a.a.O. Fußn. 38, S. 607.

[80] Vgl. zum ganzen *Köhler*, a.a.O. Fußn. 13, S. 64; *Chapin*: Einführung in die elektronische Datenverarbeitung, 2. Aufl. Wien etc. 1963, S. 282; *Dittrich*, a.a.O. Fußn. 13, S. 12.

[81] Vgl. *H.* und *O. Axster*, a.a.O. Fußn. 38, S. 608; *Brutschke*, a.a.O. Fußn. 13, S. 107.

differierende Programme kreieren werden[82]. Auch in der letzten Stufe der Codierung des endgültigen Programms besteht bei allen größeren Programmen noch eine für die Annahme der Individualität ausreichende Fülle von Wahlmöglichkeiten, auch wenn alle in Betracht kommenden Befehlsarten durch die Befehlsliste der zu verwendenden Sprache begrenzt und vorgeschrieben sind[83].

Letztlich ist aber die Frage, ob das codierte Programm gesondert urheberrechtsschutzfähig ist, von zweitrangiger Bedeutung. Denn die aus Problemanalyse, Lösungsweg, Datenfluß- und Programmablaufplan resultierende Individualität wohnt dem endgültigen Programm stets inne. Vorstufen und endgültiges Programm verhalten sich zueinander wie Drehbuch und Film, um einen Vergleich *Ulmers*[84] zu gebrauchen[85].

Die Computerprogramme beziehen daher ihre Qualität als persönliche geistige Schöpfungen aus den inhaltlichen Elementen der Auswahl, Sammlung, Sichtung, Anordnung und Einteilung des Materials[86]. Die durch die Aufgabenstellung und das Endziel, die zu programmierende Datenverarbeitungsanlage und die verwendete Programmiersprache vorgegebenen Bedingungen bilden lediglich den Rahmen, den der Programmierer durch die konkrete Programmlösung auszufüllen hat und in dem eine Fülle von Wahlmöglichkeiten, von besseren oder schlechteren Lösungswegen existiert, die dennoch alle zum gleichen Ergebnis führen[87]. Von Zwangsläufigkeit kann daher in keiner Phase der Programmierung die Rede sein. Die von *Sidler* vertretene Auffassung[88], daß eine unbegrenzte Zahl von Programmierern bei der Lösung einer bestimmten Aufgabe notwendigerweise zu identischen Programmen gelangen würden, wenn man ihnen nur unbegrenzte Zeit ließe, ist nur für ganz einfache, triviale Programme haltbar.

---

[82] Vgl. *Ulmer*, a.a.O. Fußn. 47, S. 16 f.; *Köhler*, a.a.O. Fußn. 13, S. 76 f.; *Brutschke*, a.a.O. Fußn. 13, S. 104 f.; *Wolters*, a.a.O. Fußn. 3, S. 348.

[83] Vgl. *Köhler*, a.a.O. Fußn. 13, S. 77; *Ulmer*, a.a.O. Fußn. 47, S. 17. A. A. *Brutschke* a.a.O. Fußn. 13, S. 108 und *v. Gamm*, a.a.O. Fußn. 42, S. 99. Gewiß, je höherer Ordnung die verwendete Sprache ist (z. B. ALGOL, FORTRAN, PL 1), desto mehr schrumpft der Spielraum verbleibender Individualität bei der Codierung. Gleichwohl wirkt auch hier die Individualität der Vorstufen des codierten Programms fort.

[84] a.a.O. Fußn. 47, S. 12, 17.

[85] Ebenso *Köhler*, a.a.O. Fußn. 13, S. 76 f.; *Brutschke*, a.a.O. Fußn. 13, S. 108; *v. Gamm*, a.a.O. Fußn. 42, S. 99. Dabei kommt es nicht darauf an, ob das codierte Programm als Bearbeitung (§ 3 URG) oder als sonstige unfreie Benutzung seiner Vorstufen anzusehen ist.

[86] Ähnlich *v. Gamm*, a.a.O. Fußn. 42, S. 98, und *Möhring*, a.a.O. Fußn. 42, S. 276.

[87] Vgl. auch *Zipse*, a.a.O. Fußn. 13, S. 132.

[88] a.a.O. Fußn. 42, S. 32 ff. Nach seiner Auffassung sind daher alle Programme der Individualität nicht fähig. Vgl. dazu *Köhler*, a.a.O. Fußn. 13, S. 1115, und *Kolle*, GRUR Int. 1969, 458. Ähnlich *Kummer*: Das urheberrechtlich schützbare Werk, Bern 1968, S. 201 ff., da es den Programmen an der für die Individualität unabdingbaren Zweckfreiheit gebreche. Daß *Kummer* das „umgangssprachlich formulierte Programm" (S. 203 – gemeint ist damit wohl die Programmbeschreibung bzw. die ausformulierte Problemanalyse) zum Schutz zulassen will, bildet daher nur einen schwachen Trost; vgl. auch oben Fußn. 55. Starke Bedenken gegen den Urheberschutz, nicht nur vom theoretischen Ansatz her, sondern auch unter Praktikabilitäts- und Effektivitätsgesichtspunkten, äußern neuerdings *Schwaiger* und *Kockler*, a.a.O. Fußn. 8, S. 363 ff.

Die Individualität eines Programms ist daher regelmäßig schon dann zu bejahen, wenn es sich um etwas komplexere, nicht ganz banale Programmaufgaben handelt. Mit Rücksicht darauf, daß der Urheberrechtsschutz kein bestimmtes Maß der geistigen Leistung verlangt, ist jedes selbständig geschaffene Programm von einem gewissen Umfang, dessen Untergrenze etwa bei 500 bis 1000 Verarbeitungsschritten angesetzt werden könnte, ohne besonderen Nachweis der Eigentümlichkeit urheberrechtlich geschützt[89]. Die überwältigende Mehrheit der Programmablaufpläne und der codierten Programme genießt daher den Schutz des Urheberrechts.

Freilich, der allgemeine Lösungsweg für eine bestimmte Aufgabe und seine algorithmische Formulierung, die dem Programm zugrundeliegen, werden als solche nicht vom Urheberrechtsschutz erfaßt. Sie sind unter urheberrechtlichem Aspekt als Gemeingut anzusehen und können als Vorlage für eine eigenständige Programmierung frei benutzt werden[90].

II. Patentrecht

Vermag das Patentrecht diese Lücke zu schließen? Von allen Schutzformen, die den Computerprogrammen eine Heimat bieten könnten, wirft das Patentrecht

---

[89] Ebenso *Ulmer*, a.a.O. Fußn. 47, S. 17; *Köhler*, a.a.O. Fußn. 13, S. 65 f. und 76 f.; *H.* und *O. Axster*, a.a.O. Fußn. 38, S. 612; *Möhring*, a.a.O. Fußn. 42, S. 276. Natürlich ist die Quantität nicht das für die Individualität allein entscheidende Merkmal. Sie ist aber ein wesentliches Indiz für die qualitative Wertung, die aus dem Programm selber heraus oft nicht oder nur mit unverhältnismäßigem Analysieraufwand möglich ist. Ein ins einzelne gehender Nachweis von Eigentümlichkeiten und Besonderheiten des Programms im Hinblick auf den grundsätzlichen Lösungsweg oder die Ablaufgestaltung kann nicht verlangt werden und wäre auch bei gut dokumentierten Programmen meist nur dadurch zu erbringen, daß ein Vergleich mit anderen Programmen vorgenommen würde. Da aber auch vergleichbaren Programmen im Regelfall schon keine völlig identische Aufgabenstellung zugrunde liegt, könnten aus einer solchen Gegenüberstellung keine Rückschlüsse auf die Individualität gezogen werden. Überdies wäre ein derartiger Vergleich schon bei weniger ausführlichen Programmen derart zeitraubend und kostspielig, daß das Verlangen, die Individualität durch einen Vergleich mit einem oder gar mehreren ähnlichen Programmen nachzuweisen, unzumutbar erscheint. Auch ist eine solche „Neuheitsprüfung" dem Urheberrecht fremd.

[90] Bei der Anwendung dieser Grundsätze sind jedoch zwei Dinge zu beachten: Einerseits hindert die Feststellung, daß die freizuhaltenden Elemente eines Programms jedermann zur Benutzung offenstehen, nicht, sie zur Bejahung der Individualität des Programms heranzuziehen. Zum anderen folgt aus der Tatsache, daß bestimmte Elemente Gemeingut sind, keineswegs, daß jedermann auch das Programm, in dem diese Elemente enthalten sind, in identischer oder bearbeiteter Form verwerten dürfte. Wer also von vom Urheberrechtsschutz nicht erfaßten Formeln, Methoden, Erkenntnissen, die Gegenstand eines Programms sind, Gebrauch machen will, muß dies in einer Weise tun, die sich nicht als eine Bearbeitung oder sonstige abhängige Benutzung des geschützten Werks (vgl. §§ 3, 23 URG) darstellt. Denn auch wenn der Gedankeninhalt als solcher frei bleibt, unterliegt seine konkrete Formgebung im Werk dem Urheberrechtsschutz (vgl. den Regierungsentwurf, a.a.O. Fußn. 72, S. 3, und insbesondere *Möhring*, a.a.O. Fußn. 42, S. 275). Festzuhalten bleibt schließlich, daß der Gedankeninhalt eines Programms für die Bemessung der in ihm zum Ausdruck kommenden geistig-schöpferischen Leisung von entscheidender Bedeutung sein wird (vgl. hierzu insbesondere BGH vom 25. 11. 1958, GRUR 1959, 251/252 – Einheitsfahrschein).

die schwierigsten Fragen auf. Hier liegt eigentlich nichts offen zutage, ist fast alles in beinahe ideologisch zu nennender Versteinerung kontrovers. Je länger die Diskussion um die Patentierbarkeit der Computerprogramme andauert, desto verwirrender stellt sich die Situation dar, desto mehr Alternativen offenbaren sich. Die Spanne der Meinungen reicht über die uneingeschränkte Anerkennung der Patentfähigkeit aller Erscheinungs- und Präsentationsformen der Software über verschiedene differenzierende Lösungen bis zur generellen Ablehnung des Patentschutzes[91]. Zwischen den Gegnern und den Befürwortern des Patentschutzes hat sich eine kaum mehr überbrückbare Kluft aufgetan[91a].

1. Qualifizierungsversuche

Sehen wir uns doch nur an, was ein Programm im patentrechtlichen Sinne sein oder nicht sein soll:

Folgt man denen, die in den Computerprogrammen einen patentfähigen Gegenstand erblicken, so soll das Computerprogramm u. a. gekennzeichnet sein

1. als Verfahren zum Betrieb einer Datenverarbeitungsanlage, das durch eine Folge von Zustandsänderungen ihrer Komponenten charakterisiert ist[92],
2. als die Kombination Programm-Datenverarbeitungsanlage, wobei das Programm als körperliche Vorrichtung in Form von Lochkarten, Lochstreifen oder Magnetband in Erscheinung tritt[93],
3. als eine in besonderer Art und Weise gestaltete Spezialmaschine, die durch das Programm vorübergehend in einen besonderen Zustand versetzten worden ist[94],
4. als die materielle Verkörperung im Speicher der Maschine[95],

---

[91] Vgl. auch die Übersichten bei *Heim* und *Curchod*, a.a.O. Fußn. 71, S. 110, *Debetencourt*, a.a.O. Fußn. 71, S. 8 ff., Note: Patentable Subject Matter Under National and Multinational Systems, 2 Law & Pol. Int'l Bus. 479, 492 ff. (1970), *Feige*: Auffassungen zum Rechtsschutz von Computerprogrammen in kapitalistischen Ländern, neuerer B 1969, 282 ff., *Beier*: Zukunftsprobleme des Patentrechts, GRUR 1972, 214, 218 f., *Lindgard*: Om den patentretlige beskyttelse af datamaskineprogrammer i Skandinavien, TfR 1972, 257, 279 ff., und *Soltysinski*: Computer Programs and Patent Laws: A Comparative Study, 3 Rutgers J. Computers & L., No. 1, S. 1, 4 ff. (1973). Aus sozialistischer Sicht *Brandt*, a.a.O. Fußn. 8, S. 119 ff.

[91a] Die Referate auf der jüngst von der ungarischen Landesgruppe der AIPPI veranstalteten Konferenz haben dies deutlicher denn je gemacht; vgl. Some Topical Questions Concerning Protection of Industrial Property. Referate der AIPPI-MIE Konferenz, Budapest 1973, S. 56 ff.

[92] Richtlinien des US-Patentamts für die Patentprüfung von Rechenprogrammen, GRUR Int. 1967, 24/25; *Jacobs*: Patent Protection of Computer Programs, 47 JPOS 6, 9 (1965). Vgl. auch *Skaupy*, a.a.O. Fußn. 20, S. 129. Sehr instruktiv zu allen Qualifizierungsvorschlägen *Seipel*, a.a.O. Fußn. 70, S. 133 ff. (163 f.).

[93] Richtlinien, a.a.O. Fußn. 92, S. 25/26; Slee and Harris' Application, (1966) R.P.C. 194 (Comptroller General 1965) = GRUR Int. 1967, 276, 278 – Linear Programming.

[94] Slee and Harris' Application, ibid. Ähnlich Waldbaum's Application, 5 C.P.R. 2nd 162 (Commissioner of Patents 1971) = GRUR Int. 1972, 160 mit Anm. von *Kolle* – Bitzählung, und In re *Bernhart*, 163 USPQ 611 (CCPA 1969) = GRUR Int. 1970, 52, 54 – Zeichengerät. Vgl. auch *Huber*: Patentschutz für Datenverarbeitungsanlagen, Mitt. 1970, 121, 125.

[95] *Jacobs*, a.a.O. Fußn. 92, S. 11; In re *Bernhart*, ibid.

5. als Arbeitsmittel zur Steuerung eines Computers in Form von Lochkarten, Lochstreifen, Magnetbändern etc.[96],
6. als ein Schaltverfahren[97],
7. oder schließlich als das zugrundeliegende algorithmische Verfahren oder Prinzip selber[98].

Folgt man denen, die die Patentfähigkeit verneinen, so soll das Computerprogramm u. a. sein:

1. eine auf rein geistiger Arbeit beruhende Zusammenstellung bekannter Teilprogramme[99],
2. eine ausschließlich dem Gebiet des Geistes angehörende Lehre[100],
3. die bloße Umsetzung einer Rechenvorschrift[101],
4. ein nicht-technisches Verfahren[102],
5. ein auf Erzeugung von Information gerichtetes Verfahren[103],
6. eine nicht-technische Betriebsanweisung[104], u. ä. m.

Zwischen diesen Auffassungen gibt es noch eine Vielzahl abgestufter und auf andere rechtliche Erwägungen gestützter Meinungen, wie etwa die, daß ein aufgrund neuer Programmierung beanspruchter Universalrechner der Neuheit entbehre[105].

---

[96] Slee and Harris' Application, a.a.O. Fußn. 93; Gevers' Application, (1970) R.P.C. 91 (P.A.T. 1969) = GRUR Int. 1970, 322, 323 f. – Compu-Mark; *Banzhaf III*, a.a.O. Fußn. 22, S. 11.

[97] *Zipse*, a.a.O. Fußn. 13, S. 130 ff.; *Hamlin*: Computer Programs are Patentable, 7 Communications of the ACM 581/82 (1964).

[98] *Huber*: Zur patentrechtlichen Wertung der Programme für Datenverarbeitungsanlagen, GRUR 1969, 642/43, der im Algorithmus zugleich eine Bauanweisung für eine Maschine sieht; *ders.*, a.a.O. Fußn. 94, S. 124 f.; *Burke*, a.a.O. Fußn. 20, S. 715; *Pascal*, a.a.O. Fußn. 36, S. 89. Vgl. auch *Falk*: Mental Steps and the Patent Law – A Rumination, 8 Pat. L. Ann. 203, 217 (1970) und Comment: Mathematics, Computers, and In re Prater: The Medium and the Message, 58 Georgetown L. J. 391, 401 ff. (1969).

[99] Amt für Erfindungs- und Patentwesen, Beschwerdespruchstelle II b, vom 19. 5. 1972, Bek. A.f.E. 1972, 770 = GRUR 1973, 358 – Werkzeugmaschinen-Programm.

[100] Österreichisches Patentamt, Nichtigkeitsabteilung, vom 28. 3. 1968, GRUR Int. 1968, 381/82 – Lineare Programmierungseinrichtung III.

[101] Eidgenössisches Amt für geistiges Eigentum vom 3. 9. 1968, GRUR Int. 1969, 142 – Bewehrungs-Rechenprogramm; Österreichisches Patentamt, Beschwerdeabteilung, vom 29. 10. 1970, GRUR Int. 1971, 337/38 – Algorithmus.

[102] Octrooiraad, Afdeling van Beroep, vom 21. 11. 1969 und 16. 12. 1970, B.I.E. 1971, 54, 56, 59 = GRUR Int. 1971, 335, 336 f. – Telefonverbindungssystem. Eingehend dazu *Verkade*, a.a.O. Fußn. 32, S. 18 ff.

[103] Slee and Harris' Application, a.a.O. Fußn. 93, S. 277 f.

[104] *H. Tetzner*: Das materielle Patentrecht der Bundesrepublik Deutschland, Darmstadt 1972, § 1 PatG, Rdz. 79; *Mischewski*: Bemerkungen zur Frage der Patentfähigkeit von Rechenprogrammen, neuerer B 1968, 118/119, 137.

[105] So mit Recht Octrooiraad, Afdeling van Beroep, a.a.O. Fußn. 102; The British Petroleum Co., Ltd.'s Applications 38 Austral. Off. J. Pat. 1020 (Commissioner of Patents 1968) = GRUR Int. 1968, 378, 379 f. – Polyplex-Programing II, und neuerdings Mobil Oil Corp.'s Application, 43 Austral. Off J. Pat. 1282, 1285 (Commissioner of Patents 1973). Die Diskussion einer so diffizilen Rechtsfrage wie die der Patentfähigkeit von

2. Übersicht über die verschiedenen Lösungen

Ich muß mich darauf beschränken, die derzeitige Rechtslage anhand der vorliegenden Gesetzgebung und Rechtsprechung zu schildern, die in ihrer Gegensätzlichkeit die Skalen der im Schrifttum vertretenen Rechtsauffassungen ziemlich getreu widerspiegeln.

Im Laufe der Zeit haben sich im Prinzip zwei Blöcke herausgebildet. Der angloamerikanische Rechtskreis, in dem mit Ausnahme Australiens die Computerprogramme in sehr weitgehendem Umfang zum Patentschutz zugelassen werden, einerseits, und der kontinental-europäische Rechtskreis, in dem mit Ausnahme der Bundesrepublik die Patentierbarkeit der Computerprogramme generell verneint wird, andererseits[106].

a) Kontinental-europäische Länder

1.1 Gesetzgebung

Zunächst zu den Ländern des kontinental-europäischen Rechtskreises. Hier hat Frankreich im neuen Patentgesetz von 1968 als erstes Land die Programme für Datenverarbeitungsanlagen ausdrücklich vom Patentschutz ausgenommen[107]. Die Motivation für diese gesetzliche Regelung dürfte die gewesen sein, daß man einmal befürchtete, der Patentschutz behindere die wirtschaftliche und technische Entwicklung in diesem Bereich und führe zu großen administrativen Schwierigkeiten, daß man zum anderen die Programme als auch bisher schon nicht schutzfähige bloß abstrakte Systeme betrachtete[108]. Die Cour de Paris hat in der ersten Entscheidung zu dieser Vorschrift des PatG von 1968 eine bedenklich extensive Auslegung vorgenommen und *alle* Programme als vom Patentschutz ausgeschlossen erachtet, ohne Rücksicht darauf, ob mit ihnen ein technisches Ergebnis erreicht werde oder nicht[109].

Neuerdings hat sich auch Polen im Patentgesetz von 1972 für einen ausdrück-

---

Computerprogrammen bringt manch schöne Blüte hervor, so etwa den Vorschlag, die Programme zwar zum Patentschutz zuzulassen, aber im Patentgesetz vorzusehen, daß die Benutzung eines Programms zur Erzeugung eines zahlenmäßigen, statistischen oder sonst informationellen Ergebnisses keine Patentverletzung darstelle; vgl. den Banks-Report (The British Patent System. Report of the Committee to Examine the Patent System and Patent Law) London 1970, No. 480 (S. 143); vgl. auch *Falk*, a.a.O. Fußn. 98, S. 212. Ähnlich kurios mutet es an, Programme als solche nicht als patentfähig anzusehen, wohl aber (nahezu) alle anderen Darstellungsformen für eben diese Programme zum Patentschutz zuzulassen, wie dies in Waldbaum's Application, a.a.O. Fußn. 94, geschehen ist; vgl. dazu *Kolle*, GRUR Int. 1972, 163 f.

[106] Vgl. auch *Beier*, a.a.O. Fußn. 91.

[107] Art. 7 (2) no. 3: „Ne constituent pas, en particulier, des inventions industrielles: ... les programmes ou séries d'instructions pur le déroulement des opérations d'une machine calculatrice", J. O. 1968, 13 = GRUR Int. 1968, 195.

[108] Vgl. dazu insbesondere *Devant/Plasseraud/Gutmann/Jacquelin/Lemoine*, a.a.O. Fußn. 61, No. 71 ff. (S. 86 ff.), und *J. Schmidt*, L'invention protegée après la loi du 2 janvier 1968, Paris 1972, No. 64 ff. (S. 55 ff.).

[109] Cour de Paris vom 22. 5. 1973, PIBD 1973 III 197, 200 f.: „... le legislateur a clairement manifesté sa volonté en décidant que tous les programmes, sans distinguer s'ils permettaient ou ne permettaient pas d'obentir des résultats industriels, ne constituaient pas des inventions industrielles."

lichen Ausschluß der Computerprogramme vom Patentschutz entschieden, wobei in einer interessanten Variante dem Wortlaut nach nur Programme für Digitalrechner betroffen sind[110].

Schließlich ist in Art. 52 (2) lit. c. i. V. mit Art. 52 (3) des Europäischen Patentübereinkommens vom 5. Oktober 1973 normiert, daß Programme für Datenverarbeitungsanlagen *als solche* nicht als patentfähige Erfindungen angesehen werden[111]. Der Grund, warum die Regierungskonferenz trotz massiver Gegenvorstellungen und nahezu einmütiger Ablehnung des nackten Ausschlusses diesen Weg gewählt hat, ist sicher darin zu suchen, daß man angesichts der großen Unsicherheit in der Qualifikation der Computerprogramme das europäische Amt bei Durchführung des komplizierten Vertragswerks nicht auch noch mit dieser Problematik belasten wollte[112]. Vor kurzem hat *Zipse* in temperamentvoller Weise die Verfasser des Entwurfs nicht nur insoweit eines Rückschritts in das vorige Jahrhundert gescholten[113]. In der Tat erscheint diese Lösung, die sich die Diplomatische Konferenz von München zu eigen gemacht hat, nicht die glücklichste zu sein. Sie verhindert nicht nur eine u. U. gebotene differenzierte Beurteilung, sondern erreicht möglicherweise nicht einmal den mit ihr bezweckten Entlastungseffekt. Denn die Spruchkörper des Amtes werden trotz der Beschränkung auf Computerprogramme „als solche" immer wieder zu prüfen haben, ob diese oder jene Anmeldung nicht im Kleid einer patentfähigen Erfindung tatsächlich ein Programm zum Gegenstand hat. Darüberhinaus obliegt ihnen die schwierige Aufgabe, die Grenzen der Ausschlußbestimmung festzulegen, damit nicht schutzfähige Erfindungen durch diese Regelung zu Fall kommen[114].

1.2 Rechtsprechung

In Österreich[115], der Schweiz[116], der DDR[117] und in den Niederlanden[118] haben die Patentbehörden bzw. die Gerichte Computerprogramme generell nicht als patentfähig erachtet, in welcher Form auch immer für sie Schutz beansprucht

---

[110] Gesetz vom 19. 10. 1972 über das Erfindungswesen, Dz. U. 1972, 413, Art. 2 Nr. 5: „programôw dla maszyn cyfrowych".

[111] Übereinkommen über die Erteilung Europäischer Patente vom 5. 10. 1973, München 1973 (Wila-Verlag) (früher Art. 50 [2] c EPÜ).

[112] Ausführlich dazu *Kolle*: Die patentfähige Erfindung im Europäischen Patenterteilungsübereinkommen, in: Gewerblicher Rechtsschutz – Urheberrecht – Wirtschaftsrecht. Mitarbeiterfestschrift für Eugen Ulmer, Köln etc. 1973, S. 207 ff.

[113] Wird das zukünftige europäische Patenterteilungsverfahren den modernen, zukunftsintensiven Technologien gerecht?, GRUR Int. 1973, 182, 183, 185 f., 190.

[114] Entscheidend wird sein, ob das Europäische Amt einer gebotenen restriktiven Auslegung des Negativkatalogs des Art. 52 (2) EPÜ oder wie die Cour de Paris dem Alles-oder-Nichts-Prinzip folgt; vgl. dazu *Kolle*, a.a.O. Fußn. 112.

[115] Österreichisches Patentamt, a.a.O. Fußn. 100 und 101, sowie Beschwerdeabteilung vom 12. 12. 1967, GRUR Int. 1968, 211 – Zinszahlen-Rechenprogramm.

[116] Eidgenössisches Amt für geistiges Eigentum, a.a.O. Fußn. 101, und Schweizerisches BG vom 12. 12. 1972, BGE 98 I b 396.

[117] Amt für Erfindungs- und Patentwesen, a.a.O. Fußn. 99. Eingehend zur Rechtslage in der DDR *Brandt*, a.a.O. Fußn. 8, S. 58 ff.

[118] Octrooiraad, a.a.O. Fußn. 102.

wurde. Dies gilt nicht nur für die Computerprogramme im engeren Sinne, sondern gerade auch für Algorithmen und nicht auf technischem Gebiet liegende Verfahren, die mittels Programmierung eines Computers ausgeführt werden sollen. Der niederländische Octrooiraad hat sogar ein Verfahren zur Herstellung von Telefonverbindungen zurückgewiesen[119], das allein durch die Arbeitsweise eines entsprechend programmierten Computers beschrieben war.

Begründet wird die mangelnde Patentfähigkeit damit, daß die Erstellung eines Programms bzw. die entsprechende Aufbereitung oder Umsetzung einer Rechenvorschrift durch Programmierung eine rein geistige Leistung darstelle, die vor der Benutzung des Computers zu erbringen sei und daher keine technische Lehre beinhalte. Ansprüche auf einen in bestimmter Weise programmierten Computer und Lochkarten u. ä. m. wurden mangels Neuheit zurückgewiesen. Darüberhinaus wird der Umsetzung einer Rechenregel in ein Programm Erfindungshöhe abgesprochen, da dies zu den Routineaufgaben eines Programmierers gehöre[120]. Summa summarum beruht diese Praxis auf den drei Säulen: fehlender technischer Charakter, mangelnde Neuheit und Erfindungshöhe.

b) Anglo-amerikanische Länder

1.1 USA

Völlig anders die Beurteilung der Patentfähigkeit von Computerprogrammen, Algorithmen und programmierbaren Verfahren im anglo-amerikanischen Rechtskreis.

Als führende Industrienation gerade auch auf dem Gebiet der Datenverarbeitung verdienen die Vereinigten Staaten dabei besondere Beachtung. Nach einer anfänglich differenzierenden Beurteilung der Materie durch das US-Patentamt[121] empfahl eine vom Präsidenten der Vereinigten Staaten eingesetzte Reformkommission, die Programme vom Patentschutz auszuschließen[122]. Ein entsprechender Entwurf wurde auch eingebracht, später aber wieder fallengelassen[123]. Schließlich begann das maßgebende Beschwerdegericht in Patenterteilungssachen, der Court of Customs and Patent Appeals, mit dem landmark case In re

---

[119] Das ist nicht unbedenklich mit Rücksicht darauf, daß es sich hier im Kern wohl um eine technische (Verfahrens-)Lehre gehandelt hat, Verfahrenserfindungen aber von den Mitteln zu ihrer Ausführung unabhängig sind, also auch mit Hilfe eines entsprechend programmierten Computers ausgeführt werden können; vgl. unten E II 3 b (1.1).

[120] So insbesondere die österreichische Spruchpraxis, a.a.O. Fußn. 100 und 101. Eine solche Generalisierung ist sicher falsch.

[121] Attempts to Obtain Computer Program Patents, 141 USPQ No. 6, S. III (1964) = GRUR Int. 1964, 635; Guidelines to Examination of Programs vom 6. 7. 1966, 829 O.G. 441 = GRUR Int. 1967, 24; Guidelines to Examination of Applications for Patents on Computer Programs vom 22. 10. 1968, 885 O.G. 829 = GRUR Int. 1969, 140. Diese Richtlinien wurden 1969 zurückgezogen, vgl. 870 O.G. 355.

[122] To Promote the Progress of ... Uuseful Arts. In an Age of Exploding Technology, Washington D.C. 1966 = GRUR Int. 1967, 37, 41 f. Vgl. hierzu vor allem Note: Computer Programs and Proposed Revisions ..., a.a.O. Fußn. 22.

[123] Sec. 106 Patent Reform Act of 1967, 49 JPOS 149, 170 f. (1967) nebst amtlicher Begründung. Die Zurückziehung erfolgte, um durch Tatsachenerforschung eine gründlichere Vorklärung zu ermöglichen, vgl. 159 USPQ No. 4, S. II (1968).

Prater[124] den gesamten Komplex einer völligen Neubewertung zu unterziehen. Am Ende dieser Entwicklung hatte der CCPA die Computerprogramme und programmierbaren Verfahren in das Patentrecht integriert.

Fassen wir die Ergebnisse seiner Rechtsprechung zusammen, so ergab sich vor der Benson-Entscheidung des Supreme Court folgender Stand der Dinge: Patentfähig sind alle Verfahren, die mit Hilfe einer geeigneten Vorrichtung ohne menschlichen Eingriff vollautomatisch ausgeführt werden können[125]. Eine Offenbarung dieser Vorrichtung in der Anmeldung ist nicht erforderlich[126]. Auch bei zweifelhaften Verfahrensschritten, die durch den Menschen mittels geistiger Tätigkeit ausgeführt werden können, ist die Patentfähigkeit zu bejahen, wenn eine vernünfige Auslegung des Anspruchswortlauts ergibt, daß diese Verfahrensschritte für den Fachmann eine auf technische Einrichtungen oder Vorgänge bezogene Bedeutung haben[127]. Verfahren sind allenfalls dann nicht patentfähig, wenn zu ihrer Ausführung die Ausübung menschlichen Ermessens oder echte Entscheidungstätigkeit erforderlich ist[128]. Nach dieser Rechtsprechung sind alle Vorgänge, die durch Programmierung eines Universalrechners ausgeführt werden können, dem Patentschutz zugänglich.

---

[124] In re Prater, 159 USPQ 583 (1968 – 1. Sachentscheidung), 160 USPQ 230 (1969 – Rehearing-Entscheidung) und 162 USPQ 541 (1969 – 2. Sachentscheidung) = GRUR Int. 1969, 395 – Spektralanalyse. Vgl. zu diesen Entscheidungen insbesondere: *Richards*: Recent Developments – Patents, 8 Pat. L. Ann. 121 ff. (1970); *Falk*, a.a.O. Fußn. 98; *Buckman*, a.a.O. Fußn. 66; *Sutton*: „The Mental Steps" Doctrine: A Critical Analysis in the Light of Prater and Wei, 13 IDEA 458 ff. (1969); *Brothers* and *Grimaldi*, a.a.O. Fußn. 4; *Woodcock*: The Implications of the Prater and Wei Decisions, in: The Law of Software 1969 (a.a.O. Fußn. 10), S. D-1 ff.; *Iandiorio*: Which Wei Did They Go?, 53 JPOS 712 ff. (1971); Comment: Mathematics, Computers, and In re Prater ..., a.a.O. Fußn. 98. Kritisch *Seipel*: Patentskydd för datorprogram – Nagra Kommentarer till rättsbieden i USA, NIR 1969, 345 ff.; und *Soltynski*, a.a.O. Fußn. 91, S. 44 ff.

[125] In re Prater, 162 USPQ 548 f. = GRUR Int. 1969, 398.

[126] In re Musgrave, 167 USPQ 280, 289 f. (1970) = GRUR Int. 1971, 447, 448 – Seismogramm. Vgl. hierzu *Dunner/Gambrell/Kayton*: Patent Law Perspectives. Current Service, New York 1970 ff., Vol. 1, § A. 2. H. *Tetzner*, a.a.O. Fußn. 104, § 1 PatG Rdz. 75 a. E. hält wohl zu Recht Musgrave's Erfindung aufgrund der besonderen Anordnung der Detektoren für patentfähig, da die (geistige) „Auswertungsanweisung" für die Seismogramme notwendige Voraussetzung für die Benutzung der Erfindung sei, daher den technischen Charakter der Vorschrift für die Detektorenanordnung unberührt lasse.

[127] In re Mahony, 164 USPQ 572 (1969); In re Benson, 169 USPQ 548, 552 (1971) = GRUR Int. 1972, 128, 129 mit Anm. von *Kolle* – BCD-Umwandlung; In re Foster, 169 USPQ 99, 101 f. (1971).

[128] In re Musgrave, 167 USPQ 290 = GRUR Int. 1971, 448 f.; In re Benson, 169 USPQ 552 f. = GRUR Int. 1971, 129. Während Musgrave insoweit auf die mangelnde Bestimmtheit der Ansprüche abstellt (Sec. 112 PatG), verneint Benson die Schutzfähigkeit derartiger Ansprüche schlechthin. *McClaskey*: The Mental Steps Doctrine: Its Origin, Legal Basis, and Scope, 55 Iowa L. Rev. 1148 ff. (1970), kommt überhaupt zu dem Ergebnis, daß die „mental steps"-Doktrin nie den Rang eines gesicherten Rechtsgrundsatzes erlangt habe, da die einschlägigen Entscheidungen durch die Rechtsprechung des Supreme Court und die Patentgesetze nicht gedeckt seien und eine einleuchtende Begründung für den Ausschluß derartiger Erfindungen vom Patentschutz nicht ersichtlich sei. Im gleichen Sinne für das deutsche Recht *Wertenson*: Patentschutz für nichttechnische Erfindungen, GRUR 1972, 59 ff.

Computerprogramme sind demnach als Verfahren zum Betrieb einer Maschine und als neue Verwendung des Computers oder seiner Teile patentfähig[129]. Für die Offenbarung genügt es, daß ein durchschnittlicher Programmierer die Erfindung nach den Angaben der Anmeldung in ein Programm umzusetzen vermag[130]. Programmierte Computer unterscheiden sich von eben diesem Computer ohne Programm und sind daher als neue Vorrichtungen patentierbar. Das erfindungsbegründende Merkmal kann sich allein aus dem der Programmierung zugrundeliegenden mathematischen Lösungsweg ergeben[131].

Nun hat der Supreme Court in der Benson-Entscheidung vom November 1972[132] die vorangegangene Entscheidung des CCPA wieder aufgehoben. Die Begründung des Urteils ist freilich ganz auf den besonderen Sachverhalt des entschiedenen Falles zugeschnitten. Danach ist ein Verfahren zur Verarbeitung von Daten mittels Programmierung eines Universalcomputers dann nicht patentfähig, wenn die Patentierung des Verfahrens wegen seiner abstrakten und umfassenden Formulierung auf den Schutz der zugrundeliegenden mathematischen Formel gegen eine Benutzung in beliebiger Form und zu beliebigen Zwecken hinauslaufen würde. Die Begründung stützt sich im Ergebnis nicht auf fehlende generelle Patentfähigkeit, sondern darauf, daß der Schutzumfang des Anmeldungsgegenstandes die dem Patent innewohnenden Grenzen überschreiten werde, letztlich also auf ein Übermaßverbot. Obwohl das beanspruchte Verfahren zur Umwandlung von Zahlen ein allgemein definiertes Computerprogramm im eigentlichen Sinne betrifft, hat der Supreme Court es aber abgelehnt, schlechthin über die Patentierbarkeit von Computerprogrammen zu entscheiden[133], und hat den Gesetzgeber aufgefordert, dies zu tun.

---

[129] In re Benson, 169 USPQ 553 = GRUR Int. 1972, 129; In re Waldbaum, 173 USPQ 430, 434 (1972) = GRUR Int. 1972, 251 – Bitzählung II.

[130] In re Naquin, 158 USPQ 317 (1968); vgl. hierzu *Popper* und *Kayton*: Adequacy and Nature of Disclosure in Software Applications – Current Case Law, in: Software Protection by Trade Secret, Contract, Patent (a.a.O. Fußn. 24), S. 132, 139 f. Vgl. neuerdings In re Doyle, 179 USPQ 227, 232 f. (CCPA 1973), und auch *In re Brandstadter*, 179 USPQ 286, 294 f. (CCPA 1973).

[131] In re Bernhart, 163 USPQ 616, 617 f. = GRUR Int. 1970, 54 f. Bestätigt in In re Knowl ton, 178 USPQ 486, 493 f. (1973). Zur gesamten aufgeführten Spruchpraxis des CCPA vgl. die ausgezeichneten Analysen bei *Dunner/Gambrell/Kayton*, a.a.O. Fußn. 126, sowie Vol. 3, § A. 2 (1968–1969 Annual Review). Vgl. auch *Iandiorio*, a.a.O. Fußn. 124, *Lindgard*, a.a.O. Fußn. 91, S. 285 ff., und *Soltysinski*, a.a.O. Fußn. 91, S. 44 ff.

[132] Gottschalk v. Benson, 409 U.S. 63 = 175 USPQ 673 = GRUR Int. 1973, 75 – BCD-Umwandlung II. Vgl. zu dieser Entscheidung die Stellungnahmen von *Bigelow*, *Jacobs*, *Duggan* und *Freed*, in: 13 Jurimetrics J. 129 ff. (1973), von *Galbi* und *Milgrim*, 13 Jurimetrics J. 235 ff. (1973), sowie Analysis: Are Computer Programs Ever Patentable? Did the Patent Office Win?, PTCY No. 124, C-1 ff. (1973). Eingehend zu Gottschalk v. Benson *Landgard*: Patentrecht und Computerprogramme, in Gewerblicher Rechtsschutz – Urheberrecht – Wirtschaftsrecht. Mitarbeiterfestschrift für Eugen Ulmer, Köln etc. 1973, S. 147 ff.; *Seipel*, a.a.O. Fußn. 70; *Soltynski*, a.a.O. Fußn. 91, S. 26 ff.; *Kurtz*: After Benson and Tabbot, 1973 Pat. L. Ann. 219 ff.

[133] Die im Urteil getroffene Feststellung, daß Verfahren geistiger Betätigung (mental processes) und abstrakte gedankliche Konzepte als grundlegendes Instrumentarium wissenschaftlicher und technischer Arbeit nicht schutzfähig seien (GRUR Int. 1973, 76), hat daher lediglich den Rang eines obiter dictum.

Ich kann hier nicht im einzelnen auf die Tragweite der Entscheidung eingehen. Die vom CCPA entwickelten Rechtsgrundsätze werden aber durch sie nahezu unberührt gelassen. Was bleibt, ist die psychologische Auswirkung des Urteils. Das US-Patentamt hat bereits verlauten lassen, es werde die Entscheidung extensiv anwenden, d. h. im Zweifelsfalle zu ungunsten des Anmelders entscheiden[134]. Auch der CCPA scheint sich streng an Gottschalk v. Benson orientieren zu wollen. In seiner ersten nach diesem Urteil ergangenen Entscheidung hat er festgestellt, daß ein Verfahren, dessen neuheitsbegründendes Merkmal in einer mathematischen Gleichung besteht, nicht patentfähig sei[135]. Auch aus internationaler Sicht sollte die Bedeutung des Urteils nicht unterschätzt werden.

1.2 Großbritannien, Kanada, Australien

So ist es denkbar, daß die bisher überaus patentfreundliche Praxis in Großbritannien und Kanada auf die Linie des Supreme Court einschwenkt. Denn bislang gewähren diese Länder den Computerprogrammen und programmierbaren Verfahren Patentschutz. Auch dort hält man Computerprogramme als Verfahren zur Steuerung des Betriebs eines Computers oder als neue Verwendung eines Computers für patentfähig[136]. Auch dort sind Ansprüche auf einen in bestimmter Weise programmierten Universalrechner zugelassen worden, ja sogar Ansprüche auf die Lochkarten oder Lochstreifen, die das codierte Programm repräsentieren[137]. Nach kanadischer Auffassung soll lediglich das Computerprogramm als solches nicht patentfähig sein[138]. Allein Australien liegt auf Linie der kontinental-europäischen Rechtsprechung[139].

c) Bundesrepublik Deutschland

Zu ganz ähnlichen Ergebnissen wie in der Mehrheit der common law-Staaten kommt schließlich die Rechtsprechung des Bundespatentgerichts, dessen 17. Senat in mehreren bisher nicht veröffentlichten Entscheidungen Computerprogramme bzw. programmierte Verfahren als patentfähig angesehen hat[140]. So

---

[134] Patent Office Sets Tentative Policy on Computer Programs, PTCJ No. 106, A-8 (1972).

[135] In re Christensen, 178 USPQ 35, 37 f. (1973): "In reaching our conclusion in the light of Benson, we find it unnecessary to discuss he correctness or the rationale of any of our prior decisions ... Each new appeal must be decided on its own facts and in view of interpretations of the patent law as handed down by the Supreme Court of the United States." Bereits In re Knowlton, a.a.O. Fußn. 131, wird Gottschalk v. Benson aber nicht mehr herangezogen.

[136] Badger Co. Inc.'s Application, (1970) R.P.C. 36 (P.A.T. 1968) = GRUR Int. 1970, 320/21 – Schaubild; Burroughs' Application, noch nicht veröffentlicht (P.A.T. 1973); Waldbaum's Application, a.a.O. Fußn. 94. Vgl. zu dieser Entscheidung *Kirby* und *Curphey*: Drift Away from the „Vendible Product" Doctrine in Canada, Ind. Prop. 1972, 313 f. Vgl. demgegenüber den Vorschlag des Banks-Report, a.a.O. Fußn. 105, No. 481 ff. (S. 143 f.).

[137] Slee and Harris' Application, a.a.O. Fußn. 93; Gevers' Application, a.a.O. Fußn. 96; Waldbaum's Application, a.a.O. Fußn. 94.

[138] Waldbaum's Application, a.a.O. Fußn. 94. Vgl. auch oben Fußn. 105.

[139] Vgl. die in Fußn. 105 angeführten Entscheidungen des Commissioner of Patents.

[140] Beschlüsse vom 20. 6. 1969, Az.: 17 W (pat) 9/65, und vom 14. 5. 1970, Az.: 17 W (pat) 6/68. Diese Entscheidungen liegen ganz auf der Linie der Auffassung von *Huber*, a.a.O. Fußn. 94 und 98; vgl. auch *Huber*: Patentrechtliche Probleme auf dem Gebiet der elektronischen Datenverarbeitung, Mitt. 1965, 21 ff.

hat der Senat etwa ein Verfahren zur automatischen Umrechnung einer Werteinheit in eine andere mittels Programmierung einer Datenverarbeitungsanlage als technische Lehre beurteilt, da sie den Einsatz von Teilen einer programmgesteuerten Maschine betreffe. Diese Teile seien technische Mittel, ihr Einsatz diene daher einem technischen Zweck, nämlich der automatischen Lösung der gestellten Aufgabe. Diese Lehre könne entweder durch den Aufbau eines Spezialrechners oder durch programmierten Betrieb eines Universalcomputers realisiert werden. Beides seien gleichwertige technische Ausführungsformen der angegebenen Lehre[141]. Die Argumentationskette ist eindeutig: Die Computer gehören als Maschinen unzweifelhaft zum Gebiet der Technik; ergo gilt dies auch für die Programme, mit denen eben diese Computer betrieben werden. Leitend ist der Gedanke, daß der programmierte Ablauf eines Verfahrens der Mitwirkung des Menschen nicht mehr bedarf. Erst vor kurzem hat der Senat diese Grundsätze bestätigt und die Bekanntmachung der deutschen Benson-Anmeldung angeordnet[142]. Die Rechtsprechung des 17. Senats des Bundespatentgerichts steht damit im Gegensatz zur nahezu einmütigen Auffassung des Schrifttums[143].

---

[141] Im Kern beruht dise Argumentationsweise auf der Übertragung der zum Schutzumfang gehörenden Äquivalenzlehre in die Prüfung auf absolute Patentfähigkeit. Unter allen Begründungen, die für die Patentierbarkeit der Computerprogramme gegeben werden, ist das Argument, die Programmierung eines Universalcomputers sei einem Spezialrechner bzw. einer speziellen Schaltung äquivalent, eines der häufigsten; vgl. z. B. *Zipse*, a.a.O. Fußn. 13, S. 132; *ders.*: Erfindungs- und Patentwesen auf den Gebieten moderner Technologien, Weinheim 1971, S. 83; *Falk* und *Popper*, a.a.O. Fußn. 19, S. 112, 115; *Jacobs*, a.a.O. Fußn. 92, S. 10, 12; *Vanderperre*, a.a.O. Fußn. 20, S. 206. Die pauschale Übernahme der zum patentrechtlichen Schutzumfang entwickelten Äquivalenzlehre in die Prüfung auf Schutzfähigkeit ist höchst bedenklich und hat fatale Konsequenzen. Prüft man nämlich die Programme anhand der Voraussetzungen der Äquivalenz auf ihre Gleichwertigkeit mit schaltungstechnischen Maßnahmen, so mag man noch die generelle Gleichwirkung beider Lösungen bejahen, die funktionelle Gleichwirkung und die Gleichwertigkeit der Mittel kann kaum mehr angenommen werden, geschweige denn, daß der Fachmann aufgrund seines Fachwissens und -könnens stets ohne weiteres in der Lage wäre, aus der Offenbarung eines Programms einen Spezialrechner zu schaffen oder umgekehrt; richtig insofern *Galbi*, a.a.O. Fußn. 18, S. 167, und *Graham*, a.a.O. Fußn. 25, S. 478. Vorsichtig mit Recht Octrooiraad, a.a.O. Fußn. 102 und *Thurman*, a.a.O. Fußn. 4, S. 210. Aus der Tatsache, daß die Grenzen zwischen Hardware und Software fließend sind (vgl. *Seipel*, a.a.O. Fußn. 124, S. 351), dürfen keine vorschnellen Schlüsse gezogen werden. Die Annahme einer generellen Äquivalenz hätte im übrigen zur Folge, daß jede Spezialschaltung mangels Erfindungshöhe vom Patentschutz ausgeschlossen wäre, wenn ein Universalrechner entsprechend programmiert werden könnte. Dies ist aber regelmäßig der Fall; vgl. insofern Ex parte King, 146 USPQ 590 (P. O. Bd. App. 1965) = GRUR Int. 1967, 216 – Polish Notation.

[142] Beschluß vom 28. 5. 1973, Mitt. 1973, 171. Es ist fast beschämend, wenn es in den Gründen heißt: „Der Senat sieht sich jedoch weder in der Lage, noch besteht hierzu eine Veranlassung, zur Frage der Patentfähigkeit von Rechnerprogrammen grundsätzlich Stellung zu nehmen oder sich auch nur mit dem Urteil des Supreme Court kritisch auseinanderzusetzen" (S. 171 f.). Vgl. zum ganzen *Bardehle*: Die praktische Bedeutung der Patentfähigkeit von Rechnerprogrammen, Mitt. 1973, 141 ff.

[143] Die Patentfähigkeit verneinen generell *Bock*, in: *Benkard*: Patentgesetz. Gebrauchsmustergesetz, 6. Aufl., München 1973, § 1 PatG Rdz. 7 a; *Technau*, in: *Klauer/Möhring*, a.a.O. Fußn. 64, § 1 PatG Rdz. 23; *Nastelski*, in: *Reimer*, a.a.O. Fußn. 64 § 1 PatG

d) Vorläufige Wertung

Würdigt man die verschiedenen Lösungsansätze, so ist zunächst die Feststellung interessant, daß den streitigen Patentanmeldungen nur zum geringsten Teil echte Computerprogramme bzw. allgemein definierte Ablaufanweisungen zugrunde lagen[144]. Ein konkretes, fertiges Arbeitsprogramm ist nie beansprucht worden. Überwiegend handelte es sich um Verfahren, die durch Programmierung eines Computers ausführbar waren, ohne daß bestimmte Programmiermaßnahmen beansprucht oder auch nur offenbart worden wären. In diesen Fällen ging es um die Schutzfähigkeit mathematischer Lösungswege für bestimmte Aufgaben oder von deren algorithmischer Auflösung oder von beidem. Die Computerprogramme bzw. die Programmieranweisungen, die auf eine spezielle Anlagenausstattung abstellen, nehmen also durchaus keine zentrale Stellung ein.

Sieht man sich nun die nationalen Rechtsordnungen näher an, so ist das materielle Patentrecht, jedenfalls im Hinblick auf die Merkmale der an sich schutzfähigen Erfindung, bei aller Abweichung im Detail, doch sehr ähnlich[145]. Mit grundlegenden Unterschieden im nationalen Recht läßt sich daher die geschilderte Vielfalt der Rechtsansichten nicht erklären, allenfalls mit einer mehr oder weniger liberalen Handhabung[146]. Es fällt daher schwer und bedarf schon beträchtlichen Selbstbewußtseins, die eine oder andere Lösung für die erkenntnismäßig richtige und allein dem geltenden Recht entsprechende Wertung anzusehen.

Rdz. 3; *Weiß*, in: *Krausse/Katluhn/Lindenmaier*, Das Patentgesetz, 5. Aufl., Köln etc. 1970, § 1 PatG Rdz. 8; *Rau*, a.a.O. Fußn. 22, S. 45 ff.; *Braun*, a.a.O. Fußn. 22, S. 1345, der eine andere Auslegung des Erfindungsbegriffs allerdings nicht ausschließt; *Kindermann*: Die Rechenvorschrift im Patentanspruch, GRUR 1969, 509, 512 ff. (die bisher weitaus sorgfältigste Untersuchung!); *Kumm*: Zur patentrechtlichen Systematik und Wertung der Programme für Datenverarbeitungsanlagen, GRUR 1969, 315 ff.; *Möhring*, a.a.O. Fußn. 42, S. 270 ff.; *Moser*: Vergleichende Literaturuntersuchung hinsichtlich der Schutzfähigkeit von Rechenprogrammen für Datenverarbeitungsmaschinen, GRUR 1967, 639, 640 f.; *Öhlschlegel*: Sollen und können Rechenprogramme geschützt werden?, GRUR 1965, 465, 466 f.; *ders.*: Zur Schutzfähigkeit von Rechenprogrammen für Datenverarbeitungsanlagen, GRUR 1968, 679 f.; *Bernhardt*: Lehrbuch des Deutschen Patentrechts, 3. Aufl., München 1973, S. 27 f. Differenzierend H. *Tetzner*, a.a.O. Fußn. 104, § 1 PatG Rdz. 79, 80; *Skaupy*, a.a.O. Fußn. 20, S. 129; *Bardehle*, a.a.O. Fußn. 142. Für die Patentfähigkeit nur *Huber*, a.a.O. Fußn. 94 und 98, sowie *Zipse*, a.a.O. Fußn. 13 und 141, und neuerdings *Lauschke*: Über die Patentierbarkeit einer Folge von Steuerkriterien und anderer Merkmale datenverarbeitender Anlagen, GRUR 1973, 341 ff.

144 Nur in den Benson-Entscheidungen des CCPA, a.a.O. Fußn. 127, des Supreme Court, a.a.O. Fußn. 132, und des Bundespatentgerichts, a.a.O. Fußn. 142. In den Fällen „Linear Programming", a.a.O. Fußn. 93, „Polyplex-Programming II", a.a.O. Fußn. 105, und „Lineare Programmierungseinrichtung III", a.a.O. Fußn. 100, die dieselbe Erfindung zum Gegenstand hatten, ging es um einen verbesserten Algorithmus; in allen übrigen um programmierbare Verfahren.

145 Vgl. die Nachweise bei *U. Krieger* und bei *Gajac*, in: *Reimer*: Europäisierung des Patentrechts, München 1955, S. 6 ff. und 175 ff.

146 Traditionell etwa die britische Praxis; vgl. den Banks-Report, a.a.O. Fußn. 105, No. 214 ff. (S. 62 f.).

3. Versuch einer Beurteilung anhand des geltenden Patentrechts der Bundesrepublik Deutschland

Der nachfolgende Versuch, die Schutzfähigkeit von Computerprogrammen, Algorithmen und programmierbaren Verfahren anhand des geltenden Patentrechts der Bundesrepublik zu beurteilen, ist daher gewiß nicht der Weisheit letzter Schluß.

a) Grundlagen

1.1 Die Erfindung als Lehre zu technischem Handeln

Der Patentschutz ist nach absolut herrschender Auffassung der technischen Erfindung vorbehalten, genauer der Lehre zu technischem Handeln, die das Wesen der Erfindung ausmacht. Die patentfähige Erfindung ist nach einer Definition des BGH „eine angewandte Erkenntnis auf technischem Gebiet, also eine Anweisung, mit bestimmten technischen Mitteln zur Lösung einer technischen Aufgabe ein technisches Ergebnis zu erzielen"[147]. Der Begriff der Technik wird verstanden als der Einsatz von Mitteln zur Einwirkung auf die von den Naturkräften beherrschte Erscheinungswelt gemäß den Lehren der Physik und Chemie[148] oder moderner als die Nutzung von Materie und Energie. Auch der in der Rote Taube-Entscheidung des BGH[149] durch die Anerkennung der Patentfähigkeit von Tierzüchtungsverfahren auf die Ausnutzung biologischer Geschehensabläufe erweiterte Begriff der Technik hat an der grundsätzlichen Voraussetzung, daß die patentfähige Erfindung sich die Naturkräfte zunutze machen muß, nichts geändert. Denn jedenfalls ist nur eine Lehre zum planmäßigen Handeln unter Einsatz beherrschbarer Naturkräfte zur Erreichung eines kausal übersehbaren Erfolges[150] als patentierbar anzusehen. Ähnlich umschreibt das Schweizerische Bundesgericht die patentfähige Erfindung als eine Lehre, die angibt, wie „Naturkräfte im weitesten Sinne des Wortes zur Erzielung eines technischen Erfolges benutzt werden"[151]. Besondere Beachtung verdient dabei der Unmittelbarkeitsgrundsatz, wonach die patentfähige Erfindung unmittelbar eine technische Betätigung zum Gegenstand haben und ohne Ingangsetzen

---

[147] BGH vom 21. 3. 1958, GRUR 1958, 602 – Wettschein, mit Anm. von *Beil*; vgl. auch BGH vom 23. 3. 1965, GRUR 1965, 533, 534 f. – Typensatz, mit Anm. von *Fischer*.

[148] RG vom 21. 1. 1933, GRUR 1933, 289/90 – Multiplikationstabelle.

[149] BGH vom 27. 3 .1969, GRUR 1969, 672 – Rote Taube, mit Anm. von *Heydt*; vgl. dazu *Hesse*: Zur Patentierbarkeit von Züchtungen, GRUR 1969, 644, 646 f.

[150] BGH ,ibid., S. 673. Zu beachten ist dabei, daß der BGH mit dieser Definition der Technik keine Grenzziehung zwischen dem Technischen und der Welt des rein Geistigen vornehmen wollte (ibid., S. 672). Es ist daher bedenklich, wenn der 17. Senat im Benson-Beschluß, a.a.O. Fußn. 142, diese Definition telle quelle übernimmt und die Computerprogramme zwanglos unter sie subsumiert.

[151] BG vom 14. 6. 1968, GRUR Int. 1969, 141 – Nachschlagewerk; vgl. auch BG vom 11. 11. 1969, BGE 95 I 579, 581 – Netzplanverfahren. Ähnlich *Blum/Pedrazzini*: Das schweizerische Patentrecht, Bd. I, Bern 1957, Art. 1 PatG Anm. 8; *Troller*: Immaterialgüterrecht, Bd. I, 2. Aufl., Basel 1968, S. 171 ff. Für das österreichische Recht vgl. *Friebel/Pulitzer*: Österreichisches Patentrecht. Das materielle Recht, 2. Aufl., Köln etc. 1971, § 1 PatG Anm. A., B. I und II, C. I mit weiteren Nachweisen.

einer neuen, selbständigen Kausalkette zum angegebenen Erfolg führen muß[152].

1.2 Die nicht patentfähigen Anweisungen an den menschlichen Geist

Zur Abgrenzung der so definierten technischen Lehren von nicht patentfähigen Neuerungen wurde schon früh der Begriff der Anweisung an den menschlichen Geist geprägt[153]. Mit ihm werden allgemein diejenigen Regeln und Lehren umschrieben, die das menschliche Verhalten selber und unmittelbar zum Gegenstand haben[154]. Die Anweisungen an den menschlichen Geist sind dadurch gekennzeichnet, daß sie entweder dem Menschen vorschreiben, in bestimmter Weise geistig tätig zu werden, oder daß sie dem bezweckten Erfolg entsprechend Informationen vermitteln, d. h. auf die menschlichen Sinne einwirken sollen[155]. Zu den Anweisungen an den menschlichen Geist gehören also einmal diejenigen Lehren, deren *Ausführung* selber eine geistige Betätigung erfordert, zum anderen jene Vorschläge, deren erfindungsgemäße *Wirkung* in einer bestimmten Art der Einwirkung auf menschliche Sinne besteht, sei es, daß etwas Wissenswertes mitgeteilt wird oder der bestimmungsgemäße Gebrauch des Erfindungsgegenstandes durch eine geistige Tätigkeit des Benutzers im Sinne der beanspruchten Lehre erst ermöglicht oder gefördert werden soll[156]. In der Sprache der Patentkategorien ist die erste Gruppe im wesentlichen auf Verfahren beschränkt, während die zweite Gruppe Erzeugnisse umfaßt, deren neuheitsbegründende Merkmale die genannte Charakteristik zeigen, d. h. in irgendeiner Art von Information bestehen.

1.3 Prüfungsmethode

Eine wichtige Rolle spielt dabei die Frage, ob für die Beurteilung der meist nicht eindeutig dem technischen oder dem nicht-technischen Bereich zurechenbaren Neuerungen ein qualitativer oder ein quantitativer Maßstab angelegt werden soll. Denn *reine* Anweisungen an den menschlichen Geist (purely mental steps)

---

[152] Vgl. z. B. PatG, 11. Senat, vom 29. 3. 1965, BPatGerE 7, 78. Vgl. auch *Kumm*, a.a.O. Fußn. 143, S. 316.

[153] Vgl. allgemein Elben: Technische Lehre und Anweisung an den menschlichen Geist im Patent- und Gebrauchsmusterrecht, Diss. Frankfurt/M. 1960.

[154] Vgl. hierzu ausführlich H. *Tetzner*, a.a.O. Fußn. 104, § 1 PatG Rdz. 71 ff., und *Troller*, a.a.O. Fußn. 151, S. 65, 171 ff.

[155] Vgl. RG vom 21. 1. 1933, a.a.O. Fußn. 148; RG vom 26. 3. 1902, RGZ 51, 142, 144 – Bierdruckmanometer. Vgl. auch BGH vom 21. 3. 1958, a.a.O. Fußn. 147. Demgegenüber ist die Formel: „Welt der Dinge" (technisch) – „Welt der Vorstellungen" (nicht technisch), wie sie der 17. Senat des BPatG (Beschluß vom 22. 10. 1963, Mitt. 1964, 97) kreiert hat, für eine klare Grenzziehung schon deshalb nicht geeignet, weil sie nur die zweite Gruppe der Anweisungen an den menschlichen Geist erfaßt. Kritisch mit Recht H. *Tetzner*, a.a.O. Fußn. 104, § 1 PatG Rdz. 74; zustimmend *Baltzer*: Grenzen der Patentfähigkeit zwischen technischen und geistigen Anweisungen, Mitt. 1966, 71 ff. Auch das Schweizerische BG stellt den technischen Erfindungen den inhaltsgleichen Begriff der Anweisungen an den menschlichen Geist gegenüber; vgl. die in Fußn. 151 aufgeführten Entscheidungen. „Nicht zum Gebiet der Technik gehören: bloße Anweisungen an den menschlichen Geist, die dem Menschen ein bestimmtes Verhalten vorschreiben und die einen bestimmten Erfolg herbeiführen, ohne daß dabei Naturkräfte unmittelbar eingesetzt werden" (BGE 95 I 581).

[156] Ausführlich dazu *Elben*, a.a.O. Fußn. 153, S. 59 ff.

sind in der patentrechtlichen Praxis äußerst selten, schon weil das Zurückweisungsrisiko sehr hoch ist[157]. Meist wird es sich um Anmeldungen handeln, in denen zwar Erzeugnisse und Verfahren im äußerlich „technischen" Kleid beansprucht werden, deren Einzelmerkmale aber mehr oder weniger geistiger Natur sind. Die Patentfähigkeit hängt dann davon ab, ob als Prüfungsmaßstab zugrundegelegt wird, ob eine überwiegend geistige oder eine überwiegend technische Tätigkeit Voraussetzung ist[158], oder ob zunächst die nicht-technischen Elemente ausgeschieden werden und der verbleibende technische Rest auf seine Patentierbarkeit geprüft wird[159].

Die erste Methode trägt dem Umstand Rechnung, daß jede Erfindung zu ihrer Realisierung bzw. zu ihrem Gebrauch der Vermittlung des menschlichen Geistes bedarf und insbesondere auch tatsächlich technische Merkmale durch an sich nicht-technische Merkmale wie Formeln o. ä. umschrieben werden können oder müssen[160]. Schon daraus folgt, daß der Überwiegensgrundsatz dem strengen Ausscheidungsprinzip, das zwar die Trennung von technischen und nicht-technischen Merkmalen am reinsten durchführt, aber oft zu unrichtigen Ergebnissen führen wird, vorzuziehen ist. In Klarstellung des Überwiegensprinzips führt deshalb nur eine *gesamthafte* Betrachtungsweise zum Ziel, die den Erfindungsgegenstand als ganzen im Auge hat, seinen wirklichen, als neu beanspruchten Kern herausschält und erst dann zu seiner Qualifizierung gelangt[161]. Ergibt sich daraus, daß die Erfindung im Sinne der oben gegebenen Definition technischer Natur ist, so kann es nicht schaden, wenn zur Ausführung der Erfindung oder zu ihrem bestimmungsgemäßen Gebrauch bestimmte geistige Operationen erforderlich sind.

b) Die Patentfähigkeit von programmierbaren Verfahren und Algorithmen

1.1 Programmierbare Verfahren

Prüft man nun die möglichen Gegenstände aus dem Bereich der Programmierung auf ihre Patentfähigkeit, so erscheinen zunächst die programmierbaren Verfahren, also mathematisch-logisch definierte Lösungen allgemeiner Verfahren, die durch Programmierung einer Datenverarbeitungsanlage ausführbar sind, grundsätzlich unproblematisch. Nehmen wir als Beispiel den jüngst vom Schweizerischen Bundesgericht entschiedenen Fall, wo ein Verfahren zur Messung subjektiv qualifizierter Begriffe entsprechend ihrem jeweils festgelegten

---

[157] Einen solchen Fall behandelt etwa BG vom 11. 11. 1969, a.a.O. Fußn. 151.

[158] In diesem Sinne RG vom 15. 12. 1926, RGZ 115, 128, 133 – Registriermappe; vgl. auch *Blum/Pedrazzini*, a.a.O. Fußn. 151, Art. 1 PatG Anm. 8 (S. 77).

[159] So zuletzt BPatG vom 22. 10. 1963, a.a.O. Fußn. 155, S. 99 (insoweit vom BGH nicht aufgehoben). Ausführlich auch *Kindermann*, a.a.O. Fußn. 143, S. 510 f.

[160] Vgl. dazu vor allem *Kindermann*, a.a.O. Fußn. 143, S. 511 f., und H. *Tetzner*, a.a.O. Fußn. 104, § 1 PatG Rdz. 75, 78. Instruktiv BGH vom 23. 3. 1965, a.a.O. Fußn. 147: Das der Vorstellungswelt angehörende Merkmal der „Lesbarkeit" einer bestimmten Drucktype steht der Patentfähigkeit der technischen Lehre, eine maschinell abtastbare, aber zugleich „lesbare" Drucktype zu schaffen, nicht entgegen.

[161] So im Ergebnis auch *Tetzner*, a.a.O. Fußn. 104, § 1 PatG Rdz. 78. Nicht eindeutig insoweit *Kindermann*, a.a.O .Fußn. 143, S. 511. Ob im Zweifelsfalle wirklich zugunsten der Patentfähigkeit zu entscheiden ist, wie DPA vom 19. 7./21. 12. 1950, GRUR 1951, 156/57 annimmt, erscheint recht fraglich.

Bedeutungsgrad beansprucht und das derart aufbereitet war, daß es durch Programmierung eines Computers ausgeführt werden konnte[162].

Derartige Verfahren sind ohne Rücksicht darauf, daß ihre Ausführung mittels Programmierung eines Computers beabsichtigt oder möglich ist, anhand von Aufgabe und Lösungsweg auf ihre Patentfähigkeit zu prüfen. Es ist also zu fragen, ob das Verfahren als solches eine Lehre zu technischem Handeln ist oder aber – wie im Fall des Schweizerischen Bundesgerichts – eine Anweisung enthält, welche mathematisch-logischen Operationen ein Mensch vornehmen soll, um zu einem bestimmten Ergebnis zu gelangen. Denn die Patentfähigkeit eines Verfahrens ist nicht abhängig von den Mitteln zu seiner Ausführung[163]. Ein Verfahren kann mit speziell entwickelten Vorrichtungen vollautomatisch ausgeführt werden. Dies kann aber auch durch den Menschen geschehen, der mit Hilfe geeigneter Stoffe, Geräte oder Vorrichtungen den technischen Geschehensablauf des Verfahrens in Gang setzt, überwacht, steuert und beendet. Beide Ausführungsformen sind vom Schutzumfang des Verfahrens mitumfaßt, beide sind patentfähig.

Ist daher ein Verfahren nach Aufgabenstellung und Lösungsweg technisch, so ist es unschädlich, daß seine Ausführung einer gewissen vermittelnden Geistestätigkeit des Menschen bedarf. Handelt es sich dagegen um ein nicht-technisches Verfahren, z. B. ein Rechenverfahren, so wird es nicht dadurch patentfähig, daß es auch unter Zuhilfenahme technischer Mittel ausgeführt werden kann oder soll. Eine Lehre etwa, die Wurzel aus $a^2 + b^2$ in bestimmter Weise rechnerisch zu ziehen, vermag nicht dadurch Patentfähigkeit zu erlangen, daß ein Mensch die notwendigen Rechenoperationen mit Hilfe einer herkömmlichen Tischrechenmaschine oder eines Computers vornimmt. Denn entscheidend ist nicht die technische Arbeitsweise der Maschine, sondern die Einhaltung der vorgeschriebenen Rechenregeln durch den Menschen. Die Benutzung der Maschine ist nicht unmittelbare Folge der verfahrensgemäßen Lehre, sondern wird erst durch eine eigenständige Kausalkette in Gang gesetzt[164].

Danach läßt sich folgende Regel aufstellen: Ist ein Verfahren nach Aufgabenstellung und Lösungsweg technisch, so ist es immer patentfähig, ohne Rücksicht darauf, ob es mittels eines Computers, durch sonstige Vorrichtungen oder durch den Menschen selber ausgeführt wird. Liegt dagegen ein Verfahren nach Aufgabe oder Lösung nicht auf technischem Gebiet, so wird es nicht dadurch zu einem technischen und damit patentfähigen Verfahren, daß ein Computer oder sonstiges technisches Hilfsmittel zu seiner Ausführung benutzt wird[165].

Eine ganz andere Sache ist es, daß technische Erfindungen durch an sich dem

---

[162] BG vom 12. 12. 1972, BGE 98 I b 396.

[163] Vgl. BPatG, 8. Senat, vom 5. 2. 1965, BPatGerE 8, 136, 142; *Huber*, Patentschutz auf dem Gebiet der daenverarbeitenden Anlagen, Mitt. 1969, 23, 26; *Moser*, a.a.O. Fußn. 143, S. 641. Vgl. auch *Falk*, a.a.O. Fußn. 98, S. 211.

[164] Vgl. dazu *Kindermann*, a.a.O. Fußn. 143, S. 515; *Möhring*, a.a.O. Fußn. 42, S. 272.

[165] Das Argument der vollautomatischen Ausführbarkeit eines Verfahrens, womit insbesondere der CCPA die Patentfähigkeit zweifelhafter Verfahren begründet hat, taugt wenig, da eben das Ausführungsmittel wegen der grundsätzlichen Unabhängigkeit des Verfahrens von den Mitteln zu seiner Ausführung nicht patentbegründend sein kann.

geistigen Bereich zuzurechnende Merkmale, wie etwa mathematische Formeln, gekennzeichnet werden können[166]. Das ist aber keine Frage der Patentfähigkeit, sondern ein Problem der ausreichenden bzw. zulässigen Offenbarung einer Erfindung. Andererseits ist davor zu warnen, von der äußerlich technischen Verpackung einer Erfindung auf ihre Schutzfähigkeit zu schließen, wie dies in den angelsächsischen Ländern mitunter geschehen ist. Entscheidend ist allein der wirkliche Gehalt einer Erfindung, nicht die Form ihrer Offenbarung, nicht die gewählte Patentkategorie[167].

1.2 Algorithmen

Nach den gleichen Grundsätzen ist auch die Schutzfähigkeit von Algorithmen[168] zu beurteilen. Ein Großteil der programmierbaren Verfahren, für die ein Patent angestrebt wird, ist dadurch gekennzeichnet, daß eine neue oder verbesserte algorithmische Auflösung beansprucht wird[169]. Auch hier kommt es darauf an, ob das durch den Algorithmus gekennzeichnete Verfahren die Lösung eines technischen Problems zum Gegenstand hat oder nicht. Die Verwendung eines Computers als Ausführungsmittel wirkt weder patentbegründend noch patenthindernd. Es handelt sich auch hier nicht um ein Sonderproblem der Datenverarbeitung, sondern um ganz allgemeine Fragen der Patentfähigkeit. Einem neuen Verfahren etwa auf dem Gebiet der Vermittlungstechnik kann durchaus ein neuer Algorithmus zugrunde liegen, es ist dennoch technisch. Umgekehrt ändert die Auffindung eines neuen Lösungsalgorithmus für die Brutto-Nettolohnberechnung nichts an deren untechnischem Charakter. Nichts anderes gilt schließlich für die technischen Steuerungsprozesse, deren Ablauf vollständig oder in Teilbereichen durch Computer geregelt wird[170].

---

[166] Ausführlich dazu *Kindermann*, a.a.O. Fußn. 43, S. 511 f. Vgl. auch *Nimtz*, a.a.O. Fußn. 25, S. 217 f.

[167] Vgl. dazu *Kolle*, GRUR Int. 1972, 163 f., sowie die Bekanntmachung des kanadischen Patentamts: Non-Statutory Subject Matter, 36 PTIC Newsletter 266 (1971), und *Beier*, a.a.O. Fußn. 91, S. 219. Vgl. auch *Zipse*, a.a.O. Fußn. 113, S. 185.

[168] Zum Begriff des Algorithmus vgl. Fachbegriffe und Sinnbilder der Datenverarbeitung, München-Pullach 1968, S. 13 f.; „Rechenvorschrift, eindeutig bestimmtes Verfahren zur schematischen Lösung aller Aufgaben einer Aufgabenklasse mit einer endlichen Anzahl von Ablaufschritten". Vgl. auch *Klaus*, a.a.O. Fußn. 19, S. 22 ff.; *Henderson* und *Fisk*, a.a.O. Fußn. 29, S. 60; *Graham*, a.a.O. Fußn. 25, S. 483. *Galbi*, a.a.O. Fußn. 18, S. 158 f. bringt ein anschauliches Beispiel für eine algorithmische Auflösung der Formel $X = N^{2/3}$. Wichtig ist, daß ein Problem, um programmiert werden zu können, auf einen Algorithmus zurückführbar sein muß.

[169] Ausführlich dazu *Kindermann*, a.a.O. Fußn. 143, S. 514 ff.

[170] Auch die Prozeßsteuerung bringt patentrechtlich keine neuartigen Probleme mit sich. Verfahren der Prozeßsteuerung sind ebenfalls (möglicherweise) programmierbare Verfahren, die nach Aufgabe und Lösung vom Einsatz der EDV grundsätzlich unabhängig sind. Auch hier können mathematsche Begriffe der Verfahrensbeschreibung dienen, auch hier kann ein neuer oder verbesserter Algorithmus zu einer patentbegründenden Gestaltung des technischen Verfahrens führen. Für die eigentlichen Programme der Prozeßsteuerung gelten aber die gleichen Erwägungen wie für alle anderen Programme auch (siehe E II 3 c), da kein prinzipieller Unterschied zwischen den verschiedenen Programmtypen, sondern nur ein Unterschied im Hinblick auf den Verwendungszweck besteht. Ebenso *Kindermann*, a.a.O. Fußn. 143, S. 520 f.; *Rau*, a.a.O. Fußn. 22, S. 69 ff. Instruktiv auch *Galbi*, a.a.O. Fußn. 18, S. 157 f., 160 f.; *Mischewski*, a.a.O. Fußn. 104,

1.3 Extensive Auslegung des Erfindungsbegriffs?

Eine ganz andere Frage ist es, ob man eine beliebige Neuerung ohne Rücksicht auf ihren wirklichen Kern allein deshalb als patentfähig ansehen soll, weil sie programmierbar, d. h. mit Hilfe eines Computers vollautomatisch ausführbar ist. Sollen wir etwa kaufmännisch-organisatorische Verfahren deswegen zum Patentschutz zulassen, weil sie anmeldungsgemäß computerunterstützt vollzogen werden[171]? Sollen wir es also, wie einmal in einer Diskussion vorgeschlagen wurde, zum Kriterium der Patentfähigkeit machen, ob im Computer ein Mensch drin sitzen muß oder nicht?

Es mag gute Gründe dafür geben, auch den Bereich kaufmännisch-organisatorischer Tätigkeit nicht vom Patentschutz auszuschließen[172]. Jedoch muß trotz der gewiß überragenden Bedeutung der Informationswissenschaften für unsere Zeit und die Zukunft[173] jeder Lösungsversuch vom Sinn und Zweck des Patentsystems ausgehen, unter Berücksichtigung aller wesentlichen Parameter. Das *Kriterium der Automatisierbarkeit* darf schon mit Rücksicht auf die kaum bestreitbare Erkenntnis, daß der Bereich der Lebensvorgänge, die nicht automatisierbar sind, immer mehr schrumpft, nicht zum gleichsam alles entscheidenden Abgrenzungsmerkmal zwischen patentierbaren und nicht patentierbaren Erfindungen erhoben werden[174]. Erst recht ist es nicht geeignet, die bei jeder Ausdehnung des Patentschutzes auf bisher schutzlose Gegenstände gebotene Güter- und Interessenabwägung zu ersetzen[175]. Zwar sind die Computer dazu bestimmt und in hohem Maße geeignet, herkömmliche Mittel und Methoden der klassischen technischen Disziplinen abzulösen und jetzt noch nur vom Menschen vermöge seiner geistigen Fähigkeiten zu bewältigende Aufgaben zu übernehmen[176]. Auch spricht einiges dafür, ganzen Bereichen menschlichen Wirkens nicht schon durch eine formale Prüfung auf absolute Schutzfähigkeit

---

S. 137; *Öhlschlegel*, a.a.O. Fußn. 143, S. 680. A. A. die oben Fußn. 20 angeführten Autoren. Für die Programme zur Steuerung von Werkzeugmaschinen ist erstmals das Amt für Erfindungs- und Patentwesen der DDR zu einer überzeugenden Qualifizierung gelangt, vgl. oben Fußn. 99.

[171] So *Falk* und *Popper*, a.a.O. Fußn. 19, S. 115.

[172] Vgl. dazu *Beier*, a.a.O. Fußn. 91, S. 220; *Wertenson*, a.a.O. Fußn. 128; *Zipse*, a.a.O. Fußn. 113, S. 184 f.

[173] Vgl. etwa *Steinbuch*: Mensch – Technik – Zukunft. Basiswissen für die Probleme von morgen, Stuttgart 1971, S. 255 ff.

[174] Vgl. die ähnlichen Gedankengänge von *Möhring*, a.a.O. Fußn. 42, S.273. Auch für Datenverarbeitungsverfahren, die ohne Computerunterstützung praktisch nicht ausführbar sind (z. B. wegen zu großen Zeitaufwandes bei menschlicher Durchführung), ist keine Ausnahme zu machen; vgl. aber Comment: Mathematics, Computers, and In re Prater . . ., a.a.O. Fußn. 98, S. 408.

[175] Vgl. *E. Pietzcker*: Patentgesetz und Gebrauchsmustergesetz, 1. Halbband, Berlin etc. 1929, § 1 PatG Anm. 7 ff. Vgl. auch *Esser*: Möglichkeiten und Grenzen des dogmatischen Denkens im modernen Zivilrecht, AcP 172, 97, 110, 120 (1972).

[176] Vgl. dazu *Nathan*: Die Nutzung und rechtliche Sicherung von Erfindungen in der Epoche der wissenschaftlich-technischen Revolution, in: Der internationale Schutz von Erfindungen im Zeitalter der technischen Revolution, neuerer B 1966 (Sonderheft), S. 2 ff.; *Zipse*: Computer oder nachvollziehender Mensch als Erfinder?, Mitt. 1972, 41 ff.; *Mischewski*, a.a.O. Fußn. 104, S. 118. Zum Teil wird auf der Basis einer informa-

den Genuß des Patentschutzes vorzuenthalten, sondern auch hier eine materielle Prüfung auf Neuheit und Erfindungshöhe entscheiden zu lassen[177].

Im Ergebnis liefe dies freilich auf die Entstehung eines lückenlosen Schutzsystems hinaus, das den gesamten Bereich geistig-schöpferischer Tätigkeit durch gewerbliche Schutzrechte oder Urheberrechte abdecken würde. Lediglich für die theoretische Basis, also für wissenschaftliche Erkenntnisse und Theorien, reine Mathematik und Physik und für die Entdeckungen als solche verbliebe ein Freiraum. Man mag es als Gebot der Gerechtigkeit erachten, jedweder schutzwürdigen Leistung eine Belohnung in Form eines zeitlich beschränkten Ausschlußrechts zukommen zu lassen[178]. Eine zwingende Notwendigkeit, die nicht-technischen Erfindungen in das Patentsystem zu integrieren, besteht aber nicht.

Der Erfindungsbegriff ist als unbestimmter Rechtsbegriff[179] zwar offen genug, um eine Anpassung an veränderte Verhältnisse und Anschauungen zu ermöglichen[180]. Die Einbeziehung bisher nicht schutzfähiger Lehren in den Patentschutz läßt sich aber nicht allein damit rechtfertigen, daß sie mit dem Heranstürmen der Computertechnologie automatisierbar geworden sind. Ein derartiges Neuverständnis des Patentsystems setzt eine umfassende Wertung der widerstreitenden Interessen von Patentsuchenden, Wettbewerbern und Allge-

---

tionstheoretischen Argumentation, die keinen Unterschied mehr macht zwischen herkömmlicher Technik und Informationswissenschaften, die Einbeziehung von Informationsverfahren, Algorithmen und Programmen in den Patentschutz gefordert; vgl. etwa *Eltgroth*: Software and the Patent Law, 4 Pat. L. Ann. 1 ff. (1966), und *Vanderperre*, a.a.O. Fußn. 20, S. 197 ff.

[177] Ähnlich *V. Tetzner*: Leitfaden des deutschen Patentrechts, Bern 1970, S. 14. Hierher gehört auch das Argument der gebotenen Gleichbehandlung von neuen und traditionellen Technologien; vgl. z. B. *Thurman*, a.a.O. Fußn. 4, S. 219; *Huber*, a.a.O. Fußn. 163, S. 26; *Jacobs*, a.a.O. Fußn. 25, S. 378.

[178] So etwa *Troller*: Ist der immaterialgüterrechtliche „numerus clausus" der Rechtsobjekte gerecht?, in: Ius et Lex. Festgabe für Max Gutswiller, Basel 1959, S. 769, 772 f. Vgl. auch *Zipse*, a.a.O. Fußn. 113, S. 190. Ähnlich problematisch sind Versuche, einen Schutz aus der Eigentumsgarantie des GG herzuleiten; vgl. etwa *Hesse*: Der Schutz der züchterischen Leistung und die Grundrechte, GRUR 1971, 101, 103. Kritisch zum ganzen mit Recht: *H. Tetzner*, a.a.O. Fußn. 104, S. 11 f. und § 1 PatG Rdz. 20, 21, 27. Vgl. auch *Elster*: Schöpferische technische Leistung und wissenschaftliches Eigentum, GRUR 1929, 1138, 1139, und *H. Tetzner*: Patentfähgkeit und Wiederholbarkeit, GRUR 1952, 176 f. Daß andererseits das PatG notwendigerweise als Ausnahmeregelung zu Art. 2 GG eng auszulegen sei, wie der 10. Senat des BPatG, a.a.O. Fußn. 69, annimmt, ist ebensowenig einleuchtend.

[179] BGH vom 27. 3. 1969, a.a.O. Fußn. 149, S. 672, der mit Recht betont, daß es sogar geboten sei, den jeweiligen Stand naturwissenschaftlicher Erkenntnisse zur Auslegung des Erfindungsbegriffs heranzuziehen. Vgl. auch *Kuster*: Über die Möglichkeit einer Definition des Erfindungsbegriffs, SJZ 1971, 201 ff.

[180] Vgl. dazu *Beier*, a.a.O. Fußn. 91, S. 216. Für die Computerprogramme ist diese Forderung immer wieder zu lesen; vgl. *Falk* und *Popper*, a.a.O. Fußn. 19, S. 110, 112 f.; *Boissel*, a.a.O. Fußn. 61, S. 33 ff.; *Vanderperre*, a.a.O. Fußn. 20, S. 198, 210 f.

meinheit voraus[181], die sich über die rechtlichen Folgeprobleme bis hin zu Praktikabilitäts- und Policy-Erwägungen erstrecken muß. Zugleich stellt sich damit die Frage der Ausdehnung des Patentschutzes auf andere, bisher ausgeschlossene Geistesschöpfungen. Mit dieser Aufgabe sind aber Patentbehörden und Gerichte überfordert. Eine Entscheidung kann daher nur der Gesetzgeber treffen.

c) Die Patentfähigkeit von Computerprogrammen

Bleiben schließlich die Computerprogramme im eigentlichen Sinne. Es geht jetzt nicht mehr um die Frage, ob der allgemeine mathematisch-logische Lösungsweg für eine bestimmte Aufgabe X oder seine algorithmische Auflösung schutzfähig sind, sondern darum, ob eine konkrete, vollständige Anweisung zur Lösung einer bestimmten Aufgabe mit Hilfe eines Computers eine Lehre zu technischem Handeln darstellt. Wir haben also zu prüfen, ob eine bestimmte Befehlsfolge zur Steuerung des Operationsablaufs einer Datenverarbeitungsanlage oder einer Gruppe von Datenverarbeitungsanlagen mit gewissen Eigenschaften oder, um es etwas plastischer zu sagen, ob das mögliche Programm A 12 zur Lösung der gleichen Aufgabe X patentfähig ist.

Nun ist zunächst festzustellen, daß sich die Erstellung eines Computerprogramms, gleichgültig ob dieses einer kaufmännischen oder technischen Problemlösung dient, in einer geistigen Tätigkeit erschöpft. Das Programm ist Ergebnis einer nach bestimmten vorgegebenen Regeln vorzunehmenden geistigen Ordnungstätigkeit. Mit der Aufstellung der konkreten Befehlsfolge des Programms ist unmittelbar und zunächst keine technische Wirkung verbunden[182]. Unter diesem Blickwinkel wären die Computerprogramme ohne weiteres als Anweisungen an den menschlichen Geist zu qualifizieren, da sie zu denjenigen Lehren gehören, deren Ausführung selber eine ausschließlich geistige Betätigung erfordert.

Von den klassischen Fällen der Anweisungen an den menschlichen Geist unterscheiden sich die Computerprogramme aber gerade dadurch, daß ihre Zweckbestimmung mit der Erstellung des Programms nicht erreicht wird, geschweige denn, daß sie ihrer Wirkung gemäß die menschlichen Sinne ansprechen sollen. Trotz des rein geistigen Schöpfungsakts ist es eben ausschließlich Zweckbestimmung eines Computerprogramms, die notwendigen Schaltungsvorgänge im

---

[181] Zu den potentiellen und tatsächlichen Interessen von Computerherstellern, Service-Rechenzentren, Programmierern und Anwendern liegen bereits einige Untersuchungen vor, ohne daß freilich klare Linien erkennbar wären. Pauschal kann allenfalls festgestellt werden, daß die Hersteller von Datenverarbeitungsanlagen dem Patentschutz eher ablehnend, die Service-Unternehmen durchweg positiv gegenüberstehen, während Programmierer- und Anwenderinteressen ziemlich indifferent sind. Vgl. ausführlich *Köhler*, a.a.O. Fußn. 13, S. 28 ff.; Banks-Report, a.a.O. Fußn. 105, No. 478 f. (S. 142 f.); *Braun*, a.a.O. Fußn. 22, S. 1343 f.; *Gomez Segade*: La protectión jurídica de los programas de los ordenadores electrónicos, R. D. M. 1969, 413, 421 ff.; *Koller*, a.a.O. Fußn. 41, S. 3 ff.; Note: Computer Programs and Proposed Revisions ... a.a.O. Fußn. 22, S. 1543 ff.; *Banzhaf III*, a.a.O. Fußn. 37, S. 164 ff.; *Bender*, a.a.O. Fußn. 22, S. 245 ff.; *Puckett*, a.a.O. Fußn. 21, S. 121 ff.

[182] So die herrschende deutsche Lehre, oben Fußn. 143.

Computer auszulösen und zu steuern. Das Programm soll bewirken, daß im Computer ein vollautomatischer Arbeitsprozeß abläuft, der eine Mitwirkung des Menschen unter Einschaltung seiner geistigen Fähigkeiten nicht mehr notwendig macht. So besehen ist das Programm eine komplexe Betriebsvorschrift, eine konkretisierte Gebrauchsanweisung für eine vielfältig, nahezu unbegrenzt nutzbare Maschine[183]. Zwischen Programm und sinnvollem Gebrauch eines Computers besteht ein Junktim.

Die Nähe zur Technik wird damit augenfällig. Das Programm scheint sich im Sinne der vom BGH gegebenen Definition der technischen Erfindung zwanglos darzustellen als „eine Lehre zum planmäßigen Handeln unter Einsatz beherrschbarer Naturkräfte zur Erreichung eines kausal übersehbaren Erfolges[184]". Diese Annahme erscheint besonders naheliegend, wenn man an die Programme des Betriebssystems denkt, die keinen anderen Zweck verfolgen, als gerade die interne Organisation der verschiedenen Maschinenoperationen zu korrelieren und eine möglichst optimale Ausnutzung der Maschinenkapazität zu gewährleisten[185]. Der Vergleich bzw. die Gleichsetzung eines Programms mit einem Schaltverfahren, wie etwa jüngst von *Zipse* wieder argumentiert[186], bietet sich an, oder allgemeiner: die Qualifizierung des Programms als Verfahren zur Steuerung der Arbeitsweise einer Maschine[187].

Dennoch hat auch diese Betrachtungsweise ihre Tücken. Denn jede Programmierung eines Computers macht letztlich von den strukturell fixierten Elementen und den funktionalen Zusammenhängen des Hardware-Designs nur bestimmungsgemäß Gebrauch, ohne auf die derart determinierten Eigenschaften oder die Arbeitsweise des Computers verändernd einzuwirken[188]. Die Vielfalt der möglichen Maschinenoperationen, der funktionalen Beziehungen und Wechselwirkungen der Elemente, die nahezu unbegrenzten Kombinationsmöglichkeiten und die Vielzahl möglicher elektro-magnetischer Zustände der Speicher- und Recheneinheiten eines Datenverarbeitungssystems dürfen darüber nicht hinwegtäuschen. Die durch das jeweilige Programm konkret realisierte Betriebsvorschrift macht daher von den durch das Datenverarbeitungssystem zur Verfügung gestellten Kombinations- und Schaltmöglichkeiten den im Einzelfall zweckentsprechenden Gebrauch. *Heinrich Tetzner* betont dies in der neuen Auflage seines vorzüglichen Kommentars zu Recht[189]. Es fällt schwer, insoweit

---

[183] Vgl. die oben Fußn. 104 angeführten Autoren.

[184] So der 17. Senat des BPatG, oben Fußn. 142. Zustimmend *Bardehle*, a.a.O. Fußn. 142, S. 143. Vgl. aber oben Fußn. 150.

[185] Dies hat den CCPA in In re Benson zu der rhetorischen Frage veranlaßt: „Wie kann gesagt werden, daß ein Verfahren, das keinen anderen praktischen Wert hat als gerade die Steigerung der internen Betriebsleistung dieser Maschinen, nicht ebenso auf dem Gebiet der Technik liegt bzw. zu den nützlichen Künsten zählt?" (GRUR Int. 1972, 129).

[186] a.a.O. Fußn. 13, S. 130 ff.

[187] Alle anderen Qualifizierungsversuche, wie insbesondere jener, den programmierten Computer als neue Vorrichtung zu sehen, sind Irrwege; vgl. dazu *Kolle*, GRUR Int. 1972, 163 f., und Österreichisches Patentamt, Beschwerdeabteilung, a.a.O. Fußn. 101.

[188] Vgl. *Kindermann*, a.a.O. Fußn. 143, S. 514 ff.; *Rau*, a.a.O. Fußn. 22, S. 58. Überzeugend auch Octrooiraad, a.a.O. Fußn. 102, S. 336, sowie die oben Fußn. 105 aufgeführten Entscheidungen des australischen Commissioner of Patents.

von einer *neuen technischen* Lehre zu sprechen. Neu kann ein Programm nur gegenüber anderen Programmen zur Lösung der gleichen Aufgabe sein, nicht aber gegenüber dem Computer selber. Wie verhält es sich schließlich mit dem Umstand, daß die sich einstellenden Schaltvorgänge bei ganz verschiedenen Programmen identisch sein können, ohne daß dies aus den Programmen selbst erkennkbar ist[190]?

Schon diese wenigen Aspekte aus dem gesamten Problemkomplex machen hinreichend deutlich, daß es sich bei den Computerprogrammen um einen Grenzfall handelt, bei dem eine klare Einordnung unter den Begriff der technischen Erfindung einerseits und der Anweisung an den menschlichen Geist andererseits, so wie sie traditionell verstanden werden, nicht möglich ist. Wiederum stellt sich die Frage einer extensiven Auslegung des Erfindungsbegriffs. Wie schon gesagt, ist dieser als unbestimmter Rechtsbegriff einer Anpassung an die technisch-wirtschaftliche Entwicklung durchaus zugänglich, wobei dies von den Gesetzgebern mitunter sogar intendiert war und wie es in den genannten angelsächsischen Ländern bereits geschehen ist.

Hierfür reicht aber ein wirtschaftlich begründetes Schutzbedürfnis für die Computerprogramme allein nicht aus. Notwendig ist vielmehr eine sorgfältige Abwägung der privaten und öffentlichen Interessen unter besonderer Bedachtnahme auf die Praktikabilität des Patentschutzes. Die insoweit eingangs angestellten Überlegungen[191] sprechen aber eher *gegen* eine Integration der Computerprogramme in das Patentrecht. Ganz abgesehen davon ist die patenttheoretische Rechtfertigung problematisch, da der Patentschutz der Programme auf einen Schutz des mit Mühe und Kosten entstandenen Arbeitsergebnisses, letztlich also auf einen Investitionsschutz hinauslaufen würde[192]. Der Filter der Erfindungshöhe könnte nicht verhindern, daß mit der Anerkennung der Patentfähigkeit von Computerprogrammen der Schutz der „kleinen Münze" in das Patentrecht eingeführt würde.

F Sonderschutz de lege ferenda?

I. Allgemeines

So verbleibt als letztes die Frage, ob die gesetzliche Einführung eines Sonderschutzes für die Computerprogramme notwendig und zweckmäßig erscheint. Ein solches Sonderrecht könnte auf Vorbilder Bezug nehmen, denken wir nur an den Schutz von Pflanzenzüchtungen u. ä. m. In jüngster Zeit verlagert sich die Diskussion um einen adäquaten Rechtsschutz für die Computerprogramme daher mehr und mehr in diese Richtung. In der Tat bietet dieser approach erhebliche Vorzüge. Denn der Gesetzgeber könnte, frei von allen dogmatischen Fesseln, unter Abwägung der wirtschaftlichen Bedürfnisse, der privaten und öffent-

---

[189] a.a.O. Fußn. 104, § 1 PatG Rdz. 79.

[190] Vgl. dazu *Rau*, a.a.O. Fußn. 22, S. 63 f.

[191] Vgl. oben Abschn. D.

[192] So mit Recht *Breyer*, a.a.O. Fußn. 12, S. 344. Vgl. auch *Troller*: Zwiespältiges und mannigfaltiges Immaterialgüterrecht in: Das schweizerische Recht. Besinnung und Ausblick, Basel 1964, S. 257, 273 ff.

lichen Interessen und der Praktikabilitätaspekte eine rechtspolitisch vernünftige Regelung schaffen, die allen Streit um den Anwendungsbereich des geltenden Urheber- und Patentrechts ein für allemal beendet. Darauf, daß auch ein Sonderschutz nicht unbedenklich ist, hat *Beier*[193] hingewiesen. Neben der Gefahr einer weiteren Zersplitterung des gewerblichen Rechtsschutzes müssen Zweifel vor allem deswegen auftauchen, weil wir den Computerprogrammen eine Sonderbehandlung zukommen lassen, andere Bereiche – etwa das umfassende und nicht minder bedeutsame Gebiet kaufmännisch-organisatorischer Leistungen – aber weiterhin ausklammern würden, obwohl hier gleichermaßen Schutzwürdigkeit und Schutzbedürftigkeit anzuerkennen sind und daher eine „Gleichbehandlung" angezeigt wäre[194]. Dieser Aspekt bedarf eingehender Prüfung.

Gleichwohl fallen die Bedenken gegenüber einer „Sonderbehandlung" der Computerprogramme weniger ins Gewicht, wenn alle Versuche einer dogmatisch befriedigenden Lösung mehr oder weniger scheitern. Daß die Programme nicht so recht ins Patentrecht passen, haben wir gesehen. Aber auch von den klassischen Gegenständen des literarischen Urheberrechts unterscheiden sich die Programme nicht unerheblich. Auch hier besteht viel Streit, Rechtsunsicherheit und praktische Schwierigkeit. Die Einführung eines Sonderschutzes durch Schaffung eines speziellen *Leistungsschutzrechts* für die Computerprogramme erscheint daher durchaus diskutabel[195].

II. Bisherige Vorschläge

Vorschläge in dieser Richtung sind bereits unterbreitet worden[196]. So schlägt ein amerikanischer Autor[197] vor, ein Schutzsystem für die Programme zu schaffen, durch das für die konkreten Programme bzw. die detaillierten Programmbeschreibungen ein urheberrechtsähnlicher Schutz begründet wird, während die Grundkonzeptionen, also die Algorithmen, frei bleiben sollen. Der Schutz soll ohne Rücksicht auf Neuheit und Erfindungshöhe nach einer reinen Formalprüfung durch Registrierung des Programms bei einer dafür vorgesehenen Stelle entstehen. Diese soll die Grundkonzeption des Programms, den Algo-

---

[193] a.a.O. Fußn. 91, S. 218.

[194] Vgl. *Troller*, a.a.O. Fußn. 192, S. 275.

[195] *Sidler*, a.a.O. Fußn. 42, S. 74 ff., lehnt auch einen Leistungsschutz für die Programme ab, weil der Begriff der Leistung zu unbestimmt und eine gesetzliche Bestimmung des Schutzobjekts daher kaum möglich sei.

[196] Vgl. *Senhenn*: Wanted – A new Law to Protect Computer Program Material, 12 Computer Bull. 112 ff. (1968); *Morris*, a.a.O. Fußn. 22, S. 198 ff., der als Sofortmaßnahme eine Änderung des PatG empfiehlt. Für eine patentrechtliche Lösung auch *Wild*, a.a.O. Fußn. 46, S. 601 ff. Den detailliertesten Vorschlag hat *Galbi*, a.a.O. Fußn. 12, unterbreitet. Vgl. ferner *Verkade*: Bescherming van computer programma's, B.I.E. 1970, 58, 67 f. Auch in Japan geht die Rechtsentwicklung in diese Richtung, vgl. 1 P & E, No. 4, S. 1 (1972): Law for Protection of Software is Advised by MITI Committee. Der jüngste Detailvorschlag stammt von *Kirby*: Industrial Property Protection for Software, in: Some Topical Questions Concerning Protection of Industrial Property, a.a.O. Fußn. 91 a, S. 56 ff. Vgl. auch den Bericht über die National Computer Conference 1973: New Legislation Needed to Protect Computer Programs, PTCJ No. 132, A-6 ff. (1973).

[197] *Galbi*, ibid.

rithmus, veröffentlichen, während das hinterlegte Programm selber für die Schutzdauer geheimgehalten wird. Das Schutzrecht soll insbesondere unwirksam sein, wenn das hinterlegte Programm nicht hinreichend komplex oder seine Grundkonzeption ungenügend offenbart ist. Die Unwirksamkeitsgründe können erst im Verletzungsstreit geltend gemacht werden. Eine Verletzung des Schutzrechts soll vorliegen bei Vervielfältigung, abhängiger Nachschöpfung, Übersetzung und maschineller Ausführung des Programms sowie bei unbefugter Weiterübertragung des Besitzes.

III. Anforderungen an einen Sonderschutz

Ohne daß ich hier im einzelnen zu diesen Vorschlägen Stellung nehmen kann, müßte ein besonderes Schutzsystem für die Computerprogramme folgenden Mindestanforderungen genügen[198]: Der Gegenstand des Schutzrechts muß so klar und eindeutig definiert sein, daß ein Nebeneinander verschiedener Schutzrechte ausgeschlossen ist und Konkurrenzprobleme nicht mehr entstehen können. Er sollte auf die Computerprogramme im eigentlichen Sinne beschränkt sein. Die Einzelausgestaltung des Schutzes muß vor allem im Hinblick auf die Voraussetzungen zu seiner Erlangung und die damit verbundenen Kosten so beschaffen sein, daß er auch tatsächlich in Anspruch genommen wird und damit die anzustrebenden Ziele, Information zu vermitteln und Doppelarbeit zu verhindern, erreicht werden können. Ob dies bei einer obligatorischen Veröffentlichung der Grundkonzeption, des Algorithmus, der Fall wäre, muß bezweifelt werden. Es würde ausreichen, wenn eine detaillierte Beschreibung der Aufgabenstellung des Programms, seiner Leistungsfähigkeit, der Anlagenausstattung usw. veröffentlicht würde. Ferner müssen Verletzungstatbestände, Schutzumfang und Rechtsinhaberschaft den Besonderheiten der Computerprogramme Rechnung tragen. Schließlich sollte die Schutzdauer kurz bemessen sein.

Die Einführung eines solchen Sonderschutzes erscheint aber nur dann sinnvoll, wenn die nationalen Gesetzgeber nicht isoliert vorgehen, sondern eine Abstimmung auf internationaler Ebene gewährleistet ist, um ein heilloses Nebeneinander der verschiedensten Schutzsysteme zu verhindern[199]. Ihr vorausgehen müssen in jedem Falle auch umfassende tatsächliche Erhebungen, die Aufschluß geben nicht nur über das „Wie" eines Sonderschutzes, sondern gerade über das „Ob überhaupt". Denn vielleicht gilt auch für die Computerprogramme, was einmal ein hoher amerikanischer Richter sagte: „The best things in life are free."

Zusammenfassung

1. Die Computerprogramme und allgemein die Software stellen ein bedeutendes wirt-

---

[198] Vgl. dazu Report of the Advisory Group, a.a.O. Fußn. 2, S. 68, sowie *Fabien*, a.a.O. Fußn. 47, S. 217 f. Vgl. im einzelnen meinen im Namen der deutschen Landesgruppe der AIPPI erstatteten Bericht zu Frage 57 B (Schutz der Computerprogramme), der im AIPPI-Jahrbuch 1974/I erscheinen wird.

[199] Vgl. Report of the Advisory Group, ibid., sowie *Scherrer*: Le software-produit brevetable?, PIBD 1971 II 450.

schaftliches Potential dar und werden mehr und mehr zur marktfähigen Ware. Sie sind prima facie schutzbedürftig und schutzwürdig.

2. Für einen rechtlichen Schutz der Computerprogramme kommen das Vertrags-, Wettbewerbs-, Urheber- und Patentrecht in Betracht. Welche dieser Schutzformen rechtlich verfügbar und praktisch geeignet ist, hängt davon ab, was möglicher Schutzgegenstand aus dem Gesamtgebiet der Programmierung ist. Dies können grundsätzlich sein: der allgemeine mathematisch-logische Lösungsweg für eine durch Programmierung einer Datenverarbeitungsanlage zu lösende Aufgabe (programmierbare Verfahren), seine besondere algorithmische Aufbereitung oder das konkrete, detaillierte Programm selbst nebst seinen Vorstufen (Programmablaufplan und Datenflußplan).

3. Urheber-, vertrags- und wettbewerbsrechtlicher Schutz sind einfach und billig zu erlangen. Der Patentschutz bringt insofern administrative Schwierigkeiten und erhöhte Unsicherheiten für den Anmelder mit sich.

Vertrags- und Wettbewerbsschutz sind ihrer Wirkung nach eng begrenzt. Urheber- und Patentschutz sind weiterreichend. Das Urheberrecht erfaßt jedoch nicht den dem Programm zugrundeliegenden mathematisch-logischen Lösungsweg bzw. den Algorithmus als solchen.

Die Gefahr von Rechtsverletzungen ist nicht so hoch, wie z. T. angenommen wird. Die Chancen, Rechtsverletzungen aufzuspüren und zu beweisen, sind bei allen Schutzformen gering.

Der Umfang des durch das Urheberrecht gewährten Schutzes ist nicht so unzureichend, wie allgemein angenommen wird. Der patentrechtliche Schutz von programmierbaren Verfahren und Algorithmen ist sehr umfassend, reicht aber für konkrete Programme nicht weiter als das Urheberrecht.

Das Verhältnis von Urheber- und Patentschutz wirft im Hinblick auf die Software schwierige Rechtsfragen auf.

Ein Patentschutz für Computerprogramme ist aus Gründen des öffentlichen Interesses nicht unerläßlich.

4. Programmablaufpläne und codierte Programme sind urheberrechtsschutzfähig und genießen in der Regel auch tatsächlich Urheberrechtsschutz.

Die Patentfähigkeit von Computerprogrammen ist in hohem Maße kontrovers, schon im Hinblick darauf, was Computerprogramme im patentrechtlichen Sinne darstellen. Im Prinzip haben sich zwei Blöcke herausgebildet: die Länder des anglo-amerikanischen Rechtskreises lassen programmierbare Verfahren, Algorithmen und Computerprogramme in allen Präsentationsformen weitestgehend zum Patentschutz zu. Die Länder des kontinentaleuropäischen Rechtskreises versagen ihn in ebenso grundsätzlicher Weise. Echte Programme sind dabei nur zu einem kleinen Teil Gegenstand der streitigen Anmeldungen gewesen.

Programmierbare Verfahren und Algorithmen stellen kein patentrechtliches Sonderproblem dar, sondern lassen sich nach den allgemeinen Kriterien der Patentfähigkeit beurteilen. Entscheidend ist der materielle Kern der Erfindung. Auf den Umstand, daß eine automatische Ausführung mittels Computer möglich oder beabsichtigt ist, kommt es nicht an. Das Kriterium der Automatisierbarkeit ist nicht patentbegründend.

Die Computerprogramme im engeren Sinne sind ein Grenzfall, der sich nicht eindeutig unter den Begriff der technischen Erfindung einerseits, der Anweisung an den menschlichen Geist andererseits subsumieren läßt. Gegen eine grundsätzlich mögliche extensive Auslegung des Erfindungsbegriffs sprechen insofern Praktikabilitätserwägungen, patenttheoretische Gründe und Belange der Allgemeinheit.

5. Die Einführung eines Sonderschutzes für Computerprogramme durch Schaffung eines speziellen Leistungsschutzrechts ist grundsätzlich erwägenswert. Hierzu bedarf es eingehender tatsächlicher Erhebungen und internationaler Abstimmung des nationalen Vorgehens.

Summary

1. Software in general and computer programs in particular represent an important economic potential. More and more, these products become an object of business and trade. Prima facie, therefore, they are in need of protection as well as worthy of protection.

2. Protection for computer programs may theoretically be provided under contract law, unfair competition law, copyright law or patent law. Which of these types is legally available and practically suited depends upon the subject matter which, within the general field of programming, is capable of protection. This may be the following items: the general mathematically-logically defined way to solve a given problem to be performed by data processing (programmable processes); its special algorithmic solution; and, finally, the actual, detailed program itself (source and object program) and its preliminary stages (program flowchart and data flowchart).

3. Protection by contracts, copyrights, or the laws against unfair competition (such as trade secrets, protection against direct misappropriation, slavish imitation etc.) can be obtained easily and cheaply. Patent protection creates administrative problems, increased uncertainties for applicants, and higher costs.

Protection by contracts or the laws against unfair competition is verey limited. Copyright and patent protection are more extensive. However, the general mathematical-logical solution or the algorithm involved in a concrete program do not fall within the scope of copyright protection of the program itself.

Infringements of rights in computer programs are not as likely to occur as is partially assumed. But for all types of protection the chances of detecting and proving infringements are very low.

The scope of protection afforded by copyright law is not so insufficient as most authors suggest. The scope of patent protection for programmable processes and algorithms is very broad. For actual programs as such, however, it does not go beyond the scope of protection granted by copyright.

In regard to computer programs the relationship between copyright and patent law creates new and difficult legal problems.

Reasons of public policy do not mandate patent protection for computer programs.

4. Program flowcharts as well as source and object programs (coded instructions) are capable of copyright protection and, as a rule, actually enjoy that protection.

The patentability of computer programs is doubtful and highly controversial. Questions of dispute already arise with respect of the proper nature of computer programs in the patent law sense. Principally, there have developed two geograhical "blocks": the common law countries (except Australia) to a very large extent allow patent protection for programmable processes, algorithms and computer programs, the countries belonging to the European legal system (except the Federal Republic of Germany), on the other hand, deny it in general. It is important to note, however, that disputed patent applications, which have been subject of decisions of the courts or patent offices, involved actual programs only to a minor degree.

Programmable processes and algorithms do not raise special problems as to the application of patent laws; rather they may be qualified in accordance with the general conditions of patentability. Patentability depends upon the true substance of the claimed invention. It does not matter whether the invention may or is intended to be carried out automatically by a computer. The criterion of automatability is not decisive for the question of patentability of such processes.

Computer programs in a narrower sense represent a border-line case. They do not clearly fall within the concept of invention in its traditional meaning as having to be technical in character; neither do they clearly fall within the concept of mental processes. Even though it is, in principle, possible to construe the concept of invention extensively so as to include computer programs, considerable reasons of practicability, patent law theory, and public policy seem to be a bar for such integration.

5. There are good reasons to introduce new legislation to protect computer programs by creating a special neighboring right. Before such a step is taken thorough determination of all relevant factors is necessary as well as international harmonization of national action.

Paul Katzenberger

Urheberrecht und Dokumentation

Abstracts – Fotokopien – elektronische Datenbanken*

Übersicht

I Information und Dokumentation

1. Die ständig wachsende Informationslawine unserer Zeit ist bereits zum Schlagwort geworden. Sie begegnet in allen Bereichen der Naturwissenschaft

---

* Vortrag, gehalten in der Arbeitssitzung für Urheberrecht auf der Jahrestagung 1973 der Deutschen Vereinigung für gewerblichen Rechtsschutz und Urheberrecht in Frankfurt am Main am 31. Mai 1973. Der Text ist gegenüber dem Vortrag geringfügig erweitert und durch Anmerkungen ergänzt worden. Der Beitrag ist zuerst in der Zeitschrift Gewerblicher Rechtsschutz und Urheberrecht (GRUR) 1973, 629 erschienen.

und der Technik[1], aber auch auf den Gebieten des Rechts[2] und der Verwaltung, der Politik, der Wirtschaft und des gesamten Sozialwesens. Sie steht zum einen in enger Wechselbeziehung mit einer atemberaubenden Zunahme der wissenschaftlichen Erkenntnisse und technischen Möglichkeiten und findet ihren Grund zum anderen in immer komplexer werdenden Beziehungen der Menschen in einer enger werdenden Welt. Wenn dabei von Information die Rede ist, so handelt es sich nicht nur um das gedruckte und publizierte Wissen in Büchern und Zeitschriften. Vor allem im Bereich der Naturwissenschaften und der Technik sind daneben auch andere Informationsträger von erheblicher Bedeutung, etwa Patentschriften, nicht-publizierte Forschungsberichte, Kongreßunterlagen, Firmenschriften und ähnliches mehr. In den Bereichen des Rechts und des Sozialwesens stehen neben Gesetzen, Gesetzesmaterialien, Entscheidungen und dem wissenschaftlichen Schrifttum vor allem die wichtigen Sozialdaten[3], nämlich Statistiken, Analysen und Prognosen über rechtlich sowie rechts- und sozialpolitisch bedeutsame Tatsachen.

2. Die systematische Erfassung, Ordnung und Vermittlung von Informationen ist Aufgabe der Dokumentation. Insbesondere in den Bereichen der Naturwissenschaften und der Technik ist es ihr wesentliches Ziel, unnötige und kostspielige Doppel- und Mehrfacharbeit zu verhindern und Fehlentwicklungen vorzubeugen. Im Rechtswesen – um nur einen weiteren wichtigen Bereich zu nennen – ist es Aufgabe der Dokumentation, allen, die das Recht in Gesetzgebung, Rechtsprechung und Verwaltung, in Wissenschaft und Beratung kennen und anwenden müssen, schnelle, umfassende, zuverlässige und objektive Informationen über die schon genannten rechtserheblichen Gegenstände zu vermitteln und damit die Überschaubarkeit des Rechts, die Rechtssicherheit und die Gerechtigkeit zu gewährleisten.

3. Zur Erfüllung ihrer Aufgaben arbeitet die Dokumentation mit bestimmten Methoden und Techniken. Unter ihnen sind auch heute noch Bibliographien mit verschiedenen Registern, Handbücher und Nachschlagewerke, Karteien und

---

[1] Exakte Zahlen lassen sich kaum ermitteln. *Arntz*, Die Zukunft des wissenschaftlichen Buches, in: Das wissenschaftliche Buch, Schriften zur Buchmarktforschung 16, Hamburg 1969, S. 137, 142 f. nennt für die Chemie eine jährliche Wachstumsrate der Information von 10%, für das Gebiet der Kernenergieforschung von 20% und für die Luft- und Raumfahrtforschung von 30%. Auf dem letztgenannten Gebiet bedeutet das eine Verdoppelung des Schrifttums jeweils innerhalb von drei Jahren. Zum Wachstum der patent- und naturwissenschaftlichen Literatur auch *Hoepffner*, Dépôt légal technique?, Überlegungen zum absoluten Neuheitsbegriff im Patentrecht, in: Rechtsvergleichung, Interessenausgleich und Rechtsfortbildung, Festschrift für *Eugen Ulmer* zum 70. Geburtstag, GRUR Int. 1973, S. 370–372.

[2] Zur juristischen Informationslawine vgl. *Simitis*, Informationskrise des Rechts und Datenverarbeitung, Karlsruhe 1970, S. 22 ff., 141 ff.; *Steinmüller* und andere, EDV und Recht, Einführung in die Rechtsinformatik, JA Sonderheft 6, Berlin 1970, S. 45; Juristisches Informationssystem mit Hilfe der elektronischen Datenverarbeitung, Bericht der Arbeitsgruppe für Datenverarbeitung im Bundesministerium der Justiz vom 1. 2. 1970, Beilage Nr. 8/70 zum Bundesanzeiger Nr. 41 vom 28. 2. 1970, S. 3; Das Juristische Informationssystem – Analyse, Planung, Vorschläge, Bericht der Projektgruppe BMJ/GMD/C-E-I-R, hrsg. vom Bundesministerium der Justiz, Karlsruhe 1972, S. 22 ff.

[3] Dazu *Simitis*, a.a.O. Fußn. 2, S. 84 ff.; *Steinmüller* und andere, a.a.O. Fußn. 2, S. 67.

Bibliothekskataloge unentbehrlich. Sie allein sind aber nicht mehr in der Lage, die wachsende Informationsflut zu bewältigen.

Neben ihnen haben daher insbesondere auf technisch-naturwissenschaftlichem Gebiet kurzgefaßte Literatur- und Forschungsberichte („Abstracts", „Resümees") erhebliche Bedeutung erlangt. In ihnen wird möglichst aktuell über den Inhalt insbesondere von Abhandlungen in wissenschaftlichen Zeitschriften, über Patente, Vorträge und nicht-publizierte Forschungsergebnisse referiert. Solche Berichte sind freilich als Dokumentations- und Informationsmittel nicht neu, sie erscheinen vielmehr zum Teil seit vielen Jahrzehnten in sog. Referatezeitschriften[4]. Auch herkömmliche Karteisysteme arbeiten zum Teil mit dieser Methode[5]. Neueren Datums aber sind Dokumentations- und Informationstechniken, die in Kombination mit der Abstract-Methode eingesetzt werden können und ihr neue Dimensionen erschließen, die verbesserte Fotokopie nämlich, einschließlich der Mikrokopie, und vor allem die elektronische Datenverarbeitung.

Die modernen Techniken und Möglichkeiten der Reprographie[6] oder – um einen vor allem dem Urheberrechtler als Stichwort geläufigeren Begriff zu verwenden – der in einem weiten Sinne zu verstehenden Fotokopie sind uns allen bekannt, die Thermokopie und die Fotokopie im engeren Sinne, nämlich die Kopie auf lichtempfindlichem Papier, die Mikrokopie mittels Mikrofilm und Mikrofiche bis hin zur elektrostatischen Kopie nach dem Xerox-Verfahren und mittels verwandter Techniken[7]. Entscheidender Vorzug der modernen Kopiertechnik ist, daß mit ihr von jeder gedruckten Vorlage oder auch von Mikrovorlagen schnell, billig[8], einfach und in hoher Qualität einzelne Vervielfältigungs-

---

[4] Bekannt sind beispielsweise die in den USA erscheinenden „Chemical Abstracts", „Biological Abstracts" und „Psychological Abstracts", die in Großbritannien erscheinenden „Science Abstracts", das französische „Bulletin Signalétique" und die deutschen „Physikalischen Berichte". Neueren Datums sind etwa die „euro abstracts" (früher: „Euratom Informationen") der Kommission der Europäischen Gemeinschaften, in denen über einschlägige Patente sowie über Artikel, Berichte und Vorträge berichtet wird, die im Rahmen des wissenschaftlich-technischen Programms der Europäischen Gemeinschaften verfaßt werden.

[5] Vgl. z. B. die GRUR-Dokumentation zum deutschen, ausländischen und internationalen gewerblichen Rechtsschutz und Urheberrecht des Max-Planck-Instituts für ausländisches und internationales Patent-, Urheber- und Wettbewerbsrecht, München.

[6] Der Begriff „Reprographie" bezeichnet die „Gesamtheit der Kopierverfahren mittels elektromagnetischer Strahlung", so Brockhaus Enzyklopädie, Band 15, Wiesbaden 1972, Stichwort „Reprographie".

[7] Zu den verschiedenen Methoden und Techniken der Reprographie siehe die Broschüre Vervielfältigung und Mikroverfilmung, hrsg. von der Kommunalen Gemeinschaftsstelle für Verwaltungsvereinfachung, 2. Aufl., Köln 1971, S. 31 ff.; *G. Müller*, Entwicklungsstand und Tendenzen der reprographischen Verfahren, Nachr. Dok. 1969, S. 21–23; *H. E. Müller*, Tendenzen der Technik der Reprographie, Nachr. Dok. 1969, S. 24–26.

[8] Nach Angaben aus der Industrie beträgt der derzeit niedrigste Preis pro Kopie (Format DIN A4) weniger als 6 Pfennige. Der Preis ist vor allem abhängig vom Gerätetyp und vom Kopiervolumen.

stücke hergestellt werden können[9]. Doch ihre Möglichkeiten reichen weiter. Sie gestattet die Herstellung von bis zu 7000 Kopien in der Stunde[10] und nähert sich damit schon fast den Leistungen der Drucktechnik. Zumindest schlägt sie die Brücke zu dieser Technik, indem sie die Herstellung von Druckträgern für den Offsetdruck ermöglicht[11].

Kopien sind heute ein nahezu unentbehrliches Arbeitsmittel in Bibliotheken, wissenschaftlichen Instituten, Behörden und im Unterrichtswesen, in privaten und öffentlichen Unternehmen, im Verbandswesen und bei den freien Berufen. Was insbesondere die Bibliothekskopien betrifft, so stehen sie zum Teil in engem Zusammenhang mit den schon genannten Referatediensten. Benutzer dieser Dienste können von Bibliotheken Vervielfältigungsstücke der referierten Originalabhandlungen erhalten. Teilweise werden solche Kopien von den Referatediensten auch selbst angeboten[12]. Lesbare Kopien sind schließlich neben dem Bildschirm und dem Output mittels Schnelldrucker vielfach auch die letzten unmittelbar nutzbaren Informationsträger im Rahmen der Dokumentation mittels Datenbanken.

Die Mikrokopie als besondere Form der Fotokopie findet bisher ihre Hauptbedeutung trotz brauchbarer Lesegeräte nicht als unmittelbarer Informationsmittler, sondern als Zwischenträger von Informationen. Die wesentlichen Vorzüge der Mikrokopie liegen in ihrer hohen Speicherkapazität[13], den geringen Ausmaßen und dem niedrigen Gewicht. Sie eignet sich daher besonders für die Archivierung großer Informationsmengen und für den Versand von Kopien schriftlicher Materialien[14]. So versenden beispielsweise bestimmte Referatedienste und Bibliotheken auch Mikrokopien. Mit entsprechenden Rückvergrößerungsgeräten können von ihnen jederzeit lesbare Kopien hergestellt werden. Systeme mit codierten Mikrofilmen bieten schließlich allein oder in Verbindung mit elektronischen Datenbanken die Möglichkeit, bestimmte mikroverfilmte In-

---

[9] Vgl. Project. New Technology and the Law of Copyright: Reprography and Computers (im folgenden zitiert: UCLA-Project), 15 UCLA L. Rev. 931, 941 (1968): „This ability to produce single copies economically is the major feature of the reprographic revolution."

[10] Nach *Thiele*, Reprographie in der modernen Dokumentation, in: Dokumentation und Information, hrsg. von *E. Lutterbeck*, Frankfurt a. M. 1971, S. 173, 174. Ebenso *Arntz*, a.a.O. Fußn. 1, S. 144.

[11] Vgl. Vervielfältigung und Mikroverfilmung, a.a.O. Fußn. 7, S. 34, 39 f.

[12] So versendet beispielsweise nach Angabe von *Desjeux*, Photocopying and Copyright, Copyright 1973, 51 = DdA 1973, 51 das französische Centre national de la recherche scientifique (CNRS) jährlich über eine Million Kopien der referierten in- und ausländischen Zeitschriftenabhandlungen. Über ähnliche Praktiken eines deutschen Referatedienstes berichtet *Reichel*, Urheberrecht und technische Entwicklung, BBl. Frankfurt 1972, S. 2, 7.

[13] Die Mikrokopie ist insoweit selbst den Magnetspeichern überlegen. Vgl. dazu *Thiele*, a.a.O. Fußn. 10, S. 174 ff.

[14] Vgl. dazu *Arntz*, a.a.O. Fußn. 1, S. 141 ff. *Arntz* berichtet, daß beispielsweise das amerikanische Clearinghouse for Federal Scientific and Technical Information jährlich über 2 Millionen Kopien von Dokumenten als Mikrofiche in alle Welt versendet. Die in den „euro abstracts" referierten Berichte dieses Clearinghouse kosten für den Besteller in gedruckter Form 3 $, in Form von Mikrofiche nur 0,65 $.

formationen aus großen Archiven und Magazinen aufzusuchen und auf Bildschirm oder durch Rückvergrößerung wahrnehmbar zu machen[15].

Elektronische Datenverarbeitungsanlagen schließlich sind heute als die eigentliche Lösung der Dokumentations- und Informationsprobleme erkannt. Eine Reihe von Projekten arbeitet bereits oder befindet sich im Stadium fortgeschrittener Planung[16]. Relativ hohe Speicherkapazität und vor allem der schnelle Zugriff, der rasche Änderungsdienst sowie die Möglichkeiten der automatischen Textverarbeitung und des Dialogs Mensch – Maschine sind ihre herausragenden Eigenschaften. Die heute schon mögliche Datenfernverarbeitung ermöglicht darüber hinaus den Abruf von Informationen aus zentralen Informationssystemen über große Entfernungen hinweg[17]. Der „Traum vom direkten Zugriff" auf den zentralen Großspeicher, wie einmal formuliert worden ist, ist technische Wirklichkeit und nur noch eine Frage der Kosten[18].

Bei der Einspeicherung von Informationen in Datenbanken unterscheidet man Lang-Text-, Abstract- und Index-Verfahren, je nachdem, ob volle Texte, kurzgefaßte Referate oder lediglich sog. Deskriptoren (Stichwörter), jeweils verbunden mit den bibliographischen Daten, gespeichert werden[19]. Der hohe Speicherbedarf und die damit verbundenen hohen Kosten zwingen in vielen Fällen, eine der beiden letztgenannten Methoden zu wählen. Je nach Art der Einspeicherung können aus den Datenbanken auch wieder volle Texte, Abstracts oder lediglich bibliographische Nachweise abgerufen werden. Die Verbindung von elektronischen Datenbanken mit Mikrofilmarchiven, in denen die vollen Texte gespeichert sind, kann aber in jedem Falle den Abruf auch der vollen Informationen über Bildschirm, Schnelldruck, lesbare Kopie oder Mikrokopie gewährleisten[20].

II Dokumentation als urheberrechtlich relevante Werkverwertung

1. Die herkömmliche Dokumentation mittels Bibliographien und Registern, Handbüchern, Nachschlagewerken, Karteien und Katalogen ließ ihrer Anlage nach das Urheberrecht grundsätzlich unberührt. Interessen der Urheber und Verleger wurden nicht beeinträchtigt, vielmehr sogar gefördert, weil die so verbreiteten Informationen nur dem Absatz ihrer Werkexemplare zugute kamen.

---

[15] Vgl. dazu *Plankert*, Möglichkeiten und Anwendung des codierten Mikrofilms, Nachr. Dok. 1969, S. 29–31; *Fauth*, Information Retrieval im Mikrofilm-System, Nachr. Dok. 1969, S. 32–34.

[16] Vgl. dazu den instruktiven Überblick bei *Ulmer*, Elektronische Datenbanken und Urheberrecht, München 1971, S. 12 ff.

[17] Vgl. *Dworatschek*, Einführung in die Datenverarbeitung, 2. Aufl., Berlin 1969, S. 281 ff.; auch *Steinmüller* und andere, a.a.O. Fußn. 2, S. 43; *Ulmer*, a.a.O. Fußn. 16, S. 11.

[18] *Arntz*, a.a.O .Fußn. 1, S. 151 ff.

[19] Vgl. zu den einzelnen Verfahren *Ulmer*, a.a.O. Fußn. 16, S. 5 f., 18 ff. (einzelne praktizierte Systeme); *Katzenberger* und *Kolle*, Die urheberrechtliche Beurteilung computerunterstützter parlamentarischer Informations- und Dokumentationssysteme, in: Gesetzesplanung – Beiträge der Rechtsinformatik, hrsg. von der Arbeitsgemeinschaft Rechtsinformatik München/Regensburg (EDV und Recht Band 4), Berlin 1972, S. 181, 188 ff. = Nachr. Dok. 1972, 94, 96 f.; *Steinmüller* und andere, a.a.O. Fußn. 2, S. 46 f.

[20] Zu einem solchen gemischten Dokumentations- und Informationssystem vgl. *Goose*, Urheberrechtliche Probleme der Pressedatenbank, GRUR 1973, S. 4–15.

So ließ sich allenfalls die insoweit rein akademische Frage des urheberrechtlichen Titelschutzes bei Aufnahme der bibliographischen Daten[21] stellen, in Einzelfällen, etwa bei Nachschlagewerken und Handbüchern, vielleicht auch einmal die Frage einer Urheberrechtsverletzung.

Anders die neuartigen Dokumentationstechniken, die Reprographie und die elektronische Datenverarbeitung. Sie vermögen nicht mehr nur Informationen über die Existenz bestimmter Werke zu vermitteln, sie können vielmehr zugleich den gesamten Inhalt dieser Werke mitteilen. Damit aber treten sie in Konkurrenz zu der grundsätzlich dem Urheber und seinem Verleger vorbehaltenen Werkverwertung und lassen die Frage nach den urheberrechtlichen Konsequenzen stellen.

2. Urheberrechtliche Befugnisse an Gegenständen der Dokumentation sind freilich nur dort im Spiel, wo es sich um geschützte Werke handelt. Dies führt nicht nur zu der allgemeinen Frage nach der Werkqualität, den Voraussetzungen einer persönlichen geistigen Schöpfung – kurze, einfache Tatsachenmitteilungen sind danach beispielsweise nicht geschützt[22] –, sondern darüber hinaus vor allem bei wissenschaftlichen Werken zu der Frage nach ihren geschützten und freien Elementen. Wissenschaftliche Erkenntnisse, Gedanken und Lehren entbehren nämlich als solche den urheberrechtlichen Schutz, sie können nach ihrer Veröffentlichung auch im Rahmen der Dokumentation, etwa bei der Formulierung von Abstracts, frei verwertet werden[23]. Zu den geschützten Elementen wissenschaftlicher Werke zählt aber im übrigen nicht nur die individuelle Sprachform, rechnen vielmehr auch, wie *Ulmer* sagt[24], „die Gedanken in ihrer Fülle und in ihrer Beziehung zueinander", „die wissenschaftliche Begründung in der Vielheit der gewählten Beispiele, der inneren Bezüge und der Schlußfolgerungen".

Werden im Rahmen der Dokumentation einem Werk lediglich Stichwörter (sog. Deskriptoren) entnommen, beispielsweise beim Index-Verfahren im Zusammenhang mit der Einspeicherung in Datenbanken oder auch bei herkömmlichen Registern und Karteien, so ist das Urheberrecht am Werk grundsätzlich nicht berührt[25]. Anders liegt es bei einer individuellen Auswahl von Stichwörtern, die der Autor des Werkes selbst getroffen hat, und bei herkömmlichen Stichwortverzeichnissen (Sachregistern) in Büchern. Nur im ersteren Falle spricht eine Vermutung dafür, daß der Autor mit einer Verwendung seiner Stichwörter zu Dokumentationszwecken einverstanden ist[26].

Vor allem auf dem Gebiet des juristischen Dokumentations- und Informations-

---

[21] Vgl. dazu in rechtsvergleichender Sicht *Ulmer*, a.a.O. Fußn. 16, S. 42 f.

[22] Vgl. *Möhring-Nicolini*, Urheberrechtsgesetz, München und Berlin 1970, § 49 Anm. 12; *Ulmer*, a.a.O. Fußn. 23, S. 236.

[23] Vgl. allgemein *Ulmer*, Urheber- und Verlagsrecht, 2. Aufl., Berlin-Göttingen-Heidelberg, 1960, S. 108.

[24] A.a.O. Fußn. 23.

[25] Siehe dazu *Ulmer*, a.a.O. Fußn. 16, S. 43 und Einspeicherung und Wiedergewinnung urheberrechtlich geschützter Werke durch Computer-Anlagen, GRUR 1971, S. 297, 298; *Katzenberger* und *Kolle*, a.a.O. Fußn. 19, S. 189 = Nachr. Dok. 1972, S. 97.

[26] Vgl. *Katzenberger* und *Kolle*, a.a.O. Fußn. 19, S. 189 f. = Nachr. Dok. 1972, S. 97.

wesens kommt daneben dem Ausschluß amtlicher Werke vom Urheberrechtsschutz erhebliche Bedeutung zu[27]. Gemäß § 5 Abs. 1 URG genießen „Gesetze, Verordnungen, amtliche Erlasse und Bekanntmachungen sowie Entscheidungen und amtlich verfaßte Leitsätze zu Entscheidungen" keinen urheberrechtlichen Schutz. Sie dürfen daher aus urheberrechtlicher Sicht[28] frei verwertet werden. Urheberrechtlich nicht geschützt sind auch „andere amtliche Werke, die im amtlichen Interesse zur allgemeinen Kenntnisnahme veröffentlicht worden sind"[29]. Die weite Formulierung dieser Bestimmung des § 5 Abs. 2 URG darf freilich angesichts der heute so verbreiteten Publikationstätigkeit öffentlicher Organe und Behörden nicht dazu verleiten, den Kreis der ungeschützten amtlichen Werke zu weit zu ziehen[30]. Vom urheberrechtlichen Schutz ausgeschlossen ist danach aber z. B. der für die naturwissenschaftliche und technische Dokumentation so wichtige Bereich der Patentschriften[31].

Zu beachten bleibt im übrigen, daß Bearbeitungen amtlicher Werke durchaus dem urheberrechtlichen Schutz zugänglich sind. Streitig ist dabei die m. E. zu bejahende Frage, ob beispielsweise auch in der bloßen Kürzung gerichtlicher Entscheidungen eine den Urheberrechtsschutz begründende Leistung liegen kann[32]. Dies ist für Dokumentationssysteme von Bedeutung, die Entscheidungen übernehmen wollen, die in Zeitschriften nur auszugsweise und mit gekürztem Sachverhaltsteil abgedruckt sind.

3. Als Dokumentationsmethode, die an sich von den neuen Dokumentationstechniken unabhängig ist, bereitet die Abstract-Methode besondere Schwierigkeiten in der urheberrechtlichen Beurteilung. Daß sie nicht notwendig zu Urhe-

---

[27] Vgl. dazu auch *Goose*, Urheberrechtliche Hindernisse für Datenbanken?, Sonderdruck aus ÖVD zum Kongreß „Juristische Informationssysteme – EDV und Recht" der Verlegervereinigung Rechtsinformatik e.V. vom 22.–24. Mai 1973 in München, S. 4; *Katzenberger* und *Kolle*, a.a.O. Fußn. 19, S. 190 ff. = Nachr. Dok. 1972, S. 97 ff.; *Ulmer*, a.a.O. Fußn. 16, S. 42.

[28] Zu beachten ist aber, daß insbesondere die reprographische Vervielfältigung und Verbreitung von Gesetzen und Entscheidungen unter Benutzung fremder Sammlungen oder Zeitschriften als Druckvorlage u. U. unter dem Gesichtspunkt der unlauteren unmittelbaren Leistungsübernahme gegen § 1 UWG verstoßen kann. Vgl. dazu insbesondere die Entscheidungen des BGH vom 30. 10. 1968 – „Reprint", BGHZ 51, 41 = GRUR 1969, S. 186 und vom 17. 9. 1971 – „Formulare", GRUR 1972, S. 127.

[29] § 5 Abs. 2 URG schreibt in Verbindung mit den dort bezogenen Bestimmungen der §§ 62, 63 URG vor, daß bei der Verwertung der „anderen amtlichen Werke" Änderungen grundsätzlich nicht vorgenommen werden dürfen und die Quelle stets deutlich anzugeben ist. Darin liegt gerade im Bereich der Dokumentation keine entscheidende Behinderung der Werkverwertung. Siehe dazu auch *Goose*, a.a.O. Fußn. 27, S. 4.

[30] Vgl. dazu ausführlich und mit Hinweisen auch auf abweichende Auffassungen *Katzenberger*, Die Frage des urheberrechtlichen Schutzes amtlicher Werke, GRUR 1972, S. 686–695.

[31] *Katzenberger*, a.a.O. Fußn. 30, S. 693 f.

[32] Verneinend *Nordemann-Hertin*, Urheberrechtlicher Werkschutz an veröffentlichten Gerichts- und Verwaltungsentscheidungen?, NJW 1971, S. 688–690; *Fromm-Nordemann*, Urheberrecht, Kommentar, 2. Aufl., Stuttgart-Berlin-Köln-Mainz 1970, § 3 URG Anm. 4 a; *Brutschke*, Urheberrecht und EDV, München 1972, S. 69 (bezüglich bloßer Kürzungen, anders für die gedrängte Darstellung des Sachverhalts von Entscheidungen). Wie hier: *Ulmer*, a.a.O. Fußn. 25, S. 298 Fußn. 6; *Möhring-Nicolini*, a.a.O. Fußn. 22, § 3 Anm.

berrechtsverletzungen führen muß, zeigt sich schon daran, daß sie in Referatezeitschriften und Karteien seit Jahrzehnten unangefochten Verwendung findet. Was sie heute generell als Beeinträchtigung der urheberrechtlich geschützten Interessen erscheinen läßt, sind zumeist nicht die Abstracts als solche, sondern die mit ihnen in Verbindung stehende Übung, von den referierten Originalbeiträgen Kopien herzustellen oder herstellen zu lassen[33]. Hierzu sind die Abstracts nur das auslösende Moment, nicht anders als ein Werktitel, der den Inhalt einer Schrift treffend kennzeichnet. Das eigentliche Problem liegt hier bei den Kopien.

Abstracts als solche verletzen das Urheberrecht an den referierten Werken freilich dann, wenn sie die Lektüre dieser Werke ersetzen[34]. Im einzelnen ist hier aber zu entscheiden. Auch jedes Abstract, das nur exakte Hinweise auf den Gegenstand eines Werkes gibt und damit erkennen läßt, daß das referierte Werk für den Leser des Abstract nicht von Interesse ist, erspart diesem die Lektüre des Werkes und beeinträchtigt damit seinen Absatz. Dies führt im größeren Maßstab dazu, daß wissenschaftliche Bibliotheken viele Zeitschriften nicht abonnieren, weil ihre Benutzer durch Referatedienste ausreichend auf die sie interessierenden Publikationen hingewiesen werden. Insoweit aber sind schützenswerte Interessen der Urheber und Verleger nicht verletzt, weil eine Verwertung ihrer Werke gerade nicht stattfindet (und nicht stattfinden kann). Anders ist es aber dann, wenn ein Werk seinem Inhalt nach von Interesse ist, das Abstract aber bereits selbst diesen Inhalt in seinen wesentlichen Zügen wiedergibt, so daß der Benutzer auf den Bezug des Originalbeitrags verzichten kann.

---

5 d. Entscheidend ist ‚daß – wie sich auch aus § 4 URG (Sammelwerke) ergibt – eine urheberrechtlich relevante Leistung auch in der bloßen Auslese liegen kann. Zwischen der Auslese einzelner Textstellen aus einer Entscheidung und der Auslese einzelner Entscheidungen aus einer Vielzahl von Entscheidungen, wie bei Entscheidungssammlungen, besteht kein prinzipieller Unterschied. Die Übernahme sämtlicher Entscheidungen aus einer Entscheidungssammlung, wie der von *Lindenmaier/Möhring*, ist selbst dann eine Urheberrechtsverletzung, wenn die Entscheidungen neu geordnet werden. Nicht ganz eindeutig insoweit *Brutschke*, a.a.O. diese Fußn., S. 76.

[33] Vgl. z. B. *Reichel*, a.a.O. Fußn. 12, S. 7.

[34] Vgl. *Ulmer*, a.a.O. Fußn. 16, S. 44; *Goose*, a.a.O. Fußn. 20, S. 7 und Fußn. 27, S. 5. Im Sinne des deutschen Urheberrechts liegt insoweit eine abhängige Bearbeitung oder eine Vervielfältigung wesentlicher Teile des Werkes vor, die der Zustimmung durch den Urheber des Originalwerks bedürfen. Zur Wertung in ausländischen Rechtsordnungen siehe *Ulmer*, a.a.O. Die Dokumentationswissenschaft bemüht sich im übrigen um eine klare Abgrenzung der verschiedenen möglichen Formen von Abstracts (Inhaltsangaben). Vor allem wird vorgeschlagen, exakt zwischen Kurzfassungen und Kurzreferaten zu unterscheiden. Dabei hat die Kurzfassung die Aufgabe, dem Leser die Lektüre des Originaldokuments möglichst zu ersparen, das Kurzreferat verfolgt dagegen den begrenzten Zweck, dem Leser erkennen zu lassen, ob das Dokument selbst für ihn von Interesse ist. Die Inhaltsangaben betreffende DIN-Norm 1426 entspricht dieser klaren Unterscheidung freilich nicht. Vgl. zum ganzen *Harbeck-Lutterbeck*, Inhaltsangaben in der Dokumentation, Nachr. Dok. 1968, S. 15–18. In urheberrechtlicher Sicht würde die Kurzfassung das Urheberrecht tangieren, das Kurzreferat nicht.

Urheberpersönlichkeitsrechtliche Interessen können darüber hinaus betroffen sein, wenn Abstracts den Inhalt unveröffentlichter Werke, beispielsweise innerbetrieblicher Forschungsberichte, öffentlich beschreiben (§ 12 Abs. 2 URG) oder wenn der Inhalt eines Werkes verfälscht beschrieben wird (§ 14 URG).

4. Keine Schwierigkeiten bereitet die urheberrechtliche Beurteilung von reprographischen Kopien, soweit die grundsätzliche Frage nach der urheberrechtlich relevanten Werkverwertung reicht. Die Herstellung einer Kopie, gleich in welchem Verfahren, ist als Vervielfältigung zu werten, die grundsätzlich dem Urheber vorbehalten ist (§§ 15 Abs. 1, 16 Abs. 1 URG). Eine Vervielfältigung liegt auch in der Herstellung von Mikrokopien, ungeachtet der Tatsache, daß diese die unmittelbare Wahrnehmung der kopierten Werke nicht erlauben[35]. Das eigentliche Problem der Kopien liegt auf anderer Ebene, nämlich auf der der gesetzlichen Schranken des Vervielfältigungsrechts.

5. Auch in der Einspeicherung, Verarbeitung und Ausgabe von Werken durch elektronische Datenverarbeitungsanlagen liegen zum großen Teil urheberrechtlich relevante Verwertungshandlungen, soweit geschützte Werke betroffen sind. Als grundsätzlich vom Verbotsrecht des Urhebers umfaßte Werkvervielfältigung gilt nach deutschem Recht (§ 16 URG) jede körperliche Festlegung des Werkes. Es genügt ihre Eignung, das Werk den menschlichen Sinnen mittelbar, z. B. mittels bestimmter Geräte oder auf Grund weiterer Verfahrensschritte, wahrnehmbar zu machen[36]. Daher sind im Prinzip alle Formen der Einspeicherung als Vervielfältigungen anzusehen, soweit bei ihnen das Werk auf Lochkarten oder Lochstreifen, auf Mikrofilm oder auf Magnetkarte oder -band, Magnettrommel oder -platte oder auch in chemischer Form festgehalten wird[37].

Mit der Einspeicherung in Datenbanken der Funktion nach verwandt ist die Herstellung eines herkömmlichen Drucksatzes. Das Reichsgericht hat diese in einer Entscheidung aus dem Jahre 1923[38] nicht als Vervielfältigung im Sinne des Urheberrechts beurteilt, weil von einer Vervielfältigung nur gesprochen werden könne, wenn der hergestellte Gegenstand es seiner konkreten, unmittelbaren Form nach zulasse und bezwecke, daß unbeteiligte Personen aus ihm den Inhalt des Werkes zu erkennen vermögen .Es entspricht aber heute der ganz herr-

---

[35] Nach der Definition im Regierungsentwurf zum Urheberrechtsgesetz (1962), Bundestagsdrucksache IV/270, S. 47 sind Vervielfältigungen alle „körperlichen Festlegungen, die geeignet sind, das Werk den menschlichen Sinnen auf irgendeine Weise unmittelbar oder mittelbar wahrnehmbar zu machen". Das im Text dargestellte Ergebnis folgt auch aus § 16 Abs. 2 URG, wonach auch die Übertragung eines Werkes auf Bild- oder Tonträger eine Vervielfältigung darstellt.

[36] Vgl. Regierungsentwurf zum Urheberrechtsgesetz (1962), a.a.O. Fußn. 35, S. 47.

[37] Siehe *Ulmer*, a.a.O. Fußn. 16, S. 48 und a.a.O. Fußn. 25, S. 300 (a.a.O. Fußn. 16, S. 45 ff. auch ausführlich zur Beurteilung nach der Stockholmer Fassung der Berner Übereinkunft und nach dem Recht der Verbandsländer); *Brutschke*, a.a.O. Fußn. 32, S. 72 ff.; *Goose*, a.a.O. Fußn. 27, S. 5 ff.; *Katzenberger* und *Kolle*, a.a.O. Fußn. 19, S. 194 f. = Nachr. Dok. 1972, 99.

[38] RG vom 7. 11. 1923 – „Gottfried Kellers Werke", RGZ 107, 277, 279.

schenden Auffassung, daß diese Einschränkung jedenfalls dem geltenden Recht nicht mehr zu entnehmen ist[39].

Fraglich ist heute nur noch eine Form der Einspeicherung, bei der von vornherein beabsichtigt ist, das Werk weder ganz noch in geschützten Teilen wieder wahrnehmbar zu machen. Zu denken ist beispielsweise an Fälle, in denen die Einspeicherung nur zur Durchführung syntaktischer, semantischer oder linguistischer Analysen vorgenommen wird oder wo lediglich beabsichtigt ist, kurze, urheberrechtlich nicht geschützte Informationen im Wege der Datenverarbeitung zu gewinnen, bibliographische Daten beispielsweise oder Stichwörter[40]. Da die gespeicherten Werke auch in solchen Fällen zweifelsfrei genutzt werden, sind auch solche Einspeicherungen als Vervielfältigungen zu werten[41]; eine andere Frage ist, ob insoweit gesetzliche Schranken des Urheberrechts die zustimmungsfreie Einspeicherung erlauben.

Soweit es im Rahmen der Datenverarbeitung zu weiteren körperlichen Festlegungen der gespeicherten Werke kommt, sind auch hierin neue Akte der Vervielfältigung zu sehen[42]. Im Hinblick auf die Informationsausgabe, den sog. Output, ist zu unterscheiden: Urheberrechtlich relevante Verwertungshandlungen liegen hier einmal nur dann vor, wenn ganze gespeicherte Werke oder wesentliche Teile davon ausgegeben werden, was beispielsweise – wie schon erwähnt – bei bloßen bibliographischen Daten oder Stichwörtern nicht der Fall ist. Im übrigen liegt in jeder erneuten körperlichen Festlegung, gleich ob mittels Schnelldruck, auf Fotokopie oder Mikrokopie, wiederum eine Vervielfältigung. Die bloße unkörperliche Wiedergabe über den Bildschirm aber kann nach geltendem Recht nicht als urheberrechtlich relevante Verwertungshandlung gewertet werden, soweit ein Bildschirm immer nur von einer oder ganz wenigen Personen betrachtet werden kann. Das Recht zur unkörperlichen Wiedergabe seiner Werke ist dem Urheber nämlich nur insoweit vorbehalten, als die Wiedergabe öffentlich, d. h. gegenüber einer Mehrzahl von Personen (vgl. § 15 Abs. 3 URG), erfolgt[43]. Die immerhin denkbare Tatsache, daß mehrere Personen das Werk räumlich voneinander getrennt auf mehreren Bildschirmen oder zeitlich nacheinander auf ein und demselben Bildschirm wahrnehmen können, führt nicht zur Öffentlichkeit der Wiedergabe[44]. In vielen Fällen wird sich aber mit

---

[39] Vgl. *Ulmer*, a.a.O. Fußn. 16, S. 48 und a.a.O. Fußn. 25, S. 300; *Brutschke*, a.a.O. Fußn. 32, S. 73; *Goose*, a.a.O. Fußn. 27, S. 6 f.; *Fromm-Nordemann*, a.a.O. Fußn. 32, § 16 URG Anm. 2; *v. Gamm*, Urheberrechtsgesetz, München 1968, § 16 Rdz. 10; *Möhring*, Die Schutzfähigkeit von Programmen für Datenverarbeitungsmaschinen, GRUR 1967, 269, 277. A. A. soweit ersichtlich nur *Möhring/Nicolini*, a.a.O. Fußn. 22, § 16 Anm. 2.

[40] Dazu *Ulmer*, a.a.O. Fußn. 25, S. 300.

[41] Vgl. mit überzeugender Begründung *Goose*, a.a.O. Fußn. 27, S. 6; auch *Ulmer*, a.a.O. Fußn. 16, S. 46, 56 f. aus rechtsvergleichender Sicht.

[42] Vgl. *Goose*, a.a.O. Fußn. 27, S. 10; *Katzenberger* und *Kolle*, a.a.O. Fußn. 19, S. 196 f. = Nachr. Dok. 1972, S. 100.

[43] Die Voraussetzung einer öffentlichen unkörperlichen Wiedergabe übersieht *Brutschke*, a.a.O. Fußn. 32, S. 80 f., richtig aber auf S. 82 f. bezüglich der Datenfernverarbeitung.

[44] Vgl. *Ulmer*, a.a.O. Fußn. 25, S. 301; *Goose*, a.a.O. Fußn. 27, S. 11; dort jeweils auch zu einschlägigen Entscheidungen.

der Wiedergabe des Werkes auf Bildschirm die Herstellung einer Kopie durch den Benutzer der Anlage verbinden, was wiederum als Vervielfältigung zu werten ist.

III Gesetzliche Schranken des Urheberrechts im Dienste der Dokumentation

Wie gezeigt worden ist, bedingen die modernen Dokumentationsmethoden und -techniken in weitem Umfang urheberrechtlich relevante Verwertungshandlungen. Grundsätzlich bedürfen diese hinsichtlich eines jeden betroffenen Werkes der Zustimmung des Urhebers und sonstiger Inhaber ausschließlicher Rechte, insbesondere also der Verleger. Nur auf Grund gesetzlicher Beschränkungen des Urheberrechts kann sich für Dritte das Recht ergeben, Verwertungshandlungen auch ohne solche Zustimmung vorzunehmen. Soweit solche Beschränkungen des Urheberrechts reichen, entsteht für den Verwerter grundsätzlich auch keine Pflicht zur Zahlung eines Entgelts; nur in Ausnahmefällen nämlich normiert das Gesetz bisher eine Vergütungspflicht, wo es den ausschließlichen Befugnissen des Urhebers Grenzen zieht.

1. Unter den Schranken des Urheberrechts sind im vorliegenden Zusammenhang die Vorschriften der §§ 53, 54 URG über den persönlichen und sonstigen eigenen Gebrauch geschützter Werke von überragender Bedeutung. Eine Reihe von Bestimmungen betrifft daneben Einzelfälle der Werkverwertung oder bestimmte Werkgattungen, deren freie Verwertung im Rahmen des Dokumentationswesens gelegentlich von Wert sein kann. Die wichtigsten Fälle dieser Art sollen hier nur kurz genannt werden:

So erlaubt beispielsweise § 45 URG die Herstellung einzelner Vervielfältigungsstücke von Werken zur Verwendung in Verfahren vor einem Gericht, einem Schiedsgericht oder einer Behörde. Dies kann etwa für die Herstellung von Kopien durch Anwälte, Parteien oder Richter von Bedeutung sein. Allgemein zulässig ist nach § 48 Abs. 1 Ziff. 2 URG die Verwertung von Reden, die bei öffentlichen Verhandlungen vor staatlichen, kirchlichen oder kommunalen Organen gehalten werden, soweit nicht Sammlungen erstellt werden, die überwiegend Reden desselben Urhebers enthalten (§ 48 Abs. 2). Nach § 49 Abs. 2 URG ist es unbeschränkt zulässig, vermischte Nachrichten tatsächlichen Inhalts und Tagesneuigkeiten zu verwerten, die durch Presse oder Funk veröffentlicht worden sind. § 52 Abs. 1 Ziff. 1 URG schließlich läßt die öffentliche Wiedergabe erschienener Werke zu, wenn die Wiedergabe keinem Erwerbszweck des Veranstalters dient und die Teilnehmer ohne Entgelt zugelassen werden. In Betracht käme insoweit etwa der Computer-Output von Informationen auf Leinwand oder großformatigem Bildschirm in parlamentarischen Plenarsitzungen oder öffentlichen Hearings bei Anwendung eines parlamentarischen Informations- und Dokumentationssystems[45].

2. Bedeutung und Tragweite der Vervielfältigungsfreiheit zum persönlichen und

---

[45] Vgl. dazu *Katzenberger* und *Kolle*, a.a.O. Fußn. 19, S. 202 f. = Nachr. Dok. 1972, S. 102 f.

sonstigen eigenen Gebrauch (§§ 53, 54 URG) lassen sich gerade am Beispiel der reprographischen Vervielfältigung anschaulich darstellen.

a) In vier Fällen von unterschiedlichem Gewicht für das Dokumentationswesen ist selbst das Kopieren ganzer Werke oder größerer Werkteile zulässig. Der erste Fall ist derjenige des persönlichen, rein privaten Gebrauchs nach § 53 URG. Er entfällt freilich bereits, wenn auch nur berufliche Interessen verfolgt werden[46] und ist daher für den Bereich der reprographischen Dokumentation von begrenzter Bedeutung[47]. Frei und von erheblicher Tragweite ist dagegen die Vervielfältigung zum eigenen wissenschaftlichen Gebrauch jeder Art, beispielsweise durch Forschungsinstitute oder auch im Rahmen wissenschaftlicher Betätigung in gewerblichen Unternehmen (§ 54 Abs. 1 Ziff. 1 URG)[48]. Einschränkend gilt hier, daß die Vervielältigung geboten sein muß. Das ist aber schon dann der Fall, wenn das Werk sofort benötigt wird und anders als durch Kopie nicht zur Verfügung steht oder wenn die Kopie wesentlich billiger ist[49]. Erlaubt ist auch die Vervielfältigung zum Zweck der Aufnahme des Werkes in ein eigenes Archiv, wenn die Vervielfältigung wiederum geboten ist und als Vorlage ein eigenes Werkstück benutzt wird (§ 54 Abs. 1 Ziff. 2 URG). Zu denken ist vor allem an die Mikrofilm-Archivierung in Bibliotheken mit dem Ziel, Raum zu sparen oder wertvolle Bestände vor Katastrophen zu schützen[50]. In Betracht kommt insbesondere die Mikroverfilmung alter Zeitschriftenbände und Zeitungen unter Vernichtung der Originalexemplare. Eine zulässige Vervielfältigung ist aber nicht mehr anzunehmen, wo Mikrofilmarchive angelegt werden, um systematisch und in erster Linie fremde Kopierwünsche zu erfüllen. Bei einer solchen Art der Archivierung werden keine vorwiegend eigenen, internen Zwecke mehr verfolgt, wie das Gesetz es fordert[51]. Dagegen schadet es beispielsweise nicht, wenn aus herkömmlichen Bibliotheks-Mikrofilmarchiven gelegentlich auch in fremdem Auftrag Kopien angefertigt werden[52]. Die Kopie ganzer Werke ist schließlich auch noch zulässig, wenn es sich um ein vergriffenes Werk handelt und der Berechtigte nicht auffindbar ist (§ 54 Abs. 1 Ziff. 4 b URG).

b. Von außerordentlicher Tragweite vor allem im Rahmen der wissenschaftlichen Dokumentation und Information ist die Vorschrift des § 54 Abs. 1 Ziff. 4 a URG. Sie erlaubt die Vervielfältigung zum eigenen Gebrauch gleich welcher Art hinsichtlich kleiner Teile erschienener Werke und einzelner Aufsätze in Zeitschriften und Zeitungen.

c. Nach den geschilderten Bestimmungen sind reprographische Vervielfältigun-

---

[46] Vgl. *Fromm-Nordemann*, a.a.O. Fußn. 32, § 53 URG Anm. 5; *v. Gamm*, a.a.O. Fußn. 39, § 53 Rdz,. 10; *Möhring/Nicolini*, a.a.O. Fußn. 22, § 53 Anm. 2 a.

[47] Hauptanwendungsfall des § 53 URG ist die private Ton- und Bildaufzeichnung.

[48] Vgl. *v. Gamm*, a.a.O. Fußn. 39, § 54 Rdz. 9.

[49] Siehe *Fromm-Nordemann*, a.a.O. Fußn. 32, § 54 URG Anm. 5; *Möhring/Nicolini*, a.a.O. Fußn. 22, § 54 Anm. 3.

[50] Vgl. Regierungsentwurf zum Urheberrechtsgesetz (1962), a.a.O. Fußn. 35, S. 73.

[51] Vgl. *Goose*, a.a.O. Fußn. 27, S. 7 für den gleichliegenden Fall der Einspeicherung von Werken in Datenbanken; hierzu auch *Ulmer*, a.a.O. Fußn. 25, S. 301.

[52] Vgl. *Ulmer*, a.a.O. Fußn. 25, S. 301.

gen geschützter Werke in weitem Umfang auch ohne Zustimmung des Urhebers zulässig. Gesetzliche Begrenzungen der Kopierfreiheit liegen generell darin, daß jeweils nur einzelne, d. h. einige wenige[53] Kopien hergestellt werden dürfen, daß die Kopien außerdem nicht weiterverbreitet werden dürfen und daß dem Urheber eine angemessene Vergütung zu zahlen ist, wenn die Vervielfältigung gewerblichen Zwecken dient[54].

In diesem Zusammenhang ist freilich vieles ungeklärt, so beispielsweise die Auslegung des Begriffs der gewerblichen Zwecke, vor allem aber auch Fragen im Zusammenhang mit der Begrenzung der Vervielfältigungsfreiheit auf einzelne Kopien. So wird das Vervielfältigungsrecht des Urhebers zwar zweifellos verletzt, wenn ohne seine Zustimmung in Behörden, Schulen oder Unternehmen zentral und ohne Einzelanforderung von einem Werk, etwa einem Zeitschriftenaufsatz, viele Kopien hergestellt und an Sachbearbeiter bzw. Schüler verteilt werden. Soll es aber erlaubt sein, daß jeder Sachbearbeiter oder Schüler seine Kopie mit einer gemeinsamen Vorlage selbst anfertigt? Bezieht sich mit anderen Worten die Freiheit zur Herstellung einzelner Kopien auf die gesamte Behörde, Schule oder das Unternehmen, deren Zwecke letztlich verfolgt werden, oder auf die Mitarbeiter und Schüler?

d) Die Frage steht in einem gewissen Zusammenhang mit einer wesentlichen Ausdehnung der Vervielfältigungsfreiheit über das bisher Gesagte hinaus. Das Gesetz läßt es nämlich zu, daß der zur Vervielfältigung Befugte die Kopien durch Dritte herstellen läßt (§§ 53 Abs. 2, 54 Abs. 1 URG). Daraus folgt notwendig, daß insoweit die Vervielfältigungshandlung als solche nicht dem Hersteller der Kopien, sondern seinem Auftraggeber zuzurechnen ist. Die Übergabe der fertigen Kopien an den Auftraggeber kann konsequenterweise auch nicht als Verbreitung des Werkes durch Inverkehrbringen (§ 17 Abs. 1 URG) gewertet werden.

Damit sind freilich nicht alle Fragen beantwortet. Der Gesetzgeber hat in erster Linie an Fälle gedacht, in denen einer Kopieranstalt Vervielfältigungsaufträge erteilt werden. Im Regierungsentwurf zum Urheberrechtsgesetz heißt es nämlich, daß derjenige nicht benachteiligt werden soll, der kein Kopiergerät besitzt[55]. Die Ausdehnung der Vervielfältigungsfreiheit belastet den Urheber insoweit auch nicht zusätzlich, da der zur Vervielfältigung Befugte in solchen Fällen ja immerhin die Kopiervorlage selbst besitzen muß. Anders ist es aber, wenn die Kopierstelle zugleich die zu vervielfältigenden Vorlagen zur Verfügung stellt. Hier ist zu fragen, ob nicht bereits in dem Kopierangebot der Kopierstelle, das dem Vervielfältigungsauftrag vorausgeht, eine dem Urheber vorbehaltene Verbreitung des Werkes durch Angebot von Werkexemplaren gegenüber der Öffentlichkeit zu erblicken ist (vgl. § 17 Abs. 1 URG).

---

[53] Siehe dazu *Fromm-Nordemann*, a.a.O. Fußn. 32, § 53 URG Anm. 5 a. E.; *v. Gamm*, a.a.O. Fußn. 39, § 53 Rdz. 7; *Möhring/Nicolini*, a.a.O. Fußn. 22, § 53 Anm. 2 b; *Kleine*, Die Vervielfältigung von urheberrechtlich geschützten Druckwerken zum persönlichen und eigenen Gebrauch, Nachr. Dok. 1966, S. 131, 133.

[54] §§ 53 Abs. 3, 54 Abs. 2, 3 URG.

[55] Vgl. a.a.O. Fußn. 35, S. 74.

So ist es m. E. in der Tat bei Referatediensten, die ihren Abonnenten zugleich Kopien der referierten Werke anbieten[56]. Diesem Ergebnis kann auch nicht die schon in anderem Zusammenhang erwähnte Entscheidung des Reichsgerichts bezüglich der Werke Gottfried Kellers entgegengehalten werden. Dort heißt es zwar, daß die Verbreitung durch Angebot eines Werkexemplars voraussetze, daß das Exemplar schon vorliege, da es nur so außenstehenden Personen zugänglich gemacht werden könne[57]. Im entschiedenen Fall sollten auch noch Monate bis zur Auslieferung der Werkexemplare vergehen, weil der Ablauf der urheberrechtlichen Schutzfrist abgewartet werden sollte. Die hier interessierende Fallgestaltung aber ist eine wesentlich andere. Die Kopien werden unmittelbar nach Bestellung geliefert, das Werk wird dem Besteller ebenso schnell zugänglich gemacht wie bei der Bestellung eines bereits im Druck vorliegenden Werkes. Den modernen reprographischen Techniken wird die Entscheidung des Reichsgerichts aus dem Jahre 1923 nicht mehr gerecht. Wie schon eingangs gezeigt, ist es gerade der entscheidende Vorzug dieser Techniken, daß jederzeit, schnell und in wirtschaftlicher Weise einzelne Werkexemplare von hoher Qualität geschaffen werden können. Eine teuere und risikobehaftete Vorrathaltung wie bei den herkömmlichen Druckverfahren wird bei Anwendung der neuen reprographischen Techniken generell entbehrlich.

e) Damit tritt freilich auch die Praxis der öffentlichen Bibliotheken im Rahmen der „Leihe" nach auswärts im sog. Direktverkehr mit Firmen, Forschungsinstituten usw. und im Rahmen der sog. „Fernleihe" der Bibliotheken untereinander in die Zone des Zweifels[58]. Im ersteren Falle werden Bestellscheine entgeltlich veräußert; die Bestellungen werden dann bei Zeitschriftenabhandlungen bis zu einer gewissen Seitenzahl ohne zusätzliche Berechnung durch die Übersendung von Kopien erledigt. Im Hinblick auf die Fernleihe bestimmt § 19 der Leihverkehrsordnung (LVO) von 1966[59], daß Zeitschriftenaufsätze geringeren Umfangs und Zeitungsartikel grundsätzlich nur in Form von Reproduktionen geliefert werden; bis zu 20 Kopieseiten je Bestellung werden dabei kostenlos

---

[56] Siehe oben I 3.

[57] A.a.O. Fußn. 38, S. 281.

[58] Nicht ganz ohne Bedenken ist auch die Kopierpraxis im Rahmen der Ortsleihe, soweit hier den Bibliotheksbenutzern Kopiermöglichkeiten ausdrücklich angeboten werden. Immerhin kommt es hier noch zur tatsächlichen Ausleihe der Originalbibliotheksexemplare, womit sich der Kopierdienst der Bibliotheken insoweit demjenigen der gewerblichen Kopieranstalten nähert. Auch erfolgt das Kopieren nur gegen Entgelt, was die Kopiertätigkeit in gewissen Schranken hält.

[59] Die LVO ist im Jahre 1966 in allen Bundesländern einheitlich erlassen worden. Vgl. die Veröffentlichung in Bayern durch Bekanntmachung vom 22. 3. 1966, Amtsblatt des Bayerischen Staatsministeriums für Unterricht und Kultus 1960 Nr. 11 S. 101–108. Mit Einführung, Kommentar und Bibliothekenverzeichnis ist die LVO 1966 auch als Sonderheft 8 der Zeitschrift für Bibliothekswesen und Bibliographie, Frankfurt a. M. 1968, veröffentlicht worden. Das durch § 19 LVO geregelte Verfahren ist durch die Deutsche Forschungsgemeinschaft (DFG) befürwortet worden; vgl. dazu *Sinogowitz*, Bibliothekskopie und Urheberrecht, Zeitschrift für Bibliothekswesen und Bibliographie 1967, S. 207, 215.

versandt[60]. Diese Bibliothekspraxis wird auch dann gehandhabt, wenn nicht ausdrücklich Kopien bestellt worden sind. Die Bibliotheken verfolgen damit in erster Linie eigene Interessen: Einsparung von Versandkosten und Verwaltungsaufwand, Schonung ihrer Bestände, keine Blockierung ihrer Zeitschriftenbände durch Ausleihe und damit in Verbindung die Möglichkeit, sich mit jeweils einem oder wenigen Abonnements zu begnügen. Sicher ein vernünftiges und wirtschaftliches Verfahren, aber die Beeinträchtigung der Urheber und Verleger ist offensichtlich, wenn man bedenkt, daß die öffentlichen deutschen Bibliotheken im Jahre 1971 fast die Hälfte von nahezu einer Million Bestellungen von nahezu einer Million Bestellungen von auswärts durch den Versand von Kopien erledigt haben[61].

Es soll hier nicht abschließend entschieden werden, wie die beschriebene Praxis zu beurteilen ist. Zwei Bedenken jedenfalls bestehen. Entsprechende, der Bestellung vorausgehende Angebote an die Bibliotheksbenutzer wären als Verbreitungshandlungen zustimmungsbedürftig, weil dem Urheber nach geltendem Recht nicht mehr nur das Recht zur gewerbsmäßigen Verbreitung vorbehalten ist[62]. Die Anfertigung (und anschließende Lieferung) von Kopien ohne ausdrückliche Bestellung[63] kann darüber hinaus wohl nicht mehr als zulässiges Herstellenlassen von Vervielfältigungen von seiten der Bibliotheksbenutzer gewertet werden, sondern nur als eigene Vervielfältigung der Bibliotheken, die durch die Vervielfältigungsfreiheit der §§ 53, 54 URG kaum mehr gedeckt ist, weil ihr die Bestimmung zur eigenen Werkverwertung durch die Bibliotheken mangelt.

f) Mit diesen Hinweisen soll freilich nicht eine vernünftige Leihverkehrspraxis der Bibliotheken in Frage gestellt werden. Wie auch später noch zu zeigen ist, sollte vielmehr nur dargetan werden, daß die geltenden gesetzlichen Regeln reformbedürftig sind. Unbefriedigend ist beispielsweise auch, daß die Bibliotheken nach geltendem Recht zwar kleine, herausgetrennte oder beschädigte Teile von Büchern durch Kopien ersetzen dürfen (Vervielfältigung zum sonstigen eigenen Gebrauch, § 54 Abs. 1 Ziff. 4 a URG), die wiederhergestellten Exemplare dann aber wegen des Verbreitungsverbots nicht mehr ausleihen dürfen, was im Bibliothekswesen zu der Devise geführt hat, daß es besser sei, ein unvollständiges Exemplar auszuleihen, als ein vollständiges Exemplar der Ausleihe zu entziehen[64].

---

[60] Vgl. Kommentar zu § 19 LVO, Sonderheft der Zeitschrift für Bibliothekswesen und Bibliographie, a.a.O. Fußn. 59, S. 46.

[61] Vgl. Verein deutscher Bibliothekare, Betriebsstatistik 1971, Teil C 1 Verleihung am Ort und nach auswärts, Spalten 8 und 9.

[62] Vgl. dazu Regierungsentwurf zum Urheberrechtsgesetz (1962), a.a.O. Fußn. 35, S. 48.

[63] Dazu als Voraussetzung des Herstellenlassens vgl. *Schiefler*, Das neue Urheberrecht und seine Auswirkungen auf die Dokumentation, Nachr. Dok. 1966, 204, 207.

[64] Vgl. dazu *Drost*, Vervielfältigungen der Bibliotheken nach dem neuen Urheberrecht, Mitteilungsblatt des Verbandes der Bibliotheken des Landes Nordrhein-Westfalen, Neue Folge Jahrgang 18 (1968) Nr. 4, S. 315, 319 Anm. 15; *Dörffeldt*, Urheberrechtliche Fragen im Bereich der öffentlichen Bibliotheken, Bibliotheksdienst, Beiheft 72, S. 15 (1972); auch *Bruhn*, Das Problem des Vervielfältigens und Verbreitens in seiner Bedeutung für die Bibliotheken, UFITA Bd. 52 S. 115, 130 (1969).

3. Was die Einspeicherung urheberrechtlich geschützter Dokumentationsmaterialien in Datenbanken betrifft, so ist sie aufgrund gesetzlicher Schranken des Urheberrechts nur in Ausnahmefällen zulässig.

Im Vordergrund steht wieder die Frage der Vervielfältigungsfreiheit zum eigenen Gebrauch[65]. Sie greift hier schon von vornherein überall dort nicht Platz, wo große elektronische Dokumentationssysteme auch außenstehenden Personen und Institutionen und nicht nur der Organisation zur Verfügung stehen sollen, die sie jeweils betreibt. Hier fehlt nämlich das generelle Erfordernis einer nach § 54 URG freien Vervielfältigung, daß sie nur zu eigenen, internen Zwecken erfolgt[66]. Diese Voraussetzung ist auch dort nicht erfüllt, wo die Informationsausgabe an fremde Systembenutzer nur in urheberrechtlich freien Verwertungsformen geschehen soll und kann, beispielsweise in Form der nicht-öffentlichen Wiedergabe auf Bildschirm[67]. Ob das generelle Verbot der Einspeicherung ohne Zustimmung der Urheber auch dann gilt, wenn der auch für externe Benutzer bestimmte Computer-Output nur in Informationen bestehen soll, die als Stichwörter oder bibliographische Nachweise keinen urheberrechtlichen Schutz genießen, ist vor kurzem von *Goose* verneint worden[68]. Der Frage kann hier nicht im einzelnen nachgegangen werden, daher nur ein Wort: Allein schon die Gefahr, daß das möglicherweise sogar im Volltext gespeicherte Material eines Tages auch in urheberrechtlich relevanter Weise abgerufen werden kann, rechtfertigt erhebliche Skepsis. Sicher ist aber jedenfalls die Einspeicherung beispielsweise von wissenschaftlichen Handbüchern, Nachschlagewerken oder von Enzyklopädien nicht zulässig, auch wenn die Informationen, die außenstehende Benutzer der Anlage aufsuchen können, als knappe Tatsachenmitteilungen oder wissenschaftliche Erkenntnisse und Lehren als solche keinen Schutz genießen.

Auch soweit mit der Einspeicherung nur eigene Zwecke verfolgt werden, muß jeweils eine der weiteren Voraussetzungen der Vervielfältigungsfreiheit nach § 54 URG vorliegen. In Betracht kommt hier einmal der eigene wissenschaftliche Gebrauch, beispielsweise bei der Einspeicherung literarischer Werke lediglich zur Durchführung bestimmter Sprachanalysen[69]. Frei ist auch die nur zu eigenen, internen Zwecken erfolgende Einspeicherung von kleinen Werkteilen und – was besonders wichtig ist – von einzelnen, nicht allen Aufsätzen aus Zeitschriften (§ 54 Abs. 1 Ziff. 4 a URG)[70]. Wie bereits im Zusammenhang mit dem Problem der Fotokopien erwähnt wurde, dürfen im Rahmen des Notwendigen nach § 54 Abs. 1 Ziff. 2 URG auch ganze Bestände von Werken vervielfältigt

---

[65] Eine Einspeicherung zum persönlichen, rein privaten Gebrauch (§ 53 URG) wird kaum in Betracht kommen. Die Frage konzentriert sich daher auf § 54 URG.

[66] Hierzu überzeugend *Goose*, a.a.O. Fußn. 27, S. 7; auch *Ulmer*, a.a.O. Fußn. 25, S. 301.

[67] Zu Recht weist daher *Goose* die Ansicht *Nordemann-Hertins* (Die juristische Datenbank in urheber- und wettbewerbsrechtlicher Sicht, NJW 1971, S. 857, 860) und *Brutschkes* (a.a.O. Fußn. 32, S. 86) zurück, die Einspeicherung sei in den Fällen zulässig, in denen sich außenstehende Benutzer des Dokumentationssystems beim Abruf von Informationen ihrerseits auf die Vervielfältigungsfreiheit nach § 54 Abs. 1 URG berufen können. Vgl. a.a.O. Fußn. 27, S. 7.

[68] A.a.O. Fußn. 27, S. 7 f.

[69] Hierzu *Ulmer*, a.a.O. Fußn. 25, S. 301.

[70] Vgl. dazu ausführlich *Goose*, a.a.O. Fußn. 20, S. 10 f. und a.a.O. Fußn. 27, S. 8 f.

werden, wenn dies zum Zweck der Aufnahme in ein eigenes Archiv geschieht und eigene Werkexemplare als Vorlage benutzt werden. Streitig ist, ob die Einspeicherung von Werken in Datenbanken noch als Archivierung im Sinne jener Bestimmung angesehen werden kann[71]. Mit *Ulmer* ist die Frage zu verneinen. Die Einspeicherung schafft die Möglichkeit und verfolgt zumeist auch den Zweck, die gespeicherten Werke jederzeit, schnell und in unbegrenzter Zahl wieder abzurufen und zu vervielfältigen. Die Datenbank entspricht damit mehr einem herkömmlichen Drucksatz als einem Bibliotheksarchiv, wie es der Gesetzgeber im Auge hatte[72]. Die Einspeicherung schafft zusätzliche, zu besonderen Formen der Nutzung bestimmte Werkexemplare, was der Gesetzgeber auch im Rahmen des Bibliothekswesens nicht zulassen wollte[73]. Wie schon gezeigt[74], sind auch nicht alle Formen der Mikrofilm-Archivierung durch § 54 Abs. 1 Ziff. 2 URG erlaubt.

Ist somit das Vervielfältigungsrecht des Urhebers im Bereich der Dokumentation mit Hilfe von Datenverarbeitungsanlagen in den meisten und wichtigsten Fällen nicht beschränkt, so erübrigt es sich hier, auf die Schranken des Urheberrechts beim Computer-Output, der Informations-Wiedergewinnung, einzugehen. Die Kontrolle der Urheber hinsichtlich der Einspeicherung läßt diese Frage als sekundär erscheinen[75].

IV Bewertung, Rechtsvergleichung, Reform des Urheberrechts?

1. Faßt man die bisherigen Ergebnisse zusammen, so ergibt sich folgendes Bild: Hinsichtlich der Frage der Abstracts als solcher stellt das geltende Urheberrecht angemessene Regeln bereit, indem es unschädliche, nur auf den Inhalt der referierten Werke exakt hinweisende Kurzreferate auch ohne Zustimmung des Urhebers zuläßt, Inhaltsangaben in Form von Kurzfassungen, die die Lektüre des referierten Werkes ersetzen können, aber dem Ausschlußrecht des Urhebers nicht entzieht. Auch im Dokumentationswesen ist diese Unterscheidung zwischen Kurzreferat und Kurzfassung bekannt[76]. Eine Reform des Urheberrechts ist insoweit nicht erforderlich. Aufgabe der Dokumentationswissenschaft wird es vielmehr sein, brauchbare und zuverlässige Regeln für die Abfassung zulässiger Kurzberichte zu entwickeln. Aufbauend auf solchen Regeln können dann Autoren und Verleger ihrerseits die Wahrung ihrer Interessen garantieren und zugleich die wichtige Dokumentationsarbeit unterstützen, indem sie – wie es heute schon teilweise geschieht – selbst geeignete und nicht zu weit gehende Abstracts formulieren, mit publizieren und zu Dokumentationszwecken zur Verfügung stellen.

---

[71] Verneinend *Ulmer*, a.a.O. Fußn. 25, S. 301; *Katzenberger* und *Kolle*, a.a.O. Fußn. 19, S. 199 = Nachr. Dok. 1972, S. 101. Bejahend *Goose*, a.a.O. Fußn. 27, S. 9.

[72] Vgl. *Ulmer* sowie *Katzenberger* und *Kolle*, a.a.O. Fußn. 71.

[73] Im Regierungsentwurf zum Urheberrechtsgesetz (1962), a.a.O. Fußn. 35, S. 73 heißt es dazu, daß die Archivierungsfreiheit Fälle betreffe, in denen keine zusätzliche Verwertung des Werkes vorliege.

[74] Siehe oben III 2 a.

[75] Vgl. dazu *Ulmer*, a.a.O. Fußn. 16, S. 51 ff. und a.a.O. Fußn. 25, S. 301.

[76] Siehe oben Fußn. 34.

Im Hinblick auf die Einspeicherung geschützter Werke in Datenbanken ist der urheberrechtliche Schutz grundsätzlich nicht durch gesetzliche Schranken begrenzt. Dies erscheint im Prinzip angemessen, wenn man die Konsequenzen einer solchen Einspeicherung bedenkt, die die unbegrenzte und nur schwer kontrollierbare Wiedergewinnung der gespeicherten Informationen zuläßt und in vielen Fällen sogar bezweckt. Die Frage, die sich im Hinblick auf die Dokumentation mit Hilfe von Datenbanken stellt, geht daher dahin, wie ihnen der Zugang zu den zu speichernden Informationen gewährleistet werden kann.

Den heute nahezu unbegrenzten Möglichkeiten der Dokumentation und Information mit Hilfe neuer reprographischer Vervielfältigungstechniken stehen urheberrechtliche Befugnisse gegenüber, die durch gesetzliche Schranken und unzulängliche Vergütungsregelungen weitgehend ohne Wirkung sind. Dies wird noch verstärkt durch eine unsichere Rechtslage vor allem im Hinblick auf die Herstellung mehrerer Kopien in Behörden, Schulen, Unternehmen und hinsichtlich der Bibliotheken. Hinzu kommt die herrschende Praxis, die mangels wirksamer Kontrollmöglichkeiten im allgemeinen ihren Vervielfältigungsbedürfnissen und -wünschen ungehemmt nachgeht. Dies alles führt zu einer erheblichen Diskrepanz zwischen Recht und Wirklichkeit und mehr noch zwischen der Praxis und den berechtigten, aber nicht ausreichend geschützten Interessen der Urheber und Verleger.

2. Einige Zahlen sollen das zuletzt Gesagte verdeutlichen. Zu bemerken ist dabei, daß den folgenden Angaben zumeist nur Schätzungen von Fachleuten zugrundeliegen; exakte Erhebungen liegen kaum vor oder sind Außenstehenden nicht zugänglich. Nach einer Auskunft aus der Industrie sollen derzeit in der Bundesrepublik Deutschland etwa 400 000 Kopiergeräte in Betrieb sein, bei einer jährlichen Zuwachsrate von 15%. Dem entspricht es, wenn für das Jahr 1971 über eine Produktion von etwa 250 000, eine Einfuhr von weiteren 10 000 und eine Ausfuhr von 80 000 solchen Geräten berichtet wird[77]. Um einen Vergleich mit dem Ausland zu geben: Für die USA wurde für den Zeitpunkt Ende des Jahres 1966 die Zahl von 800 000 in Betrieb befindlichen Kopiergeräten genannt[78].

Entsprechende, nahezu astronomische Höhen erreichen die geschätzten Kopiezahlen. Weltweit schwanken die Schätzungen bereits für das Jahr 1967 zwischen 70 und 100 Milliarden (das sind 100 000 Millionen) Kopien[79]. Größere Übereinstimmung besteht bezüglich des Umfangs der Kopiertätigkeit in den USA: 1964: 9,5 Milliarden, 1965: 10 Milliarden, 1967: 12 Milliarden, 1969 und 1970: je 25 Milliarden[80]. Damit erscheinen die in Deutschland aus Kreisen der Industrie für

---

[77] Nach Industriemagazin, Februar 1973.

[78] UCLA-Project, a.a.O. Fußn. 9, S. 943; *Gipe*, Nearer to the Dust, Baltimore 1967, S. 48.

[79] Vgl. *Stabler*, Copiers and Copyright, Wallstreet Journal vom 2. 5. 1967, S. 1 (70 Milliarden); *Arntz*, a.a.O. Fußn. 1, S. 144 und *G. Müller*, a.a.O. Fußn. 7, S. 21 (100 Milliarden).

[80] Vgl. UCLA-Project, a.a.O. Fußn. 9, S. 943; *Gipe*, a.a.O. Fußn. 78, S. 42 f., 249 f.; *Sharp*, Licensing the photocopier, 27 PTIC 57 (1970).

die Gegenwart genannten 8 Milliarden Kopien im Jahr bei einer Zuwachsrate von jährlich 20% wohl nicht allzu hoch gegriffen[81].

Auch einzelne Daten aus bestimmten Verwertungsbereichen, die sich zum Teil relativ exakt feststellen lassen, verdeutlichen eindrucksvoll das Ausmaß der heute geübten Kopiertätigkeit. In 74 großen öffentlichen Bibliotheken der Bundesrepublik (Staats- und Landesbibliotheken, Hochschulbibliotheken und einige Spezialbibliotheken) wurden im Jahre 1971 über 23 Millionen Kopien hergestellt[82]. Im Jahre 1972 waren es bei 64 dieser Bibliotheken – die Statistik ist noch unvollständig – bereits über 25 Millionen Kopien[83]. Eine englische Untersuchung aus den Jahren 1967/68 ergab, daß in 409 verschiedenartigen Bibliotheken dieses Landes im Jahr etwa 1,1 Million Aufsätze vervielfältigt wurden[84]. Eine staatlich geförderte Untersuchung spricht von 2,2 Milliarden Kopien in den Bibliotheken der USA im Jahre 1967[85]. In Schweden schließlich ergab eine Erhebung, daß im Schuljahr 1968/69 allein in Schulen etwa 150 Millionen Kopien angefertigt wurden[86].

Zu welchem Prozentsatz den Kopien urheberrechtlich geschützte Werke zugrunde liegen, läßt sich naturgemäß nur schwer schätzen. Sicher aber dürfte sein, daß sich vor allem Kopien in Bibliotheken, wissenschaftlichen Instituten, Forschungsabteilungen und Schulen zu einem erheblichen Teil auf solche Werke erstrecken.

Vergleicht man mit den genannten Zahlen die Einnahmen der deutschen Inkassostelle für urheberrechtliche Vervielfältigungsgebühren, die auf § 54 Abs. 2 URG und dem Gesamtvertrag mit dem Bundesverband der Deutschen Industrie[87] beruhen, so wird die Diskrepanz offensichtlich. Die Einnahmen betrugen im Jahre 1972 insgesamt nur etwa DM 340 000,–.

3. Ein Blick auf die Rechtslage im Ausland zeigt hinsichtlich der Frage der Kopien eine ähnliche Diskrepanz zwischen dem Buchstaben des Gesetzes, den Interessen der Urheber und Verleger und der Vervielfältigungspraxis, wie sie auch für die Verhältnisse in Deutschland kennzeichnend ist.

So läßt es beispielsweise das österreichische Recht (§ 42 URG) zu, einzelne

---

[81] Nach einem Pressebericht (Süddeutsche Zeitung vom 6. 9. 1973, S. 22) ist in Deutschland im Jahre 1973 mit ca. 18,7 Milliarden Kopien zu rechnen. *Reichel*, a.a.O. Fußn. 12, S. 6 berichtet, daß nach einer anderen Quelle in Deutschland für das Jahr 1973 mit insgesamt 2,8 Milliarden Kopien gerechnet wird.

[82] Vgl. Verein Deutscher Bibliothekare, a.a.O. Fußn. 61, Teil D Kopierdienst.

[83] Vgl. Verein Deutscher Bibliothekare, Betriebsstatistik 1972, Vorabdruck Stand 12. 3. 1973, Teil D Kopierdienst.

[84] Nach *Barker*, Photocopying Practices in the United Kingdom, London 1970, S. 64 f.

[85] Committee to Investigate Copyright Problems Affecting Communication in Science and Education, Inc. (*G. Sophar* and *L. Heilprin*), The Determination of Legal Facts and Economic Guideposts with respect to the Disssemination of Scientific and Educational Informations as It Is Affected by Copyright – A Status Report (im folgenden zitiert: CICP-Report), Washington D. C. 1967, S. 71.

[86] Reichstagsvorlage 1973: 70 (Prop. 1973: 70), Vorlage betreffend die Vervielfältigung von literarischen und künstlerischen Werken im Ausbildungswesen, 1 Riksdagen 1973. 1 saml. Nr. 70, S. 4.

[87] Gesamtvertrag vom 15. 7. 1970, GRUR 1970, S. 546.

Kopien zum eigenen Gebrauch jeder Art, auch zu beruflichen oder gewerblichen Zwecken, selbst herzustellen. Die einzige Schranke liegt darin, daß nicht der Zweck verfolgt werden darf, das Werk mit Hilfe der Kopie der Öffentlichkeit zugänglich zu machen. Auf Bestellung dürfen einzelne Kopien zum eigenen Gebrauch eines anderen unbeschränkt hergestellt werden, wenn die Herstellung unentgeltlich geschieht. Wird ein Entgelt verlangt, so beschränkt sich die Kopierbefugnis bei Verwendung mechanischer Kopiergeräte auch bei Zeitschriftenaufsätzen auf kleine Teile. Ein selbständiger Vergütungsanspruch wird dem Urheber in keinem Fall zugestanden[88]. Das österreichische Recht ist damit für die Urheber insgesamt noch ungünstiger als die deutsche Regelung.

Nach Art. 41 Ziff. 2 des französischen Urheberrechtsgesetzes ist das Vervielfältigungsrecht des Urhebers in geringerem Maße beschränkt; um so größer ist damit freilich die Diskrepanz zwischen Rechtslage und Kopierpraxis. Auch bestehen erhebliche Zweifelsfragen in der Auslegung des Gesetzes. Zulässig sind nur Kopien, die zum privaten Gebrauch desjenigen bestimmt sind, der die Vervielfältigung vorgenommen hat, und die nicht einem kollektiven Gebrauch zugeführt werden sollen. Ein gesetzlicher Vergütungsanspruch ist nicht anerkannt. Ungeklärt ist bisher, wann bei Kopien wissenschaftlicher Werke ein privater Gebrauch vorliegt und wie die Herstellung von Kopien auf Bestellung zu beurteilen ist[89]. Ein Rechtsstreit, in den zur Zeit ein großer französischer Referatedienst[90] verwickelt ist, der angeblich auf Bestellung jährlich eine Million Kopien der referierten in- und ausländischen Werke versendet, wird vermutlich eine Klärung bringen, das Problem der Fotokopien aber nicht insgesamt lösen.

In den USA ist die Frage der Fotokopien im Schrifttum viel erörtert worden, vor allem auch mit dem Blick auf die seit längerer Zeit geplante große Copyright-Reform[91]. Die letzten Entwürfe sehen die Einsetzung einer nationalen Kommission vor, die nach Inkrafttreten des neuen Gesetzes zusammentreten und Vorschläge für die Regelung der Fragen ausarbeiten soll, die sich für das Urheberrecht auf Grund der neuen Technologien ergeben[92]. Eine entscheidende Wende, in der gesamten Diskussion hat nunmehr aber der noch nicht rechtskräftige Bericht des Commissioner des United States Court of Claims aus dem Jahre 1972 in dem Rechtsstreit eines Verlags (Williams and Wilkins Company) gegen die

---

[88] Vgl. zum österreichischen Recht *Dittrich*, Die Vervielfältigung zum eigenen Gebrauch, UFITA Bd. 64 S. 33–52 (1972); *Frotz*, Zur Reform der Vervielfältigung zum eigenen Gebrauch, ÖBl. 1972, S. 105–112.

[89] Vgl. dazu *Desjeux*, a.a.O. Fußn. 12, S. 52.

[90] Es handelt sich um das oben, Fußn. 12, genannte Centre national de la recherche scientifique.

[91] Vgl. dazu vor allem die im Bericht des Commissioner, a.a.O. Fußn. 93, GRUR Int. 1973, S. 430, Fußn. 2 genannte Literatur. Zu den Reformarbeiten am amerikanischen Urheberrecht vgl. *Spindler*, Die Urheberrechtsreform in den Vereinigten Staaten, GRUR Int. 1970, S. 171–185.

[92] Vgl. zuletzt S. 1361 (Senatsvorlage) vom 26. 3. 1973, 93d Congres 1st Session, Title II, S. 70 ff.

Vereinigten Staaten gebracht[93]. Der Bericht wird zu Recht als landmark-Entscheidung gewertet[94].

Dem Rechtsstreit liegt die Praxis zweier großer staatlicher medizinischer Institutionen, eines Forschungsinstituts und einer Zentralbibliothek zugrunde, die jährlich an ihre Forschungsangestellten bzw. im Bibliotheksdienst Hunderttausende von Kopien wissenschaftlicher Zeitschriftenabhandlungen verteilen. Im Mittelpunkt des Berichts des Commissioner steht die Frage, ob diese Praxis noch durch die fair use-Doktrin der amerikanischen Rechtsprechung gedeckt ist, nach der bestimmte Verwertungshandlungen nicht in den geschützten Rechtsbereich des Urhebers eingreifen[95]. Der Bericht verneint die Frage und stellt dabei entscheidend darauf ab, daß eine solche Kopierpraxis zu Werkexemplaren führt, die einen Ersatz für die Originale darstellen und dadurch deren potentiellen Markt verringern. Zugleich verwirft der Bericht den Einwand, daß ja immer nur einzelne Kopien hergestellt würden, mit einem anschaulichen Vergleich: Babies werden immer noch einzeln geboren, aber dennoch steigt die Überbevölkerung der Erde rapide an[96].

Daß die fair use-Doktrin des amerikanischen Rechts und die parallele fair dealing-Klausel des englischen Gesetzes[97] elastischer sind als die Bestimmungen über den privaten oder eigenen Gebrauch in den kontinentalen Urheberrechtsgesetzen und damit unterschiedlichen Situationen besser gerecht werden, zeigt die Bemerkung des Berichts, daß es durchaus weiterhin Fälle gebe, in denen bibliotheksmäßige Fotokopien fair use darstellen, so beispielsweise im Hinblick auf den Ersatz beschädigter Seiten und die Überlassung einzelner Kopien für den Gerichtsgebrauch.

Auch ein noch so knapper Überblick über die Regelung der Vervielfältigungsfrage im Ausland bliebe unvollständig, wiese er nicht auf Sonderbestimmungen hin, die eine Reihe von Ländern für Kopien in und durch alle oder bestimmte Bibliotheken getroffen haben. Ihr Ziel ist es vor allem, die Arbeit der Bibliotheken zu erleichtern, Zweifel bezüglich der allgemeinen gesetzlichen Vorbehalte zugunsten der Vervielfältigung zum privaten Gebrauch bzw. im Rahmen des fair dealing zu beseitigen und der Kopierpraxis in Bibliotheken zugleich bestimmte Grenzen zu ziehen. Allgemein vermißt man freilich eine ergänzende gesetzliche Vergütungsregelung zugunsten der betroffenen Urheber[98].

Besonders ausführlich ist die Frage im englischen Copyright Act von 1956 (Sec. 7) und in ergänzenden „Copyright (libraries) Regulations" des Board of Trade

---

[93] Bericht vom 16. 2. 1972, 172 USPQ 670 = auszugsweise deutsche Übersetzung in GRUR Int. 1972, S. 430 mit Anm. von *Ulmer*.

[94] Vgl. *Derenberg*, Letter from the United States, Copyright 1972, p. 206, 211; *Ulmer*, a.a.O. Fußn. 93, S. 437.

[95] Vgl. die übersichtliche Zusammenfassung der bisher anerkannten Grundsätze des fair use in H. R. Report Nr. 83, 90th Congress, 1st Session (1967), S. 29ff.; auch S. 1361, a.a.O. Fußn. 92, § 107.

[96] Vgl. CICP-Report, a.a.O. Fußn. 85, S. 16.

[97] Siehe Sec. 6 und 9 des englischen Copyright Act.

[98] Dies gilt auch hinsichtlich Schwedens. Vgl. dagegen *Desjeux*, a.a.O. Fußn. 12, S. 53.

behandelt[99]. Ähnlich ist die Rechtslage in den nordischen Ländern. Die §§ 12 der weitgehend übereinstimmenden Urheberrechtsgesetze Dänemarks, Finnlands und Schwedens enthalten entsprechende Verordnungsermächtigungen. Ihnen entspricht § 16 des norwegischen Urheberrechtsgesetzes. In allen vier Ländern sind entsprechende Verordnungen bzw. Bekanntmachungen ergangen[100]. Neu sind Sonderbestimmungen bezüglich der Bibliothekskopien in den erst in den letzten Jahren erlassenen neuen Urheberrechtsgesetzen Australiens und Japans[101]. Auch der Copyright-Reformentwurf der Vereinigten Staaten enthält bei aller Zurückhaltung gegenüber der Frage der Fotokopien eine Spezialregelung zugunsten der Bibliotheken[102].

4. Nach diesem knappen, aber doch repräsentativen Überblick über die Beurteilung der Frage der Fotokopien nach ausländischem Recht bleibt die Feststellung, daß bisher nirgends eine angemessene gesetzliche Lösung der Fragen zu finden ist, die die neuen Kopiertechniken für das Urheberrecht bedingen. Im Hinblick auf die Einspeicherung von Dokumentationsmaterial in Datenbanken ist die Rechtslage im Ausland im Prinzip derjenigen in Deutschland gleich, d. h. die Einspeicherung bedarf grundsätzlich der Zustimmung des Urhebers[103]. Ungeklärt ist die Rechtslage insoweit vor allem in den USA, wo bisher die Frage noch nicht entschieden ist, ob die Einspeicherung von Werken in Datenverarbeitungsanlagen im Rechtssinne überhaupt eine dem Urheber vorbehaltene Vervielfältigung („copy") darstellt, nachdem die Einspeicherung in Magnetspeicher nicht zu Festlegungen der Werke führt, die die unmittelbare sinnliche Wahrnehmung des Werkinhalts durch den Menschen ermöglichen[104].

In aller Welt wird heute die Frage nach einer zukünftigen angemessenen gesetzlichen Lösung der komplexen Probleme gestellt, die sich aus den neuen Dokumentationstechniken für das Urheberrecht ergeben. Was das deutsche Recht betrifft, so können an dieser Stelle keine fertigen Lösungsvorschläge unterbreitet werden. Dazu wären – wie in den USA einmal gesagt wurde[105] – möglicher-

---

[99] Vom 17. 5. 1957, DdA 1958, S. 177. Vgl. dazu *Abel*, The British Copyright Act, 1956. Herstellung und Ausfolgung von Kopien durch Bibliotheken etc. (Sec. 7), GRUR Int. 1957, S. 287 f.

[100] Dänemark: VO Nr. 272 vom 21. 7. 1962; Finnland: VO vom 25. 8. 1961; Norwegen: VO vom 27. 11. 1964; Schweden: Bekanntmachung vom 2. 6. 1961.

[101] Sec. 48–53 des australischen Copyright Act 1968 und Art. 31 des japanischen Urheberrechtsgesetzes vom 6. 5. 1970.

[102] Vgl. § 108 des Entwurfs S. 1361, a.a.O. Fußn. 92.

[103] Vgl. dazu unter besonderer Berücksichtigung des Konventionsrechts *Ulmer*, a.a.O. Fußn. 16, S. 45 ff., 54 ff.; zum österreichischen Recht *Dittrich*, Elektronische Datenverarbeitung und Urheberrecht, ÖBl. 1970, S. 1, 13 f.

[104] Vgl. dazu ausführlich Ulmer, a.a.O. Fußn. 16, S. 28 ff.; UCLA-Project, a.a.O. Fußn. 9, S. 1004 ff. zur Diskussion im Rahmen der Arbeiten an der Copyright-Reform. Streitig ist die Auslegung des Begriffs „Copy". Die berühmte pianoroll-Entscheidung des U.S. Supreme Court aus dem Jahre 1908 (White Smith Publishing Co. v. Apollo Co., 209 U.S. 1) hatte angenommen, daß eine Vervielfältigung („copy") nur vorliege, wenn das Werk auf Werkstücken festgehalten werde, die dem Menschen die unmittelbare sinnliche Wahrnehmung des Werkinhalts ermöglichen.

[105] Vgl. den Bericht des Commissioner in dem Rechtsstreit der Williams and Wilkins Company gegen die Vereinigten Staaten, a.a.O. Fußn. 93, GRUR Int. 1972, S. 430.

weise die Weisheit Salomons und dazu noch die Geschicklichkeit Houdinis erforderlich. Beides kann der Verfasser nicht für sich in Anspruch nehmen. Es können aber mögliche Lösungen zur Diskussion gestellt werden.

a) Im Vordergrund steht heute zweifellos das Problem der Fotokopien. Die Reformbedürftigkeit des deutschen Rechts ist insoweit offensichtlich. Die neuen reprographischen Techniken bedingen in ihrer weiten Verbreitung eine erhebliche wirtschaftliche Beeinträchtigung des wissenschaftlichen Schrifttums, insbesondere der Fachzeitschriften, und gefährden damit die Existenz der auch heute noch wichtigsten primären Mittler wissenschaftlicher Informationen[106], die gerade auch die Grundlage des Dokumentationswesens bilden. Ansatzpunkt der Reform müssen die gesetzlichen Schranken des Vervielfältigungsrechts und darunter insbesondere die Bestimmungen der §§ 53, 54 URG über den persönlichen und eigenen Gebrauch sein. Neben den bisher genannten Gesichtspunkten sind es dabei noch weitere Erwägungen, die eine Reform dieser Vorschriften erforderlich machen:

Geht man von der Angemessenheit oder gar Notwendigkeit einer gesetzlichen Beschränkung der urheberrechtlichen Ausschließlichkeitsrechte aus, soweit es sich um die Vervielfältigung von Werken zum eigenen Gebrauch handelt, so begegnet es doch sogar verfassungsrechtlichen Bedenken, wenn – wie es durch § 54 Abs. 2 URG geschehen ist – ein Vergütungsanspruch auf die Fälle der Verfolgung gewerblicher Zwecke beschränkt bleibt. Der intensive Eingriff in das urheberrechtliche Vervielfältigungsrecht steht jedenfalls bei Kopien mittels der modernen Kopiertechniken außer Frage, das gesteigerte öffentliche Interesse, welches das Bundesverfassungsgericht für den Ausschluß auch des Vergütungsanspruchs postuliert[107], ist nicht ersichtlich. Daneben ist es heute – um einem häufigen Einwand zu begegnen – gesicherte Erkenntnis, daß die urheberrechtlichen Befugnisse nicht notwendig vor der privaten Sphäre haltmachen müssen, wo sich die Werkverwertung auf Grund der Entwicklung neuer Technologien vom gewerblichen Sektor in den privaten Bereich verlagert[108]. Ein weiteres Ereignis macht schließlich die Reform vollends unausweichlich. Es handelt sich um die Ausdehnung der sog. Bibliothekstantieme des § 27 URG auf die unentgeltliche Ausleihe durch öffentliche Bibliotheken durch die Urheberrechtsnovelle 1972[109]. Es ist ein auf die Dauer untragbarer Widerspruch, wenn zwar für die unentgeltliche Ausleihe von Werkexemplaren dem Urheber ein Entgelt zu bezahlen ist,

---

[106] Vgl. zur Bedeutung der Fachzeitschriften als Informationsquelle für die Industrie den Bericht Fachzeitschriften – Informationsquelle Nr. 1, Frankfurter Zeitung, Blick durch die Wirtschaft vom 18. 9. 1972, S. 1.

[107] Vgl. BVerfG vom 7.7. 1971 – „Kirchen- und Schulgebrauch", GRUR 1972, S. 481, 484 (zu § 46 URG).

[108] Vgl. dazu *Ulmer*, Magnettongeräte und Urheberrecht. Eine Sammlung von Rechtsgutachten, München und Berlin 1952, Einleitung, S. 13; *Krüger/Nieland*, Das Urheberrecht und die Entwicklung der Technik, insbesondere die private Vervielfältigung mittels Magnettonband und Fotokopie, GRUR 1957, S. 535, 539 f.; BGH vom 18. 5. 1955 – „Magnettonaufnahme", GRUR 1955, S. 492, 496 f.

[109] Vgl. Art. 1 Ziff. 2 des Gesetzes zur Änderung des Urheberrechtsgesetzes vom 10. 11. 1972, BGBl. 1972 I 2081 f.

die Erledigung des Leihwunsches durch die dauernde Überlassung von Kopien aber nicht zu einem Vergütunganspruch führt[110], eine Ungereimtheit übrigens, die in den nordischen Ländern, welche die Bibliothekstantieme ebenfalls gesetzlich anerkennen, auf Grund besonderer Umstände erheblich gemildert, wenn nicht völlig vermieden ist[111].

b) Eine Reform der §§ 53, 54 URG muß vor allem zwei Ziele verfolgen, einmal die Sicherung der vermögensrechtlichen Interessen der Urheber und Verleger, zum anderen den möglichst ungehinderten Einsatz der modernen reprographischen Techniken. Angesichts der nahezu unbegrenzten Zahl von Gerätebesitzern und Personen, die Kopien benötigen, sowie der weitgehenden Unkontrollierbarkeit der Kopiervorgänge verbietet es sich dabei von vornherein, die Vervielfältigungsfreiheit zum eigenen Gebrauch gänzlich aufzuheben, soweit es sich um die Herstellung von Kopien mittels reprographischer oder ähnlicher Techniken handelt. Andernfalls würden kaum zu organisierende Zustimmungsverfahren erforderlich oder es würden einfach – wie teilweise bisher schon – die Rechte der Urheber unbedenklich verletzt.

Und ein weiteres kommt hinzu. Eine grundsätzliche Zustimmungsbedürftigkeit der reprographischen Vervielfältigung geschützter Werke würde es verbieten, § 53 Abs. 5 URG zu ergänzen. Nach dieser Bestimmung müssen Hersteller und Importeure bestimmter Ton- und Bildaufzeichnungsgeräte den Urhebern eine angemessene Vergütung dafür bezahlen, daß mit diesen Geräten die Möglichkeit privater Ton- und Bildaufzeichnungen geschaffen wird. Eine Ausdehnung dieser Vergütungspflicht auf die Veräußerung oder Vermietung reprographischer Kopiergeräte erscheint in hervorragender Weise geeignet, den Urhebern

---

[110] Siehe auch *Ulmer*, Anm. zum Bericht des Commissioner im Rechtsstreit der Williams and Wilkins Company gegen die Vereinigten Staaten, a.a.O. Fußn. 93, GRUR Int. 1972, S. 438.

[111] Vgl. zur Büchereitantieme in Dänemark, Norwegen und Schweden *Dietz*, Büchereitantieme und Schriftstellerfonds im Ausland, GRUR Int. 1971, S. 301–305 = 3 IIC 285–298 (1971). Die den Schriftstellerfonds und zum Teil auch den einzelnen Autoren zufließenden Vergütungen, die teilweise global aus dem Staatshaushalt bezahlt werden, knüpfen nur an Ausleihvorgänge bzw. an den Buchbestand in den Bibliotheken an, in keinem Falle aber an die Kopiertätigkeit in oder durch Bibliotheken. Soweit nach den Urheberrechtsgesetzen dieser Länder das Fotokopieren durch Bibliotheken nicht der Zustimmung des Urhebers bedarf, sehen die Gesetze dafür bislang ebenfalls keine Vergütungspflicht vor. Die richtungweisende neue Vereinbarung zwischen dem schwedischen Staat und einer Reihe schwedischer Autoren- und Verwerterverbände über die Vervielfältigung von Werken in Schulen sieht zwar vom Staat zu zahlende Vergütungen vor, bezieht sich aber gerade auf Kopiervorgänge, die dem ausschließlichen Vervielfältigungsrecht unterliegen (vgl. zu dieser Vereinbarung, die inzwischen vom schwedischen Reichstag gebilligt worden ist, Fußn. 86). Der Widerspruch zwischen Bibliothekstantieme und vergütungsfreier gesetzlicher Kopiererlaubnis für die Bibliotheken wird in den genannten nordischen Staaten dadurch erheblich gemildert, wenn nicht gar völlig vermieden, daß sich die Bibliothekstantieme in diesen Ländern nicht auf wissenschaftliche Bibliotheken bzw. wissenschaftliche Autoren bezieht, Bibliothekskopien aber in erster Linie von wissenschaftlichen Werken angefertigt werden. Ziel der Büchereitantieme ist in den nordischen Ländern in erster Linie die Unterstützung freiberuflich tätiger Schriftsteller, während die Büchereitantieme in Deutschland ohne Unterschied auch die wissenschaftlichen Autoren begünstigt.

angesichts der weitgehenden Unkontrollierbarkeit der Kopiervorgänge zumindest einen Teil des ihnen zustehenden wirtschaftlichen Erfolgs zu sichern. Auch im Ausland wird die deutsche Regelung des § 53 Abs. 5 URG als vorbildlich und konstruktiv auch für die Lösung der Kopierfrage anerkannt[112].

Die Lösung kann daher nur in einer Ausdehnung der gesetzlichen Vergütungspflicht auf alle mechanischen Kopien geschützter Werke zum eigenen Gebrauch liegen, gleich welche Zwecke im einzelnen verfolgt werden. Dabei erscheint vor allem ein Vorschlag *Reichels* der näheren Überlegung wert[113]. Er geht dahin, daß ein Teil des gesetzlichen Vergütungsanspruchs durch eine Geräteabgabe nach § 53 Abs. 5 URG abgegolten wird. Hinsichtlich der restlichen Vergütung wären Vereinbarungen zwischen den Interessenvertretern der Urheber und Verleger und der wichtigsten Verwerter, wie Behörden, Schulen, Bibliotheken und Unternehmen, zu schließen. Anders nämlich als die von § 53 Abs. 5 URG erfaßten Ton- und Bildaufzeichnungsgeräte werden Kopiergeräte in vielen Fällen nicht oder kaum zur Vervielfältigung geschützter Werke benutzt. Dies verbietet es, die Geräteabgabe in einer Höhe festzusetzen, die den Urhebern bereits als solche ausreichende Erträge sichert.

Zu erwägen ist auch, ob die Vervielfältigungsfreiheit weiterhin auf die Herstellung von jeweils nur einzelnen Kopien beschränkt bleiben soll. Dem Vorbild der neuen Urheberrechtsgesetze der Niederlande[114] und Japans[115] folgend, könnte sie m. E. im Prinzip durchaus auf so viele Exemplare ausgedehnt werden, wie in der jeweils kopierenden organisatorischen Einheit (Betrieb, Amt, Schule usw.) tatsächlich benötigt werden. Durch das Verbreitungsverbot könnte weiterhin gesichert werden, daß die Kopien den Bereich der kopierenden Organisation nicht verlassen. Die in Aussicht zu nehmenden Vergütungsvereinbarungen könnten Mehrfachkopien angemessen in Rechnung stellen. Erlaubt man Mehrfachkopien nicht, muß ohnehin mit erheblichen, unkontrollierbaren Rechtsverletzungen gerechnet werden. Im übrigen erscheint eine solche Ausdehnung der mit einer Vergütungspflicht verbundenen Vervielfältigungsfreiheit zumindest für

---

[112] Vgl. allgemein *Desjeux*, a.a.O. Fußn. 12, S. 56; zum österreichischen Recht *Frotz*, a.a.O. Fußn. 88, S. 109 ff.; zur amerikanischen Copyright-Reform UCLA-Project, a.a.O. Fußn. 9, S. 971 ff.

[113] *Reichel*, a.a.O. Fußn. 12, S. 13 ff.

[114] Art. 17 des niederländischen Urheberrechtsgesetzes von 1912 in der Fassung des Änderungsgesetzes vom 27. 10. 1972 (Stb. 579) erlaubt Unternehmen, Organisationen und Einrichtungen die Vervielfältigung wissenschaftlicher Zeitschriftenabhandlungen und kleiner Teile anderer wissenschaftlicher Werke in einer Zahl, wie sie dort jeweils vernünftigerweise benötigt wird. Die Kopien dürfen nur an die Beschäftigten verteilt werden. Dem Urheber oder seinem Rechtsnachfolger ist bei Inanspruchnahme dieser Kopierbefugnis eine angemessene Vergütung zu zahlen. Vgl. zu der neuen Regelung, zu der bisher noch Ausführungsvorschriften fehlen, *Pfeffer/Gerbrandy*, Kort commentaar op de Auteurswet 1912, tweede druk, Haarlem 1973, Art. 17.

[115] Art. 35 des japanischen Urheberrechtsgesetzes vom 6. 5. 1970 erlaubt Personen, die in Schulen und anderen Unterrichtseinrichtungen lehren, die Vervielfältigung veröffentlichter Werke in einem Ausmaß, wie es die Unterrichtszwecke erfordern. Dies gilt unter der Voraussetzung, daß die Vervielfältigung unter Berücksichtigung des Charakters und der Bestimmung des Werkes sowie der Zahl und Art der Vervielfältigung die Interessen des Inhabers des Urheberrechts nicht unangemessen beeinträchtigt.

den Bereich öffentlicher Unterrichtsanstalten und Behörden vertretbar, weil angenommen werden kann, daß sich die öffentliche Hand bei klarer Rechtslage ihren gesetzlichen Zahlungsverpflichtungen nicht entziehen wird.

Sonderregeln für öffentliche Bibliotheken, die ebenfalls Bestimmungen über eine angemessene Vergütungspflicht enthalten müssen, könnten darüber hinaus den besonderen Bedürfnissen dieser wichtigen Einrichtungen des wissenschaftlichen Informationswesens gerecht werden und das Funktionieren eines vernünftigen Leihverkehrs sicherstellen.

5. Die Konsequenzen der neuen Regelung für die Dokumentation mit Hilfe von Datenbanken wären nur die, daß auch hier – soweit überhaupt die Einspeicherung nur zum eigenen Gebrauch erfolgt – die generelle Vergütungspflicht Platz griffe. In weiten Bereichen bliebe hier das ausschließliche Vervielfältigungsrecht des Urhebers weiterhin unangetastet. Die Einführung einer gesetzlichen Lizenz oder einer Zwangslizenz zugunsten der Datenbanken, wie sie verschiedentlich vorgeschlagen oder in Erwägung gezogen worden ist[116], erscheint grundsätzlich nicht angemessen. Da hier die Möglichkeit ungehinderter Ausgabe geschützter und gespeicherter Werke nach außen geschaffen und vielfach sogar bezweckt wird, ist das berührt, was in Österreich einmal der harte Kern des Vervielfältigungs- und Verbreitungsrechts genannt wurde[117]. Hier empfiehlt es sich auch für den Gesetzgeber, hart zu bleiben. Vorstellbar ist freilich eine gesetzliche Lizenz gegenüber außenstehenden Urhebern, die durch maßgebliche Gesamtvereinbarungen der Datenbanken mit Interessenvertretern der Urheber und Verleger nicht erfaßt werden. In den nordischen Länden gibt es hierzu in anderem Zusammenhang bereits Vorbilder[118].

Aufgabe der Urheber und Verleger wissenschaftlicher Werke wird es nunmehr sein, beispielsweise durch die Gründung der Verwertungsgesellschaft Wissenschaft die organisatorischen Voraussetzungen für Gesamtvereinbarungen mit den Organisationen zu schaffen, die Dokumentation mit Hilfe von Datenbanken betreiben wollen.

Zusammenfassung

Unter den Methoden und Techniken des Dokumentationswesens sind die Abstract-Methode sowie die modernen Techniken der Reprographie (der in einem weiten Sinne zu verstehenden Fotokopie einschließlich der Mikrokopie und Xerokopie) und der elektronischen Speicherung und Wiedergabe von Daten besonders geeignet, die bereits zum

[116] Vgl. vor allem die Erörterungen in den USA, etwa UCLA-Project, a.a.O. Fußn. 9, S. 1010 ff.; aber auch in Deutschland, z. B. *Nordemann/Hertin*, a.a.O. Fußn. 67, S. 860. Siehe dazu *Ulmer*, a.a.O. Fußn. 16, S. 36 ff. und a.a.O. Fußn. 25, S. 302 f.; *Katzenberger* und *Kolle*, a.a.O. Fußn. 19, S. 207 = Nachr. Dok. 1972, S. 104.

[117] Siehe *Dittrich*, Die Vervielfältigung zum eigenen Gebrauch, UFITA Bd. 64 S. 33, 40 (1972).

[118] Vgl. § 20 Abs. 2 des finnischen, Art. 22 Abs. 1 des dänischen und § 22 Abs. 2 des norwegischen und schwedischen Urheberrechtsgesetzes. Nach diesen Bestimmungen haben Rundfunkunternehmen, die Verträge über Senderechte mit Organisationen geschlossen haben, denen die Mehrzahl der jeweiligen inländischen Urheber angehört, grundsätzlich das Recht, gegen Zahlung einer Vergütung auch Werke solcher Urheber zu senden, die diesen Organisationen nicht angehören.

Schlagwort gewordene Informationslawine unserer Zeit zu bewältigen. Da sie aber – anders als etwa Register und Kataloge – nicht nur die Existenz bestimmter Informationen nachweisen, sondern zugleich deren Inhalt mitteilen, treten sie in Konkurrenz zu der den Urhebern vorbehaltenen Werkverwertung und lassen die Frage nach ihrer urheberrechtlichen Zulässigkeit stellen.

Dokumentation als urheberrechtlich relevante Werkverwertung setzt voraus, daß den Gegenständen der Dokumentation urheberrechtlicher Schutz zukommt. Dies führt vor allem zu den Fragen der Werkqualität, der geschützten und freien Werkelemente und des Schutzes amtlicher Werke. Im übrigen führt die seit langem angewandte Abstract-Methode nicht notwendig zu Eingriffen in die Urheberrechte an den referierten Werken; es entscheidet insoweit vielmehr die Art und Weise der Formulierung der Abstracts. Was die Methode heute generell als Beeinträchtigung urheberrechtlicher Interessen erscheinen läßt, sind auch vielfach nicht die Abstracts als solche, sondern die mit ihnen in Verbindung stehende Herstellung und Verbreitung von Kopien der referierten Werke. Reprographische Kopien und die Einspeicherung von Werken in Datenbanken sind als Vervielfältigungen im Sinne des Urheberrechts zu werten. Ihre Zulässigkeit ohne Zustimmung der Urheber und sonstiger Rechtsinhaber hängt davon ab, ob sie durch die sog. Schranken des Urheberrechts gedeckt sind.

Von entscheidender Bedeutung sind insoweit die Regeln über den persönlichen und eigenen Gebrauch (§§ 53, 54 URG). Sie lassen zwar im Ergebnis die Einspeicherung von Werken in Datenbanken nur in Ausnahmefällen zu, der freien Kopiertätigkeit geben sie aber zum Schaden der Urheber allzu weiten Raum. Im übrigen sind aber auch insoweit viele Fragen ungeklärt, kommt es nicht zuletzt aufgrund dieser Unklarheiten in der Rechtslage auch zu erheblichen Rechtsverletzungen.

Einige Zahlen über die heutige umfangreiche Kopiertätigkeit und ein Überblick über die Beurteilung der Kopierfrage in einigen ausländischen Staaten zeigen, daß die Regelungen der §§ 53, 54 URG im Hinblick auf das Problem der Fotokopien dringend reformbedürftig sind. Ziel einer Reform muß es vor allem sein, die vermögensrechtlichen Interessen der Urheber und Verleger besser als bisher zu schützen, zugleich aber den möglichst ungehinderten Einsatz der modernen reprographischen Techniken zu gewährleisten. Hierzu werden Vorschläge vor allem in Richtung auf eine Ausdehnung der gesetzlichen Vergütungspflicht unterbreitet. Im Hinblick auf die Einspeicherung von Werken in Datenbanken ist die Einführung einer allgemeinen gesetzlichen Lizenz oder Zwangslizenz nicht zu empfehlen, sondern durch Vereinbarungen sicherzustellen, daß sowohl die Interessen der Datenbanken wie diejenigen der Urheber und Verleger gewahrt bleiben.

Summary

Among the methods and techniques of the documentation system the method of abstracts, the modern reprographic techniques (i. e. photocopying in a broad sense including microcopies and electrostatic copies), and the electronic storage and retrieval of data are particularly appropriate to master the overwhelming amount of information. Because they do not only indicate the existence of certain information – as indexes and catalogues do – but at the same time communicate the contents of such information, these methods and techniques compete with the utilization of copyrighted works, which is reserved to the authors. Therefore, the use of these methods and techniques gives rise to the question of their conformity with copyright law.

The question of copyright law aspects in the utilization of documentation becomes relevant only if the works so used are subject to copyright protection. This leads directly to the questions of the requirements of protected works and of the protected and free elements of works, and the question of protection of official works. The long established practice of abstracts does not necessarily encroach on the copyrights for the reported works; in this respect, the wording of the abstracts is decisive. Moreover, often not the abstracts as such but rather the production and distribution of copies of the reported works connected with the making of abstracts have the result that today the method of abstracting is generally regarded as an encroachment on the author's interests. Reprographic copies and the storage of works in eletcronic data processing machines are reproductions in the sense of copyright law. Whether they are permissible without the authors' consent or not depends on the question whether they fall within the legal exceptions to the exclusive copyright.

In this respect, the rules concerning reproduction for personal use (Sec. 53, 54 of the German Copyright Act) have decisive importance. These rules will, of course, permit the storage of works in electronic data processing machines only in exceptional cases; however, they are too extensive in allowing free photocopying of works, thereby causing damage to the authors. Also in this area, many questions are unsettled, and it is not the least for these uncertainties in the legal field that there are many infringements of copyrights.

Some statistics on the extensive photocopying practice and a general survey of how some foreign countries judge the photocopying problem show that there is an urgent need to reform Sec. 53, 54 of the German Copyright Act. Better protection of the authors' and publishers' property rights and – at the same time – unlimited utilization of the modern reprographic techniques to the largest possible extent must be the aims of the reform. In this respect, proposals are made which concern the extension of the legal obligation to pay remuneration. With regard to the storage of works in electronic data processing machines, the introduction of a legal or compulsory license cannot be recommended. Rather, agreements between the groups involved must ensure that the interests of those maintaining electronic information storage and retrieval systems and the interests of authors and publishers are preserved.

Wilhelm Dodenhoff

Neue Wege für EDV-Curricula an der Fachhochschule für Wirtschaft (FHW) Berlin

1. Die bisherige, sowohl auf die Vermittlung grundlegender Hardware-Kenntnisse als auch auf die Darstellung der DV-Organisation und einer Programmiersprache gerichtete DV-Grundausbildung ist wegen des batch-Betriebes häufig computerfern und motiviert die Studenten zu wenig im Hinblick auf das Instrument Computer. Diese Feststellungen hat der Rektor der FHW Berlin in seinem ersten Rechenschaftsbericht getroffen, der die Zeit vom 1. 4. 1971 bis 28. 3. 1973 umfaßt. In Veränderung und Erweiterung des bisherigen Ausbildungsplanes der FHW im Bereich der DV erscheint es geboten, zu einer problemorientierten Ausbildung in Gruppen zu gelangen. Dabei ist zu gewährleisten, daß die Gruppen durch Personal unterstützt werden, das mit dem aktuellen Stand der Hard- und Software und deren Entwicklungsrichtung vertraut ist. Darüber hinaus ist der Versuch zu unternehmen, den Computer direkt für die Wissensvermittlung einzusetzen und die modernen Verfahren der empirischen Sozialforschung für die FHW zugänglich zu machen.

2. Entsprechend diesen Zielvorstellungen hat die Ausbildungskommission (ABK) dem Akademischen Senat (AS) erste Vorschläge für ein neues EDV-Curriculum unterbreitet. Diesen Vorschlägen liegen folgende Erwägungen zugrunde:

Die Lehre in EDV an der FHW sollte spezifisch zugeschnitten sein für die Adressaten und deren künftige Berufsfelder. Das sind überwiegend Studenten, deren Tätigkeit nach dem Studium in einem zumindest mittelbaren Zusammenhang mit automatischer Informationsbearbeitung steht. Innerhalb des betriebswirtschaftlichen Studiums ist deshalb die EDV-Ausbildung als „Informatik im Nebenfach" zu konzipieren. Angewandte EDV sollte Schwerpunkt der Ausbildung sein.

3. Als Ziele dieser Ausbildung sind anzusehen:

3.30 Berufsqualifizierung im Sinne von Informatik als Nebenfach für die zukünftigen Betriebswirte und Ökonomen.

3.31 Praxisnahe Ausbildung als Voraussetzung für eine gesellschaftliche Problematisierung der Berufssituation.

3.32 Vermittlung eines Problembewußtseins gegenüber den Auswirkungen der Informationswissenschaften auf die Gesellschaft.

3.33 Cooperatives und kommunikatives Verhalten.

3.34 Erzeugung von Motivation für eine kritische Aneignung von Wissen (Forschendes Lernen).

4. Die so umrissenen Ausbildungsziele können am besten erreicht werden durch ein projektorientiertes Studium (PoSt).

4.40 Gegenstand dieses Studiums sind Projekte, an denen sich Qualifizierungs- und Lernprozesse orientieren. Die Rahmenthemen der Projekte müssen auf die zukünftige berufliche und gesellschaftliche Praxis der Studenten bezogen sein. Arbeitsmethode des PoSt ist die Gruppenarbeit. Sinn der Gruppenarbeit ist einmal die Qualifizierung der Gruppenmitglieder derart, daß sie Fähigkeiten erwerben, zu einem gegebenen Problem konkrete Aussagen zu machen. Zum anderen soll sich die Gruppenarbeit aber nicht auf eine Vermittlung von Wissen und den Erwerb einer Berufsqualifikation beschränken, sondern als Lernprozeß mit dem Ziel verstanden werden, cooperativ arbeiten zu können. So gesehen kann Gruppenarbeit einerseits der Emanzipation und Förderung jedes einzelnen dienen

und andererseits wird durch sie die Entwicklung von verhaltensrelevanten Qualifikationen begünstigt, die Voraussetzung sind für eine künftige Teamarbeit in der beruflichen Praxis.
4.41 Die Ziele Berufsqualifikation (vgl. 3.30) und praxisnahe Ausbildung (vgl. 3.31) lassen sich wahrscheinlich bei der Lehrform des PoSt in hohem Maße erreichen. Arbeits- und Lernprozesse orientieren sich an den Projektthemen und deren Praxisbezug. Damit werden die Studenten mit der fachspezifischen Tätigkeit ihres späteren Arbeitsplatzes konfrontiert. Die hierdurch gewonnenen Erkenntnisse wecken ihr Problembewußtsein gegenüber den Auswirkungen der Informationswissenschaften auf die Gesellschaft (vgl. 3.32). Die Gruppenarbeit fördert in besonderem Maße cooperatives und kommunikatives Verhalten (vgl. 3.33). Zugleich ist gewährleistet, daß die Beziehung Ausbildung/Beruf kritisch reflektiert werden kann, und es ist zu erwarten, daß Motivationen für forschendes Lernen erzeugt werden (vgl. 3.34).

4.42 Die PoSt ermöglicht eine interdisziplinäre Bearbeitung von Projekten (beispielsweise: EDV-quantitative Wirtschaftsanalyse, EDV-Rechnungswesen, EDV-Produktionswirtschaft, EDV-Betriebswirtschaftslehre). In den Projektgruppen sind „Grundlagen" bzw. „Instrumentelles Wissen" problemorientiert zu vermitteln.

5. Sinnvoll erscheint es, dem PoSt eine Orientierungsphase im ersten und zweiten Semester vorausgehen zu lassen. Diese Eingangsphase soll den Studenten zur Problematisierung ihrer Ausbildungs- und späteren Berufssituation dienen. Vorlesungen über Grundlagenwissen der EDV werden in diesen Semestern nicht angeboten. Vielmehr sollte unter der Bedingung, daß ein volles viertes Studiensemester ohne Prüfungsbelastung eingeführt wird, das PoSt in das dritte und vierte Semester zu je vier Semester-Wochenstunden gelegt werden.

6. Nach einer Experimentierphase im Grundstudium ist das PoSt jedoch nicht nur in diesem Studienabschnitt, sondern auch im Hauptstudium durchzuführen. Anzustreben sind nach Abschluß der Experimentierphase das PoSt im Grundstudium unter den genannten Voraussetzungen im dritten und vierten Semester und im Hauptstudium im fünften und sechsten Semester.

6.60 Schon während der Experimentierphase sollte ein Projektausschuß mit folgenden Aufgaben eingesetzt werden:

6.61 Überwachung der laufenden Projekte in der Experimentierphase

6.62 Entwicklung weiterer Projekte

6.63 Vorlegen eines Erfahrungsberichtes am Ende des Sommersemesters 1974

7. Diese Vorschläge der ABK sind in der letzten Sitzung des AS im Sommer-Semester 1973 eingehend diskutiert worden. Die grundsätzlichen Überlegungen zur Neustrukturierung des EDV-Curriculums wurden gutgeheißen. Gegenüber einer Konzentrierung der Lehrveranstaltungen im Grundstudium zum gegenwärtigen Zeitpunkt wurden Bedenken erhoben, weil u. a. eine Änderung des bereits beschlossenen Lehrplanes für das Winter-Semester 1973/74 nicht opportun erschien. Im kommenden Wintersemester soll deshalb zunächst mit der Experimentierphase begonnen werden.

Der AS hat daher beschlossen, im Winter-Semester als Experiment ein Projekt mit vier Semester-Wochenstunden einzurichten, das von einem Projektausschuß betreut wird und im Sommer-Semester 1974 fortzusetzen ist; dem Projektausschuß soll auch ein Volkswirt angehören.

Dieses Experiment soll dazu beitragen, die didaktischen und methodischen Probleme einer EDV-Ausbildung mit dem Ziel zu lösen, Betriebswirte und Ökonomen für eine berufliche Tätigkeit in den Bereichen Wirtschaft und Wissenschaft heranzubilden, in denen ohne verstärkten Einsatz der DV die Zukunftsaufgaben nicht gemeistert werden können.

Literatur

Zur Effektivität des Rechts

Jahrbuch für Rechtssoziologie und Rechtstheorie, Band III. Hrsg. von *Manfred Rehbinder* und *Helmut Schelsky*. Bertelsmann Universitätsverlag, Düsseldorf. 1973. 611 S. DM 54,–

Die Beiträge dieses dritten Bandes des Jahrbuches bildeten die Grundlage einer Arbeitsgemeinschaft, die 1971 im Zentrum für interdisziplinäre Forschung der Universität Bielefeld abgehalten wurde. Die ursprüngliche Themenstellung, die Überprüfung der These *Dahrendorfs*, „das Recht sei schlechthin ein gesellschaftliches Mittel zur Aufrechterhaltung des sozialen und politischen status quo" auf ihre Gültigkeit hin, mußte schließlich eingeschränkt werden auf die „Wirkung und Wirkungsweisen des Rechts auf soziale Strukturen und soziales Verhalten" (S. 8). Im Vorwort wird prägnant die zentrale Bedeutung der Effektivitätsforschung des Rechts, die von der traditionellen Rechtswissenschaft negiert wird, herausgestellt: auf der einen Seite die Untersuchung der Durchsetzungschancen und -mittel des jeweils bestehenden Rechts oder der vorhandenen Rechtsordnung (hier könnte eine Erkenntnis und damit Steigerung der Effektivität des Rechts gerade sozialen Wandel durch Rechtseffektivität verhindern); auf der anderen Seite würde auch eine vorrechtliche politische Programmatik des sozialen Wandels in ihrer Durchsetzung nicht auf das Recht verzichten und daher mußte eine grundsätzliche Erkenntnis über die „Effektuierung des Rechtes" in die Darstellung einbezogen werden.

Die Beiträge des Bandes gliedern sich in drei Themenkreise: zunächst in allgemeintheoretische Probleme des sozialen Wandels durch Recht, dann in eine Untersuchung konkreter Effektivitätsfaktoren und schließlich Beiträge aus der empirischen Rechtssoziologie. Es soll in diesem Rahmen von den 24 Beiträgen nur auf jene hingewiesen werden, von denen der Rezensent meint, sie seien im Zusammenhang mit der Rechtsinformatik besonders bemerkenswert.

Manfred Rehbinder (Rechtskenntnis, Rechtsbewußtsein und Rechtsethos als Probleme der Rechtspolitik, S. 25–46) stellt unter der Annahme, daß trotz des notwendigen und unausbleiblichen Einsatzes des Computers in der Rechtsinformation grundsätzliche Überlegungen über die Beschränkung der Normenflut beginnen müßten, die Verbindung zwischen Rechtskenntnis, Rechtsbewußtsein und Rechtsethik her, wobei die Rechtskenntnis Voraussetzung eines Rechtsbewußtseins und eines demokratischen Rechtsethos (der die „Spielregeln der Gesellschaft" immer wieder hinterfragt) ist; nur mit dieser Dreiheit kann eine freiheitliche Rechtsordnung garantiert werden (ähnliche Menetekel finden sich ja bereits bei *Theodor Mayer-Maly*, Rechtskenntnis und Gesetzesflut, 1969). In einem breit angelegten Beitrag sucht *Frank Rotter* (Verfassungsrechtliche Möglichkeiten der Institutionalisierung sozialen Wandels, S. 87–138) eine Gesellschaftsutopie zu entwickeln, in der durch eine verfassungsrechtliche Institutionalisierung größtmöglicher perönlicher Entfaltungs- und Wandlungschancen eine umfassende Institutionalisierung sozialen Wandels gesucht wird; die Anregung entnimmt Rotter *Amitai Etzioni* (The Active Society, 1968), im Ergebnis kommt er nach kommunikationssoziologischen Überlegungen, bei denen ein perfektes Informationssystem eine große Rolle spielt, zu einem dem Ziel der politischen Kybernetik der kommunistischen Literatur (z. B. *Afanasjew, Kasimirtschuk*, die aber in der Arbeit nicht berücksichtigt werden) nicht unähnlichen Modell (daher auch eine Analyse des Planungskonzeptes der DDR-Verfassung). *Lawrence M. Friedman* (Einige Bemerkungen über eine Theorie des rechtsrelevanten Verhaltens, S. 206–223) sieht es mit Recht als eine der vordringlichsten Aufgaben der Rechtswissenschaft an, die Kommunikation von Gesetzesinformationen, die Wirksamkeit von Strafbestimmungen, die Legitimität (die Akzeptierung der Gültigkeit des Rechts) zu erforschen. Es wird dargestellt, was an der juristischen Kommunikation die Effektivität behindert: Die öffentliche Verbreitung einer Rechtsvorschrift ist das unwirksamste Kommunikationsmittel, die Nachrichten (= Normen, da die

Rechsordnung ein Kommunikationssystem ist, S. 216) müssen spezifischer gestaltet werden und allgemein gültig sein, sie sollen sich durch klare Sprache auszeichnen und soweit als möglich im Gewohnheitsrecht wurzeln. Betont wird auch der Einfluß von Vermittlern im Rechtsprozeß (z. B. Anwälte, Informationsbüros) auf die Rechtseffektivität. Der Kommunikationsprozeß funktioniere zwar noch einigermaßen von oben nach unten, versagt aber bei Informationen von der Basis her (demokratisches Prinzip!?), den Normunterworfenen zur Regierung. Mit dieser Problematik beschäftigt sich auch *Heinrich J. Schröder* (Zur Erfolgskontrolle der Gesetzgebung, S. 271—288), der zwar den originellen Gedanken eines institutionalisierten Informationsflusses vom Normadressaten zum Gesetzgeber bringt und diese Aufgabe (zu vergleichen dem référé legislatif des vorrevolutionären Frankreich und des preußischen ALR) einem Parlamentsausschuß zuweist, aber auch betont, daß ein derartiges Verfahren dem Gesetzgeber nur Denkanstöße liefert und ihn nicht der politischen Verantwortung und Entscheidung enthebt. Vorteilhaft, aber vom Autor unerwähnt, sind hier die von den Höchstgerichten einiger europäischer Staaten dem Gesetzgeber regelmäßig zu übermittelnden Berichte über die Rechtssprechungspraxis und befundene Mängel der Gesetze. *Hans Ryffel* (Bedingende Faktoren der Effektivität des Rechts, S. 225—246) systematisiert die Effektivitätsbedingungen, von denen die Mehrheit heute nicht gegeben bzw. in näherer Zukunft auch nicht realisierbar ist, so daß eine volle Effektivität des Rechts nicht erreichbar scheint. Die Effektivitätsbedingungen Ryffels sind: die adressatenbewußte Setzung und Durchsetzung von Rechtsnormen (geeignete Kommunikationsform und -mittel; ein ausgewogenes Verhältnis von Belohnung und Sanktion; die Kooperation von Rechtsgenossen und Behörden; eine formalisierte Rückmeldung); das Rechtsverhalten (Introzeption einer Norm = freie Übernahme und Befolgung; vermittelte Übernahme; Motivierung; Erziehung); das Vorhandensein gesellschaftlicher Faktoren und sozialer Normen (Konsonanz = Zusammenspiel von gesellschaftlichen und rechtlichen Normen; Beeinflußbarkeit sozialer Normen; Persönlichkeitsstruktur). Gerade die letzte Gruppe dürfte die entscheidende sein, denn letztlich ist die Effektivität der Rechtsordnung vom Gleichklang mit den gesellschaftlichen Anschauungen abhängig, und zwar im kritischen Grenzfall vor allem von den Anschauungen und der Persönlichkeitsstruktur der normanwendenden Organe. Auf diesen Rollenkonflikt weist mit Recht *Ernst A. Kramer* in seinem Beitrag „Integrative und repressive Wirksamkeit des Rechts" (S. 247 bis S. 257) hin, der im übrigen das Schwergewicht auf die Rechtsverwirklichung durch Motivation legt, die gegenüber der Rechtsverwirklichung durch Verfahren kaum beachtet wird, in den modernen Rechtsordnungen aber immer wichtiger wird (z. B. legistische Maßnahmen zur Familien-, Steuer- und Gesellschaftspolitik). *Peter Noll* (Gründe für die soziale Unwirksamkeit von Gesetzen, S. 259—269) geht den Diskrepanzen zwischen normativer Geltung und faktischer Wirkung von Rechtsnormen nach (am deutlichsten erkennbar am Beispiel des Unterschiedes zwischen Begehungsziffer und Verurteilungsziffer eines Deliktes, der Dunkelziffer), er zeigt auf, daß sich der Gesetzgeber in den meisten Fällen nicht um die Realität der von ihm gesetzten Normen kümmert, und daß er manchmal auch gar nicht deren volle Effektivität beabsichtigt. Die Effektivitätsmessung einer Norm ist besonders dort fast unmöglich, wo es keinen Maßstab für die Verfolgungsintensität gibt, wo also das Recht nicht als Sanktionsmittel eingesetzt wird.

Es wäre sehr interessant, sich mit den in diesen erwähnten und in anderen Beiträgen des umfangreichen Bandes dargestellten Thesen im einzelnen zu beschäftigen, doch sollen im gegebenen Zusammenhang nur einige generelle Bemerkungen gemacht werden: Dem Band fehlt nicht nur ein Beitrag, der sich ähnlich dem Beitrag von *Helmut Schelsky* über das Iheringsche Modell des sozialen Wandels durch Recht mit dem Effektivitätsbegriff *Hans Kelsens* auseinandersetzt (der ja eine zentrale Voraussetzung des Rechtspositivismus ist), sondern auch ein Beitrag, der die Verbindung zwischen der soziologischen Rechtseffektivitätsforschung und der operationalen Effektivitätsforschung, wie sie die Rechtsinformatik mit EDV-Einsatz ermöglicht, darstellt. Die in einigen Beiträgen vorgelegten Methoden und Ansätze verlangen geradezu nach ihrer Anwendung und Überprüfung durch Modellversuche mittels EDV-Simulation, denn höchstwahrscheinlich wird ohne EDV eine Erforschung der Rechtseffektivität ebenso unmöglich sein (man denke nur an die Aufbereitung und Auswertung einer Rechtsstatistik) wie die EDV notwendig einen entscheidenden Beitrag zur Erhöhung der Effektivität des Rechts leisten wird: Letztlich dienen ja alle Überlegungen über den Aufbau von Rechtsinformationssystemen und von Personenkennzeichen einer höheren Durchsetzungschance des Rechts. Darauf geht das Buch leider nicht ein, ebenso nicht auf die politischen und rechtspositiven Bedingungen der Effektivität des Rechts, eines Rechts, das in der Mehrheit der Beiträge einseitig als Sanktion im Sinne des Strafrechts behandelt wird. Das Buch stellt sich global aber als wertvolle Anregung für jenen Teil der wissenschaftlichen Rechtsinformatik dar, der die Brücke zur Rechtssoziologie bilden wird, zu einer interdisziplinären Forschung, wie sie auch in den abschließenden Bemerkungen des Bandes anklingt. Einige seiner Überlegungen wurden inzwischen ja auch bereits im Zusammenhang mit der EDV bewußt oder unbewußt in Beziehung gebracht, zu verweisen ist hier etwa auf *Helmut Krauchs* „Computer-Demokratie" oder auf *Spiro Simitis* „Sozialtechnologie", die gegenüber den Beiträgen des Rezensionswerkes, die in der ersten Hälfte des Jahres 1971 ausgearbeitet wurden, eine Weiterentwicklung darstellen. Technisch ist am Band nur bemängeln, daß ein Mitarbeiterverzeichnis mit Kurzbiographien (wer ist primär Jurist und wer ist primär Soziologe?) ebenso fehlt wie ein Sachverzeichnis. Gerhard Stadler

Automated Information Management in Public Administration

Present Development and Impacts. Part I: Conclusions by the Data Bank Panel. Part II: Automated Information Management in Public Administration – Present Developments and Impact – by *Klaus Lenk*. Organisation for Economic Co-Operation and Development (Hg.) (OECD Informatic Studies Bd. 4) Paris 1973. 124 Seiten.

Die Automation im Bereich der öffentlichen Verwaltung wird von der Organisation für wirtschaftliche Zusammenarbeit OECD mit wachsender Aufmerksamkeit bedacht. So wurde 1968 vom OECD-Comittee for Science Policy die Computer Utilisation Group gegründet, deren Arbeit im Jahre 1971 der Untersuchung politikwissenschaftlicher Aspekte von Datenbanken in der öffentlichen Verwaltung gewidmet war. Ergebnisse dieser Arbeit sind in den OECD Informatic Studies veröffentlicht worden, einer Reihe, in der auch der vorliegende Band erschienen ist.

Er enthält zunächst eine Reihe von Empfehlungen, die bei der Entwicklung integrierter Datenbasen im Bereich der öffentlichen Verwaltung beachtet werden sollten. Diese Empfehlungen sind vom Data Bank Panel beschlossen worden, in dem einige Mitgliedsländer der OECD durch Fachleute vertreten sind. Als wohl wichtigste Tendenz läßt sich aus diesen Empfehlungen herauslesen, daß das Stadium der Computer-Euphorie zu Ende geht und daß Erfolge bei der Automation im Bereich der öffentlichen Verwaltung nur aufgrund eines neuen wissenschaftlichen Ansatzes erzielt werden können, der umfassender als bisher die Struktur und Funktionen der öffentlichen Verwaltung mit einbezieht.

Dieser neue Ansatz ist ein wesentliches Ergebnis des Untersuchungsberichts von *Klaus Lenk*, der den Hauptinhalt des Buches ausmacht. Bei diesem Untersuchungsbericht handelt es sich um eine vergleichende und wertende Betrachtung wichtiger ADV-Entwicklungen in einigen OECD-Mitgliedsländern. Die Untersuchung gliedert sich in vier Teile: Konzeptionelle und methodische Probleme, konkrete Entwicklungen der Automation in den einzelnen Ländern, Bedingungen erfolgreicher Automation und schließlich die Folgen hochentwickelter Automation für Struktur und Funktionen öffentlicher Verwaltung.

Im ersten Teil, der Eingrenzung von Untersuchungsgegenstand und -richtung gewidmet, wird der Versuch unternommen, aus den diffusen Bereichen öffentliche Verwaltung einerseits und Informationstechnologie andererseits diejenigen Elemente herauszukristallisieren, anhand derer eine stringente Beschreibung und Bewertung konkreter ADV-Entwicklungen erst möglich wird. Die Schwierigkeiten dieses Unterfangens liegen auf der Hand, verbinden sich doch gerade mit dem Begriff der öffentlichen Verwaltung in den einzelnen Ländern sehr unterschiedliche Vorstellungen. Um so höher ist es dem Autor anzurechnen, daß er sich nicht mit der wenig aussagekräftigen Interpretation der Verwaltung als einem informationsverarbeitenden Unternehmen begnügt, sondern eine Abgrenzung nach den Funktionen öffentlicher Verwaltung versucht; vielleicht hätte ein Rückgriff auf die vergleichenden Verwaltungswissenschaften hier die Arbeit erleichtert. Nicht minder groß sind auch die Schwierigkeiten, den Wirrwarr datentechnischer Schlagworte wie Datenbank, Informationssystem etc. aufzuhellen. Lenk ist es recht gut gelungen, diesen Bereich kurz und prägnant zu strukturieren.

Der zweite Teil der Untersuchung, zugleich der umfangreichste, ist der Darstellung konkreter ADV-Entwicklungen in acht Mitgliedsländern der OECD gewidmet. *Lenk* gibt eine übersichtliche und einprägsame Darstellung wichtiger ADV-Konzeptionen im europäischen Raum: Der eilige Leser gewinnt rasch enin Bild dieser Entwicklungen, dem interessierten Leser eröffnet sich ein weiterer Zugang über die teilweise nach Ländern bzw. Projekten geordnete Literatur. Der Schwerpunkt dieser Länderberichte liegt bei Schweden, wo eine Vielzahl von Automationsprojekten in Angriff genommen ist und z. T. kurz vor der Realisierung steht. Dort wie in anderen Ländern stehen Vorhaben im Bereich des Einwohnerwesens im Vordergrund: Einwohnerdatenbanken und Personenkennzeichen sind die Schlagworte dieser Entwicklungen. Darüberhinaus werden aber auch andere Bereiche angesprochen: Sozialversicherung und Arbeitsmarkt, Grundbuch- und Katasterwesen, Kriminal- und Kraftfahrzeugwesen u. a. Vorwiegend am schwedischen Beispiel wird gezeigt, welche Formen der Automation in diesen Bereichen verwirklicht werden sollen. Auffallend ist, wie bescheiden sich in jedem der untersuchten Länder die Ansätze zu einer Integration der ADV ausnehmen, sei es auch nur im Wege der Mehrfachverwendung der gespeicherten Daten durch verschiedene Verwaltungsstellen.

Vielleicht hätte man sich neben den behandelten Ländern (Schweden, Norwegen, Dänemark, Belgien, Deutschland, Finnland, Frankreich, Luxemburg) noch andere gewünscht; dies gilt vor allem für das bisherige Schrittmacherland der Automation, die Vereinigten Staaten. Daß darüberhinaus einige wichtige Projekte nicht erwähnt sind (z. B. in Deutschland die Automation im Bereich des Grundbuch- und Katasterwesens, um nur eines zu nennen), mag darauf zurückzuführen sein, daß die Untersuchung bereits 1972 abgeschlossen wurde.

Im dritten Teil setzt sich Lenk mit einigen wichtigen Beschränkungen und Bedingungen auseinander, die für eine erfolgreiche Einführung integrierter Datenbanken gelten. Besonders interessant sind seine Überlegungen zur Bedeutung, die Wirtschaftlichkeitsgesichtspunkte bei der Entscheidung über die Einführung automatisierter Verfahren spielen. Die Fragwürdigkeit der Überlegungen, wie sie bisher angestellt wurden, wird von ihm in zweifacher Hinsicht nachgewiesen: Weder ist es bisher gelungen, die Leistungen integrierter Datenbasen in befriedigender Weise zu quantifizieren, noch besteht Klarheit darüber, welchen Stellenwert die Frage der Wirtschaftlichkeit bei der Implementierung automatisierter Systeme explizit besitzt.

Im vierten Teil der Untersuchung schließlich behandelt Lenk den Einfluß der Automation auf Struktur und Funktionen öffentlicher Verwaltung, wobei er in einem erweiterten Kontext auch deren Stellung im politischen System, Fragen der politischen Machtverteilung und schließlich die Privacy-Problematik mit einbezieht. Während seine Überlegungen etwa zu Fragen des Machtgleichgewichts durch die unterschiedlichen Formen der Staatsorganisation in den behandelten Ländern stark relativiert und mit Blick vorwiegend auf die Verhältnisse in Deutschland abgefaßt sind, führen vor allem seine Betrachtungen aus organisationstheoretischer Sicht zur Frage der Zentralisationswirkung von integrierten Datenbasen zu einer begrüßenswert differenzierten Aussageweise. Die Unterscheidung zwischen funktioneller und institutioneller Zentralisation sowie Zentralisation der Kontrolle erlaubt es, Einbruchstellen der ADV in das organisationale Gefüge der öffentlichen Verwaltung genau zu lokalisieren. Wenn seine Aussagen zu diesen Problemen im Ergebnis dennoch allgemeiner Natur sind, so dürfte dies seinen Grund in den unterschiedlichen Organisationsformen der öffentlichen Verwaltung in den einzelnen Ländern haben. Wenngleich deshalb der Untersuchungsrahmen eine detaillierte Darstellung der Situation in den einzelnen Ländern nicht erlaubte, so hätte man sich an dieser Stelle doch eine Auseinandersetzung mit den ADV-Organisationsgesetzen in Deutschland gewünscht, zumal *Lenk* fruchtbare Ansätze für das methodische Rüstzeug hierzu entwickelt hat.

Gerade in diesem Teil wird sein Anliegen, das auch in den Empfehlungen des Data Bank Panels seinen Niederschlag gefunden hat, besonders deutlich: Automation in der öffentlichen Verwaltung ist bislang unter unzureichenden Aspekten betrieben worden. Empirische Untersuchungen über die Auswirkungen der Automation auf Struktur und Funktionen der öffentlichen Verwaltung sowie ihre Bedeutung unter sozialwissenschaftlichem Blickwinkel sollten künftig bei den Automationsbemühungen in die Diskussion mit einbezogen werden. Es ist das Verdienst von Lenk, in seiner Untersuchung diese Notwendigkeit begründet zu haben. Seine Arbeit sollte deshalb in Praxis und Wissenschaft gleichermaßen aufgenommen und beachtet werden. Carl-Eugen Eberle

Leo Reisinger, Die automatisierte Messung juristischer Begriffe

Arbeitspapiere Rechtsinformatik, Heft 9, J. Schweitzer Verlag, Berlin 1973. DIN A4. VIII, 145 Seiten. Kartoniert DM 58,–

Reisinger behandelt in seiner Schrift ein Grundproblem der Rechtstheorie. Die Frage nach der methodischen Konkretisierbarkeit und damit Operationalisierbarkeit vager Rechtsbegriffe, d. h. nach der Möglichkeit ihrer Formalisierbarkeit und Entscheidbarkeit als Bedingung von EDV-Einsatz im Recht. Reisinger kann das Problem nicht endgültig lösen, aber er bietet interessante Ansätze, welche eine weitere wissenschaftliche Aufarbeitung ermöglichen. Verf. geht von den sprachlichen Bausteinen der Rechtssätze aus, unterscheidet zwischen Tatbestand und Rechtsfolge und zerlegt den Tatbestand in seine semantischen Komponenten. Bei den Begriffen unterscheidet er zwischen klassifikatorischen, komperativen und metrischen Begriffen. Die Begriffe werden als „relationales System und insbesondere als Graph" verstanden und formalisiert. Die klassischen Begriffsformen und der juristiche Typus werden so als spezielle Graphen gedeutet. Schließlich wird eine Formalisierung des Entscheidungsproblems der Einzelbegriffsubsumtion durchgeführt, in dem eine Entscheidungsfunktion und eine Entscheidungsschwelle postuliert und für die einzelnen Begriffsformen mögliche Entscheidungsfunktionen definiert werden (vgl. sein Programm S. 1/2). Dieses Arbeitsprogramm wird im wesentlichen eingelöst, wobei neben der Graphentheorie für die Metrisierung juristischer Begriffe auch Skalierungsverfahren verwendet werden.

Es ist hier nicht der Raum, eine kritische Diskussion des methodischen Ansatzes seiner Durchführung und vor allem auch seine praktische Durchführbarkeit zu führen. Aber es kann festgestellt werden, daß diese Arbeit ein wichtiger Beitrag zur rechtsinformatorischen Grundlagenforschung ist und es kann Reisinger zugestimmt werden, daß für Anliegen der Rechtsinformatik die Fragen der Formalisierbarkeit und Formalisierung des Rechts von grundlegender Bedeutung sind. Rechtsinformatik befaßt sich bislang aber vorwiegend mit Einzelfragen juristischer Informationssysteme, losgelöst von den methodischen Grundproblemen. Es mangelt insgesamt an rechtstheoretischer Grundlagenforschung in diesem Bereich, was wohl in der Schwierigkeit der Aufgabenstellung begründet ist. Klaus Grimmer

Beling/Wersig, Zur Typologie von Daten und Informationssystemen – Terminologie, Begriffe und Systematik

Gutachten angefertigt im Auftrag des Bundesministeriums des Innern. Beiträge zur Informations- und Dokumentationswissenschaft – Folge 6. Verlag Dokumentation, Pullach bei München. 1973. Broschiert DM 20,–

Wer nach drei Vorworten die dem Gutachten vorangestellte Zusammenfassung liest, um sich einen ersten Überblick zu verschaffen, wird Lust verspüren, das Gutachten selbst erst gar nicht anzusehen. Die Zusammenfassung erweckt zu sehr den Eindruck, daß hier unnütze Terminologie-Akrobatik betrieben wird.

Der erste Eindruck ist in diesem Fall jedoch nicht der beste. Man muß *Beling/Wersig* ganz und mit ehrlichem Interesse gelesen haben, um den Wert dieser Art zu verstehen. 112 „Definitionen" sind hier nicht lose aneinandergereiht und mehr oder weniger klug erläutert, sie werden vielmehr in einem geschlossenen System vorgestellt. Die Gutachter gehen dabei von einem kommunikationstheoretisch fundierten Ansatz aus und haben damit die Plattform gewählt, die allein geeignet ist, das breite Spektrum von „Daten und Informationssystemen" in der richtigen Gesamtschau zu sehen.

Es wäre wenig ergiebig, hier einzelne „Definitionen" vorzustellen. Man sollte keine losgelöst vom Gesamtsystem betrachten. Angesichts des derzeitigen terminologischen Wildwuchses im Bereich „Daten- und Informationssysteme" liegt eben in der Geschlossenheit des erarbeiteten Definitionssytems seine Bedeutung. Sobald einmal der kommunikationstheoretische Ansatz akzeptiert ist, läßt sich vom Gutachten ausgehend durchaus ein Ordnunsgprozeß erwarten, der zu einer den wirklichen Problemen in diesem Bereich angemessenen Vereinheitlichung der Terminologie führt.

Selbstverständlich sind zunächst die nachrichtentechnisch orientierten Informatiker aufgerufen die ihren vermeintlichen Anspruch auf „Daten- und Informationssysteme" bedroht sehen werden. Sie werden die einzelnen „Definitionen" kritisieren und hier gewiß auch ernsthafte Argumente vorbringen können. Ein gleichwertiges Gegenmodell für den Gesamtkomplex ist jedoch nicht zu erwarten. Wenn das Gutachten dazu beitragen könnte, den Irrglauben zu beseitigen, daß der Bereich Daten- und Informationssysteme" eine Domäne der Informatik sei, hätte es vermutlich einen über den ursprünglichen Auftrag hinausgehenden Beitrag geleistet, der aber andererseits geleistet werden muß, um den eigentlichen Zweck des Gutachtens erfüllen zu können. Horst Joeres

Karl Haag, Rationale Strafzumessung

Ein entscheidungstheoretisches Modell der strafrichterlichen Entscheidung (Annales Universitatis Saraviensis. Rechts- und wirtschaftswissenschaftliche Abteilung, Band 51). Carl Heymanns Verlag KG, Köln/Berlin/Bonn/München. 1970. 226 Seiten. Broschiert DM 25,20; Leinen DM 29,–

Von Richter zu Richter, von Gericht zu Gericht gibt es eine sehr unterschiedliche Strafzumessungspraxis. Dagegen wird nichts einzuwenden sein, sofern und soweit die vorhandenen Unterschiede auf kritischer Reflexion möglicher Strafzumessung und der bewußten und gewollten Abweichung beruht. Das ist aber nicht der Fall. Hier ist Abhilfe derzeit (noch) nicht möglich, da dem Richter die notwendige Information über die Strafzumessungspraxis anderer Richter und Gerichte nicht oder nur für die Praxis nicht auswertbar zur Verfügung steht.

Hier zu helfen ist die Zielsetzung der Arbeit von *Haag.* Dabei geht es nicht darum, eine rechnerische Entscheidung anzubieten. Es soll vielmehr ein Modell für eine verbesserte Entscheidungsfindung angeboten werden, die genügend Spielraum für Wertungen und Individualität beläßt. Demgemäß liegt die Ermittlung der finalen und realen Strafzumessungsgründe aus dem geltenden Recht nur am Rande der Arbeit. Kernstück ist vielmehr die Entwicklung der logischen Strafzumessungsgründe in einem entscheidungstheoretischen Modell. Dazu gehört auch der Zusammenhang zwischen Sozialdaten und Strafzwecken und die Möglichkeiten der Bewertung und Abwägung der realen Strafzumessungsgründe.

Es ist eigentlich verwunderlich, daß die Arbeit noch nicht aufgegriffen wurde. Zumindest als Modellversuch sollten die Vorschläge einer realistischen Erprobung zugeführt werden. Die Arbeit wendet sich nicht nur an den Theoretiker, sondern auch an den aufgeschlossenen Praktiker. Die Rechtsinformatik ist jedoch aufgerufen, Arbeitsmodelle zur Erprobung anzubieten. Der Praktiker sollte sich die Zeit nehmen, diese Arbeit zu lesen, die – zugegeben langfristig – geeignet ist, eine wesentliche Verbesserung strafrichterlicher Tätigkeit zu ermöglichen. Sigmar Uhlig

Dorothee Peters, Richter im Dienst der Macht

Zur gesellschaftlichen Verteilung der Kriminalität. (Kriminalität und ihre Verwalter, Heft 3) Verlag Enke, Stuttgart. 1973. 189 Seiten einschl. 30 Tabellen. DM 13,80

Die gesellschaftliche Seite der Kriminalität will *Dorothee Peters* betonen. Dies ist ein Ansatz, der beachtet und in weiteren Studien vorangetrieben werden sollte. *Dorothee Peters* ist es leider nicht gelungen. Mit dem anspruchsvollen Titel „Richter im Dienst der Macht" und der Frage, ob die Kriminalität nicht als „negatives Gut" von der Gesellschaft verteilt werde, wird unterstellt, daß die Strafjustiz diese Verteilungsfunktion habe. Deshalb beschränkt sie ihre Untersuchung, die sie auf „empirische Daten aus der methodisch kontrollierten Beobachtung von Gerichtsverhandlungen und aus der Befragung einer repräsentativen Auswahl von Strafrichtern" stützt, auf eine Bewertung von Aussagen und Handlungen von Richtern. Die Studie und die in die Daten hineinverlagerten Wertungen der Autorin sind interessant zu lesen; zu überzeugen vermag die Autorin nicht.

Es soll hier nicht auf die methodischen Fragen der Untersuchung eingegangen werden. Lediglich einige Anmerkungen möchte ich machen.

1. Bedauert wird zunächst, daß die Materialien (Protokolle, Tabellen usw.), die der Analyse zugrundegelegen haben, nicht mitveröffentlicht wurden. So ist eine eigene Auswertung unmöglich und eine Argumentation auf dem gleichen Datenmaterial ausgeschlossen.
2. Zum Vergleich hätten Daten mit gleichen Methoden von den „Betroffenen" erhoben werden sollen, um festzustellen, ob die den Richtern abgefragten Wertungen mehr sind als eine „reale" Feststellung der durch die berufliche Arbeit gegebenen Erfahrungswerte. Nur so hätten sich überzeugende Anhaltspunkte dafür sichern lassen, ob die durch den Titel angezeigte Tendenz tatsächlich vorhanden ist.
3. Um künftig Untersuchungen solcher Art vielseitig auswerten und mit dem Material andere Untersuchungen vergleichen zu können, sollte eine genaue Normierung der Darstellungen und Datenträger eingeleitet werden, die einen echten Datenaustausch ermöglichen könnte.

Sigmar Uhlig

Hinweise

INTERDOC

1969 wurde in Brüssel von einer Gruppe an Rechtsinformatik Interessierter aus zahlreichen europäischen und einigen außereuropäischen Ländern INTERDOC gegründet. Es ist eine Vereinigung, die sich die Erforschung von Problemen und der Förderung von Untersuchungen im Bereich der Rechtsinformatik zum Ziel gesetzt hat. Die Mitgliedschaft steht jedermann frei (Jahresbeitrag zur Zeit 600 bfrs. für natürliche Personen, 3000 bfrs. für juristische Personenen). Jährlich wird mindestens ein Heft eines kostenlosen Bulletins herausgegeben; soeben erschien Bulletin Provisoire Nr. 3 (in englischer und französischer Sprache). Wegen einer eventuellen Mitgliedschaft wende man sich direkt an INTERDOC (Rue de la Montagne 34, B-1000 Bruxelles), das Bulletin kann in der Bundesrepublik Deutschland auch bei J. Schweitzer Verlag (Verlagsbüro München, 8 München 80, Geibelstraße 8) bezogen werden.

REDOK

Recht, Verwaltung und Informationsverarbeitung — Zeitschriftendokumentation

Inhaltliche Erschließung der in Zeitschriften erscheinenden aktuellen Literatur zur Rechts- und Verwaltungsinformatik, zur Rechtskybernetik, zu den juristischen Informationswissenschaften und dem Recht der Informationsverarbeitung unter Verwendung des automatisierten Dokumentationssystems LEDOC.

Die Zeitschriftendokumentation zu „Recht, Verwaltung und Informationsverarbeitung" erschließt die in zur Zeit ca. 210 ausgewählten in- und vor allem ausländischen juristischen und außerjuristischen Zeitschriften erscheinenden aktuellen Veröffentlichungen zur Rechtsinformatik durch Zuordnung von Deskriptoren aus einem fachspezifischen Thesaurus. Die Vervollständigung der Zeitschriftendokumentation durch Nachweis auch der selbständigen Veröffentlichungen sowie der Anschluß an JUDAC ist zum frühestmöglichen Zeitpunkt vorgesehen.

Erscheinungsweise

Fünf Lieferungen pro Jahr (viermal vierteljährlich sowie eine, die Quartalslieferungen zusammenfassende Jahreslieferung)

Inhalt

Quartalslieferung (Berichtszeitraum 3 Monate):

Verzeichnis der erfaßten Veröffentlichungen mit Autor, Titel, Fundstelle und Deskriptoren (Titelkatalog) – Erschließung der Titel nach Deskriptoren (Deskriptorenkatalog) – Aufgliederung nach Autoren (Autorenkatalog) – Verzeichnis der erfaßten Zeitsrchiften mit bibliographischen Angaben und Erfassungszeitraum (Zeitschriftenliste).

Jahreslieferung (Berichtszeitraum 1 Jahr):

Zusammenfassung der Deskriptoren- und Autorenkataloge aus den Quartalslieferungen – Verzeichnis der ausgewählten Zeitschriften (Zeitschriftenkatalog) – Systematisch und alphabetisch geordnete Liste der Deskriptoren (Thesaurus) – Abkürzungsverzeichnis.

Umfang

Quartalslieferungen je ca. 100 Seiten, Jahreslieferung ca. 150 Seiten, zusammen ca. 550 Seiten.

Format

DIN A4, gelochte, ungebundene, verschiedenfarbige Blätter zum Einheften in einen Ordner

Preis

Jahresabonnement (4 Quartalslieferungen, 1 Jahreslieferung) für Institutionen DM 150,–, Sonderpreis für Studenten und Einzelpersonen DM 99,–. Sonderarrangements werden gesondert kalkuliert.

Versand

jeweils 4 Wochen nach Redaktionsschluß frei Haus.

Die erste ausführliche Jahreslieferung (ca. 250 Seiten) über Veröffentlichungen des Jahres 1973 erscheint Anfang 1974. Preis: Einheitlich DM 70,–

Auf Wunsch wird ein ausführlicher Prospekt mit Probematerial zugeschickt (Redaktion REDOK, p/A Prof. Dr. W. Steinmüller, Fachbereich Rechtswissenschaft/Universität, D-84 Regensburg, Postfach 389).

Datenmodelle und Systementwürfe für Datenbanksysteme (Sommersemester 1974 in der GMD)

Der Fachausschuß 5 der Gesellschaft für Informatik (GI) und die Gesellschaft für Mathematik und Datenverarbeitung (GMD) veranstalten gemeinsam ein Sommerseminar über „Datenmodelle und Systementwürfe für Datenbanksysteme". Das Seminar findet vom 9. bis 14. September 1974 im Großen Hörsaal der GMD, Schloß Birlinghoven, statt.

In dem Seminar geht es um Konzepte für die Schnittstelle zwischen Datenbanksystem und Anwender. Diese Schnittstelle ist in erster Linie durch das verwendete Datenmodell und die verfügbaren Datenbankfunktionen bestimmt. Forderungen bezüglich Interaktivität, Datenbanksprache, Mehrfachzugriff und Effizienz können Datenmodell und Systementwurf erheblich beeinflussen und sind in dieser Hinsicht thematisch einbezogen. Aspekte der Systemarchitektur hingegen sind ausgeschlossen.

Es sind Vorträge von neun Referenten aus Europa vorgesehen. Zwischen den Vorträgen soll für Diskussionen breiter Raum gegeben werden. Die Seminarsprachen sind Deutsch und Englisch. Die Teilnehmerzahl ist auf 70 begrenzt. Anmeldeschluß ist der 1. Juli 1974.

Verantwortlich für den redaktionellen Teil: Dr. Sigmar Uhlig, Bonn. *Verlag:* J. Schweitzer Verlag, 1 Berlin 30, Genthiner Straße 13, Telefon 0 30/2 61 13 41, Postscheckkonto: Berlin-West, Konto-Nr. 566 67-108; Berliner Bank A.G., Depka 32, Konto-Nr. 32 71036 400. Der Verlag ist eine KG; persönlich haftende Gesellschafter sind Dr. Kurt Georg Cram, Berlin, und Dr. Arthur L. Sellier, München; Kommanditisten sind Alfred Sellier und Marie-Louise Sellier, beide München. *Anzeigenannahme:* J. Schweitzer Verlag. Gültig ist Anzeigenpreisliste Nr. 1. Verantwortlich für den Anzeigenteil: Dietrich Foth. Anzeigenschluß 4 Wochen vor Erscheinen des Heftes. *Satz:* Behr, München. *Druck:* Gerber, München. *Erscheinungsweise:* Die Zeitschrift erscheint bandweise, ein Band besteht aus 4 Heften zu je ca. 96 Seiten. Jährlich soll ein Band erscheinen. *Bezugspreise:* Abonnementspreis pro Band DM 128,–. Vorzugspreis für Studenten und Referendare DM 96,–, Einzelheft DM 36,–, Doppelheft DM 72,–. Alle Preise verstehen sich inklusive Mehrwertsteuer, jedoch zuzüglich Zustellgebühr. *Bestellungen* nehmen entgegen: jede Buchhandlung und der Verlag. Bestellungen zum Vorzugspreis nur gegen Vorlage einer Ausbildungsbestätigung. *Abbestellungen* müssen 4 Wochen vor Vierteljahresschluß erfolgen.

FSC
www.fsc.org
MIX
Papier | Fördert gute Waldnutzung
FSC® C083411

Kolibri 360 GmbH
Ferdinand-Jühlke-Straße 7
99095 Erfurt, Deutschland
produktsicherheit@kolibri360.de